창조적으로 나이 들기

인생 후반기에 인간의 잠재성을 일깨우기

The Creative Age: Awakening Human Potential in the Second Half of Life

창조적으로 나이 들기

인생 후반기에 인간의 잠재성을 일깨우기

진 코헨 지음 | 김성은 옮김 | 정석환 감수

동연

감사의 글

◆◆

우선 이 책을 쓰는 동안 우리 가족이 내게 준 큰 지지와 인내심에 감사하고 싶다. 내 아내 웬디 밀러(Wendy Miller)는 예술과 치료 문헌에서 중요한 정보자료에 대한 수많은 제안을 해주었다. 아들 알렉스(Alex)는 전기적 정보와 비평 사상 연구에서 도움을 주었고, 작은 딸 엘리아나(Eliana)는 컴퓨터로 영화〈매들린Madeline〉을 보고 싶어 했지만 내가 컴퓨터를 사용하는 바람에 볼 수 없었는데도 칭얼거리지 않고 끈기 있게 기다려줬다. 우리 가족은 이 책을 저술하는 동안 내가 시간을 아낄 수 있도록 배려했고 함께 보내는 시간이 줄어든 것을 잘 이해하고 참아주었다.

이 책을 저술할 때 보조해 준 테레사 바커(Teresa Barker)의 값진 공헌에 대해 특별히 언급해야겠다. 그녀의 펜은 마치 마술지팡이처럼 글쓰기의 질과 흐름을 놀랍게 향상시켰다. 그녀와 일하는 것은 엄청난 기쁨이었으며, 그녀는 좀 더 나은 결과를 위해 높은 수준까지 기술적이고 효과적일 수 있도록 나를 독려한 이상적인 조력자였다. 그녀에게 무한히 감사한다. 또한, 그녀의 어머니 맥신 바커(Maxine Barker)를 포함해 테레사(Teresa)씨 가족의 지원에도 감사드린다. 또 나를 애이본 북스(Avon Books)와 연결해 주고, 진행이 잘될 수 있도록 지속적으로 지원해 준 나의 대리인인 개일 로스(Gail Ross)에게 깊은 감사의 뜻을 표하고 싶다. 그리고 그 과정에서 개일과 함께 일한 하워드 윤(Howard Yoon)에게도 정말 고맙게 생각한다.

애이본 북스의 담당 편집자, 제니퍼 브렐(Jennifer Brehl)에게도 큰 감사를 해야 한다. 그녀는 질문에 답하고, 문제를 해결하며, 일을 진행하는 데 노력하머 늘 내 옆에서 적절한 시간에 도움을 주었었다.

끝으로, 여러 친구와 동료들, 특히 상호보완적인 프로젝트에서 나와 함께 일한 마샤 와이너(Marsha Weiner)와 데이비드 케너드(David Kennard)의 이 책에 대한 격려와 열정, 조언은 나에게 큰 힘이 되어 주었다.

옮긴이의 글

진 코헨의 저서『창조적으로 나이 들기』가 우리말로 출간되어서 기쁩니다.

진 코헨은『창조적으로 나이 들기』에서 창조력이 우리 모두에게 도전이 될 수 있으며, 노화가 창조력 발현과 성장을 위한 중요한 기회라는 저자 자신의 생각을 분명히 말하고 있습니다. 왜냐하면 저자 자신이 창조적으로 나이 들어가는 사람들을 보았기 때문입니다. 진 코헨은 미국 최초의 노인 정신과 의사로서 주로 고령의 환자들에게 집중해 왔습니다. 그에 의하면 창조력은 자기표현을 가로막는 내적·외적 장벽들을 헤쳐 나갈 수 있도록 하는 요인이 될 수 있다고 합니다.

진 코헨은 우리가 창조력에 대하여 더 깊이 이해하기 위해서는, 우선 창조력이 천재들만을 위한 것만이 아니라, 각자가 자신의 삶 속에서 창조적 삶을 위한 개인의 잠재력을 개발하는 일이 중요하다는 것을 깨달아야 한다고 봅니다. 저자는 수년간의 연구와 다른 작업 및 인생 경험으로부터 비롯한 창조력에 대한 정의를 공적 창조성과 개인적 창조성으로 구분합니다.

공적 창조성은 지역사회나 문화 또는 유명인의 업적으로 널리 인식되는 것들을 말하며, 개인적 창조성은 개인의 삶의 질을 높여 주고 만족을 주는 것을 말합니다. 저자는 창조력을 단독적인 행위예술이나 지극히 개인적인 자기표현으로 보는 것을 넘어서서 음악 앙상블이나 합창단, 스포츠팀과 같은 협동적인 창조력으로 확장시켜서 이해합니다.

진 코헨이『창조적으로 나이 들기』에서 많은 관심을 가진 주제는 "노화란 무엇인가?"와 "노화와 관련해 발생하는 장애들은 무엇인가?"입니다. 과거에는 노화에 대한 관점들이 노인 환자들에게 영향을 받았지만, 1980년대 말과 90년대에 들어서는 노화가 무엇인가에 대한 연구를 넘어 노화와 더불어 가능한 것은 무엇인가에 대한 연구가 발전되어 왔습니다. 베이비붐 세대들이 노령화 사회의 주인공이 된 현실 속에서 우리는 "노년인데도 불구하고"가 아니라 "노년이기 때문에" 무엇이 가능한지에 대해 이야기할 때가 왔습니다.

현대 노령화 사회에서 노인들의 최대 관심사는 인간이 누릴 수 있는 백세인생 내에서 가능한 오랫동안 '웰빙'의 삶을 유지하는 것입니다. 저자는 베이비붐 세대들이 나이 들어가면서 그들 안에 있는 창조적 잠재력을 발달시키고, 새로운 생각들에 반응하며 그것을 적극적으로 추구하는 역량이나 지적 능력을 유지하는 것이, 중년기나 노년기에 접어든 우리 각자에게 중요한 내면적 작업이라고 주장합니다. 만약 우리가 노화와 창조력의 생물학적 과정들이 어떻게 계속해서 성장과 변화의 기회들을 제공하는지를 찾기 위해 생물학적 쇠퇴를 둘러싼 오해들을 극복한다면, 이 모든 내적 작업이 가능할 것입니다.

한 세대를 지나오면서, 오십 대 이후의 삶에 대한 관점이 놀라울 만큼 급변해 왔음을 보고 느낄 수 있습니다. 평균수명이 늘어나고 있는 노령화 사회에서 중년기와 노년기를 보내는 것은 유례없는 삶을 살아내는 문화적 충격일 수도 있고 정신적 장애를 일으키는 요인이 될 수도 있습니다. 진 코헨은 『창조적으로 나이 들기』를 통해서 이러한 고민 속에서 창조적 인생을 살고 싶어 하는 독자들에게 답을 주고자 많은 심혈을 기울였던 것으로 보입니다.

노년기의 삶을 매력적인 것으로 긍정하는 이 책에서, 진 코헨은 나이 들어가는 것에 대한 두려움과 불안의 신화를 깨고 공적인 창조성과 개인적인 창조성을 실현시킨 사례를 분명하게 제시해 주면서 창조성의 생물학적이고 감성적인 토대를 묘사합니다. 그리고 나이와 경험 그리고 창조성의 특별한 조합이 어떻게 흥미로운 내면의 성장과 모두를 위한 무한한 가능성을 생산해 낼 수 있는지를 보여줍니다. 진 코헨은 역사, 과학적 연구, 영감을 주는 진정한 삶의 이야기들과 그 자신의 신선한 통찰을 엮어서, '인생 후반기에 있는 사람들'에게 잠재되어 있는 '인간 가능성'이라는 지금까지 잘 알려지지 않았던 영역으로 우리를 데려가 줍니다. 여기서 우리는 "당신 자신이 창조적인 나이의 주인공인 것을 발견하라"고 적극적으로 호소하는 진 코헨의 음성을 들을 수 있습니다. 진 코헨은 희망의 메신저로서 우리가 실제로 기억과 반응을 포함하는 뇌세포 간 필수적인 연결의 수를 늘릴 수 있다고 확신합니다. 진 코헨은 자신이 치료했던 많은 노인 환자들에게서, 읽기-쓰기-단어 게임을 통해 스스로 지적인 도전을 계속하는 팔십 대의 사람들은 그들의 어휘를 확장시키며 창조적 삶을 유지시킬 수 있다는 임상적 결과를 얻었습니다.

이 책의 독자들이 남은 후반기 인생에 대한 두려움과 불안을 극복하며 긍정적인 전망과 행복감을 가지고 창조적 노년기를 살아가는 데 도움이 될 수 있도록, 저는 번역과정에서 많은 노력을 기울였습니다. 이러한 저의 노력이 빛을 발할 수 있을 것인지는 독자들이 판단해 줄 것이라고 봅니다.

저는 이 책이 노년학이나 상담학을 연구하는 분들의 전문서적이라고만 보지 않습니다. 집안에 조부모나 연로하신 부모를 모시는 분들, 사람의 마음을 돌보는 직업에 종사하는 분들, 종교계에서 영혼을 돌보며 인생 순례자의 길을 지도하시는 분들, 그리고 노령화 시대에 창조적으로 인생을 준비하고 싶은 모든 분들에게 반드시 필요한 책이라고 생각합니다.

이 책의 초역에 도움을 주신 김근욱 선생님, 김웅빈 교수님, 김회권 교수님과 원문의 의미에 가깝도록 교정 작업을 도와주신 장석연 박사님, 출판을 맡아 주신 김영호 사장님, 번역하는 긴 시간 동안 격려와 원문에 대한 이해를 도와준 남편 안치영 박사님, 그리고 번역할 수 있도록 지지와 감수를 맡아주신 정석환 지도 교수님께 감사드리며, 고양상담코칭센터 가족들과 이 책의 출간을 기다려 주신 모든 분들께 감사드립니다.

2016년 2월 26일
김성은

감수 및 추천의 글

"우리는 인간으로서 영적 경험을 하는 존재들이 아니라, 영적 존재들로서 인간의 경험을 하는 존재들이다." 생물학자이며 과정 신학자이며 영성가인 불란서 출신의 가톨릭 신부 데이야르 드 샤르텡이 남긴 인상 깊은 말이다. 우리는 영적 존재들로서 지금 이 순간 단 한 번뿐인 지상의 삶에서 어떠한 인간의 경험을 하고 있는가? 이러한 질문에 대한 한 답변을 나는 이 책 "창조적으로 나이 들기: 인생의 후반기에 인간의 잠재성을 일깨우기"에서 찾는다. 이 책의 저자인 진 코헨은 영적존재인 인간이 자신의 잠재력을 분출하는 경험의 단어를 창조성이라 말한다. 그리고 그 창조성의 분출이야말로 인생의 후반부의 핵심과제인 것을 자신의 경험과 학문의 연구들 그리고 수많은 살아있는 사례들을 통해 밝히고 있다.

대한민국은 이제 세계적으로도 인정받는 고령화 사회이다. 주변을 돌아보면 숱하게 많은 베이비부머 인구들이 은퇴를 했거나 이삼 년 안에 은퇴를 할 상황에 있다는 것을 아주 쉽게 그리고 자주 발견할 수 있다. 너무나 준비없이 온 은퇴와 고령화 사회! 이것이 수명 연장의 과학기술이 준 축복일까? 아니면 새로운 사회적 문제의 시작일까? 이 질문에 대한 답변을 우리 사회의 구성원들과 국가가 이제 좀 더 심각하게 고민해야 할 때가 도래한 것이다. 아마 이미 늦었는지도 모르지만, "늦었다고 생각할 때가 가장 빠른 때"라는 말이 있듯이 생산적이고 창조적인 노령화 사회를 위한 합의된 사회적 프로그램과 각 개인적 준비들이 있어야만 할 때임은 분명한 시점이다.

이러한 상황적 도전에 가장 적절한 참고로서의 경험적 실용적 지혜의 책이 바로 상담학과 노년학을 전공하신 김 성은 박사께서 번역한 이 책이라고 생각한다. 책임 번역자인 김성은 박사는 연세대학교에서 교육학, 상담학으로 석사 박사를 하신 분으로 현재 경기도 일산에 있는 고양상담코칭센터 소장으로 사역하면서 여러 대학에서 상담학을 가르치고 있고 노년들의 생산성과 성숙성, 창조성을 위한 학문적 임상적 활동을 활발하게 담당하고 계시는 이 분야의 전문가이시다. 전문가의 안목으로 선택한 이 책은 진 코헨의 평생의 학문과 경험 그리고 열정이 녹아 있는 책으로서 단순히 이론만을 소개하는 교과서적인 책이 아니라 살아있는 인간의 이야기들을 담아낸 품위와 가치를 가지고 익어가는 법, 나이 듦의 과정과 연장된 노령화의 과정이 단순한 생물학적 축복이 아니라 영적 존재인 우리들의 창조성을 실현하는 가장 좋은 때이고 무르익은 때이며 삶의 마지막 챕터의 주제임을 과학적, 실험적, 경험적, 지혜적인 접근을 통해 아주 설득력 있게 초대하고 있다. 나는 일찍이 이 책을 연세대학교의 석사, 박사 과정생들의 "성인발달과 상담" 클래스 시간에 주 교재로 선택하여 학생들의 발제와 토론을 통해 활용한 바 있다. 그 당시 많은 학생들로부터 노년기를 창조적으로 살아가는 과제에 관한 최고의 교과서라는 찬사를 이미 들은 바가 있다. 이러한 시의적절하며 감명 깊은 책을 번역해주신 김 성은 박사의 노고에 깊은 감사를 드리며 어려운 출판계의 상황 속에서도 이 책의 출간을 위해 애써주신 동연사의 김영호 사장님과 편집부에 깊은 감사를 드린다. 부디 이 책이 노령화 사회 속에서 인생의 마지막 챕터를 아름답고 창의적으로 완성하고 싶어 길을 묻고 있는 많은 영적 순례자들에게 나침반의 역할을 훌륭하게 감당하게 되길 기원하고 또 확신하며 기쁜 마음으로 추천한다.

2016년 2월 22일
연세대학교 연합신학대학원 상담코칭학과 교수 정석환

차례

머리말

　얼마 전 까지 만해도 젊은 의사가 노인 돌보는 전공을 선택하는 것은 전망이 없다고 여겼다. 내가 노화와 노인들의 치료에 대한 연구 경력을 쌓겠다고 내 멘토들과 동료들에게 선언했을 1973년 당시가 그랬다. 노인학? 그들은 내가 돌았다고 생각했다.

　"너 경력을 던져버릴래!"
　"너 하버드 졸업생이잖아, 그 정도는 알고도 남을 텐데!"
　"너 머리 좀 검사해야겠다!"

　1973년, 나는 베트남전에 징집된 의사들 중 마지막 그룹으로 미국 공중보건부(PHS)에 첫발을 디뎠다. 하지만 아주 운 좋게도 미국 국립보건원(NIH)의 지부인 국립정신병원(NIMH)에 배정받았다. 처음에는 정신과에서 일할 생각이 없었지만, 노화 분야에 이미 관심이 있었다. 적어도 부분적으로는 상황에 따라 벌어진 일이었다. 1971년, 나는 조지타운 대학교 워싱턴 D.C. 병원의 정신과 레지던트 수련의였고, 그해 내 순환보직 중 하나는 지역공동체의 상담

프로그램을 포함하기로 되어 있었다.

그 프로그램은 지역공동체 기관이 의뢰인들의 행동 문제들에 대해 의견을 구할 때 나와 상담할 수 있도록 요구했다. 보통의 경우, 상담자로서 수련의는 의뢰인을 전혀 만나보지도 않은 채, 환자의 사례에 대한 파일 검토나 치료 추천서 작성 등의 서류 작업만 했다. 나는 기관 직원이 능력 있고 내 치료 계획을 잘 수행할 것이라는 것을 알았지만, 내 중재가 어떤 결과를 얻었는지 확인할 수 없었기 때문에, 내담자와 대면하지 않는 치료법에 신경이 쓰였다. 나는 마술이 아니라 의술을 믿었고, 내 상담이 도움이 되지 못했다 할지라도 그에 대한 피드백을 원했다. 그 상담이 효과가 있었다면 그 이유가 무엇인지를 알고 싶었고, 혹은 효과가 없었더라도 그 이유를 알고 싶었다.

나는 환자들의 상태를 확인할 수 있게 해주는 체계에서 일해야만 그런 피드백을 얻을 수 있다는 걸 알게 되었고, 그런 체계가 갖추어진 곳—작은 시골 마을이 아닌—을 어디에서 찾을 수 있을지 궁리했다. 그때 문득, 노인 거주 아파트는 작은 시골 마을과 비슷하다는 생각이 떠올랐다. 그 건물의 관리자와 상담할 수도 있었고, 또는 상담했던 사람이 거기에 살고 있을 수도 있었기 때문에, 나는 내 노력의 결과를 알 수 있었다. 공공주택 프로그램들은 상담에 특히 관심을 가졌다. 그곳에는 보통 주립병원에서 퇴원한 거주자들이 많았기 때문이다.

나는 노인들이 거주하는 고층 공공주택을 찾아냈다. 이것이 지금이야 받아들일 수 있는 일이지만, 그 당시 1960년대 후반과 70년대 초반 미국에서 절정에 이르렀던 노화에 대한 부정적인 고정관념에 영향을 받은 내가 그 건물에 들어가기는 쉽지 않았다. 하지만 일단 그 건물에 들어가자, 나는 내가 알아내고 경험한 것에 굉장히 놀랐다. 그것은 내 고정관념들과 전혀 달랐다. 그곳은 병적이고 고정불변의 장소가 아니었으며, 그들은 기적적인 치료법을 찾고 있는 것도 아니었다.

그 노인들의 기대는 꽤나 현실적이었으며, 의학적 조치나 치료를 통해 나아질 수 있는 여지가 많아 보였다. 실제로, 그들의 문제를 진단하고 치료하는 프로그램이 생기자 많은 노인들의 상태가 훨씬 좋아졌다.

가장 다루기 힘든 환자들이 될 것이라는 다른 이들의 경고와는 달리, 남녀 노인들은 가장 기민하고, 귀를 기울이며, 호응이 좋은, 즉 치료를 하는 의사에게 만족스러운 부류의 환자들로 밝혀졌다. 의학적인 면에서든 혹은 다른 면에서든, 노인들은 분명히 과거로서의 역사뿐만 아니라 여전히 풍부한 가능성을 지닌 미래라는 의미로서의 역사 또한 담지한 사람들이었다. 나의 동기 부여와 그들의 놀랄 만한 반응의 결과로, 나는 그 사람들, 그 일, 그리고 내가 일반적 관점과 다르게 생각했던 잠재력과 사랑에 빠졌다. 말하자면, 낚인 것이다.

의료 거주 프로그램의 다음 단계에서 나는 내 업무에 대해 나를 이끌고 감시할 감독자를 찾아야 했지만, 결국 아무도 없다는 것을 알게 되었다. 그 뛰어난 교수들 중에서, 정신 건강과 노화에 대한 전문가는 없었다. 노인학은 젊은 정신과 의사인 나에게만 새로운 경험이 아니었다. 그것은 내 직업의 새로운 지평이었고, 그런 생각에 전율이 일기도 했다. 거기에 있는 게 좋았다.

내 정신 상태나 직업 선택을 의심했던 교수님들과 동료들도 그럴 만한 이유가 있었다. 내가 선구적인 발견의 분야로 본 곳에서 그들은 황무지만을 보았던 것이다. 노인환자 업무에 대한 수많은 부정적인 신화와 고정관념들의 영향을 받은 나머지, 그들은 내가 죽어 가는 노쇠한 노인들과 일하는 데 병적인 흥미를 가진 거냐고 궁금해 했다. 그러나 내 시각은 완전히 달랐다. 죽어 가는 사람들을 돕기 위해 할 수 있는 일이 무엇인지는 완전히 별개의 문제이며, 이들은 실제 살아가고 있는 사람들이고, 나는 많은 사람들이 훨씬 더 잘 살 수 있을 거라고 확신했다. 나는 그들이 노쇠하다고 보지 않았으며, 더 높은 수준의 질병과 장애와 싸우던 그 사람들은 나에게 영감을 주었다. 나는 우리가 그들에게 더 많은 것을 해줄 수 있다는 것을 알았다.

나는 옆 사람과 마찬가지로 내 문화의 산물이며, 직업 선택에 대해 더 신중하게 생각할수록, 내 감정들이 우리 문화와 노화에 대한 태도에 어떤 긍정적인 시작을 반영한다고 결론을 내렸다. 나는 이 신생의 긍정적인 곡선 맨 앞에서 있었을 뿐이다. 이것은 노화를 새로운 분야로 보는 것에 대한 나의 흥분에 더 기름을 부었다. 내 동료들이 지적한 것처럼 그 분야가 아주 미진하다는 사실은 과학적으로 넓게 열려 있는 영역으로 도전할 만한 호기라는 느낌을 더할 뿐이었다.

징집 복무 기간은 2년이었다. 1974년, 그 2년이 다 되었을 때, 국립정신병원의 원장 버트럼 브라운(Bertram Brown)과 약속을 잡았다. 영감, 오만, 치기가 뒤섞여 있던 나는 브라운 박사 앞에서 노화가 1980년대의 분야가 될 것이며 지금이 그것을 미리 준비할 적기라고 주장했다. 또한 이기적일지 모르지만 그럼에도 불구하고 정신 건강과 노화 문제를 다루는 새로운 중심을 향해가는 게 자랑스럽고 흥분되며, 그럴 준비가 되어 있다고 고백했다. 그는 미소를 지으며, 내 예견이 맞을 수도 있지만 불행히도 국립정신병원에는 적기가 아니라고 말했다. 기대는 무너졌고 실망도 컸지만, 나는 최선의 시도를 했다고 느꼈다. 곧 공중보건 서비스를 떠나 학업으로 돌아갈 시간이 되었다.

두 달 후, 미국 공중보건부의 사직 서류에 서명하려고 할 때, 버트럼 브라운은 나를 자기 사무실로 불러 내가 좋은 사례를 남겼다며, 국립정신병원에서 그런 프로그램을 시작할 필요가 있다고 말했다. 그는 나에게 큰 힘이 되었다. 나는 정신 건강과 노화에 관한 연방 연구 프로그램을 최초로 맡게 되었다.

그러나 나의 우려는, 노화 연구에 관한 주도적 역할을 감당하기에는 내가 너무 어리다고 느꼈고, 실제로도 그렇게 보였다는 것이다. 그래서 나는 수염을 기르고 나비넥타이를 맸으며, 지금까지도 그렇게 하고 있다. 그 직책에서 15년, 그리고 지난 3년간 원장 직무대행을 한 국립노화연구소(NIA)에서의 5년을 포함해 모두 20년을 보낸 뒤, 나는 신께서 내 소망들을 들어줌으로써 나에게 벌주었다는 것을 깨달았다. 그것은 하나의 새로운 분야가 정립되고 전진하도록 돌보고 돕는 도전이자 사랑의 노동이었다. 나는 큰 특권을 느꼈다.

뒤돌아보면, 그 이전까지도 나는 노화에 대한 내 관심이 의사가 되기 훨씬 이전에 시작됐음을 알 수 있다. 그것은 사실 1961년, 즉 소련의 유리 가가린이 우주에 간 최초의 인간이 되고, 존 F. 케네디가 대통령이 된 해였다. 당시 나는 고등학교 2학년이었으며, 바로 그해에 MIT에서 열렸던 매사추세츠 주 과학박람회에서 일등상을 탔다. 오래 전에 잊었던 일을 기억한 것은 여러 해에 걸쳐 회상을 한 그때였다―즉, 내 프로젝트는 노화와 해양학에 관한 것이었다. 내 과학 프로젝트가 미국 국립보건원(NIH)에 있을 때 선택한 노화에 대한 접근을 반영한 것이었음을 훨씬 나중에야 깨달았다―즉, 노화에 초점을 맞춤으로써 우리는 과학과 삶의 더 광범위한 쟁점들에 대해 새로운 무엇인가를 배울 기회가 있다는 것이다. 노화 연구는 연령과 독립적으로, 과학의 여러 퍼즐들에 대해 추가적인 조각들을 찾을 수 있는 새로운 길을 제공한다.

그 과학 프로젝트는, 심지어 과학과 새로운 관념이 데이터로 뒷받침되는 경우에도, 새로운 관념들에 반하는 고정관념들이 가진 힘에 대한 아픈 경험을 처음으로 나에게 주기도 했다. 그것은 이상적인 젊은 과학자에게 깊은 혼란을 주는 성인 권력 세계와의 충돌이었다.

내 과학 프로젝트는 이전에 포기한 방법을 개선하여 이용한, 물고기의 나이를 계산하는 것이었다. 목표는 다른 연령의 물고기의 정상 성장 곡선을 설정하는 것이었다. 따라서 어떤 물고기의 크기가 나이에 걸맞지 않게 작은 경우, 그 불일치는 서식지 환경이 생장에 좋지 않다는 것을 뜻할 수도 있었다. 연령에 대한 초점은 생태학의 상태를 평가하는 새로운 방식을 가능케 했다. 즉 노화 연구는 더 넓은 문제들에 해답들을 제공했던 것이다.

그러한 사실이 밝혀짐으로써 일등상을 타기는 했지만, 그것은 내가 이미 달리기 경주에서 탈락했다고 믿게 만든 판정단 중 한 명과 충돌한 이후였다. 내 연구 데이터는 대부분 10대 후반에 최대 성장에 도달하는 인간들과 달리, 물고기는 계속해서 성장한다는 가능성을 보여주었다. 내가 연구한 물고기의 나이와 성장 곡선은 인간이나 대부분의 다른 생물의 방식대로 곡선을 이루지 않았다. 판정단 중 한 명은 나에게 이에 대해 고민할 시간을 주었다. 그는 대부분의 생물체가 전형적인 생물학적 나이와 성장 곡선들을 따르지만, 나의 곡선들은 우리가 아는 것과 아주 다르다고 말했다. 그것은 질책하는 것에 가까웠지만, 나는 내 기술이 어떻게 검증되었는지, 그리고 내 곡선들이 대규모—소규모가 아닌—물고기 표본에 기초한 실제 자료를 어떻게 반영하는지를 그에게 보여주었다. 그는 투덜거리며 떠났다.

그 만남은 이후 수년간 나를 괴롭혔다. 내가 대략 15년쯤 지나 노인학자가 된 뒤, 나는 물고기 연구에서 산출한 그 비정상적인 데이터가, 여러 물고기가 계속 성장할 뿐 아니라 심지어는 나이조차 먹지 않는다는 사실을 밝혀 주었다는 것을 알게 되었다. 그 판정관은 "우리가 아는 것과 불일치"한다는, 논란의 여지가 있는 연구결과 때문에 나를 질책했다. 그러나 과학은 항상 우리가 알지 못하는 것과의 대면에 기초하기 때문에, 나는 그 상황이 아주 아이러니하다고 느낀다. 나는 노화 연구 결과들이 새 관념과 정보에 대한 탐구와 개방성의 전통에서 구축되고 있다는 점에 아주 만족한다. 그 박람회에서 내가 얻은 긍정적인 결과를 감안하면, 적어도 그 판정관은 내가 내 자신의 데이터에 충실했음을 분명히 존중해 주었다.

1970년대 초에 내가 NIH에 들어갔을 때, 노화 연구에 투입되는 연방 지원 자금은 연간 5천만 달러 미만이었다. 그러나 1994년 내가 NIH를 떠났을 때, 그 액수는 5억 달러를 훨씬 넘었다. 노화가 1980년대의 뜨거운 관심 분야가 될 거라는 내 예측은 사실로 밝혀졌다. 그것은 분명 노화 연구의 황금기였던 그 10년 동안 가장 흥미롭고 빠르게 성장하는 연구 분야들 중 하나였다.

나는 지금 노화 분야가 새로운 전환점을 맞고 있다고 생각한다. NIH에서의 내 20년 경력에서 중요한 연구의 대부분은 인생 후반의 질병과 장애를 가진 문제들과 정상적인 노화 변화들을 구분하는 데 초점을 맞췄다. 내가 유심히 관심을 둔 문제들은 "노화란 무엇인가?"와 "노화와 관련해 발생하는 문제점들은 무엇인가?"였다. 과거에는 노화에 대한 다양한 시각들이 건강한 이들보다는 아픈 이들에게 영향을 받았으며, 그 후 노년기 장애들에 대한 연구가 진전되자 중요한 연구들은 그들의 치료에 초점을 맞췄다. 정상 또는 건강한 노화에 대한 연구들이 궤도에 오른 것은 1980년대 말과 90년대에 이르러서였다.

우리가 맞이한 새로운 시점이란, 노화란 무엇인가에 대한 연구를 넘어 노화와 더불어 가능한 것은 무엇인가에 대한 연구로 이동하는 과정 속에서의 시점이다. 노화를 노쇠와 동의어로 봤던 시대에서 인간 잠재력의 일면이 문화적 배려로 발현된다고 여기는 시대로 옮겨 간 것은 그리 오래되지 않았다. 드디어 우리는 노년인 데도 불구하고가 아니라 노년이기 때문에 무엇이 가능한지에 대해 이야기할 준비가 되었다. 노화에 동반되는 문제들은 누구나 인정한다. 그러나 잠재력은 일반적으로 부인되어 왔으며 그것에 대한 궁극적 표현은 창조성이다. 창조성은 언제나 노화와 함께해 왔지만 사회가 그것을 부인하고 하찮게 여기며 주변화했기 때문에, 많은 이들이 스스로 인생 말년에 그것을 인식하거나 또는 탐색하지 않았다.

노화와 관련된 창조성을 이해하는 것의 중요성은 심오한데, 그 이유는 그렇게 하는 것이 인생 만년에 노인들이 자신들의 가능성에 대해 접근하도록 해줄 뿐 아니라, 다른 방식으로 그들의 노년기에 가능한 게 무엇인지에 대해 생각할 수 있도록 젊은이들에게 도전을 주기도 할 것이기 때문이다. 인생 만년의 가능성이 부인되면 그것을 계획하거나 준비하지 않는다. 그러나 그것을 인지하면 우리 자신에 대한 우리의 기회, 도전, 책임에 대한 감각은 긍정적인 방식으로 변화한다.

우리는 이 변화를 이미 신체적 운동과의 관계에서 보고 있다. 신체적으로 잘 늙어 가는 사람들을 주목하기 시작하면서, 우리는 젊은 성인들에 대한 관심만큼 노인들의 신체 건강에 더욱 관심을 갖게 되었다. 노화에 대한 부정적 고정관념에 영향을 더 받았던 과거에는, 우리는 나이 든 성인들의 질병과 장애에 초점을 맞췄다. 이것은 우리가 노화에 대해 부정적인 시각을 갖도록 하는 데 기여했다. 노화를 부인하면서, 사람들은 그것을 준비하지 않았다. 하지만 오히려 나이가 들면서 가능해지는 것들에 대한 생각의 변화로, 우리는 그 가능성이 훨씬 잘 실현될 수 있도록 뭔가를 할 수 있고 해야 한다는 생각이 커지게 된다.

오늘날 우리는 장기적으로 건강하려면 나이에 상관없이 운동을 하면 이롭다는 것을 인정한다. 그러한 건강하게 살기 위한 전략들이 더 오래 건강을 유지하고 질병에 대해 더 유연하게 대응할 수 있게 해준다고 인식함에 따라, 우리는 그와 관련된 시장에서 늘어나고 있는 선택지들을 발견하게 된다. 정서적 고통에 대한 주목이 어떻게 인생을 구제하고, 또한 어떻게 좀 더 생산적이고 만족스러운 인생의 시기로 이어질 수 있는지를 알게 되면서, 상담 및 다른 형태의 치료들이 점차 가족과 개인들의 공통적인 선택들로 되었다.

나는 우리 사회가 인생 만년의 인간적 가능성과 비슷한 상황에 놓여 있다고 믿는다. 잠시 베이비붐 세대에 초점을 맞춰보자. 1946년에서 1964년 사이에 미국에서 태어난 사람은 약 7천 5백만 명이다. 대부분의 사회 관찰자들은 그들의 인구수나 정치적 영향력, 그리고 때로는 특권의 측면에서 그들의 잠재적 영향력을 강조한다.

하지만 나는 여기에 훨씬 큰 심리적 문제가 작용하고 있다고 생각한다. 베이비부머들은 노화에 대한 긍정적인 이미지들을 가지고 자란 최초의 주요 인구 층이다. 그들의 부모 대부분은 신체, 정신, 사회, 금전적으로 잘 나이가 들었다. 또한 그들은 고정관념들을 넘어 인생 말년에 무엇이 가능한가를 어렴풋이나마 깨달은 최초의 주요 인구 층이기도 하다. 이 시각의 대부분은 무의식적이지만 실재하며 강력하다.

그들은 노년의 존재를 부인하지 않는다. 대신 그들은 노년에 무엇이 가능하고 무엇이 있어야 하는가에 대한 새로운 의식을 경험하고 있는 중이다. 그것이 좋은 것이라면, 사람들은 그렇게 될 모든 기회를 갖도록 더 많은 동기 부여를 받을 것이다. 또한 이런 인식은 개인적 기회와 권한 부여에 대한 우리의 감각에 근본적으로 영향을 준다. 하지만 그 베이비붐 세대들은 단지 만년에 편하기만을 원하지 않는다. 그들의 다른 경험들처럼, 그들은 만년의 삶 역시 특별하기를 원한다. 점차 더 많은 노인 모델들이 그것만이 아닐 수 있음을 보여주고 있다.—특히 인간 잠재력의 표현과 관련해서 말이다.

우리는 창조적 시대에 살고 있다. 창조성과 그 용어의 사용에 대한 초점이 우리 삶의 점점 더 많은 분야에 들어오고 있다. 우리는 우리가 문제 해결, 도시계획, 사회 정책, 관계들, 결혼, 보육, 직장, 재정, 레크리에이션, 뒷마당 등등에서 더 창조적이 될 필요가 있다는 이야기를 듣는다. 그러나 인생 주기(life cycle) 관점에서 우리의 창조적 잠재력의 전체 범위는 최소로 평가되었다. 노인학이 우리에게 점점 더 보여주고 있는 것은, 노년기가 특히 창조적인 연령일 수 있다는 사실이다.

또한 노화 연구들은 생애 후반의 창조적 표현에 대한 잠재력은 예외가 아니라 규칙임을 보여준다. 가능성 측면에서 그것은 분명 보편적이다. 창조성은 천재들만을 위한 게 아니며, 젊은이들 중에서만 찾을 수 있는 것도 아니다. 이 책에서 나는 일상생활에 존재하는 노화와 창조성의 흥미로운 교차로에서부터 여러분과 관점을 함께 나눌 것이다.

노화에 대한 오랜 부정적인 전망들은, 앞으로도 몇 년간 더 가능한 것에 대한 개인적, 사회적 접근을 개선할 수 있는 개인적 동기와 사회 정책적 심의들을 억압했다. 우리는 우리가 노년에 진정 이룰 수 있는 것을 알지 못하도록 걸림돌을 놓아 둔 모든 부정적인 고정관념을 벗겨버릴 필요가 있다.

노화 관련 문제와 가능성에 대한 30여 년간의 연구에 바탕을 둔 이 책은, 바로 그런 일을 하는 것을 목표로 한다. 여기서 나는 우리가 노화하면서 사소하게 여기고, 왜곡하거나 부인하던 놀라운 능력에 대한 사실들과 결과들을 제시할 것이다. 케네디 대통령은 다음과 같이 말했다. "진실의 큰 적은 고의적이고 고안되고 부정직한 거짓말이 아니라, 지속적이고 설득력이 있으며 현실적이지 않은 신화이다."

나는 그런 오해들을 가라앉히고, 인생의 노년기에 있는 사람들이 창조력에 관련된 힘들을 깨닫고 새로운 가능성에 대한 감각을 찾도록 돕고 싶다.

1장
창조성의 불꽃들

당신은 이미 있는 것들을 보고 "왜 ?"라고 묻는다.
그러나 나는 이전에 결코 없었던 것들을 꿈꾸며 "왜 아닌가?"라고 묻는다
_ 조지 버나드 쇼우,《므두셀라로 돌아가라*Back to Methuselah*》

창조력은 불굴의 인간정신이다. 그것은 놀이터에서 대리석 궁전까지의 모든 문명, 모든 시대의 삶들에 희망을 주었다. 그것은 비인간성과 무지, 무관심과 같은 파멸적인 행위들을 극복하고, 인간 존재의 가장 밝은 시간들뿐 아니라 가장 어두운 날들 속에서도 꽃피었다. 그것은 인간 지성의 진보와 일상의 인간 경험을 풍부하게 해주는 말과 행동의 더욱 부드럽고 따뜻한 빛 안에서, 뛰어난 불꽃의 광채들로 우리의 삶을 밝혀 주었다.

우리 각각은 인식하든 못하든 창조 정신을 부여받았다. 우리는 침대를 요트로, 베개를 성으로 바꾸는 어린 아이에게서 그것을 쉽게 알 수 있다. 우리는 탁월한 피아니스트나 굳은 의지를 지닌 발명가의 창조성을 기꺼이 존경한

"내 세대의 최고 발견은 인간이 마음의 태도를 바꾸어 인생을 바꿀 수 있다는 것이다."

– 윌리엄 제임스

다. 우리는 자연의 분노나 전쟁의 소용돌이, 그리고 다른 인간적 잔인성에 갇힌 이들의 독창적인 생존 노력들에서 그것을 기념한다. 하지만 우리는 나이와 경험을 통해 변화된 창조적 에너지가 은퇴한 화학자를 교육활동가로 만들거나, 한때 여행을 두려워하던 주부가 자신의 첫 번째 휴가를 해외로 가게 이끄는 경우에는, 똑같은 창조적 에너지임에도 이를 간과하는 경향이 있다. 창조적 잠재성은 우리 모두에게 있으며, 내적인 자원으로서, 많이 쓰든 적게 쓰든 상관이 없이 다시 살아나며 또 강렬해진다. 이 창조적 정신은 모든 연령에서 우리의 삶을 변화시키며, 또한 우리가 나이가 들어갈수록 매우 다양한 방식으로 그렇게 하도록 하는 힘이다.

극작가 조지 버나드 쇼(George Bernard Show)는 창조력이 평생 지속된다고 믿었다. 그는 이 신념을 글을 통해 옹호했고 글의 시작 인용구에 적용했으며, 한평생 실천했다. 작가 경력 초기의 역경에도 불구하고 쇼는 이를 지켰던 것이다. 그는 66세에 《므두셀라로 돌아가라 *Back to Methuselah*》를 썼고 69세인 1925년 노벨 문학상을 탔다. 그는 20년 넘게 저술을 계속해 94세에 죽을 때까지 희극 작업을 했다.

그의 문학적 기여는 역사적인 무게가 있으며, 비단 학자들의 즐거움에만 그치지 않는다. 창조적 정신의 많은 산물들과 같이, 그의 사상들은 타인의 삶에서 새로운 표현을 구축한다. 그가 죽은 지 수년 후, 로버트 케네디 상원의원이 쇼의 "없었던 것들을 꿈꿔라. '안 될 게 뭐 있나?'라고 말하라"는 충고를 인용한 것은, 그 자체로 역사에서 중요한 지위를 얻게 될 창조적인 사회·정치적 행동에 관해 신세대에게 영감을 주려는 것이었다.

나이 들면서 창조력이 우리에게 가져다주는 강력한 가능성을 탐색하고자 하면, 우리는 쇼의 질문을 새롭게 제기함으로써 시작할 수 있다. 우리 각자는 삶에서 일어나지 않은 것들을 꿈꾸고 "안 될 게 뭐 있나?"라고 물을 필요가 있다. 결국, 현대 과학과 의학은 우리 노년의 삶의 기초들을 강화했다. 우리를 둘러싼 삶에 대한 기초 연구들과 증거들은, 창조성이 즉각적이고 지속적이며

"당신이 만약, 공중누각을 지었다 해도, 그것은 헛된 일이 아니다. 거기가 그것들이 있어야 할 곳이다. 이제 그것들 아래에 토대들을 놓아라."

– 헨리 데이비드 소로

누구에게나 있다는 장점을 지닌, 변화를 위한 최고의 촉매임을 분명하게 해준다. 더 흥미로운 것은, 창조성의 핵심 요소들 중 몇몇은—삶의 경험과 장기적 관점—우리가 나이 들면서 향상되기만 한다는 점이다. 노인들에 대한 연구와 그들과의 작업 속에서 창조력의 네 가지 측면이 드러난다.

1. 창조성은 인생 말년에 의욕을 강화한다. 창조력은 인생 말년의 문제들에 대한 우리 경험을 바꾸고, 때로는 그것들을 초월할 수 있게 해준다. 창조력의 속성 중 일부는 매력적이고 지속적이다. 실제 신체 상태와는 상관없이, 상황을 신선한 관점에서 보고 자신을 창조력으로 표현할 수 있을 때 더 기분이 좋아진다. 창조력은 정서적으로 유연하고 인생의 역경과 상실감에 더 잘 대처할 수 있게 해준다. 운동이 근육의 탄력을 개선시키듯, 삶에 창조적으로 참여할 때 정서적 분위기는 고양된다.

2. 창조성은 나이 들면서 신체 건강에 기여한다. 점점 많은 신경정신면역 연구들의 초기 결과들—정서, 뇌 기능, 면역 체계의 상호작용을 조사하는 연구—에서는 긍정적 인생관과 행복감이 면역 체계와 전반적 건강에 좋은 효과가 있다고 한다. 이러한 결과들은 노인들에게서 특히 강하다.

창조적 표현은 보통 인생관과 행복감을 개선할 수 있는 감정들을 북돋운다. 장기적으로 계속되는 스트레스가 면역 체계에 해롭듯, 지속적인 창조력은 정서적 표현을 촉구함으로써 면역 기능 향상을 촉진한다.

3. 창조성은 관계들을 풍요롭게 한다. 청년이든 중년이든 인생 만년에 창조력의 가능성이 있음을 알면, 그 시기 그들의 인생관과 기대들이 개선될 수 있다. 노화에 대한 낙관적 기대를 하는 성인이 된 자녀들은 일반적인 노화와 다른 인생 과정의 문제를 부모들과 더 편안하게 이야기할 수 있다. 그 효과는 두 세대 모두에게 이득이다. 우선, 청년은 더 만족스러운 노화 경험을 이루는 것에 대해 배우며, 노인은 타인과의 유대와 삶의 풍족함을 강화하는 혈연 집단이나 정서적 친밀감을 느끼는 집단 내에서의 관계를 유지한다.

"글을 쓰거나 그림을 그리지 않고 단지 내면의 삶을 조형하는 것만으로도 창작하는 게 가능하다고 믿는다. 그리고 그것 역시 하나의 행위다."

– 에티 힐레숨

마더 테레사(1910–1997)는 알바니아에서 태어났지만 나중에 인도 시민이자 인도 수녀가 되었다. 87세에 죽을 때까지, 그녀는 여러 대륙의 가난한 이들에게 선교를 하기 위해, 나병 환자들과 버려진 아이들, 노인들과 죽어 가는 이들, 절망적인 빈곤에 시달리는 이들에게 자비로운 도움을 주며 정력적이고 쉼 없이 일했다. 89세에 그녀는 노벨 평화상을 수상했다.

4. 창조성은 최고의 유산이다. 인생 만년에 창조적이 되면 우리가 나이 들면서 가능한 것에 대한 값진 모델을 자녀, 손주, 증손주 그리고 사회에 제공해 준다. 가족이나 다른 사람들에 대한 인생의 역할모델로서, 당신은 노화에 대한 개인적 사고와 사회 정책들을 형성할 수 있다. 역사적으로 노인들은 가족과 지역사회의 역사와 가치관을 다음 세대에 전해 주는 문화 '지킴이들'로 창조력과 구별되어 왔다.

우리 대부분은 노벨 평화상을 수상하거나 대통령이 되지는 못할 것이다. 그러나 삶—특히 나이가 들었을 때—의 형태를 규정짓고, 개인적 성장과 자기표현을 위한 새로운 가능성을 펼치기 위해 창조성을 활용할 수는 있다. 우리가 노년기의 창조적 잠재력에 완전히 접근하려면, 먼저 개인적인 자기표현과 이해를 방해하는 내·외적 걸림돌을 치울 필요가 있다. 그 걸림돌들은 창조력의 속성에 대한 오해나 부정적 고정관념, 노화에 대한 거짓말의 형태 속에서, 그리고 개인적 삶의 경험적 요소들이 우리 자신과 우리의 삶을 바라보는 렌즈를 어떻게 색칠하는가를 통해 어렴풋이 나타난다.

인식 전환:
동등한 기회 속성으로서 창조력

'집단무의식'과 인간의 기본적인 심리 속성의 '원형'에 대한 이해를 진전시킨 정신분석학의 개척자 칼 융(1875–1961)은, 86세로 죽은 해에 자서전 《기억, 꿈, 사상》을 완성했다.

내가 말하는 창조력이란, 캔버스 위의 그림과 같은 예술품이나 상상력 넘치는 생각을 가진 사상가들, 혹은 문명을 형성하거나 뒤흔든 발명품들에서 보이는 창조력을 의미하는 게 아니다. 창조력은 인간의 고유한 속성이며, 배관공이든, 교수든, 즉석 요리사든, 투자 은행가든, 우리 모두에게 선천적인 것이다. 일 지향적이든 가정 지향적이든 그 창조력은 우리 자신의 것이며, 그것은 인간 정신을 뜨겁게 하고 내적 성장과 자기표현에 대한 우리의 욕망을 태우는 불꽃이다. 우리의 창조력은 예술과 과학, 또는 정치의 영역에서부터 좀 더 높은 대학 학위 취득이나 새로운 취미, 또는 공공심(公共心)의 지역사회 행동주의에 이르기까지 다양한 방식으로 나타날 수 있다.

롤로 메이(Rollo May)는 《창조할 수 있는 용기 *The Courage to Create*》라는 책에서, 창조력을 "새로운 것이 나타나게 하는 과정"이라고 설명한다―영향력 있는 독창적 아이디어, 관점, 과정, 또는 산물 등이 그것이다. 이러한 관념에는 광범위한 창조적 표현이 포함된다. 창조력과 그 효과들은 우리가 자기이해의 새로운 태도나 행위를 발달시키는 단일한 경험일 수 있으며, 그렇게 함으로써 근본적으로 우리가 삶과 관계 및 활동들에 접근하고 경험하는 방식을 바꾼다. 창조력은 지역사회나 문화에 대한 우리의 생각, 행동, 경험을 바꿀 수도 있다.

일반적으로, 창조력에 대한 논의는 우리에게 그것에 대한 의미를 설명하기보다는 그 속성과 근원을 설명하려는 시도에 초점을 둔다. 그렇더라도, 그 의미에 대한 문화 간 인식의 차이는 상당하다. 예를 들어 스위스 정신분석학자이자 20세기의 위대한 심리 이론가 중 한 명인 칼 융은 창조력을 무의식적 삶의 일부로 보았으며, 그가 "집단 무의식"(collective unconscious)이라고 부르는 것이나, 또는 보편적인 인간 문제와 주제에 관련되는 모든 사람의 내면 심리적 삶의 부분 속에 뿌리내리고 있다고 보았다.

태평양의 여러 지역에서는 창조력을, 사물들이나 사람들에 응축되어 있는 특별한 에너지를 표현하기 위해 멜라네시아와 폴리네시아에서 사용하는 단어인 마나(mana)와 관련된 것으로 인식한다. 이 개념은 창조적 에너지를 포함한다. 비록 신성한 기원을 가진 것이라 여기더라도, '마나'에서 나오는 창조적 에너지는 적절한 제의를 수행하거나, 기술을 연구하고 습득하여 그것에 대한 접근권을 얻을 수 있는 평범한 사람들에게도 적용될 수 있다고 믿어진다. 모든 개인은 마나에서 뿜어져 나오는 창조력의 어떤 형태에 대응하는 잠재력을 지닌 것으로 간주된다.

나는 당신이 그것을 어떻게 정의하든, 혹은 당신의 성별이나 인종, 민족적

에밀리 그린 볼치(Emily Greene Balch, 1867–1961)는 미국 정치 과학자, 사회학자, 경제학자, 사회 개혁가, 평화주의자였다. 1차 대전 중에는 여성평화운동을 이끌었고, 1919년(52세) 국제여성평화자유연맹 창립에 기여했다. 이후 1934–35년(67~68세) 재무부 장관으로 일했다. 그녀는 일평생 평화를 증진하는 일을 멈추지 않았으며, 1946년(79세) 존 랠리 모트와 공동으로 노벨 평화상을 받았다. 1951년(85세)에 《인간 통일을 향해 *Toward Human Unity*》를 썼다.

유산이나 영적 시각이 무엇이든 간에, 창조력을 바라보는 이처럼 다양한 시각들은 개념 정의(definitions)를 위한 단순한 말싸움이 아니라, 창조력이 보편적인 인간의 기본 속성으로 인식되고 있음을 보여주는 것이라고 제언한다. 노화가 종점이 아니라 여행이듯, 창조력은 결과물이 아니라 과정 또는 전망이다. 그것은 나이나 시대와는 독립적으로 존재하는 확실한 인간적 속성으로, 어느 연령에서든 우리 삶을 바꿀 수 있는 에너지의 더 깊은 차원을 반영한다.

우리가 그것을 어떻게 정의하든, 우리 중 너무 많은 이가 삶을 바꾸고 직장과 가정에서 관계들을 풍요롭게 할 창조력의 힘을 보지 못한다. 설혹 창조력의 가치를 인식할 때조차도, 우리는 우리의 인생을 통틀어 다섯 살보다 여든다섯 살에 이르면 점점 더 창조력이 있다는 것과 그 잠재력에 대하여 눈먼 채로 있다. 그것에 대한 우리의 전망은 대부분 노화에 대한 고정관념과 오해, 선입견과 무지로 뒤덮여 있으며, 창조력은 예술가의 영역에 속할 뿐이라는 고정관념 때문에 더욱 혼란스러워진다. 하지만 그 거짓말과 고정관념들을 벗겨낼 때, 놀랄 만한 영감을 주는 현실을 알게 된다. 창조력은 인생 만년에도 가능할 뿐더러 보편적인 강력한 내적 자원이다.

창조력과 노화: 신화와 오해에 저항하기

노화는 우리가 창조성을 탐색하기 위한 배경이기 때문에 노화를 대하는 우리의 믿음과 감정들이, 특히 나이가 들었을 때 삶 속에서 창조력을 발휘하거나 발휘하지 못하는 방식을 어떻게 규정짓는가에 대해 이해하는 게 중요하다.

노화에 대해 생각을 많이 하고 싶은 사람은 없다. 1842년에 영국의 성직자 시드니 스미스(Syndey Smith)가 결론을 내렸듯, 우리가 노년을 "잠들지 못

지그문트 프로이트(1856–1939)는 67세에 유명한 저작《에고와 이드 *The Ego and the Id*》를 74세에는 《환상의 미래 *The Future of an Illusion*》를 출간했다.

하는 밤과 재미없는 날들"이라는 황무지로 본다면, 분명 우리는 음울한 파국으로의 여정을 끔찍하게 여길 것이다. 비록 늙어가는 게 "장땡"이라고 코미디언 조지 번즈(George Burns)가 90세에 재담을 했더라도 노화는 여전히 악평을 받는다. 죽을 때까지 중대한 질병과 장애, 수모와 상실을 통해 희망 없이 내리막길로 미끄러져 내리는 정신적·신체적인 악화라는 음울한 함의가 있는 것이다.

나이가 드는 게 개인 성장에 대한 흥미로운 기회들과 심오한 만족감을 제공할 수 있겠다는 생각은 대부분의 사람들에게는 낯선 듯하다. 생명을 연장하는 과학적·의학적 진보들에 대한 새로운 소식을 들을 때조차도, 우리는 우리의 통제력을 벗어난 것처럼 보이는 수많은 상황들에 따라 그 여분의 시간(양적인 시간)이 부담이 될 수도 있고 축복이 될 수도 있음을 안다. 우리는 더 많은 어떤 것에 대한 약속을 원한다(질적인 시간).

'정신분석학의 아버지'라 여겨지는 지그문트 프로이트는 가장 기본적인 인간 정서적 욕구들이 일과 사랑으로 충족된다고 기술했다. 삶의 가치에 대한 우리의 척도는, 나이가 들었을 때 우리가 얼마나 쓸모 있다고 여겨지고, 사랑받고 사랑한다고 느낄 수 있는가 하는 정도에 주로 좌우된다는 것은 사실이다. 이것은 혈액의 화학적 분석이나 심장 박동수, 골밀도 문제를 초월하며, 우리의 기분뿐 아니라 인생에 대한 느낌도 반영한다. 이 미묘한 삶의 질은 분명 신체 상태에 영향을 받지만 그것으로 규정되거나 제한될 필요는 없다.

우리는 '노화의 영향들'에 대해 많이 듣는다. 그것은 "언덕을 넘어가는" 또는 "인생의 가을에 있는" 노인을 가리키는 "늙은 개에게는 새로운 기술을 가르칠 수 없다"는 오래된 속담에서도 알 수 있듯 우리 언어에 깊이 배어 있다. 우리는 얼굴 주름살과 심각한 노년기 우울증, 삐걱거리는 관절과 까칠한 태도에 이르기까지, 노화가 바람직하지 않은 어떤 것이라고 비난하는 말을 자주 듣는다. "서른을 넘은 사람은 믿을 수 없다."는 개념이 대중화된 것은 1960년대였다. 제2차 세계대전 이후 1940년대 후반 베이비붐 시기에 출생한 그 시대의 10대들은, 오늘날 중년의 전문직업인과 소비자라는 강력한 인구 집단이 되었다. 그 세대들이 '50대'에 대해 이야기하는 경우, 그 말은 지난 시대에 대한 향수와 더불어 그들의 나이를 가리킨다. 2000년경에는 거의 3천만 명의 남녀가 50대(45-54세), 즉 좀 더 의미 있는 삶이나 새로운 관심과 경험들에 대한 추구로 특징지어지는 중년의 길에 근접하거나 접어들었다.

이것은 특히 흥미로운 전망인데, 바로 그것이 늙어 가는 것에 대한 높은 기대를 가질 이유가 충분한 첫 세대이기 때문이다. 과학과 의학, 예방 건강 분야의 발전들은 노화에 대한 전망들을 개선하고 있으며, 우리 주변 모든 사람이 활기찬 삶을 누리는 노년을 증거하는 모델이다. 그러나 그 모든 증거에도 불구하고, 베이비붐 세대들과 젊은 성인들에게서 분명히 나타나듯이 지적인 힘이 있고 능동적인 데도 노화를 힘든 것으로 정의하려는 역사적 추정에 의해서 노화라는 유령이 보여 진다.

이제 그러한 '노화의 영향들'에 대해 이야기해 보자. 나는 지난 30년간 정신의학자와 노인병 전문의(노화에 대한 건강 관련 전문의), 과학자, 미국 노인들을 대표하는 공공 정책 활동가로서, 노인 환자들 및 노화 분야의 동료들과 일하고 연구했다. 말 그대로 노화의 영향들에 몰입해 있으며 노인들에 대한 공적 인식에서 통상적으로 간과되는 광범위한 영향들을 알고 있다.

나는 60세에 미국 국무성의 최초 여성 수장이 된 매들린 올브라이트(Madeleine Albright)나, 65세에서 73세까지 미국의 저명한 외과의로 근무하고 80대의 나이에 공공의료의 개선을 위한 단체의 훌륭한 대변인으로 활동한, 1916년생 C. 에버렛 쿠프(C. Everett Koop) 박사를 생각한다. 또한 미디어 분야에서는, 현재 60대의 나이로 충분히 텔레비전 언론의 '영부인'이라고 할 만한 바바라 월터스(Barbara Walters)를 생각한다. 65세의 나이를 넘어 〈투나잇 쇼〉를 진행한 자니 카슨(Johnny Carson)은 전설적인 개성, 위트, 유머, 매력, 성적 매력을 계속 보여주었는데, 그는 좀 더 사생활을 즐기려고 스포트라이트에서 벗어났는데도 여전히 수많은 추종자를 거느리고 있다. 마야 안젤루(Maya

엘리자베스가렛 앤더슨(Elizabeth Garrett Anderson, 1836–1917)은 1865년(29세) 영국에서 의사로 의료 활동을 하는 최초 여성이 되었다. 72세에(1908), 그녀는 최초 여성시장(올드버러)에 선출되었다.

Angelou)는 65세에 클린턴 대통령의 1993년 취임식을 위해 "그 바위는 오늘 우리에게 소리치네"라는 시를 쓰고 발표할 것을 요청 받았다.

역사와 문학은 나이가 들어가면서 지적·정서적으로 활기를 띨 잠재력을 예증하는 더욱 놀랄 만한 이야기들을 우리에게 제공한다. 위대한 고대 그리스 극작가 중 한 명인 소포클레스는 90세에 그의 저명한 희곡인 〈콜로누스의 오이디푸스〉를 썼다. 러시아 서정 시인이자 소설가인 보리스 파스테르나크는 그의 첫 소설 《닥터 지바고》를 66세 때 썼다. 유명한 사회개혁가이며 여성 참정권 운동의 지도자인 수잔 B. 앤서니는 80대까지도 국제적인 활동을 계속하여, 84세에 베를린에서 국제여성참정권연대를 설립했다.

이 특출한 개인들은 공적인 활동의 영역에서는 특별한 재능을 보여주었지만, 그들의 노년기를 이끈 활기에 있어서는 전혀 특별하지 않다. 나는, 60세에 이혼한 후 마사지사 교육을 받고 직장 생활에 뛰어들어야 했지만 70세에는 고객들이 몇 달 전부터 예약을 할 만큼 인기를 끈 달린(Darlene)이나, 혹은 65세에 관리직에서 은퇴해 목공예 가로 변신할 때까지 목공일에 관심을 기울일 시간이 없었던 칼(Karl)에 대해 생각한다. 현재 70대인 그가 제작한 장식 가구들은 새로 짓고 있는 많은 공공건물들을 장식하고 있다.

76세의 샬롯(Charlotte)은 젊은 시절의 자신을 "시들고 있는 제비꽃"이라고 묘사했다. 그녀는 교실에서 손을 든 적이 없었고, 학교의 무용 수업시간에도 눈에 잘 띄지 않았으며, 한때는 사회적 상호작용을 두려워하는 '사회공포증' 으로 진단을 받기도 했다. 60대 중반에 비서직에서 은퇴한 후 사회생활의 두려움에 직면한 그녀는 지역사회 극장에 가입했다. 그녀는 그것을 "물에 대한 두려움을 극복하려고 다이빙을 하는 것" 같았다고 말했다. 70대 초반이 되었을 때, 그녀는 대중 공연무대에서 연기뿐 아니라 노래까지 했다.

88세의 로버트(Robert)는 70대 초반에 정부 변호사직에서 은퇴하고 5년 간 자기 사업을 한 뒤, 사진을 선택했다. 그는 10년 후 다큐멘터리 사진작가로 새로운 명성을 얻었다. 알래스카에서 타히티까지 아우르는 광범위한 국제

이모젠 커닝햄(Imogen Cunningham, 1883-1976)은 성공한 미국 사진작가로, 90대의 나이에도 샌프란시스코 미술대에서 교편을 잡았다. 그녀의 작품에 대한 논문인 〈이모젠! 이모젠 커닝햄의 사진들〉은 91세이던 1974년에 나왔고, 최후 사진집은 그녀가 93세에 사망한 지 일 년 뒤에 《아흔을 지나 After Ninety》라는 책으로 출판되었다.

사진시리즈를 제작했는데, 그로 인해 지역사회 교육프로그램의 강사로 자주 초빙 받게 되었고 그것이 은퇴자들의 공동체에 큰 기쁨을 주었다.

마지막으로 나는, 스트레스를 많이 받는 환경에서도 유머와 친절함을 잃지 않고 열정으로 반응할 때 일어나는, 일상생활의 긴장을 풀어주는 창조적 정신의 변형적 효과를 생각한다. 나는 사무실 동료와 거리의 사람들, 부모와 자녀, 교사와 학생, 점원과 고객들 사이 등등의 수많은 순간들에서 이것을 본다. 차를 타고 서둘러 어디를 가다가 빨간 불을 만날 때, 아니면 누군가 나에게 사려 깊지 못할 때, 내 자신에게서 그것을 본다. 나는 융통성 없이 굴거나 화를 낼 수도 있고, 침착하게 대처해 그들이 내 하루를 망치지 못하게 할 수도 있다.

다음으로는 꿈, 욕망, 야망, 결심, 지혜 및 동정심 등도 역시 노화의 여러 영향들에 명백하게 포함된다. 많은 노인에게 건강 문제는 삶의 일부이며 만성 질환이나 장애의 위험이 나이가 들면서 증가한다는 것을 부정할 수는 없다. 그러나 역사적으로 그리고 오늘날에도, 우리 주변에는 난관이나 슬픔, 상실에도 불구하고 창조적 정신을 표현할 방법을 찾아낼 수 있다는 증거가 있으며, 때로는 그 과정에서 더 강력해지기도 한다.

"지난 몇 년간, 나는 스릴 넘치는 발견을 했다. … 사람들은 예순이 넘어서야 진정으로 삶의 비밀을 배울 수 있다"고 67세에《우리의 삶에서*In This Our Life*》라는 책으로 퓰리처상을 수상한 엘렌 글래스고(Ellen Glasgow)는 말했다. "사람들은 그때에야 비로소 부분적인 장점을 지닌 존재가 아닌 온전한 존재로 살기 시작할 수 있다."

글래스고가 온전한 존재로 사는 비밀이라고 하는 것은, 우리 각자 안에 있는 창조적 정신이다. 우리의 성별이나 연령, 인종, 종교, 수입 또는 건강 상태에 대한 인구학적 표지가 무엇이든, 우리에게 힘을 주는 것은 창조력이다. 그리고 그것은 우리가 탐색하고 발견하며, 자기표현의 여정으로서의 삶에 참여할 수 있게 한다. 그것은 어느 연령에서든 어떤 상황에서든 일어날 수 있지만,

67세에(1959), 아치볼드 맥클리시(Archibald Macleish)는 퓰리처 상 드라마 부문과 앙트와네트 페리 상 올해의 최고 연극 부문을 수상했다. 그 극본은 운문극 J.B.였다.

나이가 우리에게 제공하는 경험의 풍부함은 가능성을 엄청나게 키워 준다. 창조력과 삶의 경험의 독특한 조합은 노화에 따른 내적 성장을 위한 역동적 차원을 만들어낸다.

모든 사람이 창조력을 위해 '적당한 재능'을 가지고 있다

46세의 조안은 73세 된 자신의 모친인 마리가 나날이 더 까다롭고 인색해지는 것을 보면서 노화 과정에 대해 실망하고 있다. 그녀의 모친은 언제나 다소 비판적이고 완고한 성격이었지만, 2년 전 조안의 부친이 세상을 떠난 이후 점점 참을성이 없어지고, 가족이나 친구, 심지어는 불행하게 그녀를 만나게 된 낯모르는 사람들까지도 노골적으로 모욕했다. 그녀의 무신경함과 상처를 주는 행동은 그녀를 아는 모두를 낯설게 했고, 그것은 모녀간의 긴장감을 높이는 원인이 되었다.

"창조력은 몇몇에게는 선택이지만 우리 엄마에게는 아닌 것 같다."고 조안은 말한다. "나는 그게 없는 사람도 있다고 생각해요. 그들은 삶의 좌절에 제대로 대응하지 못하고, 오래 살면 살수록 더욱더 삶에 대해 까탈스럽게 되고 노여움을 갖게 되죠. 우리 엄마는 화를 잘 내는 여자예요.―특별한 큰 일 한 가지가 아니라 모든 것에 대해서―그리고 그녀는 주변 모두에게 성질머리를 드러냅니다. 그녀가 항상 이 지경이었던 건 아니에요. 노화가 그녀를 이런 끔찍한 사람으로 바꿔놓았어요."

조안의 모친에게는 자신의 삶을 좀 더 낫게 만들 수 있는 창조적 가능성이 없는가? 당신이 아는 다른 까다롭고 짜증을 잘 내는 노인들이나 계산대나 대기실에서 만나는 이들은 어떤가? 그들 역시도 일생의 내적 자원인 창조력에서 '규칙의 예외'인가? 아니다. 그들도 예외가 아니다. 그들은 창조적 능력과 자신의 삶을 개선하게 될 방식으로 그것을 활용할 잠재력이 있다. 그들에게

영국의 성경 번역가인 존 베트램 필립스(John Betram Phillips, 1906–1982)는 78세인 1984년에 출간한, 자신의 23년간의 우울증과의 싸움에 초점을 맞춘 책 《상처받은 치유자 The Wounded Healer》를 포함한, 베스트셀러 12권의 저자이다.

부족한 것은 연결 통로다.

사실, 마리는 자신의 화와 까다로움의 완고한 껍질에 갇혀 있다. 그러나 그녀의 까다로움은 노화의 결과가 아니다. 그것은 창조성에 대한 내적 걸림돌이 된 개인의 성격적 특징과 정서적 귀결의 증상이다. 그녀와 가족 및 친구들 사이에서 점점 쌓여 가는 불쾌한 감정이나 '감정적 앙금'(emotional baggage), 그리고 그들로부터의 소외와 그에 수반하는 물리적 고립의 심화는 그녀의 창조력에 대한 외적 장애물이 되었다. 그녀는 도움이 필요하다.

이것은 우울증이나 불안 장애, 또는 치료가 필요한 다른 행동이나 의학적 증상으로 인해 고통 받을지 모르는 15세, 27세, 53세의 누군가와 다르지 않다. 어느 연령이든 정신병은 창조력에 장애가 되며, 자신의 창조력을 탐색하기 시작하기 전에 사람들은 창조력을 가로막는 문제들을 다뤄야 한다. 예를 들어, 노인들의 15퍼센트는 임상적으로 우울증이라는 중요한 증상이 있다. ─신체적인 질환이 덜한 청년들보다 다소 높은데, 이것이 우울증의 위험 요인이다. 모든 연령대의 환자들이 그렇듯, 그 대다수는 적절한 진료로 우울증을 경감할 수 있었다. 우울증을 관리할 수 있을 때까지, 그것은 그들의 잠재력을 발달시키고 더 창조적인 삶의 혜택을 즐길 능력을 제한할 것이다. 물론, 정신적 질병─나이와는 별개로─을 가지고 있는 사람들의 창조력에 대한 사례는 많지만, 그들의 창조적 성과들은 보통 그들의 증상들이 통제되는 기간에 일어난다.

우울증이든, 두려움이든, 불안이든, 의존이든, 약물 남용이든, 직업 압박감이든, 제한적 관계든, 우리가 그 장애물을 인지하고 삶에 대한 그것들의 영향력을 경감할 조치를 취할 때까지는, 그것들은 계속해서 창조적 자원들을 모호하게 만들 것이다.

최선의 상황에서도, 창조력은 진화하는 과정이다. 그것은 흘러오고 흘러가며, 때마다 다르게 우리를 움직인다. 이는 직장 생활, 관계 및 정서들의 영역에 있는 다른 많은 삶의 현상들과 다르지 않다. 우리 모두는 좋은 해(years),

나쁜 해가 있고, 어떤 해는 다른 해보다 더 좋다—그것은 모두 인간생활의 일부이다. 창조력은 삶으로부터 우리를 보호해 주지 않으며, 더 완전하게 참여하도록 도와주고, 삶의 어려움들에 내재하는 기회들을 발달시키도록 돕는다.

내재하는 창조력에 기여하는 인간 속성과 인간 행동의 다른 측면들이 있다. 우리는 항상 성격과 상황, 인생 경험에 영향을 받는다. 우리의 창조력은 자기 동기부여나 끈기, 풍부한 자원, 독립성, 호기심, 미지의 것에 대한 매혹, 도전 감각, 애매모호함에 대한 인내, '고정관념을 벗어나는' 능력, 새로운 것이 아닐 경우에는 무언가 다른 것을 찾으려는 욕망, 용기, 현재 있는 것이 아닌 다른 것을 상상하는 능력, 꿈을 위해 위험을 감수하려는, 그리고 자신의 내부로부터 영감을 이끌어내는 능력을 포함한 어떤 자질들에 의해 개선된다.

이 논의에서 염두에 둘 중요한 점은, 이 같은 측면들 중 어떤 것도 당신의 유전자에 의해 생물학적으로 굳어버렸거나 출입 금지된 구역이 아니라는 것이다.

다시 말해, 그것은 당신이 '제대로 된 물건'을 가지고 있는지의 여부가 아니다. 그 제대로 된 물건—차이를 만들어낼 수 있는 인간 속성과 인간 행동의 측면들—은 다른 때에 다른 상황에서 활성화된다. 그런 상황이나 인생의 사건이 발생하기까지, 당신은 당신이 그것들을 동원할 능력이 있는지 모를 수도 있다. 이것은 나이 듦에 대한 심오한 경험과 교훈들 중 하나이다.

왜 나는 창조력이 우리 모두에게서 고무될 수 있다고 느끼는가? 왜 나는 노화를 창조력과 성장을 위한 독특한 기회로 여기는가? 그것은 내가 그것을 이미 목도했기 때문이다. 내 작업의 대부분은 늙은 환자들에 집중해 왔고, 나는 창조력이 우리의 자기표현을 가로막는 내적·외적 장벽들을 헤쳐 나가는 것이 가능하다는 것을 본 조력자이자 증인이었다. 나는 목공예가들(cabinet makers)에서 행정부의 각료들(cabinet members)에 이르기까지, 모든 삶의 발걸음으로부터 노인들에게서 드러나는 창조력을 보아왔다. 그들은 장애물에 직면할 때조차, 우리의 인간적 잠재력에 대한 더 완전한 경험을 즐기기에 결

> "모든 가능한 반론들을 먼저 극복해야 한다면, 그 어떤 것도 시도할 수 없을 것이다."
>
> – 사무엘 존슨

영국의 페미니스트이자 사회개혁가 엘리노어 플로렌스 래스본(Eleanor Florence Rathbone, 1872–1946)은 대영제국의 형편없는 법률 아래에서 있는 과부들에 대한 광범위한 연구를 수행했으며, 1940년 그녀가 68세에 쓴 저서인 《가족 수당의 사례 *The Case for Family Allowance*》를 통해 영국 국민들이 가족 수당을 옹호하도록 이끌었다.

코 늦지 않았음을 계속해서 드러낸다.

나는 1980년대 중반에 수행했던 한 연구를 통해, 노인들이 역경과 상실감을 경험했던 방식들을 조사했다. 이 연구에는 전업주부인 같은 세대의 여성 집단(65세 이상)이 포함되었는데, 그들은 가정에서 대단히 중요한 역할을 수행했음에도 상대적으로 남편들에게 의존적이었다. 또한 그들이 과부가 되었을 때는, 그것이 고통스러웠던 만큼이나 그들이 한때 경험한 성장의 양도 충격적이었다. 이들은 평범한 사람들이었다. 그 상황의 본질은 그들이 자신들의 잠재력을 개발할 기회나 능동적으로 행동할 기회가 없었다는 것이었다. 이들은 다양한 방면에서의 활동이라는 측면에서 놀라운 일들을 해냈으며, 그것이 글쓰기든, 자원봉사든, 예술 활동이든, 그들이 겪은 변화의 양과 방향의 다양성은 괄목할 만했다. 참으로 그것은 일생동안 자신의 환경에 의해 구속당했던—남자들도 포함해서—수많은 사람들에 대해 이야기해 주는 것이었으며, 사람들이 인생 만년에, 그리고 심리적이고 사회적인 위기에 직면해 어떻게 꽃을 피우는지를 지켜보는 것은 고무적인 일이다.

심지어 내가 이 책을 쓸 때조차, 개인적으로나 공공 정책면에서 우리의 관심 대부분은 노화의 문제들에 집중되어 있는데, 우리는 이와 같은 제한적 관점—의도가 얼마나 좋든지 상관없이—이 우리 사회가 노화문제에 접근할 수 있는 가능성들과 방식들에 대한 우리의 생각을 방해한다는 점을 깨닫는 데 실패했다.

우리 각자에게, 그리고 노화의 어려움들을 일생의 기회들로 바꾸려고 애쓰는 우리가 사랑하는 이들에게 무엇이 가능한지를 이해하기 위해서는, 창조력과 노화에 관한 오도된 관념들을 제자리에 놓을 필요가 있다.

공공 정책과 개인의 삶에서 작용하는 신화들

노화와 창조력에 대한 신화들과 오해들이 어떻게 우리의 기대를 비관주의로 빠지게 만들 수 있는가? 노화에 대해서 부정적인 것은 곱씹고 긍정적인 것은 무시하는 우리의 최악의 믿음은 인간의 역사와 인간적 본성의 반영이다. 바로 지금까지도, 그것을 질병과 장애로의 몰락으로 여기기 때문에 대부분의 사람들은 노화를 두려워해 왔다. 우리가 속하고 싶지 않은 어떤 집단과 마찬가지로, 그들은 그것을 부정하고 머리에서 지우고, 그에 대한 경멸적인 그림을 그리려고 했다. 이것이 오해들이 구축되고 지속되는 방식이며, 사실들이 왜곡되어 우리 자신뿐 아니라 타인들에 대한 우리의 관점을 제한하는 고정관념들이 되는 방식인 것이다. 현재의 의학, 기술, 생활 방식의 선택권에서의 진보들을 감안하면, 이것은 모두가 함께하기를 갈망해야 할 하나의 소수 집단인 것이다!

인생 만년의 창조적인 속성, 잠재력, 우월성이 오해를 받는 한, 노인들의 욕구와 잠재적 기여들을 다루는 당대의 연구, 실천, 정책들은 어려움을 겪을 것이다.

연령에 독립적인 창조적 표현의 잠재력을 인식하면, 무엇이 가능한지에 대한 회의감—아니면 더 나쁜, 냉소—이 아니라 새로운 기회, 도전 그리고 누구나 바라는 창조력이라는 감각을 가지고 정책 입안자들을 협상 테이블로 불러낼 가능성이 더 크다. 다시 말하지만, 노화와 관련된 질병이나 장애의 중요성을 부정하는 것은 아니다. 그러나 대단히 저평가된—심지어 부정되기까지 하는—것은 노인들의 창조적 성장과 표현의 기회와 빈도이다.

노인들을 주로 몰락과 무능의 측면에서 생각하거나 국가의 부담으로만 여기는 것은, 예외적인 잠재력을 가진 국가적 자원으로서의 그들의 가치를 간과하는 것이다. 우리가 그 잠재력을 낮게 보거나, 우리들 사이에서 그들을 하찮은 존재로 만들기 위한 구실로 노인들을 볼 때, 우리는 인생 만년의 기술과

"위대한 일들이 성취되는 일은 근육이나 속도, 육체적 기민함이 아니라, 반성, 성격의 힘, 판단력이다. 이 특성들에서 노년은 보통 더 가난해지는 게 아니라 더 부유해진다."

– 키케로

40년간 벌을 연구했던 오스트리아 동물학자 카를 폰 프리슈(Karl von Frisch, 1886-1982)는, 벌들이 춤을 통해 정보를 소통한다는 것을 발견했다. 예를 들어, 회전 춤은 75m 이내에 음식이 있다. 흔드는 춤은 거리가 더 길다는 것을 의미한다. 이것과 곤충 및 동물 행동에 관련된 연구를 통해 그는 87세이던 1973년에 노벨 생리학상 수상자가 되었다. 그는 88세 때, 그의 고전적 저작인 《동물 건축학Animal Architecture》을 썼다.

스트라디바리우스로도 알려진 안토니오 스트라디바리(Antonio Stradivari, 1644-1737)는 전설적인 바이올린 제작자였다. 그는 22세에서 시작해 93세이던 사망한 해까지 1천 대 이상의 바이올린과 비올라, 첼로를 만들었다. 그의 방식들은 추종자들의 기준이 되었으며, 그는 완전하다고 여겨지는 바이올린 기술의 수준에 이르렀다. 그의 유명한 바이올린 중 두 가지 - '하베네크'와 '문츠' - 를 그는 92세에 만들었다.

적응에 대한 이러한 성장을 지원하는 도전과 책임을 회피하는 것이다.

또한 우리는 우리 역시도 늙어갈 것이라는 불가피한 사실을 무시한다. 우리는 노인에 대한 잘못된 고정관념을 극복하고 많은 영감을 주는 노년의 모델들을 인정해야 한다. 그들에게 배우고, 우리가 나이를 먹어 감에 따라 만족스러운 삶의 질을 유지하기 위해 우리 스스로의 기술을 개발해야 한다.

정부의 리더십은 진실을 가리고 해로운 방식들로 현재의 판단을 왜곡하는 반노화적 정서를 조작하는 권력의 좋은 예를 제공한다. 상원과 하원에 훌륭한 성과를 지닌 나이 든 의원들이 많은데, 우리가 노화에 대한 그런 비계몽적인 시각들을 옹호할 수 있는가? 대답은 이 사람들이 노화에 대한 부정적인 시각을 가지고 성장했다는 사실이다. 그들은 그것을 부정하고 폄하해 왔으며, 그것을 살피지 못했다. 그런 이유들로 인해, 그 부정적인 이미지들은 노인들이 수십 년 동안 여전히 개인적 성장과 사회에 기여할 수 있는 잠재력을 지니고 있다는 사실에 제한받지 않은 채 지속된다.

나는 미국 노인들에게 봉사하는 프로그램들의 옹호자로서 내가 직면하는 저항에서 종종 이러한 태도를 본다. 국립 노화연구소의 원장 대행으로 재직 시, 기억할 만한 어떤 모임에서 나는 노화와 만년의 질병 조사 연구 예산 요청을 변호하고 있었다. 한 의원은 그것이 노인과 그들의 건강 문제를 다루기 위한 예산의 불공평한 배분이라고 느꼈기 때문에, 그 연구에 대한 지출에 비판적이었다. 그는 우리가 '역사적' 관점을 채택함으로써 더 나은 서비스를 받을 수 있다고 주장했는데, 그것은 더 많은 자원을 청년에 대한 건강관리에 투입하고 노화로 인한 건강 문제들에는 '자연의 흐름을 따르게' 하려는 것이었다. 그는 이것이 젊은 인구 편에서 자금의 '평등을 재구축'할 것이라고 말했다.

그의 제안은 점잖은 무시—특정한 연령대에 있어서는 노인들이 사회를 위해 일하고 그 장면에서 사라져, 동토대(tundra)로 조용히 떠나는 게 적절하다는 믿음—라는 문화적으로 용인된 정책의 가정을 반영했다. 두 가지 파괴적 관념들이 그의 사고 중심에 놓여 있었다. 하나는 노인들이 기여할 일이 적다는 것이고, 다른 하나는 이전 사회들은 우리가 잊어 가고 있는 뭔가를 알았다는 것인데, 그것은 노화에 대한 점잖은 무시가 인류 자체만큼 오래된 전통이었다는 것이다.

역사는 사실 노화에 대한 우리의 논의에서 자리를 차지할 만하지만, 점잖은 무시의 정책을 정당화하기 위해서는 아니다. 사실, 우리가 역사를 면밀히 살펴볼 때 그것은 노화에 대한 건강 지원의 역사적 전통들과 노년에 대한 광범위한 새로운 잠재력을 가리키는 최근의 진보들에 대한 극적인 증거를 제공한다.

영감을 얻기 위해 지난 인간 사회들을 살펴보고 싶다면, 야수 같고 멍청하다는 뜻으로 쓰이는 이름인 네안데르탈인들을 생각해 보자. 네안데르탈인들은 호모 사피엔스의 초기 형태로, 10만 년에서 3만 년 전의 홍적세 후반기에 그 대부분이 유럽과 지중해에 살았다. 네안데르탈인 유적지는 중동과 북아프리카, 중앙아시아 서부에서도 발견되었다. 네안데르탈인들의 화석 뼈 연구에서, 과학자들은 뼈 악화와 골절로 특징지어지는 노년의 질병인 골관절염의 증거를 찾았다. 뼈 중 몇 개는 무골절을 보여주며 다른 것들은 치료한 골관절염 골절들을 보여준다.

이것은 우리에게 우선, 네안데르탈 문화 속에서 상당수의 사람이 노년까지 살았다는 사실과, 다음으로는, 그들에게 골절이 있었지만 치료를 받았음을 말해 준다. 이는 그런 상해가 무시되지 않았으며 오히려 그들이 도움을 받았기 때문이다. 만약 이 원시인들이 점잖은 무시라는 관념을 거부했을 뿐 아니라, 분명히 늙고 고통 받는 이들에게 관심과 돌봄을 제공했다면, 가장 부유하고 계몽된 문명은 오늘날 노년을 개선하는 데 가용한 자원들을 가지고 무엇을 해야 하겠는가?

예산 형평성의 문제—즉, 누구에게 얼마를 쓰는가 하는—로 돌아가면, 비판자들을 만족시키려면, 우리는 질병 배분의 형평성을 재구축할 필요가 있을 것이며, 그 안에서의 예산 배분은 질병 배분을 따를 것인바, 이는 아동이 이제

저명한 고고학자 메리 리키(Mary Leaky, 1913-1996)는 아프리카에서 인류 이전 화석에 대한 여러 유의미한 발견과, 인류가 그 대륙에서 진화했다는 이론들을 뒷받침하는 데 도움이 된 발견을 했다. 그녀는 65세 때, 자신의 가장 중요한 발견인 사람과(hominid) 동물의 발자국들을 약 350만 년 된 화산재 속에서 찾아냈다. 이 발견은 사람과 동물들이 이전에 믿었던 것보다 훨씬 빨리 직립보행을 했다는 증거를 제공했다. 71세에 (1984) 그녀는 자서전인 《과거 들춰내기*Disclosing the Past*》를 출간했다.

더 이상 보기 힘든 질병으로 죽고, 성인들은 이제 우리가 보통 중년이라고 간주하는 때 죽었던 시절로의 회귀를 수반할 것이다.

역사의 다른 시대와 달리, 오늘날 우리는 전 연령 집단에서 건강, 영양, 의료에서 극적인 진보들을 목격하고 있다. 20세기가 될 때까지 기대 수명은 50년이 넘지 않았다. 그러나 오늘날 21세기가 시작되면서 기대 수명은 75세를 넘었다. 그것은 우리가 겨우 의미 있는 방식으로 인식하거나 인정, 또는 이해하기 시작하는 50퍼센트 증가이다. 그렇더라도 우리가 질병 배분의 형평성을 재구축하는 것은 내키지 않는 일임은 분명하다.

우리는 건강과 의학에서의 이러한 진보들에 의해 이루어진 영향과 타협하면서, 이 같은 새로운 현실을 이용해 노화에 대한 우리의 관념들을 밝혀야만 한다.

창조성: 다양한 방식들

에른스트 알렉산더슨(Ernst Alexanderson, 1878-1975)은 1955년 321번째 특허를 그가 RCA를 위해 개발한 컬러텔레비전 수상기에 대해 받았는데, 향년 77세였다.

토마스 에디슨은 1,000 개 이상의 특허를 땄으며, 평생 동안 발명을 계속했다. 65세(1912)에, 그는 최초의 유성영화를 제작했으며, 70대였던 제1차 대전 중에는 해군 자문단의 수장으로 어뢰 메커니즘과 대잠수함 장치들에 대한 연구를 지휘했다. 그는 자신의 80대를 집안의 잡초에서 고무와 닮은 물질을 개발하려는 노력에 헌신했다.

캐나다 물리학자 존 커닝 햄 맥레넌(John Cunningham McLennan, 1867-1945)은 1932년 헬륨 용해를 성공했는데, 향년 65세였다.

삶의 힘으로서 창조력에 대해 생각할 때, 작가인 롤로 메이가 말했던 것처럼, 우리는 종종 그들의 작업이 "기존의 것에 새로운 어떤 것을 부여하는 과정"으로서의 창조력을 강력하게 보여주는 저명한 예술가나 지도자, 과학자, 또는 발명가들을 먼저 생각한다. 하지만 덜 극적인 삶을 살아가는, 그리고 그들보다 평범한 관심사를 갖고 활동하며 살아가는 사람들은 어디에 두어야 하는가?

창조력에 대한 더 깊은 파악을 하려면, 우선 창조력이 천재들을 위한 것만이 아니라는 진리를 이해해야만 한다. 당신은 선천적 재능을 갖고 태어나거나 특별한 환경에서 양육될 필요는 없다. 저명한 정신과 연구자이자 《창조력: 마법적 통합Creativity: The Magic Synthesis》의 저자인 실바노 아리에티(Silvano Arieti)는, 만족감을 주며 때로는 좌절감을 없애 주는 소위 '평범한 창조력'의 중요성을 찬양했다.

비슷한 맥락에서, 저명한 인간 발달 전문가인 하버드 대학교의 하워드 가드너(Howard Gardner) 교수는 창조력을 '대문자 C' 창조력과 '소문자 c' 창조력 두 가지로 구분했다. '대문자 C' 창조력은 예를 들어, 앨버트 아인슈타인의 상대성 이론이나 조르주 브라크의 입체파 그림들 같이, 특별한 사람들의 비범한 성과들에 적용된다. 이 같은 형태의 창조력은 전 사상 분야를 바꿨을 뿐 아니라—이 경우에는 물리학과 미술—다른 사상 분야들, 그리고 어떤 면에서는 세계사에 영향을 주기도 했다.

'소문자 c'의 창조력은 삶의 갖가지 잡다한 실체의 바탕이 된다. "모든 사람은 그들이 특별한 관심을 갖고 있는 특정 분야가 있다"고 가드너는 설명한다. "그것은 직장의 업무에 관한 것일 수도 있고—그들이 메모를 쓰는 방식이나 공장에서의 장인정신—또는 무엇을 가르치거나 뭔가를 파는 방식일 수도 있다. 얼마 동안 그 분야에서 일을 하다보면 그들은 그들이 알고 있는 주변의 어느 누구만큼이나 꽤 능숙하게 될 수 있다." 예를 들어, 내가 처음으로 샀던 집의 전 주인은 은퇴 후 뒤뜰 정원에 나무를 심고 조각을 하기 시작했으며, 아름답게 조경이 된 3차원의 시각적 경험을 만들어냈는데, 그것은 그가 80대 후반에 주택과 정원을 특집으로 다룬 전국적인 잡지에 사진이 실렸다.

'소문자 c'의 창조성 역시, 식사를 약간 다르게 한다든지, 일 문제에 새로운 관점으로 접근한다든지, 스스로 작은 도전을 하는 개인들에 적용된다. '소문자 c'의 창조성에 대한 이런 예들은, 비록 아인슈타인의 상대성 이론이 갖는 중요성의 수준만큼은 아니더라도, 우리 자신의 영역들에서 아주 성공적인 창

"우리에게 가장 중요한 사물들의 측면들은 그 단순함과 익숙함 탓에 숨겨져 있다."
– 루드비히 비트겐슈타인

1963년, 86세였던 조각가 메타 워릭 퓰러(Meta Warrick Fuller)는, 그해 초 앨라배마 버밍햄에 있는 교회에 대한 폭탄테러로 죽은 4명의 흑인 소녀들을 기리기 위해 "The Crucifixion with head of Christ raised"라는 유명한 작품을 만들었다.

조적 삶을 위한 개인의 잠재력을 개발하는 방식에서는 그만큼 중요하다.

수년간의 연구와 다른 작업 및 인생 경험으로부터 비롯한 창조력에 대한 나의 관점은, 공적인 창조성과 개인적 창조성, 또는 보다 사적인 창조성이 있다는 것이다.

공적 창조력은 당신이 속한 지역사회나 문화 또는 그 외의 어떤 것에 의해 그렇게 인식되고 칭송받는 창조적 행위들을 나타낸다. 우리는 종종 공적 창조력을 '대문자 C' 계열에 따라, 유명인의 업적으로 널리 인식되는 어떤 것으로 생각한다. 사실, 공적 창조성은 주요 조각이나 질병에 대한 치료법 같이 분명할 수 있다. 하지만 공적 창조력에는 당신이 속한 공동체의 벽화나 혹은 당신이 근처 학교의 자원봉사자로서 만들었을 수도 있는 게시판처럼 친숙한 것도 역시 포함된다.

개인적 창조력은 새로운 것, 아마도 작품이나 생각, 아니면 단순히 신선한 관점, 당신 삶의 질을 높여 주고 만족을 준 어떤 것을 나타낸다. 그것은 단지 공적 인식이나 영향의 수준에 다다르지 않았을 뿐이며, 그렇게 되지 않을 수도 있다. 당신은 자신이나 가까운 주변 사람을 제외하고는 그 누구에게도 그것을 알리려고조차 하지 않을 수도 있다.

예를 들어, 당신의 상상력과 발명정신을 통해 당신은 새로운 레시피, 새로운 꽃꽂이 방법, 이메일로 딸이나 손녀에게 보낼 수 있는 시, 당신의 늙은 개에게 가르친 새로운 기술, 또는 새로운 운동 섭생법 등을 만들어냈을 수도 있다. 이것들이 개인적 창조력의 예들이다.

공적 창조력과 사적 창조력을 비교할 때, 당신의 결론은 매우 다른 것처럼 보일 수도 있지만, 거기 내재하는 창조적 과정의 가치, 창조적 표현의 정서적 경험은 같다. 창조력의 두 차원 모두 가치가 있으며, 둘 다 나이와 상관없이 인간 삶의 주기를 통틀어 강하게 지속된다.

공학자이자 비행 개척자 조지 캐일리 경은 82세이던 1853년 최초로 성공적인 유인 글라이더를 만들었다.

개인적 창조력과 노화 진행

75세의 과부인 아를렌 제이콥슨(Arlene Jacobson)은 내가 1980년대 초에 수행했던 노인들에 대한 장기 연구프로젝트 참가자였는데, 그것은 부분적으로 노년기의 변화와 새로운 전략들에 관한 연구에 초점을 맞췄다. 아를렌은 50년 넘게 오랫동안 만족스러운 결혼생활을 했다. 그녀는 아내이고 어머니며 남편과 세 자녀를 둔 주부로서의 자신의 삶을 자랑스럽게 말했다. 은퇴한 지 3년 만에 남편이 돌아가실 때 까지 아를렌은 그와 함께 새로운 여가 생활을 즐겼다. 남편을 잃은 것은 아를렌에게 아주 힘든 일이었고 그녀는 스스로에 의지해야 하는 새로운 어려움들에 직면했다. 이 어려움들을 완화하려고 그녀는 다양한 지원 서비스를 제공하는 요양원으로 이주했다.

아를렌은 남편 없이 장기간의 여행을 한 적이 없었지만, 거기서 만난 새 친구 중 한 명이 로마 여행에 같이 가자고 했다. 아를렌은 많은 숙고와 망설임 끝에 결국 동행하기로 했다.

이태리에 도착한 지 얼마 안 되어, 재미있게 여행을 즐기던 아를렌은 집에 안부 전화를 하다가 죽마고우가 죽었다는 소식을 듣게 되었다. 아를렌은 장례식에 참석하기 위해 돌아가고 싶었다. 문제는 그때가 8월이라는 것이다. 이태리 전국과 유럽 전체, 그리고 전 세계 대부분이 휴가철이어서, 장례식 시간 내에 미국으로 돌아오는 항공편은 자리가 없었다. 유일한 방법은 로마 공항으로 가서 대기하며 뉴욕행 비행기에 자리가 나기를 바라는 것이었다.

불행히도 그녀는 예정보다 늦게 공항에 도착했고, 그날 미국행 마지막 항공편의 대기 라인은 아주 길었다. 그녀는 참을성 있게 기다렸지만 그 줄은 천천히 움직였고, 어느 시점에 그녀는 시간 내에 공항 카운터에서 자기 순서가 되지 못할 거라는 것을 깨달았다. 한 가지 여느 때와는 다른 생각이 들었다. '표를 구하려면 새치기를 할 수밖에 없겠네.' 그녀는 새치기를 해본 적이 없었다. 하지만, 시간은 빨리 지나가고 있었다. 그 줄은 여전히 천천히 움직였다.

미켈란젤로(1475-1564)는 72세에 로마 성 베드로 성당(교황 성당)의 건축을 의뢰받았다. 88세에 죽을 때까지 그는 작품에 헌신했으며 이때 성 베드로 성당의 돔을 디자인했다.

그 이야기를 몇 달 후 다시 하면서, 아를렌은 그 상황의 강렬함과 그녀의 걱정이 정점에 달해 심장이 쿵쿵대고 땀이 맺힌 것을 떠올렸다. 큰 압박을 받으며 그녀는 '더 늦으면 안 된다'고 생각했고 전에는 절대 해보지 않았던 일을 했다. 그녀는 열을 제치고 줄 앞쪽으로 갔다. 사람들은 소리치기 시작했지만 이탈리아어를 이해 못 해 화가 나지 않았다. 그녀는 그 압박감을 견디고, 격앙되고 힘 있는 목소리로 매표소 직원에게 응급상황을 설명했다. 그녀는 표를 얻어 비행기를 타고, 장례식에 시간 내에 도착했다.

그 경험은 일면으로는 아를렌을 완전히 탈진하게 만들었지만, 다른 면에서는 감정적으로 신나는 것이었다. 그녀는 그녀 자신도 몰랐던 잠재되어 숨겨진, 강하고 용감한 내적 자아의 한 부분을 발견했다. 그 경험은 아를렌에게 자아 이미지를 바꾸는 전환점이 되었고, 흥미로운 새 경험과 관계들을 찾는 데 더 능동적이 되는 도약의 시작점이 되었다. 그것은 그녀에게 하나의 창조적 전환점, 개발되지 않은 잠재력의 대부분을 해방시키기 시작하는 창조적인 새 전략이었다. 그것은 그녀의 개인적 창조력이었고, '소문자 c' 창조력은 아를렌의 자아 이미지와 삶을 대하는 태도의 변화로 획기적으로 나타났다.

그녀는 일종의 경외감 속에서, 자신이 과거에 결코 개인적 목표를 가져본 적이 없었다는 사실을 숙고했다. 그녀의 목표는 항상 가족, 결혼관계, 자녀, 손주, 친구 그리고 예기치 않은 가난한 낯선 이들에까지 봉사하는 것이었으며, 특별히 그녀 자신을 위한 목표는 없었다. 이것은 공항 사건 이후 바뀌기 시작했고, 그녀는 대부분이 새로운 관심사들인 것들로 실험을 시작했다.

그녀는 원예를 시작했고, 국립미술관의 자원봉사까지 겸했으며, 남편과 함께 즐겼던 것보다 더 자주, 매주 한 번씩 브리지게임을 했다. 그녀는 그 다음에 월례 디너 클럽에 가입했고, 월례 독서 클럽, 그 다음에는 월례 연극 클럽에도 가입했다. 그녀는 여행 마니아가 되었으며, 더 이상 미지의 것들에 겁먹지 않았다. 그녀는 그 이후로 18개월 동안 세 번의 여행이 잡혀 있었다. 게다가 새로운 관심사가 생겼을 때도, 다른 활동들을 대부분 유지했다. 그녀는

영국의 조경학자인 거트루드 제킬(Gertrude Jekyll, 1843–1932)은 가장 성공한 자연정원의 옹호자였다. 그녀의 저서 《Colour in the Flower Garden》과 《정원 장식Garden Ornament》은 모두 1918년도에 출간되었으며, 그녀의 나이 75세 때였다.

자신의 이야기를 하면서, 대신에 하이킹을 선택할지도 모르지만, 자신의 가장 최근 관심사는 헬기 조종법을 배우는 것이라고 고백했다.

또한 아를렌의 이야기는, 변화의 장애물은 노화가 아니라 정서적 문제들과 삶의 경험들이며, 바로 그것들이 세월이 흐르면서 새로운 것을 시도하거나 심지어 생각하는 것조차 가로막는 장애물들과 결부되어 있다는 것을 보여준다. 사실, 우리가 제3장에서 살펴볼 것처럼, 노화는 종종 우리가 뭔가 다른 것을 할 수 있게 하거나 시도할 수 있도록 해준다. 그러나 변화는 스스로 생기지 않으며, 처음에는 종종 고민이 뒤따른다. 하지만 그 과정은 우리를 자유롭게 하고, 아를렌의 경우와 같이 새로운 길을 열어준다.

지능과 창조성

우리가 창조력의 공적 · 사적 형태를 구분하더라도, 창조력에 대해 다르게 생각하는 방법들, 그것의 다른 영역들, 고유한 자기표현과 관련된 우리 자신의 내적 근원들을 확인하는 여러 가지 방법들이 있다. 마이클 조던의 우아한 움직임, 마틴 루터 킹 목사의 놀라운 꿈과 언어, 물리학자 리처드 파인만의 수학적 마법, 또는 마더 테레사의 인간적이고 자비로운 태도들—공연 예술과 순수 예술의 경계 밖에 놓인 창조력의 형태들에 대한 모든 설명. 만일 창조력이 예술에 기반하지 않는다면, 어디에서 오는 것인가? 우리의 창조력은 어떤 내적 목소리와 말을 나누는가?

그 답은, 창조력이란 우리의 정서적 차원에서 우리의 특정한 '지능'의 형식 또는 두뇌 기능을 통해 말한다는 것이다. 만약 당신이 잘 아는 사람들이나, 그들이 휴가나 어떤 문제 또는 사람이 가득 찬 방에 접근하는 다양한 방식들에 대해 생각한다면, 당신은 일을 처리하는 지적 유형들의 다양성을 보게 될 것이다. 어떤 이는 가져갈 연필 수까지 꼼꼼하게 챙기며 휴가 계획을 세우는 반

"변화는 언제나 강력하다. 언제나 당신의 낚시 바늘을 던져놓아라. 가장 기대하지 않는 웅덩이에 물고기가 있을 것이다."
– 오비드(Ovid, BC 43-AD 17)

면, 다른 이는 계획보다는 충동에 따라 목적지를 택한다. 어떤 이는 문제를 풀기 위해 조용한 장소가 필요하지만, 다른 이는 일상적인 주변 소음의 자극을 선호한다. 어떤 이는 낯선 이로 가득 찬 방에 들어가기를 불안해 하지만, 다른 이는 새로운 사람들을 만나 새 친구들을 사귀는 데 열심이다.

인간 발달 전문가인 하워드 가드너는 '다중 지능' 이론을 우리에게 제시했는데, 그것은 우리의 개인적 특징인 '강점'과 '약점'이 어떻게 우리의 두뇌 기능을 반영하는지, 그리고 그것이 어떻게 특정한 종류의 학습과 숙달을 쉽게 하는지를 보여준다. 가드너의 이론에 따르면, 학교 스타일을 기준으로 우리가 얼마나 '명석'한지와는 상관없이, 우리의 학습과 자기표현을 형성하는 지능의 스타일에는 일곱 가지가 있다. 각각이 필요로 하는 두뇌 활동의 종류에 따라 정의되어 짝지어진 그것들은, 분석적 사고에서 드러나는 선형적·공간적인 지능, 감성적으로 타인에 대한 이해와 관계의 용이성에서 드러나는 사회적 지능, 운동과 무용에서 드러나는 신체·운동 지능, 그리고 분명하고 통찰력 있는 사고나 비전으로 특징지어지는 직관적 지능 등이다.

인본주의자로서 마더 테레사의 재능은 가난한 이들을 위해서 봉사하고 전 세계에 사랑 실천을 이끌어낸 창조적 비전의 원천으로 본보기가 된 정서적·사회적 지능의 아름다운 예이다.

우리 모두는 각각의 지능 종류에 있어 다양한 수준을 갖고 있으며, 그것들이 인생의 경험과 내적 성장에 따라 진화한다고 믿는 것이 합리적이다. 지능은 창조력과 같지 않은데, 당신은 새로운 것을 만들어내지 않고도 지능적일 수 있기 때문이다. 하지만 창조력은 지능 위에서 길러질 수 있다. 그것이 바로 내적 자원과 외적 영향에 따라, 우리 각자가 독특한 창조적 발견과 자기표현의 능력을 갖는 이유이다.

예일 대학교의 피터 살로비(Peter Salovey)와 뉴햄프셔 대학의 존 모이어(John Moyer)라는 심리학자들이 처음 도입하고, 대니얼 골먼이 그의 베스트셀러인 《감성지능Emotional Intelligence》에서 대중화한 개념인 정서적 기능은 특

아프리카 선교사로서의 놀라운 업적으로 알려진 앨버트 슈바이처(1875~1965)는 77세이던 1952년에 노벨 평화상을 수상했으며, 90세에는 신학자, 음악가, 철학자로 활동하기도 했다. 그는 자신의 저서인 《사도 바울의 신비주의》를 출판하고, 리사이틀을 열고, 유럽 전역에서 음악 레코드를 발매했으며, 바하의 작품 여러 편을 편곡하기도 했다. 그는 56세이던 1931년에 자서전인 《내 삶과 생각》을 쓰기 시작했고, 74세이던 1949년에는 중요한 후기를 덧붙였다.

히 우리의 창조력에 대한 이해에서 중요하며, 그것은 내가 사회적 창조력이라고 부르는 것에 기여하기 때문이다.

사회적 창조력은 문명사를 통틀어 사회의 노인들에게서 특히 강하게 나타나는 창조적 표현의 한 형태이다. 기술 시대 이전에는 노인들이 지식의 보유자들, 즉 사회의 젊은이들에게 지식을 전수하는 열쇠였다.

그러나 수많은 정보가 범람하는 오늘날, 노인들은 그들의 지혜를 통해, 우리가 중요하고 중요하지 않은 것을 결정하는 데 도움을 준다. 그렇게 많은 외교관들과 대법원 판사들이 노인들인 것은 놀라운 일이 아니다. 인생의 경험과 성숙함을 통해 얻어진 자원은 그들이 사회적 창조력을 쌓을 수 있게 했다. 토속 음식, 공예품, 직업, 노래 또는 춤 같은 우리 문화의 여러 고유한 측면들이 노인 세대에서 젊은 세대로 전수되는 것 역시 놀라운 일이 아니다. 노인들의 가장 중요한 창조적 역할들 중 하나는 문화 보유자들로서의 역할이다.

대문자 C와 소문자 c의 사회적 창조력

사실상, 노인들의 사회적 창조성은 대문자 C 창조성으로부터 소문자 c 창조성에 이르기까지 전면적으로 반영된다. 각각에 대한 예를 보자.

나이에 따르는 창조력의 중요한 역동성은 용기이다. 위험할 수 있고, 논란의 여지가 있으며, 필요한 결정을 내리도록 하는 용기. 그것은 조지 버나드 쇼가 말년에 쓴 다음과 같은 시를 반영하는 용기이다. "나는 이전에 없었던 것들을 꿈꾼다. 그리고 '안 될 이유가 없잖아(Why not?)'라고 말한다." 그것은 사실 "지금 아니면 언제?"라는 나이에 따르는 관점과 압박감에 의해 촉발되는 용기이다. 이에 대한 좋은 현대적인 예시로 이스라엘 총리인 이차크 라빈(71세)과 외무부 장관 시몬 페레스(70세), 그리고 팔레스타인 해방 기구 의장 야세르 아라파트(64세)에 의해 시작된 1993년의 밀실 협상을 들 수 있다. 이 협상은 여

미국의 장군이자 정치인인 조지 C. 마샬은 67세(1947)에 국무부 장관이 되었고, 그 후 2년 동안 유럽의 재건을 위한 성공적인 마샬 플랜을 개발했다. 이 뛰어난 업적으로, 그는 73세에 노벨 평화상을 수상했다.

러 가지 이유로 주목할 만했다. 아라파트와 라빈은 서로 적으로 지내왔고, 라빈과 페레스는 한때 이스라엘의 이웃국가들에 대한 공격을 이끌었던 반면, 아라파트의 PLO는 수십 년간 이스라엘의 숙적이었다.

평화 합의에 대한 이스라엘인들과 팔레스타인인들의 반대와 더불어 이런 초기의 장애물들에도 불구하고, 페레스와 라빈 그리고 아라파트는 이 협상들을 추진했으며, 그해 말에 역사적이고 특별한 이스라엘과 PLO 간의 평화 합의에 이르렀다. 이들 용기 있고 나이 든 지도자 세 명 모두는 "중동의 평화를 이룩하기 위한 노력"으로 그 다음 해에 노벨 평화상을 받았다. 그 상은 "양측의 위대한 용기를 필요로 한 정치적 행위를 기리"려는 뜻도 있었다. 그 합의는 세계 정치에서의 특별한 성과였고, 대문자 C의 사회적 창조력의 최근 예시였다.

하지만 용기와 위험은 역사적 평화 협정의 차원이어야만 할 필요는 없다. 그것들은 더 개인적이고 익숙한 차원에서 생길 수도 있다. 내 친구는 아무도 이해 못 할 듯한 불화로 지난 20년 이상 서로 말을 하지 않은 두 형제의 사촌이다. 그 세 명 모두 이제 60대 후반이었다. 그들의 일가친척들은 매우 가깝게 지냈으며, 그 형제들 간의 불화로 깊은 고통을 받았다.

그 관계는 결국 가족의 삼촌 중 한 명이 죽었을 때 바뀌었다. 그 사촌 형제는 그들의 사랑하는 삼촌을 위해 조사를 하게 되었다. 그 두 사람은 자신들이 연이어서 헌사를 하게 될 줄 몰랐고, 그 사촌은 한 사람이 연설을 마치고 내려올 때 다른 사람이 올라가면서 예의 바르게 그 사람의 손을 잡도록 했다. 극적인 침묵의 순간이 지난 뒤, 장례식의 분위기에 휩싸인 그 형제들은 서로 끌어안았다. 그 사촌의 행위는 개인적인 측면에서—혹은 소문자 c 영역에서—발현된 사회적 창조력의 형태였지만, 그것은 관련된 모든 사람에게 진정으로 중요한 발전이었다.

나는 내가 창조력의 철자를 쓸 수도 있기 전의 나이에 경험한 사회적, 그리고 개인적인 창조력과 내 자신의 조우의 순간을 기억한다. 그것은 짧은 순간이었지만 내 마음에 깊이 새겨졌으며, 지금도 나에게 그런 순간들이 인생을 형성하는 데 미치는 영향력에 대해 상기시켜 준다.

모두가 그렇게 부르듯, 히긴슨(Higginson) 할머니는 내가 다닌 보육원 원장님의 모친이었다. 그 보육원에서는 매일 오후, 4세 연령 그룹의 아동들은 모두 낮잠을 자야 했다. 하지만 어느 날 오후, 나는 잠이 오지 않았고, 그날 교실을 감독하던 히긴슨 할머니에게 낮잠을 자지 않아도 되는지 물었다. 돌이켜보면, 아이들이 항상 말을 안 듣거나 고집을 부리던 상황이나 시간대와는 달랐기 때문에, 그 당시의 내 행동은 그녀를 상당히 곤혹스럽게 만들었다고 생각한다.

그렇지만 히긴스 할머니는 현명한 해법을 생각해냈다. 그녀는 내가 다른 아이들과 누워 있어야 되지만, 모두가 잠들고 나면 일어나 방 반대편 구석에서 조용히 놀라고 속삭였다. 나는 그녀가 일단 내가 눈을 감으면 그냥 잠들어버릴 거라고 생각했을 거라고 확신한다. 하지만 아이들이 전부 잠든 몇 분 후, 나는 눈을 부비고 손을 들어 히긴스 할머니께 자신이 한 약속을 지키라고 조용히 몸짓을 했다.

그러나 다시 자리로 돌아온, 완고한 권위주의자인 원장은 자신의 모친이 나와 했던 이 거래에 대해 매우 화를 냈다. 그녀와 그녀의 모친은 열띤 토론을 벌였다. 그들은 몇 분간 말다툼을 했지만, 결국 히긴스 할머니는 자신의 말을 지키도록 허가를 받았고 내가 그 방의 조용한 구역에서 놀도록 해주었다.

나는 히긴슨 할머니가 낮잠 시간에 자지 않는 어린 소년의 문제를 해결하는 창조적 방식을 찾았음을 깨닫는다. 그녀는 다른 시각으로 상황을 볼 수 있었던 반면, 그녀의 완강한 딸은 한 가지 관점밖에 없었다. 그 기억은 내내 나에게 남아 있었으며, 히긴스 할머니의 문제 해결 방식에 대한 경험은 변화가 필요한 시스템에 변화를 가져오는 좋은 모델로 자리 잡고 있다. 이것이 창조력이 우리와 주변 사람들의 삶에 변화를 가져오도록 힘을 부여하는 방식이다.

마리아 앤 스미스(Maria Ann Smith, 1801–1870)는 60대에, 내한성 프랑스 돌능금 묘목으로부터 만생종인 그래니 스미스 사과를 개발하는 실험을 호주에서 행했는데, 그 뛰어난 맛과 품질은 수년간 호주의 주요 사과 수출품이 되었다.

협동적 창조성: 백지장도 맞들면 낫다

오스카 해머스타인 2세 (Oscar Hammerstein II)가 1959년 〈사운드 오브 뮤직〉을 위한 리처드 로저스 곡에 가사를 쓴 것은 65세 때였다.

흔히 창조력을 예술가들만의 것이라고 잘못 가정하듯, 우리는 창조력을 단독적인 행위, 지극히 개인적인 자기표현으로 보는 경향이 있다. 하지만 창조력은 그 이상이다. 사실 특정한 창조적 노력들은 동반자들의 협동 없이 이뤄질 수 없다. 이에 대한 사례는 많다. 당신이 음악 앙상블이나 합창단, 스포츠 팀이나 하이킹 그룹, 직장의 성공적인 문제 해결 팀, 뜨개질 그룹이나 도움이 필요한 이들을 위한 자원봉사자의 일원이었다면, 당신은 협동적 창조력을 경험했을 것이다.

물론, 맨해튼 프로젝트는 협동적 창조력에 대한 궁극적 사례 중 한 가지 패러다임인데, 제2차 세계대전의 종식을 위한 중요한 과학적 목표를 적시에, 그리고 시간 내에 달성해야 했던 그 프로젝트에서는 많은 재능 있는 과학자들의 협동 작업이 필수적이었다.

에반스톤 퀼트 프로젝트는 협동적 창조력의 놀라운 사례 중 하나다. 신시내티 공공 주거 공동체의 아프리카계 미국인 노인 거주자 20명 이상이 그들의 소중했던 순간들을 담은 사진에세이를 그들의 손으로 만든 퀼트로 바꾸는 작업에 참여했다. 그들은 직물을 선정했고, 컴퓨터 기술을 이용해 그 이미지들을 적용한 후, 퀼트를 함께 짰다. 그 결과물은 하나의 예술작품이자 그 공동체 내 아프리카계 미국인들의 삶의 다양한 측면들에 대한 생생한 기록이었다.—문화의 보존자들로부터 나온 진정한 기여이다.

그것은 거기서 그치지 않는다.

협동적 창조력의 독특한 만족감을 체험하기 위해 당신이 로켓 과학자, 팀 플레이어, 공동체 자원봉사자일 필요는 없다. 당신은 친구가 있는가? 배우자는? 가족은? 결혼, 가족, 기타 관계들 속에서 협동적 창조력의 잠재력은 무한하다. 당신이 지인이나 가족에게 정서적 친밀감, 개인적 발견, 그리고 창조적 자기표현을 위한 양육 환경을 제공하길 원하는 경우에도 역시 그것은 필수적이다.

관계들은 그 속성상 협동적인 작업들이다. 왜냐하면 그것들이 우리 삶의 외적 배경과 내면의 정서적 맥락을 모두 확립시키기 때문에 관계들은 그것을 촉진하거나 억제하면서 우리의 개인적 창조력에 엄청난 영향을 미친다. 마찬가지로, 우리의 개인적 창조력은 관계들을 적극적이고 활기차게 만들거나, 혹은 창조적 에너지가 공유되지 않거나 그것이 관계의 안정성을 위협할 경우에는 긴장감을 촉발하기도 하면서, 우리의 관계들에 대해 강력한 영향력을 미칠 수 있다(제5장 참조).

세대 간의 협동적 창조성: 두 세계의 최선

나이가 들어감에 따라, 협동적인 노력들 속에는 엄청난 잠재력이 있게 되며, 문제 해결이나 순수한 오락을 위해서 다양한 연령층의 에너지, 경험, 비전을 한데 모으는 세대 간의 노력들에서 특히 그렇다. 한 차원에서, 세대 간 관계들은, 흔히 조부모와 손주가 서로의 친구로 아주 즐겁게 잘 지내는 것처럼, 단순히 나이가 다른 어떤 사람과 함께 시간을 보내는 흥미로운 경험을 가져다준다는 것 때문에 매력적이다. 또한 나이가 다르다는 것은 때로는 다양한 시각을 관계 속으로 가져옴을 의미하며, 이에 따라 지적으로 정서적으로 그것을 풍요롭게 해준다.

나이 차는 관계들에 새로운 가능성들을 길러 주는 다양성을 키운다. 예를 들어, 수년 전 나는 볼티모어에서 진행된 '매직 미'(Magic Me)라는 흥미로운 프로그램을 견학했는데, 그 프로그램의 목표 중에는 요양원 거주자들과 학생들을 연결해 주는 게 있었다.

나는 행동 문제가 있는 중학생들과 80대와 90대의(몇 명은 100세가 넘었다!) 양로원 거주자들의 그룹을 모아 놓은 요양소 중 하나로 갔다. 그 아이들과 노

지그문트 프로이트와 앨버트 아인슈타인은 1933년 《왜 전쟁을 하는가?》를 공동으로 출간했는데, 당시 프로이트는 77세, 아인슈타인은 54세였다.

인들은 둘이서 팀을 이루어 함께 단어나 그림으로 인생사들을 엮어내고 나서, 보다 큰 그룹 속에서 그것들에 대해 이야기했다. 양로원 거주자들의 얼굴에 나타난 미소는 모두에게 전염되었으며, 그 아이들의 행동은 모범적이었다. 그 상호작용은 분명 그 아이들의 자아 이미지와 자존감에 영향을 주었고, 그 프로그램에 참가한 후에 그들 대부분이 사회적 · 학업적으로 개선되었다.

창조력의 특성 규명: 꿈과 '나'의 메시지

"나는 내 네 명의 아이가 피부색으로가 아니라 그들의 인격으로 평가받는 나라에서 살게 될 것이라는 꿈이 있습니다."
– 마틴 루터 킹 목사

창조력이라는 주제에 몰입한 지 몇 년이 지났을 때였다. 당시 나는 그것을 표현하는 데 영향을 주는 다중적이고 다양하며, 상호작용하는 요인들을 감안한 창조력의 화합적인 특성을 규명하는 방법을 수개월 째 연구하고 있던 중이었다. 그러던 어느 날 밤 꿈을 꿨다.

나는 아침 일찍 나의 어린 딸 엘리아나와 쇼핑을 갔다. 엘리아나는 새로 나온 시리얼, 아니면 적어도 새로운 시리얼 박스를 원했다. 슈퍼마켓의 시리얼 판매대에는 어지러울 만큼 많은 물건들이 있었지만, 알록달록하고, 만화 스타일로 주목을 끄는 것들을 한참 살펴본 뒤, 우리는 결국 우유그릇 안에 떠다니는 그림이 특히 매력적인 알파벳 모양의 시리얼로 결정했다. 그날 밤 내가 꿈을 꾸기 시작했을 때 아인슈타인의 $E = mc^2$ 방정식이 떠올랐고, 이어서 시리얼 글자들이 떠 있는 크지만 얇은 그릇이 보였다. 그런데 갑자기 어두워졌고, 그릇에 떠 있던 글자들이 빛나는 것처럼 보이더니 마치 토네이도처럼 밤하늘 속으로 소용돌이치며 올라가 흩어지면서 별처럼 깜박거렸다. 꿈속에서 나는 그 형상들과 움직임에 넋을 잃었으며, 하늘에 떠 있는 북두칠성 같은 패턴 형상을 감별할 수 있는지 알아보려고 했다. 나는 달을 봤다. 그것은 초승달 모양이었으며 오른쪽을 가리키고 있었는데, 거기서 화살표 모양의 구름을 하나 봤다. 그 구름은 밝은 별 또는 m자 모양으로 하늘에서 빛나는 시리얼 글자를 가리켰다.

그리고 잔인하게도, 내 자명종 시계가 울렸다. 나는 즉시 그 꿈의 세부사항을 메모했고, 의미를 찾으면서 그 특성들을 연구했다. 과학적 용어로 창조적인 에너지를 설명할 방법을 고안하려는 노력을 한 지 몇 달 후, 특히 그 꿈이 가장 고전적이고 극

적이며 간결하고 고상한 해법 중 하나인 아인슈타인의 $E=mc^2$이라는 에너지 보존 공식으로 시작했기 때문에 나는 그것이 어떤 단서를 나타내는 것은 아닌지 궁금해 했다.

특히 내 눈에 띈 것은 이런 이미지들이었다.

- 아인슈타인의 공식
- 시리얼과 별 모양 글자들
- 달
- 화살표 모양 구름
- m자

나는 기억이 사라지기 전에 그 꿈에 대해 가능한 한 많은 것을 적어두었으며, 또한 시계의 알람 소리가 그 꿈을 보다 명료하게 인식하는 것을 방해했기 때문에, 그 꿈의 마지막 장면을 도표로 그리고자 했다. 나는 그 도표를 다음처럼 컴퓨터로 그려 놓았다.

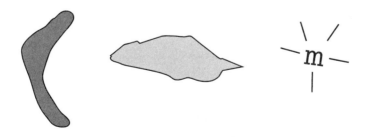

미래를 만들어 가는 데 꿈만한 것이 없다.
 – 빅토르 위고

나는 그 도표를 앞뒤로 움직이며 연구하고 또 연구했다. 멀리 있던 사물이 다가갈수록 분명하게 보이듯, 내가 달과 구름 그리고 m자 모양 별의 이미지들을 연구할수록 새로운 이미지가 나타났다. 초승달은 하나의 c가 되었다. 화살표 구름은 '더 큰'을 의미하는 수학기호 >가 되었다. m은 변하지 않은 채로 남아 있었다.

$$c > m$$

그런데 다시 그 생각이 떠올랐다. 비록 알람시계 때문에 중단되기는 했지만, 그때 나는 하나의 방정식을 보고 있던 중이었다. 나는 방정식 형태로 그것을 다시 썼다.

$$c = m$$

c가 창조력이나 창조적 표현을 나타낼 수 있는가? 나는 더욱 궁금해졌다. 꿈의 요소들을 한 번 더 살피면서, 이제 나는 특히 아인슈타인의 방정식이 나타난 것에 놀랐다. 그 꿈은 지나친 우연이었을까, 아니면 아인슈타인의 방정식으로 풀어진 글자놀이는 어떤 중요한 의미를 나타낸 것이었을까? 만약 그렇다면, 아마도 그 글자 놀이는 알람이 그 과정을 단절시켰기 때문에 불완전했을 것이다. 완전한 글자 놀이는 어떨까? 나는 남은 e와 아인슈타인의 방정식에서 '제곱'을 뜻하는 ^{2} 기호를 더했고, 나의 꿈의 방정식은 놀라운 의미를 띠게 되었다.

$$C = me^2$$

나의 첫 번째 반응은 큰 웃음이었다. 사실, 이러한 방정식은 개인적 차원에서 창조력에 관한 일상적 진실을 포착했다. 창조력은 '나'를 더 큰 힘과 동일시

한다. 그 방정식이 창조력에 대한 우리의 이해에 유머 이상을 제공할 수 있겠는가? 나는, 각 상징의 의미와 다른 것들과 그것의 관계에 관해 공을 들여 더 연구했다.

- C는 창조적 표현을 가리키며, 창조적 성과, 산물, 관념 또는 이해를 포함할 수 있겠다.
- m은 창조적 표현으로 이어지는 특정 분야, 접근, 또는 기술을 숙달하기 전에 당신이 확실히 축적해야 하는 지식이나 경험의 덩어리를 가리킨다.
- e^2은 두 차원을 대표한다.

1. 첫 번째 차원은 경험의 그것으로, 그것은 외부 세계에서의 일상생활에서 축적된 경험들인 외적 삶의 경험을 포함한다. 또한 내적 삶의 경험은 당신의 개인적 기질과 지적 스타일 등과 같은 내적 생활의 자질들을 포함할 것이다. 더 나아가 그것은 당신이 외부 세계를 보고 해석하며, 그것과 상호작용하는 방식, 호기심이나 동기부여를 받는 능력과 같은 당신의 기질적 측면들, 직관력과 통찰력, 그리고 영감을 받는 능력을 포함한 인간적 조건의 무형적 특질 등을 포괄하는 당신의 고유한 사고 패턴을 포함할 것이다.

2. 두 번째 차원은 e의 제곱으로, 그것은 우리의 외적·내적 삶들이 자기표현을 위한 새로운 통찰력과 에너지를 낳으려고 상호작용하는 방식이다.

다시 말해, 창조적 표현(c)은 특정 분야의 지식 덩어리 또는 노력, 외부와 내부 세계에 대한 우리 경험 간의 성공적인 상호작용, 그리고 이것이 만드는 시너지에서 찾아야 한다. 설명된 방정식은 그 부분들의 총합보다 상당히 더 큰 전체 존재에 대한 고전적 예이다.

우리가 제3장에서 살펴볼 것처럼, 창조적 과정에 대한 이러한 이해는 서로 다른 분야에 종사하는 개인 그룹들이—예를 들어 철학자들과 수학자들을 대비해 볼 때—어째서 서로 다른 평균 연령대에서 자신들의 최고의 창조적 성과들을 내는지를 설명해 준다. 우리는 내재적인 역동성이 나이가 아니라

스코틀랜드 수학자인 존 네이피어(John Napier, 1550—1617)는 1614년(64세) '로그의 놀라운 규칙'(Mirifici logarithmorum canonis description)에서 유명한 그의 '로그' 발명을 서술했고, 67세(1617)에는 〈랍돌로지애 *Rabdologiae*〉에서는 '네이피어의 뼈들(Napier's bones)'이라고 불리는 계산 장치를 설명했다. 네이피어의 뼈들은 계산자(slide rule)의 전신인 계산을 돕는 수학 장치이다. 또한, 이 당시, 네이피어는 구면 삼각법의 발전에 독창적인 공헌을 하고 있었다.

창조적 발달의 속성과 관련된 다른 요인들에서 기인한다는 것을 보게 될 것이다.

나의 $C = me^2$ 공식은 창조력을 일으키는 처방전으로 기능하는 게 아니라 그것의 속성을 설명하기 위해 의도된 것이다. 그 공식의 어떤 조각들은 그것을 구하거나 변화시키는 우리의 힘에 있지 않은 반면, 다른 것들은 우리 생애 전반에 걸쳐 이뤄지는 선택들의 반영, 즉 우리가 필요로 하거나 원하는 경우 바꿀 수 있는 패턴들인 것이다.

예를 들어, 두 가지의 중요한 외부적 영향들은, 첫째는 습득되어야 하는 특정한 지식이며, 둘째는 외부 세계로부터의 경험이다. 우리 대부분은 적어도 삶의 후반까지는 꿈을 추구하기 위한 전문지식을 개발하는 데 쓸 시간이 없다. 당신은 자녀가 고등학교에 들어가거나 당신의 전문적 업무에 신경을 덜 써도 될 때까지, 자수나 목공예, 사진, 또는 글쓰기 수업을 듣지 못할 수도 있다.

외부 세계로부터의 경험은 기회들과 수많은 장애물들에 대한 회피의 조합이다. 만약 당신이 자기의 손으로 직접 일하는 것을 좋아하는 가정에서 자란다면, 당신은 그 일을 모델로 삼게 된다. 말하자면 그것의 언어를 배우게 된다. 그것은 당신 경험의 일부가 되어, 아마도 당신의 만년에 구체적인 창조적 표현물로 나타나게 될 것이다. 만약 음악적인 가정에서 자란다면, 그 문화와 언어가 당신의 일부가 되어 아마도 음악적 창조력 속에서 표현될 것이다. 사회활동가의 가정에서 자란다면, 당신의 인생 경험은 당신이 얼마나 사회적으로 창조적이 되는가를 통해 반영될 수도 있다.

이것은 왜 몇몇 사람이 다른 이들보다 '더 창조적'이거나 자신의 창조력에 접근하는 데 더 쉬운 것처럼 보이는지를 설명하는 데 도움이 된다. 어떤 이들은 경험이나 전문지식을 얻는 데 있어 더 많은 기회와 더 적은 장애물을 가졌으며, 어떤 이들은 긍정적 영향과 기회들에 풍부하게 노출되는 행운을 가졌다.

하지만 새로운 기회와 긍정적 영향들로부터 혜택을 받기에 너무 늦은 나이란 결코 없다. 우리는 특별히 관심이 있는 분야의 수업을 듣거나 우리의 자존감을 긍정해 주는 새로운 사람들을 만남으로써 더 적극적으로 그것을 찾을 수 있다. 당신이 그것을 탐색과 발견의 시간으로 본다면, 은퇴는 새롭고 기대되는 가능성으로 인식된다. 우리는 또한 창조력에 대한 내적 장애물들 — 우울증, 근심, 두려움 — 을 만날 수도 있으며, 필요할 경우에는 비공식적 지원 그룹들이나 전문적 상담을 하는 자조(self-help) 그룹들로부터 그것들을 극복하기 위한 도움을 구할 수도 있다.

창조력에 관련된 모든 요소와 영향들을 살펴볼 때, 가장 중요한 것으로 보이는 건 그 분야에 대한 충분한 지식이나 혹은 숙련도, 동기와 노력, 그리고 영감을 받는 능력이다. 반가운 소식은, 우리 모두가 지식의 어떤 분야에 숙달할 수 있으며, 모두가 동기부여를 받을 수 있고, 또한 우리 모두 새로운 것을 실험할 용기를 낼 수 있으며, 우리 모두 원하는 것을 할 수 있다는 것이다. 삶의 변수가 무엇이든, C = me²은 당신이 창조적 잠재력의 후보에서 스스로 물러날 수 없음을 우리에게 말해 준다. 나이에 상관없이, 그리고 특히 늙어 가면서, 당신은 확실히 창조적 표현력을 갖게 된다. 관건은 그것을 인식하고 활용하는 것이다.

우리의 삶이 힘든 일정과 기대들에 휘둘릴 때나 일상의 나날이 조직화된 삶으로 가득 채워질 때, 우리 자신과 미래에 대한 비전이 왜곡된 매체 이미지와 문화적 메시지들로 어두워질 때는, 단지 가능성들에 대해 열려 있기 위해서 창조력에서 나오는 종류의 용기가 필요하다. 그것은 "안 될 게 뭐 있나?"라고 속삭이는 내적인 목소리이다.

"나는 어떻게 일하는가? 나는 더듬더듬 찾는다."
– 앨버트 아인슈타인

2장

생물학과 신비: 창조성과 노화에
관한 숨은 이야기

살아 있는 것은 그 안에서 항상 일어나고 있는
변화의 다양성으로 죽은 것과 구분된다.
_ 허버트 스펜서, 《생물학의 원리*Principles of Biology*》

수년 전, 나는 깔끔한 원룸 아파트에 혼자 사는 80세의 맹인 여성인 톰슨 부인의 방문 요청을 받았다. 나는 주변 사람들에게 그녀의 신랄한 성격에 대해 경고를 받았는데, 꽤나 한 성질 한다는 것이었다. 한 사회복지기관에서 톰슨 부인에게 집안의 허드렛일을 맡아 줄 파출부를 주선해 주었는데, 지난 3개월 동안 여덟 명의 파출부가 그 집을 거쳐 갔다. 그녀는 서비스 기관의 직원들이 새로운 파출부에 대한 그녀의 요구가 무엇인지 알아보러 갈 때마다 모욕을 주곤 했으며, 나는 톰슨 부인이 언어폭력과 비슷한 말들로 파출부들을 쫓아버렸을 것이라는 인상을 받았다.

나도 예외는 아니었다.

19개월 되었을 때부터 맹인이고 귀머거리에 벙어리였던 헬렌 켈러는, 75세에 (1955) 그녀의 기적을 이끌어낸 선생님인 애니 설리반을 기념해 《교사》라는 책을 출판했다.

내 소개를 하자마자, 톰슨 부인은 뭘 제대로 아는 정신과 의사는 한 번도 만나 본 적이 없다고 쏘아댔다. 그녀는 장례 지도사 교육과정에 등록했으며, 그녀는 자신의 장례식을 직접 준비하게 되기를 학수고대한다고 진지하게 말했다.

인터뷰를 계속 하는 동안 톰슨 부인은 계속해서 내게 모욕적인 말을 했다. 나는 그녀가 왜 그렇게 많은 파출부들을 그만두게 했는지 알고 싶었다. 톰슨 부인이 파출부 없이는 아파트를 잃을 위험에 처해 있었기 때문에 나는 그녀의 변덕스러운 성미의 원인을 이해할 필요가 있었다. 그녀는 강제로 양로원이나 노인 보호시설로 가게 될 형편이었다.

톰슨 부인을 방문하기 전에, 나는 그녀가 최근에 양쪽 눈의 망막 박리로 고생했음을 알았다. 수술도 시력 저하를 막을 수 없어서, 그녀는 갑작스럽게 눈이 멀게 되었다. 톰슨 부인은 언제나 매우 독립적인 사람이었지만, 이제는 다른 여러 사람에게 의존해야만 했다. 이 의존감은 그녀의 상황을 감안하면 분명히 적절한 것이었지만 그녀를 불안하게 만들었으며, 이런 이유로 그녀는 나를 포함해 자신을 도와주려고 노력하는 이들은 누구든지 일단 모욕하는 것이었다.

톰슨 부인은 자존심이 있고 교양 있는 여성이었다. 갑자기 찾아온 시력상실은 그녀에게 죽음을 떠올리게 했다. 장례식 절차 수업을 듣는 것은 그녀가 죽음에 대한 자신의 근심을 통제하려는 한 방법이었으며, 자신의 아파트를 지키는 것 역시 또 하나의 방법이었다.

톰슨 부인이 대형도서관 정보 전문가로 처음 직장생활을 시작했다는 것을 알고 나서 나는 그녀가 파출부들과의 관계에서 이 배경을 이용하고 있음을 깨달았다. 그녀는 도움을 받는 위치에 있고 싶어 하지 않았으며, 대신 그 파출부들이 다른 직업을 찾을 수 있도록 '돕기'를 고집했다. 즉, 의존성이라는 낯선 느낌들에 맞서면서, 사람들에게 다른 직업을 찾아주는 도우미 활동을 통해 그녀 자신의 뒤집힌 처지를 바꾸려고 애썼던 것이다. 파출부들이 방문하

18세기 최고 수학자들에 손꼽히는 스위스의 수학자 레온하르트 오일러(Leonhard Euler, 1707–1783)는 순수 수학 창시자 중 한 명이었다. 한 눈을 실명한 후, 그는 59세에 다른 눈의 시력도 잃어 완전히 맹인이 되었다. 실명 이후에 이룬 여러 놀라운 위업 중 하나는, 완전히 실명한 그가 65세에 달의 움직임에 대한 이론들을 발전시키기 위해 머릿속으로 그 모든 복잡한 계산을 해냈다는 것이다. 완전한 실명을 이겨낼 수 있게 한 그의 비범한 기억력은 버질의 《아이네이스Aeneid》를 암송할 수 있게 하기도 했다.

면 톰슨 부인은 그들의 직업적 관심사들에 대해 캐묻곤 했으며, 그 후에는 그들의 재능과 기술들을 가장 근접하게 반영하는 직업 훈련 프로그램들을 권하기 위해 전화를 하곤 했다. 그녀는 파출부들이 제때에 이러한 직업 기회들을 추구하도록 독려하고, 심지어는 압박하기조차 했다. 그녀의 집요한 괴롭힘은 파출부들을 지치게 하거나 새로운 직업을 찾는 것으로 귀결되었다.

인터뷰 도중, 톰슨 부인은 부드럽지만 조롱하는 투로 요점을 말했으며, 우리는 일종의 정감어린 농담 속에 빠졌다. 예를 들어 내가 그녀가 입고 있는 옷이 아주 좋아 보인다고 말했을 때, 그녀는 신사적 에티켓이 부족하다고 꾸짖었다.

"여자에게는 옷이 아주 좋아 보인다고 하는 게 아니야." 그녀는 비꼬며 말했다. "옷을 입은 그녀가 아주 멋져 보인다고 말하는 거지!"

그녀는 이런 식의 농담을 즐겼는데, 특히 남성으로서의 내 경험과 지혜와 대조되는 여성으로서 자신의 경험과 지혜를 강조했다. 톰슨 부인의 행동과 상황을 되돌아보았을 때, 나는 그녀의 이전 파출부가 모두 여성이었음을 깨달았다. 그녀는 남성에게 어떻게 반응했을까? 그에게 더 나은 직업을 찾아 주려고 노력했을까? 나는 아니라고 생각했다.

내 예감은 옳았다. 그녀는 남성 파출부를 선호했고 새로운 남성 파출부에게는 다른 일자리를 찾으라고 강요하지 않았다. 그는 2년을 있었고, 그동안 그녀는 나와 함께 자신의 걱정을 덜고 의사소통 방식을 변화시키는 작업을 할 수 있었다. 그녀는 성별에 상관없이 모든 파출부의 도움을 받아들이는 것에 대해 더 편하게 느끼게 되었으며, 그녀가 96세가 되어 생활 보조 프로그램으로 이주해야 한다고 느끼게 될 때까지 자신의 아파트를 16년 간 더 지킬 수 있었다.

그러한 과정을 통하여, 그녀는 자신의 시력 상실과 의존성과 타협하게 되었고, 창조적 수단을 위해 자신의 에너지를 이용할 수 있었다. 그녀는 혼자 힘으로 어려운 평생교육프로그램을 다녔고—이번에는 장례지도사가 아니었다

—시각 장애자를 위한 최신 보조 장치를 활용했다. 그녀는 녹음된 서적에서 공식 수업과정에 이르기까지 아주 다양한 분야의 오디오 테이프를 찾아냈으며, 다양한 분야에서 그녀와 흥미로운 대화를 할 수 있는 지적인 자원봉사자들의 방문을 허락했다.

그녀는 90대 중반이 되어서도 자신의 개성을 유지했다. 내가 조지 번즈와 공공 서비스 메시지 작업을 하려고 그녀와의 약속을 조정해야만 했을 때, 그녀는 농담을 했다. "오, 조지 번즈, 그는 내 만화 영웅이야. 자네가 할리우드에서 그를 만나면 해줘야 할 농담이 있다네. 타이어와 365 콘돔의 차이가 뭐지?"

내가 모른다고 하자 그녀가 말했다.

"타이어를 생각할 때는 굿이어(Goodyear)가 떠오르지만, 365 콘돔을 생각할 때는 멋진 한 해(great year)가 떠오르지!"

나는 조지 번즈를 만나서, 기지 넘치는 95세의 맹인 여성과 일하고 있다고 말하고는 그녀의 위험한 수수께끼를 전해 주었다. 허를 찌르는 말을 들었을 때, 그는 잠시 멈칫하더니 실소를 터트리고 고개를 끄덕이며 말했다. "그거 괜찮은 농담이군요."

톰슨 부인은 비록 시력은 잃었지만, 날카로운 기지는 결코 잃어버리지 않은 것처럼 보였으며, 내리막길로 치닫던 자신의 인생을 창조적 에너지를 통해 마침내 개인적으로 생산적이고, 만족스러운 시간으로 바꾸었다.

그녀는 노화의 생물학적 규칙들에 예외였을까? 나이 들어서도 여전한 조지 번즈의 코믹한 재능은 우연이었을까, 아니면 그의 신선한 관점이 삶 자체를 긍정하는 원천이었을까? 우리는 어떤가? 우리의 뇌는 노화와 인생 경험에 어떻게 반응하는가? 생물학은 지적 성장과 창조적 표현에 대한 우리의 가능성에 어떤 영향을 주는가?

코미디언인 잭 베니(Jack Benny, 1894–1974)는 7세에 그의 유명한 TV 쇼에서 은퇴할 때까지 마치 39세인 것처럼 일했다.

메이 웨스트(Mae West, 1892–1980)는 미국 연극영화계의 섹스심벌이었는데, 유머감각과 아울러, 과감한 관능미를 과시했다. 그녀는 1959년 67세 때 자서전인 《착한 것은 그것과 관련이 없다》(Goodness Had Nothing to Do with It)를 출판했다. 그녀는 나이가 들어서도 매력적인 모습을 유지했으며, 78세에 〈마이라 브레켄리지〉(Myra Breckenridge)라는 영화에, 85세에는 〈육인조〉(Sextette)라는 영화에 출연했다.

노화의 생물학: 모험과 신비에 대한 이야기

의회에서든 대학이나 지역 주민 센터의 수업에서든, 창조력과 노화에 대해 강의할 때마다 나는 적어도 청중 중의 몇몇 회의론자들에게 도전을 받는 걸 예상할 수 있다. 때때로 그들은, 대부분의 사람들에게 아주 명백히 악화의 시기인데도, 내가 노년기를 성장의 시기로 낭만화하고 있다고 비판하곤 한다. "생명체가 시간이 지나면서 퇴보한다는 사실을 어떻게 간과할 수 있나요?" 그들은 말한다. "거울 좀 보세요! 인체를 보세요!"

물론, 생물학적 체계들이 시간에 따라 다양한 정도로 퇴보하고 있고, 인체가 확실히 그것에 대한 좋은 예를 아주 건강한 개인들에게서조차 보여주는 것은 사실이다. 하지만 우리가 알고 있는 것처럼, 만약 여러 개인들이 신체적 장애—만성 질환, 시각 장애, 청력 장애 그리고 심지어 마비 등—에도 불구하고 정서적으로 풍부하고 표현력 있는 창조적 삶을 살고 있다면, 우리가 나이 들었을 때 생물학적 잠재력에 영향을 주는 이 생물학적 변화의 속성은 정확히 무엇이란 말인가? 구체적으로 말하자면, 노화하는 뇌의 변화들은 만년의 창조적 표현 능력과 속성에 어떻게 독특한 영향을 미치는가?

노화의 생물학적 과정은, 우리가 나이 들면서 세포나 조직, 그리고 머리부터 발끝에 이르는 신체 기관들의 기능을 약화시키고 그것들의 기능을 제한하는 불가피한 내부적 부식과 같이, 단순히 닳고 찢어지는 현상처럼 보일 수도 있다. 하지만, 우리는 이것이 과학적으로 보편적인 진실이 아니며, 모든 생물의 노화가 다르다는 것을 알고 있다.

생물들 수명의 다양성은 놀랍다. 흔히 보는 하루살이는 하루도 못 산다. 미국 서부의 거대한 세쿼이아 나무는 예상 수명이 2,400년이다. 같은 과의 애완동물인 햄스터는 3살 때 늙지만 개는 16살에 노화한다.

더 원시적인 몇몇 종은 전혀 노화하지 않고 계속해서 성장 햇수만 더할 뿐이다. 상어와 철갑상어 등 여러 물고기, 악어 같은 양서류, 특정 거북, 해면동

프랑스의 해양학자이자 영화제작자인 자크 쿠스토(Jacques Cousteau, 1910–1997)는 여러 책, 영화, TV 제작물을 통해 해양 환경 연구를 대중화했다. 1953년에 출판한 《침묵의 세계 The Silent World》는 그에게 국제적 명성을 안겨 주었다. 그 책은 이후 다큐멘터리로 만들어져 아카데미상을 수상했다. 부분적으로 그의 자서전인 마지막 작품 《인간, 문어, 난초Man, the Octopus and the Orchid》는 그가 87세에 사망한 후 출간되었다.

세포생물학자이자 발생학자 에델 브라운 하비(Ethel Browne Harvey)는 해양 생물 연구에 중요한 기여를 했다. 71세 때(1956) 출판된 그녀의 책, 《미국 아르바시아 및 기타 바다의 떠돌이들》은 세포들이 어떻게 분화하고 발달하는지에 대한 우리의 이해를 향상시켰다.

물은 모두 이처럼 햇수만 더하는 특징을 보이지만, 일반적인 의미에서 노화하지는 않는다. 나이를 먹지 않는 그러한 종들에서, 죽음은 내적 생물학적 변화들의 악화나 손상이라는 의미의 노화보다는 시간이나 환경과 관련해 증가하는 위험들과 더 밀접한 관련이 있다. 예컨대 물고기는 더 오래 살수록 어부에게 잡힐 위험이 커진다.

확실히 이 종들은 일반적이기보다는 예외에 가깝다. 하지만 그들은 우리에게 '노화'는 속성상 여러 다양한 의미가 있다는 중요한 사실을 상기시켜 준다. 어떤 종이든 나이가 들면 개체의 생존을 위한 지혜와 힘이 나타난다.

악어나 해면동물과 달리, 대부분의 생물은 더 분명하고 익숙한 방식으로 "나이를 보여준다." 우리는 보통 오래된 나무는 울퉁불퉁하고 옹이가 있는 껍질을 가지고 있으며 굵다고 생각한다. 또한 늙은 동물들은 민첩함과 속도를 잃는다고 생각한다. 인간인 우리 자신에 대해서는, 노년에는 주름살이 늘고 움직임이 둔해진다고 여긴다. 전반적으로 볼 때 분명히 쇠퇴하기는 하지만, 문명이 시작된 이래 인간의 "영원한 젊음"의 비밀- 기본적으로 노화를 피하거나 미연에 방지하는 법-을 찾으려는 노력들이 초기 개척자들과 연금술사들의 일기에서부터 오늘날 권위 있는 의학저널이나 저속한 타블로이드신문에 이르기까지 모든 곳에 기록되어져 왔다. 이에 대한 이론, 고찰, 믿음, 신조 등은, 명백히 터무니없는 것에서부터 과학적으로 그럴 듯한 것까지, 광범위한 탐구자들만큼이나 다양하다.

하지만 각기 다른 이론들이 제안하는 다양한 경로를 따라가면서, 우리는 점점 더 노화의 이상한 신비에 대해 알게 된다. 그것은 어느 훌륭한 추리소설에서 볼 수 있는 범인들, 반전, 애매한 단서들이 모두 들어 있는 진정한 추리소설이다.

그 신비의 중요성이나 그것에 대한 큰 호기심, 그것을 해결하는 것과 연관될 매력, 그리고 노화에 대한 보편적인 관심은—우리 각자에게 매우 심오한 영향을 주기 때문에—그 탐색의 열정을 설명하는 데 도움을 준다. 그러나 수

세기에 걸친 열정적인 연구에도 불구하고, 진실은 우리가 노화의 기본적인 생물학적 과정에 대한 확실한 설명을 할 수 없다는 것이다. 인간들은 100년 넘게 살 수 있고 자이언트레드우드(일명 세쿼이아)들은 2,000년 넘게 살 수 있는데, 햄스터는 왜 세 살 때 늙는 것인가?

노화에 대한 선구적 이론들 중 하나는 노화 과정이 유전적으로 프로그램되어 있거나, '하드웨어로 심어진 것' 또는 내장되어 있는 것이라 주장한다. 어떤 종이 수명에서 놀라운 일관성을 보이는 것은 각각의 종마다 고유한 유전 암호가 있음을 암시한다. 예를들어 인간들에서는, 므두셀라 같은 사람들의 성경 속 사례를 제외하고, 누구도 130년 이상 산 기록이 없다. 이것은 인간 생명체 안에 놀라운 안정성이 존재하며 또 우리의 수명의 상한선을 결정짓는 내적 체계가 존재한다는 것을 추측하게 한다. 노화의 내재 메커니즘에 대한 우리의 이해에 중요한 기여를 한 노인학자 레너드 헤이플릭(Leonard Hayflick)은 노화 이론들이 두 개의 광범위한 그룹으로 분류된다고 말한다. "노화를 사전에 존재하는 마스터 플랜으로 가정하는 이론들과, 임의적인 사건들에 근거하는 것으로 가정하는 이론들이다." 다시 말해, 우리가 그런 식으로 유전자 프로그램이 되어 있기 때문에, 혹은 우리의 환경과 같은 외부 요인들로 인해 노화된다는 것이다.

이것은 노화의 이유가 무엇인지 말하고 있다.—무엇이 노화를 촉진하는가. 하지만 그것은 노화의 생물학적 과정 자체, 어떤 종류의 변화들이 발생하며 이 생물학적 변화들이 우리의 정신적 과정들, 우리의 정서적 건강, 그리고 우리의 창조적 잠재력에 어떤 영향을 주는지는 설명하지 않는다.

역사적으로 사람들은 노화를, 비록 전부는 아닐지라도, 복합적인 기능 분야들의 점진적인 퇴화 과정으로 여겼다. 질병과 장애가 역사적으로 인간들의 삶에 부과했듯, 시각, 청각, 미각, 후각은 정상적인 곡선에서 보이는 패턴 속에서는 보통 나이와 더불어 퇴화하는 기능들이다(다음 페이지 도표 참조).[*]

성경에 따르면, 아브라함은 175년을 살았다. 농익을 만큼 오랜 시간까지 살았다고 할 수 있겠다. 구약을 읽어 보면 그는 보통 히브리인의 조상으로 숭배를 받지만, 그는 세 가지 유일신교(유대교, 기독교, 이슬람교)의 조상으로 더 널리 간주된다. 그는 세 번째 아내인 케투라에게서 아랍 종족의 조상이 된 여섯 명의 아들을 얻었다.

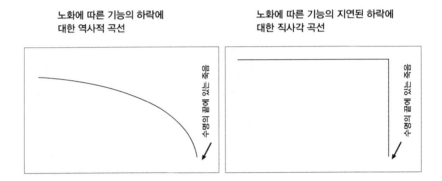

나이에 따른 기능의 변화도

노화에 따른 기능의 하락에
대한 역사적 곡선

노화에 따른 기능의 지연된 하락에
대한 직사각 곡선

그러나, 오늘날에는 공공의료체계, 의학전반과 노인의학의 개선, 그리고 흡연, 음주, 그리고 다른 독성물질의 사용이 감소함과 더불어 식습관, 운동과 같은 개인건강에 대한 정보가 늘어남에 따라 노화에 대한 경험과 기대치가 달라지고 있다. 노화는 점점 더 많은 사람들에게 있어 더욱 정확하게 기능의 '직사각형 곡선'으로 나타나며(위 도표 참조), 이는 우리가 상당히 높은 수준의 삶의 질을 마지막까지 유지할 수 있음을 뜻한다.

현대 노인학의 목표는 인간의 수명 한계 내에서 가능한 한 오랫동안 최적의 삶의 질을 유지하는 것이다. 또한 나이 들어가면서 창조적 잠재력을 발달시키고, 새로운 생각들에 반응하거나 '뭔가 새로운 것'을 추구하는 역량—지적 능력—을 유지하는 것은 중년이나 노년에 접어든 우리 각자의 열렬한 희망이기도 하다. 만약 우리가 노화와 창조력의 생물학적 과정들이 어떻게 계속해서 성장과 변화의 기회들을 제공하는지를 찾기 위해 생물학적 쇠퇴를 둘러싼 오해들을 극복한다면, 이 모든 것이 가능하다.

---

* 67p 하단 주: James F. Fries, "노화, 질병의 압축과 자연사Aging, Natural Death and Compression of Morbidity." 내 논의의 기본 생각은 프라이스의 저작에서 따왔다.

세포 수준에서의 유전자 프로그래밍

노화에 대한 레너드 헤이플릭의 과학적 연구는 1961년 발표 당시 아주 획기적이었다. 실험실에서 진행된 실험을 보면, 전형적인 세포들은 성장, 분화, 증식하는 것으로 알려져 있다. 헤이플릭의 연구가 발표될 때까지, 과학자들은 세포들이 무한하게 분화할 수 있다고 생각했다. 그렇지만, 헤이플릭이 발견한 것은 뭔가 놀라운 것이었다. 특정한 횟수의 분열 이후—인간에게서는 약 50회—세포는 분화를 멈춘다.

그는 세포들이 서서히 기능을 잃어가다가 분화를 그치고 죽는다는 것을 알아냈다. 그는 우리가 보통 개인의 노화와 연관시키는 동일한 일반적 쇠퇴가 개별 세포들의 수명에서 반영된다고 결론 내렸다. 그러나 그는 세포들이 분화를 그치기 때문에 사람들이 늙거나 죽는다고 주장하지 않았다. 그 대신 노화를 일으키는 불가사의한 힘이 또한 세포들의 분열도 멈추게 한다고 주장했다.

다른 이론들은 우리의 '생물학적 시계들'에 의해 분출되는 '죽음' 호르몬들에서부터 활성산소(free radical)* 세포들에 이르는 광범위한 범인들을 암시하거나, 혹은 쇠퇴를 촉발하는 세포들 간의 교차 결합을 억제하는 불가사의한 힘에 대한 정의를 시도해왔다. 이 이론들이 서로 교차하는 수많은 방식은 혼란스러우면서도 흥미롭다. 그 대부분은 상호 배타적이지 않은 듯하다. 예를 들어, 호르몬의 변화들은 노화에서 어떤 역할을 하는 것으로 의심된다. 교차 결합들이 호르몬들의 효율적인 생산이나 분출을 방해할 수 있다. 활성산소들은 결손 단백질 형성의 원인인 듯한데, 이는 신체가 단백질을 자기 것으로 인식하지 못하고 공격하는 자기면역 반응을 촉발할 수 있다. 관련된 유전자 돌

유전학자이자 물리학자인 매지 설로우 매크린(Madge Thurlow Macklin)은 '의학적 유전학'이라는 말을 만들었으며 의학 수업 과정에 유전학을 포함시키는 것을 옹호했다. 그녀는 66세에(1959) 미국인간유전학협회 회장으로 당선되었다.

---

* '프리래디컬(free radical)'은 활성산소를 말하며 '자유기(自由基)', '유리기(遊離基)'로 불린다. 활성산소는 동식물의 체내 세포들의 대사과정에서 생성되는 산소화합물로 노화나 동맥경화, 암 등의 원인과 관계가 있는 것으로 알려져 있다(《시사상식사전》, 박문각)—옮긴이.

프랭크 맥팔레인 버넷(Fr
ank Macfarlane Burnet) 경
은 조직 이식에 대한 '획득
면역 내성'의 발견으로 노
벨상을 수상했다. 그는 71세
에(1970) 그의 주요 저서인
《면역 감시*Immunological
Surveillance*》를 출판했다.

연변이들은 활성산소들을 만들어낼 수 있는데, 그것은 정상 세포의 생명을
붕괴시키는 교차 결합들을 촉발할 수 있다.

어떤 연구결과가 원인이나 효과를 반영하는지의 여부를 밝히기는 어렵다.
활성산소들의 증강이 노화의 원인인가, 아니면 그 증강이 어떤 다른 생물학
적 상황의 결과인가? 우리의 면역 체계는 나이와 더불어 약화되는가, 혹은 우
리의 취약성을 증가시키는 또 다른 원인 때문에 감소하는가? 이러한 이론들
대부분은 소중한 단서들을 제공하지만, 단지 단서에 그칠 뿐이다. 각각의 이
론은 노화 과정의 원인을 제공하거나 그것에 기여하는 하나의 범인을 포함하
는 결정적 증거를 가지고 있는 듯하다. 하지만 각 이론은 한 가지 이상의 모
순이 있어서 그것을 궁극적 범인으로 지목하지 못하게 한다(노화 이론들에 대한
추가 논의는 부록 A 참조).

이러한 이론과 단서들의 혼란 속에서, 헤이플릭의 연구와 같은 강력한 연
구들은 우리를 노화 과정에 영향을 주는 작동 메커니즘들에 대한 좀 더 근본
적인 이해에 가까이 다가서도록 한다. 그리고 세포의 생명에 대한 좀 더 면밀
한 조사는 노화에 따른 우리의 창조적 잠재력에 대한 새로운 질문과 보다 큰
낙관론을 불러일으킨다.

뇌세포: 삶과 죽음에 대한 다른 이야기

각각의 다른 종들이 모두 다르게 노화되듯, 우리 자신의 신체 내에 있는 다
양한 종류의 세포들도 다르게 노화된다. 모든 세포가 분화하는 것은 아니다.
두뇌—보다 고도의 지적 기능을 하는 신경세포들의 집합체—의 사고 영역 속
에 있는 뉴런 세포들은 나이에 따른 변화를 보여준다. 하지만 그것들은 나이
에 상관없이 계속해서 적응 능력을 보여주기도 한다. 일반적인 시각과는 반
대로, 뉴런은 뇌의 어떤 부분들에서는 더 많이, 다른 부분들에서는 더 적게,

비교적 적은 비율이 죽지만 여전히 분명한 소수자들이다. 우리가 갖고 태어난 뉴런의 대다수는, 우리가 죽을 때까지도 여전히 남아 기능을 수행한다. 하지만 그것들은 분열하지 않는다.

그래서 뇌세포와 관련된 노화의 이야기는 피부세포나 위의 주름이나 뼈를 형성하는 세포들의 이야기와는 극적으로 달라진다. 뉴런의 생물학적 행동은 나이가 들어갈 때 우리의 뇌가 기능하는 방식을 결정하며, 우리의 뇌 기능과 창조적 잠재력이 다른 신체 조직들의 기능처럼 쇠퇴하지는 않는다는 것은 분명하다.

그것들이 분명히 동일한 유기체의 일부이기는 하지만, 세포가 노화되는 방식에서의 단순한 대조는 노화되는 뇌와 노화되는 신체 사이의 가장 근본적인 차이점들 중 하나이다. 그것들은 나이에 따른 궁극적 성취를 위한 잠재력에서 차이가 난다. 다양한 연령군의 중요한 능력을 비교해 보면, 신체적·정신적 능력의 차이들을 알 수 있다. 75세의 어떤 이는 나이에 비해 몸매가 좋을 수도 있고, 그의 연령군에서 잘 뛰는 주자일 수도 있지만, 25세의 뛰어난 젊은 주자와 경쟁할 수는 없을 것이다.

하지만 지적 능력의 비교는 이와 똑같다고 말할 수는 없다. 예를 들어 역사에 관한 논의나 해석에서 75세의 역사가는 25세의 로도스 섬의(Rhodes) 역사학자보다 훨씬 잘 해낼 수 있다. 위대한 역사가 아놀드 토인비는 77세 때 이렇게 말했다. "인생의 모든 단계는 그때의 시련과 보상이 있다. 내가 현재의 나이에 도달한 데 대한 보상은, 이것이 내 원래 의제 전체보다 더 많은 것을 수행할 시간을 나에게 준 것이다. 그리고 한 역사가의 작업은 시간이 성취의 필수조건인 그런 종류의 것이다."

다시 말해, 노화의 효과들이 지적 성장과 창조력을 위한 새롭고 독특한 기회들을 제시해 주기 때문에, 뇌세포들은 나이가 들어서도 특별한 잠재력을 유지한다.

알-타바리(Abu Ja'far Muhammad ibn Jarir al-Tabari, 839–923)는 페르시아 출신의 유명한 아랍 역사가이다. 그는 이전 세대 이슬람 학자들의 역사적 사유를 통합, 압축하고 궁극적으로 보존하는 데 중요한 기여를 했다. 그의 주요 저작은 《코란 해설》 및 《선지자와 왕들의 역사》이다. 그는 또한, 76세에 세계의 창조에서 915년까지에 걸친 세계 역사를 썼다.

'뇌 축소' 이론

고대 척추동물학자인 틸리 에딩거(Tilly Edinger)는 66세에 고대 척추동물학회의 지명 회장이었다. 고생물신경학(화석 뇌 연구)을 실질적으로 구축했다고 평가된다.

우리는 자연스럽게 창조력, 또는 뭔가에 대해 새로운 방식으로 생각하는 능력이 뇌의 상태에 좌우된다고 가정한다. 뇌는 종종 제어센터로 여겨지며, 이 제어센터는 신경생물학적 활동을 하는 두뇌 활동 통해서 우리 신체가 작동하는 방식에 영향을 주는 중요한 결정을 실행한다. 뇌는 호르몬 활동, 운동, 기억, 정서들을 포함해, 광범위한 기능들에 영향을 주는 일련의 하부 센터들을 가지고 있다. 제어센터가 망가지면, 그 체계들은 심각하게 붕괴된다.

몇몇 전문가들은 알츠하이머 환자가 죽을 때 일어나는 일이 바로 이것이라고 믿는다. 알츠하이머 환자가 그들의 사망 원인으로 흔히 기록되는 폐렴으로 죽은 것 같이 보일 때조차, 몇몇 노인학 전문가들과 신경학자들은 사망의 원인이 알츠하이머병 자체이며, 그것이 제어센터로서 기능하는 뇌의 능력을 방해하는 식으로 작동한다고 믿는다. 예를 들어, 알츠하이머병으로 인해 뇌에 장애가 생기면, 환자는 호흡기관을 따라 축적된 가래를 뱉어내야 할 필요성을 잘 모를 수도 있다. 이에 따른 죽음이 비록 폐렴의 결과로 보이더라도 이 폐렴의 원인은 뇌 장애인 것이다.

수년 동안, 과학자들은 노화와 더불어 뇌가 줄어든다는 사실을 확인해 왔다. 그러한 물리적 사실은, 뇌 축소란 알츠하이머병의 뇌기능 저하의 느린 버전인 지체성 뇌 부전과 똑같다는 것을 의미하는 것으로 간주된다. 시간에 따른 정상적인 뇌 수축이 정신 기능의 불가피한 하락을 뜻하는가? 정상적인 뇌 세포의 손상, 또는 상해로 인한 손상조차도 창조력을 위한 능력을 필연적으로 감소시키는가?

신경과학 연구는 우리가 노화할 때의 뇌 크기와 뇌 기능 간의 관련성에 대해 몇 가지 아주 분명한 결론을 제공한다. 20대 전후인 성인의 뇌는 평균 1,400그램으로, 3파운드가 약간 넘는 반면, 80대 노인의 뇌 무게는 10퍼센트에 약간 못 미치는 90에서 100그램 정도가 줄어든다.

한편, 전체 지능에서는 차이가 없지만, 여성의 뇌는 남자보다 평균 10퍼센트 정도 가벼운 것으로 밝혀졌다. 그들의 뇌 무게의 차이는 아마도 성별 총 신체 용적의 차이에서 기인할 수 있으며, 노화에 따른 그들의 뇌 무게 손실은 남자들의 그것과 비례한다. 남성과 여성 간의 전 뇌와 신체 비율은 비슷하다.

따라서 문제는 뇌 크기의 손실에 대한 것이 아니라, 얼마만큼의 손실이 차이를 낳는가 하는 것이다. 뇌의 크기만으로 지적 기능 장애를 예측하려면 성인의 경우 1,000그램 미만의 뇌를 가져야만 한다는 사실을 여러 연구자들이 밝혀냈다. 이것은 정상적인 노화에 따라 일어나는 평균 10퍼센트의 손실보다 훨씬 더 낮다.

천재적 지능을 가진 수많은 사람들이 사망했을 당시에 이루어진 뇌 연구들은, 명석함이란 뇌 크기의 문제만이 아님을 분명히 보여준다. 19세기 러시아 소설가인 이반 투르게네프는 2,000그램 이상의 뇌를 가진 것으로 보고되었고, 1921년 노벨 문학상을 수상하고 80세로 죽을 때까지 훌륭한 작품들을 쓴, 그와 비슷한 재능을 가졌던 프랑스 소설가 아나톨 프랑스(Anatole France)의 뇌 무게가 1,200그램밖에 안 되었다고 한다. 이것은 보통의 정상적인 80세 노인의 뇌가 노벨상 수상자의 그것보다 더 무겁다는 뜻이다. 게다가, 뇌가 아주 큰 여러 사람이 아인슈타인과 같지는 않았다—아인슈타인도 뇌가 놀랄 만큼 크지 않았지만, 그는 인생 말년에도 창조적으로 활동했다.

최종적인 결론은, 뇌가 신체의 다른 기관처럼 상당한 여분의 능력을 가지고 있다는 것이다. 신경과학 분야의 연구는 정신적, 혹은 신체적 기능의 쇠퇴가 없이도 뇌의 크기가 줄어들 수 있다는 결정적인 증거를 제공한다.

우리는 시간에 따른 뇌의 정상적 수축이 노화나 말년에 우리 뇌의 기능에 불가피한 문제들을 초래한다는 생각을 벗어날 필요가 있다. 지적 능력은 반드시 뇌 세포 손상 때문에 약화되는 것은 아니다. 만약에 우리가 세포의 숫자만을 감안한다면, 우리는 태어났을 때쯤에—대략 2세 전후—다른 어느 시기보다 뛰어난 지적 능력을 가진 뇌 세포를 거의 다 가지고 있다는 사실에 주목

논란이 된 통일장 이론을 포함한 그의 1953년 논문인 〈상대성의 의미〉에 실려 있듯이, 74세의 아인슈타인은 여전히 "더듬고 있었다."

하는 것이 중요하다. 그러나 스물두 살 때보다 오히려 두 살 때 뇌세포를 더 많이 가지고 있더라도, 우리는 두 살짜리가 소득신고 하는 것을 원하지 않을 것이다.

나이가 들어가면서 세포를 잃는 것은 사실이지만, 우리는 세포들 간의 수많은 필수적 연결 속에서 얻는 것들이 있다. 최근의 연구는, 우리가 일이나 놀이를 통해 우리들 자신에게 정신적으로 도전한다면, 이 수많은 연결은 나이와 상관없이 증가할 것임을 암시한다. 최근의 연구는 뉴런들의 재생을 보여주기도 한다.

뇌와 창조성

알렉산더 로마노비치 루리아(Alexander Romanovich Luria, 1902–1977)는 신경심리학 분야의 창시자 중 한 명으로 간주되는 러시아 심리학자로, 1973년 71세에 《일하는 두뇌The Working Brain》를 집필했다.

너무나 많은 사람들이 노화하는 뇌를 더 이상 도전에 대응하지 않고 세포들을 잃기만 하는 기관으로 여긴다. 신경과학연구의 최신 발견들에서 반영되었듯이 두 관점 모두 정확하지 않다. 이들 최근의 신경생물학과 신경정신과학 연구들은 한때 공상과학소설처럼 보였던 뇌의 능력들을 밝혀냈으며, 또한 뇌 과학에 대한 기존의 인식을 거꾸로 뒤집어 놓았다.

이정표가 되는 실험들에서는 뇌의 적응력—사용하기에 따라 달라지는 능력—뿐 아니라 환경 변화에 대응하는 놀라운 능력 역시 보여준다. 그 결과, 이러한 새로운 발견들은 속세의 충고인 "쓰지 않으면 없어진다"는 말을 확증해준다. 그것들은 우리의 행동이 노화하는 뇌의 생물학을 포함한 우리의 생물학에 미칠 수 있는 심오한 효과를 드러낸다. 오른쪽의 도표는 이 요점들을 드러내는 데 도움이 된다. 이 단순한 그림에서 우리는 뇌의 회색 물질 부분인 신경세포 두 개를 10만 배 확대한 사진을 볼 수 있다.—고등의 지적 기능을 담당하는 뇌세포들이 그것이다.

두 개의 신경세포

(100,000 배 확대)

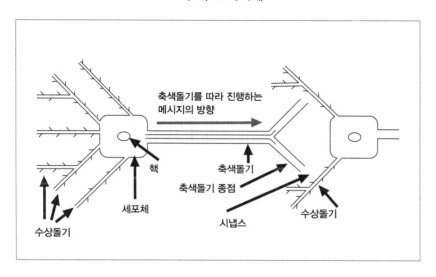

우리는 왼쪽에서 다양한 구성요소 부분들이 있는—세포핵이 있는 세포체에 신경세포에 대한 유전정보와 명령정보가 있다.—한 개의 완전한 신경세포를 볼 수 있다. 세포체에서 돌출된 오른쪽의 길고 두꺼운 가지는 축삭(axon)으로 신경세포 부분 아래로 메시지를 전송하는 전화선 같은 역할을 하는 내부 필라멘트를 포함한다. 세포체와 축색돌기에서 뻗어 나온 더 작은 가지 같은 것들은 수상돌기들로 다른 뉴런 간의 통신 연결을 하는 데 연관된다.

인간에게는 150억 개가 넘는 신경세포들이 있다. 신경세포들은 신경전달 물질들로 알려진 화합물의 분비나 수상돌기들을 통한 두 가지 방식으로 서로 통신한다. 신경 전달 물질들은 분출되어 한 나무의 가지들에서 다른 나무의 가지들로 점프하는 다람쥐들과 흡사하게, 이웃하는 신경세포들의 수상돌기들 사이에서 교환된다. 존재하는 수상돌기가 많을수록 통신이 더욱 쉽다. 연구자들은 실험실의 동물들이 좀 더 힘들거나 혹은 풍요로운 환경에 노출되는 경우, 그들의 뇌세포들이 수상돌기들을 추가적으로 생성한다는 것을 발견했

앤드류 엘리콧 더글라스(Andrew Ellicott Douglas, 1857–1962)는 미국의 천문학자이자 동시에 그의 3부작인 《기후 주기와 나무의 성장》에서 그가 새로 만든 용어인. 나무의 나이테를 뜻하는 '연륜 연대학'의 아버지였다. 그는 69세(1936)에 그 책의 제3권을 완성했다. 더글라스는 흑점과 기후 현상에 대응되는 나무들 나이테의 다양한 폭의 변화에 주목했다.

"신체와 마찬가지로, 정신도 지나치게 편안하면 종종 여드름투성이의 나쁜 상태로 빠질 것이다."

—찰스 디킨스

독일의 위대한 가극 작곡가인 리처드 바그너는 그의 자서전인 《나의 인생》에서, 깨어 있는 상태와 자는 상태 사이의 경계에서 그가 꾼 꿈의 이미지에 관해 다음과 같이 기록했다. "나는 흡사 몽유병의 상태로 빠져들었는데 갑자기 격류 속으로 빨려드는 느낌을 받았다. 그 격류의 거센 흐름은 곧 디플랫 단조의 음악 소리로 바뀌었고, 지속적인 분산 화음으로 울려 퍼졌다. 이것들은 차례차례 빠른 박자의 멜로디 형상으로 변형되었지만, 디플랫 장조 3화음은 전혀 바뀌지 않았으며, 계속해서 되풀이되면서 내가 그 속으로 가라앉고 있던 음악적 요소들에게 무한한 의미를 부여하는 듯했다." 바그너가 꿈같은 상태에서 들은 것은 그의 기념비적 오페라 〈니벨룽의 반지〉의 주된 모티브가 되었다. 바그너는 죽을 때까지도 작곡을 계속해, 여러 사람이 그의 가장 위대한 오페라로 여기는 〈파르시팔〉을 69세에 창작했다.

다. 예를 들어, 복잡한 미로에 갇힌 실험실 쥐들은 덜 복잡한 미로의 쥐들보다 더 많은 수상돌기를 발달시켰다.* 게다가, 뇌세포 간의 통신을 돕는 훨씬 더 작은 가지들인 수상돌기 바늘들도 추가로 생겨났다.

해부학적이고 화학적인 다른 변화들 역시 뇌에 대한 도전적 자극의 증가로부터 발생했다. 신경세포의 수가 증가하지 않았는데도 기존 신경세포들의 세포체와 핵들—제어 센터—의 크기가 커졌으며, 기억과 사고에 기여하는 효소가 더욱 활성화되었다. 뉴런들의 성장을 돕는 뇌의 지원 세포들의 수는 증가했다. 결국, 뇌의 사고를 담당하는 부분인 대뇌 피질 전체가 두꺼워진 것으로 알려졌다.

나이가 들면서 뇌가 약화된다는 이미지와는 대조적으로, 환경 및 행동 문제에 대한 대응으로서의 모든 변화들은 노화에 따라 계속되었다. 그 결과, 노화하는 뇌는 근육이 신체 운동에 반응하는 것과 거의 동일하게 정신 활동에 대응하는 것으로 알려졌다. 생물학적 행동의 이 극적인 영향력은 우리가 나이 들어감에 따라 일상생활의 맥락에서 창조력에 대해 중요한 의미를 갖는다.

수면: 회복과 자극은 창조적 두뇌 활동을 개선한다

내가 대학에 처음 들어가 수업을 받을 때, 교수 중 한 분이 "무엇인가를 배우는 최선의 방법은 자료를 읽고 나서 그것에 대해 '잠자리에서도 곰곰이 생각하고', 다음날 그 자료를 다시 읽는 것"이라고 말했다. 잠은 학습 과정의 일부였다. 이와 비슷하게, 시험 지도교수들은 표준화한 시험을 치르는 학생들

---

*이 실험들은 마리안 다이아몬드와 동료들이 수행한 것으로, Marian C. Diamond, "An Optimistic View of Aging Brain(노화하는 뇌에 대한 낙관적 관점)," Mental Health and Aging(정신 건강과 노화), ed., M. A. Smyer (New York: Springer Pub., 1993), 59-63.

이 어떤 문제에 막힐 때, 그 문제를 건너뛰었다가 나중에 다시 돌아올 것을 권고한다. 그들은 그 수험자가 다음 문제로 넘어갔더라도 정신이 무의식적으로 그 문제에 작용할 것이라고 주장한다. 이 충고는 오랫동안 전통적인 지혜의 일부분이었다. 또한 답에 대한 꿈을 꾸거나 창조적 영감의 순간에 그것들에 대한 답이 떠오른 개인들의 전례도 많이 있다. 창조력과 잠이나 꿈 간의 직접적 관련성을 보여주는 공식적 연구는 없지만, 그런 연관성이 있음을 암시하는 정보는 충분하다.

역사적 꿈 이야기 중 가장 널리 알려진 일화는 독일 화학자 케쿨레(Kekule)의 이야기인데, 그는 벤젠의 원자 구조를 밝혀내려고 필사적으로 노력했으며, 그것은 합성염료를 만들어내는 데에 그 가치가 점점 커지고 있었다. 그 구조를 밝혀내는 것은 합성염료의 활용을 크게 촉진시킬 수 있었다. 1865년 어느 날, 전차를 타고 가던 케쿨레 교수는 졸다가 꿈을 꾸기 시작했다. 그는 회전하는 고리와 비슷하게 '뱀이 자기의 꼬리를 무는' 형태로 춤을 추며 돌고 있는 원자들에 관한 꿈을 꿨다. 잠에서 깨어난 그는 그 꿈이 그에게 벤젠의 기본 구조가 고리 모양이라는 통찰력을 주었다는 것을 깨닫고는 깜짝 놀랐다. 그것은 '벤젠 고리'로 알려지게 되었다.

엘리아스 하우(Elias Howe)의 꿈이 현대적인 재봉틀의 발명으로 이어진 것은 1844년이었다. 그는 그런 기계를 개발하려고 수년간 시도했지만, 몸체 중간에 구멍이 있는 최신형 바늘 디자인은 제대로 작동하지 않았으며, 그의 혼란은 극에 다다랐다. 이야기를 계속하자면, 어느 날 밤 그는 야만인 부족에게 잡히는 꿈을 꿨다. 그 부족장이 소리쳤다. "엘리아스 하우, 너에게 이 기계를 오늘 밤까지 완성하라고 명령한다. 아니면 죽음의 고통이 따를 것이다." 하지만 그는 꿈속에서도 역시 성공적인 바늘 디자인을 생각해내지 못했다. 인내심의 한계에 다다른 부족장은 부하들에게 그를 처형하라고 명령했다. 다가오는 창끝에 눈을 집중하다가, 호우는 눈 모양의 구멍에 주목했다. 그 무서운 창들이 더욱 가까이 다가오자, 그는 갑자기 꿈에서 깼다. 무서운 느낌에 몸이 오

호주의 시인이자 원주민 인권 활동가인 캐스 워커(Kath Walker, 1920-1993)는 1964년(44세)에 펴낸 그녀의 작품 《우리는 가고 있다We Are Going》로, 영국에서 책을 출간한 최초의 원주민 시인이 되었다. 1972년, 그녀는 이야기 책 《스트라드브로크 드림타임Stradbroke Dreamtime》을 전통적인 원주민의 이야기 형식으로 썼으며, 매리 길모어 상과 풀브라이트 장학금 등 여러 상을 수상했다. 그녀는 1985년에 《콴다무카(Quandamooka), 캐스 워커의 예술》을 썼는데, 그녀의 나이 69세 때였다. 그녀는 우저루 누누칼(Oodgeroo Noonuccal)이라는 원주민식 이름을 썼고, 스트라드브로크 섬의 모든 인종의 아동들을 위한 원주민 문화 센w터의 책임을 맡았다. 그녀는 1988년, 68세 때 《무지개 뱀Rainbow Serpent》을 썼다.

싹했지만, 그는 여전히 창들의 모양을 볼 수 있었는데, 그 각각의 끝에는 구멍이 있었다. 문제가 풀렸다. 호우는 바늘 끝 근처에 눈 모양의 구멍이 있는 바늘을 디자인했고 그것은 제대로 작동했다.

색다르고 역동적인 방식으로 창조력을 묘사하는 방법에 대한 수개월간의 고군분투 끝에, 깨어 있는 시간에 분명하게 $C=me^2$이라는 방정식으로 내 이론을 구상하는 데 도움을 준 것은 결국 꿈이었다.

연구는 수면의 영역까지 확장되고 있지만, 그 기능과 이점들은 분명하지 않다. 수면에 관한 이론들은 그것이 에너지 보존을 실행하고, 우리 신체에 회복할 기회를 주며, 입력된 압도적인 양의 정보를 뇌가 처리할 시간을 주고, 뇌가 경험과 정보를 의미 있는 기억들로 처리하고 통합하도록 해준다는 것을 보여준다.

우리는 뇌의 세포 수준에서는, 뉴런들이 새로운 수상돌기들을 만들어낼 때 신경세포 간의 통신이 향상된다는 것과, 그에 따라 보다 고차원적인 사고 과정들의 잠재력 역시 증가하게 된다는 것을 알고 있다. 또한 수면에 관한 연구들로부터 잠이 다양한 뇌 호르몬과 신경 전달 물질들의 수준들에 영향을 준다는 것 역시 알게 되었다. 수면 중에 이루어지는 이처럼 풍부한 호르몬과 신경 전달 물질의 화학적 목욕이 뇌세포의 활동과 수상돌기의 성장을 향상시킨다고 생각할 수도 있다. 아마도 수면 중에는, 신경세포들은 의식이 깨어 있거나 명징한 사고를 하는 동안 사용되는 것과는 다른 패턴으로 정보의 더 많은 교환을 가능케 하는, 수상돌기들을 가로지르는 새로운 통신 경로들을 만들어내는 것 같다.

나는 한 걸음 더 나아가 신경세포들 사이의 이러한 연결들이, 수면 중 꿈을 꾸는 동안 우리의 생각 속에서 이미지들을 만들어낸다는 이론을 제시한다. 송신 신경세포에서 활성화된 정보가 수신 신경세포에서 활성화된 정보와 맞아떨어지면 이해할 수 있는 꿈 이미지가 나타나며, 그 신경세포들 간의 연결은 지속된다. 송신 신경세포에서 보내는 정보가 수신 신경세포의 정보와 호환되지 않으면, 무의미한 또는 기이한 꿈 이미지가 나타나며, 그 신경세포들 간의 연결은 사라진다. 신경세포는 수많은 다른 신경세포들과 동시에 통신할 수 있기 때문에, 두 가지 정보—맞는 것과 그렇지 않은 것—모두 동시에 통신될 수 있다.

나는 이것이 일어날 때는, 의미 있는 꿈과 무의미한 꿈 이미지들이 서로에게 겹쳐진다고 주장한다. 후자는 전자를 속인다. 이 같은 속임수는 때때로 격렬한 감정적 반응이나 고통스러운 사고의 연결들에 대한 보호 역할을 할 수도 있으며, 다른 경우에는 단순히 잡음으로만 작동할 수도 있다. 이것은 다양한 꿈을 이해하는 데 해석이 필요한 이유를 설명할 수 있다. 그와 같은 해석은 결과적으로 속임수를 걸러내는 것이다.

꿈 활동에 대한 내 이론은 대부분 추측이긴 하지만 뇌에 대한 정립된 이론들과 객관적 결과들에 근거하며, 꿈의 속성과 왜 우리가 '자면서 생각할' 기회를 가졌을 때 그 문제에 대해 더욱 분명하게 생각하는지를 설명하는 데 도움이 될 수도 있다. 우리는 말 그대로 고도의 지적 기능을 수행하는 뇌세포를 수십억 개씩 가지고 있고, 각 세포는 문자 그대로 수상돌기를 수천 개씩 가지고 있기 때문에, 다채로운 생각들을 위한 새로운 연결을 생산해내는 동안에는 수상돌기들 간의 새로운 연결을 위한 몇 조 번의 기회를 갖게 된다. 우리는 여기서 작거나 또는 제한된 가능성을 말하는 게 아니다. 그리고 이 과정은 노화에 따른 종착점이 정해져 있지도 않다. 이러한 연결의 생물학적 불확실성은—어느 신경세포가 어떤 다른 신경세포와 어떻게 상호작용을 할지—그것으로써 매일 매 순간 우리 각자에게 놀라운 가능성들을 가져다준다.*

수면이 노화와 관련되기 때문에, 또다시 우리는 잘못된 부정적 가정들을

---

*수면 연구에 관한 개관은 T. C. Neylan, C. F. Reynolds, D. Kupfer가 함께 쓴 "Neuropsychiatrics Aspects of Sleep and Sleep Disorder(수면에 관한 신경심리학적 고찰과 수면장애)"에 실려 있다. Textbook of Neurosychiatry, 3rd ed., ed. S. C. Yudofsky and R. E. Hales (Washington, D. C.: American Psychiatric Press, 1997), 583-60.

"악몽을 꾸지 않는 사람은
꿈도 꾸지 못한다."
－로버트 폴 스미스

발견한다. 많은 사람들은 불면이 노화의 자연스러운 부분이며 정신적 쇠퇴에 대한 불가피한 기여자라고 잘못 믿고 있다. 사실, 나이가 들어가면서 수면에서 일어나는 주요한 변화들은 노화로 인한 게 아니라 생활 방식 변화의 결과나 관절염, 전립선 문제, 방광 문제, 우울증, 또는 기타 건강 문제와 같은 질병의 영향인 경우가 더 흔하다.

건강한 80대 노인들에 대한 추적 연구들은 그들의 수면방식이 건강한 젊은이들과 유사하거나 약간 다르지만 수면의 질이 저하되는 정도는 아니다. 사실상, 수면 문제는 불가피한 두뇌 기능저하의 일부라는 개념과는 반대로, 이 연구는 몇몇 수면장애나 기분장애들은 뇌에 도전적 자극을 주거나 주어진 분야에서의 숙달감을 발달시킴으로써 개선될 수 있음을 보여준다. 이것은 어느 연령의 어떤 사람에게라도, 그들의 건강을 증진시키는 데 창조적 노력이 중요하다는 것을 다시 확인해 줄 뿐이다.*

노화하는 뇌에 대한 실제적인 이야기는, 노화와 더불어 무엇이 될 수 있는가 하는 것과, 늙어 가는 동안 많은 사람들에게 무엇이 이루어졌는가 하는 것 중 하나이다. 그것은 노화에 수반될 수 있는 긍정적인 발전들에 관한 이야기일 뿐 아니라, 인생 만년에 상실의 한가운데 있을 때조차 무엇을 더 얻을 수 있는가에 관한 이야기이다.

---

*노화와 잠에 대한 예는 C. F. Reynolds와 M. A. Dew, T. H. Monk, C. C. Hoch가 함께 쓴 "Sleep Disorder in Late Life: A Biopsychosocial Model for Understanding Pathogenesis and Intervention," in Textbook of Geriatric Neuropsychiatry, ed. C. E. Coffey and J. L. Cummings ((Washington, D. C.: American Psychiatric Press, 1994), 323-31.

브라운 씨 이야기: 기적은 필요 없고, 기질을 양육할 뿐

1968년 내가 의과대학 3학년이었을 때, 나는 중환자들, 특히 예후가 나쁜 이들에게 접근하는 방법에 심대한 영향을 준 예기치 못한 경험을 했다. 나에게 배정되었던 첫 번째 환자 그룹 가운데, 만나기 전날 심각한 뇌졸중 발작을 일으켰던 67세의 공무원 래리 브라운(Larry Brown)씨가 있었다. 그를 만났을 때 그는 깨어 있었지만 단어를 표현하거나 눈을 제외한 신체의 어느 부분도 움직일 수 없었고, 면담시간 내내 앞만 노려보고 있었다. 나는 내과 전문 수련의로 나보다 4년 선배인 3년차 레지던트의 감독을 받으며 일했다. 그 레지던트는 브라운 씨와 나에게 미안하다고 했다. 왜냐하면 브라운 씨의 심각한 발작은 그의 미래가 암울하다는 것을 의미했으며, 설령 변화가 있다 할지라도, 내가 알아볼 만큼은 아닐 것이기 때문이었다.

나는 그 레지던트에게 왜 개선의 여지가 없는지 물었지만, 뇌 손상이 너무 심하고 경험상 이런 환자는 개선의 희망이 없다는 것 외에, 그는 구체적인 생리학적 이유는 말하지 않았다. 나는 희망이 없을 거라는 말에 그것을 받아들일 수 없었다. 그래, 그것은 내 경험이 아니다(물론, 나는 발작 환자 경험이 전무했다.) 그래서 나는 집중재활프로그램의 혜택을 받을 수 있었던 브라운 씨에게 접근하기로 결심했다. 그 레지던트는 처음에는 재활치료계획의 허가를 망설였지만 결국 허락해 주었다.

내가 요청한 대로, 간호사들은 운동 부족으로 브라운 씨의 팔다리가 비정상적으로 뻣뻣해지지 않도록 부지런히 사지 운동을 시켰고, 나는 그의 가족들에게 그를 방문할 때마다 똑같이 하라고 가르쳤다. 3일이 지나도 근본적인 변화는 없었고 어떤 동료는 새로운 회의론을 표명했다. 나는 브라운 씨의 회복 가능성에 대해 결론을 내리기에는 너무 이르다고 느꼈다. 재활치료는 계속되었고, 일주일이 지났을 때 브라운 씨는 오른쪽에 움직임을 보이면서 알아들을 수 없는 몇 마디를 하기 시작했다. 2주 후, 그는 왼쪽도 움직이기 시작

게오르크 프리드리히 헨델(1685–1759)은 52세에 뇌졸중 발작을 겪었지만, 그 후 5년 동안 〈메시아〉를 작곡했으며, 65세에는 〈입다 Jephthah〉를 작곡했다.

했고, 더 많은 말을 할 수 있었다. 3주째 주말쯤, 그의 움직임은 훨씬 강해졌고 우리는 그의 말을 이해할 수 있었다. 4주가 지난 후, 그의 근육 힘은 상당히 개선되었으며 짧은 문장을 말할 수 있었다.

일반적 기준으로 볼 때, 그 레지던트는 브라운 씨의 희귀한 사례에 놀랐다. 하지만 나의 임상경험으로 볼 때, 나에게는 브라운 씨가 기준이었다. 그의 가족은 나를 기적을 일으키는 사람인 양 쳐다봤지만, 나는 내가 믿는 바를 이야기했다. 그것은 우리 모두가 애썼기에 자연스럽게 이루어질 것이며, 우리는 이 치료 과정을 뒷받침하는 노력을 계속해야 한다고 했다.

이 경험에서 나에게 뜻밖이었던 부분은, 환자를 학생들에게 배정하는 전공 주치의 역시 우리가 환자들 중 두 명을 다양한 질병의 과정에 대한 더 나은 감각을 익히도록 장기적으로—1년 내내—추적하기를 원했다는 것이다. 나는 내 환자들 중 한 명으로 브라운 씨를 선택했다.

한 달이 지난 후, 브라운 씨는 퇴원해도 좋을 만큼 회복되었으며, 그의 가족은 그를 집에서 돌보기 원했다. 주치의와 레지던트의 조언을 듣는 것과 더불어, 그들은 나에게 자신들이 뭘 해야 하는지 물어봤다. 내 조언은 정신의학 전문분야에 대한 나의 선호도 증가에 영향을 받았고, 나는 신체만큼이나 정신에 관심을 갖는 것이 중요함을 알았다. 나는 그의 신체적 운동을 위해 집에서 지속으로 재활물리치료를 하는 것과 더불어, 대화를 하거나, 책을 읽어 주거나, 읽으라고 시키거나, 아니면 정신적 활동을 유지할 수 있는 다른 어떤 방법들이라도 이용해서 그가 정신적 활동을 하도록 도와주어야만 한다고 권했다.

이후 7개월 동안 브라운 씨의 가족과 친구들은 정신-신체 재활 노력의 열정적인 조력자들이었다. 그를 방문했던 목사는 재활치료 계획에 대해 듣자마자, 교회에서 노인들을 위해 세운 공동체센터에 브라운 씨를 참석시킬 것을 가족에게 제안했다. 브라운 씨는 사교활동을 별로 하지 않았기 때문에 그의 가족은 처음에는 회의적이었다. 하지만 그 목사는 이 활동이 신체적·지적

전형적인 로코코 양식을 보여주는 비너스 상으로 유명한 프랑스 조각가 에티엔 모리스 팔코네(Étienne Maurice Falconet, 1716–1791)는 1783년, 67세에 뇌졸중 발작을 겪었다. 발작 후 그는 조각을 포기했지만 미술사를 쓰게 되어, 71세이던 1787년까지 아홉 권을 출판했다.

활동을 제공함으로써 브라운 씨의 회복에 기여할 가능성이 아주 높다고 설득했다.

브라운 씨는 귀를 기울였다. 처음에는 휠체어를 타고 공동체센터에 참석하기 시작했으나, 나아진 이후에는 보행기의 도움만을 받았다. 상태가 계속 호전되자 그는 보행기 대신 지팡이를 사용했다. 카드 게임에도 끼고 새로 생긴 목공소에도 다녔는데, 거기서 그는 문 받침에서 멋지게 페인트칠을 한 작은 상자까지 실용적인 물건들을 만들기 시작했다. 이 모든 것이 브라운 씨에게는 새로웠고 큰 만족감을 주었으며, 그의 가족은 형언할 수 없을 정도로 기뻐했다.

브라운 씨는 장시간의 근무와 그 직무의 일부인 복잡한 서류업무 때문에 발작 전의 일자리로 돌아갈 수 없었다. 하지만 그는 생산적이고, 만족스러우며 창조적인 활동의 새로운 길을 걷기 시작했고, 그것은 그의 삶의 질을 개선시켰다.

뇌질환 환자들과의 경험이 늘어나면서, 나는 브라운 씨와 같은 사람들을 점점 더 많이 보게 되었는데, 브라운 씨는 지속적인 발작이 없어지면서 예상치 못했던 개선과, 재활프로그램의 일부인 '소문자 c'의 개인적 창조 활동인, 새로운 일에 도전하는 능력을 보여주었다. 이러한 환자들 중 상당수는 2년이나 3년, 심지어는 그 이상의 시간이 지나서 운동 및 지적 기능에서 미묘하지만 구체적인 개선을 보였다.

브라운 씨 같은 환자에게서 일어나는 최초의 개선은 보통 발작, 또는 뇌혈관 출혈이나 폐색과 같은 중요한 의학적 응급상황이 지난 뒤에 오는 안정화로 여겨진다. 진행되는, 장기적 개선은 잘 알려져 있지 않다. 하지만 자극적인 환경에 반응해 생기는 수상돌기에 대한 지식에 기초해 볼 때, 발작 환자들에 대한 적절하며 현재 진행 중인 도전들은 지속적인 재활 노력의 일부가 되어야 할 것처럼 보인다.

이 같은 도전들은, 발작으로 파괴된 손실 세포들에 의해 만들어진 간극 때

"해를 향해 서면 그림자는 보이지 않는다."
– 헬렌 켈러

문에 끊긴 뇌세포들 간의 새로운 통신을 가능케 하는, 다리와 같은 기능을 하는 수상돌기의 성장을 촉진할 것이다. 장애가 특정 세포군 간의 통신 문제 결과라면, 새로운 수상돌기의 생성으로 인한 다리 놓기는 기능을 개선해 그 연결을 회복할 수도 있다. 일반적으로 손실 세포들은 대체되지 않으며, 아마도 수상돌기의 가지들이 남은 세포들 간의 간극을 줄이는 것일 수 있다.

생물학적 복잡성은 창조력을 위한 지속적인 가능성을 약속한다

"달걀을 깼다면, 오믈렛을
만들면 된다."
        - 앤소니 이든

이 모든 설명에도 불구하고, 뇌가 어떻게 기능하며 질병과 상해에 어떻게 긍정적으로 반응하는지에 대해서는 상당한 의문점이 남는다. 사실, 이해되는 것보다는 의문스러운 점이 훨씬 많다. 최근의 연구를 예로 들면, 상당한 지적 장애를 겪고 있으면서 동시에 그리고 놀랄 만큼, 새로 얻거나 향상된 예술적 기능들을 보여주는 다양한 환자들이 뇌의 특정 부위—전두엽—에 영향을 주는 치매 형태를 가진 것으로 확인되었다.* 원치 않는 악화에 의한 손상은 예술적 차원의 활동에 방해를 일으킨 뭔가를 파괴하는 듯이 보인다.

이 연구는 창조적 표현에 영향을 주거나 각성으로 귀결되는 새로운 생물학적 차원들을 확인하는 데 있어서 뿌리 깊은 잠재력에 대해 암시를 준다. 분명 전두엽 치매를 앓는 환자들에게서 그렇듯, 뇌 안에는 변화를 위한 다른 길들, 즉 우리가 물리적으로 장애물들을 다양한 창조적 과정으로 바꿀 수 있도록 자극하는 특정한 활동들을 이용할 기회들이 있다. 문제는 우리가 이 같은 생물학적 장벽들을 창조적 표현으로 확실히 확인하거나, 자극 환경과 활동이

---

* 예술적 재능의 새로운 습득이나 발전에 영향을 주는 전두엽에 치매를 가지고 있는 다양한 환자들에 관한 연구는 B. I. Miller와 J. Cummings, F. mishkin, K. Boone이 함께 쓴 "Emergence of Artistic Talent of Frontotemporal Dementia(전두측두엽 치매 환자들의 예술적 재능의 발현)"에 실려 있다. Neurology 51, no. 4 (1998): 978-82.

뇌 안에서 물리적 개선을 어떻게 초래하는지를 완전히 이해하지 못했다는 것이다.

새로운 이해의 경로들을 찾고자 한다면, 이러한 복잡성의 문제는 우리가 알고 있는 것에 대해 열린 사고를 하거나 그것을 다르게 보도록 요구한다. 실제로 무수한 사례에서 보는 것처럼, 여기서도 우리는 복잡성이 안정에 복무한다고 믿어야 한다. 어떤 특정한 충격적 사건이나 작용의 결과를 완충하는 보호적 미로의 역할을 하는 것이 바로 뇌의 복잡성이다. 우리는 노화의 부정적 속성들이라고 간주하는 변화들에 대해 다른 해석들을 찾을 수 있으며, 전통적으로 노화의 더 긍정적인 속성들로 여겼던 특징들에서 성장의 새로운 가능성을 찾을 수 있다.

예를 들어, 뇌가 나이를 먹으면 정보는 일반적으로 같은 속도로 처리되지 않는다. 이것은 정보를 받거나 이해하는 방법이나 새로운 상황들에 반응하는 방식에 영향을 줄 수 있다. 이러한 느려짐이 실제적인 어떤 목적을 가지고 있다고 가정하고 그것을 찾는다면, 우리 삶의 대부분은 시간에 맞춰 돌아가지 않는다―아니면 반드시 그럴 필요는 없다―고 인정할 수도 있다.

우리는 이 같은 느려진 과정으로 가능해지는 이점들을 탐색할 수도 있다. 대부분의 경우에, 적응하는 데 시간을 좀 더 들이는 것은 단순히 강압에 의해 반응하는 것보다 정보를 소화하고 사려 깊게 대응하는 데 도움이 된다. 예를 들면, 건반 위에서 손가락을 빨리 놀리는 연주를 할 수 없게 된 것에 영향을 받는 나이 든 피아니스트들은, 비록 기술적으로는 달라도 그 음악이 여전히 매력적이고 창조적인 작품으로 남을 수 있도록 화음들 사이의 박자와 쉼표를 아주 미묘하게 바꾸어 그 곡을 창조적으로 재구성할 수도 있다. 무엇보다, 화음과 멜로디 그리고 아름다움은 속도에 좌우되지 않는다.

반응시간의 변화들은 노화에 따라 미묘하게 차이가 나며, 대부분의 사람에게는 그렇게 극적인 차이는 나지 않는다는 점을 주목하는 것도 역시 중요하다. 컴퓨터를 쓰는 65세 이상의 사람들에 관한 최근 연구는 그들의 반응속

평생 동안 200회 이상의 녹음을 한 미국의 피아니스트 아르투르 루빈스타인(Artur Rubinstein, 1887-1982)은 88세에도 여전히 공연을 했고, 92세(1980)에 자서전 《오랜 나날들My Many Years》을 썼다.

미국의 사전 편찬자인 노아 웹스터(Noah Webster, 1758-1843)는 1828년 70세에 그 유명한 《미국 영어사전》을 2권으로 편찬했다. 지금은 《웹스터 신 국제영어사전》으로 불린다.

'위대한 비국교도'로 알려진 올리버 웬델 홈즈(Oliver Wendell Holmes Jr.)는 61세에 미국 대법원의 지명 부판사 (1902)로 지명되었다. 그는 그 법정에 30년간 근무하다가 91세 생일 직전에 은퇴했다. 새로 취임한 프랭클린 루즈벨트 대통령이 은퇴한 판사를 방문했을 때, 그가 플라톤을 읽고 있는 것을 보았다. 대통령은 물었다. "왜 플라톤을 읽고 있습니까, 판사님?" 92세의 학자는 대답했다. "내 정신을 개선하려고요, 대통령 각하."

도와 선택정확도가 모두 증가한 것으로 알려졌다. 나이와는 상관없이, 학습과 훈련은 중요하고 지속적인 효과를 가질 수 있으며, 보통 이런 종류의 노화에 따른 변화들을 보상한다.

다른 예들에서, 우리는 서로 모순되는 듯 보이는 노화에 따른 변화들을 본다. 한편에서는, 인생 만년의 많은 사람들이 단어 찾기—말하려는 단어를 떠올리는 것—의 어려움이 커지는 것을 경험하며, 그 때문에 종종 말실수를 하곤 한다. 다른 한편에서는, 읽기, 쓰기, 낱말 맞추기, 단어 게임 등으로 지적인 노력을 계속하는 80대에게서는 어휘가 늘어나는 것으로 알려졌다. 노화에 따라 우리는 특정한 종류의 두뇌 작업에서 동시적인 성장과 하락을 경험할 수 있다.

한편으로는, 창조적 표현을 위한 광범위한 기회를 보여주는, 나이가 들면서 생기는 긍정적인 변화도 많다. 예를 들어, 시간이 지나면 문제를 정의하고 문제해결 전략을 짜는 것이 더 쉬워질 수도 있다. 우리의 어휘능력이 쌓여나가듯, 일반적인 지식이나 직장 경험, 인생 경험 역시도 쌓여나간다.

우리는 보통 나이에 따르는 더욱 풍부한 경험적 통찰력을 표현하기 위해 '늙고 현명한'이라는 말을 쓴다. 하지만 지혜란 무엇인가? 지혜에 대한 생물학적 토대는 무엇이고, 어떤 다른 잠재력이 우리에게 있는가? 좀 더 나은 판단을 하게 해주는 지혜에 더해, 똑같은 생물학적 과정이 또한 우리를 더 나은 학습자로 만들어 줄 수 있는가?

지혜의 사전적 정의에는 '현명함'이 포함된다.

웹스터에 따르면 현자는 "아주 지혜로운', 특히 '지혜, 경험, 판단력'으로 매우 존경을 받는 노인"이라고 되어 있다. 우리는 보통 지혜를 지식의 측면에서 생각한다. 분명 지식은 중요한 요소이다. 하지만 두 가지의 다른 핵심 성분이 있다—정서적 이해(정서 지능)와 인생 경험이다. 이 세 가지 요소는 시간이 지나면서 생긴다. 그것들은 살 수도 없고 서두르지도 못하기에, 비록 노년에만 있는 특성은 아니지만, 지혜가 노화와 더 자주 연결되는 것도 놀라운 건 아니다.

정서적 이해는 지혜의 특별히 복잡한 요소이다. 그것은 시간과 더불어 그리고 사람들이나 상황들과의 과거 경험들에서 배우는 능력에 따라 쌓이고, 경험을 이용해 새로운 사람들과 상황에 대한 이해를 높여 준다. 그런 정서적 인식은 판사와 외교관에게는 위대한 자산이며, 어째서 그렇게 많은 고위 판사들—예컨대 미국 대법원의 판사들—과 외교관들이 노령인지를 설명하는 데 도움을 준다.

우리가 주의력 결핍 장애나 우울증, 기타 기분장애 같은 증상에서 보다 효과적인 의학적 중재를 제공할 수 있게 해주는 특정한 생화학적 연결을 확인하기 시작했듯이, 우리가 일상생활에서 보는 지혜를 가져오는 복잡한 생물학적·생화학적 과정들이 있다고 예상하는 것은 합당하다.

옛 속담에서 "사용하지 않으면 녹슨다"고 충고하듯, 현대 과학도 똑같은 말을 한다. 현대의 기초적 신경생물학 연구는 우리의 환경과 서로 간의 자극적인 상호작용에 대한 뇌세포의 놀라운 해부학적, 생리학적 반응들의 발견들을 통해 이 조언이 결국 옳다는 것을 보여준다. 오늘날 우리는 뇌 건강 유지에 대한 창조적 자극의 중요성을 확증하고, 건강한 뇌 역시 환경과 건강 문제들을 성공적으로 다루는 능력을 극대화한다는 과학적 증거를 가지고 있다.

예방적·치료적 '약'으로서의 창조력

우리는 스트레스에 대한 연구를 통해 지속적 스트레스가 면역 체계에, 특히 노인들에게, 악영향을 미친다는 것을 알고 있다. 연구결과들은 만성 스트레스가 신체를 돌아다니는 보호면역체계 세포들을 저하시킨다는 점을 밝힌다. 이 상황에서는 감염이나 다른 질병에 대한 저항력이 낮아져, 건강은 더 취약해지고 치유력도 손상된다. 심리, 신경, 면역학적 영향에 대한 통합적인 조

블랙 엘크(Black Elk, 1863–1950)는 오글랄라 라코타 부족의 성자이자 전통적 치유자였다. 그는 미국과 수(Sioux)족 간의 전쟁 말기이자 자기 부족의 문화를 위협한 미국 정부의 정책이 시행된 초기에 살았다. 많은 라코타 부족 사람들이 자신들 문화의 와해를 두려워했으며, 그들의 비밀스러운 지식과 정보를 보존할 방법을 찾으려고 애썼다. 블랙 엘크는 이 과업에 여생을 바쳤으며, 67세 때 (1930) 《검은 사슴 입을 열다 Black Elk Speaks》에서 존 니하르트에게 자신의 인생 이야기를 구술했다. 이 책은 라코타족의 문화 보존에 엄청난 기여를 했으며 여러 번 재판되어, 라코타 인디언들뿐 아니라 일반인들에게도 읽히고 있다. 블랙 엘크는 87세에 사망하기까지 여러 모임에서 초빙 연사로 활동했다.

사 역시, 만성 스트레스의 부정적인 심리 효과들이 면역 체계에 메시지를 전달하는 뇌세포의 정상적 기능을 막거나 방해한다는 것을 보여준다. 뇌는 신체의 명령 센터 또는 제어 센터임을 기억하라. 그것이 악영향을 받으면 안 좋은 정보를 신체의 다른 부위에 보내게 된다.

실험적 연구들은 창조적 활동 및 그 결과로 일어나는 기분과 사기에 대한 긍정적 효과가 보호면역세포들의 증가로 이어질 수 있음을 지적한다. 우리는 그 이유에 대해서는 알지 못한다. 지속적 스트레스가 건강 전반에 걸쳐 서서히 심각한 문제들로 이어지는 것처럼, 지속적인 긍정적 경험, 즉 창조적 과정의 건강성은 고양되고, 만족스러우며, 긍정적인 건강 효과를 낳는다.

창조력이 질병의 진행 과정에 영향을 줄 수 있는 방식을 살펴보면, 예비적인 과학적 연구들은 지속적 창조력이 만성 혹은 말기 질병의 예후를 개선할 뿐 아니라 감염이나 손상과 같은 급성의 건강 문제들의 회복을 촉진할 수 있다고 말한다. 이것은 창조력이 말기 질환도 치유할 수 있다는 것을 나타내기보다는, 좀 더 나은 대처 능력을 통해 증세를 경감한다는 것을 보여준다.

중증 환자들 사이에서의 표현 예술 치료—미술 치료, 무용 및 운동 치료, 음악 치료 등—의 인기는, 이러한 창조적 중재들의 긍정적인 영향을 보여주는 연구 결과들에서 확인되는 것처럼, 이러한 향상을 증명해 준다. 그 연구는 인생에서 가장 끔찍한 장애를 겪고 있는 개인들이나 가족들과의 수많은 면담에서 내가 깨달았던 것이 무엇인지를 확인해 준다.

또한 알츠하이머병—아마도 모든 연령 관련 뇌 장애들 중 가장 끔찍한 병—에 대한 최근의 연구 결과들은, 정신적 기능에 대한 꾸준한 창조적 도전에서 나오는 긍정적인 효과를 보여준다. 알츠하이머병의 위험성이 있지만, 수년 간 꾸준하게 정신적 도전을 계속해 온 개인들은 전반적으로 발병이 지연될 수도 있다는 것을 보여주는 몇 개의 과학적 증거가 있다.

이런 예비적 연구 결과들은, 아마도 꾸준하고 장기적인 정신적 도전을 통해서이겠지만, 위험성이 높은 사람들의 알츠하이머 발병을 예방하는 뇌 기능

보존 방법이 개발되었음을 보여준다. 이 이론은 또한 이들 발병 가능성이 높은 사람들이 알츠하이머병의 완만한 진행 속에서 손상이나 파괴되지 않은 채 남아 있는 뇌세포들 간의 중요한 연결들을 더 오래 유지하는, 보다 풍부하고 더욱 밀집된 수상돌기망을 강화시켰을 것이라고 주장한다. 이러한 연구들은 긍정적 기능을 촉진하는 데에서 더욱 분명하게 나타나는 창조력의 역할과 함께, 뇌 기능의 보존에서 창조력의 역할을 지적한다.

형상화: 치유를 위한 치료 도구로서의 창조력

선구적 연구자인 진 액터버그(Jeanne Achterberg)는, 체계적인 정신적 형상화(Imagery)를 통한 창조성의 치유력을 연구하는 데 중요한 도움이 되었다. 그녀의 책 《치유의 이미저리》에서, 그녀는 100세의 나바호 약사이자 현자인 토마스 라지위스커스(Thomas Largewhiskers)의 말을 인용한다. "당신이 책들로부터 무엇을 배웠는지 모르지만 내가 할아버지들에게서 배운 가장 중요한 것은, 바로 정신에는 우리가 진짜 모르는 부분이 있으며, 그것이 우리가 아플지 건강하게 살지의 여부를 결정하는 데 가장 중요한 부분이라는 것이다."

공공복지센터 암조력프로그램의 의학 부장인 레이첼 나오미 레멘(Rachel Naomi Remen)은 창조적인 힘들과 건강 간의 연관성을 묘사하면서 형상화의 치료적 용도에 대해 말했다. "건강은 완전성을 향한 움직임이다. 형상화는 그 완전성을 볼 수 있게 하는 움직임이다."

환자들에게 형상화를 창조적이고 치료적인 도구로 사용하는 표현예술 치료사인, 내 동료이자 아내인 웬디 밀러는, 나에게 유방암과 싸우던 50대 변호사인 캐시의 사례를 묘사했다.

암 치료를 받는 동안, 캐시는 자신의 치료팀에게 라즈베리를 먹는 공룡에 대해 그녀가 경험한 반복적인 이미지를 묘사했다. 그 당시, 치료팀은 그녀의

암 연구 의사인 엘리스 스트랭(Elise Strang)은 60대와 70대 초반에(1930년대에서 1950년까지) 조기 진단을 통해 암 예방을 시도하는 임상실험기관을 설립했다(특히 자궁경부암). 그녀는 73세 때, 〈암 제어에 대한 예방의학 적용〉이라는 논문으로 미국공중보건협회가 수여하는 명망 높은 앨버트 래스커 상을 수상했다.

백혈구 세포를 늘리려고 애쓰고 있었다. 라즈베리를 먹는 공룡의 이미지가 그녀를 불안하게 하지는 않는다고 말했지만, 치료팀은 그 공룡이 라즈베리로 상징되는 취약한 보호 세포들을 먹어치우는 암을 상징할 가능성 때문에, 그녀에게 다른 형상화를 할 것을 권했다. 그녀는 공룡들이 라즈베리보다 훨씬 강해서 그녀의 면역 체계가 작동할 기회를 얻지 못했다고 들었다. 치료팀은 그 공룡이 몰살되거나, 라즈베리를 먹다가 미치는, 혹은 단순히 과일을 먹는 것에 대한 흥미를 잃은 공룡의 이미지를 개발할 것을 그녀에게 제안했다. 배고픈 공룡의 이미지는 계속 주기적으로 나타났지만, 이제 그것은 그녀에게 적대적이지 않았다. 그러는 동안, 암이 전이된 것이 발견되어 공격적인 치료가 적용되었다.

그와 동시에, 캐시는 표현예술치료를 받기 위해 웬디에게 보내졌다. 웬디는 캐시의 반복적인 공룡 형상화를 더 잘 이해하려고 탐구적 대화, 작품 활동, 명상으로서의 예술을 이용했다. 떠오른 심상은 이전의 해석과는 약간 달랐다.

캐시에게 공룡은, 구식이고 공격적이며 군림하는 스타일의, 그 세계(법조계) 안에서 그녀의 존재 방식을 반영하는 듯했다. 그녀는 라즈베리를 신선하고 달콤한 것으로 경험했고, 그것들이 아마도 연약하지만 새로 자라나는 자아에 대한 감각을 반영하는 것일 수도 있다고 생각했다. 이 '자아'는 그녀가 묘사하듯, 그 세계 속에 존재하는 것에 대한 보다 수용적이며 '여성적인 접근'으로 특징지어졌다. 캐시는 그 공룡이 라즈베리를 먹을 때마다, 자기의 병이 치유될 수 있다는 가능성으로 자신이 더욱 차분해지고 더욱 평화로움을 느낀다는 것을 깨달았다.

캐시는 그때, 공룡이 라즈베리를 먹는 그 이미지에 저항하는 것이 아니라 그것을—공룡이 라즈베리를 즐길 수 있게 하는 것—키워 가야 함을 느끼며 사물을 대하는 자신의 낡은 방식을 보게 되었다. 그녀는 끔찍한 암을 앓고 있는 와중에서 새로운 생활방식과 환경들로 이전에 맛보지 못한 평안함을 느꼈고 이러한 존재감으로 생활방식을 바꾸는 것이 중요하다는 것을 발견했다.

소설 《사설탐정*private eye*》의 저자인 레이먼드 챈들러(Raymond Chandler)는, 70세이던 1958년에 쓴 《플레이백*Playback*》의 필립 말로라는 캐릭터를 위해 새로운 모험 이야기를 계속해서 창작했다.

캐시는 이제 암 환자가 아니라 암 생존자(survivor)로 불린다. 그녀는 임상 치료 과정에서의 긍정적인 방향 전환을, 암 치료에서는 최첨단 의학기술의 도움과 예전부터 있었지만 최신화 된 형상 치료법으로 영혼을 치료할 수 있었던 덕분으로 돌렸다. 제6장에서 우리는, 창조적 중재를 통한 정신치료가 어째서 역경에 직면한 신체(특히 노화하는 신체)에 도움이 되는지를 알아보기 위해, 행동에 관한 이론 및 생물학적 이론들에 대해 좀 더 깊이 살펴볼 것이다.

데임 아가타 크리스티(1890–1976)는 84세에, 그녀의 동명 소설을 기초로 한 영화 〈오리엔트 특급 살인 사건〉의 1974년 개작을 감독했다. 그녀는 86세에 죽을 때까지 계속 글을 썼으며, 1억 부가 넘게 팔렸다.

결론: 생물학은 약속과 신비, 인센티브를 제공한다

나는 과학적이든 공상적이든 괜찮은 미스터리를 좋아하며, 제일 좋아하는 소설은 아가사 크리스티의 《오리엔트 특급 살인》이다. 거기에서는, 그녀의 유명한 탐정 에르퀼 포와로가 우연히 같은 열차에 탄 12명의 혐의자들이 연루된 아주 복잡한 미로의 함정에 빠졌다. 내 생각에 이것은 노화의 핵심을 밝히려는 주요 이론들과 비슷하다. 포와로는 범죄자를 밝히려고 각별한 노력을 기울였다. 그는 증거를 따져 보고, 놀라운 결론에 도달하면서 다음과 같이 설명한다.

나는 승객 중 어떤 한 사람에게 혐의를 두기가 어렵다는 것에 깜짝 놀랐습니다. '생각지도 않은' 사람에게서 나온 증언이 승객 각자의 알리바이를 제공한다는 우연의 일치가 흥미로웠지요. … 나는 생각했습니다. 이상한 일이군, 그들이 모두 범인일 리가 없어! 그때 문득 어떤 생각이 떠올랐습니다. 그들이 모두 범인이라는 것이지요. 이 사건에 관련된 많은 사람들이 우연히 같은 기차를 타고 여행하는 것은 가망성도 없을 뿐 아니라 불가능합니다. 우연이 아니라면 꾸민 일이겠지요. … 나는 이것을 모든 사람이 배역을 맡은 완벽한 모자이크 그림으로 보았습니다. … 이 모든 것이 아주 치밀하게 계획된 조각그림

미스터리 베스트셀러 작가인 매리 로버츠 라인하트는 탐정 이야기에 유머를 융합한 장르에서 걸출했다. 소설가이자 희곡작가인 그녀의 성공적인 연극 〈박쥐〉는, 77세였던 그녀의 협력 하에서 TV판으로 재탄생했으며, 자수 피츠가 주연을 맡았다.

퍼즐 같아서, 새로운 사실들이 알려지면 해법을 찾기가 더욱 힘들어지도록 배열되어 있었지요. … 이 사건은 도저히 풀 수 없는 것처럼 보였습니다!

그렇다. 노화의 생물학 역시 미스터리로 남아 있다. 아마 오리엔탈 특급열차에서의 포와로의 도전과 같이, 노화의 완벽한 복잡성은 미스터리이자 그 자체로 하나의 설명이다. 하지만 우리가 어떤 과학자들처럼, 노화 과정이 수많은 메커니즘에 기인한다고 믿든, 혹은 다른 과학자들처럼 궁극적인 생물학적 범인이 숨어 있다고 믿든, 우리는 미스터리가 노화에 대해 오인하거나, 부정적 고정 관념, 또는 부정적 기대를 부풀리게 해서는 안 될 것이다.

병의 원인은 모르지만 치료법은 알고 있는 질병이 많이 있다. 우리가 생명을 모두 이해하는 것은 아니지만, 그것은 진전이 있다. 우리가 노화에 대해 모든 것을 이해하는 것은 아니라 해도, 거기에는 계속해서 지적 성장과 창조적 표현에 대한 엄청난 잠재력이 있을 거라는 것을 안다.

우리는 뇌가 여전히 적극적으로 활동한다는 것—우리의 '배선'이 여전히 유연하다는 것—과, 새로운 아이디어에 반응하며 그것들을 만들어내는 능력을 강화하는 새로운 연결들을 만들어내면서, 적극적으로 도전에 대응한다는 것을 알고 있다. 우리는 창조적 자극이 우리 건강을 생물학적으로 정서적으로 향상시키고, 몇몇 정신적 기능들은 실제로 나이와 경험에 따라 개선된다는 것을 안다. 심지어 질병이나 장애에 직면해서도, 창조적 표현이 우리의 삶을 새로운 기회들과 치유 경험들로 변화시킬 힘이 있음을 안다.

90대에 의회에 진출한 클로드 페퍼 상원의원은 다음과 같이 말한 적이 있다. "인생은 자전거를 타는 것과 같다. 계속 페달을 밟으면 쓰러지지 않는다." 건강하게 노화하는 뇌라면, 노년기에 정신 활동이 멈출 아무런 이유가 없다. 그런 이유로, 창조력과 더불어 학습이나 삶과 같은 활동(trick)이 계속 유지되는 것이다.

노화는 분명히 우리에게 거대한 과학적 탐구 기회를 제시하지만, 좀 더 중

"비록 다른 옷을 입고 있지만, 노년은 청춘만큼이나 기회가 있다네. 저녁의 어스름이 사라지면, 하늘은 낮에 보이지 않던 별들로 가득 찬다네."
- 헨리 워즈워스 롱펠로우, 〈모리투리 살루타무스Morituri Salutamus〉

요한 점은, 노화와 창조력이 개인으로서의 우리에게는 비할 데 없는 기회를 제공한다는 것이다. 그것은 젊은 시절에는 꿈조차 꾸지 못했던 방식으로 나타나며, 나이가 들어갈수록 성장한다.

3장

변화와 변형: 변화하는 내적 지평을 아우르는 창조성

> 그리고 꽃봉오리로 머무르기 위해 감수해야 할 위험이
> 꽃으로 피기 위해 감수해야 할 위험보다 더 고통스러운 날이 왔다.
> _ 아나이스 닌

세자녀의 어머니인 43세의 낸시는 중년 어머니로서 정신없는 삶보다는 더 조용한 삶과 풍성한 지혜를 갖기를 바라기에, 자신이 빨리 50대가 되기를 고대한다고 털어놨다. 52세의 테드는 경영자문가로서 상당한 성공을 거두었지만, 이혼과 그에 따른 자녀들과의 정서적 거리감, 여러 해 동안에 걸친 직업, 금전, 인생, 인간관계에서 자기 패배감을 탓했다. 그는 "나는 이제 어른처럼 사물들을 더 분명히 보고, 어떤 관점을 개발하며, 더 나은 선택을 할 수 있기를 바랍니다"라고 말했다.

청년기와 젊음의 유지에 대한 우리 문화의 집착에도 불구하고, 보다 깊은 수준에서는 여전히 능력 있고 자신에 가득 찬 '어른'이 되고자 하는 욕구가 우

> "당신 자신 이외의 다른 어떤 것도 당신에게 평화를 줄 수 없다."
> - 랄프 왈도 에머슨

리 각자에게 남아 있다. 우리는 태어난 순간부터, 점차적으로 더욱 복잡한 움직임과 언어, 신체적·정서적 표현을 배움으로써 우리를 성장하게 하는 발달적 여정을 시작한다. 어린아이는 그의 원초적이고 가장 강력한 자원인 본능적 욕구로, 기고 걷고 말하는 법을 '배운다.' 독려는 그와 같은 진행 과정에서 강력한 역할을 하지만, 그 중심에는 자연에 지배받는 발달적 욕구가 있다.

우리가 사춘기에 보는 극적인 신체적·지적·정서적 변화들은, 역시 유전자와 인생 경험―기질과 양육(nature and nurture)―의 조합으로 형성되는 본능적 충동의 문제이다. 평생의 성장 과정에서 겪게 되는 일련의 심리적 단계들은 우리가 삶에 접근하는 사고와 정서, 행동의 패턴을 형성한다. 비록 각 단계들이 몇 가지 공통적인 특성을 지니고는 있지만, 그것들이 우리 삶의 어떤 단계에서 펼쳐지는 방식은 독특하며, 심리적·사회적 영향―가족, 친구, 지역사회 그리고 내적 생활에 대한 경험들―의 특정한 혼합에 따라 달라진다. 우리의 나이를 반영하는 키나 몸무게, 몸매처럼 눈으로 확실히 볼 수 있는 신체적 변화들과는 달리, 심리적 성장과 발달은 창조적 잠재력의 발현에 따라 달라지는 다양한 미래를 향한 불명확한 걸음들 속에서 이루어진다.

50여 년 전, 미국의 정신분석학자 에릭 에릭슨(Erik Erikson)은 인간의 일생 동안의 정서 발달에 대한 가장 종합적이고 지속적인 청사진을 제안했다. 그는 이것을 '인간 발달 8단계(Eight Ages of Man)'로 간단하게 요약했다. 정서 발달의 이해를 위한 기초로 널리 받아들여지는 에릭슨의 이론은, 인간의 삶이 정서적 성장의 8단계로 펼쳐지며, 각각의 단계는 전 단계 위에 쌓이거나 지속적인 정서 성장을 위한 토대를 확고하게 만드는 핵심적인 정서 문제나 발달 과제를 특징으로 갖고 있다고 주장한다.

나이와는 상관없이, 각 연령대에 따른 과제에서의 만족도는 다음 시기의 정서적 건강(또는 고충)을 결정한다. 신뢰(trust)에서 시작해, 자율성(autonomy), 주도성(initiative), 근면성(industry), 정체성(identity), 친밀감(intimacy)에 대해 연구하면서, 에릭슨은 유아기, 초기 아동기, 학령기, 사춘기, 청년기 각각의 심

"아무리 옳은 길을 찾았더라도, 가만히 앉아 있기만 하면 치어 죽을 것이다."
― 윌 로저스

리적 문제들의 지도를 그렸다.

나머지 두 단계인 성인기와 노년기이다. 성인기는 성숙성(generativity) 또는 개인적 영향력이나 업적을 통해서 다음세대를 양성하는데 관심을 모은다. 노년기는 지금까지의 삶과 인간관계에서 성공과 절망을 수용하는 것을 의미하는 통합성(integrity)이라는 핵심적인 심리적 과제를 가지고 있다. 이러한 최종 단계는 우리가 삶을 더 정면으로 바라보고, 평화롭게 느끼며, 우리의 삶이 의미가 있었다고 믿게 해준다.

시간에 따른 이러한 심리적 변화 패턴은 우리의 정서, 사고, 행동, 전반적 정체성 또는 자아관을 형성할 뿐 아니라, 우리의 창조적 잠재력에 영향을 주기도 한다―즉 사물들에 대해 새롭게 사고하는 능력이 그것이다. 마치 작고 단단한 씨앗이 서서히 생명력 넘치는 꽃식물로 바뀌어 가듯, 우리는 성장함에 따라 변화하며, 매번의 전환기는 성장과 표현의 다음 단계를 위한 조건들을 제공한다.

창조력 자체도 역시 나이와 상황에 따라 다른 결과를 낳는 우리의 내적 자원과 경험, 삶의 조건들에 의해 영향을 받는 발달 단계를 따른다. 요셉 월라스는 1926년 발간된 고전적인 자신의 책《사고의 기술 The Art of Thought》에서 창조적 과정을 준비-계획-조명-검증의 네 단계로 설명했다. 이것은 어느 연령, 어느 기간 동안에서도 일어날 수 있다.

준비 단계는 아마도 지식들을 숙달하고, 문제가 있거나 인식된 기회의 영역에 몰입하며, 심사숙고하고 또 행동을 위해 정신을 유연하게 함으로써 새로운 사고의 토대를 쌓는 단계일 것이다. 이것은 과제에 따라, 혹은 우리가 이미 얼마나 알고 있는가에 따라 몇 년(십 년까지도) 아니면 며칠이 걸릴 수도 있다.

계획 단계에서 우리는 때때로 무의식적으로 정신에 의해 생각들이 '끓게(simmer)' 한다. 여기서도, 그 과정은 몇 시간에서 몇 년까지 걸린다.

창조력의 조명 단계에서 우리는 통찰을 행위로 바꾼다. 미국의 발명왕 토

"발견은, 다른 사람들과 똑같은 것을 보면서도 뭔가를 다르게 생각하는 것에 의해 이뤄진다."
– 앨버트 센트 죄르지(Albert Szent-Györgyi)

마스 에디슨이 "천재는 2퍼센트의 영감과 98퍼센트의 노력으로 만들어진다."는 도전적인 말을 했을 때, 그것은 곧 어떤 아이디어를 실천으로 옮기는 과정을 묘사한 것이다.

마지막 단계인 검증은 새 아이디어가 우리 자신과 타인들에게 받아들여지는 시간이다. 예를 들어, 이것은 수학이나 과학 같은 특정 학문 분야에서는 혁신가와 성취자들이 그들의 경력을 일찍 인정받는 경향이 있는 반면, 심리학과 철학에서는 왜 훨씬 나중에 인정받는지에 대한 원인을 찾을 때 중요하다. 모든 분야의 명석하고 비판적인 사상가들이 나이가 들면 광채를 잃는다는 게 사실인지, 아니면 평가 단계에 뭔가가 있는 것인지? 이것은 제4장에서 자세하게 살펴볼 것이다.

혁신적 사고는 인간 발달의 모든 단계에서 일어날 수 있다.—곧 살펴볼 인생 후반도 포함한다. 하지만 창조적 과정의 단계들은 그냥 일어나는 것이 아니다. 우리의 경험을 형성하는 사회적 · 정서적 영향들이 창조적 과정을 개시할 만한 준비에 영향을 준다.

예를 들자면, 많은 사람들이 자녀가 분가하거나 자신들이 은퇴할 때, 혹은 마침내 자기 관심사에 할애할 시간이 있다고 느낄 때에야 비로소 자신의 창조력에 대한 각성을 처음으로 경험하게 된다. 노인들이 꿈이나 회상을 통해 무의식적인 느낌에 더 많이 접촉한다는 연구 결과가 있다. 따라서 그들은 어려운 정서적 문제들에 대한 심리적 저항을 덜 경험한다. 결과적으로 그들은 젊었을 때보다 더 창조적으로 이 풍부한 재료를 이용할 수 있다. 이 접근 가능한 내적 영역은 흥미로운 형상화와 이해의 원천이며, 수많은 예술가들이 만년이 되어서야 처음으로 부각되거나 자신의 가능성을 완전히 깨닫는 이유를 설명해 준다.

1970년대 전반에 노화의 심리학에 대한 비교 문화 연구를 수행한 정신분석학자 R. 마두로(R. Maduro)는 다음에 주목했다. "예술가들은 자신들이 나이 들어 갈수록 창조적 에너지에 대해 질서를 부여하기보다는, 오히려 내적 혼

경계를 넘어서거나 외부 영역을 탐색하고자 하는 우리의 고유한 속성은 꿈에서 나타난다. 저명한 프랑스 작가이자 영화감독 장 콕토는 그에 대해 숙고했다. "꿈의 특성 중 하나는, 어떤 것도 그 안에서는 우리에게 놀랍지 않다는 것이다. 어떤 후회도 없이, 우리는 우리의 습관과 친구들로부터 완벽히 단절된 채 낯선 것들과 사는 것에 동의한다." 콕토는 70대 초까지 영화 감독을 계속했다. 그는 71세이던 1960년에 영화 〈오르페Orphée〉를 만들었다.

란이나 순수한 직관의 미묘한 차이들, '상상력'이나 '자기 확장'에 '더욱 개방적'
으로 된다고 말한다." 우리가 우리 자신의 창조력을 예술로 표현하든, 아니면
여행이나 요리, 조경, 우정, 지역사회 활동, 사업으로 표현하든, 혹은 과학이
나 기술을 통해 표현하든, 나이는 자기표현에 대한 직관력들을 향상시킬 수
있다.

당신을 당신이 선택한 새로운 길로 나서게 할 수 있는 것은, 당신의 경험과
관심, 준비성—나이에 따라 다른—의 조합이다. 어느 나이에서든 창조적 잠
재력은 당신의 인생 경험 위에 구축되지만, 거기에 한정되지는 않는다. 또 한
사람의 초창기 노화 연구자인 정신분석학자 마틴 그로찬(Martin Grotjahn)은
나이와 발달, 그리고 경험을 하면서 예측할 수 없는 창조적 화학반응을 바라
보며 이렇게 말했다. "통찰은 시간이 무르익었기 때문에 일어난다."

중년기 이후의 삶에 대한 오해
: 탐험하지 않은 영토로서 노화와 창조성

당신은 에릭슨의 사려 깊은 개론에서조차, 발달의 여덟 단계 중 다섯 단계
가 사춘기에 생긴다는 것을 알 수 있다. 여덟 개의 발달 단계 중 여섯 개가 생
의 전반부에 있다. 발달적 변화과정으로서의 '중년의 위기'를 확인함으로써
독창적 연구를 인정받은 다니얼 레빈슨(Daniel Levinson)은, 그 삶의 곤경에 대
한 우리의 이해를 확장시켜준 반면, 에릭슨과 마찬가지로 중년 이후의 삶이
나 중년 자체의 흥미로운 가능성을 깊이 다루는 데는 부족했다. 인간 발달 전
반을 다루는 학술 논문들이나 교재의 대부분은 인생의 전반기에 주안점을 두
고 있으며, 특히 유아기에서 사춘기의 초기 단계에 초점을 맞춘다.

발달 문제들에서 이러한 인생 전반기에 대한 강조는 육아 서적이나 TV 및
라디오 쇼, 부모와 교사 및 아동들과 살거나 일하는 사람들 사이에서 나누는

노벨 문학상 수상자인 아나
톨 프랑스는 말년까지 인
생의 꽃을 피웠으며, 78세
(1922)에 《꽃다운 인생》을
출간했다.

대화에 반영된다. 아동들은 학교에서 자신의 생활 계획표를 작성하거나 중요한 순간들을 표시하는 등의 숙제를 하면서 발달적 측면에서 자신의 삶을 보도록 격려된다.

이 수십 년 간의 성인기는 젊은 시절의 꿈만이 아니라 삶의 욕망과 가능성에 대한 새로운 비전들과 잠재력을 실현하고 행동할 최고의 가능성을 제공한다. 그렇지만 우리가 보통 인생의 후반이라고 부르는 중년 이후의 발달 단계에는 관심이 훨씬 덜 주어졌다.

성인기 삶의 좀 더 온전한 발달 차원들에 대한 이런 관심 부족은 결코 작은 무시가 아니다. 그것은 마치 나이가 들어 쇠락해지기 전에 우리의 지적·정서적 성장이 '성숙(mature)'이라고 하는 어떤 수준에 도달하여 거기서 멈추거나, 위기상황에서 폭발하는 것처럼, 과학 연구와 공공 정책, 그리고 우리가 성인기에 대해 매우 제한된 시각을 갖게 만드는 대중적 인식에서 심각한 간극을 보여준다.

인생 후반기인 성인 생활의 전면적 발달에 관한 의미 있는 정보나 논의의 부족 탓에, 노화에 따른 정서적 성장과 창조적 기회의 가능성보다는 성인기의 사회적·정서적 위기와 갈등 해결에 더욱 초점을 맞추는 경향이 자연스럽게 생겨왔다. 성인으로서 우리가 뚜렷한 발달적 변화를 계속 체험한다는 인식은 보통 중년 위기에 대한 고정 관념으로 전락한다.

성에 대한 고정 관념들은 특정한 중년의 경로에 대한 이해를 가장 협소한 용어들로 더욱 축소시킨다. "남성은 아마도 자신의 가족용 차와 아내를 더 번쩍거리는 차나 여자들과 맞바꿀 수 있다", "여성은 아마도 폐경기의 전신열감증(hot flashes)이나 빈 둥지(empty-nest) 우울증, 성형 수술 욕구와 싸울 것이다" 등이 그것이다. 성과 돈은 지속적인 좌절감의 주제이다. 어떤 동시대 평론가들은 각 연령기에 귀에 쏙 박히는 슬로건—예를 들자면, '고요한 60대(The Serene Sixties)'—을 붙인다. 이것은 하나의 발달 영역에서 다음 영역으로 또래들과 함께 움직이는 어떤 놀이공원과 같은 삶을 통해 우리가 발전한다는 것

53세에 《파리대왕》을 쓴 영국의 소설가 윌리엄 골딩(William Golding, 1911–1993)은 부커상을 수상한 《통과의례》 등을 포함한 다섯 편의 유명한 소설을 65세 이후에 펴냈으며, 78세에는 《파이어 다운》을 썼다.

을 연상시킨다.

성인 생활의 실제는 투쟁과 성장, 창조적 잠재력에서 훨씬 풍부하고 복잡한 무늬가 새겨진 직물이다. 우리의 발달적 성장은 우리가 성장함에 따라 간헐적으로, 때로는 우리를 앞으로 이끄는 파도들을 따라 나아가며, 어떤 때는 잠시 뒤로 가기도 한다. 우리의 40, 50, 60대는, 발달적 변화와 삶의 변화를 통해 힘겹게 나아간다는 면에서, 4, 5, 6세 이상의 아동과 별반 다르지 않다. 우리는 각자 자신의 보폭으로 나아간다. 우리가 때때로 맞서 싸우거나 주저한다면, 그것은 늙었거나 더 무능해서가 아니라 발달적 변화 과정에 있기 때문이다. 이는 종종 인식되지 않은 채 진행되고, 따라서 친구, 가족, 또는 우리 문화의 도움을 받지 못하게 된다. 결과적으로, 우리는 종종 우리 자신의 투쟁의 본질을 오해하거나 엄청난 성장의 기회들을 지나치게 된다.

성질을 부리는 두 살짜리 아이에게 발달 위기를 겪고 있다고 하거나, 혹은 세 살짜리가 책을 못 읽는다고 영영 글을 읽지 못할 것이라고 하는 것은 터무니없는 일일 것이다. 하지만 우리가 자신을 평생 동안 배우고 성장하고 변화할 수 있는 존재로 보는 대신, 50대든, 또는 어느 연령대의 삶에서든, 그 나이 때 알고 있는 것이나 할 수 있는 것에 대한 우리 자신의 기대를 엄격하게 제한한다면, 그것은 단지 우리가 우리 자신을 엄격하게 판단하는 것일 뿐이다. 이러한 발달 단계들은 우리가 다섯 살 때, 그리고 학교에서 신발 끈 매는법을 배우거나 부모님께 작별 인사하는 것을 배울 때 그랬던 것처럼, 무조건적인 믿음이나 위험 감수, 정서적으로 여림 같은 도약을 필요로 한다. 그것들은 또한 우리가 나이 들었을 때, 발견과 기쁨을 위한 유사한 가능성을 제공한다. 앞으로 수없이 걷게 될 걸음 중의 첫 발을 떼기 위해 애쓰는 아기의 노력을 기뻐하듯, 우리는 성인 발달의 단계들을 위기나 막다른 길이 아니라 건설 중인 과정으로 인식할 필요가 있다. 또한 개별적인 여정을 걷고 있는 우리 각자를 위한 창조력의 잠재적 가능성에 대해 기뻐할 필요가 있다.

위대한 러시아 작가 레오 톨스토이(1828–1910)는 일기에 다음과 같이 썼다. "나는 81세인 지금의 내가 내 자신을 의식하는 것과 똑같은 방식으로, 5, 6살 때 내가 나의 '자아'를 의식했던 것을 아주 생생히 기억했다. 의식은 고정된(immovable) 것이다."

로버트 헨리의 이야기: 과거의 힘이 미래를 결정한다

미국의 사진기자 알프레드 아이젠스테트(Alfred Eisenstaedt, 1898–1995)은 20대에 프리랜서 사진 기자를 시작했고, 38세 때인 1936년에 라이프 매거진의 전속 사진기자가 되었는데, 그는 거기에서 74세까지 38년 동안 사진을 발표했다. 그의 작품집에는 68세에 발표한 《우리 시대에 대한 목격》, 71세에 펴낸 《아이젠스테트의 눈》, 83세 때의 《사진저널리즘》, 87세에 발표한 《아이젠스테트가 아이젠스테트 대해》 등이 있다.

스페인의 수필가이자 철학자인 호세 오르테가 이 가세트(José Ortega y Gasset)는 "우리는 역사 안으로 물러서기 위해서가 아니라 역사로부터 탈출할 수 있을지 알아보기 위해, 온전한 역사를 필요로 한다."고 말했다. 여러 민족들의 삶과 마찬가지로 우리 자신의 삶 속에서도, 우리는 우리를 기다리는 신선한 가능성뿐만 아니라 과거의 힘도 인식해야 하며, 그것들을 창조적 성장을 위한 촉매로 활용할 방법을 찾아야만 한다. 우리의 심리적 발달에 영향을 주는 힘들과 성인 생활과 관련된 행동 패턴들 중에는 청년기 발달 단계의 과거 경험들이 있다. 모든 발달 단계는 정체성 형성에 중요한 역할들을 한다. 중요하고 해결되지 않은 정서적 갈등이 있는 단계를 거친 이들은 종종 자신의 건강한 감각을 정립하기 위한 지속적인 투쟁에 직면한다. 이와 비슷하게, 다양한 시기의 중요한 경험들의 결과는 우리가 여생 동안 생각하고 행동하는 방식에 강력한 영향을 준다.

내가 1장에서 언급했던, 만년에 다큐멘터리 사진작가가 된 88세의 로버트 헨리는, 65세 이후에도 건강한 정신을 유지한 사람들에 대한 연구를 하던 중에 처음 만났다. 첫 만남 때, 로버트는 불룩한 서류 가방 두 개를 들고 내 사무실에 도착했다. 자리에 앉은 그는 서류 가방을 가리키며, 길고 특이한 이야기가 있다고 설명하고는, 과학자인 내가 그의 이야기를 반신반의할 것 같아 준비한 검증 자료라고 말했다. 나는 그에게 고맙다고 인사한 후, 당신의 솔직한 이야기를 들려달라고 이끌었다. 그는 자신이 1년 전 시작된 호된 시련을 겪은 뒤에 결국 정상으로 돌아왔다고 말머리를 텄다. 나는 좀 더 자세히 설명해보라고 말했다.

그는 모험심에 차 있던 당시의 자신이 만년의 새로운 취미인 다큐멘터리 사진에 빠져 있었다고 말했다. 그는 자신이 계획한 사진 작업의 하나로 콜롬비아의 산 속에 있는 작은 성당을 촬영하고 있었는데, 바로 그곳에서 그와 가이드는 어떤 작은 갱단의 공격을 받았다.

그는 칼에 찔리고 심하게 맞아서 폐가 망가지고 척추 두 대가 부서졌다. 하지만 그는 살아남아서 재활치료를 마치고 지금은 다음번 사진여행을 할 준비를 마쳤다.

로버트는 73세에 첫 번째 은퇴를 할 때까지 정부 변호사로 일했다. 은퇴한 그는 회계학을 포함한 자신의 전공과 경험뿐 아니라 변호사 경력을 이용해 부동산과 신탁사업을 시작했다. 그는 78세까지 일을 계속했고, 다시 은퇴한 후 사진을 촬영하는 일에 더욱 활동적이 되었다. 그는 항상 사진에 관심이 있었지만 시간이 충분한 적이 없었다. 다음 10년에 걸쳐 그는 기술이 뛰어난 다큐멘터리 사진작가가 되었다.

55년간의 화목한 결혼 생활 끝에 아내가 죽은 후, 81세이던 로버트의 사진은 더욱 모험적으로 바뀌었다. 그가 은퇴자 주거공동체에서 발표해 대단한 호응을 받았던 두 개의 뛰어난 작품시리즈는, 사람이 살지 않는 지역 안에서 때때로 예기치 못한 기상 상태로 위험에 처했던 헬기에서 촬영한 사진들로 만든 알래스카에 관한 다큐멘터리와, 2년에 걸친 예비조사와 출입금지지역인 군사기지 근처의 항공 촬영에 대해 프랑스 정부와 힘든 협상을 거쳐 찍은 타히티에 관한 다큐멘터리 작품이었다.

"당신은 도전과 모험 그리고 때로는 위험한 상황에 끌리는 것 같군요."라고 내가 말했다.

그는 고개를 끄덕이며 대체로 그런 식이었다고 인정했다. 그의 어린 시절에 대해 묻자, 로버트는 자신이 초기 개척자 시대까지 거슬러 올라가는 가문의 6형제 중 한 명으로, 중서부 지역에서 자랐다고 설명했다. 그는 가족을 자랑스러워하면서, 모친과 마찬가지로 특별히 친밀했던 할아버지와의 관계를 설명했다.

"아버지는요?" 나는 물었다.

로버트는 아주 엄했던 부친과는 관계가 불편했다고 말했다. 예를 들자면,

19세기 미국의 변호사였던 나단 데인(Nathan Dane, 1752–1835)은, 9권으로 된 《미국법 요약집 *General Abridgement and Digest of American Law*》을 71살이던 1823년에서 77세이던 1829년에 걸쳐 출간했다. 그것은 미국 법을 총망라하는 최초의 책이었다. 그는 또한, 대륙회의의 대표자이기도 했다.

로버트가 10대가 될 때쯤에는 5시 이전에 귀가해 숙제를 해야 했고 8시 전에 취침해야 했다. 특히 사춘기에 접어들어서는 엄격한 부친에게 맞서면서 점점 반항적으로 되어갔고, 부친은 그를 점점 못마땅해 하며 때때로 훈육이라는 명분으로 매질을 하기도 했다. 로버트는 학교에서 수많은 싸움을 했다고 회상했는데, 그것은 큰 귀 때문에 종종 놀림을 당했던 형을 보호하기 위해서였다. 이런 싸움 이야기를 들은 아버지는 그를 다시 때리곤 했다.

그런 학대는 로버트가 14세 때에, 그들의 관계를 위기로 몰아갔다. 그의 회상에 따르면, 하루는 방과 후 남동생과 길을 걷고 있었는데 한 말썽꾸러기 소년이 BB 탄을 동생 눈에 쐈다. 로버트는 동생을 응급실로 데려 갔고, 다행이 별일은 없었다. 그의 빠른 대응은 병원 직원으로부터 칭찬을 들었으며, 그후 로버트는 시장에게 전화해 BB탄 총을 가지고 다니는 위험한 이웃에 대해 알렸다. 시장은 그 소년의 아버지를 호출했고, 그는 매우 당황해하며 아들을 혼냈다.

로버트의 부친은 이것을 친구였던 그 소년의 아버지에게 들었다. 그날 로버트가 집에 왔을 때, 아버지는 그가 시장에게 전화를 해 친구를 당황하게 만든 것에 대해 화를 내면서 로버트를 때리기 시작했다. 그 순간을 로버트는 회상했다. "더 이상은 못 참아!' 하고 생각했어요. 그러고는 아버지에게 주먹을 날렸지요." 아버지의 주먹을 피한 로버트는 아버지의 턱에 펀치를 날려 쓰러뜨렸다. 아버지는 그 이후 다시는 그를 때리려고 하지 않았다.

제1차 대전이 일어났을 때, 로버트는 육군에 입대했다. 21세에 그는 실명과 심각한 만성 코피로 이어지는 염소가스 중독의 희생자가 되었다. 실명으로 정신이 혼란해진 그는 죽고 싶었고, 상태는 급격히 나빠지기 시작했다. 그것을 알아챈 간호사와 병원 직원이 그 젊은 병사의 삶의 욕구를 다시 불러일으킬 사람을 찾았다. 마침 그때, 아서 갓프리라는 이름의 젊은 연예인이 병원을 방문 중이었는데, 그는 로버트와 대화해 달라는 요청을 받았다. 그는 로버트에게, 그가 그랬듯 병사가 되는 것은 분명 용기가 필요하며, 로버트는 그 용

미국의 군인이자 발명가 존 탈리아페로 톰슨(John Taliaferro Thompson, 18 60-1940)은 60세 때인 1920년에, 10파운드 무게의 45구경 톰슨 기관단총인 '토미 건'의 특허를 받았다.

기를 삶의 욕구로 바꿔야 한다고 말했다.

갓프리의 병상 방문은 감동적인 경험이었다. 아버지에게 학대를 받아 단단해진 로버트의 전투적 정신은 다시 회복되었고, 그는 결국 살기로 마음을 먹었다. 그는 염소가스 실명에 대한 새로운 임상실험에 동의했으며, 드디어 시력을 되찾았다.

그는 제대 후 대학에 진학해서 변호사가 되었으며, 마침내 재무부에 취직했다. 거기서 그는 세금 탈루 혐의가 있는 알 카포네를 체포하려는 연방 정부 기관의 주요 조사관 중 하나가 되었다. 알 카포네에 대한 그의 수사가 점점 더 강력해질수록 로버트의 생명에 대한 갱단의 위협도 더욱 커졌으며, 그 결과로 일어난 수많은 참혹한 사건으로부터 살아남았다. 어느 시점에, 그의 이야기가 영화 같다고 말하자, 그는 그 이야기가 루즈벨트 대통령의 허가를 받은 후에 영화 소재가 되었다고 답했다. 그는 서류가방에서 신문 스크랩을 꺼내 자신의 이야기를 증명한 다음, 나에게 그의 재무부 ID 카드를 보여주었는데, 그것은 그가 국립문서보관소에서 빌린 것이었다.

폭력적인 아버지의 학대와 제1차 대전 중 염소가스에 의한 실명의 위기로 이어진 소년기를 겪은 이후, 로버트를 위협한 일련의 사건들에서 카포네가 직접적인 영향을 미친 것은 없었다. 그의 청소년 발달기의 전 · 후반을 형성한, 혹독하게 도전적인 삶의 사건들이 로버트에게 '레지스탕스' 반응을 일으켰으며, 목표를 달성하기 위해 위험을 무릅쓰는 그의 능력은 알 카포네 사건을 맡는 데 이상적인 조건이었다.

힘들었던 청소년 발달기가 성인으로서 로버트의 직업 선택을 규정한 것처럼, 은퇴는 그의 성인 발달기의 새로운 국면을 형성했으며, 비록 그것이 청소년기에 형성된 도전과 모험, 위험 감수에 대한 그의 수용력을 여전히 반영한 것이라 하더라도, 그가 전혀 다른 길을 자유롭게 선택할 수 있도록 해주었다. 소년기의 BB탄에서 직업상의 총알들에 이르기까지 총격(gunshot)의 위험을 감수하는 대신 그는 다른 종류의 '셧(shoots)', 즉 그의 90대의 활동들을 형성

영국의 판사 마이클 포스터 경(1689–1763)은 73세 때인 1762년, 《형사 사건과 형사법의 몇 가지 분야에 대한 담론》을 출판해, 현대의 형법 발전에 큰 영향을 주었다.

한 새로운 발달적 영향을 반영하는 창조적인 사진 촬영(photo shoot)에 종사했다.

성인 발달에 대한 새로운 전망: 인간 잠재력의 단계들

발달적 성장은 강제로 이루어질 수 없다. 그의 뇌와 신체, 감정들이 그 과제를 위해 준비될 때까지 당신은 아이에게 읽기를 가르칠 수 없다. 준비가 되면, 학습은 힘겨운 노동처럼 보이기보다는 꽃이 빛을 향해 피어나는 것처럼 자연스러운 일로 여겨진다. 마찬가지로, 성인기의 정신과 행동의 어떤 속성들은 본성상 자신들에게 맞는 시기에 발현되며, 점점 나이 들어갈수록 우리에게 독특하고 흥미로운 가능성을 제공해 준다.

대체로 나이의 발달적 산물인 지혜는 우리에게 현명함과 정서적·실용적 삶의 경험을 가져다준다. 지적 발달 단계들에 관한 그의 획기적인 연구로 주목 받은 스위스 심리학자 장 피아제는 '후기형식적 사고'*를 주관적인 것과 객관적인 것, 감정과 생각, 마음과 정신의 통합을 돕는 사고 과정이라고 묘사했고, 이는 나이 듦에 따라 생긴다. 그것은 우리가 정서—인생길을 걷는 모든 사람을 위한 자산인—를 이해하고 표현할 수 있게 해주는 역할을 한다. 후형식적 추론은 하나 이상의 정답이 있는 상황들에 대한 대응 능력을 길러 주기도 한다. 후형식적 사고는 우리의 인생 경험을 우리가 보통 '지혜'라 부르는 것으로 바꾼다.

우리가 나이 들어감에 따라 창조적 표현을 위한 새 기회들을 열어 주는 다른 긍정적 변화들도 있다. 예를 들면, 시간이 흐르면서 그것은 문제를 정의하

장 피아제(1896–1980)는 62세에 《아동기 논리적 사고의 조기 발달》을 출판했으며, 69세에 발생론적 인식론 연구를 위한 국제 센터를 만들어 84세에 죽을 때까지 이끌었다. 그는 거의 숨이 넘어갈 때까지 책을 계속해서 저술했다.

---

*후기형식적 사고(postformal thought)란 추상적 사고의 수준을 넘어 융통성 있고 개방적이며 현실 적용적이며, 객관적 접근과 주관적 접근을 결합해서 성숙한 사고를 하는 걸 말한다-옮긴이.

고 전략을 짜는 것이 쉬워질 수 있다. 우리의 늘어나는 지식, 정서적 역사, 사교 클럽, 경력 그리고 모든 인생 경험이 창조적 과정 중 우리가 이용하는 내적 자원들에 더해진다. 그러나 이 발달적 추진력을 이용하려면 우리 삶에서 그것을 인식해야 한다.

내가 의사, 치료사, 과학자로서 보낸 지난 30년간, 나의 정규교육은 환자들의 모임과 나의 가족, 동료들 그리고 내가 운 좋게 함께 일하고 같이 지냈던 다른 많은 사람들 속에서의 실질적인 교육에 의해 크게 향상되었다. 과학 문헌들은 인생 만년에 대해서는 빈약하지만, 노인들의 경험은 이 모든 기간 동안 나의 '사무실'이 되었다. 그 기간에 나타났던 중요한 장애물과 기회들을 다른 모든 사람이 이해하도록 하기 위해 성인 발달 단계에 대한 나의 독창적인 연구이론을 개발했다.

역사의 다른 시기와 달리, 오늘날에는 그들이 자녀를 갖는 시기나 재혼을 통해 새로운 가족을 구성하는 것에 관한 개인적 선택의 자유가 더 많기 때문에, 이 작업은 중요한 의미가 있다. 이전 세대에서는 정년을 마치고 은퇴하는 것이 일반적이었지만, 오늘날의 해고와 감원의 일상화는 '새로운 기회들'을 창출한다. 그것은 여러 면에서 새로운 세계이지만, 우리는 역사적 습관의 존재들이다. 우리는 우리 자신의 성장을 상상하기 위해, 그리고 내적 자원과 삶의 상황들의 합류가 어떻게 우리 자신에게 의미 있고 만족스러운 방식으로 우리 삶을 되살릴 기회들을 제시하는지를 인식하기 위해, 새롭게 참고할 틀이 필요하다.

우리 대부분은 나이가 들어가면서, 그것이 우리의 사고를 지배하는 고민이든 욕망이든 간에, 보편적인 감정들을 경험한다. 이 감정들을 삶의 자연스러운 발달을 보여주는 표식들로 인식하면, 우리는 바람직한 변화들을 이끌어내려는 노력들을 촉진하기 위해 잠재된 발달적 에너지를 활용할 수 있다.

네 개의 발달 단계는 창조적 에너지가 성장하는 방식과, 우리가 그것을 표현하는 방식을 규정짓는다. 각 단계 자체가 우리의 연대기적 연령과 역사, 환

미국의 페미니스트 작가인 베티 프리단(Betty Friedan, 1921-2006)은 전통적 역할 속에서의 현대 여성의 정체성과 혼란 원인들을 탐구한 《여성의 신비》를 42세에 출판했다. 그녀는 72세에 《시대의 원천》을 출판하여 노화에 대한 오해를 혁파했다. 그리고 76세에는 《성별을 넘어서: 직업과 가족의 새 정치학》을 출판했는데, 거기서 그녀는 여성과 남성이 정체성 정치와 젠더적 성에 근거한 단일한 이슈의 정치적 행동주의를 넘어설 시간이 왔다고 주장한다.

경에 의해 형성된다. 그리고 각 단계는 통합적인 심리, 정서, 지적 감각 내에서 우리가 삶을 바라보고 체험하는 방식의 변화들에 의해 특징지어진다. 나는 이것들을 인간 잠재력의 단계들이라고 부르며, 그것들은 다음과 같다.

1. 중년 재평가 단계. 이 시기 동안의 창조적 표현은 위기나 탐색의 느낌으로 형성된다. '중년의 위기'라는 말을 아주 자주 듣지만, 이 단계에 놓인 대부분의 성인은 삶이나 일을 더 만족스럽게 하는 에너지를 추구함으로써 동기부여를 받는다. 중년은 인간 잠재력의 표현을 위한 중요한 시기이다. 이는 그것이 삶의 의미를 창출하려는 강렬한 욕망과 성찰적 반성 능력을 결합하기 때문이다. 이 단계는 보통 40대에서 60대 초반에 발생한다.

2. 해방 단계. 보통 60대에서 70대 초반에서 발생하는 이 단계에서는, 우리 내부적으로는 심리학적으로, 그리고 외부적으로는 은퇴를 통해 생기는 새로운 차원의 개인적 자유라는 추가적인 에너지로 인해 창조적 노력들이 형성된다. 이 단계의 창조적 표현은 종종 "지금이 마지막 기회야"라는 느낌을 행동으로 옮기는 것을 포함한다. 이 시기에 있는 사람들은 자신이 실수를 하더라도 타인이 자신들에게 가진 이미지가 달라지지 않는다는 걸 알며, 더 중요하게는, 그들이 자신에 대해 갖고 있는 이미지도 달라지지 않을 것이라는 걸 알기 때문에, 그들 자신을 편안하게 대하는 경향이 있다. 이 같은 심리적·정서적 이해는 실험을 위한 새로운 맥락을 제공하며, 은퇴는 종종 마침내 새로운 것을 시도할 자유 시간이 있다는 새로운 느낌을 준다. 이러한 내적, 외적 요소들은 해방적이며 부가적이다.

3. 정리 단계. 이 단계는 창조적 표현이 우리 삶의 이야기 속에서 더욱 큰 의미를 찾고자 하는 욕망과 우리가 축적한 지혜를 더욱 넓게 발휘하고자 하는 욕망에 의해 형성된 것으로 본다. '문화의 보존자' 역할 속에서, 삶의 교훈

과 행운들은 자서전과 개인적 이야기, 자선 활동이나 공동체 활동, 자원봉사 등을 통해 공유된다. 이 단계는 보통 70대 이상에서 나타난다.

4. 앵콜 단계. 이것은 완숙의 단계로, 이 시기에의 창조적 표현은 개인이나 공동체 수준에서 강력하고 지속적인 공헌을 하고자 하는 바람과, 삶을 긍정하고, 마무리하지 못한 과업을 처리하고, 자신의 공헌을 기리고자 하는 욕망에 의해 규정된다. 이 단계는 보통 80대 이상에서 나타난다.

제2장에서 우리는 환경의 자극에 대한 뇌의 신경생물학적 반응을 논의했다. 나는 또한 행동적 도전에 대한 반응으로 뇌세포가 새로운 가지들(수상돌기들)을 만들어내는 수상돌기 생성 현상을 설명했다. 뇌에 대한 생물학적 연구의 다른 결과들은, 50대 초반과 70대 후반 사이에, 고도의 지적 기능과 관련된 뇌의 여러 부분에 있는 개별 뇌세포들에서 가지들의 숫자와 길이의 실제적인 증가가 있음을 드러내준다.* 노인학자 조지 M. 마틴은 노화에 따른 이 변화들을 '현자되기(saging)'를 반영한다고 언급했다. 이러한 가지치기의 변화들은 오랜 시간에 걸쳐 일어날 수 있으며, 더 나아가 노화에 따른 뇌의 '유연성(plasticity)'이나 수정 가능성(Modifiability)을 반영할 수 있는 뇌세포의 손실을 보상한다. 이같은 신경생물학적 발견들에 대해 더욱 흥미로운 점은, 그것들이 위에서 언급한 인간 잠재력의 단계들의 전개에 시간적으로 직접 반응한다는 것이다. 그것은 인생 후반기 인간 발달에서의 변화에 대한 생물학적 연결 가능성을 가리킨다.

이러한 인간 잠재력의 단계들은, 에릭슨이 묘사한 것처럼 연령에 따른 발

존 하비 켈로그(1852–1943)와 윌 케이스 켈로그(1860–1951)는 미국의 발명가들로, 1906년에 W. K. 켈로그 사를 설립했다. 1930년, 두 형제가 70대일 때 W. K. 켈로그 재단은 미국의 주도적 자선단체가 되었다.

---

* 이 연구는 Stephen Buell과 Paul Coleman에 의해 수행되었으며, Dorothy Flood와 Paul Coleman이 함께 작성한 논문 "정상적인 노화에 있어서의 해마 가소성과 알츠하이머병에 있어서의 가소성 감소"를 통해 발표되었다. Progress in Brain Research 83 (1990): 435-443.

위대한 영국 작가 토마스 하디(1840-1928)는 소설들을 쓴 다음, 58세에 시로 전환해 《웨섹스 시편 *Wessex Poems*》를 썼고, 68세로 죽을 때까지 시를 계속 썼으며, 그해에 《겨울 이야기들》을 출판했다.

달 단계들의 요소들을 우리가 오늘날 경험하는 삶의 변화라는 더 큰 유동성과 결합한다. 때때로 우리는 같은 연배의 다른 이들과 같은 시기에 같은 단계를 경험할 수도 있지만, 항상 그렇지는 않다. 발생 연령은 다양하다. 때로 그것들은 공존하고 교차하며, 심지어는 시너지를 내거나 그와 같은 혼합에 더욱 큰 에너지를 더하는 방식으로 결합한다.

인간 잠재력 단계들의 중요성은 그것들이 새로운 창조적 힘의 무대를 설정한다는 것이다. 이 같은 단계들에 대한 우리의 깨달음은 우리가 그 잠재력을 인식하는 것과 그것을 실제로 이용하는 것 사이의 간극을 메우는 데 도움이 된다. 인생 후반기 내적 발달의 자연스러운 과정을 안다면, 우리는 창조적 노력을 시작하거나 바꾸거나 또는 격려할 필요가 있다는 확신이나 믿음에 필요한 더 많은 수단을 제공할 수 있는 창조적 잠재력을 다양한 시기에 보다 용이하게 활용할 수 있다.

경험의 목소리는 올 것이 더 많다고 말한다

50대 이상의 다양한 남녀 그룹이 하는 일련의 개인적 회상은, 이러한 성인기 단계들과 서로 다른 시기에 서로 다른 방식으로 이루어져 온 성장에 대한 근본적인 공통적 경험을 반영한다. 그 코멘트들은 어떤 때는 한 단계에 대한 분명한 반영을 제공하며, 또 어떤 때는 단계의 변화나 중복을 반영한다. 예를 들어, 87세의 주부인 그웬은 말한다. "나는 젊었을 때 전혀 생각해 보지도 않았던 삶을 살아왔어요. 당신은 원하는 대로 될 수 있고, 당신 생각을 말할 자유가 있으니 얼마나 다행이에요. 나는 그런 것을 묘사조차 못 하겠지만, 참으로 놀라워요." 그녀의 코멘트는 강력한 정리 단계의 영향을 보여주지만, 또한 자유에 대한 그녀의 새로운 감각이 분명히 나타나는 해방 단계의 영향도 반영한다.

그들의 코멘트들을 읽으면서, 각자에게 이 신선하고 새로운 전망을 만들어 내는 데 결부된 다양한 영향들에 대해 주의를 기울여 보라.

중년 재평가 단계

마침내 아이들이 모두 독립했다. 이제는 내 차례다. 나는 그렇게 되기를 갈망한다.

— 조안(50), 주부, 대학 졸업생

25년간의 소아과 의사생활을 마치고 난 뒤, 나는 내 삶의 초점을 직접 진료에서 건강하고 행복한 아동을 키우는 것에 관한 교육과 저술 작업으로 바꾸려고 하고 있다.

— 낸시(51), 소아과 의사

나는 환경보건 분야에서 일했던 거대한 관료조직을 떠나, 혼자서 운영하는 작은 사업 쪽으로 진로를 바꿀 때라고 생각했으며, 내가 현장 안전관리에 있어 진짜 훌륭한 상담자라는 것을 발견했다. 나는 대학에서 두 분야 모두를 전공했다.

— 야곱(52), 전직 중간관리자, 현 상담사

나는 4년 전에 이혼했다. 불행하고 슬픈 결혼이었다. 그녀만 탓할 건 아니다. 나에게 가정생활은 언제나 맨 마지막이었다. 나는 비싼 대가를 치르고 힘들게 교훈을 얻었다. 다시 약혼했기 때문에 일과 가정 간의 우선권들을 뒤바꾸지 않겠다고 결심했다.

— 채드(55), 기업 임원

해방 단계

나는 위험을 감수해 본 적이 전혀 없었지만, 이제는 무슨 일이 일어나면 내가 뭔가 해야 한다고 느낀다. 나는 내가 해야 할 일을 할 거라는 것을 안다.

— 제임스(65), 은퇴한 보험설계사

나는 내가 이제 더 자립적이라고 느끼며, 그것은 내가 아는 다른 많은 노인 여성들에게도 마찬가지다. 나는 우리 노인 주택 지구의 이사회에서 내 생각을 말한다.

— 에밀리(68), 은퇴한 비서

내 꿈들은 그 안에 모험이 있는 기발한 이야기들이다. 나는 그것들을 즐긴다. 나는 이제 내가 시간이 있다고 느끼며 뭔가 새로운 것—내 가정생활과 새로운 활동들—을 배우고 시도할 준비를 해왔다. 내 평생 처음으로 나는 정치 활동을 하게 되었다.

— 후안(71), 은퇴한 회계사

60대의 언제부터인가, 나는 내 자신을 더 많이 인정해 왔다. 그것은 내 세대 어떤 이에게는 큰 변화인데, 왜냐하면 우리의 젊은 시절에는 여성들은 특히 기회가 제한되었고, 우리는 우리에 대한 다른 모두의 바람들을 충족할 것으로 기대되었기 때문이다. 그 요구를 충족시키지 못하면 처벌받았다. 그것을 벗어버리는 것은 좋은 느낌이다. 다른 모든 사람이 당신에게 기대하는 어떤 사람이 되려고 노력하는 일이 줄어들었다. 더 자유롭다고 느낀다.

— 매리조이(74), 은퇴한 고교 교사

정리 단계

내 목표가 무엇이냐고? 나는 내 자식들과 손주들을 위해 흥미로운 일화들로 가득 찬 회고록을 쓰고 싶다. 나는 이제 막 그것을 위해 컴퓨터 활용법을 배웠다. 역시 80이 다 되어 가는 내 아내는, 내가 그녀를 빼놓지 않을 것이라고 말했고, 그녀도 그렇게 했다.

　　　　　　― 대니얼(79), 은퇴한 경제학자 그리고 그의 아내 그레이스(78), 은퇴한 초등학교 교사

나는 이제 자원봉사와 보답하기, 다른 이들과 그것을 나누는 일과 그 실행 방법을 아는 사람들의 중요성을 더 분명히 알고 있다. 우리의 공동체들은 진실로 우리를 필요로 한다.

　　　　　　　　　　　　　　　　　　　　　― 셀리아(81), 은퇴한 사서

남편과 나는 열심히 일했으며 수많은 난관을 겪었지만, 결국 잘 해냈다. 그는 나에게 적당한 상속재산을 남기고 떠났다. 나는 자선단체와 도움이 필요한 이들에게 그것을 나누어줌으로써 그를 기리고 싶다.

　　　　　　　　　　　　　　　　　　　　　　　　― 드보라(85), 주부

나는 이제 삶의 문제들을 더 잘 이해하며, 그것은 내가 그림을 그릴 때 도움이 된다.

　　　　　　　　　　　　　　　　　　　　　　　　― 윌(87), 화가

미국 작가이자 《바보들의 배》(1962, 72세)의 저자인 캐서린 포터(앤 마리아 베로니카 칼리스타 러셀, 1890-1980)는, 1965년(75세)에 《단편 모음집》을 출간하여 퓰리처상을 수상했다.

앵콜 단계

국제적으로 저명한 미국의 건축가 프랭크 로이드 라이트(1867–1959)는 69세(1936)에 그 유명한 '낙수장'(Fallingwater: 폭포 위에 지은 집)을 디자인했다. 이후 그는 자신이 사망한 해인 1959년, 91세의 나이로 뉴욕의 구겐하임 박물관을 설계했다.

나는 이 프로젝트들(다큐멘터리 사진)을 즐기고 있으며, 할 수 있는 한 오래도록 하고 싶다. 나는 결코 그것들을 내 삶 밖으로 내보내고 싶지 않다.

— 로버트(88), 퇴임 변호사

나는 항상 골프를 잘했고, 코스에 나가 다양한 홀의 여기저기서 파를 하는 게 좋다. 나는 여전히 잘할 수 있다. 사람들이 문제를 해결하도록 돕는 일처럼, 똑같이 잘했던—그리고 여전히 잘하는—다른 일들도 많다.

— 네이트(92), 퇴역 직업 군인

90대 들어, 처음에 나는 내가 이만큼이나 오래 살았다는 것에 놀랐으며, 다음에는 아무도 신경 쓰지 않지만 내가 하고 싶은 일은 더욱 잘할 수 있다는 긍정적인 생각을 하기 시작했다는 것에 놀랐다.

— 캐서린(93), 퇴임 법률 비서

나는 내 삶에서 평화를 느끼게 되었다. 쉽지 않았다. 평화로운 세상을 볼 수 있을 만큼 오래 살고 싶다. 시간이 충분한지는 모르겠다.

— 크리스틴(101), 은퇴한 사회사업가

중년기의 재평가 / 탐색 단계

14세기 중세의 이탈리아 시인인 단테는, 위대한 작품 신곡의 첫 연에서 다음과 같이 썼다.

인생 여정 중간에 나는 알게 되었네

내가 어두운 숲으로 빗나갔었음을,

그리고 옳은 길은 어디에도 나타나지 않았네.

그렇게 말하며, 단테는 미지의 어둠에 직면했고, 의미 있는 삶을 향한 '옳은 길(right path)'로의 탐색을 시작했다.

6세기 이후, 삶의 방식의 변화에도 우리는 중년의 불안한 지평을 지나는 동일한 내적 여정을 계속하고 있다. 무엇이 일생의 여정에 대한 우리의 느낌을 숲 속의 가벼운 산책에서 아무런 길도 보이지 않는 '어두운 숲' 속에 갇힌 존재의 무서운 경험으로 바꾸는가?

어떤 이들은 그것이 중년에 수반되는 낙심할 만한 신체적 변화들, 즉 탈모나 체중 감소, 성적 충동의 감소 등에 관한 농담으로 표현되는 바람직하지 않은 변화들이라고 주장하곤 한다. 우리의 건강과 외모의 변화는 분명히 정신을 번쩍 들게 하는 효과가 있다. 그러나 비록 종종 간과되기는 하지만, 중년기의 가장 불안한 측면, 즉 우리의 자아감에 심각하게 도전하는 중년기 문제의 하나는 죽음에 대해 생각하는 방식에서의 극적인 변화이다.

인생의 어느 시점(보통 4, 50대)에 죽음에 대한 생각들은 추상적인 것에서 구체적인 것으로, 일어나는 일에서 일어날 일로 바뀐다. 젊었을 때부터 우리는 해마다 생일을 기대하면서, 어린 시절의 표식으로부터 멀어지는 햇수를 열심히 헤아린다. 대부분의 사람들에게 중년기는 지나온 세월을 뒤돌아보면서, 여생이 얼마나 남았을까 하는 생각으로 불안감을 느끼는 최초의 시기이다. 우리의 삶에서 이 시기는, 처음으로 심오한 자각을 가지고 죽음의 운명을 마주하는 때이다. 우리는 수평선을 바라볼 때 일출보다는 일몰을 본다. 삶의 불확실성이 우리에게 두려움을 준다면, 죽음의 확실성은 우리를 갑작스러운 공포에 빠뜨린다.

노화에 관한 연구들이, 우리 관점의 변화가 중년기에 따른 신체적 · 정서

"우리 안에서 행복을 찾는 것은 쉽지 않으며, 그것을 다른 데서 찾는 것은 불가능하다"
– 아그네스 레플리어(Agnes Repplier)

"나의 최고의 열망은 저 멀리 햇빛 속에 있다. 나는 거기에 닿지 못할 수도 있지만 바라볼 수 있으며, 그것들의 아름다움을 볼 수 있고, 그것의 존재를 믿으며, 그들이 이끄는 곳으로 따라가려 노력할 수는 있다."
– 루이자 메이 알코트(Louisa May Alcott)

적 이행들과 더불어 정서적 안정에 극적인 효과를 발휘한다는 걸 알아냈다는 것은 놀라운 일이 아니다. 불안감, 또는 종종 우울증을 동반하는 깊은 근심은 중년기의 익숙한 특징이다. 우리는 그것을 미술이나 음악, 문학의 불안하거나 혼란스러운 표현들에서 볼 수 있다. 또한 우리는 그것을 중년의 일상적인 의학적 증상들에서 발견하는데, 불안감이나 초조함, 우려, 근심 또는 조급함, 근육의 긴장이나 피로, 수면 문제들, 그리고 불안한 꿈들이나 집중력 장애, 멍한 정신, 말로 표현되거나 되지 않은 죽음에 대한 두려움 등이 그것이다. 연구에 따르면, 그런 증상들은 실제적으로 죽음에 더 가까워지는 노년보다 오히려 중년에서 더 크게 나타난다.

프랑스의 화가이자 시인인 프란시스 피카비아(francis Picabia)는 44세 때 "내 머리와 손 사이에는 언제나 죽음의 얼굴이 있다"고 썼다.

나의 환자인 46세의 존은 치료과정에서 이렇게 말했다. "뭔가 새로운 것이 내게 일어나고 있어요. 나는 미래를 그려보려고 노력하지만, 그것은 마치 두꺼운 장막처럼 내 시야를 가리고, 내 마음을 아주 불편하게 만들어요."

43세의 바바라는, 자신이 최근 비행기를 타는 것에 대한 불안감이 커지고 있으며, 그것은 직업상 비행기 여행이 계속 필요한 그녀에게 문제가 된다고 말했다. "전에는 비행이 두렵지 않았지만 이젠 걱정이 돼요."

46세의 환자 다이엔은, 최근에 꾼 불쾌한 꿈에 대해 말했다. "나는 날개를 펄럭이며 꽃들 위를 날아다니는 나비들의 꿈을 꾸었어요. 그런데 갑자기, 까마귀가 나비를 잡아 먹어버렸어요. 이런 불길한 꿈을 점점 더 많이 꾸고 있어요."

44세의 중년인 로널드는 자신에게 익숙한 과거의 장소들(예를 들어 대학)에 대한 여러 가지 꿈을 꾸기 시작했다. 그러나 꿈속에서 그는 분명한 선택을 제시해 주지 않는 상황들 안에서 결정을 내려야 했다. 한 꿈에서는, 그가 전에 잠깐 알았던 한 여인과 깊은 관계를 맺어야 할지 아니면 시험을 치러야 할지를 결정하기 위해 애썼지만, 확실한 답을 얻지 못했다. 사실상 그는 올바른 결

《멋진 신세계》의 저자인 올더스 헉슬리(1894~1963)는, 65세 때인 1959년에 《다시 찾은 멋진 신세계》를 썼다.

정을 내리는 것에 대한 자신의 불안과 회의감 때문에 시간을 거슬러 올라가며 자신이 오래 전에 택한 경로들에 대해 사후비판을 하는 중이었으며, 과거에는 익숙했던 것처럼 보였던 게 이제는 위협적인 걸로 보였던 것이다. 그는 익숙하지 않은 환경들에 대한 꿈도 꾸었다. 그는 복잡하게 얽힌 복도가 있는 건물들 속에서 길을 잃거나, 혹은 자신이 어떤 열차를 타야 하는지, 심지어는 어느 방향─동쪽인지 서쪽인지─으로 여행을 하기로 했는지조차 모르는 기차역 등을 헤맸다.

이런 불안감은 중년기에 겪는 인생관의 극적인 변화에 대한 자연스러운 방어 반응이며, 이 시기에 우리는 앞서 우리에게 삶에 대한 질서감과 자기통제감을 부여했던 청년기에 관련된 준거체계를 '보다 원숙하고 현명한' 인생관으로 대체한다. 청년기 동안 우리에게 안정감을 가져왔던 정서적 구조는 죽음의 운명 대한 인식으로 바뀌거나 대체되는데, 그에 대한 우리의 첫 번째 반응은 두려움이다. 정서적 균형감을 되찾을 때까지는 여전히 두려움에 사로잡혀 있지만, 우리는 곧 노화와 인생의 종말을 수용하는 태도를 취할 수 있게 된다. 이것은 종종 자유 낙하의 경험과 같은 불안한 꿈들로 반영되는데, 삶에 대한 인식이 그렇듯 갑자기 바뀌면, 우리의 세계에 속해 있던 사물들이 통제를 벗어나는 것처럼 보인다.

흥미롭게도, 불안은 우리가 절망적으로 인식하는 '중년기의 위기'나 청년기의 신체나 비전을 되찾으려는 본능적 시도들로 이어질 수 있으며, 혹은 삶을 재평가하고 그것을 긍정하는 새로운 창조력을 촉발시키는 에너지로 변형될 수도 있다. 마치 모든 위기가 좋은 결과를 가져올 수 있는 행동을 취할 기회를 주듯, 그것이 고통스럽거나 불편하다는 이유로 중년기의 불안에 대해 '나쁜 것'이라는 꼬리표를 붙여서는 안 된다. 그것은 정서적 에너지이며, 중요한 것은 우리가 그것으로 무엇을 하느냐 하는 것이다.

"불안은 창조성의 시녀이다."
- 척 존스, 워너브라더스 애니메이터

미국의 유명한 구술 역사가인 스터즈 터켈(Steds Terkel)은 법조계로 진출할 계획을 세웠지만, 첫 번째 시험에 떨어지자 변호사 되기를 포기했다. 그는 그 뒤에 라디오 배우로 직업을 정했으며, 그 경력은 라디오 DJ, 평론가, 스포츠 캐스터, TV 진행자 등으로 이어졌다. 인터뷰와 평론을 통해 그는 왕성한 구술 역사가로 유명해졌다. 72세 (1984)에, 그의 작품인 《선한 전쟁: 2차 세계대전의 구술 역사》는 퓰리처상을 탔다.

존 웬트워스: 중년기의 탐색자

존 웬트워스(John Wentworth)는 형사사건에서 피고에 대한 유죄 판결을 얻어내는 데 무서운 열정을 가진 지방 검찰청의 검사보였다. 그는 20대 중반에 법학 대학원을 졸업한 직후 주 검찰청에 일자리를 얻었고, 공격적이고 매우 효과적인 공판 기술들로 곧 사람들의 주목을 받았다.

그는 언제나 공격적이고 효과적이었으며, 그의 성격 스타일은 그가 9학년 때 학교 토론 팀의 멤버로 상대편을 밀어붙였을 때 이미 눈에 띄었다. 모든 연령대에서, 그의 개성은 그의 명성의 일부였다. 아무도 그의 눈 밖에 나고 싶어 하지 않았다. 20년에 걸쳐 그는 특출한 성공을 거두었고, 사람들은 자연스럽게 주 검찰청 지방검사의 지도적 위치를 차지할 그의 유망한 미래에 대해 이야기하기 시작했다.

그러나 40대로 접어들면서, 존은 성찰적인 사람으로 바뀌기 시작했으며 자신이 어떤 인생을 살아가고 있는지 자문했다. 특히 그의 총 손잡이에 점점 더 많은 흠집들이 나타나는 일련의 불안한 꿈을 꾸고 난 다음, 그는 자신의 불굴의 성격과, 죽음을 면할 수 없는 자신의 운명에 대해 깊이 생각하기 시작했다. 그는 스스로에게 묻기 시작했다. "모든 사람을 감옥에 가두는 것, 이것이 내가 여생 동안 하고 싶은 일인가?"

4년 후, 그는 지역 검사직과 사법부를 완전히 떠나 새로운 일을 추구할 기회를 맞았다. 한 대학 친구가 암을 정복하기 위한 실험적 유전공학 기술개발을 목표로 새로 설립한 생명공학 회사에 자금을 댈 일군의 투자자들을 모집하는 데 성공했던 것이다. 그 회사는 검사로서의 경력이 있는 매우 유능하고 공격적인 CEO를 원했다.

존은 자신의 범죄와의 전쟁 본능들을 암과 싸우는 것으로 바꾸어, 새로운 인생의 길을 택했다. 이것은 이전에 했던 일보다 만족스러웠고, 그를 더욱 생기 있게 해주었으며, 자신의 유한한 운명에 대한 불안감을 보다 편안하게 대하도록 만들어 주었다.

이블린의 이야기: 중년기의 노력에서 태어나는 새로운 삶

남편 잭에게 이혼 당했을 때 이블린은 42세였다. 그들은 8년 동안 결혼 생활을 했지만, 결혼 3년 만에 갈등이 생겼다. 그녀는 그 갈등이 직업에 대한 남편 자신의 불만과 불임 문제가 합쳐지면서 생긴 것이라고 생각했다. 그녀는 여러 잡지에 기사를 쓰면서, 프리랜서 언론인이 되고자 노력했다. 하지만 그녀는 결혼 생활에서 늘어가는 스트레스와 임신 가능 연령이 곧 지나버릴 거라는 걱정으로 점점 피로를 느꼈고, 자신의 글쓰기도 위기에 다다르고 있다고 느끼기 시작했다. 마흔 살 때, 불임치료 워크숍을 따라다니던 그녀는 임신이 불가능할 거 같으니 입양을 고려하는 게 어떠냐는 조언을 들었다. 그녀의 남편은 늘 입양은 관심 없다고 말했고 두 사람 사이는 더 멀어져 갔다. 그 후 얼마 지나지 않아 그가 바람을 피웠으며 집을 나가버렸다. 1년 후 이블린과 잭은 이혼했다.

처음에 이블린은 엄청난 충격에 빠졌으며, 자신이 미래가 절망적일 것이라고 생각했다. 그녀는 그해 부활절에 겪었던 불쾌한 경험을 말했는데, 그것은 그녀가 계란 바구니를 나르다 넘어져 계란을 모두 깨버리는 꿈이었다. 그녀는 극심한 불안감 속에서 땀에 흠뻑 젖은 채 깨어났다. 다행히 그녀에게는 적극적으로 그녀를 지지해 주는 많은 친구들이 있었다. 그들은 이블린을 위로하면서, 잭이 그녀에게 잘못한 것이고, 이혼하지 않았으면 결혼 생활은 더 안 좋아졌을 것이며, 이제 그녀에게는 두 번째 기회가 생겼다는 아픈 진실을 지적해 주었다. 그녀 역시 심리치료를 받기 시작했다.

이혼한 지 2년 후, 이블린은 지역 전문대학교에서 철학과 교수로 있는 48세의 스티븐을 만났는데, 그 역시도 이혼을 했고 아이가 없었다. 그들은 맨 처음부터 서로에게 강하게 끌렸으며, 1년 후 결혼했다. 스티븐의 소망에도 불

아이다 타벨(Ida Tarbell, 1857-1944)은 기자이자 미국 산업의 연대기 작가였다. 그녀가 47세에 쓴 《스탠더드 오일 회사의 역사》(1904)는 존 D. 록펠러가 소형 석유 회사들에게 했던 불공정 경쟁 행위에 초점을 두었다. 그 책은 폭로전문 기자로서 여성들의 새로운 역할을 보여주었다. 그녀는 1836년, 79세에 《기업 국유화》에 관한 역사를 정리한 책을 썼으며, 이것은 남북전쟁 이후 미국의 경제 성장에 대한 표준 참고서가 되었다. 그녀의 마지막 책은 82세에 쓴 자서전인 《익숙해진 일All in the Day's Work》이었다.

크리스천 사이언스 교회의 창시자인 매리 베이커 에디(1821-1910)는, 87세에 크리스천 사이언스 모니터를 설립했다.

구하고 그의 첫 번째 아내는 아이를 원치 않았으며, 그는 50대가 되어 가면서 이블린과 마찬가지로 시간적 압박감을 느꼈다. 스티븐은 입양에 아주 적극적 이었으며, 두 사람은 함께 공식적인 입양절차를 밟기 시작했다.

놀랍게도, 결혼 10개월 후 그들은 입양을 통해 아이를 가질 기회를 얻었으 며, 네 달 뒤에는 부모가 되었다. 그들은 스티븐이 가르치던 캠퍼스 근처의 새 집으로 이사했다. 아이가 한 살쯤 되었을 때, 이블린은 그들이 살고 있던 도 시의 작은 지역 신문사에서 아르바이트를 시작했다. 편집자들은 그녀의 글에 큰 감명을 받아 이블린에게 칼럼을 써줄 것을 제안했고, 결국 그녀에게는 창 조적인 글쓰기 기술을 완전히 개발할 기회가 생겼다. 큰 고통과 혼란을 겪은 뒤 이블린의 위기는 지나갔다. 현재 50대 후반인 그녀는 오랫동안 그녀를 피 해 갔던 길로 삶을 이끌어 갔다.

중년기와 타협하다

점차 중년기로 접어들면서 건강한 수준의 감정적인 거부가 우리로 하여금 죽음에 대한 두려움을 극복하게 한다. 내 말의 뜻은, 우리가 일종의 정서적인 균형감을 되찾게 되고, 우리에게 올바른 용기와 영감이 흘러서 변화와 탐험, 혁신 그리고 창조성을 받아들이는 과정에 직면하게 된다는 것을 의미한다. 이것은 우리 인류를 특징짓는 '건강한 거부(healthy denial)'로서, 우리로 하여금 거대한 공간을 탐험하고, 커다란 사회적인 문제들에 맞서고, 또는 커다란 캔 버스에 물감을 칠하게 해준다. 일단 일시적으로 왜곡된 두려움과 근심이라는 감정이 안정되면 새로운 발달 단계인 인간의 잠재력 단계 안에서 긍정적으로 작용한다. 우리의 창조성을 앞으로 나아가게 하는 것은 바로 이러한 건강한 방어와 발달의 역동적인 결합이다.

발달의 초기 단계를 적절하게 다루지 못하고 직업이나 가정, 또는 자아 이미지 면에서 성취감을 갖지 못하거나, 더 심한 경우 인생의 실패감을 안고 중년기에 들어서는 사람들은 심각한 성취감 결핍과 죽음에의 직면이라는 두 가지의 충격으로부터 빚어지는 실망감이나 또는 공포에 빠질 수 있다. 이런 사람들은 우울증 그리고/또는 중년의 '위기'의 위험에 처해 있는 사람들이다. 다행스럽게도 이 단계에서는 다른 모든 사람과 마찬가지로 대부분의 위기가 해소될 수 있다. 때로는 현명한 안내자와 중요한 타인에게 받는 지원이 보다 밝은 길로 안내해 주고, 때로는 새로운 노력과 관계 그리고 불확실한 결과에 대한 무질서한 시행착오의 실험과 자아도취 시기가 따르고, 때로는 치료를 통해 새로운 통찰력을 얻게 되기도 한다.

인간 몸의 한 가지 위대한 점은, 그것이 일단 장애가 생긴 뒤에는 평형을 향해 움직인다는 것이며, 이것은 내장되어 있다. 만일 우리가 어떤 병에 감염되면, 면역체계가 작동하여 백혈구를 생성해 병에 저항하도록 하고, 체온이 올라가서 백혈구의 반응 속도를 높여 주는 등의 일이 일어난다. 처음에는 백혈구가 불리하지만, 그 후에는 따라 잡게 된다. 우리의 심리적인 방어체계 역시 유사한 방식으로 작동한다. 예를 들어 불안이나 우울증과 같은 어떤 장애나 질환이 발생하면 부인이나 합리화와 같은 심리적인 기제가 작동하게 된다. 처음에는 지배당한다는 느낌을 받을 수 있지만, 적절한 지원과 시간이 있는 한 우리는 곧 적응하고 정서적인 균형을 회복하기 시작한다. 다시 한 번 말하자면, 우리의 정신이 어떻게 작용하는가가 중요한 것이다. 어떤 질병이 너무 강하다면, 우리는 항생제나 휴식, 또는 닭고기 스프를 찾게 된다. 불안이 지나치게 큰 경우, 우리는 균형을 되찾기 위하여 추가적인 외부의 도움, 즉 다른 사람들의 도움이나 치료와 약물을 필요로 하게 될 수 있다.

이 단계의 도전을 어떻게 경험하는가와 무관하게, 그것은 창조적인 성장과 새로운 형태의 표현을 위한 흥미로운 기회를 제공한다. 이것은 6천만 명이 넘는 40세에서 60세 사이의 미국인들 가운데서 예상했던 것보다는 적은 중년의 위기를 발견했다고 보고한 맥아더재단의 중년에 대한 연구 결과와 일치한다. 물론 이 연령 집단의 단 5~10 %의 사람들만이 위기의 혼란을 경험한다고 하더라도, 그것은 여전히 수백만 명의 사람에 해당한다. 또한 본격적인 위기에는 못 미치는 혼란을 경험하는 사람들 중의 다수가 종국적으로는 균형의 회복을 경험하며, 그들을 휘저었던 거친 풍랑이 그들에게 좀 더 창조적인 진로를 계획하도록 고무했다는 것을 발견한다. 그리고 본격적인 위기를 겪는 많은 사람들도 동일한 경험을 하게 된다.

맥아더재단의 연구는 중년의 위기가 예상했던 것보다는 적다는 사실을 밝혀 준 반면, 중년기 단계에서 일어나는 탐색의 강도, 즉 인간의 발달 과정 중에 있어 중년 재평가 단계의 심리적 역동성에 의해 촉진된 탐색은 명확히 밝히지 못했다. 이 단계는 우리에게 $C=me^2$이라는 등식의 'e^2' 항에 담겨 있는 내적인 삶의 경험이라는 불을 살릴 수 있는 새로운 에너지를 주입하여 줌으로써, 중년기의 창조적인 성장을 위한 새로운 잠재력을 조성한다.

브래드와 벳시의 이야기 - 변화에 따른 직장 생활의 이슈들

브래드는 의회에 근무하는 41세의 일중독자인 변호사였다. 그는 29세 때부터 항상 재선을 걱정하는 한 하원의원 밑에서 일을 해왔다. 이러한 집착은 그의 밑에서 일하는 사람들에게 많은 것을 요구했지만, 이미 자신의 일에 과도하게 집착하고 있는 브래드의 처지에서는 불필요한 것이었다. 브래드는 의회에서 일하기 시작한 뒤로 몇몇 여성들과 관계를 맺어 왔지만, 그 하원의원과 위기 관계라는 핑계를 대면서 마지막 순간에 데이트를 깨뜨리는 바람에 그 모든 여성의 인내심을 바닥나게 만들었다.

브래드가 40대에 들어서게 되었을 때, 그는 점점 직장에서의 사소한 골칫거리에도 참을성이 없어지게 되었다. 그는 또한 하원의원이 자신을 통제하고 있다고 생각하면서 그에 대해 적개심을 가지게 되었다. 브래드가 벳시를 만난 것은 바로 그때였다.

37세인 벳시 역시 의회에서 일하는 변호사였다. 그러나 그녀는 스스로의 한계에 도달했으며, 생활양식을 바꾸고 가정을 꾸리는 일을 생각하기 시작했다. 그들은 몇 년 동안 형식적으로만 서로 알고 지내 온 사이였지만, 그들의 고용주인 하원의원들이 공동발의하기로 한 법안에 대해 몇 달 동안 집중적으로 함께 일하는 과정에서 가까워지게 되었다.

그들은 사랑에 빠졌고 결혼까지 생각했다. 그러나 벳시는 브래드의 일중독적인 성격을 알게 되었고, 그가 의회에서 일하는 것이 결혼생활에 많은 갈등을 가져올 수 있다는 것도 알았다.

그녀는 그의 직업이 그를 어떻게 만들고 있는지를 지적하고, 그가 직업에 대하여 점점 염증을 느끼고 있다고 설명하면서 직업을 바꾸는 것을 고려해 보라고 밀어붙였다. 벳시는 비록 다른 직업이 마련되지 않은 상태지만 자신은 여섯 달 뒤에는 사직을 할 것이며, 이미 직장에도 그렇게 말했노라고 알려 주었다.

브래드는 다른 직장을 구하지 않은 상태에서 누군가가 직장을 그만둔다는 것을 생각할 수 없었다. 브래드는 판에 박힌 생활을 하는 사람이었다. 그는 다음 단계로 나아가거나, 변화에 대해 신중하게 생각할 수 없었다. 그는 점점 불안해졌다. 그가 의회에서 가깝게 지낸 세 사람의 동료가 모두 떠났다. 그들은 모두 결혼을 하고 가정을 꾸리기 시작했다. 브래드는 그에게 무슨 일이 일어나고 있는지, 아니 보다 정확하게는 그에게 어떤 일이 일어나지 않고 있는지 의아해 하였다.

점점 불안해지자 그는 자신이 결혼을 해야 하는지, 결혼과 다른 모든 것을 포용할 수 있을지 고민하기 시작했다. 그리고 그는 자신의 또래들이 종종 하는 질문들을 하기 시작했다. 나는 누구인가? 나는 어떤 사람이 될 것인가? 왜, 그리고 무엇 때문에? 이런 모든 질문은 그를 더욱 불안하게 만들 뿐이었다.

그때, 상황이 도움을 주었다. 그의 하원의원이 재선에 실패한 것이다. 1월이 되면 브래드는 직장을 잃게 될 판이었다. 처음에 그것은 그를 불안하게 만

자네트 랭킨(1880-1973)은 미국 최초의 여성 하원의원으로서 1917-1919년(37세에서 39세), 그리고 1941-1943년(61세에서 63세)의 두 회기를 봉직했다. 1958년, 87세의 나이에 그녀는 '랭킨 부대'라 자칭하는 5,000명의 여성을 이끌고 베트남 전쟁에 항의하기 위해 워싱턴의 의사당 들머리까지 행진했다.

들었지만, 벳시는 이것이 그가 필요로 하는 단절, 즉 스스로는 시도할 수 없었던 새로운 시작을 위한 기회라고 말을 꺼냈다. 지금이 바로 그때이며 다시는 기회가 없을 것이라고 그녀는 말했다.

나중에 내가 그 두 사람을 상담차 만났을 때, 그들은 브래드가 상담하러 오기를 주저했다는 것에 대해 상세하게 이야기했다. 브래드는 "내가 뭘 하려는 걸까요?"라고 몇 번이나 되물으면서 끊임없이 자신의 곤경에 집착했다. 벳시가 상담을 받자고 권했을 때 그는 거절했다. "난 아니야" 하고 브래드는 말했다. "나는 그런 거 믿지 않아. 끝없는 심리분석 속에서 두려워하는 사람들 축에 들고 싶지 않아." 벳시는 그가 실제로는 두려워하고 있으며 사태를 직시하지 못한다고 반박했다.

브래드는 마지못해 최소한 네 번 방문하는 커플 상담을 해보는 데 동의했다. 상담을 하는 동안, 나는 그에게 스스로의 삶을 통제하고 있다고 느끼는지 질문했다. 그는 솔직하게 "아닙니다"라고 대답했다. 다음으로는 그 스스로에게 통제권을 주는 것이 무엇인가를 물었다. "직장이죠" 하고 그는 말했다. 이때 벳시가 농담 삼아 덧붙였다. "일주일에 74시간 일하는 직장이죠." 브래드 역시 웃으면서 그녀의 진실한 충고를 알게 되었다. 그가 통상적으로 일하는 방식은 직장이 그를 통제하고 있었으며, 그 반대의 경우가 아니었다. 나는 그가 생각하는 이상적인 직장이 무엇인지 질문했다. 벳시가 다시 이렇게 말을 붙였다. "오전 9시 전에 직원들이 들어올 수 없게 자물쇠를 채우고, 5시 이후에 또 문을 잠그고, 주말에는 하루 종일 잠가 두는 직장!" 브래드는 만일 직장에서 그러한 한계를 설정한다면 좋겠다고 동의했다. 그렇지만 그 스스로는 그렇게 못 한다고 느꼈다.

그들은 정상적인 생활을 유지할 수 있도록 한계를 설정할 수 있는 직장을 찾아보려 노력했다. 벳시는 여름은 휴가가 있는 조건하에서 법률을 가르치는 것을 생각하기 시작했다. 이전 직장에서 의회 경험을 바탕으로 지역의 대학에서 일 년에 몇 번씩 강의를 해봤기 때문에, 가르치는 일은 브래드에게도 흥미가 있었다. 그러한 강의 경험은 그로서는 가장 만족스러운 기분전환 거리였던 것이다. 매력 있는 기분전환 거리를 주된 일로 하지 못할 일이 뭔가?

벳시는 격려했지만, 브래드는 좀 더 신중하게 생각하면서 그 일이 충분한 보수를 받을 수 있는지 궁금해 했다. 벳시는 급여가 이전의 직장과 크게 다르지 않다는 것을 지적하고, 나아가 두 사람의 수입을 합친다면 함께 더 나은 삶을 살 수 있는 직장을 골라서 선택할 수 있다고 말했다. 그들은 12주 동안 상담을 계속했으며, 그동안에 브래드는 실제로 가르칠 자리를 알아보았고 지역의 법학대학원에서 조교수의 직장을 구했다. 벳시는 가르치는 직장을 찾지는 못했지만, 한 공익단체에서 매우 융통성 있는 자리를 발견했으며, 그 직장은 충분한 기간의 여름휴가를 보장했다. 그 후 그들은 결혼을 했으며, 서로를 위해, 그리고 일과 여가에서 새로운 모험을 약속하는 미래를 위해 전념했다.

브래드와 벳시, 이블린, 존 웬트워스 그리고 많은 다른 사람의 중년기 이야기를 살펴보면, 이것들은 위기에 빠진 중년기들이 모든 것을 뒤엎고 무엇인가 완전히 새로운 것을 시작하기 위해 과거를 내던져버리는 식의 틀에 박힌 이야기가 아니다. 그것들은 오히려 그 나이에 걸맞은 정서적인 에너지를 갖추기 위한, 그리고 그것을 때때로 부딪치는 삶의 역경을 이겨내고 창조적인 잠재력의 다음 단계로 나아가는 데 이용하기 위한 발달적 투쟁—특히 중년기에 해볼 만한—에 관한 이야기들이다.

하딩 스탠리 지파드(1823-1921)는 영국의 변호사로, 82세부터 93세까지(1905-1916) 《영국법》의 요약판 출간을 감수(監修)했다.

해방 단계: 위험의 감수와 용기

65세라는 나이가 은퇴를 의미하던 시절이 있었다. 급여를 받는 직장을 가진 모든 사람에게 이 나이는 직장을 떠나는 시기였으며, 은퇴하는 날은 여러 가지 의미에서 남은 인생의 첫날이었다. 소득과 일정, 책임 그리고 인간적인 접촉의 범위는 곧바로 은퇴 모드로 바뀌었다. 그것은 오랫동안 준비하고 기다려 왔던 사람들에게는 해방감을, 넘치는 시간과 활동의 자유에 대해 준비가 되지 않은 사람들에게는 상실의 두려움을 주는 시기였다. 가정주부들에게는, 자녀들이 자신들의 삶을 시작하려고 '둥지'를 떠난 직후에 이와 비슷한 해방감과 인간관계의 변화가 찾아온다.

우리가 한때 인생의 60대와 70대와 관련시켰던 해방은 오늘날에는 보다 폭넓은 연령대에 일어나고 있다. 기업의 규모축소와 해고, 조기 은퇴는 상대적으로 젊은 성인들을 새로운 길을 찾도록 내몰고 있다. 관리자들과 노동자들의 경로를 살펴본 일부 연구에 따르면, 노동자들이 평균적으로 안정된 고용관계에 안착하는 데까지 직장을 여덟 번 바꾸는 반면, 관리자들은 종종 그보다 더 자주 직장을 바꾸는 것으로 나타났다. 이혼, 재혼, 늦은 자녀 출산 그리고 성인 자녀들의 부모 가정으로의 복귀 등이 빈 둥지라는 연령대 기반의 모든 개념을 바람 속으로 날려버렸다.

만일 연령 표식을 넘어 그 대신 성인기 삶의 밑바탕에 깔린 발달적 단계를 살펴본다면, 우리는 그것이 금기들을 걷어내고 우리의 창조적인 표현을 제한하는 사회적인 관행을 무시할 용기를 주는 삶의 경험과 결합된 일종의 개인적인 해방으로 정의된다는 것을 발견하게 된다.

일흔 살이 된 마크 트웨인은 "70번째 생일! 이것은 우리가 새롭고도 끔찍한 존엄함에 도달하는 시기, 한 세대에 걸쳐 우리를 짓눌러 왔던 자제를 내던지고 테라스가 일곱 개가 있는 정상에 두려움이 없고 뻔뻔하게 서서 내려다보고 질책 받는 일 없이 가르칠 수 있는 시기"라고 썼다.

이와 같은 삶의 후반부에서의 가용한 시간과 개인적인 해방이라는 새로운 느낌은 중요한 삶의 경험과 결합하면서, 노년의 나이에 있는 남성과 여성들이 공통적으로 설명하는 자유, 용기 그리고 신념의 새로운 느낌을 만들어낸다. 부정적인 판에 박힌 모습과는 반대로, 여기에서는 또한 보다 자유롭다는 느낌이 나이 든 사람들로 하여금 실험을 하고, 위험을 무릅쓰고, 무엇인가 새로운 것을 시도하도록 해준다. 우리 대부분은 60대에 들어서면서 최소한 자신에 대해서만큼은 편안해졌다. 즉, 만일 우리가 무엇인가 새로운 것을 시도하면서 실수를 하게 된다고 그것이 우리의 정체성이나 또는 친구들 사이에서의 우리의 이미지를 위협하지 않는다. 그렇기 때문에 20대의 누군가는 무능하다고 보일까 봐 미술교실에 등록하지 않을 수 있는 반면에, 똑같은 사람이 40대, 50대, 또는 60대에 들어섰을 경우 그 사람은 다른 사람에게 어떻게 보일까에 대하여 훨씬 덜 걱정하고 훨씬 더 학습하는 새로운 방법을 실험하는데 관심을 갖게 될 것이다. 이러한 사고의 틀 안에서 우리는 보다 젊은 나이에 그랬던 것보다 더 많이 어떤 학습이나 혹은 크루즈 여행, 또는 다른 어떤 새로운 경험을 하는 기회를 택하게 된다.

이 해방적 발달단계에 대한 연구들은 성인들의 모험심을 과소평가하고 있다. 연구 결과들은 정상을 참작할 수 있는 상황, 즉 심각한 신체적인 한계나 또는 재정적인 압박에서 나오는 상황으로 제약을 받지 않는 나이 든 성인들은, 그들보다 젊은 사람들과 똑같이 모험적이라는 것을 보여준다. 많은 노인들이 보여주는 이와 같은 더 큰 자유와 용기는 역사 전반에 걸쳐서 왜 그렇게 많은 70대 또는 그 이상의 노인들이 사회의 모습을 만들거나 그것을 뒤흔드는 역할을 자임했는지를 설명하는 데 도움이 된다. 소크라테스, 코페르니쿠스, 갈릴레오, 마하트마 간디, 골다 메이어 그리고 넬슨 만델라 등은 이처럼 만년에 훌륭한 인물로 떠오른 수많은 사람들 가운데 극히 일부에 지나지 않는다.

이와 같은 창조적인 정신의 자기 해방이 오랜 기간의 어려운 시기를 지난 뒤에도 그리고 우리의 정서와 행동 모두에 정상적인 발달능력을 시험에 들게 하는 특별한 심리적인 트라우마에도 불구하고 꽃을 피울 수 있는 것은, 바로 인간 정신의 회복력을 증명하는 것이다. 그러한 해방이 일어나거나 트라우마를 극복하는 데 있어서 너무 늦은 때란 결코 없으며, 많고도 많은 사람에게 이러한 해방은 오로지 노년기에만 일어난다.

은퇴라는 것은 마치 후원자와 같은 것으로, 많은 사람들이 그저 삶을 꾸려 나가는 대신에 새로운 관심사를 탐험할 수 있게 만드는 시간과 자원을 제공한다.

골다 메이어(1898–1978)는 1969년에서 1974년의 기간(70세에서 76세의 시기)에 이스라엘의 총리였다.

프리다 라스카: 생존을 위한 삶과 노년의 개화(開花)

67세의 프리다 라스카(Prida Laska)는 유년기와 중년기 내내 학대와 무시를 겪으면서, 인생 초반의 60년 동안을 그저 살아남기 위해 분투했다. 그 결과 그녀는 정서적으로 상처받고 소외된 사람이 되어, 낮은 자존감과 수치심 그리고 자기불신을 느끼고 있었다. 나는 그녀가 60대에 이르렀을 때 그녀를 만났으며, 그녀의 변화하는 사회적 여건과 그녀가 맞이했던 새로운 발달적 단계(해방 단계)는 모두 그녀에게 새로운 길을 열어 주었다.

프리다는 아들 여섯에 딸 둘인 가정에서 태어났으며, 그녀는 세 번째였고 위로 오빠가 둘이 있었다. 그녀는 술주정꾼인 아버지가 그녀를 귀여워했지만, 자신의 아내이자 그녀의 엄마는 학대했다고 말했다. 또한 그녀의 어머니는 가혹한 훈육주의자로, 복종하지 않는다고 그녀에게 매질을 하였고, 저녁을 먹이지 않고 잠자리에 들게 하는 일이 자주 있었으며, 그녀를 엄격하게 통제하려고 학교에서 돌아오면 집에서 나가지 못하게 하였다. 아버지는 그녀 어머니의 학대를 막으려 하지 않았다. 절망에 빠진 어린 그녀는 종종 자살을 생각했고, 한 번은 자살을 시도했다가 실패했다고 말했다.

그녀의 어머니는 집안의 돈을 관리했지만 프리다에게 인형이나 새로운 옷을 사 주는 일은 전혀 없었고, 늘 헌 옷만 사주었다. 그녀는 5학년이 되었을 때 가톨릭의 교구 학교에서 수녀들에게서 처음으로 새 옷과 인형을 받았다.

프리다는 21세 정도 되었을 때 그녀의 두 오빠에게 강간을 당했고, 아무런 설명도 없이 엄마가 그녀를 학교에서 빼내 근처 농장에서 일하며 살도록 보낼 때까지, 몇 달 동안 그들의 지속적인 성적 학대를 겪었다. 그녀가 번 돈은 집으로 보내졌다. 프리다를 귀여워한 농장의 한 여성이 그녀에게 녹색의 새 옷을 사 주었고, 프리다는 그때 마치 신데렐라가 된 듯한 느낌을 받았다고 말했다. 그 여성은 또한 프리다에게 말을 건네고, 상담을 해주고, 먹는 것도 잘 챙겨 주었다. 이 여성은 프리다의 삶에서 보살펴 주는 어머니의 상이 되었으

법학을 공부하던 프랑스의 작가 찰스 페로(1628-1703)는 69세 때(1697), 거의 잊혀 가던 민화를 다시 씀으로써, 현대 동화의 고전적인 양식과 표준을 확립한 〈신데렐라〉, 〈빨간 모자〉 및 기타 동화들의 새로운 버전을 만들어냈다.

며, 시골 마을에 사는 다른 어른들도 마찬가지로 프리다에게 긍정적인 관심과 애정을 보여주었다. 배달을 갈 때마다 그녀를 자신의 차에 태워 주던 마을의 제빵사와 마찬가지로, 그녀의 대부는 그녀를 친절하게 대해 주었다. 또한 프리다는 학교로 돌아갔고, 학교와 교회에서 사귄 친구들에게서 위안을 얻었다.

비록 그녀는 자신이 아버지의 긍정적인 측면—장난스러운 성격—을 물려받았다고 느꼈지만, 어린아이 때 학대를 받은 성인들의 삶에서 종종 발견되는 것과 같이, 그녀의 첫 번째 결혼생활을 통해 학대의 유산 또한 남아 있다는 것을 알았다.

프리다는 21세에 결혼하여 그녀가 60세 되던 해에 남편이 죽는 날까지 결혼생활을 했다. 그녀는 남편을 독재적이며, 아무것도 사지 못하게 하고, 결코 그녀를 칭찬해 본 적이 없으며, 오히려 종종 그녀를 비판했다고 묘사했다. 그녀는 남편이 어느 날 자신에게, 그가 싫어하는 그녀의 단점 13가지를 말해 주었다고 했다. 그녀는 춤을 추기를 원했지만, 그는 허락하지 않았으며, 또한 운전도 하지 못하게 했다. 그는 "내 차를 긁어먹겠지"라고 불평을 하곤 했다. 만일 그녀가 그에게 목소리를 높이면, 2-3주 동안 말을 하지 않았다. 그녀는 종종 죽고 싶었지만 자살을 시도한 적은 한 번도 없었다.

과거를 회고하면서, 그녀는 첫 번째 남편이, 어머니에 대한 아버지의 학대와 어머니의 그녀에 대한 냉담함을 그대로 보여주었다고 생각했다. 그녀는 첫 번째 남편이 죽고 난 3년 후에 재혼했지만 모든 것이 더 나빠지는 걸 느꼈다. 두 번째 남편은 그녀의 돈만을 원했다. 이제 60대 중반에 들어선 그녀는 새로운 용기를 느꼈으며, 그녀가 치료를 받아야 하고, 그 남자와 이혼해야 한다는 친구들의 말에 귀를 기울였다. 그녀는 둘 다 실행에 옮겼으며, 두 번째 결혼은 6개월 만에 끝났다.

그녀의 가장 큰 새로운 통찰은, 그녀가 스트레스를 주거나 가학적이지 않고 지원적인 환경을 제공하는 곳으로 이사해야 한다는 것이었다. 그녀는 다

> "당신이 동의하지 않는 한, 누구도 당신에게 열등감을 느끼게 할 수 없다."
> – 엘리노어 루즈벨트

마가렛 러드킨(1897–1967)
은 1937년, 집에서 구운 몇
개의 통밀가루 빵을 가지
고 페퍼리지 팜(Pepperidge
Farm) 제과점을 시작했다.
1963년 나이 66세 때 그녀
는 《마가렛 러드킨 페퍼리
지 팜 요리책》을 썼는데, 그
것은 베스트셀러가 되었다.

시는 결혼해서는 안 된다는 것을 깨달았다. 그녀는 항상 친구를 잘 사귀었으
며, 그래서 훌륭한 사교 프로그램을 갖춘 은퇴공동체가 좋을 것이라고 생각
했고, 아버지나 남편이 그랬던 것처럼 그녀 위에 군림하는 독재자만 없다면
마침내 바깥세상으로 나갈 기회를 가질 수 있다고 생각했다. 그리고 그녀는
그렇게 바깥세상으로 나갔다.

이것은 프리다에게 진정한 해방의 시기였다. 그녀는 인생에서 처음으로
부정적인 대인 관계를 맺지 않고도 은퇴기의 해방적 역동성을 완벽하게 누릴
수 있었다. 그녀는 은퇴, 아니 보다 정확하게는 딸로서, 그리고 아내로서 학대
당했던 그녀의 과거와 결별했다.

그녀는 자유를 찾은 신데렐라였다. 70대에 들어선 뒤 몇 년 이상 동안, 그
녀는 새 옷을 사거나 좋은 식당이나 혹은 관광여행을 다니는 등, 말하자면 그
녀 자신의 행복을 위해 돈을 쓴다는 것에 대해 점점 더 편안함을 느끼게 되었
다. 그녀는 평생 따라다녔던 물에 대한 공포를 극복하려고 수영 레슨을 받았
다. 만일 부정적인 기억이 그녀의 현재 사고와 행동을 지배하기 시작하면, 긍
정적인 삶의 경험들—그녀의 친절한 대부, 상냥한 제빵사와 그의 배달 차, 그
녀에게 예쁜 녹색 옷을 사 주고 그녀를 보듬어 준 농장의 여인 등 그녀를 존
중해 주고 도와주려 애썼던 사람들—에 집중함으로써 이런 우울한 기분을 뒤
집을 수 있다는 것을, 그녀는 치료를 통해 배웠다.

감히 자신의 갈망에 대해 숙고하고, 그것을 실행에 옮길 수 있었다는 것은
그녀에게 대단한 발견이었다. 자신의 생각과 욕구를 경청하는, 새롭게 발견
된 능력은 프리다의 정서적 성장을 반영한 것으로, 그녀는 삶의 새로운 발달
단계에 진입했으며, 삶에서 자기표현에 대한 내·외부적인 모든 장애물에 대
하여 이전과는 다르게 대처하는 방법을 배웠다.

그녀는 이제 새로운 창조적인 길을 나섰으며, 이제 미래를 "내 꿈이 실현될
때"라고 보았다. 그녀의 목표는 자신이 좋다고 느낄 수 있는 13개의 서로 다
른 것들을 찾는 것이라고 지적하면서, 본인이 참여하고 싶은 새로운 모험의

목록을 설명했다. 내가 그녀의 첫 번째 남편도 그 숫자를 인정했을 것이라고 농담을 했고 우리는 함께 웃었다. 그녀는 이미 그러한 목록을 향해 움직이기 시작했다.

해방의 단계는 어떤 사람의 공동체 또는 문화의 나아가는 길을 바꿀 수 있는 창조적 소양인 '대문자 C'로 창조성을 강화하거나, 혹은 자기 자신이나 자기 가정의 진로를 바꿀 수 있는 창조적 소양인 '소문자 c'를 통해 창조성을 촉진할 수 있다. 행동의 범위가 어떻든지, 그것의 핵심에는 제니 조셉으로 하여금 1969년에 다음과 같은 시 〈미스 로지〉를 쓰도록 움직인 내적인 자유가 있다. "할머니가 되면, 나는 자줏빛 옷을 입으리."

인생 정리기로서의 노년

나이가 들어감에 따라 인간의 모든 활동 영역에서, 일생의 작품이나 아이디어 그리고 발견들을 정리하거나 가족 또는 사회와 공유하려는 욕구는 증가하며, 심지어는 절박감마저 느낀다. 인생의 말년을 정리하고자 하는 욕구는, 일생의 작품을 완성하고자 하는 소망이나 삶 속에 받았던 많은 것을 되돌려 주어야 할 필요성, 삶이 얼마 남지 않았다는 생각 등, 다양한 감정에 의해 이끌린 많은 사람들에게 깊어지고 고취된다. 그 결과로 우리는 나눔과 표현의 중요한 기회를 발견하거나 만들어내는 것이다.

예를 들어, 자서전은 다음 세대에게 한 영역에 대한 다차원적인 지식을 전수하는 가장 역동적이고도 지속적인 방법 가운데 하나이다. 철학에서 물리학, 정치학에서 산문에 이르기까지, 실로 모든 분야의 지도자들이 노년기에 그들의 자서전을 쓰거나 전수하는 경향을 보여주었다. 자서전은 삶의 후반기에 사회적인 창조성의 중요한 원천이 되고 있다. 그것은 또한 구전이나 저서 또는 시각적인 형태를 통해 이야기를 반추하고 다듬고자 하는, 노화에 따

제로니모(1829–1908)는 애리조나 주에서 태어난 아파치 부족의 추장이었다. 그의 인디언 이름은 고야슬레이 (Goyathlay: 하품하는 사람)였다. 아파치족은 여러 세대에 걸쳐 스페인인과 동해안으로부터 온 미국인 등에 의한 식민지화에 저항했다. 제로니모는 수십 년 동안 영웅적으로 그리고 효과적으로 그러한 전통을 지속했으며, 마침내 체포될 때까지 명성을 얻었다. 그는 77세에 이르러 《제로니모: 그 자신의 이야기》라는 제목의 자서전을 구술했다.

르는 자연스런 경향을 바탕으로 한다. 일반적으로 이러한 정리 과정은 문화 보존자로서 노인들의 역할을 강조하는 핵심적 역동성을 구성한다. 제8장에서 치료 및 유산으로서의 자서전에 대해 살펴보게 되겠지만, 그러나 여기서는 이러한 '이야기하고자 하는 욕구'는 인간에게 고유한 것임을 강조한다. 내가 믿는 바로는, 인류의 경험적 지혜를 한 세대로부터 다음 세대로 전달하고자 하는 자연의 계획의 일부라는 것을 인식하는 것이 중요하다.

글이나 혹은 다른 방법으로 유산을 남기려는 이런 '되돌려 주려는' 열망은, 노년기에서 자선과 봉사 정신이라는 흥미로운 형식으로 나타나기도 한다.

직장 생활의 초기 27년을 컬럼비아특별구의 공립학교 교사로 보낸 애니 킹 필립스는, 55세에 공중보건 석사 학위를 취득하면서 공중보건관리 분야에서 두 번째 경력을 시작했다. 그녀는 66세에 '은퇴'하자마자 자원봉사자로서 열정적인 새로운 경력을 시작했으며, 그녀 스스로 교육과 보건 분야에서 학습한 모든 것을 종합하여, 그녀가 사는 도시의 장애인들을 돕는 일에 창조적으로 활용했다. 그녀는 75세에 자신의 내부에 통합되어 있는 풍부한 아프리카계 미국인과 아메리카 원주민의 유산들을 바탕으로 자서전적인 시를 쓰기 시작함으로써 그녀의 역할에 문화 지킴이로서 또 하나의 차원을 추가했다. 79세에, 그녀는 이것을 자기 삶의 중요한 사명으로 삼았다.

우리가 자신들의 삶을 공유할 때, 이야기는 탁월한 치료 효과를 내게 된다. 당신은 정확히 이런 이유로 심리치료를 공부하는 80이 넘은 사람들의 숫자가 상당한 데에 놀랄 것이다. 우리는 날이 갈수록 내적인 성찰이라는 개념을 점점 더 편하게 생각하는 문화인 '심리적인 사회'로 되고 있으며, 오늘날에는 더 많은 노인들이, 비록 이전에는 시도조차 해보지 않았을지라도, 치료의 잠재적인 효과에 대하여 잘 알고 있다. 나이 들어간다는 문제에 직면했을 때, 그들은 상담 서비스를 더욱 쉽게 받아들인다.

고층 아파트 건물에서 독립적으로 살아가는 노인들에 대한 25년에 걸친 종적인 연구기간 동안, 나는 두 달 또는 세 달에 걸쳐 한 번씩은 80이 넘은 노인 또는 그들의 가족 중 한 사람과 접촉했다. 나를 만나자고 한 사람들 가운데 가장 나이가 많은 분은 104세였으며, 그녀는 그와 같은 단 한 번의 방문도 "매우 가치 있었다"고 단언했다. 이들은 대체로 자신들에 관해 발견하게 될 것에 대하여 두려움이 없고 오히려 그것에 호기심을 가진 나이의 사람들이다.

나는 38세 때 89세의 엘리자베스 브로이어 여사를 처음으로 만났다. 그녀는 당시 근심으로 고통을 받고 있었으며, 심리치료사(psychiatrist)—그녀는 실제로는 '슈링크'(shrink: 정신과 의사의 속어)라고 말했다—한 사람이 건물 안에 살고 있다고 듣고는 한 번 만나 보자고 생각했다고 했다. 그녀는 이전에 정신과 의사를 한 번도 만나 본 적이 없었다. 그 전 해에 그녀는 처음으로 언니를 잃었고, 우리가 만나기 6주 전에는 그녀의 남동생이 죽었다. 가족들과 상당히 가깝게 지냈음에도, 그녀는 고인이 된 형제들에게 하고 싶어 했던 말들을 함께 나누었는지 확신하지 못했다.

우리는 그녀와 형제들과의 관계를 검토해 보았으며, 그녀는 중요한 것들 중 어느 하나도 해결되지 않은 상태로 남아 있다는 것을 인식하게 되었다. 형제들과 논의하고 싶었던 몇 가지 일이 있었지만, 그녀는 결국 그 일에 대해 걱정할 게 없다고 생각하게 되었다. 그녀는 또한 자신의 삶 전반에 걸친 몇 가지 해결되지 않은 걱정거리들에 대해 몇 달에 걸쳐 상담했고, 여기에서도 역시 좋았다고 생각할 만한 것들이 많다고 느끼게 되었다. 결국 그녀는 다른 사람들, 그리고 자기 자신과의 관계를 잘 풀어 왔던 것이다. 그녀가 가졌던 상대적으로 사소한 근심들은, 두 사람의 형제자매를 잃게 되면서 경험한 슬픔으로 새삼 부각되고 과장되었던 것이다. 슬픔이 사라지면서 근심은 해소되었고, 우리는 치료를 마쳤다.

7년이 지난 지금, 이제 96세가 된 그녀가 다시 전화를 걸어서는, 그녀의 불안이 되돌아 왔다고 하면서 다시 만날 수 있겠는지 물어 왔다. 그녀는 걸어서 내 사무실로 왔고, 자리에 앉아서 나를 쳐다보면서 다음과 같이 말했다. "마지막 만났을 때, 당신은 젊었고 얼굴이 깨끗했어요." 이 표현으로 그녀는 예비

양크턴 수족 출신의 미국 원주민 언어학자이자 작가인 엘라 들로리아(Ella Deloria, 1889~1971)는 자신의 문화에 대한 진정한 지킴이었다. 그녀는 수족 언어로 쓰인 수천 쪽의 민족지학적인 텍스트를 번역했고, 라코타(수족 방언의 하나) 문법과 사전을 편집했다. 그녀는 73세에, 사우스다코타 대학교의 인디언연구소와 함께, 수족 사전을 편찬하기 위한 대규모 국가과학 기금을 받았다. 그녀는 82세의 나이로 죽기 직전까지 사전 작업과 논문 발간 및 강의를 지속했다. 그녀의 활동은 수족 언어의 보존과 지속적인 힘을 확보하는 데 지대한 공헌을 하였다.

정신 상태 검사를 통과했다. 왜냐하면, 지난 번 우리가 만났을 때 나는 턱수염이 없었기 때문이다. 이번에도 그녀가 근심을 갖고 있기는 했지만 조금 다른 근심이었으며, 추가적으로 평가를 해본 결과 그것은 그녀가 치료를 받기 시작한 심장부정맥에 관련된 증상의 하나라는 게 드러났다. 그녀는 그 후 6개월 동안의 상담에서, 이번에는 의심 대신 자부심을 가지고 그녀의 오랜 동안의 재미있는 삶을 재검토하는 데 시간을 보냈으며, 이것은 내가 그녀에게 딸과 함께 나누도록 설득하는 데 성공한 일종의 창조적인 정리였다. 그 결과 그녀는 자신의 삶에 대한 새로운 인정과 많은 다른 사람들이 그것을 인정해 줘서 여유로워졌으며, 가족과 더 즐거운 시간을 보낼 수 있었다.

앵콜 단계: 창조성을 위한 '백조의 노래'는 없다

미국의 재즈 음악가인 라이오넬 햄프턴(b. 1909)은 비브라폰을 재즈에 도입했으며, 비브라폰 연주를 녹음한 최초의 음악가가 되었다. 그는 1930년도(21세)에 루이 암스트롱과 녹음을 하였고, 베니골드만 밴드에서 연주했으며, 그 자신의 대규모 밴드를 1940년도에 꾸렸고, 70살까지 밴드 리더 일을 하면서 80살이 넘을 때까지 연주를 지속했다.

이 가장 뒤늦게 꽃피는 인간 잠재성의 국면은, 종종 '백조의 노래'라고 불리는 단계이다. 그것은 아마도 옛 동화 속의 죽어 가는 백조가 부르는 감미로운 노래를 뜻하며, 사람이 죽기 전에 하는 마지막 행동 또는 최후의 창조적인 작품을 의미하기도 한다. 나는 몇 가지 이유로 그것을 그런 식으로 보지 않는다. 첫째, 그것은 인간 잠재력의 전체적인 국면보다는 단 하나의 사건―일종의 장엄한 퇴장―을 떠오르게 한다. 다음으로는, 이 용어에는 일종의 슬픔이 존재하는데, 그것은 이와 같은 창조적 앵콜을 더욱 인정하고 축하하는 느낌보다는 오히려 종말이라는 느낌을 준다. 그리고 마지막 사건이라는 개념은 더 이상은 없다는 것을 함의하기 때문이다. 이것은 가장 옳지 않은 것이며, 우리 사회의 가장 나이 많은 분들이 일상적으로 그리고 반복적으로 나누어 주는 사고와 활동의 신선한 기여를 부정하는 노화에 대한 또 하나의 부정적인 스테레오타입이다.

하나 또는 그 이상의 수많은 앵콜이 존재할 수 있다. 인생 황혼기에 나이가

들어가는 동안에는, 여러 가지 방법으로 삶을 긍정하고자 하는 욕구—일종
의 발달적 절박함—가 있다. 그것은 하나의 창조적인 작품이나 오래된 문제
의 해결 속에, 혹은 말해지기를 기다리는 하나의 진술이나 여러 해 동안 유보
해 왔던 일을 바로 실행하는 것 속에 담겨 있을 수 있다. 삶에 대한 사랑이라
는 인간의 강력한 본성은 다음과 같은 셰익스피어의 14행시(소네트) 73번의
마지막 두 줄에 담겨 있다.

그대 이것을 보면 안타까워져,

오래지 않아 두고 갈 것을 더욱더 사랑하리라.

앵콜 현상은 너무 늦기 전에 무엇인가를 말하거나 행해야 한다고 느끼는
내적인 압박감을 불러일으킨다. 그 명백한 사실을 간과하지 않기 위해 이 표
현을 음악에 적용해 보면, 얼마나 많은 음악적인 업적들이 —베르디, 리스트,
그리고 스트라빈스키 등의 말기 작품들처럼—음악가, 또는 작곡가의 경력이
나 인생 주기에서 뒤늦게, 혹은 말기에 나타났는지를 우리에게 상기시킨다.

〈팔스타프〉는 베르디의 마지막 오페라로, 그의 나이 80살 때인 1893년에
작곡되었다. 희극적인 오페라인 〈팔스타프〉는 라 스칼라 극장에서 공연되었
으며, 그가 같은 극장에서 55년 전에 시도했던 작품이 슬픈 실패였다는 점에
서, 희극 영역에서 베르디의 명예를 회복시켜 주었다. 희극은 그때까지도 그
가 완전하지 못하다고 느꼈던 영역이었다. 19세기의 작곡가인 프란츠 리스
트의 성악 및 피아노 작품들은, 그의 말년이었던 70대에는 비록 낯설게 보였
지만 대단히 실험적이었으며, 20세기 음악의 예언자로 간주되었다. 1882년
에 태어난 이고르 스트라빈스키는, 그의 경력 전반에 걸쳐 20세기 음악의 리
듬과 하모니에서의 혁신을 전형적으로 보여주었으며, 1971년에 88세의 나
이로 죽기 직전까지도 여전히 그 작업을 계속했다. 스트라빈스키는 말년인
70대 후반에도, 그의 경력에서 몇 번에 걸쳐 터져 나왔던 혁신적 작업의 하나

이탈리아의 위대한 작곡
가인 주제페 베르디(1813–
1901)는 74세에 그의 대작
오페라인 〈오셀로〉를 작곡
했다.

스페인의 성악 교사이자 후
두경의 발명가인 마누엘 파
트리치오 로드리게즈 가르
시아(1805–1906)는, 90세에
이를 때까지 런던로열음악
아카데미에서 성악을 가르
쳤다.

로서, 그의 작품인 〈칸티쿰 사크룸〉(Canticum Sacrum), 〈아곤〉(Agon), 〈트레니〉(Threni), 〈피아노와 오케스트라를 위한 악장〉 등에 다양한 20세기의 음악이론을 통합했다.

예술가, 앵콜 그리고 우리: '말년' 스타일인가 아니면 신선한 관점인가?

예술가들은 일종의 볼 수 있거나, 들을 수 있거나, 만질 수 있는 방식으로 인간의 정서 세계를 표현한다. 그 때문에 우리가 살아 있는 한 앵콜 단계가 어떻게 우리에게 새로운 창조적인 에너지와 표현력을 부여하는지를 알기 위해, 예술가의 삶과 작품, 그리고 그것들이 해석되는 방식을 볼 수 있다.

일부 예술사학자들과 관찰자들은 일종의 특질이 예술가와 작가, 작곡가들의 '말년 스타일'을 특징짓는다고 주장한다. 예를 들어, 그들은 나이 든 예술가와 음악가들이 통일성과 하모니를 강조하는 경향이 있다고 말한다. 화가와 다른 시각적인 예술가들은 내용에서의 긴장 감소, 색조 희석, 그리고 보다 냉정한 톤 등을 통하여 통일성과 하모니를 표현한다. 음악 작곡가들에게 이러한 특질은 보다 단순한 멜로디로 귀결된다. 시인의 인생 말기의 작품들 역시 냉정하고 명상적인 톤을 통하여 하모니라는 요소를 띠는 것으로 설명된다. 미술과 음악, 문학 등의 모든 창조적인 작품에서 '말년 스타일'의 또 다른 공통적인 특징은 간결성이라 일컬어진다. 화가들은 그들의 붓놀림에서 더 경제적이 된다고 하고, 작곡가들은 작품 길이가 짧아지며, 작가들은 그들의 어휘 선택에서 보다 간결해진다고 한다.

노년기의 작품들은 또한 내용 면에서 객관적이기보다는 상대적으로 주관적이며, 흔히 내성적이면서 외부 세계의 장면과 사건보다는 내면적인 정서와 경험에 집중한다고들 이야기한다. 이것은 특히 작가들에 맞는 이야기이다.

그리고 일부 관찰자들은 생의 말기 작품들에서 노화와 죽음이라는 이슈에 대하여 더 많은 관심을 기울이고 있다는 점을 지적한다.

이러한 관점들은 예술에 국한되지 않는다. 많은 분야에서, 각각의 분야의 역사에 관한 무수한 서적, 교과서, 회고록, 관찰 그리고 인생에 걸쳐 나타난 철학 등에 반영된 것처럼, 생각의 정제나 또는 통합의 과정이 존재하는 것으로 보인다.

많은 예술가들 사이에서 수많은 유형이 정당화되고 실제로 존재하는 반면에, 그것들은 어떤 의미로건 나이 든 사람들의 창조적인 작품에 보편적으로 나타나는 것은 아니다. 예를 들어, 노년기 작가들의 작품이 그들의 이전 작품들에 비해서 좀 더 간결하고 단어의 선택에서 절제한다고 말해 왔지만, 저명한 문학자인 레온 에델은 미국 소설가 헨리 제임스의 저작 스타일이 나이를 들면서 더욱 복잡해졌다는 것을 발견했다. 20세기 초인 70대까지 글을 썼던 제임스는 그의 인생 말기의 작품에서 보다 길고 훨씬 복잡한 문장을 사용했다. 또한 인생 말기의 시들이 잔잔하고 명상적이라고 묘사하는 사람들이 있는 반면에, 다른 사람들은 분노와 냉소주의를 반영하는 인생 말기의 작품들을 지적하기도 한다.

음악의 많은 사례들이 말기 스타일 창작물의 전형적인 패턴과 배치된다. 예를 들면, 요한 세바스찬 바흐는 〈푸가의 기법The Art of Fugue〉이라는 제목의 대작 피아노 시리즈 작업을 하면서, 65세의 나이로 죽을 때까지 작곡을 하였다. 그럼에도 이들 푸가들은 단순함으로 이동하는 대신에 일반적으로 점차 복잡성이 더해져 가는 식으로 배열되었고, 비록 항상 뛰어난 솜씨로 다루기는 하였으나, 여기서 바흐는 이전 어느 때보다 어렵고 난해한 대위법적인 장치들을 사용했다.

리하르트 바그너의 말기 작품들 역시 이들 패턴에서 벗어난다. 바그너는 오페라의 전체 구조를 재구성한 듯하다. 바그너가 69세일 때 무대에 올린 〈파르지팔Parsipal〉은 아마도 그의 가장 위대한 오페라 작품으로 여겨진다. 그

리버라치(Liberace, 1919–1987)는 네 살 때 악보를 보지 않은 채 즉흥적으로 피아노를 연주했다. 그는 14세에 시카고 심포니 오케스트라와 솔로 연주자로서 협연했으며, 66세(1985)에는 대규모의 뉴욕 라디오시티 음악 홀 공연에서 뛰어난 연주를 통해 모든 박스오피스 기록을 깼다.

유명한 20세기의 조각가인 루이스 네벨슨(Louise Nevelson, 1900–1988)은 80대까지도 조각을 계속했는데, 67세이던 1966년, 그는 특수아크릴수지와 알루미늄을 사용하기 시작하면서 이전까지 사용해 오던 재료를 바꾸었다.

것은 내적인 삶을 바탕으로 하기보다는 하나의 위대한 문학 작품, 즉 아더 왕의 이야기 중 하나에서 영감을 받았다. 파르지팔은 아더 왕의 원탁에 있었던 영웅 가운데 한 사람으로, 결국에는 성배의 수호자가 되었다.

미술에서도 이러한 상투적인 스타일에서 벗어나는 예를 발견하는 것은 어렵지 않다. 미국의 화가인 조지아 오키프(Georgia O'Keeffe)의 말기 작품인 〈구름 위의 하늘〉 시리즈는 그녀의 가장 간결한 작품들과는 반대되는 가장 거대한 작품들을 담았다. 그녀가 78세일 때 마무리된 〈구름 위의 하늘 IV〉는 8×24피트짜리였다. 게다가 구름은 죽음이나 사후세계를 나타내지 않는다. 오히려 이와는 반대로, 이들 구름 위의 그녀의 푸른 하늘에는 삶의 감동과 낙관주의가 있다. 이것은 모세 할머니(Anna Mary Robertson Moses)가 101세 때 그린 작품 〈무지개〉를 떠올리게 한다. 말기 스타일 작품의 조화에 대해서 보자면, 매우 재능이 뛰어난 20세기 조각가인 루이스 부르주아(Louise Bourgeois)는, 페인트칠한 나무, 라텍스, 및 섬유로 만든 〈조우Confrontation〉라고 명명한 그녀의 환경적인 조각 작품을 67세에 제작했는데, 이것은 심란하고 복잡한 작품으로서 20피트 폭에 37피트 길이의 작품으로 간결하다고는 할 수 없는 작품이다.

이전 시기의 태도와는 동떨어진 듯 보이는 정치가들의 노년의 발언이나 행동들은, 앵콜 단계 및 사회적 창조성의 한 형태이다. 이는 노년에 유명해진 독지가들에게서도 마찬가지다. 이들은 수십 년 동안 쌓은 부를 기부함으로써, 일종의 다른—최후의 발언이 아니라면—발언을 하고자 하는 바람을 가진다. 개인적인 차원에서, 힘들었던 인간관계를 풀어내고, 꿈꿔 왔던 자원 봉사를 하고, 남겨 주고 싶은 회고록을 쓰는 일은 소문자 c의 창조성으로 나타나는 앵콜로 반향한다. 확실히 앵콜 단계는 백조의 노래도 아니고 창조적인 에너지의 쇠락도 아니다. 그것은 우리의 활동 영역과 관계없이 우리 모두에게, 그리고 일상의 모든 삶 속에서 적용되기 때문에, 창조적인 표현을 하는 데 너무 늦은 시기는 결코 없다는 것을 일깨워 준다.

엘레노어 에이베리: 비밀스런 노래

내가 사설요양원에 있는 엘레노어 에이버리(Eleanor Avery)를 방문했을 때, 그녀는 88세의 미망인이었으며 폐암으로 죽어 가고 있었다. 당시는 내가 사설요양원에서의 삶에 대한 연구를 막 시작한 때로, 엘레노어는 내가 복도를 걸어가는 것을 몇 차례 보고는 간호사에게 누구냐고 물었다. 내가 무엇을 하는 사람인지 알게 되자 그녀는 자신도 그 연구에 참여할 수 있겠느냐고 간호사에게 물었다.

세 번째 방문했을 때 그녀는 내게 말했다. "나는 88세이고 많은 사람들에게 많은 이야기를 했지만, 이전에 누구에게도 하지 않은 말을 당신에게 했어요." 나는 그녀에게 매우 고맙다는 말과 함께 격려를 하였다. 그리고 함께 나눈 그 깊은 이야기가 내 연구를 다른 사람들에게 중요한 도움이 되도록 만들어 줄 것이라고 말했다.

그러자 그녀는 이렇게 말했다. "나는 70년을 간직해 온 깊은 비밀이 있답니다. 그것을 누구에게도 말하지 않았어요. 심지어는 그 당시의 내 부모님께도요. 하지만 항상 말하고 싶었어요." 나는 그녀에게 많은 관심을 가지고 있다고 말했다.

그녀는 18세에 처음으로 결혼을 했다고 말했는데, 그것은 그녀가 두 번 결혼을 했다는 것을 의미했다. 지금까지 어느 누구도 그녀의 첫 번째 결혼에 대해 아는 사람이 없었다. 그녀는 그것이 그녀가 사는 작은 마을에서 어떤 영향을 미칠지 걱정이 되어 아무에게도 그 이야기를 하지 않았다. 그 마을에서 살고 있을 때, 그녀의 가족은 이웃집의 제임스를 항상 그녀의 결혼상대로 생각했으며, 당시 18살이던 제임스는 그녀가 16살이 되던 날부터 구애를 해왔다. 그녀 역시 맨 처음 그에게 반했던 어린 시절부터, 자신이 제임스와 결혼할 것이라고 생각했다.

17세가 되어 고등학교 3학년에 올라가기 직전 여름방학 때 , 그녀는 태어

"때때로 당신은 당신의 비밀이 충분히 오래 지켜졌다고 믿어야 한다."
– 앤 캐머런

나서 처음으로 집을 떠날 기회를 가지게 되었다. 그녀는 친척집에 놀러갔던 그 여름방학 동안에 토미를 만나게 되었고, 만난 지 둘째 날 그들은 열정적으로 사랑에 빠졌다. 토미 역시 친척집을 방문 중이었으며, 나라 반대편에 살고 있었다. 두 사람은 그 여름이 끝나고 각자 멀리 떨어진 집으로 돌아가게 되자 마음이 아팠지만, 만약 약속한 대로 다음 해 여름에 다시 만났을 때도 그들이 여전히 서로 사랑한다면, 결혼할 것이라고 맹세하였다. 엘레노어는 나에게, 당신이 열일곱이고 아직 세상물정을 모르는 나이라면 그런 일이 일어날 수 있다고 말했다.

다음 해 여름 두 사람은 다시 만났고, 사랑은 그만큼 강하게 불탔다. 그들은 다시 결혼에 대해 이야기했지만, 토미는 부모님들이 그가 대학에 진학해 가족이 운영하는 사업을 물려받을 준비를 할 것을 기대한다며 괴로워했다. 토미는 자신이 결혼하려 한다는 것을 알면 부모님께서 격노할 것이라고 말했지만, 그는 그녀를 매우 깊이 사랑한다고 했다. 깜짝 놀란 그녀는, 그들이 비밀 결혼을 할 수 있는지, 가족들에게 언제 그것을 알리면 좋은지를 그에게 물었다. 그들은 둘 다 18살이었던 것이다. 토미는 동의했고, 두 사람은 비밀 결혼을 하게 되었다. 여름이 끝났을 때 둘은 편지를 나누면서 소식을 알릴 적당한 때를 기다리기로 계획하고 다시 각자의 집으로 돌아갔다.

그녀가 집에 돌아오자 제임스가 프러포즈를 하였고, 엘레노어의 부모님들은 매우 기뻐했다. 그들은 제임스를 매우 좋아했으며 제임스의 가족과 가장 가까운 친구들이었다. 엘레노어는 엄청난 속박을 느꼈지만 일은 점점 더 꼬여 갔다.

토미는 집에 돌아온 직후, 자신이 백혈병에 걸렸다는 것을 알게 되었다. 당시에는 그 병이 얼마나 보기 드물고 공격적인 것인 줄 모른 채, 그들은 서로 편지를 하면서 방문계획을 세웠지만, 토미는 그 방문이 이루어지기 전인 6개월 뒤 폐렴에 걸려 죽었다.

엘레노어는 슬픔에 빠졌으며, 만일 그녀가 토미와 결혼했다는 것을 밝히

프랑스의 작가이자 고급 매춘부였던 클로딘–알렉산드린 게인 드 탕생(1681–1749)은 그녀가 66세이던 1747년에 쓴 《사랑의 장난 *Les Malheurs de l'amour*》을 포함한 다양한 연애소설의 작가였다.

면 부모님들이 절대 그녀를 용서하지 않을 것이고 제임스와의 교제도 끝날 것이라는 생각 때문에 더욱 심한 스트레스를 받았다. 그녀는 또한 토미의 부모님이 그 사실을 알게 된다면 토미에 대한 마지막 이미지를 망가뜨릴 것이라고 느꼈다. 그래서 그녀는 그 비밀을 숨겼다. 그것은 이미 깊은 슬픔에 빠져 있는 18세의 젊은 여성에게는 가혹한 부담이었다.

엘레노어는 자신의 상실을 깊이 슬퍼하면서, 비록 이유는 밝히지 않았지만, 제임스와의 결혼에 대한 어떤 계획도 연기했다. 그녀는 3년이 지난 다음 그와 결혼했다. 결혼생활은 오래도록 행복했으며, 제임스는 멋진 남편이었다. 엘레노어는 미망인이 된 지 이미 7년째 되었다. 그렇지만, 엘레노어는 평생 동안 누구에게도 그녀의 비밀을 밝힐 수 없었다. 그녀는 제임스의 마음에 상처를 주기 원하지 않았다. 남편이 죽고 난 다음에도, 그녀는 자식들이 부모의 결혼이 매우 특별했다고 생각하는 이미지를 바꾸기 원하지 않았다. 물론 그것은 매우 특별했지만, 엘레노어는 자신의 비밀을 누설하는 것은 사랑하는 가족들이나 사람들의 감정을 복잡하게 만들 거라고 느꼈다. 그러나 얼굴 표정이나 감미롭고 슬픈 듯한 말투에서, 그녀에게는 무언가 맺혀 있는 것이 있다는 걸 누구나 알 수 있었다.

그녀는 "지난밤에 토미에 대한 꿈을 꾸었답니다. 아주 아름다웠지요. 이 달이 토미와 내가 결혼했던 달이라 그 사람 꿈을 꾸게 되었다고 생각해요. 난 또한 오늘 당신을 만날 거라는 걸 알고 있었고, 항상 누군가에게 이야기를 하고 싶었어요." 하고는, 미소를 지으며 "심리치료사는 비밀을 지키도록 훈련을 받는다고 알고 있지요"라고 말했다. 우리는 몇 번을 더 만났고, 그녀는 마음속의 비밀 일기장에 잠겨 있었던 더 많은 생각과 느낌에 대해 이야기했다. 그녀는 그 후 5개월 만에 죽었다. 그것은 25년 전의 일이고, 이것은 내가 그녀의 이야기를 처음 글로 쓰는 것이다.

요한 세바스찬 바흐나 모세 할머니, 그리고 노년기의 유명한 창조적인 정신들의 사례에 엘레노어의 이야기를 포함하는 것이 이상하게 보일 수 있다.

독일의 작곡가인 베르톨트 골트슈미트(1903–1996)는 말러의 미완성작품인 〈제10번 교향곡〉의 완성을 도왔고, 1988년에 그 첫 공연을 지휘했다. 골드슈미트는 당시 85세였다.

유명한 심리학자이자 교육가, 그리고 〈미국심리학회지〉의 창립자인 G. 스탠리 홀(1844–1927)은 79세에 《삶과 어떤 심리학자의 고백》을 출간했다.

하지만 마음의 본질적인 문제에서 그것들은 앵콜 단계에 나타나는 유사한 특질을 공유하고 있다.

엘레노어의 삶은 한 사람의 일생으로부터 우러나는 풍부하고 멋진 가락으로 가득 찬 하나의 CD와 같은 것이었지만, 그녀의 비밀은 한 번도 불려진 적 없는 노래였다. 달콤 씁쓸한 그녀의 비극적인 사랑이야기는, 언제나 그녀의 내면적 삶의 일부로 자리하고 있으면서도 오랜 세월 동안 침묵했던 아름다운 어떤 것이었다. 나와 비밀 이야기를 공유함으로써, 마침내 그녀는 결과에 대한 우려나 걱정 없이 자기 자신을 완전하고 자유롭게 표현하고 있었다. 그것은 삶이 그녀에게 적당한 시기(right time)와 적당한 장소(right place), 그리고 적당한 사람(right person)과의 대화라는 기회를 주었기에 그녀가 할 수 있었던 어떤 것이었다. 그녀는 자신의 삶의 이야기기가 보다 큰 어떤 것—나의 연구—에, 그리고 자기 인생의 그 시점에 기여할 수 있게 된 것을 기뻐했으며, 자신의 비밀 이야기를 통해 자신이 진정 어떤 사람이었는지를 보여주고 싶어했다. 말하자면 그녀는 그 이야기 자체이고 싶었던 것이다.

경력의 곡선: 왜 최초가 반드시 최선이 아닌가

우리가 나이 들수록 성장한다는 생각—우리의 잠재적 창조성이 발달을 계속한다는 생각—은 일반적인 지혜나 '상식'과는 배치된다. 전문가 회의 또는 공동체 회의에서 노화에 따르는 창조성의 잠재력에 대해 연설을 할 때, 나는 언제나 그러한 생각에 대한 반론을 듣게 된다. 나는 그것들을 '갓차(gotcha)' 질문이라고 부르는데, 그 이유는 그것들을 통상 나의 낙관론과 반대되는 증거를 가지고 있다고 진심으로 믿는 사람들이 제기하기 때문이다.

모차르트는 16세에 이미 25개의 교향곡을 작곡했다. 물론 그가 단지 35세까지밖에 살지 못했기 때문에, 우리는 그가 말년에 무엇을 할 수 있었을지를 볼 기회가 전혀 없었다.

내가 가장 자주 듣는 '딱 걸렸어' 반론 중의 하나는, 인간 역사상 가장 뛰어난 지성들의 가장 위대한 업적이 대부분 그들의 경력 초기에 발생한다는 관찰과 관련된다. 얼핏 보면 그것은 진실처럼 보일 수도 있다. 특히 수학자나 시인들은 일반적으로 젊은 시기에 창조성의 정점에 도달하는 듯하다.

그러나 좀 더 자세히 들여다보면, 우리는 그 증거가 진실을 가리는 부정적인 선입견과 마찬가지로 오직 창조력의 힘만을 강조할 뿐이라는 훨씬 더 흥미로운 이야기를 해준다는 것을 알게 된다. 노화에 대한 오해와 선입견은 우리의 문화에 매우 깊이 배어 있어서, 심지어는 어떤 한 분야의 전문가조차도 그들이 속한 분야의 나이 들어가는 구성원들의 잠재력을 정확하게 보지 못한다.

시인들과 수학자들을 예를 들면, 상대적으로 젊은 나이에 그 영역을 재정립하는 매우 뛰어난 문학 작품이나 이론을 산출해내면서, 일반적으로 생의 이른 시기에 창조력의 정점에 다다른다고 묘사된다. 예를 들어 키이츠, 셸리, 바이런 그리고 딜란 토마스 등은 모두 20대 초반에 뛰어난 시를 썼다. 그러나 모차르트와 마찬가지로 그들은 모두 젊어서 죽었기 때문에 그 후의 삶에서 어떠한 일이 일어났을 수 있는지를 보여줄 기회가 없었다. 토마스는 39세에 죽었고, 바이런은 36세에, 셸리는 29세에 그리고 키이츠는 25세에 죽었다.

시인인 스탠리 쿠니츠가 90세에 쓴 책《꿰뚫기 *Passing Through*》로 1995년도 '내셔널 북어워드'를 수상했을 때, 또 한 사람의 저명한 시인은 다음과 같은 찬사를 내놓았다. "미국의 위대한 시인 중 한 사람. 대부분의 시인들은 50세면 고갈된다. 그가 90세에 글을 쓴다는 것은 진정으로 놀라운 일이다."

나는 특히 "대부분의 시인들은 50세면 고갈된다."는 논평에 충격을 받았다. 이것은 거의 3000년이라는—그리스의 서사시인 호머(기원전 8세기)에서부터 아일랜드의 시인인 윌리엄 버틀러 예이츠(1865-1939), 1928년에 태어나 1993년 클린턴 대통령의 취임식에 참석한 미국의 시인 마야 안젤루에 이르기까지—기간에 걸친 시인들을 검토하면서 내가 받은 인상은 분명히 아니었다.

내가 동시대 시인들 가운데서 노화에 따르는 창조성을 평가한 방법 가운데 하나는《1997년 미국 최고의 시 *The Best American Poetry of 1997*》라는 책을

아더 글린 프리스-존스는 최초로 웨일스 시 선집을 편집했고, 나중에는 90세에 쓴 〈고별사 **Valedictory Verses**〉를 포함하여 몇 편의 시를 발표하기도 했다. 그는 82세(1970) 때부터 99세에 죽을 때까지 웨일스 학술원의 회장이었다.

다작의 프랑스의 시인으로 여성을 옹호하는 몇몇 편의 작품을 쓴 크리스틴 드 피장(Christine de Pisan, 1363-1431)은 66세에 잔다르크의 젊은 시절 업적을 기리는 시를 썼다.

아르키메데스(기원전 287-212)는 고대 그리스의 가장 유명한 수학자이자 발명가였다. 그는 기원전 212년 시라쿠사가 포위당했을 때, 수학문제에 몰입해 있던 중, 한 로마 병사의 위협을 무시했다가 피살된 것으로 알려졌다. 그 때 그는 79세였다. 기록에 따르면, 시라쿠사 점령은 아르키메데스가 고안한 전쟁기계의 배치로 인해 지연된 것으로 알려졌다. 전반적으로 그의 업적은 그후 2,000년에 걸쳐 수학에 영향을 미쳤다.

아이작 뉴턴(1642-1727)은 미적분학을 발명하는 데 더해서, 1687년경(그의 나이 45세)에 역작인 《자연철학의 수학적 원리 *Philosophiae Naturatis Principia Mathematica*》를 발표했다. 거기에는 운동에 관한 그의 세 가지 법칙이 담겨 있으며, 그것은 모든 현대 과학의 기초적인 이론으로 여겨진다. 그는 광범위한 수정을 가한 《원리》의 두 번째 판을 71세에 발표했으며, 역시 추가적인 수정을 가한 세 번째 판을 84세에 발표했다.

살펴보는 것이었다. 그 책에 실린 74명 가운데 나이가 제시된 46퍼센트의 시인들은 50세 이상이었다. 그리고 14.5퍼센트는 65세 이상이었는데, 이 비율은 전체 인구 중에 65세 이상인 사람의 비율보다 높은 것이었다. 실제로 나이가 상대적으로 많은 시인들은 통계적인 관점에서 볼 때 과장되었다. 이 집단으로부터, 대부분의 시인들이 50세가 지나면 고갈된다고 결론을 내리는 것은 불가능할 것이다. 그러한 논평을 한 시인인 마크 스트랜드는 '1997년도 미국 최고의 시인들' 집단에 포함되어 있었는데, 그는 63세였다.

그렇다면 노화에 대한 선입견이 가장 클 수 있는 분야인 수학은 어떤가? 그들 역시 비록 모든 분야는 아니라 해도 대부분의 분야에 적용되는 몇 가지 유형을 드러낸다. 첫째, 선입견에도 불구하고 삶 전반에 걸쳐 창조적이고 활발하게 수학적인 이론과 발견을 계속 다듬고 있는 사람들이 있다. 모든 시대에 걸쳐 가장 위대한 수학자 가운데 세 사람인 아르키메데스와 아이작 뉴턴 그리고 칼 프리드리히 가우스(아인슈타인은 수학자라기보다는 물리학을 위해 수학을 사용하는 이론 물리학자였다.)는 그들이 죽는 날까지, 또는 그에 가까운 시기까지 매우 활동적이었으며, 아르키메데스와 가우스는 70대까지, 뉴턴의 경우는 80대 중반까지 왕성했다.

초기 업적들의 뛰어난 성과에도 불구하고, 많은 수학자들은 노년에 들어 중요하고도 독창적인 기여를 하고 있다. 18세기의 가장 위대한 스위스 수학자인 레온하르트 오일러는 76세의 나이로 죽던 해인 1783년에 그의 가장 위대한 발견을 했으며 그 업적은 현대 정수론의 핵심 부분이 되었다. 삶의 마지막 순간에 이르기까지 평생에 걸쳐 그는 당대에 알려진 순수 및 응용 수학, 물리학 그리고 천문학 등의 모든 방면에 관해 800편이 넘는 논문과 책을 펴냈다. 이와 유사하게 프랑스의 수학자이자 천문학자인 피에르-시몬 드 라플라스는, 1825년 66세 나이에 그의 기념비적 업적인 《천체 역학 *Traite de rne canique celeste*》의 다섯 번째 책을 완성했는데, 이것은 뉴턴의 《수학원리 *Principia Mathematica*》이래로 천문 수학 분야에서 가장 뛰어난 업적으로 여겨지고 있다.

많은 분야—특히 수학—에서 과학자의 첫 번째의, 그리고 가장 독창적인 이론은 그 사람의 가장 창조적인 표현으로 여겨지고 있다. 그러나 그들의 가장 창조적인 공헌은 이론 그 자체가 아니라, 일반적으로 그것들이 어떻게 그들의 분야에 영향을 미쳤는가 하는 것이다.

50대의 나이에 꽃피운 새로운 이론적 업적을 통해 현대 수학의 몇 개 분파에 영향을 미쳤던, 유명한 러시아의 수학자인 안드레이 니콜라예비치 콜모고로프(1903-1987)를 생각해 보라. 인생의 만년에 그는 학교 아동들의 수학 교육 문제에 커다란 관심을 기울였다. 그는 소비에트연방공화국 과학학술원 이사회 산하 수학교육위원회의 의장으로 임명되었다. 콜모고로프의 지도하에 소비에트 교육제도 내에서의 수학 훈련에 관한 새로운 국가 프로그램이 개발되었다. 이 프로그램은 소련이 과학 분야에서 전 지구적인 초강대국으로서의 지위를 유지하는 데 도움이 되었다.

우리가 콜모고로프의 사례를 통해 이러한 전 생애에 걸친 기여의 중요성을 고려해 볼 때, 그가 끼친 가장 큰 영향은 성인기 초중반에 성취한 그의 수학 이론에 있다고 할 것인가, 아니면 그가 노년에 헌신했던, 사회 전반에 걸쳐 수학의 발전을 이끈 교육에 있다고 할 것인가?

비록 반드시 수학 영역은 아닐지라도, 많은 수학자들은 노년의 삶에서 매우 새로운 방식으로 창조적인 상태를 유지한다. 뉴턴과 동시대인으로서, 독일의 수학자이자 철학자인 고트프리드 빌헬름 라이프니츠는 뉴턴과는 독립적으로 역시 미적분학을 창안하였는데, 많은 사람들은 라이프니츠의 방법을 좀 더 완전한 것으로 여긴다.

그러나 라이프치히의 가장 잘 알려진 업적은 그가 60대 후반에 쓴 대단히 영향력 있는 철학 논문들인데, 이 업적들은 18세기 합리주의의 기초를 놓았고, 현대 기호논리학과 버틀란트 러셀과 같은 20세기의 거인의 사고에 중요한 영향을 미쳤다. 그러한 업적에는 시스템 신학(Systema Theologicum)과 단자론(Monadologia) 등이 포함된다.

저명한 영국의 수학자이자 철학자인 버틀란트 러셀은 그의 유명한《수학의 원리*Principles of Mathematics*》를 1903년도에(그가 31세일 때) 발표했고, 1910년과 1913년 사이에는 알프레드 노스 화이트헤드와 함께《수학 원리》를 발표했다. 그러나 그는 또한 그의 매우 중요한 작품인《의미와 진실의 탐구》를 68세의 나이에 발표했고, 그의 베스트셀러인《서양 철학의 역사》를 73세에,《인류의 지식: 그 범위와 한계》를 76세에, 그리고《자서전》은 그의 나이가 95세에서 97세이던 1967년에서 1969년 사이에 집필되었다. 그는 78세 (1950)에 노벨 문학상을 수상했다.

80대 후반에, 러셀은 핵군축 투쟁으로 세계적인 저명인사가 되었는데, 89세 때는 격렬한 시위행위로 투옥되기도 했다. 앨버트 아인슈타인도 역시 핵무기 반대 운동을 통해, 노년에 사회적으로 창조적인 인사가 되었다.

경력 곡선과 나이 곡선

이런 예외적인 경력이 다른 분야에 비해 특정 분야에서 상대적으로 조기에 절정에 달하는 것으로 보이는 형태에 대한 한 가지 설명이 있다. 그것은 창조성과 노화에 관한 선도적인 연구자인 캘리포니아 대학교 데이비스 캠퍼스 심리학과의 딘 케이스 시몬튼(Dean Keith Simonton)에게서 유래한다. 시몬튼은 사람이 어떤 특정한 분야에서 절정에 도달하는지의 여부나, 또는 그것에 도달하는 시기를 설명하는 데 '나이 곡선'에 반대되는 '경력 곡선'의 영향을 강조한다.

달리 말하자면, 창조적인 성과물은 연대기적인 나이보다는 특정한 분야에서의 경험('경력 곡선')에 더 영향을 받는다는 것이다. 서로 다른 연구 분야의 서로 다른 경력마다 그것을 통달하는 데 필요한 시간의 양이 각각 다른 것이다.

칼 프리드리히 가우스(1777-1855)는, 수학을 물리학, 천문학 그리고 측지학(지구 표면의 모양과 크기의 수학적인 결정) 등에 응용하는 일을 진전시키면서 오랫동안 경력을 쌓았다. 그는 곡선으로 된 표면의 특징은 오로지 표면에 존재하는 곡선의 길이를 측정함으로써만 알아낼 수 있다는 '내재 곡면' 이론을 개발했다. 이 이론은 다시 그의 제자 중 한 사람인 버나드 리만에게 영감을 주었으며, 그의 생각은 아인슈타인의 '일반상대성이론'에 수학적인 근거를 제공했다. 그의 경력 전반에 걸쳐, 가우스는 대수학 영역을 확장시키는 데 선구적인 기여를 한 것을 포함해 많은 수학적인 발견을 하였다. 71세 때는 대수학의 기초 이론에 대한 그의 초창기 증명 이론의 수정판을 작성했다. 그는 78세의 나이로 죽을 때까지 수학 이론에 관한 연구를 지속했다.

예를 들어 철학은 가장 심오한 업적들의 일부가 노년의 철학자들에 의해 이루어져 왔던 분야이다. 말하자면 임마누엘 칸트나 아리스토텔레스가 20세에 그들의 사상을 완전히 형성하고 폭넓은 지지를 받는 것을 상상하는 것은 불가능하다. 이와 유사하게, 심리학에서는 어떤 사람이 젊었을 때 소개된 이론이 수용되기까지는 몇 년이나 또는 심지어 수십 년이 걸릴 수도 있으며, 수용될 경우에도 수많은 사람들이 그것의 타당성에 동의한 다음에만 그렇게 된다.

이와는 대조적으로, 수학 또는 이론 물리학에서는 어떤 이론이 타당하다고 말하는 것이 오로지 한두 사람이나 또는 기껏해야 몇몇의 존경받는 권위자만으로도 가능할 수 있다. 최종적인 결론은, 수학에서는 그 분야의 성격상 어떤 아이디어에 대한 인정과 수용을 빨리 허락하기 때문에 정점에 도달하는 시기가 보다 일찍 일어나는 것처럼 보인다는 것인데, 다시 말해 이것은 나이의 효과가 아니라 분야나 또는 경력 곡선의 효과이다.

다른 분야와 비교되는 어느 한 분야에서 하나의 생각이 구체화되어 완전하게 모습을 갖추고 인식되는 데 걸리는 상대적인 시간 또한 중요하다. 우리는 여기서도 역시 나이보다는 분야나 경력 곡선의 차이가 더 유의미하다는 것을 알 수 있다. 인정과 수용을 위한 이와 같은 시간적 요인에 관한 논점을 밝히기 위해, 나는 또다시 수학과 심리학 분야를 예로 들 것이다. 수학은 어떤 다른 학문 분야에 비해 상대적으로 빠르게 통달할 수 있는 제한적이고 객관적인 지식 기반이 존재하며, 누군가가 어떤 새로운 것을 들고 나타나 그것을 강조할 때, 그 새로운 것의 타당성과 중요성 여부를 판단하는 일이 일부 다른 분야에서의 동일한 종류의 평가보다는 상대적으로 쉽다.

이와는 대조적으로, 심리학에서 벤저민 스폭(Benjamin Spock) 박사의 《유아와 어린이 돌봄》은 여전히 어린아이의 엉덩이를 때리는 것이 적절한지의 여부와 같은 다양한 이슈에 관하여 논쟁의 대상이 되고 있다. 이것은 아인슈타인의 E=mc²이라는 공식만큼 중요한 것으로 보이지는 않지만, E=mc² 공식

마리아 게타나 아네시(1718-1799)는 이탈리아의 수학자이자 고전학자였다. 11세에 6개 국어를 말하는 소녀 신동이었던 그녀는, 나중에 철학과 수학에 관한 책을 발표했다. 이탈리아에서 유명해진 그녀의 수학 교과서인 《해석학(Instituzioni analitiche)》은 그녀가 66세인 1784년에 발표되었다. 그녀는 특히 '아네시의 곡선(Witch of Agnesi)이라 알려진 3차원 곡선으로 기억되고 있다.

과는 달리 그것은 보편적인 동의를 이끌어내지 못하고 있다.

일단 어떤 생각이 확립되고 수용되면 경력이 절정에 달할 조건은 존재한다. 앞서의 경력 곡선에 관한 논의는 어떤 분야에 있는 한 사람이 다른 분야의 사람보다 상대적으로 일찍 절정에 도달하는 이유를 우리가 이해하는 데 도움을 주기는 하지만, 어째서 그 사람이 동일한 독창적인 분야에서 절정을 유지하지 못하는가를 충분히 설명하지는 못한다. 왜 아인슈타인은 그 후에 $E=mc^2$과 동등한 수준의 발견들을 하지 못했는가? 매우 영향력 있는 작품을 창조해냈던 예술가가, 어째서 그 후에는 다른 영향력 있는 작품들을 창조하지 못하는가?

그러한 일이 전혀 일어나지 않는다는 것은 아니다. 매우 드물지만, 같은 과학자가 두 번의 노벨상을 수상하는 경우가 있다(예를 들어, 프레데릭 생거는 인슐린 분자 구조의 결정으로 1958년도에 화학상을 받았고, 1980년도에는 DNA구조에 대한 화학적 및 생물학적 분석의 개발로 다시 화학상을 수상했다). 또는, 역시 드물지만 어떤 예술가가 하나 이상의 중심적인 작품을 창조한 사람으로 여겨지는 경우도 있을 것이다. 예를 들어, 피카소가 1907년에 그린 〈아비뇽의 처녀들〉은 입체파의 탄생에 영향을 미쳤으며, 그가 1937년에 그린 〈게르니카〉는 정치적인 사건에 대한 그의 첫 번째 언급을 담았다.

그러나 대다수의 경우에는 어떤 사람이 일단 자신의 최고의 업적을 이루면 절정에 도달했다고 말해진다. 이것은 그들의 업적의 가치를 반영하는 것이 아니며, 최초의 아이디어를 뛰어넘어 충분히 발전시킨 나중의 업적에 비해, 단지 새로운 생각을 표현했을 뿐인 초기의 업적에 대해 가치판단이 이루어졌다는 것을 반영한다. 일반적으로 최초의 아이디어는 커다란 영향력을 갖는 것으로 간주되지만, 나중에 좀 더 발전된 아이디어들은 파생물로 여겨짐으로써 평가절하된다.

이것은 짧은 생각이다. 어떤 생각을 완전하게 탐구하기 위해 요구되는 지속적인 창조성과 지적인 에너지는 최소한 그것을 탄생시키는 데 드는 것과

헝가리의 수학자인 프리제시 리에스(Frigyes Riesz, 1880~1956)는 72세의 나이인 1952년에 벨라 스죄케팔비-나기(Bela Szökefalvi-Nagy)와 함께 《함수 해석학 강의》라는 고전적인 교과서를 집필했다. 그는 함수 해석학 분야에서 선구적인 업적을 남겼는데, 그것은 중요한 수리물리학의 응용으로 이어졌다.

같거나 종종 그것보다 크다. 사실상은 그렇게 높이 평가되었던 최초의 생각이 지속적으로 확장되고 심지어는 많은 경우 훨씬 개선돼야 하는 그 시기에, 한 사람의 창조적인 개인이 절정에 달했다고 선언하는 것은 어리석은 일이다. 하나의 독창적인 생각은 그만한 인정을 받을 가치가 있지만, 그것을 만들어낸 사람에 대한 우리의 기대는 그 단 한순간에 영원히 고정될 필요는 없다.

우리가 C=me² 공식을 이용하여 경력상 정점에 도달하는 것을 다른 관점에서 보면, 그것은 명확히 창조력 등식의 다양한 측면의 궁극적인 시너지를 표현한다. 당신이 가지고 있는 창조력의 재료들은 하나의 주어진 지식 체계와 우리의 외부적 'e' 세계, 그리고 내부적 'e' 세계의 경험으로부터 형성된 것이다. 그것은 반복적으로 성취되기는 어렵지만, 좀 더 나이가 들어가고 새로운 관심 영역과 새로운 형태의 표현을 탐색한다면, 우리의 창조적인 잠재력은 증가한다.

장애와 기회의 인식

나이에 관계된 변화가 실제로 우리의 자기표현 방법에 영향을 미친다. 하지만 그러한 장애의 대부분은 변화에 대한 지지와 강력한 갈망을 통해 극복할 수 있다. 심리분석 분야의 초창기 거인들 가운데 한 사람인 칼 아브라함은 노년기 환자들의 심리분석에 관한 고전적인 논문을 썼다. 그는 노년 환자들이 그의 환자들 가운데 가장 성공적인 사람들에 속한다는 것을 발견했다. 사람들을 가로 막고 있는 '3대' 범주에 속하는 장애들은, 고정된 심리적 유형, 고정된 생각 그리고 사회적 상황이다. 고정된 심리적 유형이란, 그것들이 우리 생각과 정반대로 작동하는 경우에조차도 우리가 여러 해 동안 사용해 왔고, 지금도 계속 사용하고 있는 반응들이다. 고정된 생각이란 간단히 말해 새로운 일을 하거나 다른 방법으로 일을 하는 데 대하여 우리가 가질 수 있는 편향이다. 그리고 사회적 상황은, 우리의 삶의 모습을 규정짓는 가족과 친구들, 타인들 그리고 삶의 여건을 의미한다.

때로는 이것들 가운데 두 가지 또는 심지어 세 가지 모두가 상호 작용을 하고 조합되어 변화에 대한 심각한 장애를 만들어낸다. 나이에 상관없이 우리가 자유롭게 살기 위해서는, 우리 혹은 주변사람들이 경직된 사고나 억압적인 전통으로 스스로를 가로막고 있지는 않은지 스스로 자문해 볼 필요가 있다. 만일 그렇다면, 우리는 '재건축 중(Reconstruction Underway)'이라는 정신적인 간판을 내걸고 이러한 한계 요인들을 재검토하여, 그것을 우회하는 길을 만들어낼 필요가 있다.

에델의 이야기: 너무나 오래 숨겨졌던 내적인 자아

"모든 사람에게 인생이란, 어떤 이야기를 쓰려고 의도하지만, 실제로는 다른 이야기를 쓰게 되는 일기장과 같은 것이다. 그의 가장 겸허한 시간은, 그가 이루겠다고 맹세했던 것과 실제 이루어진 것을 비교할 때이다."

- 제임스 M. 베리

에델은 9명의 자녀가 있는 가정의 장녀였다. 그녀는 맨 아래 동생들에게는 두 번째 엄마와 같은 존재로서, 그들을 도맡아 키웠다. 그녀는 집안의 중요한 일에 대한 책임을 져본 적이 없는 핵가족 가정의 아이들과 같은 십대의 경험을 전혀 겪어 보지 못했다. 이러한 타인에 대한 엄청난 책임감은, 그녀가 남편이나 남편의 사업—작은 컨설팅 회사로, 그녀는 거기서 관리 업무를 도왔다—아이들, 그리고 후에는 손자들의 요구까지 챙겨 주던 성인기로 이어졌다. 그녀는 이 모든 일을 예의바르고 품위 있게 해냈지만, 자신의 재능에 대해서는 똑같은 기회를 줘본 적이 전혀 없었다.

그녀가 초등학생이던 시절의 교사 중 한 사람이, 그녀가 정말로 그림에 재능이 있다고 말한 적이 있었다. 그러나 집안은 매우 가난했고, 그녀의 막중한 책임감은 그녀로 하여금 부모에게 미술 재료를 사달라는 말을 할 수 없도록 했다. 결혼했을 때 그녀는 또다시 자신의 삶이 가족에게 속한다고 생각했다. 이러한 삶의 방식은 남편이 사업을 접을 때까지, 이후 40년 동안 계속되었다.

남아도는 시간을 어찌할 줄 모르던 그녀는 지역공동체 센터에서 아이들에게 미술 및 공예를 가르치면서 자원봉사를 하기 시작했다. 그 일을 하는 동안 그녀는 몇 개의 스케치 작품을 만들었는데, 그녀가 존경하는 지역센터 책임자의 관심을 끌었다. 그 책임자가 그녀에게 작품을 남에게 보인 적이 있느냐고 묻자, 에델은 그런 적이 없으며 남에게 보일 어떤 '작품'도 없다고 대답했다. 깜짝 놀란 책임자는 그녀에게 어떻게 그럴 수 있었느냐고 물으면서, 그녀의 그림이 매우 감동적이라고 말했다. 에델은 자신이 정말로 미술을 공부할 시간을 가져 본 적이 전혀 없으며, 항상 수많은 다른 일들을 책임졌다고 말했다. 나중에 나에게 그 이야기를 전해 준 그 책임자는, 그녀에게 "지금은 할 수 있느냐?"고 물었다.

당황한 에델은 고개를 저으면서 "그럴 수 없어요"라고 대답했다. 행정 관리자이자 사려 깊은 상담사였던 그 책임자는 에델에게, 혹시 아이들의 미술 작업을 돕고자 하는 그녀의 바람이, 그녀가 항상 원했지만 다른 사람들을 위해 스스로 억눌러 왔던 미술적 재능을 표출하고 싶어 하는, 숨겨졌던 욕망을 일깨우려는 그녀의 내면적 자아를 부분적으로 반영하는 것은 아닌지 물었다. 에델은 아마 그랬을 것이라 대답했지만, 그 다음 단계로 나갈 수 없었다. 나이가 들어서가 아니라, 어린 나이에 굳어져버린 심리적인 요인들 때문에, 그녀는 70년 동안 이어져 온 방식에 여전히 갇혀 있었다.

공동체 센터는 단지 아이들만이 아니라 노인들도 참여할 수 있는 새로운 미술 모임을 막 시작하던 참이었다. 그것이 결국은 에델 자신을 위한 새로운 길로 안내할 것이라고 속으로 기대하면서, 책임자는 아이들을 돕는 능력이 개선될 것이라는 그럴듯한 말로, 에델에게 모임에 참가할 것을 권유했다. 그 권유는 효과가 있었으며, 에델은 성인 미술그룹에 참여했다. 그녀의 잠재력을 확인한 그들은, 그녀가 심리적인 감옥 상태에서 벗어나 자유롭게 될 수 있도록 지원했다. 일 년 후, 에델의 작품은 모임의 공동전시회—그녀의 첫 번째 전시회—에 출품되었다. 그녀는 새롭게 발견한 자신의 자아와, 수십 년 간의 긴 세월 동안 숨겨져 있던 재능의 분출을 통해 얻은 행복감으로 빛나고 있었다.

"만일 당신이 생명력 있는 힘을 가지고 있는데 그것을 사용하지 않고 있다면, 자연은 당신으로부터 그것을 되찾아 갈 것이다. 피는 마치 당신이 그것을 냄비 속에 넣는 것처럼 끓는다."
– 루이스 네빌슨

에델의 이야기는, 아무리 주변 환경이 우리의 창조적인 성장이나 자아 표현과는 거리가 먼 심리적 발달을 청년기에 형성시킨다고 하더라도, 그러한 타성으로부터 벗어나는 데는—그 타성이 아무리 뿌리 깊은 심리적인 것이라 할지라도—너무 늦은 시기란 없다는 것을 우리에게 일깨워 준다. 창조적인 과정이란 단순한 하나의 해결책이 아니라 하나의 과정이라는 것을 기억하고, 심리적·사회적·경제적인 모든 요인의 힘과 그 잠재력을 인정하는 것이 중요하다. 에델은 단순히 야간반에 등록하기를 희망했던, 숨겨진 재능을 가진 화가가 아니었다. 그녀의 이야기는 우리 모두의 이야기처럼 훨씬 더 복잡했으며, 그녀 인생의 각각의 측면이, 노년에 있어서의 자기 발견과 탐색에서와 마찬가지로, 억눌렸던 젊은 시절의 삶에 부분적으로 영향을 미쳤다. 그녀의 인격과 만성적인 자기희생적 심리 유형, 성장기 때 가난한 대가족의 장녀로서 맡았던 사회적 역할, 그리고 가족 사업의 책임을 포함한 결혼 관계 속에서 아내로서의 역할은, 그녀에게 일종의 자기 부정을 강요했다. 스스로 억눌렀던 화가로서의 재능을 에델로부터 해방시켜 주기 위해서는, 그녀의 사회적·정서적인 욕구를 인식하는 일과 함께 그녀가 그것들을 존중할 방법을 찾도록 돕는 것 역시 필요했다.

나는 강건한 신체와 창조적 정신을 두루 갖추고 노년에 위대한 업적을 남긴 한 남성에 대한 흥미로운 이야기를 알고 있다. 그의 자서전인 《집시나방호의 세계 일주*The Gypsy Moth Circles the World*》에 묘사되어 있는 것처럼, 프랜시스 치체스터(Francis Chichester)는 65세 때 혼자서 요트를 타고 세계를 일주했다.

그가 길이 54피트짜리 요트인 집시나방호를 타고 떠났던 항해는 1966년 9월 17일 시작되었으며, 그는 1967년 5월에 세계 일주를 끝냈다. 그 과정에서 그는 모든 범선을 이용한 세계 일주 중 가장 빠른 항해 속도와—다른 모든 항해보다 두 배 빨랐음—정박한 항구 사이의 거리가 가장 긴 항해를 포함한 일곱 가지 세계 신기록을 세웠다. 그가 영국으로 돌아왔을 때, 한 떼의 군중이

영국 태생으로 구식의 사고 방식을 지닌 탐험가인 콜린 플레처는, 자신이 했던 멕시코에서부터 오리건 주까지의 하이킹을 묘사한 《천 마일의 여름*The Thousand-mile summer, 1964*》과 같은 책들을 통해 진지한 도보여행자의 구루가 되었다. 그러나 그가 여러 해 동안 탐내고 있던 일은, 콜로라도 강의 발원지로부터 캘리포니아 만에 이르는 1,700마일의 전 구간을 뗏목으로 탐험한 첫 번째 사람이 되는 것이었다. 그는 그것을 60대 후반에(1989) 했으며, 그가 1997년도에 펴낸 《한 남자의 콜로라도 강 여행 – 발원지에서 바다까지》라는 책에서 그것에 관한 이야기를 썼다. 그는 "내 영혼의 기름때를 벗겨내고 … 살아 있다는 것에 다시 한 번 감사하는 마음을 갖게 되기"를 바라면서, "진정한 여행"을 위해 분투했다.

대대적인 축하 행사를 벌이며 그를 기다렸다. 그의 친구 가운데 한 사람은 이 사건에 대하여 다음과 같이 기록했다. "치체스터는 그를 보러 몰려든 런던 시민들의 환호 속에 파묻혔다. 나는 바짝 마르고(손목과 팔뚝의 근육을 얼핏 보기 전까지는) 비바람에 시달린 모습의 그를 보았다. … 치체스터는 아무 말도 하지 않았으며, 그가 시장의 환영사에 감사를 표하자 군중은 환호했다. 그는 자신에 대해서보다는 아내인 셰일라와 아들인 가일에 대하여 더 많은 이야기를 하였다. 그는 국가적인 영웅이었지만, 내게는 개인적 영예가 아니라 조국을 위해 바다를 누볐던 드레이크, 앤슨, 쿡 그리고 넬슨 제독처럼 놀라운 인내심을 보여준 사람들의 전형으로 보였다. 모든 사람이 그렇게 생각하고 그렇게 느꼈다. 그리고 그것이 바로 우리가 환호하는 이유였다."

항해에서 돌아온 뒤, 치체스터는 엘리자베스 1세가 거의 400여 년 전에 프랜시스 드레이크 경에게 하사했던 바로 그 검과 함께 영국 여왕으로부터 기사 직위를 받았다.

치체스터와 그의 업적에 관한 이야기 가운데 항상 나를 감동하게 하는 것은, 그가 65세의 나이에 홀로 요트를 타고 세계 일주를 했다는 사실이 아니라, 목표를 달성하는 데 있어서 그가 지녔던 태도이다. 치체스터는 항해 중에 기록한 다음과 같은 글을 통해, 우리에게 이러한 태도의 일면을 보여주고 있다.

> 사람들은 끊임없이 내 나이에 대해 말한다. 나는 그들이 내가 나이를 이겨낼 것이라고 생각한다고 추측한다. 나는 그렇게 바보가 아니다. 아무도 나만큼 내게 주어진 시간이 한정되어 있다는 것을 알지 못한다. 나는 내가 나이 드는 것을 피할 수 있다고는 생각하지 않지만, 그렇다고 그것에 대해 투덜댄들 무슨 의미가 있는가? 삶에서 우리의 유일한 목적은, 만일 우리가 그렇게 말할 수 있다면, 어떤 일에서건 우리가 할 수 있는 최상의 성과를 올리는 것이다. 그리고 그렇게 함으로써만 삶의 만족이 있는 것이다.

치체스터는 많은 사람들이 노년과 관련된 병약함은 피할 수 없는 일이라는 것을 인식했다. 그러나 우리는 이러한 도전의 결과가 우리 삶의 목표나 노년의 성취를 좌절시키도록 허락해서는 안 된다. 한 동료는 그를 "마침내 꿈을 이룬" 사람으로 묘사했다. 우리는 우리 자신의 꿈을 발견하고, 노년에 대한 오해나 자기 불신, 또는 최초의 실패조차도 우리를 주저앉히지 못하도록 해야 한다.

우리 인류는, 그 정신이 우리로 하여금 끊임없이 도전과 발견을 추구하도록—산을 오르고, 지구를 한 바퀴 돌아 항해하고, 달을 향해 비행하도록—영감을 주는 종(種)이다. 이제 바로 그 정신이 나이의 장벽을 뛰어넘었으므로, 그러한 탐구의 가능성을 보고 또한 축하해 주는 사회는 삶의 주기에 있어서 그러한 탐색을 위한 어떤 종착점도 없다는 것을 인식한다. 70대의 우주비행사인 존 글렌이 사회적인 사기를 북돋기 위해 우주 비행을 하는 걸 승인받는다는 것은, 그러한 사회적 변화를 반영하는 것이다. 그는 바뀌고 있는 노화에 대한 관점—즉, '올바른 일'을 하는 데는 나이 제한이 없다는—을 상징한다.

70대에 죽을 때까지 책을 펴낸 19세기의 위대한 미국 시인인 월트 휘트먼은 〈풀잎〉(*Leaves of Grass*)이라는 시에서 다음과 같이 썼다.

> 젊음, 커다랗고 원기 있는 사랑하기—
> 젊음은 은혜, 힘, 매력으로 가득하니
> 그대는 노년이 그대를 뒤쫓아 올 것이라는 것을 아는가?
> 똑같은 은혜, 힘, 매력과 함께?

휘트먼이 표현한 은혜와 힘 그리고 매력은, 그것이 어떤 형태를 띠던 우리가 우리의 창조력을 껴안는다면, 나이 들더라도 우리 모두를 위해 거기 있을 것이다. 그것은 '대문자 C'를 갖춘 창조성일 수 있고 아니면 '소문자 c'를 갖춘 창조성일 수도 있으며, 표현 예술에서의 창조성일 수도 있고 아니면 사회적인 맥락에서의 창조성일 수도 있다. 또한 그것은 공공적인 것일 수도 있고 개인적인 것일 수도 있으며, 당신 자신만이 관련되는 창조성이거나 아니면 다른 사람들과의 협력적인 창조성일 수도 있다.

가능성은 무한하며, 그것들을 위한 발달적인 에너지는 그 안에 내장되어 있다. 창조성은 우리의 성인기 삶 속에서 우러나는 자연스럽고 생동하는 힘이며, 성장과 열광을 위한 촉매제이며, 우리 각자의 삶 안에 있는 중요한 유산이다.

4장

창조성이 발현되는 "시기": 연령에 따라 변하는 기회들

내가 어릴 적에는 나이 많은 카토(로마의 정치인)가 그리스어를 그의 나이 여든에 배우기 시작했다는 이야기를 듣고 놀랍게 여겼다. 그러나 이제 나는 더 이상 놀라지는 않는다. 노년에는 젊은 시절 너무 오래 걸리는 일이기 때문에 회피하려는 임무들을 맡을 준비가 되어 있다.

_ 서머싯 몸, 《서밍업 *The Summing Up*》

윌리엄 서머싯 몸의 작가로서의 뛰어난 경력은 그가 의사가 되기 위해 교육을 끝마치고 나서야 시작되었는데, 그의 인간 상태의 사려 깊은 관찰뿐만 아니라 인간 행동에 대한 설득력 있는 통찰은 의학적 이해가 반영된 것이었다. 몸이 뛰어난 집중력과 진취성을 가지고 정진한 나이인 60대 중반에 기록하기를, 그는 인생의 하반기에서 창조적인 표현을 위한 비범한 잠재력을 이끌었던 노화의 두 가지 근본적인 요소에 끌렸다. 첫 번째는 실험하는 능력이고, 두 번째는 시간의 중요성이다.

이전 장에서 우리는 노화되어 감에 따라 정보를 다르게 처리하고 관리하며 새로운 관계를 맺는 것을 계속해 나가는 뇌의 강력한 능력을 조사해 왔다.

영광스러운 로마 제국의 전성기 동안 로마에서는 출생에서부터의 수명이 단지 22년이었다. 사람들은 나이를 먹었지만, 그러나 평균수명은 질병, 출산의 합병증, 기근 그리고 전쟁으로 인해 낮았다. 현재의 미국에서 65세 이후의 수명 기간은 20년에 다다른다.

또한, 성인으로서 우리의 심리적 발전이 성장 국면—심지어 가장 진보된 나이에서조차 창조적 생각과 표현을 위한 풍부한 기회들을 창조하는 인간 잠재적 국면—을 통해 진보한다는 것을 배웠다. 우리는 노화에 대한 어떤 부정적인 예상들과 그럴 필요가 없는 창조성에 관한 다른 장애에 대해 조사했다. 그리고 우리의 삶에서 잠재적인 창조적 비전을 모호하게 하는 중년기 불안의 힘에 직면했다. 중년기에서는 이러한 장애물의 목록 중에서 시간이 흘러버리거나 노화의 어두운 숲 안에 갇혀 시들어가는 것, 혹은 시간을 우리의 적대적인 힘으로 인식하는 두려움이 높은 자리를 차지한다. 어느 나이에서나 불안의 고통에서 시간을 중립적으로 생각하는 것은 불가능하다.

그저 우리의 나이에도 불구하고가 아닌 종종 나이 때문에 여생을 강하게 실험하는 우리의 능력에 대한 것에 질문의 여지가 없다. "오래 살다 보니 별꼴을 다 보는군(Live and learn)" 하고 우리는 예상치 않는 교훈에 잇대어서 비꼬듯이 말을 한다. 그러나 이는 시간의 기나 긴 의미에서 맞다. 우리는 살아가고, 우리는 배운다. 그리고 그렇게 하면서 우리는 우리의 더 많이 배우는 능력을 인생으로부터 다르게 확장한다. 또한 진실은 이것이다. 아무리 성장하고 변화할 수 있는 우리의 능력을 굳게 믿는다 하더라도 시간에 대한 생각이 우리의 희망과 목적을 향한 열심을 억누른다는 것이다, 만약 우리가 각 연령대에 우리의 삶을 되살릴 수 있는 것에 따라 행동하기를 원한다면, 우리는 시간의 경과를 나이를 먹어 감에 따라 성취와 꿈을 위한 자산, 기회, 틀로써 받아들일 필요가 있다.

우리가 3장에서 조사했던 인간 잠재력의 단계들은 시간의 경과를 요구한다. 중년 재평가는 당신이 26세에 앞서 할 수 있는 어떤 것이 아니다. 성인 삶의 해방 단계는 초년의 전념과 우선순위의 활용에 어느 정도의 상당한 세월을 보낸 뒤에 찾아온다. 어느 연령대에서든 삶의 목적과 의미를 숙고하는 것은 유용하지만, 성인 후기의 정리단계는 굉장히 힘을 부여하는데, 그 이유는 수십 년 인생 경험의 복합성을 받아들이기 때문이다. 그리고 주요 사건에 따

전통적으로 유대교에서 바르 미츠바(bar mitzvah, 남성성인식)는 13살 된 소년의 성인됨을 축하하는 정통 종교적 축하였다. 나의 어머니, 릴리안 코헨은 언제나 그녀 자신 스스로에게 그러한 의식을 가질 기회를 갖지 못한 것에 유감스러워했다. 어머니가 성인이 되었을 때, 수많은 보수적이고 개혁적인 교회들은 여자 아이들에게도 13살 때 바트 미츠바(bat mitzvah, 여성성인식)를 시행하기 시작했다. 70세에 이르러 어머니는 성인식을 거행하기로 결정했다. 그녀는 청소년기에 배웠지만 잊었던 히브리어 회화를 공부하고, 2년 동안 갈고 닦아 성인식을 위한 정식의 훈련 프로그램을 거침으로써 목표를 창의적으로 이루었다. 그녀는 다니는 유대 교회에서 가장 연장자인 74세에 의식을 완성했다. 그녀와 그녀의 가족이 대단히 자랑스러워 할 뿐 아니라, 그녀는 그녀가 속한 공동체에 꿈을 좇는 데에는 결코 늦는 것이 없다는 모델이 되었다.

르는 창조성의 자발적 선물로 찾아오기 때문에 앵콜 경험이라고 정확하게 불린다.

이런 풍부하게 하는 시간의 특질은 1980년경에 시작한 정신적으로 건강한 노인에 대해 장기적 연구를 하는 동안에 나를 다시 절실히 확신시켰다. 연구 목표는 좋은 유전자와는 별도로 무엇이 끊이지 않는 건전한 정신 건강에 공헌하는가를 밝히는 것이었다. 연구 과정 동안에, 나는 여생 내내 대가족을 일궈 온 81세의 말로이 부인을 인터뷰했다. 그녀가 60세에, 그녀의 자녀들이 성인이 되었을 때, 그들 중 둘은 심각한 결혼생활 문제를 일으켰는데, 셋째는 중대한 질병에 시달렸다. 말로이 부인은 그녀가 할 수 있는 한 그들을 돕고 싶어 했다. 그녀가 그녀 가족에 대해 느끼는 책임감은 그녀를 매순간 소진시켰다.

마침내, 80세에 그녀의 삶은 안정을 찾았고 그녀는 마침내 열정을 추구하도록 허락된 새로운 시간의 자유를 경험했다. 그녀는 자서전적이고 역사적인 소설을 읽었다. 그녀를 인터뷰하기 전 여덟 달 동안, 그녀는 꽤 두꺼운 책을 18권이나 탐독했다. 그녀가 내게 그 시간 동안 얼마큼 책을 읽었는지 물었을 때 얼굴이 빨개졌다. 그녀의 정식 학교 교육은 고등학교를 넘지 않았으나, 80대로서 그녀는 자신이 구성한 지속적 교육과 창조적 강화를 시작했다.

노화와 창조성의 범주

일단 우리가 두려움과 다른, 시간 경과라는 우리의 시야를 어둡게 하는 감정적 안개를 치워버리면, 우리는 우리의 수명을 가로지르는 좀 더 신나는 시간과 창조성 사이의 관계를 볼 수 있다. 아주 많은 '어른들'이 그들의 시간표를 지역 사회 센터나 도서관에서 특별 관심 수업으로 혹은 좀 더 조용한 만족을 혼자 또는 특별한 친구나 가족들과 즐기는 것으로 채우며, 알라스카나 갈

당신이 무언가에 완전히 열중하거나 사로잡혀 있을 때, 당신은 당신을 둘러싼 것 혹은 시간의 흐름을 잊어버리게 된다. 당신이 하고 있는 일에 몰입되는 것은 당신의 무의식을 자유롭게 하고 당신의 창조적 상상을 해방시킨다.

– 롤로 메이 박사

라파고스 섬으로 크루즈여행을 예약하면서 살고 있는 것이 현실이다. 그들이 자신의 시간 경험을 풍요롭게 하는 새로운 길을 발견하면, 그들은 창조성의 불을 피운다. 이것은 또한 균형의 원천이고, 어떤 남자와 여자가 건강이나 재정의 복잡함에도 그들의 삶에서 기쁨을 추구하고 발견하도록 만드는 정신의 중심이다. 나이 듦과 창조성은 서로 다른 시기에 뚜렷하게 다른 방법으로 개인 성장과 발견을 위한 새로운 기회를 만들기 위해 교차한다.

- 노화와 함께 시작한 창조성, 혹은 태동은 후반 인생에서 명확해진다.
- 때때로 노화와 함께 변화하는 지속되는 창조는 인생을 통해 특정 분야에 집중해서 창조적임을 유지하는 사람들 안에서, 그리고 그들의 창조성이 새로운 전환을 얻는 사람들 안에서 명확히 드러난다.
- 손실이나 역경에 대한 응답으로 발전된, 실패와 연관된 창조성.

프랑스의 위대한 화가 앙리 마티즈(1869-1954)는 82세에, 니스 근처 방스에 있는 로자리오 성당의 스테인드 글라스를 디자인했다.

우리의 창조적 잠재력은 여전히 좀 더 확장되는데, 왜냐하면 사람은 제각가의 방법으로 지능적인 것처럼, 제각각의 방법으로 창조적일지도 모르기 때문이다. 창조성의 다른 형태의 복합적인 분야가 있다: 음악적, 언어적, 논리-수학적, 공간적, 신체적 운동 감각의 (움직임), 그리고 예를 들면 하워드 가드너가 논의하듯이 사회적. 창조적 표현은 하나의 특정 영역에 제한되지 않는다. 당신은 히긴슨 할머니가 내가 다녔던 보육원에서 벌어지는 문제를 푸는 능력과 같은 사회적 상황에서 창조적일지도 모르고, 혹은 당신은 20세기 위대한 예술가 중 한 명인 프랑스 화가 앙리 마티즈와 같은 예술적인 방법으로 창조적일지도 모른다.

전에 논의했듯이, 우리가 어디를 가든 다른 이들과 함께 활동적으로 나타날 수 있는 협동적 창조성뿐만 아니라 '대문자 C'(공적 수준의 창조성)와 함께하는 창조성이 있고, '소문자 c'(개인적 수준의 창조성)와 함께하는 창조성이 있다. 창조성의 이러한 어떤 형태든지 시작하고, 지속하거나 변화하고 그리고 연결하는 것은 나이의 역경을 통해 시간대에 따라 어떤 순간에서도 일어날 수 있다.

　이러한 창조적 성장을 지원하는 개인적 요소들은 자신을 새롭게 발견하는 활동들을 위해 시간과 재정적인 자원들을 쓸 수 있도록 하는 은퇴, 새로운 것을 시도할 수 있는 용기, 그리고 자신과 자신의 가능성을 더 잘 이해 할 수 있는 성숙함이다. 개인의 고립된 특성을 증명하는 광대한 조사 또는 창조성을 만드는 사려 깊은 과정들에도 불구하고, 그 모든 것에서 만들어진 가장 중요한 결론은 어떤 종류의 사람도 창조성에서 막힘이 없다는 것이다. 우리 각자는 생각하고 배우고 새롭게 행동하는 잠재력을 가지고 있다. 시간과 나이와 함께 변하는 건 이러한 것들을 실행하는 방법이다.

　왜 시간은 창조적 성장에 그토록 적극적이고 중요한 요소인 것일까? 주어진 영역(물질의 질량: m)에서 우리가 축적해 온 특별한 지식이 통합된 경험(우리의 외부와 내부 세계 둘의 이 양쪽에서 모든 재료는 혼합과 변화의 끊임없는 상태 안에 있다: e^2)과 상호작용할 때 창조적 표현 C가 생긴다는 생각을 설명하는 $C=me^2$ 방정식을 기억하라.

　새롭거나 창조적인 무언가를 하는 것은 외부세계에 대한 우리의 지식과 삶의 경험들과 내적인 감정들에 대한 느낌들을 변화시킨다. 노화는 그것만으로는 결정적인 요소가 아니다. 오히려 우리가 무엇을 하고 그것을 어떻게 느끼는지에 영향을 끼치는 시간과 세월에 따른 자연스러운 심리적 발전이다.

　당신은 창조적 행동에 불가결한 m(물질의 질량)을 가지게 될지도 모른다. 그러나 당신의 외부 세계 경험은 아직 옳지 않을 수도 있거나, 혹은 당신의 내부 세계 경험은 아직 준비되어 있지 않을지도 모른다. 당신은 일을 해왔을 수도 있거나 당신의 지식 기본에 그다지 많이 부여하지 않았던 삶의 환경 하에 있었을지 모른다. 당신의 내부와 외부 세계의 경험은 어쩌면 인생 후반에 용기와 자유를 가지고서 분야를 바꾼 뒤에야 비로소 향상될지 모른다. 혹은 당신은 삶의 외적인 부분과 내적인 부분이 일치하는, 혹은 최적의 균형을 인생

위대한 영국의 정치적 철학자인 토마스 홉스(1588–1679)는 63세(1651)에 걸작 《리바이던Leviathan》을 썼다. 이는 형이상학, 심리학 그리고 정치적 철학의 종합을 선사했다. 그는 80대에 새로운 활력을 가지고 84세에 라틴 구절로 자서전을 썼고 그리스어 원본으로 된 일리아던과 오디세이의 번역 구절의 전반을 77세에 후반을 88세에 썼다.

후반에 경험할지도 모르며, 그 이후에 일어나도록 되어 있는 창조적 성장과 새로운 표현으로부터의 새로운 영역 안에 스스로가 몰입하게 될지도 모른다. 최상의 결과를 가져오는 C = me²를 위한 최적의 나이는 누구에게도 없지만, 시간과 경험은 각각 서로를 고양시키는 경향이 있다. 많은 사람에게 지식과 경험, 감정적 준비의 최선의 결합은 대부분 극적으로 인생 후반에 일어난다.

창조성의 세 가지 범주는 모두 흥미진진한 가능성을 제공한다. 특히 당신이 새로운 창조적 성장을 위한 자연적 시발점으로 인식하고, 그 시작 이후에 집중된 에너지를 쏟을 때 그러하다.

나이를 먹으면서 시작하는 창조성

〈워싱턴 포스트〉지의 은퇴한 편집자인 캐서린 그래함은 그녀의 첫 책이자 자서전인 《개인의 역사》를 79세에 써서 1998년도 퓰리처상을 받았다.

1980년 워싱턴 D.C.에 있는 코코란 미술관에서, 나는 1930년부터 1980년까지의 미국 민속 예술품 형식 연구의 극치라는 전시를 보았다. 이 50년 기간 동안에 최고 작품의 반 가까이가 소수인종에 의해 만들어졌는데, 특히 미시시피-앨라배마 근방의 흑인들이 제작했다. 이 사람들의 상당수는 이미 죽었다.

나는 항상 노화와 노인들의 삶에 새로운 통찰을 찾으며, 예술을 감상하러 간 것이 아니라 노인학자로서 전시장을 찾았다. 예술인들의 작품에 붙은 그들의 짧은 약력을 읽으며, 나는 20명의 출품자 중 16명(80퍼센트)이 예술을 시작하거나 예술가로서 성숙한 단계로 인정받게 된 것은 65세 이후임을 발견했다. 그들 중 30퍼센트는 80 혹은 그 이상 나이를 먹었다.

이 전시회 이후에 나는 미국 민속 예술품의 형식 연구를 더 수행했고 우리 사회의 민족과 인종을 넘어, 민속 예술 분야에서는 노인들이 두드러진 것을 발견했다. 이런 개개인 대부분은 다른 책임이 방해가 되지 않게 되고 나서야 개인 관심사를 추구하는 데 자유로울 수 있었다.

코코란 전시에서, 나는 특히 박물관 책자의 표지 위에 작업이 실린 빌 트레일러(Bill Traylor)와 같은 예술가에게 이끌렸다. 트레일러는 1854년에 앨라배마 주 몽고메리 교외에서 노예로 태어났다. 농노해방 이후 그는 자신이 평생 일했던 농장에 머슴으로 남았다. 그가 83세에 아내가 죽고 거의 20명에 달하는 자식들이 각자 길을 간 뒤, 트레일러는 몽고메리로 이사했다. 그는 류머티즘으로 계속 일을 하기 어려워질 때까지 신발 공장에서 잠시 동안 일했다. 그는 약간의 불충분한 재정 지원을 받기 시작했지만, 여전히 장례식 응접실 창고에서 잠을 자고 수영장 회관 앞에 도로에 있는 의자나 시내 길거리 시장 부근에 있는 과일 노점 중 한 곳에서 낮 시간을 보냈다.

1939년에 85세가 되어, 테일러는 관절염에도 불구하고 그림을 그리기 시작했다. 그냥 그렇게 시작되었다고, 그는 신문 기자에게 한때 말했다. 그런 후 그는 자기가 앉아 있는 곳의 울타리에 그림을 걸기 시작했고 종종 지나가는 사람에게 팔았다. 그의 작품은 마침내 평판을 받았고, 그의 첫 전시는 1940년 몽고메리 아트센터에서 열렸는데, 그때 테일러는 86세였다. 곧 국내에서 유명해졌다.

코코란 전시의 또 다른 예술가는 윌리엄 에드먼슨(William Edmonson)이었다. 그는 미래 세대에게 충격을 주는 인생이라는 이유로 내 영웅 중 하나이다. 에드먼슨은 흑인이며 주로 요리사나 수위로 일했다. 1930년대 대공황이 닥친 시기는 그가 60대 초반으로 내슈빌 병원에서 수위로 일하고 있었다. 시대의 경제적 위기가 병원을 재정적으로 실패하게 만들었다. 에드먼슨은 직업을 잃었다. 그가 나중에 묘사하기를, 이 위기를 극복하는 과정에서 그는 조각이라는 영감을 가졌다. 에드먼슨은 60대 중반에 재능 있는 조각가로 등단했다. 그의 작품에 사로잡힌 사진가가 에드먼슨의 조각 사진 포트폴리오를 뉴욕 현대미술관에 보냈다. 1937년에, 67세의 나이에 에드먼슨은 단독 쇼로 작품이 전시되는 역사상 첫 흑인이 되었다. 그렇게 함으로 그와 미술관은 이후 세대를 위해 다양성의 문을 열었다.

실라 크로와 베르사 크로는 부부이자 나바호족 도공이었다. 1968년, 55세에 실라 크로는 점토 작업을 시작했고 나바호족 사이에 남자는 도자기를 굽지 않는다는 첫 번째 금기를 깼다. 그의 변화는 영리했고, 그의 아내와 함께 도예를 한다는 점에서 예술적 회색지대를 대표했다. 실라는 대부분의 도자기를 만들어 형태를 갖다 붙였고, 반면에 베르사는 윤을 내고 그림 그렸다. 그들의 웨딩 꽃병은, 실라가 76세였을 때 했던 혁신적인 작업의 좋은 실례이다. 크로 부부는 일 년에 여러 다른 예술품과 함께, 거의 50개의 도자기를 만들었다. 그들의 작품은 미국 남서부 지역의 갤러리에서 전시되고 팔린다.

〈Marla〉(1982), 어빙
도미티크(66세 작품)
국립미국미술관, 워싱턴 DC

텍사스의 미국 민속 예술가
인 에디 아닝(Eddie Arning)
의 작품은 수많은 개인 컬
렉션에서뿐 아니라 최고의
박물관에서도 소개되었다.
그는 66세(1964)에 양로원
에 들어가기까지 그림을 시
작하지 않았다. 그 전에 그
는 주 정신 병원에서 30년
간 일했다. 그는 과감하게
해석을 한 그림으로 유명한
데 종종 설화적 스타일을
반영한다.

미국 민속 예술을 좀 더 정식으로 연구를 하면서 나는 노인
이 인종 혹은 민족적 배경과는 무관하게 지속적으로 우위를
차지하는 걸 발견했다. 예를 들면, 또 다른 잘 알려진 민속 예
술 전시에서—국립미국미술관에 헴필 콜렉션—책자의 표지는
유럽 혈통의 미국 예술가인 60대 후반의 어빙 도미니크(Irving
Dominick)의 조각을 보여줬다. 도미니크의 조각상 〈마리아〉는
왼쪽 사진과 같다.

이미지를 가까이 보면 특히 머리와 목과 어깨에서 대단히
금속의 원통 같이 보인다. 흥미롭게도 도미니크는 60대 중반
에 은퇴하기 전까지 냉난방 회사에서 송수관 만드는 일을 했
다. 은퇴 후 그는 송수관 만드는 기술을 조각 만드는 쪽으로 전
환했고 예술가로 국내에서 입지를 굳히게 되었다.

그러면 인생 후반을 향할 때 무엇이 전에 표현되지 않은 창조성을 불러일
으키는가? 때때로 이는 상황의 변화이거나, 관점의 심리적 변화이다. 종종 둘
다이며, 결합된 에너지, 또는 시너지를 반영하는 연대기적 시간, 감정 그리고
단계별 준비가 우리가 3장에서 탐험했던 인간 잠재력의 국면에서 반영된 것
이다.

이를테면, 중년의 노화가 시작되면서 나타나는 창조성은 내면적 생활에
더 많은 집중을 하게하며 (중년 재평가 단계) 감정적 에너지에 다시 집중하게 만
든다. 중년기가 되면 더 많은 시간과 돈, 혹은 창조적 에너지를 행동으로 옮기
게 하는 해방 단계의 심리적 자유를 누릴 수 있다.

그리고 이후에 우리 인생의 이야기에 새로운 장을 추가하도록 먼저 동기
를 부여하는 정리단계의 감정적 과정일 수도 있다.

정서적으로 빈곤한 비정상적 상황에서, 창조적 표현은 평생에 걸쳐 억눌
려 왔을지 모른다. 하지만 여전히 창조적 자아 표현을 위해 앵콜 에너지와 욕
구에 응답하고 있다. 당신은 결코 나이가 많지 않으며 창조적 성장을 경험하

고 표현의 새롭고 만족스런 형식을 발견하는 데에는 결코 늦은 때란 없다.

나이를 먹으면서 시작하는 창조성의 사례 연구에서 내가 선호하는 하나는 원래 150년 전에 기록되었으나, 나는 내가 노인을 위해 정신 건강 프로그램 자금과 관련하여 미국 의회가 열리기 전에 증명하도록 호출된 때인 1987년에 그것을 다시 공유하였다. 몇몇 의원들은 노년기의 우울증 치료에 도움을 주는 데 국고를 지원하는 것에 회의적이었다. 그래서 심리치료가 노년기의 환자들에게 어떤 좋은 것을 줄 수 있을지 질문했다. 회의론자들의 생각은 "오래된 개(생각이 고루하게 된 사람-옮긴이)에게 새로운 기술을 가르칠 수 없다."는 속담처럼, 그러한 수업을 위해 돈을 쓸 필요가 없다는 것이었다.

크리스마스 캐럴 중
S. Eytinge 그림

나는 1,800년 중반 런던에서 살았던 잘 알려진 인물, 즉 우울하고 비열하고 사람을 싫어하는 노인, 그를 둘러싼 모든 인생을 비참하게 만드는 데 기쁨을 얻는 그러한 유명한 사례를 계속해서 설명했다. 그 당시에 그를 묘사하기를 "굽은 매부리코, 우그러든 뺨, 뻣뻣한 걸음걸이, 충혈된 눈, 퍼런색 얄팍한 입술 그리고 귀에 거슬리는 목소리를 가진, 생김새부터 인색하기 짝이 없는 인물이다."라고 했다. 이 성향들은 수십 년에 걸쳐 서서히 진화했으며, 그의 인생 후반에 정점에 이른 것이다. 역사적 설명에 따르면, 비록 건강과 정신 건강을 위한 방문프로그램이 일반화되기 1백 년 전이었음에도 여러 학문 분야의 연구 팀이 그를 방문했다. 이 팀은 프로이드의 《꿈의 해석》이 출간되기 50년보다 더 전에, 이 사람을 치료하기 위해 꿈을 이용한 정신치료, 정신 역학을 사용하였다.

이 '환자'는 찰스 디킨스가 1843년에 쓴 《크리스마스 캐럴》의 유명한 불평꾼 에베니저 스크루지(위의 그림) 같은 사람이었다. 이 19세기의 불후의 이야기는 우리가 새 밀레니엄을 시작하면서 노년과 새로운 시작에 대한 진실을

정신 질환에 대한 치료와 가르침에 있어 개척자였던 프랑스 의사인 장-에땅-도미니크 에스퀴롤(1772–1840)은 66세에 《정신병 Des maladies mentales》을 썼다.

전국 투어를 한 후 마침내 미국 국립미술관에서 전시를 한 엘리자베스 레이튼(1909–1993)의 일인 전시 책자에는 그녀의 경험이 요약되어 나온다. "20세기 민속 예술가 엘리자베스 레이튼은 21년 화가 경력을 그녀의 60대 후반에 시작했다. … 1977년 가을, 캔

자스 주 웰스빌에 사는 68세의 여성은 거울을 바라보고 자신을 그렸다. 이 초상화는 세상에 대한 희망과 두려움을 반영하는 것과 동시에, 그녀가 30년간 벌였던 우울증과의 싸움에서 이기도록 해주었다. 몇 년이 되지 않아 거의 시도하지 않았는데도, 예술가는 많은 친구를 사귀고 국내에서 인정을 받았다. 의도하지 않았지만 확실히, 그녀는 기대되지 않았으나 예술사와 인간 성취에 영감을 주는 장을 썼다."

일반적으로 최초의 미국 단편 소설 중 하나로 간주되는 소설에 등장하는 주인공은 본래 그의 젊음을 술을 마셔대며 잠들어 있었지만 인생 후반에 들어서 결국 이겨내고 공동체의 모범시민이 되는 이였다—워싱턴 어빙의 단편소설 1819년 고전에 나오는 립 반 윙클.

반영한다. 그것은 이것이다. 인생에서 얼마나 늦었든지 간에, 상황이 얼마나 심각하든지 간에, 우리의 지식과 경험 그리고 감정적 준비가 맞춰져 있을 때 창조적 변화는 우리의 삶을 변형시킬 수 있다.

나는 셀 수 없는 다른 삶에서 스크루지의 인생 이야기의 실체를 본다.

앨런 헨델은 알코올 중독 아버지의 아들이라고 자신을 묘사했다. 앨런은 자신이 대학에서 공부뿐 아니라 대인관계도 방해를 했던 알코올 남용의 지긋지긋한 전통에 끌려갔음을 보았다. 관계가 가까워질 때마다, 그의 음주도 도를 더해 갔고 결국에는 우정이나 친밀함의 결속이 깨어지고 말았다.

대학 졸업 이후에, 그는 큰 보험 회사에서 중간 관리직을 얻었다. 그는 업무에 아주 유능했지만, 그는 자신의 진급이 알코올과 연관된 행동으로 제한됨을 느꼈다. 일에서 커져가는 스트레스는 술고래 행위의 기폭제가 되어, 심지어 점심시간에도 술을 마셨다. 알코올은 그의 행동을 바꿨고, 감정적 표현을 억제할 수 있는 힘을 낮췄다. 그는 빈정대거나 거친 말투로 동료와 적대적 관계를 맺었다. 그의 상관은 음주와 '막말' 행위를 멈춰야 한다고 그에게 경고했다. 앨런은 때때로 상담자를 찾거나 알코올 중독자 자조모임(Alcoholics Anonymous)에 참석했으나 별반 도움이 되지 않았다. 점점 그는 다른 이를 감독하는 책임이 없는 혼자 하는 업무를 배정받았다.

대인 관계 문제는 지속되었고 그는 60세 초반에 외톨이로 은퇴하였다. 일이 없어지자 그의 음주 문제는 일시적으로 악화되었다. 그런 후 전환점이 왔다. 어느 날 점심을 먹으며 세 잔을 마신 뒤에, 그는 이웃집을 지나 집으로 운전하고 있었는데 자전거를 타고 있던 여섯 살 난 동네 꼬마가 차 앞으로 갑자기 달려들었다. 앨런의 반사신경은 음주로 무뎌져 있었다. 그는 브레이크를 밟고 운전대를 가까스로 돌렸지만, 기적적으로 소년의 자전거 뒷바퀴를 긁었을 뿐이었다. 소년은 바닥에 뻗었으나 다행히도 약한 멍만 들었다. 앨런은 심각하게 충격을 받았고 특히 그 자신의 동네에서 벌어진 사건이었기에 철저하게 망신을 당했다. 사고들과 통곡하는 사람들로 가득 찬 악몽이 그를 몇 주간

고문했고, 그는 음주 문제를 극복하겠다는 새로운 결심을 하게 되었다. 더욱이 건강검진을 해보니 알코올이 그의 간과 위에 눈에 띄는 피해를 입히기 시작했음이 드러났던 것이 동기가 되었다.

　그는 상담과 AA 프로그램을 결합한 공동체에 입회했고, 그것이 이번에는 실효를 발휘했다. 나는 건강한 노화(well aging) 연구를 하며 7년 후에 그를 보았는데, 그는 그 충돌 사고가 난 이후로 술을 입에 대지 않았다. 그는 자신의 인생과 스스로에 대한 느낌이 생전 처음으로 인내하고 만족하는 동반자적인 관계로 변화하였다고 묘사하였다. 그는 또한 알코올 중독자 자조모임에서 리더 역할을 맡으며 영감을 주는 화자로 강연 요청이 늘어나는 데에서 커다란 만족을 찾았다.

　오랫동안 알코올 중독을 겪었고, 그 후에 온전한 상태로 돌아오게 되어 해방되자 앨런의 창조성은 꽃 피우기 시작했다. 또한 새로운 감정적 성장과 자아 존중감 확장이 수반되었다. 앨런의 사례는 심지어 만성적 정신 건강 문제를 당면하고 있더라도 새사람이 될 수 있고, 창조성 에너지의 마개를 따는 걸 시작할 수 있음을 보여준다. 명백한 정신질환 앞에서 무엇을 할 수 있을지를 깨닫는 것은 그리 어려운 일이 아니다.

나이와 함께 지속되는 창조성

　나의 섬너(버드) 스트라션 삼촌은 음식의 개발과 처리, 보관에 대한 중요한 조사가 포함된 일을 하는 아주 재능 있고 헌신적인 식품 공학자였다. 그는 또한 식품공장 자문위원이었는데, 회사가 특별한 종류의 식품 가공공장을 개발하는 것을 도왔다. 버드 삼촌은 항상 사람들을 위해 삶의 질에서 차이를 만들기를 원했고, 이 목표는 결코 멈추지 않았던 그의 작업에 아주 강렬하고 혁신적인 접근으로 옮겨갔다. 그는 80대 초반에 운명하기 직전까지 그의 분야에

스코틀랜드 생물학자인 존 보이드 오르는 65세(1945)에 국제연합 식품농업기구(FAO)의 첫 수장이 되었다. 세계식품 상황을 증진하는 데 뛰어난 그의 업적은 그에게 노벨 평화상을 1949년(69살)에 안겨주었고 그의 책 《나의 회고 As I Recall》는 86세 때 출간되었다.

미국 식품 화학자인 하비 워싱턴 월리(1844-1930)는 30대에 미국 농업부의 화학분과 수장이 되었다. 그는 청결을 향상하고 해로운 영향의 위험을 줄이는 식품 분석을 수행하였다. 수많은 장애와 기득권을 지닌 적들을 이겨내고, 1906년 그의 나이 62세에 '식품위생과 약품에 관한 법률'의 제정을 이끌었다. 그는 1915년에 71세에 《빵만으로는 안돼요 Not By Bread Alone》를 저술하는 등 86세에 죽기 직전까지 식품 위생을 위해 개혁 운동을 하였다.

미국에서 태어난 영국 시인이자 노벨 문학상 수상자인 T. S. 엘리엇(1888-1965)은 66세에 《개인비서》를, 70세에 《원로 정치가》를 출간했다.

서 왕성하게 끊임없는 공헌을 했다.

60대 중후반의 은퇴 나이에 접어들어서도 그는 결코 은퇴하지 않았지만, 자원 봉사로 자유롭게 쓰면서 직업에 사용했던 시간을 줄일 수 있었다. 이런 노력은 그에게 완전히 새로운 차원을 가져왔다―아프리카, 아시아 그리고 동유럽에서 개발도상국 국제적 상담. 그는 전 세계 수많은 나라에서 식품공장을 세우는 일의 타당성 조사 발전에 기술적 지원을 제공했으며, 82세에 죽기 얼마 전까지 마지막 여행을 다녔다. 그는 경제 원조가 필요한 국가들이 새로운 단계로 도약할 수 있는 계획을 세우는데 그의 창조성을 밀어붙이도록 도전하는 것을 즐겼다. 그가 자원 봉사를 하는 동안, 그와 동행했던 그의 아내 클레어의 경비는 그러한 노력을 후원하는 사적 비영리 단체가 충당해주었다. 그의 일생의 과업에 창조적 고취를 제공하는 이 프로그램과 더불어, 새로운 창조적 고취가 그의 부부와 가족의 삶에 값진 경험을 선사했다. 그것은 그와 그의 부인이 여행에 함께 참여했고 확대된 가족과 이러한 경험을 훌륭하게 나누면서 제공된 것이었다.

버드 삼촌과 그와 닮은 다른 노인들은 매일 우리를 둘러싸고 일하고 있다. 나는 사업과 산업계 학계에서 멘토로, 학교에서 청소년을 위한 자원 교사로, 노숙자 보호소의 조력자로, 그리고 그들이 필요를 발견하는 곳에서 공동체 활동가나 상담자로 일하는 그들의 역할 안에서 그들을 본다. 이러한 증거에도 불구하고, 나이와 함께 창조성이 둔해진다는 고정관념은 고질적이다. 프로이트 조차 인생 만년의 창조적 잠재성과 융통성에 대해 의심하기 시작했다. 프로이트는 50세 전후의 환자들이 "치료에 필요한 정신과정과 탄력성"이 부족하다고 기술하였다. 그는 또 이 나이의 사람들이 여전히 "교육이 가능하다고" 혹은 많은 양의 정보를 처리할 수 있는 것에 회의적이었다.

프로이트가 그 자신의 인생에서 상당한 탄력성과 교육 가능성을 나타내는 기간인, 50번째 생일에 가까워졌을 때 그렇게 기술했다는 것은 아이러니하다. 또한 이것도 아이러니하다. 프로이트가 '역사상 가장 위대한 걸작'이라

고 여겼던《오이디푸스 왕》이 소포클레스가 71세에 쓴 것
이었다.

어떤 문화적 관점은 황량한 고정관념을 한층 강력하게
하였다. '퇴물'이나 '낙오자'의 이미지가 보여주는 65세에 은
퇴라는 부동의 전통이 그것이다. 어떤 사람들은 나이를 먹
는 것이 당연히 젊은 시절의 추진력 혹은 능력에 비해 일을
계속할 수 있는 능력을 떨어뜨리고 있다고 여전히 오인한
다. 사실 일상생활에서 우리의 일이나 전망을 타협하게 하
는 것은 나이 자체의 내부적 영향력이 아니라 외부적 요인
일 경우가 더 잦다.

예술 세계는 우리에게 여러 문화에 만연한 나이 차별뿐
아니라 지속적인 창조성의 너그러운 관점을 제공한다. 르네
상스 시대 화가 티치아노(Titian)는 그 시대의 위대한 초상화
가로 알려져 있었고 그의 인생 과정에 걸쳐 지속적으로 작
품 활동을 했던 예술가였다. 그의 이야기는 또한 노인이 그
의 일을 바꿀 때, 미세한 변화라 하더라도, 차이가 감소를 나
타낸다고 속단되는 경우가 많다는 걸 보여준다. 이는 개인
이 자신의 분야에서 정상에 있을 때조차도 마찬가지이다.

노화에 대한 세 가지 고정관념의 맥락에서 티치아노의
작품을 바라보자. ① 창조적 시각은 변함없이 나이와 함께
줄어든다. ② 물리적인 손재주는 흘러가는 세월과 함께 쇠퇴한다. ③ 위험을
감수하고 새로운 것을 시도하려는 의지는 약해진다.

(위) 〈장갑 낀 남자〉(루브르
박물관 소장)
(아래) 〈자화상〉
(프라도 미술관 소장)

먼저 티치아노의 〈장갑 낀 남자 Man with a Glove〉 초상화를 고려해보면, 그
가 그림을 완성했을 때 나이는 39세였다. 첨예함과 아름다움의 관점에서 그
그림에 대해 개략적으로 말해볼 수 있지만, 내 논의의 목적을 위해서는 얼굴
형태가 초상화 안에서 얼마나 잘 나타나는지에 대한 한 가지 특징이 기록되어

(위) 〈타르킨과 루크레티아〉
(83세 작품, 독일 베를린 회화관 소장)

(아래) 〈타르킨과루크레티아〉 (83세
작품, 케임브리지 피츠윌리엄 박물관
소장)

야 한다. 이제 그가 정확히 두 배를 더 살았을 때인 78세에 그린 자화상을 보자. 예술 역사가들은 이 그림이 〈장갑을 낀 남자〉에 비견할 만큼 첨예하고 아름답다고 간주한다. 그러나 다른 이들은 그림의 재검토에서 태두리가 덜 정교해 보인다는 이유로 티치아노의 기술에 아무 변화가 없음을 의아해한다.

다음으로, 5년 후 83세에 그린 티치아노 작품을 보자(위의 그림). 그의 〈타르킨과 루크레티아 Tarquin and Lucretia〉—루크레티아의 겁탈—초상은 마음을 끄는 그림으로 간주되지만 확실히 윤곽이 흐리멍덩하게 표현되었다는 이유로 큰 논란을 일으켰다. 비평가들은 이를 티치아노가 예술가로서 하락한 재능의 표시라고 믿었다. 그러나 그 다음에 우리는 티치아노가 마찬가지로 83세에 그린 〈타르킨과 루크레티아〉의 두 번째 그림이 형태의 윤곽이 얼마나 잘 표현되었는지, 놀랍게도 44년 전의 작품인 〈장갑을 낀 남자〉와 동시대의 작품인 듯한 발견을 한다(아래 그림).

이 훨씬 무정형이거나 부정확하게 경계가 지어진 이미지가 손재주의 상실이나 시력 악화를 반영하는 게 아니라면 무엇이라 설명할까? 나는 이 매우 성공한 초상화 화가가 그의 '트레이드마크' 스타일로 그림 그리기를 지속하는 데에 르네상스 대중에게 대단한 압박을 느꼈으리라 것을 제시한다. 이 상업적 압박은 많은 성공한 예술가들이 경험하고 그들이 새로운 스타일 혹은 형태에서 그들의 창조성을 표현하고자 추구할 때 맞서야만 하는 것이다. 나는 티치아노의 '정형 없는' 스타일을 보고 이 늙은 대가가 83세에 그의 창조적 독립을 주장하며 비평가들을 조롱하는 걸 알아챘다. 마치 "나는 뭔가 다른 것을 하고 싶다. 나는 탐험하고 싶다. 나는 혁신하길 원한다"라고 말하는 듯하다.

네 개의 그림을 비교하면 티치아노의 창조적 시각이 나이가 들어도 퇴보하지 않았다는 게 분명해진다. 두 번째 〈타르킨과 루크레티아〉 그림은 노화로 인한 신체적 기민함의 저하가 진행되고 있다는 불가피한 표시가 아니라는 걸 예증한다. 나는 티치아노의 예술가로서 쇠락 징후라고 생각되기보다는 위험을 감수하고 혁신을 반영하는 첫 번째 〈타르킨과 루크레티아〉가, 좀 더 모호하거나 무정형이 되었다기보다는 어쩌면 훨씬 '인상주의적'인 것으로 3세기 뒤에 일어나는 인상주의자들의 움직임을 앞지르는 것이라고 제안한다. 티치아노의 후기 작품에 대해 무시하는 태도는 노인이 뭔가 다르고 예상하지 않은 것을 할 때, 이는 나이 듦의 나쁜 영향의 징조라는 대중적 억측을 강조한다. 창조적 실험은 젊은 예술가와 젊은이의 영역으로 여겨진다. 생각의 혁신적이거나 기발함을 추구하는 성인은 나이의 선입견과 일반적인 회의주의에 직면한다.

창조성은 노화와 함께 지속될 수 있을 뿐 아니라 표현의 결과도 성장할 수 있는데, 이는 종종 서로 연관되며 넓혀진 지식과 추가되는 일련의 발견에 기초한다. 미국의 19세기 후반의 젊은 여성, 애니 점프 캐논(Annie Jump Cannon)은 성홍열에 전염되어 귀머거리가 되었다. 그녀는 후에 래드클리프 대학에 들어가 천문학을 전공했다. 몇 년간 그녀는 수많은 별과 신성을 발견했다. 그녀가 75세에 하버드 대학에서 윌리엄 크랜치 본드 천문학자라 이름 붙여졌고 발견과 공헌의 과정을 계속하게 되었다. 애니 점프 캐논의 위대한 점은 듣지 못하는 상실이라는 배경에 맞선 창조성의 실례로서보다는 오히려 나이를 먹어감에 따라 극적으로 창조를 지속하고 성장을 해나간 점이다.

계속되는 창조성에 공헌하려는 내적 욕구의 반영은 목표를 이루지 못했다고 느끼는 충족되지 않은 감정이고, 약간은 강박적인 완벽 주의적 새로운 헌신이다. 예를 들면 20세기의 화가 프란시스 베이컨은 '인간의 절규'를 묘사하려고 갖은 애를 썼다. 그는 1944년 그의 나이 35세에 시작하여서 결국 그가 79세인 1988년에 〈십자가 책형의 기본 형상을 위한 세 개의 습작〉 3부작 중,

기정의 정경을 묘사한 습작으로 명성이 있는 인상주의 화가 메리 카사트(Mary Cassatt, 1844~1926)은 64세에 그녀의 유명한 작품 〈큰 모자를 쓴 소녀Fillette au Grand Chapeau〉를 그렸다.

위대한 스페인 화가 프란시스코 고야(1746~1828)는 앓고 난 뒤 46세에 완전히 귀머거리가 되었다. 그 이후에 그의 예술은 새로운 특질이 드러났는데, 표현에서 더 자유롭고 상상력이 풍부했다. 그는 82세에 죽기까지 탁월한 작품을 계속해서 그렸다. 그의 인생 후반의 위대한 많은 작품들 가운데 몇 가지를 들면 다음과 그림이 포함된다. 〈웰링턴 공작〉(66세), 〈야영지에서의 페르디난드 7세〉(68세), 〈아리에타 의사와 고야〉(74세), 〈보르도의 우유 짜는 소녀〉(81세에 완성), 〈몰리나의 돈 조세 피오〉(82세).

두 번째 버전으로 마침내 성취감을 느꼈다.

끊임없는 창조성을 입증하는 사람들은 종종 계속되는 그들의 창조적 노력으로 발전하고 있는데, 이것은 그들로 하여금 자신들의 분야에서 지속적인 기여를 가능하게 만든다. 그러한 환경에서는 시간은 자산이 되고, 사람에게 새로운 전망과 새로운 정보를 얻도록 허락한다.

나는 몇 년 전 국립의학도서관을 방문했던 그날을 떠올려 본다. 나의 오랜 롤 모델 중에 한 분인 80대 중반의 루시 오자린 박사가 정문으로 활기차게 마중 나왔다. 인터넷이 있기 전, 그녀는 인간의 모습을 지닌 인터넷과 같았다. 그녀에게 질문을 하면, 그녀는 의미 있는 대답 혹은 답을 얻을 수 있는 좋은 충고를 해주고 당신은 그녀로부터 생각하기 어려운 질문을 종종 받게 된다.

사람들이 기억하는 오자린 박사는 항상 그런 식이었는데, 끊임없이 열심히 일하고, 과학적 학문을 지속하며, 주요 과학 회의에 참석하고, 동료들에게 그들의 연구와 그들의 분야에서 진행 중인 다른 것들에 대해 물으며, 그녀는 그 분야에서 일어나는 문제들을 관여하기 위한 다양한 임상활동들을 한다. 예를 들면, 그녀는 80세까지 품질 효과를 평가하기 위해 다양한 치료 시설을 방문하는 상담자 팀으로 참가했는데, 건강 돌봄 제공 시스템을 최첨단으로 유지하는 것뿐 아니라 환자가 그것으로 진료를 받을 수 있도록 했다. 현재 그녀는 미국심리학회(APA) 도서관위원회 의장으로 근무하며, 심리치료 분야의 역사적 기록을 정리하는 일에 매진하고 있다. 지난 몇 년 간 APA 뉴스레터에 그 분야의 역사에 대한 글을 36회나 직접 쓰기도 했다.

때때로 창조적 에너지와 함께 노화의 '비밀'에 대한 새로운 통찰을 얻는 것은, 단지 직장이나 지역 사회에서 둘러보며 창조성을 발휘하며 사는 사람들을 알아차리기만 하면 된다. 나도 그렇게 한다. 나는 70대와 80대의 열정적이고 호기심 넘치며, 집요한 질문들을 하고 의미심장한 통찰을 제공하는 동료들을 볼 때 기분이 좋아진다. 왜냐하면 나는 이 바람직한 성향들의 어떤 것도 갓길로 쳐낼 필요가 없다고 여기기 때문이다. 그들은 나에게 희망을 주고,

노화와 지속적인 활동, 업적과 창조성이 어떻게 가야하는 지에 대한 증거를 보여준다.

나이와 함께 변화하는 창조성

어떤 사람은 어린 나이에 창조적 재능을 나타내고, 나이를 먹으면서도 그들의 창조성을 유지할 뿐 아니라 근본적으로 그들의 일의 방향 혹은 노력하는 분야를 바꾸며 나아갈지 모른다. 35세에 그들의 경력이나 생활방식이 45세나 65세, 85세에 그들의 일과 인생과는 공통점이 없어 보일지 모른다. 그러나 사실, 개인의 직업이나 삶의 양식들은 지속적인 성장과 일이나 활동의 표현에서 변형되는 창조적 에너지의 저변이 반영되는 것이다. 또한 시간은 인간에게 신뢰를 구축하게 하고 새로운 용기를 함양하도록 도와준다. 이러한 수 많은 증거들은 우리에게 새로운 유리한 지점에서 우리 인생의 일을 끌어올리고 그에 대해 새로운 목소리로 말하도록 격려한다. 결과는 시간, 나이 듦 그리고 영향력을 가지고 차이를 만드는 우리의 일을 위한 새로운 기회를 창조하는 연속성이다. 영향력의 특질은 물론 다양하다. 거친 파도를 새로운 현재의 사고 안에 부드럽게 할 수 있거나, 새로운 물결을 야기할 수 있다.

19세기 영국 탐험가이자 번역가인 리처드 프란시스 버튼 경은 여행을 하면서 40개 언어와 방언을 배웠고 외국 문화를 소개하는 수많은 문서를 번역했다. 하지만 리처드 경은 나이 60대 중반쯤 빅토리아 시대에 처형의 위험에 처했다. 스스로 고대 동양의 성적 지혜를 서양에 소개한 것을 받아들이며 감옥살이를 하였다. 예를 들면, 그는 몰래 《바트샤야나의 카마수트라 *Kama Sutra of Vatsyayana*》를 번역하여 출간했다. 어떤 사람들은 그가 솔직하고 역동적으로 번역한 것에 대해 칭찬했고, 반면 다른 이들은 그것을 "매음굴(brothel)의 쓰레기"라고 비난했다. 비난이 칭송을 넘어서지는 못했고, 그는 65세 나이

스코틀랜드 사람 제임스 허튼(James Hutton, 1726–1797)은 어릴 적 화학에 관심을 키웠는데, 변호사로 일하다가 나중에 의학 박사가 되었다. 허튼은 의학 분야에서 방향을 틀어 농학에 전념하게 되었고, 결국 70대에 지질학에 집중을 하며 그의 특출 난 이론과 발견으로 '현대 지질학의 창시자'라는 별명을 얻게 되었다. 그의 유명한 저작인 《지구의 이론 *A Theory of the Earth*》은 69세 때 출간되었다.

그의 작업은 혁명적이었는데, 그 이유는 존재하는 지질학 이론에 도전했을 뿐 아니라 이론적인 사고에서 극적 대응을 자극했기 때문이다. 허튼의 이론이 있기까지, 대부분의 사람은 지구와 그것의 껍질은 초자연적인 방법을 통해 6000년 전쯤, 성경 속에 대홍수로 묘사된 그러한 대참사에 의해 형성되었다고 믿었다. 허튼은 어떻게 지구가 나이를 먹고, 어떻게 바위가 풍화됨에 따라 땅이 만들어졌는지, 그리고 침전물의 층이 어떻게 축적되었는지를 보여주었다.

당시 세상을 들썩인 허튼 이론의 영향력은 코페르니쿠스와 갈릴레오에 의해 불거진 사고 속에서 초기 혁명과 비교되었다(그들 각각 70세 무렵이었다). 그의 업

적은 후에 찰스 다윈에게 지대한 영향을 끼쳤다.

에 기사 작위를 받았다.

어떤 한 분야에서 오래 일한 창조적인 사람들은 아마도 성장하려는 긴장을 자기 안에서 발견할 것이다. 그들의 불안은 때때로 거의 확연하다. 호머의 서사시 《오디세이 *The Odyssey*》의 영웅 오디세우스는 그의 수많은 방황과 변화하는 도전이라는 그의 개인적 오디세이 속에서 이러한 성격의 전형을 보여주고 중년에서 인생 후반에까지 확장한다. 또한 여기서 우리는 삶의 심리 내적인 면에서 인생의 주요 전환기의 하나로 상호 작용하는 성격을 발견한다. 중년기는 종종 위기 또는 좀 더 일반적으로는 탐색—율리시스적 (Ulyssean: 라틴어의 오디세이) 탐색을 이끌어낼 수 있는 재평가의 시기라는 기폭제로 작용한다.

율리시스의 오디세이를 둘러싼 환경이 종종 그로 하여금 통제를 넘어선 상황에 직면하도록 강요하는 반면에, 존 맥리쉬가 《율리시스적 어른 *The Ulyssean Adult*》*에서 말하기를, "탐색하는 영혼"은 그가 이러한 상황에서 살아남을 수 있도록 그리고 그의 고향과 그의 사랑하는 아내 페넬로페(Penelope)에게 돌아가도록 해주는 것이라고 말한다.

또 다른 예는 판화 예술 분야에서 동시에 그의 인생 전반에서 끊임없이 변화를 추구했던 판화가이며 일본 예술의 대가, 가츠시카 호쿠사이(Katsushika Hokusai, 1760-1849)이다. 호쿠사이는 90번도 넘게 거주지를 바꾸었으며 새로운 예술가의 무대를 예견하리만치, 거의 10년에 한 번씩 그의 이름을 바꿨다 (순로, 소리, 카코, 타이토, 가쿄진, 이츠, 만지). 그는 대략 스무 개의 필명을 가졌다.

한편 호쿠사이의 계속 변화하는 예술에 대한 집중은 그럼에도 불구하고 항상 탁월했다. 그는 풍경과 배우를 그린 낱장 판화를 만들었고 인사장이나 안내홍보물 등을 손으로 그렸다. 그는 인물 판화와 목판화뿐만 아니라 명문집, 역사 소설, 문학선집, 그리고 성적인 책 등의 그림책과 그림 소설을 만들

* John A. B. McLeish, The Ulyssean Adult (New York: McGraw-Hill Ryerson, 1976).

었고. 그러나 그가 그린 수천의 판화와 책 사이에 가장 두드러진 작품은 그가 66세에서 73세 사이에 만든 46개의 채색 판화들인데, 〈후지 산 36경〉을 포함하고 있다. 이 작품의 대부분은 일본 풍경 판화 역사의 정점에 오른 듯하다. 호쿠사이는 나이가 들어감에 따라 예술이 향상하리라 믿었고, 100년 넘게 살기를 염원했다. 그는 고령에 이르자 예술작품을 만들지 않았으나 89세에 죽기까지 그의 창조성의 불꽃은 오래도록 강하게 타올랐다.

창조성이 시간과 발달단계별 에너지의 독특한 조합과 더불어 어느 정도 나이와 함께 시작한다면, 그러한 요소들은 창조성의 지속이나 변화를 키워간다. 우리의 인생을 재평가하도록 만드는 중년의 내적 역동은 창조적 여정을 따라 계속해서 어떤 새로운 단계, 혹은 변화의 단계를 준비할 수 있는 율리시스적 탐색을 하는 사람 안에서 반영되듯, 그러한 추구를 위해 강력한 중년 성향으로 도달하려는 욕망을 만들 수도 있다. 또한, 자원과 시간의 위대한 자유와 함께 해방의 여정은 변화하는 창조성을 위해 뒷받침해주는 환경을 제공한다. 에너지를 간결하게 하는 것은 우리가 다른 종류의 창조성을 위한 가능성을 발견할 수 있도록 해줄지도 모르며, 변화의 욕구를 지지한다. 앵콜 단계에서, 창조적 표현의 존재 영역에 대한 마지막 선포를 하거나 남아있는 기회들을 새로운 형태의 창조적 표현을 시도하려는 열망을 가질지도 모른다.

유명한 20세기의 예술가 헬레네 스키예르벡(Helene Schjerfbeck)은 핀란드의 위대한 화가였다. 그녀의 가장 유명한 작품은 그녀 나이 80세에 나왔는데, 그녀 자화상을 추상 표현주의로 변형한 것이었다. 그녀의 초기 작품은 중년을 지나면서 훨씬 전통적으로 표현되었다. 그러나 스키예르벡은 자신의 내면세계와 가장 동일한 방향에서 직감적으로 경험한 새로운 예술 움직임을 만들게 되는 환경이 오기 전까지는, 궁극적으로 표현할 수 있는 능력이 최적의 형식에 도달하지 않았다고 느꼈다.

데이비드 버그: 평생의 대망

젊은 남자인 데이비드 버그는 의대를 가고 싶었다. 그러나 상황은 그에게 좋지 않게 돌아갔다. 제2차 세계 대전이 그가 대학을 마친 후 의대에 지원하기 바로 전에 발발했고, 그는 방황했다. 그때까지 그는 복무기간을 마쳤기에 의대를 지원하기에 많은 다른 학생들보다 나이가 많았고, 과학 필수 과목을 전부 끝내지 못했기 때문에 의대에 지원하기 전에 심지어는 좀 더 과정이 필

《로빈슨 크루소》와 《몰 플 랜더스》의 저자, 대니얼 디 포는 특히 양말, 와인, 담배 와 같은 무역 세계에서 일 하기 시작했다. 그는 후에 비밀 요원으로 정부에서 근 무했고, 그 이후에 소설을 쓰게 되었는데, 그가 거의 60세가 된 18세기에 새로운 문학 형태의 출현이었다. 그의 글쓰기는 다채로움을 지속했다. 64세와 67세 사 이에 그는 3권의 여행 책 을 썼다(《영국 주유기(周遊 記)》). 그리고 68세에 《아우 구스타의 승리》, 혹은 《런 던을 세상에서 가장 풍요로 운 도시로 만드는 방법》을 출간했다.

요했고 나이는 더 들게 되었다. 게다가 그의 가족은 수입이 아주 적었기에 그를 도울 수 없었다. 그는 대신에 약사 시험을 준비했고 시험을 상당히 잘 봤다. 그는 미국 공중보건부 소속 약사로 60대 초반이 될 때까지 35년 넘게 일했다.

데이비드는 탁월한 약사였으나 막중한 일로 스트레스 가득했고 통제력의 결핍을 일으키는 그의 직업적 좌절을 발견했다. 그는 심장병으로 62세에 은퇴했다. 그는 스트레스 쌓이는 직업의 짐을 벗고 새로운 운동과 다이어트 프로그램 아래 아주 강한 회복을 보였고 2년 후 64세에 몇 년 동안 경험했던 것보다 더 건강하고 강하다고 느꼈다. 그는 그가 이제껏 해왔던 유형의 일에 근본적으로 변화를 주기로 결심했다.

약사로 일하면서 그는 직업 건강 관련 평생 교육 과정에 입문했다. 앞서 몇 년간 그는 이러한 주제의 책들에 몰두했고, 직장의 기업상담 프로그램을 연방관공서와 사설기관에 제공하는 컨설팅회사를 시작했다. 그는 미국 공중보건부에서 근무하는 동안에 만들어 온 연방 접근을 시작했고 이 같은 처음 상담은 대단히 잘 되었다.

그 시점에서 사업은 점점 더 성장해갔고, 5년 후 69세가 되었을 때 그는 완전히 사업에 익숙하게 되었고 충분히 쉴 수 있을 만큼 번창했다. 그는 자신의 일에 대단히 만족했다. 그는 또한 의학에서 놓쳤던 경력에 대해 새로운 마음의 평화를 얻었다. 그의 좌절과 실패로 채워진 과거를 돌아볼 때 그가 초년에 상상했던 것보다 더 만족스러운 상담 경력으로 스스로를 이끌었다. 70세 생일이 다가오자, 그는 피고용인 대상 직업 건강을 위한 상담 안내서를 개발 출판함으로써 공중위생에 했던 공헌을 확대하는 것을 심사숙고했다.

상실에서 오는 창조성

물에 떨어뜨린 잉크 한 방울에 비유되는 상실이 우리 삶에 암울한 그늘을 남긴다는 일반적인 편견과는 달리 상실을 경험한 많은 살아남은 자들은 역경의 상황에서도 창조성을 격려하는 모습을 보여준다. 인생에서 상실의 복잡한 감정적 영향은 물 컵 안에 고인 비처럼 좀 더 미묘하고 점진적인 경향이 있다. 즉, 각 빗방울이 잔물결을 형성하지만, 물의 색과 농도는 그대로 남아 있다. 우리는 이러한 방법으로 변화에 대처할 수 있는데 그 이유는 우리가 사회적 동물이기 때문이다. 또한 우리는 우리를 돕는 사회 구조와 사람들을 통해 변화를 겪는 경향이 있기 때문이다. 예를 들어, 만약 사랑하는 이가 죽게 되면, 우리는 심리 치료에서 "정신역동의 흐름"(psychodynamic flux)이라고 부르는 것을 경험하는 것이 자연스럽다. 한편 우리는 상실의 감정에 압도될 수 있는 반면 동시에 우리의 정신은 상실을 초월하는 데 고군분투한다. 이러한 감정적 팽창 혹은 줄다리기는 고대 중국 명언에서 볼 수 있는데, "모든 위기에는 기회가 있다."고 일깨워준다.

나의 요점은 상실을 로맨틱하게 만드는 것이 아니라, 창조적 표현은 나이나 상실에 의해 필연적으로 차단당하는 게 아니라는 점을 보여주려는 것이다. 이러한 역경에도 불구하고 성장하기 위한 고투는 인생의 가장 기본적인 창조적 에너지를 반영한다. 사실 많은 남녀는 상실에도 불구하고—때때로 상실의 결과로서—그들의 인생 후반에 창조적인 표현을 경험하게 된다. 우리는 6장에서 좀 더 충분히 이런 종류의 창조성, 즉 그것의 치료하고 회복하는 힘에 대해 탐험해볼 것이다.

사라 베르나르(Sarah Bern hardt, 1844-1923)는 무대 역사상 가장 잘 알려진 배우 중 하나가 된 유명한 프랑스 여배우였다. 그녀는 1862년에 데뷔했고, 25세에 코페(Coppe)의 희곡 〈행인 La Passant〉에서 자네토 역할을 맡으며 유명해졌다. 1915년 71세에, 그녀는 〈라 토스카La Tosca〉의 마지막 장면에서 뛰어내릴 때 얻었던 초기의 무릎 부상으로 이후에 합병증으로 다리를 절단해야만 했다. 그럼에도 그녀의 연기는 계속되었다. 극작가들은 앉아서 연기할 수 있는 역할을 찾아내거나 개발했다. 그녀가 마지막 역을 맡은 것은 78세에 죽음 전에 그녀의 파리에 있는 집에서 찍었던 할리우드 영화 〈예언자La Voyante〉였다. 같은 해 초기에 그녀는 연기에 대한 논문, 〈극예술〉(L'Art du théâtre)을 썼다.

바바라 데이비스: 모두에게, 모든 것은 때가 있다

바바라 데이비스는 그녀의 손녀 라나가 나에게 데이비스 부인을 만나자고 했을 때 75세였다. 그녀는 9년 전에 미망인이 되었고, 무남독녀 딸이 48세에 난소암으로 죽은 지 4년이 흐른 뒤였다. 그녀는 다른 손주들은 없었으며 24세의 라나가 유일한 외손녀였다. 데이비스 부인은 남편을 잃고 힘들어 했다. 그녀는 오랫동안 그들의 경력을 쌓으며 힘들게 일했고 남편과 함께 은퇴를 기다리고 있었다. 남편은 미연방 우체국의 중간급 매니저로, 그녀는 공립 고등학교에 행정 보좌관으로 열심히 일했다. 그녀가 딸을 잃고 마음이 매우 황폐하게 되었고 그것은 그녀에게 큰 상처가 되었다. 라나는 "그 때문에 할머니는 변했다"라고 말했다.

데이비스 부인은 친밀한 가족에서 자랐는데 세 자매 중 막내였다. 그녀의 아버지는 목사였고 어머니는 주부였으며, 두 분 다 사랑이 넘쳤다. 한 언니는 3년 전에 죽었고, 다른 언니는 수백 마일 떨어진 요양병원에 살았다.

라나는 할머니가 그녀의 유일한 지역 친척이기에 같은 도시에서 살았다. 라나는 데이비스 부인을 항상 따뜻하고 마음이 넓으며, 주위 사람들을 편하게 해주었다고 말했다. 고등학교 학생들은 데이비스 부인을 굉장히 좋아했고, 그녀는 선생님들에게 높이 칭송을 받았다. 사람들은 그녀를 좋아했다. 그녀는 항상 그녀의 부유한 아프리카계 미국 가족사에 관심이 많았으나 최근 들어 자신의 문제에만 심각할 뿐 어떤 것에도 흥미가 없어 보였다. 그녀는 딸을 상실한 이후 점차적으로 가까이 다가가기에 어려워졌으며, 아파트에서 혼자 있기를 좋아했다. 그녀는 신랄하고 은둔적이 되었다. 이 두 가지 성향은 예전에는 없던 것이었다.

관절염은 이후에도 계속 문제가 되었고, 그녀는 움직일 수 없게 되었다. 라나는 이모를 보살필 시간제 도우미를 고용했다. 그러나 도우미들은 데이비스 부인의 적대적인 말투로 인해서 부인과 함께 지내기가 힘들어 했다. 차례로,

몇 명의 도우미들이 왔다가 떠나갔다. 그들은 그녀를 돌보고 싶어 하지 않았다. 라나는 오랜 동안 그녀의 할머니와 이야기를 나눈 뒤에, 그녀의 표현에 편집증적인 말투를 염려하게 되었다. 그녀의 할머니는 세상이 그녀에게 등지고 있고 도우미들은 그녀에게서 무언가를 훔치려고 들었다고 믿고 있었다. 라나는 도둑질에 대한 어떤 흔적도 찾을 수 없었고 그녀의 할머니에게 도움이 필요하다는 결론을 내렸다. 라나가 나에게 그녀의 할머니 데이비스 부인을 돌봐줄 것을 요청했는데도, 그녀는 심리 치료사를 만나길 원하지 않았고 나를 만나는 걸 거부했다. 나는 라나에게 그녀가 할머니의 전반적 건강에 대해 염려하고 있으며, 할머니가 어떻게 행동하고 느끼는지 봐줄 의사가 방문하도록 약속을 잡고 싶다는 걸 설명해주라고 제안했다. 라나는 내 제안을 따랐고, 데이비스 부인은 나를 만나는 것에 동의했다.

우리는 서로를 알아가는 초기 만남을 잘 보냈다. 첫 번째 만남에서, 그녀는 그녀의 방어 태세를 조금 내려놓고 그녀의 손녀가 묘사했듯이 노여움과 의심을 어느 정도 드러냈다. 그녀는 또한 망상적 사고의 경계 상태를 드러냈다. 그녀의 감정이 좋을 때 인생사의 난관에 대해 이야기를 한 뒤에, 나는 우리의 정기적인 만남과 그녀가 망상적 사고를 경감해주는 약을 먹기 시작할 것과, 의심과 적대심으로부터 편안해질 것을 제안했다. 그녀는 정기적 만남에 동의했으나, 약은 어떤 것이라도 먹는 데에 강경하게 거부했다. 그녀는 만약 심리 치료사에게 약을 받으면, 이는 자신이 미쳤다는 의미가 된다고 말했다. 나는 여전히 그녀를 만나는 것에 즐거울 것이라고 말했다.

우리는 일주일에 한 번 그녀의 아파트에서 그 다음 두 달 동안 만났는데, 처음에는 잘 지냈다. 그녀는 점점 그녀의 아버지가 지역 사회에서 지도자로 여겨지던 작은 남쪽 마을에서 자랐던 유년기의 풍부한 경험에 대해 이야기를 하면서 생기 넘치고 흥겨워하게 되었다. 그녀는 그녀의 가족을 자랑스러워했다.

그러나 어느 날, 수면을 제대로 취하지 못한 이후에 그녀는 이웃 아파트에

"여자는 티백과 같다. 당신은 그녀가 뜨거운 물에 닿을 때까지 그녀가 얼마나 강한지 결코 알 수 없다."
- 낸시 리건

1906년 푸에르토리코에서 태어난 그레고리오 마르잔(Gregorio Marzán)은 그가 서른 살이 될 때쯤 청력을 거의 잃었다. 그는 장난감 회사에서 인형 속을 채우는 일을 했다. 회사가 속을 채우는 기계를 바꿨을 때, 그는 65세에 은퇴할 때까지 기계를 작동시켰다. 그 이후에 그는 눈 한쪽의 시력을 잃었다. 눈이 반쯤 보이지 않고 귀가 거의 먹은 그는 예술을 추구했는데, 그의 혼합재료 조각 작품에 섞어 넣을 재료를 찾으려고 '스패니시 할렘' 거리를 뒤지며 다녔다. 이 작품은 "미국에서 히스패닉 예술: 현대 화가와 조각가 30인"이란 제목의 중요한 순회 전시에 포함되어 있다. 가장 잘 알려진 작품 중 하나는 그가 83세에 만든 〈자유의 여신상〉이다. 그것은 석고와 직물, 테이프, 접착제, 전구, 엘머의 접착제 뚜껑 그리고 가발의 혼합재료로 만들었다.

서 나오는 소음에 대해 이웃과 논쟁을 벌였다. 내가 그날 이후, 그녀를 보았을 때 그녀는 느닷없이 그녀의 예전 행동으로 역행하여 격분했다. 그녀는 우리가 충분히 대화를 나눴지만 내가 그녀에게 어떤 좋은 영향도 끼치지 못했고, 그만둘 때가 되었다며 나를 더 이상 보기를 원하지 않는다고 말했다. 그녀는 강경했다. 나는 떠나면서 그녀가 어떻게 지내는지 알아보기 위해 주말에 전화하겠다고 한마디 덧붙였다.

내가 전화를 걸자 그녀는 좋아졌지만 여전히 이야기하고 싶지 않다고 말했고, 나는 다음 주에 다시 전화를 걸겠다고 순순히 동의했다. 다음 번 내가 전화했을 때 그녀는 화난 상태였고, 더 이상 이야기하고 싶지 않으니 다신 전화하지 말라고 말했다. 대신에 만약 뭐든 필요하다면 그녀가 나에게 전화를 걸겠다고 했다.

나는 방문 간호사가 간헐적으로 건물로 찾아와 데이비스 부인의 관절염을 몇 달에 한 번씩 봐주는 것을 알고 있었다. 간호사는 내가 방문한 날 중에 한 번 왔었고 데이비스 부인에게 그녀가 나를 만나는 것에 대해 기쁘다고 말했다. 나는 간호사에게 연락해서 상황을 설명하고, 나를 다시 만나보기를 원하는지 데이비스 부인에게 물어봐달라고 부탁했다.

나는 약이 그녀가 느끼는 방식에 매우 각별하게 작용할 것이라고 확신했고, 그녀가 기회를 주기를 바랐다. 나는 우리의 대화가 그녀가 인생의 더욱 만족스러운 경험을 얻는 데 도움을 줄 것이라 느꼈다. 나는 또한 데이비스 부인의 망상이 강도가 파동 치는 것을 알았고, 좀 더 평온해졌을 때 그녀가 내 방문을 훨씬 쉽게 받아들일지 모른다는 것을 알았다. 사실 그녀는 간호사에게 나와 다시 이야기하는 것에 관심이 있다고 말했다. 그 다음 2년 동안 우리는 가끔 만났고 데이비스 부인은 네 번 더 나를 내쫓았으며, 결국에 손녀나 간호사에게 재촉해서 내가 돌아오도록 요청했다.

하지만 전반적으로 데이비스 부인의 망상은 더 심해졌고, 그녀는 더욱 스트레스를 받았다. 나는 다시 나의 염려의 말을 건네며 약의 잠재 효능에 대해 주장했고 그녀에게 한번 시도해보자고 이야기했다. 그녀는 자신의 불평이 머리에서 짜낸 게 아니라 진짜라고 반박했다. 나는 그녀의 근심이 사실이라지만 약이 최소한 그 편집증 증세를 도울 수 있다고 제안했다. 그녀는 다시 고려를 해보고 약을 먹는 데에 동의했다. 그녀는 약에 매우 잘 반응했고, 다음 해에 그녀는 '예전의 자신'처럼 되었다. 그녀는 마침내 도우미의 시간제 도움을 받아들였고, 도우미에게 욕을 하는 대신 조력자로 감사를 표현하게 되었다. 78세에 그녀의 인생의 질은 향상되었다.

그 이후에 데이비스 부인을 방문했을 때, 그녀는 나에게 그 건물에서 레크리에이션 프로그램으로 구전 역사 프로그램을 시작했는데, 오디오 테이프로 그들의 인생 경험을 나누어줄 74세 이상의 자원 봉사자를 구하고 있다고 알려주었다. 미국 흑인 역사에 대한 바바라 데이비스의 관심에 대해 알고 있는 레크리에이션 기획자는 그녀에게 이러한 경험들에 대해 이야기하고 녹음하도록 허락해달라고 요구했다. 그 이후 6개월 동안, 데이비스 부인은 프로젝트에 참가했고, 그로부터 대단한 만족을 찾았다. 나는 손녀와 연락했고 그녀에게 할머니가 프로젝트를 잘할 것이라고 용기를 북돋았다. 또한 할머니가 녹음기를 원할지 모른다며, 대략 한 달에 한 번 할머니를 정기적으로 만나 가족 및 미래 가족 구성원들과 그녀의 이야기를 나눌 수 있도록 하면 좋을 것이라고 넌지시 알려주었다. 그들은 둘 다 모두 다음 2년 동안 진행되었던 프로젝트에 신이 났다.

수년간 내내 나는 데이비스 부인을 단지 일들이 잘 돌아가는지 확인하고자 매달 한 번 방문했다. 데이비스 부인이 80세가 되고 얼마 뒤에 그녀를 방문했을 때, 그녀는 아파트의 '동대표'가 되려고 자원했다고 알려줬다. 동대표의 책임은 각 층에 모든 거주자가 카드를 그들의 문에 매일 밤 남겨놓는 것을 다음 날 아침에 가져와서 다른 이들이 모두 잘 지내고 있다는 것을 알게 하는 것이었다. 그러나 데이비스 부인은 한 걸음 나아갔다. 그녀는 "당신도 알다시피 이 층에는 몇 명의 아주 외로운 늙은 노인들이 살고 있고 내 정기적인 방

"우리의 에너지는 그에 대응하는 저항에 비례한다."
－윌리엄 해즐릿

문이 그들에게 도움이 될 것이에요. 어떤 사람들은 그런 방문으로 도움을 많이 받아요"라고 말했다. 나는 고개를 끄덕였고 80세에도 '노인' 여성들에게 도움을 주며, 성장하고 새로운 것을 시도하는 그녀가 더욱 성장해 나가리라는 것을 감지하였다.

환자들은 의사들에게 많은 것을 가르치는데, 그중 가장 중요한 것은 겸손이다. 내가 데이비스 부인을 83번째 생일에 방문했을 때 그녀의 가장 친한 친구가 왔고, 그녀는 자랑스럽게 나를 그녀의 '발 전문의사'라고 소개했다.

5장

관계의 맥락에서 본
창조적 성장과 표현

만일 사람이 살아갈 때 새로운 지인을 만들지 못하면,
그는 곧 홀로 남겨지게 된다.
사람은 부단한 관계 회복을 통해서 우정을 이어나가야 한다.
_ 사무엘 존슨(1755)

<big>마</big>조리는 활기찬 여성이고, 남편과 세 명의 청소년 자녀가 있으며, 배
우의 의상 만드는 일을 이제 막 시작했다. 그녀는 몇 년 동안 참여
했던 여성 독서 토론 모임을 최근 중단했다고 말했다. 그녀는 항상 그 모임
이 즐겁고 활기찬 모임이라고 생각했는데, 특히 초보 엄마로서 몇 년 동안 그
녀가 성인 간의 대화를 갈망하고 있었을 때였다. 그러나 최근 몇 명의 회원이
들어오고, 문학 토론 과정에서 그들의 결혼생활과 삶의 선택들로 인한 불평
거리를 드러내어 마음이 불편해졌다. 그리고 마조리는 그게 싫었다. "그 사람
들은 상처받은 개인 문제를 곱씹는데, 전 부정적인 기운에 둘러싸여 시간을
보내고 싶지 않아요"라고 그녀는 말했다. "또한 전 지금의 제 삶과 경험하는

바바라 카틀랜드(Mary
Barbara Hamilton Cartland)
는 영국의 로맨스 소설 작
가로 82세에 1년 동안 26권
의 책을 집필해서 기네스북
에 올랐다(1983).

내 할머니 애니 그린사이드(Annie S. Greenside)에게는, "어떤 순간에도 아무것도 쉬운 것은 없었다. 그리고 삶은 그렇게 흘러갔다." 애니는 집에서의 일을 아내이자 엄마의 일로 간주했다. 그리고 세 아이를 키우는 것(그 아이들이 이제는 다 장성해서 성공했지만) 전업이라 여겼다. 애니가 30대 중반에 그녀의 아이들이 리코더를 내려놓고 음악수업을 끝낼 때 그녀는 이제 그녀의 차례라고 결심했고, 그녀 스스로를 위해 리코더를 들고 자신을 위한 수업을 시작했다. 다른 모든 것과 마찬가지로, 그녀는 그게 쉽지 않았음을 나에게 상기시킨다. 하지만, 자기강화가 그녀에겐 매우 중요했고, 개인 활동의 사회적 포트폴리오 만들기 시작했다. 그녀의 아이들 대학 보내기의 역할을 바꿈으로써 그녀는 변화되었다. 그녀가 참여했던 첫 번째 리코더에 그룹에 대해 그녀는 다음처럼 말했다. "그들 자신의 리코더를 만들 수 있는 많은 기술자로 구성되어 있어서 내겐 큰 부담이었어." 그래서 그녀는 또래가 있는 그룹을 찾았다. 80세가 되면서 그녀는 여전히 리코더 연습을 열심히 해야 한다고 말했다. 하지만, 그것은 매우 재미있고 매우 보람되며, 이따금씩 공연에

모든 것에 행복하기 때문에 그런 부정적인 대화로 제 자신을 맥 빠지게 만들고 싶지 않아요. 제 삶을 다른 방향, 새로운 곳으로 향하고 싶어요."

그 모임의 다른 여성인 프란은 최근에 이 신뢰하는 친구들과 토론에서 나온 그녀의 삶의 문제에 대한 솔직한 느낌을 공유하기 시작했다는 걸 고백했다. 이것은 중년기에 그녀 자신이 삶의 새로운 방침으로 삼은, 자아 발견과 내적 감정의 솔직한 탐구의 일환이었다. "저는 몇 년 동안 제 감정을 닫아두고 있었어요. 모두가 저에게 그들이 원하는 대로 되기를 요구하는 듯했고, 매우 많은 것을 바라는 것 같았기 때문이에요"라고 그녀는 말했다. 성인으로 살아가는 중 처음으로 그녀는 이제 진정으로 느끼는 점을 표현하고 있다고 말했다. 그것은 이따금씩 삶에 대한 분노와 슬픔도 포함한 것이다. 독서토론 모임의 다른 여성에게 고무되어 프란은 시를 쓰기 시작했고, 그 시 중 한 편이 한 문학저널에 실리게 되었다. "저는 제가 느끼는 감정에 대해 더 솔직해지기 시작했어요. 그리고 제가 정말로 생각하고 느끼는 것을 표현하려고 해요. 그것은 큰 위안이 되죠" 그녀는 말했다. "새로운 사람이 된 거 같아요."

두 여성에게 그 독서토론 모임은 수년 동안 활기를 주는 환경이 되었다. 하지만 한 달 만에 그 관계는 마조리에게는 막다른 골목이 되었고, 프란에게는 창조적 잠재성과 자아 표현의 새로운 길을 열어주었다. 두 여성의 개인적 욕구는 그녀들의 모임 경험과 삶 속에서 사회적 관계의 가치를 바꾸어놓았다.

이것이 관계의 본질이며 또한 이것이 나이를 먹어감에 따라 관계가 우리의 창조성에 영향을 끼치는 방식이다. 결혼, 친구, 가족 그리고 직장의 관계는 각각 우리 삶의 창조성을 위한 특별한 상황과 개인적 성장과 표현을 위한 환경을 제공한다. 어떤 관계는 우리의 창조성을 고무하고 양육하며, 고양하고 존중한다. 또 어떤 관계는 우리의 창조성을 막고 제한하고 꺾으며, 성장하고 변화하는 개인의 표현을 저해한다.

대부분의 관계는 우리의 창조성을 촉진하거나 억제하는 잠재성을 지니고 있다. 왜냐하면 우리가 어떻게 반응하는지는 그 순간 우리에게 일어나는 기

대와 두려움, 열망을 반영하기 때문이다. 두 사람이 같은 방법으로 동시에 감명을 받는 것은 드문 일이다. 하지만, 상대방이 동기부여를 받은 곳에서는 그 차이를 줄여줄 방법이 있고, 관계를 강화해주고 시간의 시험을 견디게 해주는 것으로 유지하도록 해줄 방법이 있다.

우리 대부분은 나이를 먹어감에 따라 재정적 안정을 보장할 수 있는 계획의 필요에 대해서는 민감하다. 하지만 우리는 관계성이란 관점에서는 거의 생각하지 않는다. 현명한 재정계획은 당신의 돈이 다양한 방법으로 사용되도록 투자하는 것이며, 당신의 재정을 보호하고 증대하는 동안 상승세와 하락세의 경제적 흐름에 맞추어진 분산 투자 포트폴리오를 만드는 것이다. 우리 미래의 행복에는 사회보장제도 계획이 또한 중요하다. 정부의 수익 프로그램을 말하는 것이 아니다. 우리가 관계의 다양성에 특별한 방식으로 의미 있는 투자를 할 때, 우리는 창조성과 장기적인 감정적 건강에 투자를 하는 것이다. 나는 이것을 사회적 포트폴리오라고 부르고, 우리는 이 단원 끝부분에 그것을 탐구하게 될 것이다. 그리고 9장의 창조성 워크숍에서 당신 스스로 만들 수 있는 단계별 지침을 보게 될 것이다. 자 이제, 모든 관계성은 우리의 삶의 경험에 추가되며 그것은 나이를 먹음에 따라 창조적 잠재성에 더해짐을 알게 되었다.

참여할 때 매우 기쁘다고 말한다.

리코더를 연주하고 몇 년 후, 그녀는 노래 모임에 가입했다. 그녀가 60대가 되었을 때는 집 주변을 지속적으로 편하게 하려는 책임감으로 두 개의 독서모임과 단편소설 모임에 가입했다. 애니가 설명하길 글 속에서 뉘앙스를 이해하려 열심히 노력하지만, 토론이 매우 매력적이며, 그녀가 사람들을 그들의 상황에 대해 이야기 하도록 이끌고 함께 모인 사람들을 매우 사교적으로 만든다고 설명한다. 그녀가 70대가 되자마자, 애니는 마침내 더 많은 관심을 신체적 건강에 전념할 때라고 느꼈고, 항상 운동에 관심을 갖고 있다.

창조적 발달에서 관계의 역할

나이를 먹으면서 "우리만의 방식으로 적응하며" 성장한다는 일반적 생각과는 반대로, 우리는 더 이상 성장하거나 변화할 수 없다. 제2의 인생은 개인 간의 관계를 통해서 분명한 갱신의 기회를 준다—즉 새로운 출발, 새로운 방향, 그리고 중간에 궤도를 수정하도록 돕는다. 현대 정신과 의사인 찰스 존스턴(Charles Johnston)은 창조성에 대해 연구했는데 그는 불명확성과 변화가 창조적 성장의 잠재성이 결부된 관계를 불러일으키는 방식에 대해서 논한다.

존스턴은 《절실히 요구되는 창조성 *The Creative Imperative*》이라는 저서에서 "우리가 다른 사람과의 관계에서 감정에 내맡길 때, 그 감정이 좋든지 나쁘든지 간에, 미리 그러한 감정들이 우리에게 무엇을 가져다줄지 정확하게 알 수는 없다. 우리가 할 수 있는 최선은 무엇을 원하는지 생각할 수 있는 충분한 잠재 공간을 만들어내는 것이고, 용기 있게 그곳으로 들어가는 것이다. 살아 있는 관계를 위한 가능성이 정확히 우리가 그 순간을 이전에는 없었던 것으로 만들게 할 수 있는 정도의 지금 이 순간에 있다"라고 설명한다.

관계는 그것이 결혼, 친구, 가족 혹은 일과 관련된 어떤 것이든지 변화를 멈추게 하거나 부정하기 위한 노력을 통해 변화를 통합하거나 약화시켜야 한다.

"관계가 살아 있는 어느 정도까지, 그것은 변화를 포함한다"라고 존스턴은 말한다. 미지의 두려움 속에서 우리는 우리의 관계가 변화하는 것을 막으려고 노력할지도 모른다. 하지만 비록 성공할지라도 그 관계는 전처럼 유지되지 않는다. 대신 그 관계는 위축되고 제한된다. 언제고 그 관계는 소멸한다. 진정한 관계성은 늘 진화하며 창조적 순환을 동반한다.

우리가 관계의 창조적 일에 몰두하게 될 때, 그리고 때때로 그것이 힘든 일인 경우 우리는 경험과 통찰력을 얻을 뿐 아니라, 시간이 지나면서 지속적 협동의 창조성 가운데 독특한 잠재성을 만들어내는데, 타인에게 강력하고 긍정적인 영향을 끼치게 할 수 있는 것이다. 인내하고 사랑을 주는 결혼생활과 우정관계는 최고의 우선순위이다. 그 이유는 그것들은 타인을 위해 위기로 끝나기보다는 그것에 대처하는 능력을 만들어주기 때문이다. 또한 그것들은 관계가 성장하고 성숙하며, 감정적 친밀함, 신의, 협동의 창조성과 함께 진화하는 방식을 만든다. 세대 간의 관계, 예를 들면 조부모와 손자 간의 관계는 협동의 창조성을 위한 충분한 잠재성을 제공한다.

나이를 먹으면서, 우리의 관계망은 크고 복잡하게 확장된다. 우리는 일반

글로리아 스완슨(Gloria Swanson, 1897–1983)은 육체파 미국 여배우로서 특히 1950년도 고전영화 〈선셋 대로Sunset Boulevard〉에서 노마 데스몬드(Norma Desmond) 역으로 잘 알려져 있는데, 여섯 번 결혼했다. 1980년, 그녀는 83세에 자서전 《스완슨이 말하는 스완슨Swanson on Swanson》을 썼다.

적으로 시간이 지나면서 더 많은 지인, 동료, 친구를 갖는다. 하지만 친밀함은 상황에 따라 다르다. 최근 수십 년 동안, 특히 결혼은 더 복잡하게 되었는데 그 이유는 높은 이혼률과 재혼률, 그리고 제2, 제3의 가족 때문이다. 또 재혼으로, 결혼 당사자 각자의 자식들이 있을 수 있고 그 자식들이 결혼을 해서 가족을 확대하여 엄청난 세대 간의 인척관계를 포함하게 된다. 심지어 우리 중에 가장 사회적이지 않은 사람들조차도 직장과 지역사회에서의 일상생활에서 수많은 관계 속의 한 부분이다.

우리는 모든 관계에 의해 만들어질 뿐 아니라 그것들의 누적된 영향에 의해 만들어진다. 어떤 관계의 기본적인 필요조건은 다른 한 사람을 알아가는 것이거나, 의미 있는 방법으로 이어나가는 것이다. 그래서 모든 관계와 더불어 새로운 시각으로 사물을 보고, 삶을 다르게 경험할 수 있고, 새로운 방법으로 반응할 수 있는 우리의 잠재력을 얻는다.

이것은 우리의 관계 중 하나에 어떤 변화가 우리가 어릴 때보다 나이 들었을 때 더 큰 파급효과를 가져온다는 것을 의미한다. 나이를 먹으면서 늘어나는 사회적 관계들이 복잡해지면서 새로운 변화가 생기며 우리 관계에 있어서도 일반적으로 새로운 기회를 만들어낸다. 이러한 성장하는 관계의 영향은 심리적 내면생활과 외부세계 경험의 영향 속에서 심오해진다.—이러한 개념 속에 C= me² 공식의 두 개의 e에 활기를 주며, 사람을 대하는 기술을 고양시키고, 우리의 창조성을 연결해주는 능력을 높여준다.

제2의 인생의 변화는 여러 가지 다른 방향으로 일어난다. 즉, 자아의 변화, 중요한 다른 사람의 변화, 우리 삶의 상황, 장애물, 기회의 변화, 그리고 사회적, 문화적 변화이다. 사실, 그 연결망은 많은 은하수처럼 보이기 시작하는데, 그 속에서 관계의 변화는 상승효과를 가지고 있고, 겉으로 보기에는 원래 시작 지점에서 훨씬 더 떨어져 있는 것처럼 보인다.

예를 들어, 우리는 제2의 인생에서 나오는 인간의 잠재력 변화 단계와 중년의 재평가(the Midlife Reevaluation), 해방(Liberation), 정리(Summing Up), 그리

바론 알렉산더 폰 훔볼트(Baron Alexander von Humboldt, 1769–1859)는 박물학자이자 탐험가인데, 그의 명작 《코스모스Kosmos》를 76세에서 89세 사이에 집필했다(1845–1858). 이 책은 일반 대중에게 과학 대중화의 이정표로 여겨진다.

에디스 클라크(Edith Clarke)는 65세에(1948) 여성으로는 최초로 미국전기기술연구소의 연구원으로 선출되었다.

고 앵콜 단계(Encore Phases)로부터 변화하려는 발달의 기회를 제공하는 인간의 잠재성의 발달 단계를 탐구하였다.

이와 같은 발달 단계는 우리가 알고 사랑하는 다른 사람의 삶 속에서 펼쳐지고 있다. 배우자, 연인, 친구, 동료, 부모, 혹은 아이들은 비슷한 큰 변화를 경험한다. 텅 비어 있는 집, 은퇴, 제2,제3의 직업과 같은 상황적 변화는 또한 새로운 도전과 성장을 위한 기회를 의미한다.

사회적, 문화적 변화는 또한 관계 속에서 창조적 성장과 표현에 매우 중요한 영향력을 끼친다. 우리 주변과 많은 서양 문화에서 남자들은 특히 일이라는 외부세계에 그리고 젊은 시절에는 성취감에 더 집중되어 있다. 하지만 인생 후반에 접어들면 자주 내적인 삶과 개인관계에 더 큰 관심을 갖는다. 이러한 문화에서 여성은 더 자주 감정의 내면세계에 집중하기 시작하고, 나이를 먹으면서 고양되는 외부세계를 탐구한다.

모든 이러한 변화의 영역을 둘러싸는 불확실성과 도전, 기회는 새로운 가능성을 낳으며, 그것은 생의 초기에 아무리 영향력 있는 사건이 발생했더라도 그 사건으로 인해 우리의 운명 닫혀 있지 않음을 의미한다. 왜냐하면 이러한 나중의 경험은 마찬가지로 강력해질 수 있기 때문이다. 불확실성과 변화는 둘 다 제2 인생의 전형적 특징이다. 그러나 우리가 그것에 어떻게 반응하느냐 하는 것은 선택의 문제이다. 언제든, 어느 나이에든 우리는 오래전에 배우고 경험한 것을 재구성하는 선택을 할 수 있고, 인생 후반에 주어지는 새로운 길을 택함으로써 초기 발생 사건으로 예정된 길을 수정할 수도 있다.

관계 성장을 촉진시키는 창조성

창의적 정신은 항상 어떤 힘든 컨디션에서도 살아남는다고 알려져 왔다.
– 안나 프로이드(Anna Freud)

나에게 노화를 연구하는 가장 흥미진진한 부분 중 하나는 그러한 연구가 인간의 상황, 즉 그것의 쟁점과 갈등과 기회 등을 새로운 유리한 지점에서 볼 수 있는 시각을 제공하는 것이다. 연구의 어떤 상황이나 분야에서 다른 관점을 통해 질문을 들여다볼 수 있을 때마다, 당신은 놓칠 수도 있는 어떤 것을 볼 기회가 높아진다. 역사적으로 인간의 본성에 관한 연구는 거의 어린 시절에 초점이 맞추어져 있고, 성장하면서 어떻게 개인의 인생관과 행동을 만들어내고 예측할 수 있는지에 관심을 두어왔다. 그러한 접근은 한계가 있다. 왜냐하면 우리가 모르는 인간의 행동이 많기 때문이다. 우리가 발견하지 못한 이해를 돕는, 그 주제를 조명하기 위해 덜 사용했던 창이 있다. 제2의 인생을 관계와 창조성 탐구를 위한 출발점으로 사용함으로써, 우리는 새로운 관측창과 새로운 물음들을 발견하게 된다:

- 관계 맺기는 성인의 삶에서 우리의 창조적 성장과 표현에 어떻게 영향을 끼치는가?
- 창조적 성장과 표현은 우리의 관계 맺기에 어떻게 영향을 끼치는가?
- 개인의 특성을 유지하기 위한 창조성을 관계 안에서 어떻게 사용할 수 있는가? 우리에게 중요한 관계를 어떻게 강화할 수 있는가, 우리의 삶을 풍요롭게 하기 위한 새로운 관계를 발전시키는 방법은 무엇인가?

우리가 관계 맺기를 창조성을 위한 배경으로 바라볼 때, 특히 공동의 창조성과 사회적 창조성 등 다른 유형에 대한 풍부한 잠재력을 볼 수 있다. 창조성은 항상 외로운 노력이 아님을 기억하라. 다른 개성, 경험, 열망, 꿈의 조합이 다른 사람과의 상호작용을 통해 개인 성장을 위한 독특한 기회를 제공한다. 작곡자와 작사가의 협력해 뮤지컬을 만드는 일에서부터 최초로 인간을 달에 도달하게 하는 팀을 동원하는 데 이르기까지, 우리는 창조성이 공동 혹은 집단 노력의 독특한 산물이 될 수 있음을 알 수 있다.

더 일상적인 수준에서 인생은 공동의 창조성을 위한 기회로 넘쳐난다. 즉 결혼이나 그와 비슷한 감정적 친밀함의 관계 속에서, 우정 속에서, 확대가족

마스터(Masters)와 존슨(Johnson) 팀의 성과학자(sexologist)인 의학박사 윌리엄 하웰 마스터는 71세(1986)에 버지니아 존슨(Virginia Johnson, 61세)과 《성과 사람의 사랑에 대해 On Sex and Human Loving》를 공동집필하였다.

속에서, 그리고 가깝고 먼 지역 공동체 속에서 생겨난다. 성인기에는 감정적으로 열성적인 파트너가 서로 관계에 이득을 주고, 그들 자신의 개인적 성장을 이루게 되는 방법 속에서 새롭고 귀중한 어떤 것을 가져오는 것이 항상 가능하다. 다른 관계 맺음과 사회적 상호작용은 새로운 사람들과 새로운 생각에 노출시킴으로써 우리의 창조성을 계발할 수 있는 방법을 제공한다. 마찬가지로, 생물학적 영역에서 새로운 정보를 관리하고 새로운 사고를 낳는 뇌의 용량은 새로운 접촉에 의해서 수십억 개의 세포조직 가운데 확장되며, 우리가 기존의 관계를 풍성하게 하고 사회적 상호관계의 망을 확대해 나갈 때 우리의 창조적인 잠재력은 성장한다. 이 흥미진진한 잠재성은 교육이나 수입 혹은 건강 정도와 관계없이 우리 모두에게 존재한다.

우리가 생의 후반기로 들어가게 됨에 따라, 우리의 수많은 관계가 성장할 뿐만 아니라 관계 경험이 확장된다. 그 과정 속에서 관계를 이해하고 다루는 능력이 일반적으로 커진다. 창조성을 위한 공식이 없는 것처럼 성공적인 관계를 맺기 위한 손쉬운 공식이란 없다. 그 둘은 완전히 이해되지 않는 감정적인 화학반응에 크게 의존한다.

그러나 전문지식과 마찬가지로, 삶의 경험과 내적 힘은 결합하고 개인의 창조적 성장을 자극하는 상승작용을 하며, 비슷한 시너지는 관계 속에서 창조적 성장을 만들어낸다. 예를 들어 관계의 역사는 관심과 경험, 감정적 친밀함을 공유하고, 시간이 흐를 수록 의미 있게 된다. 우리는 어제 만난 누군가가 표현한 의견이나 감정보다 수 년 동안 알고 지내는 친구의 의견이나 감정에 더 큰 중요성을 부여한다.

하지만 다른 상황에서 과거는 우리를 그 괴로움에서 벗어났거나 떨쳐내기를 원하는 옛날 습관과 역할에 얽매이게 할 수 있다. 만일 여러분이 변화와 성장에 대한 충동이 강한 삶의 어떤 지점에 있을 때, 관계가 감정적인 과거에 의해 무겁게 짓눌린다면 감금당하는 느낌을 갖게 될지도 모른다. 관계를 좋은 기회로 만든 것은 그 과거를 변화를 가로막는 장벽에 둘린 성(城)으로 사용하기보다 창조성과 성장을 위한 기초로 사용하는 것이다.

'성장 격차': 고르지 못한 성장은 긴장을 낳는다

관련을 맺은 두 사람 중 한 사람이 창조적 에너지의 극적 성장을 경험하는데 나머지 한 사람이 그렇지 못하거나 다른 방향으로 가려 한다면, 그 결과는 관계 속에서 '성장 격차'(growth gap)가 생기게 된다. 성장 격차는 감정적 연결 유대감과 경험을 침식할(해 칠) 수도 있지만, 상대방의 개별적 반응에 따라 그 것을 강화하기 위해 사용될 수 있다. 관계가 유연하다면, 한 상대방이 다른 상 대방이 점차적으로 즐기거나 인지하게 되는 새로운 생각이나 활동 영역으로 새로운 길을 열면서 이러한 성장 격차가 자극이 될 수 있다.

성장 격차가, 둘 중 한 사람에게 관계에 대한 위협으로 여겨질 때, 그 반응 은 적대적일 수 있고 함께 성장해 나가는데 걸림돌이 된다. 우리가 나이를 먹 음에 따라서 관계 기술과 경험이 쌓여서 이러한 성장 격차를 더욱 더 강하고 새로운 관계로 다룰 수 있게 된다. 그러나 어떤 상황에서는 변화의 어려움이 그 틈을 메우려는 상호적 열망보다 더 클 때 관계의 기본이 소실된다. 그 점 에서 창조적 사고는 새로운 기회와 다른 관계로 이동을 위한 도구가 된다.

네드(Ned)와 낸시(Nancy)는 그들의 세 아이 중 막내가 대학을 졸업했을 때 40대 중반이었다. 그리고 '빈 집'은 넓고 매력적으로 불쑥 거대한 모습을 드러 냈다. 그들의 아이들은 그들 자신의 일과 친구로 분주했다. 네드는 관공서 중 간 관리자로서 안정적인 직업을 갖고 있었고 더 많은 여가시간과 여행에 쓸 수입을 고대했다. 낸시는 18년 전에 전업주부가 되었기에 교사 일을 수행하 지 못했지만 이제 그 흥미를 되찾을 기회가 엿보았다. 그녀는 아이들이 학교 를 다닐 때 이따금씩 대체 교사로 일했지만 이제 완전히 학교로 돌아가길 원 했고, 그녀의 평생 학업 분야인 역사학 박사 학위를 따고 싶어 했다.

영국의 소설가이자 일기 작가인 패니 버니(Fanny Burney, 1752–1840)는 제인 오스틴(Jane Austen)의 선 구자로 여겨졌는데, 그녀는 오스틴의 가정생활 묘사에 영향을 미쳤다. 그녀는 80 세의 나이에 그녀 아버지의 회상록을 출판하는 데 전념 했다.

조지 반크로프(George Ban
croft, 1800~1891)는 그의
중요한 저서 《히스토리
History》의 10권과 마지막
권을 74세에 출간했다. 전
체적으로 만족하지 못해서,
그는 11년간을 초판의 오류
를 수정하는 데 보냈다. 그
의 마지막 개정은 85세에
출간한 《헌법 제정의 역사》
두 권의 저작이다.

그들이 새롭게 자유를 얻은 초반 몇 달 중 가장 분명한 변화는 낸시의 일상생활에서 일어났다. 그녀는 체육관에 등록하여 6개월 만에 8Kg을 감량했고, 그녀로 하여금 새로운 옷을 사도록 하였다. 건강하다고 느꼈기에 동유럽 역사에 관한 박사학위를 끝마치기 위한 학업계획도 순조롭게 진행되었다. 그녀가 과목들을 택하고 뛰어난 성적을 거둔 방식이 마치 큰 불을 피우기 위해 작은 불을 켜는 것과 같았다. 그녀는 이러한 사실을 알기 전, 교수 중 한 명이 자신을 도와 학부생에게 역사를 가르쳐 달라고 요청했다. 이제 그녀는 활짝 피어났으며, 대학에서 강의를 준비하는데, 학생과의 모임에, 그리고 그녀의 학업과 연구에 점점 많은 시간을 보냈다.

처음에 네드는 그런 그녀를 기뻐해 주었다. 하지만 그녀의 열의가 커지자 그의 열의는 식어갔다. 그녀가 자신 없이도 그들 관계 외부에서 새로 발견한 흥미와 흥분을 경험하자 그는 상처를 받았다. 그 상황은 낸시가 점점 더 많은 시간을 네드와 떨어져 보내면서 더 악화되었다. 그녀는 신체적으로나 패션으로나 세련되어 보였지만 그는 그것이 그를 위한 것이 아님을 느끼기 시작했다. 점차 그들의 유쾌한 대화는 팽팽한 논쟁으로 바뀌었다. 그것은 네드의 짜증내고 흠집을 잡는 말로 시작되었고, 밤에 학교일로 중요한 약속이 있는 걸 알면서도 극장표를 예매하는 것과 같은 일정을 잡는 행동으로 악화되었다. 낸시는 네드에게 점점 짜증이 나고 화가 났다. 특히 심하게 격앙된 언쟁을 벌인 이후 그들은 그들 관계에 발생한 깊은 불화가 그들의 함께할 미래를 위협하고 있음을 알아챘다. 그들은 냉담한 상태가 되었다. 낸시는 흥분하며 밀어붙였고, 네드는 화를 내며 막무가내로 버텼으며, 그 긴장관계는 그들의 결혼을 파경 직전으로 몰고 갔다.

네드와 낸시에게 그러한 희망찬 시기가 이런 식으로 허물어진 이유는 무엇인가? 낸시가 전도유망한 새로운 일을 제쳐 두고, 그녀의 학업분야의 학자로서 리더로서의 꿈을 포기해야 했을까? 무엇 때문에? 그녀의 창조적 에너지를 막는 결혼 때문에? 아니면 그녀의 성공에 분개하는 남편 때문에? 네드의 관점에서는 낸시의 내면생활에 대한 분명한 비전을 알지 못한 채 지금껏 잘 되어 가고 있었다고 생각했었지만 짧은 시간에 벌어 진 엄청난 변화들이 혼란스럽고 어리벙벙하기까지 했다. 그들의 관계에서 그 균열을 치유하려면 두 당사자가 상당한 노력을 해야 할 것이다. 그리고 서로를 이해할 수 있고 공유하는 삶을 재건할 수 있는 새로운 방법을 함께 모색해야 한다.

또 다른 문제에 직면했던 커플인 앤(Anne, 41세)과 제이슨(Jason, 42세)은 결혼 8년차 부부이다. 이들은 처음부터 언쟁이 오가는 관계였다. 그들은 모두 작가였는데 그것은 많은 공통점을 갖게 하였다. 하지만 매우 경쟁적이었다. 그들의 첫 책을 내기 위해 각각 일을 하였다. 중간 중간 앤은 몇몇 글을 여러 잡지에 기고했고 반응도 좋았다. 제이슨은 그가 게재했던 글에 거의 관심을 받지 못했고 앤을 질투하게 되었다. 그에게 계속해서 거절 편지가 쌓이는 동안 그녀가 드디어 수익성 좋은 출판계약을 따냈을 때, 그것은 그에게 큰 부담이 되었다. 그는 바람을 피웠고 그것을 숨기지 않았다. 계속해서 그는 결혼생활을 파괴했고 결국 둘은 이혼을 했다.

캐서린(Catherine)에게는 친구들이 그녀의 창조성 표현에 장애가 되었다. 그녀는 63세이며 중서부의 작은 마을에서 평생을 살았다. 그녀의 친구들은 학창 시절에 사귀었던 친구들이었다. 그녀는, 여행하기를 좋아하지 않았지만 멋진 남자와 37년의 결혼생활 후 61세에 미망인이 되었다.

그녀가 제일 먼저 그녀의 삶에 대해 생각해 봤을 때, 늘 갈망하던 세상을 보고자 하는 열망과 다시 연결되었고 외국으로 여행하는 것을 알아보기 시작했다. 그녀의 친구들은 그녀의 방랑벽을 이해하지 못했고, 처음에는 그러한 점을 놀렸다. 그녀가 여행 가기를 고집하고 계속 그 들뜸을 이야기하자 놀려댄 친구들은 더 날카롭게 변해서 그녀에게 '그 나이에' 혼자 여행 가는 것은 위험하다고 경고했다. 그리고 그녀의 여행 스케줄로 지역 공동체 조직에서 리더 역할을 중단하는 것에 대해 비판했다.

그녀의 첫 여행, 그것은 나라를 가로지르는 장거리 단순한 기차여행이었

줄리아 워드 하우(Julia Ward Howe, 1819–1910)는 1862년(43세)에 쓰고 〈애틀랜틱 먼슬리The Atlantic Monthly〉지에 실렸던 〈승전가Battle Hymn of the Republic〉로 잘 알려진 미국의 개혁가이자 작가, 강사였다. 그녀는 1870년부터 1890년까지 〈여성신문Woman's Journal〉을 편집했다(71세). 그녀는 89세(1908)에 미국 문학예술아카데미의 회원으로 선출된 최초의 여성이 되었다.

마틴 부버(Martin Buber ,1878-1975)는 신학자이자 철학자로서 《나와 너*I and Thou*》를 45세에 출판했고, 《인간 사이*Between Man and Man*》를 69세에, 《제7 일*The Seventh Day*》을 89세에 출판했다.

다. 그녀는 새로운 곳을 보는 기쁨을 함께해 준 친절하고 흥미로운 사람들의 세상을 발견했다. 집으로 돌아와서 그녀는 지역 도서관에서 열리는 저녁 여행 모임에 참여하기 시작했고, 그녀와 비슷한 많은 사람과 친구가 되었다. 그녀는 자원봉사를 도서관으로 바꾸고 한 달에 한 번 열리는 독서 토론 모임에도 가입했다. 그녀는 바쁜 가운데서도 조금씩 새로운 관심거리를 찾게 되었고, 그녀의 모험심과 현명함을 존중해 주었던 새로운 친구들의 격려에 힘을 얻었다. 그녀는 옛 친구를 잃기 시작한 것이 아니었으나 그들은 끊임없이 그녀의 새로운 선택에 비판적이었고, 그녀는 시간이 지나면서 그들을 차츰 멀리하는 것을 선택했다.

친밀한 관계의 '우리' 안에 '나'를 키워 가기

레오나드 시드니 울프(Leo nard Sidney Woolf, 1880- 1969)는 영국의 출판인이며 버지니아 울프와 결혼했다. 그리고 그녀와 함께 호가스(Hogarth) 출판사를 설립했고, 80세부터 시작해서 자서전을 다섯 권을 썼다: 1960년(80세) 《씨뿌리기 *Sowing*》, 1961년(81세) 《성장 *Growing*》, 1964년(84세) 《다시 시작*Beginning Again*》, 1967년(87세), 《모든 게 순조롭다》(나락으로 가는 길) (*Downhill All the way*), 1969년(89세, 운명) 《다다름으로의 여정*The Journey to the Arrival Matters*》.

우리가 창조적 에너지를 그림 그리기와 가르치기, 농사짓기, 철학하기 등으로 표현하든 하지 않든, 그리고 그것이 대문자 C의 공적 창조성이든 작은 c의 개인적 창조성이든, 우리의 창조성은 개성의 가장 진실한 표현을 나타낸다. 그 참된 자아는 다른 사람들의 요구와 기대에 의해, 다른 사람을 기쁘게 하려는 욕구에 의해, 아니면 모든 것이 관계 속에 있도록 하는 방법에 대한 다른 사람의 비전의 힘에 의해 이따금 압도될 수 있다. '우리' 속에서 '나'를 고양하는 것이 가능할까? 개인의 창조성과 관계는 상호 배타적인가?

사랑하라, 하지만 사랑으로 속박하려 말라.
서로의 컵을 채워라, 하지만 하나의 컵으로 마시지 말라…
심장을 주어라, 하지만 서로 계속 가지고 있지는 말아라
— 칼릴 지브란

역사와 심리학이 우리에게 말해 주길, 관계 속에서 우리의 개성을 주장하는 것이 어려운 문제라고 하는 반면 많은 사람들은 나이가 들어가면서 그것을 하기 쉽다는 걸 알게 된다. 이유는 무엇일까? 그들은 자기 자신에 더 자신감이 있다. 자신들의 의견이 중요하기에 그들이 모질게 비난받을 수 있다는 걸 크게 걱정하지 않는다. 때때로 어떤 관계에 대한 압력은 시간이 지나면서 완화된다.

"우리 아이들이 대학을 끝마칠 쯤 재정적인 책임 없이 마침내 쉴 수 있고 수년 동안 내가 생각해 오던 걸 실행할 수 있을 것 같았죠. 하지만 그것을 하는 데 용기를 낼 수 없었어요"라고 퇴직한 페인트 회사 판매 대표였던 윌리엄(72세) 씨가 말했다. "항상 목수일을 배우길 원했어요. 그리고 아내가 그런 관심이 없다 하더라도 그녀는 내가 내 시간을 그렇게 쓰는 것에 신경 쓰지 않았죠. 그녀는 자신의 일이 있었거든요."

결혼에서 혹은 어떤 친한 관계에서 '바로 나'를 표현하는 문제가 생겨나기 시작할 때, 그것은 대부분 상대방이 자율성이나 자기 인식, 자기 주도성을 그 관계에 앞서 달성하지 못했기 때문이다. 많은 사람은 그 과정 속에서 완전함을 느끼기 위해 혹은 부적합한 느낌을 해결하기 위해, 그 정체성 확인을 위한 결혼을 하거나 타인에 의지하게 된다. 어떤 관계든 특히 감정적인 친밀함의 관계는 나에게 중요한 사람과의 관계를 통해서 우리 자신의 새로운 면을 발견하기 위한 이상적인 장소이다.

그 대신에 만일 개인으로서 자신이 누구인지 확립되지 않았다면 이것은 관계에 무거운 짐을 지우게 된다. 그렇게 되면 그 위험 요소는 완전함 혹은 동일성의 감정을 다른 사람에게 매우 무겁게 주게 됨에 따라, 다소 미약한 완전함의 감정은 만일 중대한 변화나 큰 성장 격차가 일어나면 붕괴되고 만다. 의존적인 파트너는 관계의 문제로 옮겨 갈 수 밖에 없는 내면의 감정 갈등을 겪게 된다.

이전 단원에서 논의했듯이, 나이를 먹으면서 우리는 개인으로서 우리가 누구인지에 대해 더 자주 더 잘 이해하게 된다. 그리고 관계 속의 정체성 문제는 사그러들기 시작한다. 빈번하게 노화의 고정된 이미지 속에서 간과되는 긍정적인 심리적 발달은 자신에게 편안한 생각을 갖게 되고 관계 속에서 그것을 가져올 수 있는 사람들에게 매우 중요한 것이다.

인간관계가 자기 이해의 확립된 기초를 더해 주는 더 나은 자아 발견을 위한 기회의 일부분으로 경험될 때, 그것은 애정이 있고 창조성이 있는 경험을 제공해 준다. 이러한 친밀함의 감정을 통해 우리는 우리 자신에 대한 새로운 어떤 것을 발견한다. 친밀한 나눔과 상호작용은 우리를 개인으로서 그리고 동시에 커플로서 번창을 지속할 수 있도록 허락한다. 양쪽 파트너의 일부로서 적절한 개인성을 유지하는 것은 창조의 불명확성의 과정과 활기가 넘치는 관계를 유지할 수 있는 변화를 촉진한다.

'우리'의 관계 속에 '나'를 유지하는 것은 나와 우리 양쪽 모두에 대한 지속적인 탐색이 가능하게 한다. '우리'의 관계 속에 '나'를 유지하는 것은 새로운 것을 발견하고 새로운 어떤 것을 개인 혹은 둘의 관계 속으로 가져올 수 있는 배가된 창조성으로 나와 우리 양쪽 모두에 대한 지속적인 탐색이 가능하게 한다. 우리가 우리 자신을 다른 방식으로 볼 수 있을 때마다, 우리는 다른 측면을 확인하고 우리 자신에 대한 더 깊은 이해를 확립할 기회를 높일 수 있다. 이것이 창조성이 관계에 도움을 주는 방법이다.

성(性, gender)의 역할

우리가 나이를 먹어가며 관계의 경험 속에서 성의 역할은 긍정적인 변화를 겪는다. 앞서 언급했듯이 남성-여성 관계에서 가장 큰 문제 중 하나는 여성이 내적 작업에 더 초점이 맞추어진 경향인 반면 남성은 특히 외부에서의 활동과 성취감에 초점이 맞추어졌다는 것이다. 여성은 일반적으로 대인관계

메리 셔우드(Mary Sherwood, 1775–1881)는 19세기 영국의 아동문학 작가이며 77개의 작품을 썼다. 그녀의 대표작은 《페에필드 가족의 역사*History of the Fairfield Family*》 시리즈로 43세에서 72세 사이에 29년 간에 걸쳐 쓴 작품이다.

문제에 더 주의를 기울인다고 여겨지는 반면 남성은 전형적으로 직장생활에
영향을 끼치는 외부 활동에 더 관심을 갖는다고 여겨진다. 이러한 관심사와
표현의 경향을 반영하듯 여성은 전형적으로 더 친밀하고 훨씬 고도로 발달된
관계를 갖고 있는 반면 남성은 전형적으로 더 활동적인 것에 기반을 둔 동료
관계를 갖고 있다.

노인학자이자 심리학자인 데이비드 거트만(David Gutmann)이 찾아낸 비
교문화 연구에 따르자면, 관계 속에서의 성별 차이를 육아와 그 밖의 가정 내
역할 그리고 성 구분에 따른 책임으로 나누는 전통적인 사회적 훈련과 연관
지었다. 중년의 나이가 되면 이러한 역할 차이는 덜 두드러지게 된다.

중년기 말과 노년기로 접어들면서 많은 문화에서 남성은 대인관계 중심적
으로 되는 반면 여성은 더 외부세계 지향이 되고 일단 자녀를 다 키운 뒤에는
가족의 발전에서 개인의 성장으로 관심의 방향을 돌린다. 이러한 변화는 남
편과 아내에게 더 친밀한 관계를 가져오고 관계를 활기차게 해주며, 관계에
새로운 어떤 것을 가져온다. 남편은 종종 그 관계를 더 감정적인 몰입을 통해
접근하고 아내는 개인적인 탐구로부터의 자아 발견에 기초한 새로운 차원을
가지고 온다. 이것은 노년기에서만 공통적으로 나타나는 귀중한 창조적 에너
지이다.

시간의 변화에 따른 관계의 사진(snapshot)

제2의 삶을 잘 영위해 나가는 노인에 대한 나의 연구에서 탐구했던 분야
중, 일반적인 관계성 그리고 특히 결혼에 관해 논의했다. 여기에 연구에서 나
왔던 사람들이 묘사한 몇 가지 스냅사진이 있는데, 이것은 우리가 나이를 먹
어 감에 따라 관계성과 관련되어 있는 발달의 사진이다. 모든 코멘트는 65세
이상의 사람들이 한 것이다. 긍정적인 코멘트는 일반적으로 노인에 일어나는

에드워드 진 스타이첸(Edward Jean Steichen, 1879–1973)은 유명한 미국의 사진가인데, 뉴욕현대미술관의 사진 감독을 66세에서 83세에 역임했으며, 그의 기념비적인 작품 《인간가족 The Family of Man》을 76세에 출판했다.

매우 낮은 이혼율에 비추어 볼 때 놀랄 일은 아니다. 왜냐하면 이 사람들은 잘 지내기 때문이다. 하지만 그들의 관점과 통찰력, 나이 듦의 여정을 분명하게 하는 접근법이 관계의 분위기와 새로운 성장을 위한 지지(支持, support)의 방식을 바꿀 수 있다.

"나이를 먹으니 사람들과의 상호 교제 속에서 갈등과 긴장을 더 적게 경험해요."

"우리가 처음 결혼했을 때는 수없이 논쟁을 벌였지만, 우리는 극복했어요."

"나는 특히 다른 신경 쓸 일이 없게 된 이후 지금[인생의 후반기에] 맺는 관계에서 스트레스를 다루는 것이 좀 더 쉽게 여겨져요."

"나는 젊었을 때와는 다르게 지금 당장 누군가와 언쟁을 했더라도 압박감을 느끼지 않아요. 모든 게 해결될 것이라고 더 많이 생각하죠."

"어렸을 때보다, 보통 나는 더 침착해졌고 덜 스트레스를 받아요. 그리고 이것은 분명히 나에게 관계를 다루는 데 도움을 줍니다."

"다른 사람의 부족함에 더 인내할 수 있게 됐어요."

"과거에 나의 남편을 성가시게 했던 것이 이제는 그렇게 그를 괴롭히지 않는 것 같아요."

"내 아내는 우리가 함께하는 활동에서 더 자발적이 되었어요."

앨리스 바베트 토클라스(Alice Babette Toklas)는 그녀의 재능 있는 글쓰기와 거트루드 스타인(Gertrude Stein)과의 전설적인 관계로 알려져 있고, 그녀의 유명한 《앨리스 토크라스의 요리책*The Alice B. Toklas Cookbook*》을 77세(1954)에 출판하였다. 그 책은 도발적인 비평, 조언, 일화(逸話), 미식가의 경이로움 등의 흔치않은 혼합으로 알려져 있다.

"우리는 더 가까워졌어요. 그 유대감은 시간이 갈수록 우리의 결혼을 더 끈끈하게 해주었죠."

"나는 20년 전보다 이제 더 잘 적응해요. 이제는 역경을 잘 다룰 수 있죠. 과거보다 짜증을 덜 느껴요."

"삶에서 약간의 슬픔은 우리에게 더 친밀감을 가져왔어요."

"슬픔은 남자에게 더 힘들죠. 왜냐하면 그 슬픔을 다루는 데 도움을 줄 친한 친구가 많지 않기 때문이에요."

"나는 이제 스스로 일어설 수 있다는 걸 알아요. 그리고 그것은 내가 알고 있는 다른 많은 노년의 여자들에게도 적용되죠."

"나는 지금은 젊었을 때 보다 덜 괴팍하고 이전보다 관계에서 자유롭게 내버려두는 편입니다."

"결혼생활을 잘하는 방법은 당신이 싸우려고 하는 것을 가라앉히는 거예요."

"남편은 요즈음 다림질을 해요. 그것은 우리 관계에 유익해요."

"남편이 내가 항상 즐겨왔던 그룹 활동에 더 많이 함께 하기 시작했어요."

"내가 젊은 엄마였을 때보다 지금 자기 확신을 더 많이 들어요."

"나는 지금 더 참을성 있게 되었고 덜 요구하며, 덜 압력을 가해요."

프랭크 해리스(Frank Harris,1856–1931)는 아일랜드 태생의 미국 저널리스트인데 특히 스캔들 관련 지면에 두려울 정도로 재능 있는 편집장이었다. 생전에 그는 많은 중요한 글을 편집했는데, 조지 버나드 쇼를 고용했던〈새터데이 리뷰the Saturday Review〉라든가〈허영의 시장Vanity Fair〉등이 그 예다. 그는 "동시대 가장 화려한 저널리스트이자 구제불능의 거짓말쟁이, 격양된 허풍쟁이, 원칙 없는 모험가, 섹스에 탐닉하는 바람둥이"로 묘사된다. 그의 자서전은 포르노로 판정되어 출판금지 되기에 이르렀다. 사실, 그는 거짓 없는 자서전《나의 삶과 사랑 My Life and Loves》으로 가장 유명한데, 그 책은 3권으로 구성되어 있고 67세부터 71세까지 집필했다. 성적인 솔직함이 그 당시(1923–1927)로서는 새로웠고 미국과 영국에서 검열 문제를 야기했다.

"남편과의 관계가 어떤 면에서 훨씬 좋아졌어요. 그는 이제 더 사교적이고 일상생활에서 더 활동적이에요. 또한 더 정력이 넘치고 매일 일터로 통근하는 3시간도 힘들어하지 않아요."

"동반자로서 우리는 이제 더 많은 것을 함께해요. 우린 더 가까워졌어요."

"우린 힘든 시절을 겪어 왔죠. 하지만 우리는 여정 중이에요. 과거에 순조로운 항해를 했다면, 지금의 문제를 다루는 데 더 어려울지도 모르겠어요."

"사람들과의 충돌을 다루는 것은 이제 쉬워졌어요. 왜냐하면 통제 불능에 빠지기 전에 오해를 즉시 처리할 수 있는 시간이 더 있기 때문이죠."

"이제 친구 사귀는 게 더 쉬워졌어요."

"미망인이 된다 해도 다시 결혼하지 않을 거예요. 요리하기 싫거든요."

"나는 지금 부끄러워하지 않아요. 그리고 그것은 분명히 사람들을 만나는 데 도움이 되죠."

"나는 관계 속에서 근근이 살아가기를 원치 않아요. 즐기며 살기를 원해요."

이러한 말들이 눈에 띄는 것은 다른 사람 가운데 나이 든 남자들과 여자들에게 종종 듣는 것인데, 우리가 나이를 먹음에 따라 관계 속의 충돌을 완화시켜 나간다는 것이다. 대부분 사람에게 나이와 경험은 문제를 해결하는 전략과 기술을 개발할 수 있는 큰 기회를 준다. 우리가 새로운 관계 속에서 난제(難題)를 처리할 수 있도록 더 잘 준비될 뿐만 아니라, 어느 기간 동안 확립된 관계 속에서 우리의 경험이 신뢰할 수 있는 선택의 여지를 강화한다. 판사와 외교관이 그들의 일에 노련한 지혜를 적용하는 것처럼, 우리는 그 지혜를 우리 관계 속에서 적용할 수 있다.

많은 사람들은 퇴직 후 새로운 시간에서의 자유를 즐기고, 압박이 줄어듦으로써 그렇지 않으면 문제가 될 수 있는 것들을 그 자리에서 다루거나, 미연에 방지하거나, 좀 더 일찍 해결한다. 우리는 특히 대립의 상황에서 인내를 훈련하고, 뒤로 물러서도록 배우며, 어떤 열정을 우리가 충동적으로 반응하기 전에 진정하도록 한다. 우리가 관계의 깊은 가치를 인지하게 될 때, 이러한 문제해결법과 반응대처법은 우리가 그러한 관계를 유지하도록 도와주고, 우리 뒤에 많은 것을 소멸하게 하는 것이 아닌 새로운 관계를 쌓을 수 있는 기회를 증가시켜 준다.

갈등 혹은 창조성: 잠재성의 다섯 가지 영역들

이따금씩 형제는 다투기도 하고, 친구관계에도 약간의 마찰이 있지만 그러한 관계 속의 당사자들은 좀처럼 상담을 받으려 하지 않는다. 따라서 우리가 관계를 이해하고 수정하는 치료 전략을 생각해 볼 때, 그것은 일반적으로 절대적 협력으로 받아들여지는 결혼 혹은 결혼과 비슷한 관계의 상황에 대부분 놓여 있다. 하지만 중요한 방법에서 창조성과 노령화의 문제는 여러 종류의 관계에서 비슷한 패턴이 있다. 친구관계나 어떤 의미 있는 관계에서 상대방이 다른 이의 창조성을 격려하고 영감을 불어넣는 잠재성을 갖고 있지 않다고 말하는 것은 잘못된 것이다. 마찬가지로 우정이 질투와 권태, 경쟁 그리고 주로 결혼과 관련되어 있는 창조성의 방해에 영향을 받지 않는다고 믿는다면 실수이다.

결혼은 아마도 인간관계에서 가장 어려운 문제일지도 모르기 때문에, 우

빌링스 러니드 핸드(Billings Learned Hand, 1872–1961)은 저명한 연방판사였다. 비록 그가 대법원에 근무하지 않았지만 몇몇 최고법원에서 종사했던 판사보다 더 대단한 판사로 여겨진다. 그는 89세에 죽을 때까지 재직했다. 80세에 《자유의 정신 *The Spirit of Liberty*》을 출판했고 88세에 개정판을 내놓았다.

"결혼 – 나침반이 아직 개발되지 않았을 때의 물결이 거센 바다."
– 하인리히 하이네(Heinrich Heine)

리는 그것을 충돌과 창조성을 이해하려는 복잡한 잠재성을 탐구하기 위한 모델로 사용할 수 있다. 아울러 우리의 다른 관계를 강화하기 위한 핵심 통찰력으로도 사용할 수 있다. 결혼 혹은 중요한 다른 사람과의 관계는 적어도 다섯 개의 원동력 혹은 무대를 제공해 주는데, 결혼이나 중요한 상대방과의 관계는 갈등을 일으키거나 반대로 창조성에 기여할 수 있는 사회적, 지적, 도덕적인 사고와 행동이 혼합된 최소한 다섯 가지의 역동들, 혹은 영역들을 제공한다. 갈등이 있을 때 이러한 문제를 검토해 보는 것이 근원적인 문제를 확인할 수 있는 기회를 높여 준다. 관계에서 새로운 어떤 것을 모색할 때, 다음과 같은 무대가 잠재적인 출발점을 보여준다.

1. 관계 속에 있는 두 배우자, 두 친구, 식구, 혹은 다른 상대방에서의 상호관계 속 역동관계(dynamics)
2. 남편 혹은 어떤 상대방에게 홀로 진행되는 역동관계
3. 아내 혹은 어떤 상대방에게 홀로 진행되는 역동관계
4. 남편이나 동거인과 자녀, 부모, 친국, 연인, 직장상사, 동료와 같은 관계 밖의 중요한 타인들 사이에서 일어나는 역동관계
5. 아내 혹은 다른 동거인과 중요한 타인들과의 사이에서 일어나는 동일한 역동관계

만일 여러분이 한편으로는 관계 속에서 긴장을 야기하는 충돌 원인을 찾고, 다른 한편으로는 관계 속에서 창조적 성장에 장애를 만들어내는 충돌의 원인을 찾는다면, 이러한 다섯 가지 사항을 재검토하는 게 시작점으로 유용할 것이다. 예를 들어 만일 결혼생활이 교착상태가 되거나 긴장감이 늘어날 때 이러한 점들을 생각해 보라. 그것은 위에 열거한 다섯 가지 항목에 같은 순서로 대응한다.

1. 배우자가 서로에게 너무 경쟁적인가?

2. 남편이 우울해하고 아내에게 심하게 다그침으로써 화풀이를 하려 하는가?

3. 아내가 결혼관계에 화를 내고 짜증을 부리는가?

4. 남편이 억압하는 직장 상사에 때문에 스트레스를 받는가, 그리고 무의식적으로 아내에게 억압자(직장상사와 같은)로서 행동하는가?

5. 아내가 가족이나 다른 책임으로 과중한 일을 하는가? 그리고 남편의 기대치나 요구들에 대하여 화를 내면서 반응함으써 무의식적으로 자신의 분노를 표출하는가?)

파멜라 한스포드 존슨(Pamela Hansford Johnson: Lady Snow)는 영국의 소설가인데 스노우(CP Snow)와 결혼했고 66세에 《좋은 남편》을 썼다.

결혼이나 다른 관계에서의 파트너에게 충돌의 원인을 찾도록 그리고 더 효과적인 문제 해결 전략을 개발하도록 다섯 가지 항목 중 무엇이든 적용될 수 있다. 동시에 이러한 항목 각각은 파트너 중 한 명이나 두 명 그리고 관련 있는 한 사람이나 두 사람에 의해 시작된 창조적 잠재성의 영역을 반영한다. 상호작용과 활동이 그들과 지속하기 위한 긍정적인 감정과 지속적인 동기부여를 만들 때 창조성은 유지할 수 있는 힘이 된다. 나는 세세한 활동을 말하는 것이 아니라, 다만 창조적 솔선수범을 하라는 것이다. 이것은 관계에 만족감을 주는 공감하는 활동에 대한 생각을 포함한다. 그리고 그것을 정기적으로 실행하는 것이며, 다른 가능성을 찾아가기 위해 새로운 영역으로 위험을 무릅쓰고라도 함께 들어가거나 신뢰할 수 있는 어떤 것들로 확장하는 것이다.

만약 당신이 관계를 새롭게 하거나 새로운 관계를 맺고 싶을 때 그것에 대하여 생각하거나 말하는 것은 한계가 있다. 당신은 무엇인가 새로운 창조적인 상호관계나 활동들을 찾아서 해야 한다.

만약 당신이 관계가 성장하기를 원한다면 스스로 도와야 한다. 재미와 도전이라는 요소는 창조적 과정이 될 수 있다. 그 가운데 파트너는 그들의 상보적인 힘을 이용할 수 있는 새로운 활동을 함께 탐구한다. 혹은 그 창조적 과정 속에서 그들 양자는 함께 하게 될 때 이득을 주는 기술을 갖추게 된다. 예를 들어보겠다.

- 서로 협력하여 떠난 모험을 확대 가족과 친구들과 공유하기 위해, 남편은 사진을 찍고 아내는 흥미로운 이야기책을 창작하거나 간단히 편지를 쓰는 여행이 될 수도 있다.
- 개별적으로 아내 혹은 남편은 새로운 분야의 배경지식을 개발하기 위한 공부 과정을 시작할 수도 있는데(창조성 준비 단계), 그들의 관계에 긍정적인 에너지를 불러일으킬지도 모른다.
- 파트너 중 한 명이 지역 공동체 활동에 적극적이 될 수 있다. 결국 상대방을 그 활동 모임과 인간관계의 영역으로 끌어들일 할 수도 있다.

갈등과 도전을 통과하여: 용기를 끌어 모아야 창조적이 된다

제리(Jerry)는 46세이고 다이앤(Dinae)은 45세로 둘은 23년차 부부이다. 그들은 같은 학교 대학원에서 만났다. 제리는 경영학 석사학위를 마쳤고 다이앤은 심리학 박사과정 중이었다. 다이앤은 결혼하고 일 년 만에 임신을 했고 엄마가 될 채비를 하려고 연구를 쉬기로 결심했다. 그녀는 결국 박사과정을 마치지 못했고 그 대신 가족을 위해 가정주부가 되기를 선택해 결국 두 아이의 엄마가 되었다.

수년이 지나고 제리는 급속히 성장하는 전자회사의 재정 관리를 맡아 창조적으로 일할 기회를 가짐으로써 큰 만족감을 얻었다. 그리고 재정담당 책임자로 승진하게 되었다. 한편 다이앤은 학교나 직장으로—적어도 비상근으로라도—돌아가길 원했지만 제리가 항상 저지했다. 그는 그녀가 이미 훌륭한 어머니이기에 인간미 없는 직장에 다니기보다 만일 그녀가 양육하는 데만 전념한다면 그들의 아이들에게 훨씬 이득이 될 것이라고 말했다. 그는 정말 진심으로 이렇게 믿었다. 다이앤은 가정일과 미래의 자신의 일을 위해 어떻게 시간을 나누어야 할지 고민했지만, 그녀는 어머니 역할을 좋아했고, 그녀의 아이들이 아름답게 자라고 만개하는 것을 보는 게 매우 즐거웠다. 그녀는 또한 맞벌이가 가족에게 끼칠 손실 위험, 즉 엄청난 스트레스와 충분치 못한 가족 시간, 바쁜 스케줄 가운데 어떨 때는 아이들의 요구를 놓치게 되는 등의 문제에 민감했다. 그녀는 전업주부의 상태를 계속 유지하기로 결심했고 그녀의 일에 관한 관심을 아이들이 대학 갈 때까지 미루기로 했다.

대체적으로 그들은 결혼생활에 만족했고 여유로운 가정생활과 사회생활을 즐겼다. 아이들의 조기 활동을 세심히 조직하기 위해 다이앤은 많은 친구를 사귀었다. 그녀는 사교 기술이 뛰어났다. 그녀의 인생은 이러한 관계들로 풍요롭게 되었고 그것은 학업과 직장을 포기하고 집에 머무는 것에 대해 이따금씩 찾아오는 섭섭함을 잠재우는 데 도움을 주었다. 이러한 선택이 가족을 위한 최선의 방법이라는 다이앤의 신실한 믿음도, 동료들과 일을 하고 학업을 하는 것에 대한 욕구를 가진 그녀의 상황을 완전히 잠재울 수 없었다. 그래서 가끔씩 말이 없어지고, 학업을 끝마치지 못했다는 울컥하는 실망감이 짜증으로 나타났으며, 나아가 분노하게 되고 제리와 언쟁까지 하게 되었다.

그 부부의 친한 친구 한 명은 새로운 멀티미디어 회사의 대표였는데 어느 날 저녁 그 친구가 그들의 아이들이 함께 다니는 학교의 학부모/선생님 모임에 참여했을 때 그는 다이앤의 조직적이고 사교적인 기술에 감명을 받았다. 자원봉사자로서 다이앤은 그 저녁 모임을 능수능란하게 조정하고 사회를 봤다. 그 이후 그는 그녀에게 그의 회사의 고객 관련 업무의 직원으로 일하면 어떻겠냐고 제안했다. 그의 회사는 중년층 청취자를 겨냥한 새로운 마케팅 전략을 세우고 있었는데 그녀가 추진한 매력적인 계획을 보고 다이앤이 적격일 것이라고 생각했다. 다이앤은 이 사실을 제리와 의논했고 제리는 아이들이 대학에 들어갈 때쯤엔 다이앤이 그 일을 고려하지 않을 이유가 없다는 데

> "나는 다이아몬드를 다시 돌려줄 만큼 남자를 싫어해 본 적이 결코 없어요."
> – 자자 가보(Zsa Zsa Gabor)

알프레드 프리처드 슬론 주니어(Alfred Pritchard Sloan Jr., 1875–1966)는 미국의 기업가였는데 제너럴 모터스 사의 구조조정 이후 1937년~1956년(62세에서 81세까지) 이사회의 회장이 되었다. 그의 감독하에 GM은 세계에서 가장 큰 기업 중 하나가 되었다. 그가 89세(1964)에 쓴 자서전 《나의 제너럴 모터스 시절*My Years with General Motors*》은 경영분야에서 고전으로 여겨진다.

동의했다. 그는 저극 찬성하지는 않았지만 그 생각에 반대하지는 않았다.

다이앤이 새로운 직장에 들어가기 시작하고 3개월도 안 되어서 제리는 충격을 받은 채로 집으로 돌아왔다. 그의 회사의 성공이 그에게는 도리어 걸림돌이 되었다. 그의 회사는 큰 회사에 매입되었고, 사업 합병의 일환으로 회사는 아주 멀리 옮겨야 했다. 제리는 그 회사에 남아 있을 수 있었지만 그는 더 이상 재정담당 책임자가 될 수는 없었고, 그는 직장을 따라 이사해야만 했다. 다이앤은 단호히 주장했다. "절대로 안 돼요!" 그녀는 그녀가 아이들을 돌보기 위해 그리고 제리도 고마워하는 집안 환경을 만들기 위해 수년을 집에서 보냈으며, 마침내 상상 이상으로 그녀에게 딱 맞는 일을 시작하여 기뻐하고 있다고 언급했다. 게다가 그녀는 전업주부로서 수년을 보낸 시간이 그녀를 계발하도록 해준 깊은 우정관계에 의해 풍요로워졌다고 느꼈다. 그녀가 둘 중 하나를 포기할 방법이 없었다. 그녀는 이제 자신이 차례라고 주장했다. 만일 제리가 회사를 그만둔다면 퇴직금을 받을 것이고 그것은 곧 그녀가 생각하기에 그에게 다른 일 하기 위한 시간을 줄 수 있는 것이라고 덧붙였다. 그 두 사람은 격렬하게 토의했지만 결국 제리가 수그러들었다.

수개월 동안 제리는 휴식 없이 일했다. 그는 풀이 죽었고 집에 오는 것이 점점 기쁘지 않았다. 술이 늘었고 매일 밤 낙담한 채로 집에 들어왔다. 처음에 다이앤은 동정어린 눈으로 대했고 그에게 이 상황이 곧 지나갈 것이라고 상기시켰다. 한편 그녀의 일은 계속해서 잘되어 갔다. 그녀의 일대일 홍보 업무뿐 아니라 그녀의 회사는 많은 교육용 비디오를 만들고 있었다. 다이앤이 그 영상의 하나의 진행을 맡게 되었다고 들었을 때, 그녀는 정말 기분이 좋아 집에 들어왔지만, 제리의 반응은 시큰둥했다.

그녀가 화가 치밀어 올라서 구체적인 일들을 다 남편에게 소리치면서 쏟아 부었다. 즉, 수년 동안 남편은 최근 회사에서 자신이 기여하는 정도와 번뜩이는 아이디어에 대해 뽐내며 집에 왔을 때, 그녀는 늘 치어리더였다. 하지만 지금 그 상황이 역전되었고, 그는 아내를 축하해 줄 기본 예의조차 없었던 것이다. 도대체 그는 어떤 남편인가? 그녀는 남편이 스스로 미안하게 느끼도록 더 질책했다. 그럴 필요는 없었지만, 그녀는 말했다. 남편이 그렇게 오랫동안 일을 잘했던 건 우연이 아니었다. 그의 기술은 아무것도 바뀐 것이 없었다. 그의 이전의 성공 덕택으로 그들은 매우 잘 지낼 수 있었고 그녀는 이제 수입이 좋은 일자리를 얻었다. 뭐가 그리 다른 것일까? 그들은 항상 오직 한 사람의 봉급으로만 살아왔고, 그녀는 충분히 벌고 있었다. 그가 적당한 새로운 일자리를 찾을 충분한 시간이 있었다. "당분간은 좀 즐기면서 지내요. 당신이 예전에 내에게 격려했던 것처럼, 친구들도 사귀고요. 기운 좀 내요!" 그녀가 그에게 말했다.

그들은 다음 두 주 동안 좀처럼 말을 하지 않았다. 하지만 어느 날 저녁 다이앤이 집에 왔을 때, 양초를 켜고 두 사람 분의 저녁을 차려 놓은 식탁에 놓인 장미를 발견했다. 제리는 멋진 식사를 준비해 놓았고, 오랫동안 우울해 했던 것을 사과했다. 그는 처음에는 자신이 힘들어 하는 동안 아내가 일에 의욕적인 데 분노가 일었다고 설명했다. 그러나 그는 그녀가 옳았음을 깨달았고 그가 이기적이었으며, 단지 그녀의 차례가 아니라 이제는 그녀가 뻗어나가야 할 때이며 그는 새로운 출발을 향해야 할 때임을 깨달았다고 말했다. 마침내 그들의 공동의 성공에 전념하여, 그들은 제리가 새로운 일을 찾고 시작할 수 있도록 돕기 위한 계획을 함께 짜기 시작했다.

이것은 새로운 창조적 에너지를 깨우고 다른 사람들이 신뢰하도록 더 도전적인 변화를 만들어내기 위한 내적 변화를 도모하는 힘든 일이다. 만약 상대방이 바뀌지 않으면 어떻게 될까? 때로는 더 많이 의견을 나누고 일어나고 있는 문제에 대처하는 것이, 긴 시간 동안 적응하는 것과 더불어 해결을 촉진할 것이다. 어떤 경우에는 개인 혹은 커플 치료가 관계에서 기대하는 것과 체험하는 것의 차이를 해결하는 데 필요할지도 모른다.

> "내 생각에는, 만일 당신이 무지개를 원한다면 비를 견뎌내야 합니다."
> – 돌리 파튼(Dolly Parton)

윌리엄 하비(William Harvey, 1578–1657)는 영국의 의학자이며 17세기에 혈액의 순환을 발견했다. 그는 50세에 이에 관한 책을 썼고, 나중(73세)에는 동물 생식에 관한 책 《동물발생론 *Exercitations Concerning the Generations of Animals*》을 출판했다.

가족 역할: 선택의 새로운 기능을 확립하기 위해 창조성을 사용하기

새끼 오리는 부화하고 16~18시간 이내 시각, 청각, 촉각 어느 것이든지 첫 감각적인 접촉을 경험하는 것을 '어미'로 유대감을 형성하려고 한다. 그 '어미'는 엄마 오리가 되는데, 특이한 상황에서는 그곳에 있는 어떤 다른 대상, 즉 어린아이나 심지어 빗자루도 엄마가 될 수도 있다. 이것을 '각인'이라 부르는데, 닭이나 칠면조, 오리나 거위와 같은 특정한 종(種)에서, 각인은 가족에서 누가 어떤 역할을 갖는지를 결정하는 데 많은 복잡한 사고를 없앤다.

다행히도 인간은 놀랍게 복잡하다. 이러한 복잡성의 이득 중 하나는 오리와는 달리 인간은 지배적인 영향이나 사건에 크게 취약하지 않다는 것이다. 우리의 삶에서 매우 충격적인 사건이라도 바꿀 수 없는 불변의 요인 효과 같은 것은 없다. 그것은 돌이킬 수 없이 상처가 되거나, 고착되거나, 꽉 막히게 되는 것이라기보다는 적응할 수 있는 인간 천성(天性)의 한 부분이다. 그럼에도 거기에는 우리에게 영향을 미치는 많은 요인이 있다. 즉 우리의 가족, 처한 환경, 삶의 경험, 위기, 성공과 같은 이러한 영향이 매우 강력할 수 있다. 때때로 우리는 고정관념과 융통성 없는 행동에 깊고 오래 파묻혀 틀에 박힌 일상을 살아갈 수 있다. 하지만 각인에 의해 운명이 결정되는 새끼 오리와는 달리, 우리의 운명은 틀에 박힌 일상에서 빠져나오게 하는 창조적이고 새로운 통찰력 혹은 전략의 영향을 받을 수 있다.

인간의 경험이 각인을 포함하지 않는 반면, 우리는 '함께 정체성을 알아간다'거나 강한 유대감이나 우리 자신, 우리 가족 혹은 다른 사람들에 관한 이미지를 발전시킨다. 그리고 그것은 긍정적이거나 부정적일 수 있다. 긍정적인 이미지의 한 예로, 위기의 상황에서 영웅적이거나 창조적 혹은 혁신적인 방법을 도모했던 조부모에 관해 가족이 항상 들려주는 이야기를 들 수 있다. 그 사람이나 그 사람의 이미지는 우리에게 '자아 이상'이란 심리적 용어로 설명

필립 로스(Philip Roth)는 65세(1998)에 19번째 소설인 《미국의 목가American Pastoral》로 생애 첫 퓰리처상을 수상했다. 그 책은 뉴저지 교외를 배경으로 부유함과 존중의 가치 검토했고, 품위 있는 아버지가 베트남 전쟁에 반대하는 테러리스트가 되는 딸을 키우는 과정을 묘사한다.

되는 예가 되는데, 그것은 동일시와 모방의 긍정적인 감정을 촉진한다.

한편, 가족은 때때로 부정적인 동일시의 가능성을 증가시키는 부정적인 이미지로 우리에게 족쇄를 채운다. '부전자전'이라는 말의 의미는 누가 그것을 말하느냐, 무엇을 그 사람이 생각하느냐에 따라 변화한다. 만일 '아버지'가 존경받는 사람이라면 그 말은 칭찬이다. 반대로 그가 경멸받는 사람이라면 그 말은 유전적 연관성으로 죄의식을 불러일으킨다. 가족 이야기, 가족사 그리고 관계망과 가족 생활에서의 가족의 체면이 우리가 우리 자신과 우리의 새로운 것을 배우는 잠재력에 대해 생각하는 방식, 그리고 새로운 행동 패턴을 확립하는 데 중대한 영향을 미칠 수 있다.

팀: 아버지를 용서하고, 미래를 용서하다

팀은 40세로 그의 일과 수면을 방해하는 불안감에 시달렸다. 그는 다양한 직장관계에서, 여성들과 동료들과 긴장 상태가 늘어나는 것을 자각했을 때 상담을 하러 왔다. 팀은 세 아이 중 장남으로 성장했던 시기를 설명했다. 술 문제가 있었던 그의 어머니는 여성복 가게에서 판매원으로 일했는데 음주로 직무 수행에 방해를 받을 때마다 주기적으로 직장을 바꾸었다. 그의 아버지는 컨설팅 엔지니어(감독기사)였는데 많은 국제적인 프로젝트 관련 일을 해서 자주 단기간 해외에 체류를 하곤 했다. 그리고 예상치 못하는 기간 동안 그곳에 머물렀다. 팀은 중요한 스포츠 경기나, 학교 행사, 혹은 가족 외출 등 많은 경우에 아버지가 꼭 있었으면 하고 바랐지만, 아버지는 새로 맡은 업무로 모습을 보이지 않았고, 와도 빨리 가야 했기 때문에 실망했다. 그는 또한 엄마가 학교 행사로 그를 태우러 와야 했지만 그녀가 취해 있어서 여러 번 늦었다고 말했다. 그가 일곱 살이었을 때 어느 날은 그가 좋아하는 박물관에 데려가기로 엄마와 약속을 했는데, 학교 밖에서 엄마를 두 시간 이상 기다렸다. 그녀가 도착할 즈음 그는 울면서 떨고 있었다.

그의 엄마는 남편이 가족을 떠나 빈번히 장기 출장을 가는 것에 대해 분개했다. 그리고 아버지는 엄마의 음주에 화가 났다고 분명히 밝혔다. 서로 간의 악감정은 쌓여 갔고 그들은 마침내 팀이 열 살이 되었을 때 이혼하였다. 그의 아버지는 해외로 떠났고 재혼해서 5~10년에 한번 그것도 잠깐 방문했다. 아빠에게 온 편지는 매우 적고 뜸했지만, 팀은 청소년기와 대학에 들어가서도 많은 편지를 아버지에게 보냈다. 팀은 대학에 갈 때까지 엄마와 함께 살았고 독립한 이후에도 연락을 계속했다. 팀은 그녀를 계속해서 신뢰할 수 없었고, 그들이 만나기로 할 때마다 팀은 그녀가 술에 취하지 않고 나타날지 알 수 없었다.

치료에 들어가면서 우리는 관계를 맺을 때 그의 불안과 불화 사이의 연결고리를 탐구했다. 불안이 불화를 낳은 것이라기보다는 불안이 그를 압도할 때 불화가 나타나기 시작했던 것이었다. 우리가 그의 관계를 면밀하게 들여다봤을 때, 팀이 무의식적으로 때로는 의식적으로 다른 사람의 화를 유발하는 미묘한 행동을 하는 게 분명하게 드러나기 시작했다. 그는 큰 컨설팅 회사의 계약 진행자였는데, 가끔 일을 할 때 약정을 끝까지 완수하지 못할 때도 있었고, 일을 소홀히 하여 기한을 놓칠 때도 있었다. 때로는 사소한 오해를 심한 말다툼으로 만들곤 했다. 그는 직장에서 일과 행동을 개선하지 못하면 그의 직위가 위태롭게 될 수 있다는 경고를 받았다. 이것이 그가 치료에 참여하기를 원했던 직접적인 계기가 되었다.

여성과의 관계에서 그는 데이트에 자주 늦었고 심지어 나타나지 않을 때도 있었다. 만일 관계가 진척되면 그는 관계의 결점을 찾아내거나 긴장감을 유발하기 시작했다. 친구관계도 마찬가지였다. 중요한 약속을 종종 지키지 않았고 심지어 가장 친한 친구의 아내에게 적절치 못한 행동을 하여 상당한 긴장 상태를 야기했고, 그로 인해 몇몇의 친구를 잃었다. 치료의 강도가 더해짐에 따라 그는 치료를 빼먹기 일쑤였고, 치료비도 체납했다. 나는 그에게 이 치료관계 또한 위험에 빠뜨리길 원하는지 물었다. 그는 처음에 이 질문에 놀

랄프 왈도 에머슨(Ralph Waldo Emerson)은 미국의 시인이자 논평가로서 67세(1870)에 《사회와 고독 Society and Solitude》을 73세에 《편지들 그리고 사회적 목적Letters and Social Aims》을 집필했다.

라면서, 마치 그가 자주 타인에게 끼치는 그의 행동의 결과에 대해 무지했던 것처럼 그가 나에게 하는 행동으로 벌어질 잠재적 결과에 대해 몰랐다는 것을 깨달았다.

이러한 토론 직후 그는 막 65세에 접어든 아버지에게 그가 일하는 사우디아라비아로 초대한다는 편지 한통을 받았다. 모든 비용이 지불된 항공 티켓이 동봉되어 있었다. 이것은 팀의 인생에서 처음으로 그의 아버지가 그를 해외에서 초대한 것이다. 그는 또한 그의 아들에게 아름다운 금으로 된 옛날식 주머니 시계를 보냈는데, 그 시계와 함께 서로를 잘 모른 채 시간이 많이 흘러갔다는 내용의 메모가 있었다. 변화의 시기가 왔다. 처음에 팀은 그 편지, 초대장 그리고 시계로 인해 감동을 받았고 꼭 그의 아버지를 만나러 가고 싶었다. 그러다가 그의 기분은 바뀌기 시작했고, 다소 우울해지다 불안해하기 시작했고, 화가 치밀어 올랐을 때 그 시계를 집어 들더니 밖의 콘크리트 계단으로 그것을 집어던져 박살냈다.

치료 과정에서 그는 무슨 일이 일어났었는지를 열거하더니 이렇게 오랜 세월이 지난 뒤, 65세가 된 그의 아버지가 마침내 아들에게 관심을 보인 것에 대하여 비아냥거렸다. 팀은 과연 이러한 갑작스러운 관심 표현을 신뢰할 수 있었을까? 아마도 그가 사우디아라비아로 갔을 때 그의 아버지가 실망하게 되거나, 혹은 그가 그곳에 가서 좋은 시간을 보내고 고국으로 돌아온 뒤 또 10년간 편지를 기다릴 수도 있다. 그걸 생각하자 그는 격노했고, 그것이 그로 하여금 시계를 박살내게 한 것이었다.

시계를 부순 행동과 예측할 수 있는 무의식적인 관계의 파괴 행위가 상징하는 것이 뚜렷해졌다. 그는 처음엔 그 시계를 진정으로 좋아했으나 그 시계가 그의 아버지와 연관되어 있다고 생각했을 때, 무의식적으로 그것이 그를 배신하여 작동을 멈출까 봐 두려웠다. 그래서 그 시계가 실망시키기 전에 부숴버린 것이다. 그의 관계 속에서 그는 같은 방식으로 행동했다. 그는 관계를 가치 있게 여겼지만, 점차적으로 어떤 것이 잘못될까 봐, 냉담함 속에 남겨질

1086년, 수성(Su Sung, 1020–1101)은 중국의 천문학자이자 발명가로서 66세에 황제로부터 이전의 작품보다 훨씬 더 정교한 혼천시계를 만들라는 명을 받았다. 74세(1094)에 그는 지름 3.3m의 물레바퀴로 움직이는 10m 높이의 시계 안에 들어 있는 시계의 제작과 운영에 관한 세부적인 논문을 완성했다. 그리고 그 시계는 아마도 하루에 오차가 100초 이내일 정도로 정확한 것이었으며, 동시대 여러 시계보다 훨씬 더 나은 것이었다.

만일 자기 자신과의 소통하지 못하는 사람은 다른 사람과 소통할 수 없다.
- 앤 머로우 린드버그(Anne Morrow Lindbergh)

까 봐 두려워하기 시작했다. 마치 그의 아버지가 어린 시절 동안 내내 떠나 있었던 것처럼, 그리고 그의 어머니가 음주 때문에 그를 차갑게 방치했던 것처럼 말이다. 그래서 무의식적으로 그는 다른 누군가가 그러기 전에 관계를 끝내려고 한 것이다. 그의 부모가 관계를 중단시킨 이후 그는 많은 고통의 시간을 보냈고, 만일 누군가가 관계를 중단하려 한다면, 시계가 멈추기 전 그 시계를 박살내야 하는 것처럼 행동하기로 결심한 것이다.

팀은 직장에서 자신의 행동패턴을 볼 수 있었고, 매우 많이 그걸 바꾸고 싶어했다. 그가 실행할 수 있는 일 가운데 내가 제안한 것은 그의 아버지를 방문해서 새롭게 시도해 보는 것이었다. 그것은 마치 아버지와 관련된 어떤 것을 바꾸는 것처럼 보였다. "기회를 한번 주면 어떨까요?" 그는 실천했다. 그 방문은 놀라웠다. 그의 아버지는 상당한 시간을 그에게 사과하는데 보냈고, 겉으로 드러내지는 않았지만 팀이 늘 자랑스러웠다고 말했다. 그의 아버지는 은퇴를 계획하고 있었고 미국으로 돌아올지 생각 중이었다. 팀은 또 다른 큰 감정의 변화를 보였고, 아버지에게 그렇게 하라고 격려했다. 그들에게는 그 방법이 새롭게 출발할 수 있는 최선의 기회였다. 아버지는 동의했다. 팀은 새 어머니가 좋았다. 그녀는 팀에게 그의 아버지가 진심으로 바라고 있다는 확신을 주었으며, 마침내 팀과 그의 남녀 동생과의 관계를 돈독하게 해주었다. 팀의 아버지는 "해방단계"에서 마침내 자신의 자녀들의 중요성을 발견할 시간과 통찰을 가지게 되었다. 마침내 올바른 것을 하고 있었다. 그의 부모로서의 책임을 다하려는 결심, 그리고 자녀들과 관계성을 즐기려는 결심에 어떤 문제가 방해하더라고 극복할 수 있었고, 그 자신으로 하여금 그러한 심리적 속박에서 자유롭게 할 수 있었다. 그의 두 번째 부인이 주는 용기로 그런 내적인 추진력을 가질 수 있었다. 그녀는 그러한 노력을 응원했을 뿐 아니라, 은퇴해서 새롭게 그의 자식들과 관계를 쌓아 가라고 압박했다.

팀은 활기를 찾은 채 돌아왔고, 새로운 통찰력을 그 자신의 삶에서 문제가 있는 관계에 적용하겠다고 마음먹었다. 우리는 또한 그의 어머니에 대해 말했다. 그리고 그는 그녀가 받을 치료 프로그램을 적극적으로 알아보기로 결심했다. 그녀는 과거에 이따금씩 팀이 떠난 후 노력을 했지만, 팀은 적극적으로 그녀를 돕지 않았다. 그는 그녀가 그럴 거라고 생각도 안 했고, 그녀의 실패로 재차 실망하고 싶지 않았다.

하지만 이제, 그는 그의 나이와 경험이 그의 역할을 다르게 할 수 있게 했을 때 깜짝 놀랐다. 그의 어머니는 그의 관심에 매우 감동을 받았고 다시 한 번 노력하는 데 동의했다. 팀은 강인해졌고 그녀의 치료과정에 든든한 조력자가 되었으며, 그녀는 금주하는 데 성공했다. 그녀는 치료를 계속하였고 팀은 그 과정에 적극적으로 참여했다. 2년 후 그녀는 여전히 술을 마시지 않고 있으며 자원봉사에 적극 참여하게 되었다. 수십 년 만에 처음으로 그는 오붓한 시간을 보냈다.

그의 모든 관계에 걸쳐서, 그는 더 이상 실패를 예상하고 '깨부수는' 게 필요 없게 되었다. 이제 그는 그의 관계를 특별하게 만드는 데 초점을 두길 원했고 그것을 새로운 방법으로 접근하기 위해 부단히 노력했다. 이러한 창조적 과정은 자아 발견의 풍성한 영역이 되었다. 그는 부모와, 직장, 사회적 관계, 그리고 가장 중요한 자신과의 관계를 둘러싼 모든 것을 새로운 방향으로 바꾸기 시작하려고 사회적 창조성을 발휘하였다.

모든 가족: 방식 변화, 역할 수정

우리는 성장할 것이고 부모의 집을 떠날 것이지만, 가족 안에 우리의 자리는 우리와 어디든 항상 함께 움직인다. 그 구성원에 의한 성장과 변화에 따른 가족의 위로하는 수준은 많은 요인에 달려 있다. 그들 중의 핵심요소는 내적인 감정을 형성하는 방식과 외부적인 상황과 인생의 사건들에서 오는 가족들의 개인적인 성격이다. 하나의 체계로서 가족을 연구하는 연구자들은 한 구

"성장 과정에서 전환점은 모든 상처를 견디어내는 당신 안에 있는 힘의 핵심을 발견할 때이다."
– 막스 러너(Max Lerner)

성원의 변화를 가족 전체에게 파급효과를 지니는 것으로 이해하며 때로는 한 사람이나 그 이상의 특정한 식구에게 영향을 끼치는 것으로 간주한다. 창조적 반응을 필요로 하는 변화에 영향을 끼치는 3개의 다른 요인과 함께 3개의 다른 시나리오를 살펴보도록 하자.

1. 가족 내에서 독특한 역할을 하는 우리의 감정은 바뀔 수 있다. 예를 들어 본다. 존은 항상 특별한 느낌을 갖고 있었다. 왜냐하면 삼형제 중 그가 가장 교육을 잘 받았기 때문이다. 공중보건 석사, 교육학 석사학위가 있다. 하지만 그의 여동생 제인의 자녀가 초등학교에 들어간 후 그녀는 학업을 다시 정진했고 심리학 박사학위를 취득했다. 존은 자존심이 상했고 그의 자아상은 상처를 입었다. 자기 자신을 바라보고 경험하는 방식에 있어서 기본적인 변화를 겪었고 평정을 찾기 위해 어느 정도 적응과정을 필요로 했다.

2. 사회적 변화는 당황하게 하고 혼란을 줄 수 있다. 75번째 생일을 맞은 그레이스는 딸 샐리와 단지 여덟 블록 떨어져 가깝게 살았기에 든든한 느낌을 받고 있었다. 하지만 샐리의 남편인 마이크가 거절할 수 없는 일의 제의를 받았고, 그 직장은 500마일이나 떨어져 있었다. 걱정 없이 지내 오던 그레이스는 갑작스럽게 그 의지처가 바뀌었고, 앞으로 일어날 더 많은 의존적이고 불명확한 상황에 걱정하게 되었다.

3. 실제적인 또는 염려스러운 재정적 변화가 걱정을 배가할 수 있다. 조지는 80세의 홀아비이고 작은 소매점 경영을 은퇴하였는데, 매우 의존적이고 예측 불가능한 것으로 늘 알려져 있었다. 그의 아내는 14년 전 암으로 죽었고, 재혼은 상상도 안했다. 그의 아내의 죽음 이후, 그는 사회적으로 후퇴되었지만 이제는 그가 매우 친밀하고 매우 편안한 관계를 만들어 가는 데 함께할 누군가를 만났다. 한편으로 그의 세 자녀는 그의 삶의 새로운 미래에 기

에델 퍼시 앤드루스(Ethel Percy Andrus, 1884-1967)는 1956년 72세에, 65세 이상의 노인을 위한 최초의 국가운영 건강보험 계획의 초석을 다져 법제화하려는 그녀의 헌신적인 노력이 '국가퇴직교직원연합회'의 회원을 위한 법으로 결실을 맺게 되었다. 1958년 74세에 그녀는 미(美)은퇴인연합회를 설립하였고 초대회장이 되었다.

뻐했다. 하지만 다른 한편으로 그의 자녀들 중 재정적으로 힘든 자녀 둘은 그의 아버지가 여전히 그들을 많이 도와줄 수 있을지 불안해하며, 이것이 그들의 관계를 삐거덕거리게 할 원인이 될 거라 걱정했다.

창조적 성장의 차이가 결혼생활에서 긴장관계를 만들 수 있는 것처럼, 다른 사람이 새로운 시각으로 당신을 보는 융통성이 부족할 때 그것은 또한 가족관계에서도 긴장을 만들 수 있다. 그들의 엄격함 또는 부정적 성향은 당신의 창조성에 걸림돌이 될 수 있다. 만일 당신이 그 반발에 대처할 준비가 되어 있고 당신의 노력에 대한 가족의 지원을 갉아먹는 그 감정적인 암류(暗流)를 인지한다면, 당신은 창조적이고 효과적으로 반응할 수 있는 더 나은 상태가 된다.

40대 초반의 이스트코스트(East Coast) 법률회사 사원일 때 조셉은 와인을 음미하는 취미를 계발했고 제조와 병입(瓶入) 공부를 정식으로 마쳤다. 많은 휴가 동안 전 세계의 가장 유명한 와인 제조 지역과 시설을 방문하곤 했고, 그의 전문기술을 발전시켰다. 그의 고객 중 두 사람이 포도원을 소유하고 있었다. 그는 언젠가 은퇴해서 자신만의 포도농장을 사서, 제조, 병입, 판매를 직접 하려는 꿈이 있었다. 모두가 항상 그의 계획에 냉소를 보냈고 그가 그걸 실천하리라고 아무도 생각하지 못했다. 62세에 그는 꿈을 찾아 떠났다. 은퇴하여 포도가 잘 자라는 지역이자 그와 그의 아내의 고향인 오리건에 있는 포도원을 사서 그곳을 운영하게 되었다. 그는 시장에 매우 새로운 와인을 내어놓기를 열망했다.

조셉의 가족은 특히 두 명의 자녀가 있었는데, 그들은 그가 이런 일을 할지 꿈에도 생각하지 못했다. 그의 아들 도널드는 또한 변호사인데, 그가 다니던 회사에 막 취직을 했고, 적어도 몇 년 간은 아버지의 후견을 원했다. 도널드는 아버지의 퇴직으로 그의 지위에 무슨 일이 일어날까 노심초사했지만, 그의 아버지는 다른 파트너들이 관심을 갖고 있으며 그를 도와줄 것이라고 확신시

사람들은 변하지만, 그 사실을 남들에게 말하는 것을 잊어버린다.
– 릴리언 헬만(Lillian Hellman)

안나 프로이트(Anna Freud, 1895-1982)는 아동심리분석의 선구자이며 지그문트 프로이트의 막내딸로, 《자녀의 최대 유익을 넘어서 Beyond the Best Interests of the Child》를 78세(1973)에 집필했다.

켰다. 도널드는 또한 삼십분 거리에서 살았던 그의 아버지와 함께 일하는 것이 그리웠다.

도널드와 그의 여동생 루이스는 이 사실이 재정적으로 의미하고 있던 것에 매우 불편해했다. 왜냐하면, 조셉은 실질적인 모든 재산을 포도원 사업에 투자하였기 때문이다. 그의 자녀들은 그가 전혀 속내를 보여주지 않고 계획을 상의하지 않은 것에 대해 당황했다. 그리고 그들은 그 포도원 사업이 실패하게 되면 부모의 재정적 안정이 어떻게 될지 걱정했다.

루이스는 도널드보다 더 멀리 떨어져 살았지만 부모와 매우 친밀하였고 특히 최근 이혼한 루이스에게 항상 힘이 되어 주었던 엄마, 노라와 친했다. 조셉과 그의 아내 노라는 또한 루이스를 재정적으로 도왔는데 특히 손자의 교육비를 지원했다. 루이스는 부모님의 새로운 투자로 본인에게 재정적 지원이 끊이지는 않을지 불안해했다.

노라는 항상 자유로운 정신의 소유자였고, 젊은 시절 비트족 운동에 심취하였다. 그녀는 새로운 자극으로 성장했다. 그녀는 남편이 늘 스트레스 받고 과도하게 근무했던 법률회사를 그만둔 게 매우 기뻤다. 그녀는 오리건 주로 이사할 것을 기대하며 흥분해 있었다.

조셉은 매우 잘 이해하고 있었다. 그는 변호사로 일할 때 문제 해결사로서 탁월했으며, 그러한 능력을 가족의 어려운 문제에 적용하였다. 그는 자녀들의 걱정을 이해했고 그들을 안심시켰다. 하지만 그는 자신의 마음과 꿈을 알고 있었고 그의 꿈을 실현하도록 자녀들의 정신적인 지지를 요청했다. 결국 그들은 응원을 해주었다.

사회적 포트폴리오: 현명하게 투자하기

우리는 관계의 세상과 사회적 환경 속에서 태어났으며, 대부분 우리의 삶을 규정하는 관계는 자발적 행동과 우연의 부산물이다. 우리는 행동한다. 그것 중 일부는 선택에 의해서이고 어떤 것은 그렇지 않다. 하지만 그 많은 타자들 가운데서 우리는 우리의 파트너를 직장, 공동체, 교우관계 그리고 연인관계 가운데 발견하게 된다.

내가 처음 사회적 포트폴리오인 '계획표'(planner)를 개발했을 때(219쪽을 보라), 우리의 상황이 어떠하든 간에 나이가 들면서 관계를 통해 창조성을 지속할 수 있는 가능성의 시각적인 설명을 제공하려는 것이었다. 수년 동안 사회적 포트폴리오는 치료 그 이상을 넘어선 효과적인 도구로 판명되었다. 그것은 당신의 관계 네트워크를 평가하고, 사회적 상호작용을 통해 창조적 발달을 위한 아직 계발되지 않은 기회를 확인하고, 당신 삶의 사회적 구조를 강화하기 위한 방법을 제공한다.

요령 있는 투자가는 네 가지 재정 포트폴리오를 염두에 두고 계획을 세운다. 즉, 자산의 유동성, 분산 투자, 긴급 자본 그리고 장기적 성장이다. 당신이 투자를 할 때 쉽게 자금을 철회할 수 있는 형태 속에 몇 가지는 필요하지만 전부는 필요하지 않다. 당신의 포트폴리오에 다양성을 갖춰야 한다. 왜냐하면 다른 상황에서 어떤 자산이 다른 자산보다 더 유용할 수 있기 때문이다. 마찬가지로 예상치 못한 무능, 사고 혹은 손실을 대비하여 '비오는 날'의 자금으로서 비축해 놓은 이러한 투자 중 어떤 것을 갖출 필요가 있다. 마지막으로 실제 현실로 닥치기 전에 미리 은퇴에 대해서 생각해야 한다. 그리고 자금을 절약하고 장기 성장의 힘을 사용하기 위해 더 젊은 나이에 시작해야 하고, 저축액을 증가시키기 위해 이자를 불려야 한다.

마찬가지의 네 가지 개념이 우리 인생의 창조성을 위한 지속적인 자원으로서 관계와 활동 속 투자에 적용된다. 당신은 당신이 쉽게 접근할 수 있는

호세 에체가라이 이 에이자기레(José Echegaray y Eizaguirre, 1833-1916)는 스페인의 극작가로 처음엔 수학을 가르치던 선생님이었다. 그는 후에 정치에 참여하였고, 산문과 운문 형식의 많은 희곡으로 문학적 명성을 얻었다. 그는 71세에 노벨 문학상을 받았고 72세에 재무부 장관으로 정계로 돌아갔으며 동시에 마드리드 대학에서 물리학 교수 재직하였다.

영국인 도날드 맥길(Donald McGill)은 30세에 만화엽서를 그리기 시작했다. 그리고 향후 50년 동안 80세(1955)까지 대략 하루에 500개의 엽서를 그렸다. 그의 엽서 중 하나는 2백만 달러에 팔렸다.

취미와 관심사와 대인관계에서 '유동성'을 지녀야 한다. 상황에 따라서 이러한 활동과 관계는 더 발전될 수 있기 때문에 '다양화'를 꾀해야 한다. 당신은 긴급 자본 즉, '대안 자원'을 가져야 하는데 당신이 신체적으로 쇠퇴하거나 사회적 경험을 공유했던 사랑했던 누군가를 잃는 경험을 할 때 그것은 당신의 창조적 자아를 표현하게 한다. 그리고 마지막으로, 당신의 창조적 가능성을 장기적으로 성장시키는 것에 대하여 생각하고 이전에 당신이 삶 가운데 가지고 있던 열정이나 호기심을 지속적으로 함양시키기 위하여 의도적으로 확장시킬 필요가 있다.

'사회적 포트폴리오'는 개인과 그룹 활동을, 높은 에너지와 낮은 에너지, 높은 유동성과 낮은 유동성을 균형 잡히게 한다. 이러한 범주로 나는 네 개 그룹을 만들었다. 즉, 그룹/높은 유동성, 그룹/낮은 유동성, 개인/ 높은 유동성, 그리고 개인/낮은 유동성이다. 각 범주의 내용은 개인마다 분명히 크게 다르다. 하지만 만일 당신이 기본 지침이나 본보기로서 사회적 포트폴리오를 사용한다면, 다른 관계 자원을 발전시키는 데 더 활발한 역할을 담당할 수 있다. 즉, 당신의 감정적 생활을 위한, 그리고 당신의 지속적인 창조적 성장과 자아 표현을 위한 진정한 '사회적 안정'이다. 각 범주가 다른 유형의 활동을 규정하는 반면, 그것은 새로운 관계뿐만 아니라 현재 관계 속에서 새로운 방향을 탐구할 수 있는 기회를 준다.

그룹의 높은 유동성/높은 에너지

엘리자베스 걸리 플린(Elizabeth Gurley Flynn)은 노동자의 이익을 위한 노동 개혁과 조직화를 위해 저항했던 급진적 정치 운동가였다. 그녀는 미국공산당(CPUSA)에 가입하였고, 71세(1961)에 CPUSA 최초의 여성 회장으로 선출되었다.

이 범주의 사람들은 다른 사람들 주변에 있기를 좋아하고, 에너지나 유동성을 제한하는 신체적 질병을 겪지 않는다. 예를 들어, 만일 작은 지역 공동체에서 당신이 시민의 그리고 정치적 행사에 항상 참여해 왔다면, 당신은 나중에 공직에 출마하는 것을 생각할지 모른다. 만일 당신이 항상 뒤뜰에서 새들

사회적 포트폴리오

노년기에 창조적 잠재성 활용하기

	그룹 노력	개별적 노력
높은 유동성 높은 에너지	**그룹 / 높은 유동성** • 소외된 지역사회에서 자원봉사 그룹을 조직하라 • 주최국의 국제 민속춤 수업을 받아라 • 지역 공동체에 선출 관원으로 입후보하라	**개인 / 높은 유동성** • 새로운 이웃 행사 정원을 만들라 • 당신 마을의 도보 여행 주석을 만들라 • 앨범을 만들기 위해 가족 기념사진을 찍어라
낮은 유동성 낮은 에너지	**그룹 / 낮은 유동성** • 농담을 즐기는 포트럭 저녁 모임을 만들라 • 자녀, 손자와 함께 가족신문을 만들라 • 당신의 집에서 도발적인 소설 독서 클럽을 열어라	**개인 / 낮은 유동성** • '비밀 조리법'을 담은 가족요리책을 만들라 • 설명글을 덧붙인 가족 나무를 심어라 • 손자에게 이메일이나 손편지를 써라

이 먹이를 먹는 걸 보기 좋아해 왔다면, 당신은 나중에 하루 또는 주말여행을 보낼 기회를 제공하는 지역 혹은 국립공원과 연계된 동료 조류학자를 위한 클럽을 만들지 모른다. 또는 당신은 야생동물보호협회의 지부에 가입할 수도 있다.

롭은 51세이고 그의 아내 앨리스는 50세인데, 그들의 회계사가 투자 설명회에 참여하라고 제의했을 때 뚜렷하게 바뀌는 결혼생활에 거리감이 더 커지는 걸 느꼈다. 롭이 설명회에 가지 못한다고 변변치 않은 이유를 생각한 뒤, 마침내 앨리스에게 솔직히 그 설명회는 미래에 초점을 맞춘 것이고, 그들 관계에 문제가 있어 미래가 불명확하기 때문에 가기 불편하다고 말했다. 앨리스도 비슷하게 느꼈다고 고백했다.

데임 다프네 뒤 모리에(Dame Daphne Du Maurier, 1907-1989)는 《레베카 *Rebecca*》와 단편소설 〈새 *The Birds*〉의 작가이며 〈새〉는 나중에 히치콕 영화로 만들어졌다. 또한, 《랑데부 *The Rendez-vous*》와 《다른 이야기들*Other stories*》을 73세에 썼다.

둘다 엉클어진 그들의 관계에 불행하다 느꼈고, 그것을 다시 활성화하기를 원했다. 하지만 그 둘은 또한 관계에 생기를 주는 일을 보류하고 있었다. 치료과정에서 앨리스는 그 선택사항에 대해 솔직히 말했다. 즉, 그들은 그 문제 징후들을 무시할 수도 있고, 결혼생활이 허물어지거나 이혼하기로 결정할 수도 있으며, 치료를 계속 받거나 아니면 그들 스스로 노력할 수도 있는 것이다.

그들은 스스로 노력하기로 결심했다. 그들이 각자 생각하고 수많은 제안을 뿌리친 이후, 롭은 그들의 성생활에 활기를 줄지도 모를 신체적인 활동을 하기를 제안했다. 앨리스는 그 아이디어가 마음에 들었고 탱고를 배우자고 제안했다. 롭은 서로 해줄 수 있는 마사지를 배우자고 제안하였다. 그들은 두 가지를 모두 했다. 바로 이것이 그룹 높은 유동성/높은 에너지 노력이다.

개인적인 높은 유동성/높은 에너지

이 활동의 범주는 개인적이고 온전히 제한되지 않은 노력과 성장에 초점을 맞춘다.

자레드는 53세의 기업 세금 전문 변호사이며, 매우 유능하다. 그가 은퇴 후 전망을 생각하기 시작했을 때, 자신이 준비가 되어 있는지에 대해 의구심이 들었다. 그는 모든 것이 재정적으로는 괜찮은 것 같았지만, 혼자이고 다른 가족에 대한 책임감이 없기 때문에 그는 자신의 일 이외에 다른 일을 하는 것에 확신이 들지 않았다.

그는 자신의 일이 좋았지만 조금씩 틀에 박힌 일상으로 느끼기 시작했다. 얼마나 많은 시간을 앉아서 숫자와 씨름하며 사는지 걱정하는 일이 잦아졌다. 그는 점점 더 자연에 대해서 생각하기 시작했고, 더 많은 시간을 돈과 반대되는 것을 숙고하는 데 보내고 싶었다. 비행기를 탔을 때 야외활동을 다룬

마담 투소(Madame Tussaud, 1761–1850)로 더 잘 알려진 마리 투소는 삼촌에게 밀랍 인형 제조술을 배웠다. 프랑스 혁명 바로 전, 그녀는 루이 16세의 여동생의 미술 선생님이었고 나중에 체제 지지자로 인해 투옥되었다. 공포정치 동안 단두대에서 절단된 머리에서 떨어져 나온 안면상을 만들도록 강요받았다. 그 후 그녀는 다시 밀랍 인형을 만들 수 있었고, 영웅과 악당으로 구성된 모음집을 만들었다. 36년 동안 영국 전역을 돌다가, 마침내 74세(1835)에 영국 베이커 거리에 영구적인 실물 크기의 밀랍 인형 초상을 만들었다. 볼테르, 월터 스코트 경, 벤저민 프랭클린을 포함한 그녀의 당대 원본 작품 중 많은 것이 여전히 보전되어 있다.

잡지 중 하나를 훑어보았는데, 그는 그 사진과 글에 매료되었다. 그는 아름다운 오솔길을 걷는다면 얼마나 좋을까 하며 경탄했다.

그것에 대해 더 많이 공상에 잠길수록, 그는 그 자료를 더 찾아보고 싶었다. 그가 사는 곳은 셰넌도어 계곡과 애팔래치아 산으로부터 그리 멀지 않았고, 그 지역에 관한 책을 도서관에서 빌려왔다. 그는 혼자 걷는 것이 좋았고, 몇몇 경험 있는 도보 여행자들과 이야기를 나눈 후 그는 혼자 며칠간의 하이킹을 시도했다. 그는 매료되었다.

그는 결국 자신의 도보 여행 계획서에 사진을 추가하였고, 십 년 앞서서 은퇴를 준비하면서 그는 이미 현재 즐길 수 있는 그리고 추후 지속적으로 개발할 새로운 방침을 확립했다. 자레드가 최초로 자기 동기 부여를 한 도보 여행에 대한 관심은 개인적인 높은 유동성/높은 에너지 노력을 반영하는 것이다.

개인적인 낮은 유동성/낮은 에너지

만일 당신이 독립적인 활동을 선호하고 시간이 걸리는 여행이나 오랜 기간 지속하는 활동에 어려움이 있다면, 그런 상황에 적당한 창조적 선택지가 항상 있다.

베로니카는 51세이며 조경사였다. 그녀는 일을 사랑했지만, 그녀의 일, 즉 전문 저널지를 늘 연구하고, 회의에 참석하고, 다른 조경사는 어떻게 하고 있는지 보기 위해 출장을 가는 것 말고는 다른 일을 하지 않는 걸 걱정하기 시작했다. 그나마 출장을 가는 것이 일로부터 한숨을 돌려주긴 했지만 그것으로는 충분치 않음을 느끼기 시작했다.

그녀는 오직 하나의 다른 주요 관심사가 있었는데, 바로 그녀의 가족이었다. 그녀의 아버지는 8남매의 형제가 있었고, 어머니는 7남매이다. 베로니카 자신도 결혼해서 3명의 다 큰 자녀가 있었는데 그중 한 명이 임신했다고 이

페이(I. M. Pei)는 유명한 중국계 미국인 건축가로 1917년 광동에서 태어나 1954년 미국 귀화인이 되었으며, 78세에 '로큰롤'이란 표현이 시작된 클리블랜드에서 로큰롤 명예의 전당을 만들었다.

셀마 라거로프(Selma Lageröf, 1858–1940)는 전설에 기반을 둔 이야기를 쓰는 스웨덴의 소설가였는데, 1909년(51세)에 여성 최초로 노벨 문학상을 받았다. 그녀의 작품은 주로 스웨덴 중서부 베름란드(Värmland)의 전설과 전통에 기반을 두었다. 67세부터 70세에 3부작 《뢰벤스퀼스의 반지 The Rings of the Löwenskölds》를 썼다.

맥 세넷(Mack Sennet, 18
80-1960)은 캐나다의 영화
제작자의 개척자로, 영화에
서 슬랩스틱 코미디의 아
버지로 여겨진다. 젊은 시
절 프로듀서이자 제작자로
서 그는 바로 유명한 키스
톤 캅스(Keystone Kops)를
만들었고, 찰리 채플린 발
견에 기여하였다. 그는 또
한, 1,000편 이상의 단편 코
미디 영화를 만들고, 초창
기 영화시절에 필즈(W. C
Fields)와 같은 많은 최고의
코미디언을 훈련시킨 것으
로 유명하다. 이러한 화려
한 경력은 74세(1954)에 출
판된 그의 자서전 《맥 세
넷: 코미디의 제왕》에 잘
나타나 있다. 같은 해 그는
〈애보트와 코스텔로 키스
톤 캅스를 만나다〉를 제작
하였다.

야기를 했다. 또 다른 세대가 진행 중인 것이다. 이 모든 것이 베로니카로 하
여금 가족에 대해서 더 많이 생각하도록 했고, 앞선 그녀의 조부모님의 가족
구성원에 대해서도 궁금하게 되었다.

그녀는 이것을 그녀의 임신한 딸과 논의했는데, 딸은 그녀에게 계보 조사
를 해보라고 조언을 해주었다. 베로니카는 이전에 그에 대해 생각해 보지 않
았지만 그녀의 딸이 그것을 말했을 때, 흥미로울 것이라고 생각했다. 그녀는
이것에 대해 계속 고민해 보았고, 은퇴 프로젝트로 나중에 가족의 이야기를
채우려는 목적으로 계보를 만들기 위해 가족의 역사를 조사하기로 마음먹었
다. 그녀는 도서관에서 그리고 인터넷으로 그 계획을 조사했고, 그녀의 노력
을 정리해 줄 컴퓨터 소프트웨어 프로그램도 구매하였다. 베로니카의 활동처
럼 느리면서 자기중심의 활동이 개인적인 낮은 유동성/낮은 에너지 노력을
반영한다.

그룹의 낮은 유동성/낮은 에너지

만일 당신이 조심스러운 환경에서 교제하기를 좋아한다면, 이러한 창조적
활동은 최소한으로 계획된 혹은 최소한의 에너지를 필요로 하는 사회적 상호
작용에 도움을 줄 수 있다. 몇 가지 예를 들면 집단 토론이나 활동 중심적인
독서, 수예, 혹은 다른 수공예가 포함될 수 있다.

로즐린은 50세인데 정신 장애자를 위한 사회사업가로서 업무가 정말 많
았고, 그녀에게 중압감이 오기 시작했다. 그녀는 새로운 전환이 매우 필요했
고 또한 미래에 대해서도 생각하기 시작했다. 그녀의 일 이외에 만족감을 주
는, 시간이 지나면서 계발할 수 있는 다른 어떤 종류의 활동을 원했다.

그녀는 자신의 관심대상과 정말 좋아하는 것을 생각했고, 친구와 영화를
보고 그들과 영화를 분석하기를 좋아하는 영화광임을 깨달았다. 몇몇 친구는

그녀가 훌륭한 영화 비평가 될 수 있다고 이야기해 주었다. 그녀는 그것에 대해 생각해 보았고, 장기적이고 야심찬 하지만 그녀를 위한 매력 있는 계획을 구상했다. 그녀는 영화 역사에 관한 수업을 받고, 창조적 글 쓰기 수업과 영화 비평에 관한 수업을 받을 계획을 세웠다.

그녀는 다른 사람과의 활발한 토론을 즐겼고, 그녀는 집중해서 공부를 하고 있기 때문에 그녀가 작은 지역 신문사 중 하나에 연락이 되어 영화 리뷰에 관한 칼럼을 써줄 수 있을 거라고 느꼈다. 그녀는 자신의 장기계획에 대해 흥분했지만, 중요한 것이기에 그녀는 그 수업과정과 그녀가 연구과정 단계를 시작했을 때 알게 된 많은 사람들과 즐거운 시간을 보냈다. 그녀가 계획했던 모든 이러한 관련 노력이 그룹의 낮은 유동성/낮은 에너지이다.

인간 관계: 창조성의 무한한 자원

대도시 출신 한 미술가 친구가 아름다운 교외로 이사를 왔다. 하지만 몇 년 후 그는 도시 환경의 더 많은 다양성을 택하기로 결정했다. "나는 도시의 질감이 그리웠어요"라고 그가 말쑥하게 정돈된 교외의 경치에 대한 반발로 말하였다. "예측할 수 없는 각과 공간이 있는 오래된 집이 좋아요. 그리고 어떤 재미있고 예상치 못한 어떤 것이 발생할 수 있는 도심지가 좋아요." 그의 주변과의 관계는 중요한 창조적 요소이고, 그는 결국 조각보 같은 질감의 도시 생활로 돌아갔다.

건축가가 우리의 삶에 강력한 영향력을 발휘한다는 점에서 윈스턴 처칠은 다음과 같이 말했다. "우리는 건물을 만들지만 그 건물들이 결국 우리를 만든다."

창조성과 노화의 관점에서 우리는 관계를 만들고 그후 그 관계가 우리를 만든다. 우리가 어디에 살든지 우리의 창조성은 관계를 만들며 우리의 관계

"인생은 10단 변속 자전거와 같다. 대부분의 우리는 한 번도 사용하지 않는 기어가 있다."
- 찰스 슐츠(스누피를 그린 만화가 - 옮긴이)

는 창조성을 위한 배경이 된다. 우리의 배경에서 중요한 것은 때로는 우리가 구조와 지지 기반, 그리고 꿈과 경험을 위해 활짝 열려진 공간을 발견 할 수 있다는 것이다. 가장 좋은 것은 우리의 나이와 경험, 그리고 창조성이 만나는 곳에서 우리가 예상하지 못했던 시각과 공간들, 기대하지 않았던 흥미로운 일들이 일어날 수 있는 활동의 중심들을 발견하게 될 것이다.

6장
역경 속에서 발현되는 창조성

"사람은 장애를 기회로 바꿀 때 가장 특별한 존재가 된다."

_ 에릭 호퍼(Eric Hoffer), 《인간 조건에 대한 성찰*Reflections On The Human Condition*》

앞서 언급했던 것처럼, 미국국립노화연구소(National Institute on Aging, NIA)에서 실무 책임자로 근무하는 동안, 나는 일련의 공공서비스 분야에 대하여 조지 번스(George Burns)와 인터뷰할 흥미로운 기회를 가졌다. 97세에 들어서는 그는 노화에 대한 신뢰할 만한 대표자였다. 카메라 담당자와 그의 사무실에 도착했을 때 우리가 만난 모습은 20세기 말에 노년에 대한 최고의 장면으로 나에게 남아 있다. 우리가 만나기 몇 주 전, 그의 대리인은 매끄러운 만남을 위하여 긴 시간 동안 전화로 나와 통화하였다. 번스는 자신의 유머 작가와 자신에게 가장 바쁜 시간대인 오후에 우리가 방문하는 것을 허락하였다. 동료와 LA에 도착해서 번스의 사무실로 향할 때, 나는 번스의

80대에도 활발하게 활동했던 매 웨스트(Mae West)는 "당신이 매력적인 개성이 있다면 노출은 필요 없다"라고 지적하였다.

번즈와 내가 나이듦에 대한 국가 연구를 위한 대중 서비스 메시지에서, 나는 번즈에게 "당신의 의사는 당신의 흡연과 음주에 대해서 뭐라고 합니까?"라고 물었다. 번즈는 흉내낼 수 없는 타이밍과 예의를 가진 채, "나의 의사는 죽음입니다"라고 대답했다. 번즈는 그때 왜 자신이 성공적인 코미디언처럼 인내를 계속하고 있는지를 생각했다. 그는 나이가 든 많은 연예인들이 그들의 나이에 맞게 행동하지 않고, 더 젊게 보이려고 무언가를 하려고 시도한다고 말하였다. "그러나 Johnny Carson과 나는 절대 이러한 일들을 하지 않습니다. 그리고 우리는 비록 나이가 들었지만, 그래도 계속 잘하고 있습니다" 그때 번즈는 참지 못하고 말하길, "그렇게 생각해 보세요. 나는 언제나 나이가 많았지요."

대리인이 고객의 필요에 주의를 기울이는 방어적인 성품일 것이라 추측했다. 그러나 나는 번즈의 대리인이 85세이며, 번즈의 유머 작가가 70대라고는 예상하지 못했다. 이 세 명의 노인은 우리를 진심으로 뜨겁게 환영해주었다.

우리의 방문을 통해 주의 깊게 계획했던 것은 번즈가 유머를 통한 노년 주제들에서 두드러진 공헌을 했다는 것에 대한 NIA의 증명서를 수여한다는 것이었다. 번즈는 전문 익살꾼에 의한 실제적인 유머를 한다는 자신의 계획을 세우고 있었다. 우리의 카메라가 돌고 내가 번즈에게 NIA 증명서를 공식 수여하려 할 때, 텔레비전 프로그램 '엔터테인먼트 투나이트'(Entertainment Tonight)의 촬영기사가 방 안으로 걸어 들어왔다(둘이 찍힌 사진 참조).

번즈와 내가 행했던 국립노화연구소를 대표한 공공서비스 메시지에서, 나는 번즈에게 "당신의 의사는 당신의 흡연과 음주에 대해서 뭐라고 합니까?"라고 물었다. 번즈는 그만의 독특한 시간 조절을 하며 예의를 갖춰 "내 의사는 죽었는걸요"라고 대답했다. 번즈는 그때 왜 자신이 성공적인 코미디언으로 지속하고 있는지를 숙고했다. 그는 나이가 든 많은 연예인들이 그들의 나이에 맞게 행동하지 않고, 더 젊게 보이려고 무언가를 하려고 시도한다고 말하였다. "그러나 조니 칼슨과 나는 절대 그런 일들을 하지 않아요. 그리고 우리는 비록 나이가 들었지만 계속 잘하고 있어요." 그러더니 번스는 참지 못하겠다는 듯, "생각해 보니, 나는 예전부터 겉늙었어요"라고 말했다.

번스는 장난기가 섞인 걸걸한 목소리로 "당신에게 줄 게 하나 있어요"라고 말하며 나에게 담배를 건넸다. 그것은 익살스러운 풍자였다. 그때는 공중보건국장 주도의 금연 캠페인이 한창 벌어지던 때이고, 나도 연방 공중보건국 직원으로서 번스를 만나고 있었던 것이다. 더 나아가, 청소년 시기에 대마 흡연자라는 의심에 대한 비난에서 벗어나려는 클린턴 대통령의 최근의 언급은 대중적인 농담거리가 되었다. 내 손에 있는 담배와 나의 얼굴을 비추는 카메라들과 더불어, 대통령의 자기 방어가 마음에 갑자기 떠올랐다: "흡입하지 않는데 뭐가 걱정이야." 그리고 번스에게 농담을 던졌다: "저 역시 그렇게 하지 않아요. 그리고 어쩌면 대통령 선거에 나서야 할지도 모르겠네요."

인터뷰에서 나는 번스에게 나이 들어가면서 어떠한 적응이 필요한지를 물었다. "지금 나는 만일에 대비하여 미리 스스로에게 박수갈채를 보내요. 그리고 나는 설익은 바나나를 사지 않아요. 바나나가 다 익을 때까지 어쩌면 기다리지 못할 수도 있으니까요."

그는 최근에 등통증이 악화되었고, 그것이 그의 일상생활을 방해하기 시작할 것이라고 나중에 비공식적으로 나에게 말했다. 그는 몇몇 동료와 이것을 의논했다. 그 동료들의 충고라는 것은 "자네의 일상생활을 하는 동안 앉아 있게"였다.

"어떻게 내가 앉아 있을 수 있겠어, 일생 동안 서서 코미디를 해왔는데 말이지"라고 번스는 탄식했다.

번스는 동료들의 권고에 대해서 생각했던 것을 더 말했고, 결국에는 그것을 시도했다. 놀랍고도 위안이 되게도, 그는 자신이 앉는 게 자신의 일상생활에 어떤 부정적인 영향도 미치지 않는다는 것을 발견했다. 미래에 일상을 어떻게 살아갈지에 대해서, 그는 잠시 멈춘 다음 말을 이었다. "글쎄요, 필연적이라면 나는 누워 있는 코미디언이 될 거예요."

에델 배리모어(Ethel Barrymore)는 영화 〈오직 그리움을 아는 이만이None but the Lonely Heart〉로 1944년 64세에 아카데미 최우수여우주연상을 받았다. 67세부터 78세까지 그녀는 20회 이상 영화에 출연했다.

그리스 신화에서, 죽을 운명의 티레시아스(the mortal Tiresias)는 숲을 걷고 있을 때 우연히 알몸으로 목욕하고 있는 여신 아테네(Athena)를 힐끔 보았다. 아테네는 분노하여 티레시아스를 눈멀게 하였다. 그러나 다른 신들과 여신들은 아테네에게 티레시아스가 신들을 공격할 어떤 의도도 가지지 않았던 위대한 남자이기 때문에 그 조치를 고려해달라고 요청했다. 아테네는 심사숙고하였다. 그러나 아테네는 티레시아스의 바깥눈은 회복시키지 않았다. 대신, 티레시아스가 노년이 되었을 때 성숙하게 될 위대한 내적 시야를 티레시아스에게 주었다. 티레시아스가 늙었을 때 그는 오이디푸스(Oedipus)의 곤경을 예감하였다. 이 고대 신화는 나이듦을 버림으로써 얻어지는 노년을 말하고 있다.

번스는 나이 듦이 창조성을 위한 충분한 잠재성을 보유하고 있다는 것과 새로운 한계점들을 드러내 준다는 것을 보여주었다. 그리고 신선한 사고는 만족스러운 방법으로 우리에게 삶을 경험하도록 공헌해 주며 지속할 수 있게 해준다는 것을 그의 삶과 유머를 통해서 증명해주었다.

윌리엄 카를로스 윌리엄스(William Carlos Williams)의 삶과 업적은 이런 생각에 대한 우리의 이해보다 훨씬 앞서 있다. 윌리엄스는 위대한 시인이었을 뿐만 아니라 존경받는 내과 의사였다. 그는 60대에 의사 직무에 장애가 되는 뇌졸중으로 고통을 겪었다. 다행히도 뇌졸중은 그의 지적인 능력에 영향을 미치지는 않았으나, 그의 정서적인 영역에는 영향을 끼쳤다. 그는 아주 극도로 우울해져서 69세에 일 년 동안 정신병원에 입원하게 되었다. 그럼에도 그는 우울증을 극복했고 다음 10년 동안 더 위대한 시들을 써나갔다. 그는 71세에 출간한 시집 《브뤼겔의 그림들 *Pictures from Brueghel*》로 퓰리처상을 받았다. 생애 후반기에 윌리엄스는 "노년을 지워버림으로 더 얻어지는 노년(old age that adds as it takes away)"에 대한 시를 썼다. 그의 인생과 시를 통하여 윌리엄스는 우리에게 늙는 것이 단지 상실이 끊임없이 누적되는 것으로 규정될 필요가 없다는 걸 보여주었다. 오히려, 우리가 상실이나 나이에 따른 변화와 싸울 때, 우리는 문제들과 잠재성을 모두 마주치게 된다. 어려움들은 전형적으로 잠재성을 계발하는 기폭제가 된다.

역경은 질병, 사랑하는 이의 죽음, 일자리 잃음, 또는 어떤 원하지 않는 변화와 같은 다양한 이유로 유발된다. 이것들은 잘해야 도전이나 불확실성을 가져오는 부정적인 것을 경험하게 하는 상황이다. 더 심각한 상황이나 더 불편한 느낌들은 불안, 절망, 무기력 또는 통제 상실의 감각이다. 불행은 우리의 삶에서 고난이라는 점뿐만 아니라, 고난에 즉각적으로 반응하도록 한다는 점에서 우리의 삶에서 강력한 힘으로 작용한다. 성취를 통한 우리의 자신감은 우리가 극복했던 걸림돌에 대한 지식이 생겼을 때 자주 얻어진다. 인간이 극복했던 불행한 상황 없이 영웅이 탄생할 수 있는가?

무엇이 역경에 맞서 싸우는 강력한 도구인 창조성을 만들어내는가? 창조성은 약속이나 기대라는 긍정적인 느낌들을 간직한 채, 순간적으로 불안과 절망과 같은 부정적인 감정으로 대체될 수도 있는 정서적이며 지적인 과정의 체계다. 도전을 주는 정서적 발생은 우리에게 새로운 아이디어를 갖도록 담대하게 하고 걸림돌이나 어려움에도 불구하고 그 아이디어들을 시도하도록 용기를 준다. 우리는 자연재해의 현장에서 활동하는 구조봉사자에게서, 비록 달팽이처럼 느릿느릿 걷지만 "파워 워킹"에 매일 결연히 참가하는 뇌졸중 환자에게서, 현실의 환경을 부정하고 싶을 정도로 어려운 상황에서 일상생활을 지켜내고자 매일의 삶에서 투쟁하고 있는 우리 주변의 셀 수 없는 사람들에게서, 우리에게 도전을 주는 정서적 발생을 본다.

우리는 우리의 삶에 변화를 불러일으키는 창조성과 환경의 순환을 다시금 발견하게 된다. 불행은 우리의 창조성에 도전한다. 우리가 본능적으로 그 불행으로부터 안정을 찾는다는 점에서 불행은 혁신적인 사고를 향한 자극으로 우리에게 기능한다. 창조적 반응은 우리가 새로운 방식으로 우리의 상황을 볼 수 있거나 다른 중요한 것을 할 수 있도록 돕는다. 이러한 새로운 반응은 또한, 궁극적으로 우리의 고통의 환경들을 변화시킬 수 있다. 창조성은 우리에게 불행의 정서적인 어둠을 걷어낼 수 있는 길을 제시하며, 심지어 우리가 이 장에서 나중에 더 깊이 탐색할 현상인 신체적인 치유에 공헌할지도 모른다.

내가 나의 일터와 공동체에서 알게 된 사람들과 환자들의 삶에서 보았던 고통을 통해서뿐만 아니라, 내가 경험한 재앙과 같은 질병을 진단받음으로써 느꼈던 내 개인적인 고통, 알츠하이머병과 대항했던 나의 아버지의 삶과 죽음, 그리고 아버지를 도왔던 나와 가족의 노력 등을 통해서 볼 때, 불행이란 상황에서의 창조성은 나에게 특별한 의미를 준다. 이러한 이야기들은 인간 정신의 고통과 승리 두 부분 모두에서 반영되면서 노년에 관한 논문에 중요한 영역으로 공헌하였다. 나의 개인적인 경험으로 얻은 깜짝 놀랄 만한 두 가

세계에서 가장 유명한 감옥 수감자인 넬슨 만델라(Nelson Mandela)는 아프리카 민족회의(ANC)를 세워서 국가반역죄 혐의로 27년 동안 종신형을 받은 이후 71세에 자유를 얻었다. 그의 자유는 남아프리카 공화국의 흑인과 백인 모두에게 환영받았다. 이러한 강한 지지에 근거하여 반인종적 차별적 민주주의적 헌법을 위하여 그는 남아프리카 정부와 협상을 이끌었다. 1994년, 그의 나이 75세에 그는 남아프리카의 첫 번째 일인 일 투표(one-person one-vote) 선거를 통해 대통령으로 취임했다.

지 어두운 장면들은 나에게 새로운 통찰을 제공했고, 또한, 우리 모두가 어느 순간에 우연히 만나게 될 개인적인 불행에 반응할 때 특별한 삶을 살도록 지지해주는 창조성의 힘을 갖도록 나를 도와주었다.

개인적인 불행: 어두운 날들로 이끄는 진단

1991년 가을, 나는 내 삶의 과정이 변화되는 상황에 갑자기 처하게 되었다. 몇 달 전에, 나는 미국 국립보건원(NIH)의 국립노화연구소(NIA)의 책임자로 임명받았다. 그것은 내 경력의 최고점에 있던 때였고, 학계로 돌아오기 전 내가 얻고자 했던 지위였다. 그것은 거의 550명의 스태프들과 40억 달러에 달하는 예산을 관리해야 하는 명예롭고 중요한 책임감을 느끼는 자리였다. 나는 세상 꼭대기에 있는 것처럼 느꼈다. 그러나 그해 9월에 모든 것이 변했다.

나는 어떤 이상한 신체적인 증상들을 느끼기 시작했다. 나의 왼쪽 종아리 근육들이 오른쪽 종아리 근육들보다 현저히 더 커 보인다는 것을 느꼈고, 이 증상에 잦은 근육경련이 동반되었다. 나는 내과 의사였기 때문에, 이 증상에 대해 가능한 설명들 중 몇 가지는 심각한 퇴행성 근육 질병에 관련되었을 수도 있다는 것을 알고 있었다. 나는 즉각적으로 검사를 받으러 갔고 여러 가지 특별 검사를 받았다. 2개월 후, 비정상적인 근전도(electromyogram)가 반복되면서, 나는 루게릭병(Lou Gehrig's disease : 근육위축가쪽경화증-amyotrophic lateral sclerosis, or ALS)일 가능성이 크다는 참혹한 진단을 받았다. 의사인 나로서는 이 상황이 심각하다는 것을 알았다.

나는 망연자실하였다. 의사로서 개인적인 질병을 갖게 되었을 때는 때때로 의사라는 직업이 가장 최악의 직업이다. 나는 루게릭병이 시간이 지날수록 더 악화되는 병이라는 것을 알았다. 환자들은 근육 힘과 조절의 상실을 경험한다. 이러한 질병을 가진 대부분의 사람들은 진단받은 지 3년에서 5년 사이에 죽는다.

암흑, 절망, 오명, 공포, 한정된 시간 등 난해한 감정이 내게 몰아쳤다. 그 소식을 들었을 때 내 마음은 요동쳤다. 내가 무엇을 해야 한단 말인가? 어떻게 나는 나의 가족들에게 말할 수 있을까? 나의 지위는 더 추락하는 건가? 사퇴해야 하는 건가? 정신과 의사처럼, 나는 내 마음이 분명한 의사 결정을 하지 못할 것이라는 것을 인식했다. 나는 내 나이에 발생한 루게릭병이 치명적이라는 의학적 지식을 갖고 있음에도 불구하고, 나는 '아마 진단이 잘못 되었는지도 몰라'라는 부인도 해보았고, '왜 나야? 왜 지금이야?'라는 분노도 경험했다. 나는 '아마 나는 병이 아주 비정형적으로 느리게 진행되는 소수 확률 중에 하나에 속할지도 모르며, 물리학자 스티븐 호킹처럼 예상된 시간보다 훨씬 더 오래 더 건강하게 생존할 수 있을 지도 모른다'는 희망을 찾았다.

그러한 생각의 영향으로, 나는 가족들과 가장 가까운 친구에게 이 사실을 말하는 것을 미루었다. 나는 병의 증세가 좀 더 많이, 강하게 나타나서 내 몸에 큰 타격이 오기 전까지는 나의 부모에게도, 함께 일하는 사람들에게도 알리지 않겠다고 결정했다. 나는 세상의 모든 사람들이 알기 전, 그들이 병에 대한 나를 짓누르는 반응과 충고를 내놓기 전에 내가 무엇을 해야 하는지 나의 마음을 아는 시간이 더 필요하다고 느꼈다. 이것은 참 어려운 일이었는데, 왜냐하면, 나의 병을 알리지 않는 침묵은 내 상황에 대하여 부담감과 외로움으로 강하게 부가되었기 때문이다. 그때 나는 뇌리를 떠나지 않는 꿈을 경험하기 시작했다. 난 괴물이 내 뒤에서 쫓아오거나 끔찍한 결과를 가져오는 거대한 재앙이 나를 강타하는 "쫓기는 악몽들"을 꾸었고, 땀이 범벅이 되어 꿈에서 깨어났다. 나는 내 삶에 침입해오는 어둠과 공포로부터 벗어나기 위해 어떤 것을 해야 할 필요가 있다고 느꼈다.

며칠 후 어느 날 아침, 나는 보통과는 달리 아름다운 날이라는 생각을 하면서 깨어났다. 하늘은 깨끗한 흰색으로 부풀어 오른 구름들을 머금고 있는 파란 하늘이었다. 하늘은 의기양양했다. 나는 하늘을 주시하면서 나를 감싸고

"인간은 부서질 수는 있다. 그러나 패배하지는 않는다."
– 어니스트 헤밍웨이(Ernest Hemingway)

있는 부정적인 감정들과 보기 싫은 이미지들과 싸워 재미있고 아름답게 할 수 있는 어떤 것이 있지 않을까 하며 궁금해 했다. 나는 내 삶에서 항상 하기를 원했던 것이 있을 것이지만 결코 그것을 할 여유가 없다는 것에 대해서 다시 생각하기 시작했다. 그럴 듯한 이유로서 나는 바로 지금 그것을 하든지, 아니면 결코 하지 못한다고 결론지었다. 나는 몇 년 전에 카드게임을 위한 아이디어를 가지고 있었음이 생각났다. 그러나 그때 나는 약속 때문에 결코 더 많은 생각을 할 수 없었다.

점차적으로 나는 어둡고 부정적인 백일몽의 좋은 일부분을 이 게임을 개발하기 위한 아이디어로 전환할 수 있었다. 몇 달이 지난 후, 게임에 대한 구상이 내 마음에 구체적인 형태로 자리하게 되었다. 내가 마음속으로 상상하던 것이 눈에 보이는 극적인 게임이 되었다. 그러나 언어, 철자, 전략과 군사적인 개념들의 요소들을 조합한다는 것이 또한, 복잡했다. 나는 그 게임이 눈에 두드러지고 의미 있고 기억하기 쉬운 디자인으로 구성되기를 원했지만 나는 디자이너가 아니었다. 나는 접촉할 디자이너를 알지도 못했고, 내 마음에 드는 재주 있는 디자이너를 고용할 수 있을지 없을지도 알지 못했다. 나의 아이디어는 멈춰버렸고, 나의 부정적인 생각들이 다시 떠오르기 시작했다.

그때 주목할 만한 동시적 사건이 발생했다. 나는 소그룹의 친구들과 함께 저녁식사 파티를 준비하였다. 한 친구는 나의 오랜 친구 그레첸 레이버(Gretchen Raber)인데 선물 제작 금속 예술가이자 보석세공사였다. 식사 도중, 그레첸은 자신의 스튜디오 근처의 갤러리가 예술 작업으로서 국가에서 공인한 게임 전시장을 주최한다고 언급하였다. 그녀는 항상 게임 채점자가 되고 싶었다고 애석해하였다. 그러나 그녀는 게임에 대한 지식이 부족하였다. 나는 내가 듣고 있는 것을 믿을 수 없었다. 나는 "좋아, 나는 세상에서 가장 위대한 게임 지식을 갖고 있어, 그러나 나는 게임 채점자가 아냐!" 우리 모두는 매우 흥분되었고, 우리가 게임 채점자가 될 것이라는 것에 동의하였다.

유일한 문제점은 지금이 7월이라는 것이고, 게임 쇼의 최종 기한은 단순히 두 달밖에 남지 않았다. 일반적으로, 게임 디자인을 위해서는 적어도 1년 이 소요되어 게임의 마지막 샘플이 제작된다. 그러나 그레첸은 영감을 받았 고 나는 이끌려갔다. 우리는 시계 근처에서 일했고, 전체적으로 이 창조적인 미션을 위해 시간을 보냈다. 그리고 우리는 기한 마감 아침에 게임 모델 샘플 을 끝마치도록 일정을 준비했다. 대단히 놀랍게도, 그 게임은 쇼의 최고작품 (파이널리스트)로 선택되었고, 그때 국제비평예술대회를 위해 보내졌다. 그 대 회에서도 최고작품(파이널리스트)으로 다시 채택되었다. 결과적으로 그 게임은 다른 예술 작품들과 함께 13개 박물관의 여행 전시회에 전시되었다. 그것은 후에 "1994-1995년의 최고의 파티 게임"이라는 이름으로 "Fun & Games Magazine"에 게재되었다.

내가 그 시기로 돌아갔을 때, 나는 "버림으로써 얻는 것"(adds as it takes away)이라는 노년에 대한 첫 번째 중요한 개인적인 경험을 했다는 것을 깨닫 게 되었다. 그 일은 나의 건강이나 미래의 희망에 대한 상실을 초월하는 창조 성(creativity transcending loss)을 얻게 된 가장 생생한 경험이었다. 나는 나의 건강상태와 냉혹한 진단은 바꿀 수 없었지만, 대신 '나는 중요한 것을 할 수 있다'는 것에 집중할 수 있었고, 창조적인 전환이라는 관점을 가지고 일상생 활에서 새로운 활동과 의미를 발견하며 미래의 불확실성에 더 잘 대처할 수 있게 되었다.

두 번째의 긴 한해가 지났다. 이때는 감정적으로 복잡했고 혼란스러웠던 해였다. 내 병의 증상은 계속되었고, 근전도(electromyograms)는 비정상적인 수치를 계속 유지하였다. 그러나 나의 전체적인 상태는 악화되어가는 것 같 지 않았다. 나는 잘못된 진단이었을지도 모른다는 생각을 하게 되었으나, 나 의 주치의는 여전히 나에게 건강에 대한 분명한 지침을 줄 수 없었다. 그들은 지대한 관심을 나에게 보였다. 나는 그 질병이 천천히 진행되는 환자들 중의 한 명이었다. 그러나 얼마나 느린 건지, 얼마나 오랫동안 그렇게 진행될 것인 지를 알지 못했다. 나의 감정은 여전히 롤러코스터를 타고 있었으나, 적어도

"나를 파괴하지 않는 것은 나를 강하게 하는 것이다."
– 니체(Friedrich Nietzsche)

카드게임(according to Hoyle)의 영어전문가이 자 작가인 Edmond Hoyle (1672-1769)은 그의 고전 적인 책 《Hoyle's Standard Games》을 76세(1748)에 저 술했다.

깜짝 놀랄 만큼 감정이 요동치지는 않았다. 나는 그 진단이 정확하다는 것을 알았고, 또한 가능한 한 그 진단이 적어도 내 감정들과 행동들에서는 내 삶을 지배하지 않기를 바랐다. 나는 그 진단이 감정적 고난의 감옥으로 나를 가두지 못하도록 할 마음이었다.

그때, 흥미로운 발전이 발생했다. 근전도 검사로 루게릭병이라고 진단하는 표준을 개발한 의사가 방문 과학자로서 몇 주 동안 국립보건원(NIH)에 오게 되었다. 나의 의사들은 그에게 나를 평가해달라고 의뢰했다. 그는 나를 만나 그동안에 했던 종류와 다른 종류의 긴 평가들을 거친 후, 자신의 머리를 흔들면서 말하기를, 매우 유사한 루게릭병이지만 검사한 평가에 기초해서 볼 때 지난 2년 넘게 병이 악화되지 않는 것은 내가 루게릭병이 아닐 수도 있다는 결론을 내렸다.

나는 혼란스러웠다. 나의 우선적인 첫 느낌은 물론 거대한 안도감이었다. 그러나 동시에 내 병이 잘못 진단되었고, 오랫동안 그 진단이 유지되었고, 불필요하게 그 고난을 경험해했던 것에 대해서 나는 분노가 일었다. 그러나 나는 또한, 내 자신의 의학적인 경험에서 볼 때 이런 복잡한 경우들이 발생할 수 있고 이러한 상황처럼 흐를 수 있다는 것을 알았다. 그 상황이 나를 고통스럽게 했지만, 그것은 나 자신과 내가 무엇인가를 할 수 있다는 것을 이해하게 함으로써 내 삶에서 새로운 유익함을 제공해주었다. 그것은 결코 작은 사건이 아니었다. 나의 모든 증상들과 비정상적인 근전도 검사는 여전히 존재하고 있고, 의사들은 그것들을 설명해줄 수 없을 수도 있다. 그들은 나를 응원해줄 필요가 있다고 말하고, 그중의 한 의사는 나에게 "당신이 가지고 있는 병의 양성적 증상들 때문에 당신이 잘되고 더 오래 살 것이다"라고 위로하였다. 요즈음 나의 증상들이 지속되지만 다행히도 그 증상들은 더 악화되지는 않고 있으며 어떤 새로운 불편이나 역기능이 발생하지는 않았다.

어둠이 고개를 들었을 때, 나는 잘못된 진단의 가운데에서 암흑이 내 앞에 놓여있다고 믿음으로 두려움을 느끼며 무서운 미래에 대처할 수 없었으나,

우리에게 겨울이 없었다면 봄이 그렇게 기쁘지 않았을 것이다. 만약, 우리가 때때로 불행을 경험하지 않았다면 성공은 그리 환영받지 못했을 것이다.
– 브래드스트리트 (Anne Bradstreet)

창조적인 과정을 통하여 실제적이며 감정적으로 그 두려움을 초월하였다. 나는 매우 운이 좋게도 이러한 창조적인 과정 속으로 들어올 수 있었으며, 더 운이 좋게는 나는 루게릭병을 앓지 않았다고 느꼈다. 그리고 나는 심지어 그러한 행운을 잡지 못한 채 그들의 무덤과도 같은 상황들을 떠나보내지 못한 이들에 대한 더 큰 공감을 느끼게 되었다. 또한, 나는 과거에 내가 경험했던 것보다 더 그들을 잘 도울 수 있을 것이라고 느꼈다. 왜냐하면, 나의 진단이 내려질 때까지 나는 그들과 함께 있어줄 수 있기 때문이다.

병의 집행유예 기간 동안, 나는 전과 같이 삶을 바라보지 않고 그렇게 일하지도 않을 것이라고 깨달았다. 나는 변했으며, 그 변화의 과정이 여전히 진행 중이고, 나는 그것으로 인하여 흥분되었다. 나는 더 이상 루게릭병이라는 암울한 확신들에 직면하지 않았고, 다만 게임 개발에 착수했다. 게임 개발을 향한 나의 열정은 뜨거워졌고, 이 새로운 관심사를 포기해야 한다는 어떤 생각도 들지 않았다. 나는 나의 인생 계획들을 수정했다. 내가 미국 공공 보건국의 책임자로서 근무한 이래로, 나는 50세 생일 전날에 맡겨진 이 임무를 의욕적으로 20년간 하고 퇴직을 하도록 허락받았다. 공공 보건국에서의 나의 일이 극도로 성취주의적인 것이었음에도 불구하고, 정서적인 어둠을 겪은 2년간의 오진의 경험과 창조적인 사고와 행동을 통한 구출의 경험은 나를 새로운 탐험으로 이끌었다.

나는 Aging, Health, & Humanities(노화, 건강, 인문학)에 관한 융합 연구센터를 세우려는 조지 워싱턴 대학의 제안을 수락했다. 그때 나는 게임을 통하여 세대들 간의 창조성을 확대하기 위한 새로운 방법들을 개발하는 데 비전을 둔 게임회사, GENCO를 설립했다. 나의 삶은 변했고, 게임에서의 나의 새로운 관심사는 나의 개인적인 사회적 포트폴리오에서 유망한 새로운 한 면이 되는 것이었다. 뿐만 아니라, 내 인생의 후반부에서 다른 사람들에게 '되돌려주고' 타인들에게 공헌하고자 하는 나의 잠재성을 확장하는 도구가 되는 것이다.

39세에 Gertrude Morgen 수녀(1980-1990)는 두 명의 여성 파트너와 함께 뉴올리언스에서 고아원을 시작했다. 그녀는 자신의 인생에서의 선교로서 고아원 운영에 자신을 헌신했다. 고아원은 성장했고, 번창했고, Gertrude수녀의 노력 덕분에 공동체에 엄청난 공헌을 하였다. 그러나 1965년 Gertrude가 65세 때 비극적인 사고인 허리케인 Betsy가 뉴올리언스를 휩쓸었고, 그때 고아원은 파괴되었다. 그녀의 인생이 파괴적인 공허감에 직면했을 때 그녀는 65세로서 더 많은 그림을 그리기 시작했다. 그녀가 70이 되었을 때, 그녀의 그림은 성숙함에 도달했고, 전국의 박물관들이 그녀의 놀라운 재능 때문에 그녀의 그림들을 전시하기 시작했다. 그녀의 작품은 Corcoran 예술 박물관에 1980년에 전시되었고, 더 일찍이 "Black Folk Art in America"에 보내졌다.

애런(Jesse J. Aaron, 1887–1979)은 조상 대대로 내려오던 노예 신분이었으며 세미놀 인디언(Seminole Indian)의 대부였다. 그가 초등학교 1학년도 마치기 전에 그의 부모는 한 달에 7달러를 주는 농장에서 일하도록 하기 위해 학교를 그만두게 했다. 그는 40대에서 70대까지 빵집 점원으로, 노동자로, 요리사로 일했다. 그가 70대가 되었을 때 몸이 불편한 아내를 돌보기 위하여 일자리에서 퇴직하여 보육사가 되었다. 그는 아내의 백내장 수술비를 마련하기 위하여 보육원을 팔아야 했고, 그의 생애 처음으로 81세에 그는 실업자가 되었다. 그 후, 그는 "영적인 힘이 나를 깨우며 '나무를 새기라'고 말했다."고 했다. 영감을 받아서 애런은 인간과 동물의 형태들을 나무에 새겼고, 그의 작품이 주목받기 시작했으며, 순회 전시회를 하기에 이르렀다. 그는 88세에 National Endowment for the Arts가 수여하는 비주얼 예술가 회원이 되었다.

창조성을 통해 역경의 고리를 해체하기

노년에 창조적 경험을 하는 이들은 종종 상실이나 다른 역경 때문에 창조적인 삶을 살게 된다. 또한, 상실은 노년에 겪는 창조성을 가지고 변화하도록 영향을 주고, 뿐만 아니라 노년에 지속되고 있는 창조성을 사람들로 하여금 보게 한다. 위대한 미국의 예술가 모제스 할머니의 창조적인 삶은 창조성, 나이듦, 그리고 역경이라는 요소들의 상승작용의 예를 보여준다.

안나 모제스(Anna Mary Roberts Moses)는 뉴욕의 그리니치(Greenwich)에서 1860년에 태어났다. 그녀는 일찍이 예술분야에 관심이 있었으나, 그녀가 열정적으로 재능을 개발할 수 있는 환경을 갖지는 못했다. 그녀는 심지어 공적인 예술 교육을 받고자하는 꿈조차 꾸지 못했다. 그녀가 예술 분야로 오게 된 가장 이른 시기는 그녀가 참석했던 지역 학교에서 지리수업을 배우면서였다. 그녀는 그것에 대해서 이렇게 묘사했다. "선생님은 우리에게 그릴 지도를 주었고, 나는 지도에 산들을 그렸어요. 선생님은 제가 그린 것들을 좋아하시면서 본인이 가져가고 싶다고 했어요." 그러나 메리의 어머니는 그녀가 그림 그리는 것을 반대했고 더 실제적인 일들을 하도록 종용했다. 12살에 메리는 이웃 농장에 고용되어 일하게 되었고, 그녀는 자신을 고용한 남자인 모제스(Thomas Salmon Moses)를 만나 결혼할 때까지 15년 동안이나 농장 일을 계속했다. 그녀는 동등한 관계로서 그들의 결혼을 보았으나, 남편은 마치 고용주처럼 그녀를 대했다.

그녀의 자녀들이 자라고 집을 떠났을 때, 엄마로서 모제스는 그녀가 어린 시절 이래로 처음 예술분야에 발을 내딛을 수 있었다. 그녀는 값싼 재료들을 사용하였다. 예를 들면, 그녀의 예술적인 성장을 지원하는 그녀의 남편은 그녀에게 화물열차에서 얻은 오래된 창문을 가져다주었다. 그녀는 그 창문 양쪽에 그림을 그릴 수 있었다. 그러나 그녀가 그림 그리는 것은 여전히 좋아해서 그려보는 수준이었지 그림에 몰두하는 정도는 아니었다. 그녀가 초기 그림에 집중한 것은 그녀의 가족의 생계를 돕는 정도였다. 그녀는 지역박람회에 그녀의 이름이 붙은 과일통조림과 나무딸기열매 쨈을 그린 그림들을 제출했다. 그녀는 과일과 쨈을 그린 그림에 대해서는 수상을 했지만 그림들에 대해서는 어떤 인정도 받지 못했다.

그녀가 67세 때 남편의 죽음은 그녀의 삶의 중요한 변화이자 상실감을 주었다. 그녀의 딸은 그녀에게 자수(embroidery)를 해보라고 권유했고, 이 일은 그녀가 가지고 있던 재능을 빠르게 드러내게 해주었고, 결국 그녀의 자수품에 대한 주문이 밀려왔다. 그녀는 관절염 때문에 바늘을 조작하기 어려울 때까지 계속적으로 이 자수품을 만들었다. 하지만, 모제스 할머니는 그리는 것을 덜 고통스럽고 손으로 하기에 더 쉽다고 생각했다.

이것은 78세의 나이에 그림 그리는 것을 진지한 흥밋거리로 시작한 것이었다. 그녀는 그 이후 얼마 안가서, 결국 15번의 개인 전시회를 유럽에서 열었다. 그녀의 유명한 그림 경력은 101살까지 지속되었고, 그 때에 그녀가 그녀의 마지막 위대한 작품인 Rainbow를 그린 해이며, 그 작품에는 그림을 이용한 내용의 활력과 그 제목의 정신적 형상화의 낙관주의가 농후하였다. 심지어 100살임에도 그녀의 창조적 기술은 지속되었다.

메리 로버트 모제스의 예술가로서의 발전은 노화와 함께 시작한 그리고 시간이 지나면서 변화했던 창조성을 시사한다. 역경은 우리 모두를 위한 창조성의 잠재력을 가지고 있다. 우리가 그 창조적 에너지를 눈에 보이는 예술 작품에, 사회를 바꾸는 행동에, 혹은 삶을 바꾸는 새로운 관점을 만드는 데에 사용하든지 간에 말이다. 우리의 역경의 본질이 무엇이든 간에, 변천과 적응 속에서 그것은 창조적 성장과 소득에 대한 잠재력을 갖는다고 말하는 것이 상실을 낭만화 하는 것은 아니다.

일단 우리가 이러한 상실과 창조성과의 관계를 이해한다면, 우리는 주변에서, 유명한 성취자들만이 아니라 즉 일상적인 삶에서 그들의 열정과 재능이 제대로 역할을 하는 사람들의 삶 속에서도 창조성을 볼 수 있다.

맥스 러너 (Max Lerner, 19 02-1992)는 폭넓게 읽혀지고 매우 영향력 있는 뉴욕 포스트(New York Post)의 도발적인 칼럼니스트이다. 그는 또한, 사회과학 백과 사전을 편집하기도 하였고, 〈The Nation〉잡지의 편집자이기도 하다. 그는 수많은 책들과 기사들을 집필하였으며, 그의 생각들이 상당한 영향력을 미쳤던 저명한 대학들에서 수많은 교수직도 받았었고, 특히 정치 및 경제적 사고방식에 많은 영향을 주었다. 78세의 나이에 그는 암 진단을 받았는데, 처음에는 림프종양이었고, 그 다음에는 전립선 암이었다. 그의 질병에 대한 예후는 매우 좋지 않았다.

러너는 이후 이러한 글을 썼다. "충격과 분노, 스트레스와 고통, 불안과 공포, 바닥을 치고 올라오기가 힘들어진 이후, 나는 이 모든 것들을 다 합친 것과 같은 감정을 가지기 시작했다." 계속해서 심리적 마음과 인간의 정신이 의학적 치료와 연합을 형성하여 심각한 질병에 대응하게 된 만년의 싸움이었다.

러너는 이제 "질병 그 자체가 아니라, 의사와 그들의 처방 및 중재가 아니라, 그리고 심지어 '운명의 장난'도 아닌 것들과 씨름하기 시작했다. 그가 씨름했던

자매들: 사회 기여를 통한 영예로운 삶

48세인 Helen은 그녀의 자매이자 46세인 Susanna와 매우 친한 사이였다. 이들은 서로의 절친한 친구이자, 전화로 함께 대화하기도 좋아하며, 함께 쇼핑도 하고, 가족의 행사에도 함께 참여하는 편이었다. 이들은 모두 결혼하였고, 비슷한 나이대의 자녀를 두었으며 인접한 동네에 살았다. 오 년 전 수산나는 유방암에 걸렸다. 그녀의 치료는 처음 2년 반 동안은 성공적이었지만, 암은 재발하였고, 이후 더욱 공격적인 요법에도 불구하고 엄청나게 빠른 속도로 번져나갔다. 수산나는 48번째 생일 직전에 사망하였다. 헬렌과 나머지 가족들은 큰 충격을 받았다.

헬렌은 그녀의 자매의 추억을 존경하기 위하여 뭔가 특별한 일을 하기 위하여 자기 자신을 헌신하였다. 그녀는 지역 암 후원 단체에서 활동적으로 참여하였고, 옹호자로서 매우 잘 표현하였으며, 국가 암 단체에서 그녀를 알아보고 그녀의 협력을 구할 정도로 기금 모금자로서도 아주 성공적이었다. 암과 싸우는 것에 대한 옹호자로서 헬렌의 기술은 훨씬 더 성장하였고, 그녀는 지역의 상을 수상하였으며, 가족의 행동주의를 동원하고 이 싸움에 있어서 정책 결정자들의 사명감에도 영향을 주었다는 측면에서, 그녀의 뛰어난 창조적이고 효과적인 노력에 대하여서 국가의 인정도 받게 되었다.

헬렌은 사랑하는 자매의 죽음이라는 끔찍한 역경을 겪었고, 이는 그녀가 고통스러운 상실에 대처하기 위하여 중요한 기여를 하도록 함으로써 창조적으로 대처하도록 이끌었다. 이 과정은 수산나의 삶에 새로운 의미만 만든 것이 아니었다. 이러한 과정은 새로운 방향과 목적의식, 그리고 Helen의 잠재력을 개발하게 한 것이었다.

브래드: 일에 대한 실망과 불확실한 미래

55세의 브래드는 그의 회사에서 31년간 일하였고, 최고 경영진의 후보 중한 명이었다. 그가 최고 경영진의 자리에 들어가는 것은 거의 확실했고, 그의 모든 동료들도 그가 쉽게 차지할 것이라고 느꼈으며, 이는 그의 금융 설계자로서의 높은 실적과 회사에 대한 오랜 기간의 헌신에 대하여 잘 알고 있었기 때문이다. 그러나 마지막 기회에 복잡한 정치 논리가 들어왔고, 브래드는 그 직책을 차지하지 못했다. 이는 브래드에게 굉장히 실망스러운 일이었으며, 그의 자부심은 산산이 조각났으며, 그는 이 결정의 불공평함 때문에 매우 분노하게 되었다. 게다가, 그가 승진 자리에서 제외되었던 것은 내부의 실세가 위와 같은 결정을 내렸다는 명확한 신호이기도 했다. 브래드는 빠지게 된 것이다. 그는 자신의 아내인 말라와 이 상황에 대하여 이야기하였고, 그가 이제 여기서 그만 두거나, 아니면 더 나빠지게 될 것이라는 그의 소감도 함께 나누었다.

56세의 말라는 지역 보건소의 임상 심리학자였다. 말라는 브래드가 나중에 후회할 수도 있는 성급한 결정을 내리는 것을 원치 않았고, 그래서 그녀는 그가 자신의 감정과 선택사항을 추스를 수 있도록 치료전문가의 도움을 받을 것을 제안하였다. 그는 나와 만나게 되었다. 그러는 동안 말라는 브래드가 이제 그의 회사에서 전과 똑같지 않을 것이라는 사실을 볼 수 있었고, 그들이 다음 며칠 동안 그들 자신들 사이의 선택 사항에 대하여 의논한 후 그녀는 브래드에게 부부가 함께 새로운 비즈니스를 할 수 있는 뭔가 대담한 일을 하지 않겠느냐고 제안했다. 그녀는 그들이 모두 조기 은퇴가 가능하다는 점을 지적하였고, 그들의 저축 및 약간의 투자와 더불어 수입은 그들이 뭔가 다른 일을 할 수 있도록 해줄 수 있음을 이야기하였다. 그녀 생각에 뭔가 재미있고 만족스러운 일을 할 수 있다는 것이었다.

그들은 최근 그들의 여름 휴가용 집으로 사용하려고 계획한 메인주의 해

것은 불가해한 미스터리들이었고, 야곱의 천사들이었으며, 어느 날 밤에 찾아와 한동안 머물렀다 떠나버린 어두운 사람, 즉 사망과 생명의 천사, 하나님의 천사와의 씨름이었던 것이다." 그는 12년을 더 살았고, 그가 거의 90세가 될 때까지 살면서 글을 쓰고, 교육하고, 영향을 미치며 지냈다. 이와 더불어 1990년 그가 88세가 되던 해, 그는 Wrestling with the Angel(천사와의 씨름)을 집필하였는데, 이 책에서 그는 "질병에 대한 나의 승리에 대한 회고록"을 묘사하였다.

변에 위치한 크고 오래된 빅토리아 시대 가옥을 구입하였다. 이 건물은 이전에 맘 앤드 팝(mom and pop; 부부 숙박시설)로 사용되었던 것으로, 재정난을 겪고 문을 닫게 된 상태였다. 이 과거의 사용 때문에, 이 건물은 개별적인 구역으로 나누어져 있었다. 브래드와 말라의 원래 계획은 업체가 이 집을 관리하고 각 구역을 임대하도록 하면서 그들이 메인주에 휴가를 왔을 때는 한 채를 사용하고자 하려던 것이었다.

그러나 말라는 "고정관념을 깨고" 있었다. 즉, 완전히 다른 관점에서 시도하려던 것이었고, 그녀는 새로운 생각을 하게 되었다. 그들은 둘 다 직업을 바꿀 준비를 하고 있었고, 그녀는 요리를 좋아했으며, 그는 이것저것 고치는 것을 좋아했기 때문에, 이 장소를 여름 동안 아침식사를 제공하는 숙박 집(bed and breakfast)으로 사용하면서 남은 해 동안 그들의 업무 능력을 이용하여 은퇴계획 세미나와 같은 작은 사업을 운영하는 것이 어떨까 생각하였던 것이다. 그의 재정 설계 지식과 그녀의 심리적 문제에 대한 이해 사이에서, 그들은 겨울 동안 훌륭한 세미나 팀을 구성할 수 있었고, 여름 동안 그들은 자신들의 요리와 수선 취미를 살리며 재미와 이익을 모두 누릴 수 있었다.

이러한 전망에 신이 난 그들은 잠시 멈추고 이 계획의 위험과 이익에 대하여 신중하게 검토하였다. 그들은 브래드의 분야에서 강제 해고와 사업 축소 등이 점차 증가하고 있는 경향과 이러한 여건 속에서 나타날 수밖에 없는 취약한 고용환경에 주목할 수밖에 없었다. 그러나 한 사람의 커리어로부터 은퇴하고 자영업을 하는 것은 두 개의 커다란 라이프스타일 조절이었다. 즉, 그들이 함께 실패하게 되어도 그것은 두 배가 되는 것이다. 그리고 감정적인 위험과 재정적인 위험도 감수해야 할 필요가 있었다. 그들의 내적 및 외적 자원에 대한 명확한 분별력을 가지고, 그들은 "박스"에서부터 나와 브래드의 커리어를 억제하였고, 새로운 커리어로 함께 움직였으며, 그들이 앞으로 마주하게 될 도전과 잠재력에 흥분하였다. 처음 그들에게 커리어 재앙으로 나타났던 것은 내적 및 외적인 힘에 의하여 진전된 기회가 되었다. 브래드와 말라는 중년기 재평가 단계(Midlife Reevaluation Phase)와 해방 단계(Liberation Phase)의 교차지점에 놓여있는 인간의 능력에 의지하였다. 역경은 그들의 삶을 재평가 할 수 있도록 촉진시켜 주었고, 결국엔 새로운 방향으로 해방시켜 주는 외적인 촉매제가 되었다.

샌드라: 상실 이후 인생의 재구축

샌드라와 스탄은 둘 다 60대 초반으로, 그들의 은퇴 기간 동안 여행을 계획하였고, 몇 년 동안 그들의 과중한 업무를 보상받고자 하였고, 가족으로서의 책임이 자신들의 방랑벽을 막도록 강요하였다고 한다. 그들은 미래를 바라보고 있었으며, 학습과 더불어 여행의 모험을 기대하고 있었고, 수많은 저녁 시간 동안 다양한 엘더호스텔 학습 프로그램의 자료들을 살펴보았다. 그들은 40년째 결혼생활을 하고 있었으며, 3명의 성인이 된 자녀가 있었고, 자신들이 자랑스러워하는 2명의 손자가 있었다. 이 40년 동안 스탄은 건축업계에서 일해 왔고, 그의 커리어 후반기 동안은 대형 주택가 사업 건축업자로서 활동하였다. 샌드라는 그들의 가정을 가꾸며 사회 활동을 해왔고, 그녀의 가정의 행복한 삶을 위하여 노력하여 왔다.

그들의 가정, 예스러운 20세기 초기의 집은 매년 온갖 종류의 수리가 필요했고, 유지비는 점점 증가하는 부담이 되었다. 그들은 은퇴하는 때가 그들의 오래된 집을 팔고 새롭고 더 낮은 유지비가 드는 콘도미니엄으로 이사를 갈 적절한 타이밍이 될 것이라고 직감했다. 스탄은 은퇴에 잘 적응하는 것으로 보였고, 즉시 오래된 집을 팔기 위하여 수리하였다. 그러나 은퇴 후 4달이 지났을 때, 어느 날 지붕의 홈통을 수리하고 있을 때, 그는 치명적인 심장마비를 일으키게 되었다. 샌드라는 절망감에 사로잡혔다. 그녀는 한편으로는, 좋았던 추억에도 불구하고 집에 혼자 있다는 것으로 인하여 더욱 더 압도됨을 느꼈고, 또 다른 한 편으로는 스탄이 관리했던 유지관리에 대한 책임을 다루는

브루클린 다저스(Brooklyn Dodgers)의 매니저인 브랜치 리키(Branch Rickey)는 66세에 (1947) 첫 번째 흑인 야구선수였던 재키 로빈슨(Jackie Robinson)과 계약함으로써, 메이저 리그 야구에 존재하던 인종차별의 장벽을 무너뜨렸다.

것에 익숙지가 못했다. 샌드라는 혼자서 종종 울먹였고, 극심한 외로움을 느꼈다. 그녀의 딸 중 한 명은 그녀가 미망인들을 위한 협력 단체에 가입하라고 설득하였고, 단체에 들어갈 수 있도록 주선해주었다.

2년이 지났고, 샌드라는 여전히 감정적으로 고통스러워하고 있었다. 그녀는 갑작스러운 스탄의 죽음에 대한 공허함을 감당하지를 못했다. 비록 세 자녀가 모두 그녀에게 전화하고, 방문하고, 그리고 그들의 집을 방문해달라고 권유했지만, 그녀는 자기 자신의 인생이 공허하고 의미가 없다고 느꼈다. 한편, 그녀의 집은 혼자 살기에는 너무 커서, 그녀는 이 집을 팔고 원래 스탄과 함께 사고자 계획했던 더 작은 집으로 이사를 가야겠다고 슬프게 결론을 맺게 되었다. 그녀는 자신의 슬픔과 옛 집의 부담감과, 그리고 이 집을 떠나 다른 장소로 이사 갈 생각에 힘들었다. 다행히도 그녀는 그레이스라는 한 좋은 친구로부터 전화를 받았는데, 그녀는 그러한 콘도미니엄 복합단지에 살고 있었으며, 그녀의 건물 중 한 집은 방 두 개짜리 콘도로 가족들이 방문하고 머무르도록 허용하고 있다는 것을 알려주며, 곧 시장에 나올 것이라고 하였다. 샌드라는 그레이스를 매우 좋아하였고, 이것은 그녀의 변화에 도움을 줄 수 있을 것이라고 느꼈다. 그녀는 자신의 집을 팔고 그 곳으로 이사 갔다. 그러나 이사는 쉽지 않았다. 그녀는 여전히 슬퍼했고, 동기와 열정도 별로 없었다 .

그레이스는 샌드라가 슬픔에서 벗어나지 못하는 점에 대하여 걱정하였고, 그녀가 마음을 바꿀 수 있는 기회를 보았다. 그녀는 샌드라가 관심을 가지게 되기를 희망하였다. 즉, 샌드라는 그녀의 초등학교 교사로서의 예전 경험에 의지해야 했다. 스탄과 결혼하기 전 수년 전의 일이었지만, 그녀는 자신의 재주를 사용하여 읽기 장애가 있었던 자신의 아들을 도울 수 있었고, 아들이 다니는 학교에서 가끔씩 자원봉사자로 나서곤 하였던 것이었다.

이웃인 그레이스는 또 다른 친구가 있었는데, 그 친구의 여덟 살짜리 손자도 읽기 장애가 있었다. 그녀는 샌드라가 그 아이를 가르치는 데 관심이 있는

딩링(Ding Ling)이라는 필명을 사용하는 중국 소설가이자 급진적 여성운동가인 장빙즈는 1970년 중국 문화혁명 당시 투옥되었는데, 그녀는 66세부터 71세까지 감옥살이를 하게 되었다. 석방 후 그녀는 자신이 중국 정부로부터 초기에 탐탁지 않게 여겨져 추방을 당했던 북방대초원에서의 경험에 기초한 《두완상 동지 Comrade DuWanxiang》를 출판하였다.

지 알고 싶었다. 그레이스는 샌드라에게 혹시 도와주겠냐고 물었고, 강하게 권유하였다. 좀 더 권유가 있은 후, 샌드라는 동의하였고, 소년의 어머니는 후에 그레이스에게 다음과 같이 말했다고 한다. "샌드라가 기적을 일으켰어요."

샌드라 자신은 기뻤고, 그레이스에게 어떻게 그녀가 늘 가르치는 직업으로 돌아가기 원했는지에 대하여 이야기 하였고, 특히, 읽기를 가르치고 싶어하였다. 그레이스는 갑자기 영감이 떠올랐다. 샌드라가 교육에서의 커리어를 다시 시작하는 것은 너무 늦지 않았다는 것이다. 그리고 읽기 전문가에 대한 수요는 너무나 많았기 때문에, 샌드라는 컨설턴트로 합당한 대우를 받고 일할 수 있다는 생각이 들었고, 자신이 편안한 시간에 일할 수도 있다고 확신이 되었다. 처음에 샌드라는 좀 꺼려하였는데, 자신은 너무 늙었다고 생각했기 때문이다. 그러나 그레이스는 계속해서 격려하며 북돋아주었고, 또 다른 나이 많은 아웃이 그녀에게 할아버지들과 그들의 손자들을 위하여 매달 열리는 독서 토론 모임을 이끌어달라는 제안을 받았을 때 샌드라의 자신감은 더욱 증가하였다. 두 차례의 성공적인 독서 토론 모임 후, 샌드라는 자격증을 갱신하고 학교에서 다시 일을 하기 위하여 다음 단계로 갈수 있는 동기가 부여되는 것을 느꼈다.

그레이스의 지원과 더불어 샌드라는 해야 할 일들을 처리하였고, 과정에 등록하였으며, 상당히 젊은 학생들과 수업을 들으며 기대치 못한 세대 간의 에너지를 맛보았고, 결국 자신의 자격증을 획득하였다. 몇 달 뒤 그녀는 한 학기 동안 학교에서 컨설팅을 해 달라는 요청을 받았다. 그녀의 새로운 커리어가 시작되었고, 그녀는 자신의 슬픔에서부터 빠져나올 수 있었으며, 새롭게 발견한 만족을 경험하였다.

샌드라의 이야기는 상실에 대응하기 위한 그녀의 고유한 창조성에 대한 이야기이자, 어려움에 처한 친구를 도와주는 데 활용했던 그레이스의 사회적 창조성에 대한 이야기이기도 하다. 샌드라의 경험은 브래드와 헬렌의 경험과 마찬가지로, 그리고 나 자신의 경험과 마찬가지로, 역경의 끈을 느슨하게 풀

클라라 바튼(Clara Barton ,1821-1912)은 교사로서 일을 시작했다. 남북전쟁이 시작되면서 그녀는 부상당한 군인들의 구조를 위한 물자를 얻고 나누기 위하여 한 기관을 조직하였다. 그녀는 "전쟁터의 천사"라고 알려지게 되었다. 그녀는 유럽의 국제적십자와 연관되었고, 60세인 1881년, 그녀는 미국적십자를 설립하여, 전쟁터에서만 구조를 제공한 게 아니라, 자연 재해에도 제공하는 사업에 집중하였다. 그녀는 이어서 77세의 나이에 1898년 아메리카-에스파냐 전쟁 당시 쿠바에서도 봉사하였고, 83세까지 미국적십자사의 회장 역할을 지속했다.

어놓을 수 있는 창조성에 대한 것이었다.

건강에 미치는 창조성의 효과에 대한 더 많은 이야기

건강에 대한 책을 보면, 치료(healing)이라는 용어는 때때로 교차하는 두 가지 다른 방법으로 자주 사용된다. '치료'의 한 가지 용법은, 질병으로 인한 황폐함을 다루는 동안 사람들이 단계적으로 자신들의 마음을 치료할 수 있는 접근방식을 취하고, 질병이 죽음이 이를 정도로 진행되는 동안에도 감정적인 고통에 대처하고 인간의 존엄성을 유지하도록 허용하는 것이다. '치료'의 또 다른 용법은 질병 그 자체에서 회복되는 것을 뜻한다. 이렇게 치료의 두 가지 역할은 교차하기도 하는데, 생명을 위협하는 질병을 마주하고 있으면서 내적 감정에 도움을 받는 사람들의 경우에 그러하다. 그래서 그들은 그다지 치료되지 않은 사람들과는 대조적으로 그들의 질병에 굴복하기 전에 더욱 긴 생명을 경험할 수 있는 것이다. 그리고 비록 수가 적기는 하지만 일부 보고에 따르면, 감성적이고 성찰적인 생활을 할 수 있도록 하는 치료는 심지어 불치병인 듯 보이는 질병을 낫게 할 수도 있다는 보고도 있다. 이러한 후자의 대부분의 사례는, 비록 치료가 오로지 생각과 감정의 내적 세계에만 초점이 맞추어져 있었음에도 불구하고, 자신들의 마음을 치유하고자 하는 목적을 가지고 전통적인 치료와 중재의 조합에 따른 회복이라고 묘사되어 왔다.

이 두 가지 치료의 관점과 더불어 상당히 많은 연구, 행동 및 생물학적 연구들이 있어왔는데, 이러한 연구는 사람의 마음 상태의 요소로서 치료를 촉진하는 근본적인 방법을 이해하는 데 초점을 맞추고 있었다. 행동적인 방법의 경우엔 더 자세히 기록되어 있다. 생물학적인 설명은 비록 실증적 결과물들이 증가하고 있고 상당히 흥미롭지만, 현재는 증거보다는 이론상으로 더욱 강하게 나타나고 있다. 이러한 연구는 "마음-육체 연구"라고 일컬어지며, 정

미국 철학자 수잔 랭거(Susanne Langer)는 《Philosophy in a New Key》의 저자로, 《Mind: An Essay on Human Feeling》(전3권)을 1967년부터 1982년까지 (72세에서 87세까지) 집필하였다.

신과 신체적 건강의 상호작용에 대하여 연구하고 있다. 이 두 가지 치료의 관점은 우리가 건강에 미치는 창조성의 영향을 생각해 볼 때 모두 흥미롭다. 아래의 결과물들을 검토하면서, 이 책의 앞부분에서 강조된 부분에 대하여 꼭 유념하고 있기 바란다. 인생의 후반기에 대한 연구에서는 신체에 대한 마음의 영향력이 드러나며, 마음에 대한 신체의 영향력 역시 매우 강력하다.

활동으로서의 창조성: 행동주의적 관점

우리가 생각 또는 행동의 비생산적인 패턴을 탈피하고자 할 때, 우리는 의도적으로 우리가 그러한 패턴을 변화시키고 새롭고 더욱 유용한 것을 개발하도록 돕기 위하여 고안된 새로운 전략을 시도할 수 있다. 이러한 행동주의적 중재는, 특히 창조적인 차원에서는, 심각한 질병의 과정에 긍정적인 효과를 가지는 것으로 나타났다. 표현적인 미술 치료는 두드러지며, 특히 미술치료, 댄스 치료, 극 치료, 및 음악 치료에서 더욱 두드러진다. 신체적인 건강 문제의 악화와 관련된 행동주의적 요인에 대한 연구에서, 자주 연루되어 있는 요소들 중에는 표현되지 못한 감정(unexpressed emotions)과 학습된 무기력함(learned helplessness)이 포함되어 있다. 감정을 억누르는 사람들의 경우, 그 감정이 사랑과 기쁨과 같은 긍정적인 감정이거나 분노와 두려움과 같은 부정적인 감정일 경우라도, 이러한 감정의 사람들은 감정을 더욱 자유롭게 표출하는 사람들에 비해서 질병에 더 잘 대처하지 못하는 것으로 나타난다. 표현적인 미술 중재는 언어를 통한 감정적인 표현이 막혀있을 경우에, 창조적으로 개인들로 하여금 그들의 감정을 비언어적 접근방식을 통하여 표현하도록 허용함으로써, 이들을 도와줄 수 있다.

자신들이 삶에 대한 통제권이 없다고 느끼는 사람들, 그리고 특히 지속적인 무기력함이 늘어나고 있는 사람들 또한, 자신의 삶에 대한 높은 통제권을

메리 제인 길모어 부인(Dame Mary Jane Gilmore)는 호주의 시인으로 6권의 시집을 1910년(45세)부터 1954년(89세)까지 집필하며, 병자들과 약자들을 도와주겠다는 자신의 평생의 헌신에 대한 내용을 담아냈다.

1172년, 전쟁 중이었던 베네치아와 콘스탄티노플의 지도자들은 평화 협정에 합의하였다. 베네치아는 그들의 재능 있는 외교관인 65세의 Enrico Dandolo을 보내서 콘스탄티노플의 황제를 만나도록 하였다. 그러나 황제가 베네치아의 이러한 유능한 인재에 의하여 지나치게 위협을 느껴서 그를 위협으로 간주하고 난 뒤 그를 암살할 계획을 세웠을 때, 이들의 대화는 중단되었다. 황제의 경호원들은 도둑 때로 위장을 하여 Dandolo가 베네치아로 돌아갈 때 그를 습격하였다. Dandolo는 가까스로 살아남게 되었지만, 두 눈의 시력은 잃고 말았다. 29년 뒤(1201), 94세의 나이와 시각 장애에도 불구하고, Dandolo는 4번째 십자군을 이끌었고, 그의 국가 베네치아에게 콘스탄티노플에 대한 승리를 선사하였다. 97세가 되어 평화를 추구한 지 30년이 지난 후, 그는 콘스탄티노플의 지사가 되었다.

경험하는 사람들보다 더욱 좋지 않은 질병의 과정을 겪는 것으로 보고되고 있다. 여기서도 마찬가지로 표현적인 예술은 미술, 댄스, 극, 혹은 음악을 통하여 창조적으로 표현함으로써, 우리의 정신적인 이미지에 대하여 조절할 수 있게 된다는 것을 처음으로 발견함으로써, 우리에게 훨씬 더 큰 통제권에 대한 경험을 시작할 수 있는 기회를 제공하고 있다.

지지집단, 영성상담, 심리치료는 모두, 표현되지 않은 감정들을 더 잘 표현하고 우리의 삶을 보다 명백하게 통제하는 방법을 발견하게 하는 관련된 통로를 따라 작동하는 것으로서, 서로 유사한 효과를 성취할 수 있다. 일반적인 상황에서의 창조적인 노력은 이러한 노력들이 운명이 아니라면, 전형적으로 우리의 안녕에 영향을 주는 것에 관한 강력한 감각에 관련되어 있다는 측면에서 볼 때, 동일한 효과를 가질 수 있다. 그들은 그들의 행동에 대한 서비스 차원으로 우리의 감정을 해방시켜 주기 위하여 다가갈 수 있거나 혹은 감정을 자유롭게 풀어 줄 수 있다.

예를 들면, 창조적인 표현의 한 가지 방향으로서 유머감각의 역할을 고려하라. 유머감각은 창조적이고 적응력이 있는 새로운 전략에 대한 손쉬운 방법을 제공할 수 있다. 어두운 유머 감각의 경우에도, 즉 역경으로부터 나타나는 유머의 경우에도, 적절하게 시기가 맞아 떨어지고 올바르게 적용된다면, 지원적인 새로운 관점을 자극하며, 새로운 접근방식을 흥미롭게 만드는 데 더욱 효과적일 수 있다. 보통의 유머감각에서처럼, 어두운 유머(dark humor) 혹은 "블랙 유머(black humor)"는 우리에게 이전에는 고려하지 못했던 옵션들에 대하여 고려할 수 있도록 허락한다. 블랙 유머 또한, 종종 어둠 속에서의 웃음이라고 묘사되고, 혹은 절망의 목전에서의 유머, 으스스한 농담, 그리고 독일어에서는 Galgenhumor 혹은 "무덤 앞에서의 웃음"이라고도 표현한다. 어떤 이름이든지, 역경에 굴복하지 않고 오히려, 이를 인정하는 것은 바로 유머감각이다. 조지 번즈(George Burns)는 이러한 부분에서 전문가라고 할 수 있으며, 이 장을 시작하며 했던 이야기에서처럼, 그는 그가 "더 이상 설익은 바나나를 사지 않아도 된다"는 점에 대하여 마음의 준비를 하였고, 필요하다면 그는 스텐드업 코미디에서 "누워서 하는 코미디(lie-down comic)"로 전환할 수 있는 상태로 준비하였다.

또한, 유머감각은 인간의 다양한 상황에 있어서 연령이 얼마나 상대적인 것인지를 볼 수 있도록 도와준다. 미국의 유머 작가인 조쉬 빌링스(Josh Billings)는 1800년대 후반, 이러한 상대성을 깨닫게 되어 이러한 글을 썼다. "젊었을 때 우리는 어려움 속으로 달려갔지만, 나이가 들어서는 어려움이 우리에게 달려 들어온다." 다시 말하면, 젊다고 해서 반드시 잠재력으로만 가득 찬 것이 아니듯, 나이가 많다고 해서 늘 문제만 있는 것은 아니라는 것이다. 특히 우울하게 된 연로한 성인들에게 특히 중요한 관점이다. 또는 George Burns가 보았던 것처럼, "100세가 되는 것은 좋다. 아주 소수의 사람들만이 100세 이후에 죽었기 때문이다." 그리고 내가 나누었던 90세 환자에서의 일화에서는, 그녀가 신문에서 한 인터뷰를 읽었다고 하였다. 그 인터뷰에서는 105세의 여성 노인이 100세가 넘는 것에 대한 장점에 대하여 질문을 받았는데, 이 105세의 여성은 다음과 같이 대답하였다고 한다. "100세가 되면, 또래의 압박(peer pressure)이 줄어든다는 장점이 있습니다."

창조적인 공감대: 생물학적 관점

유머감각과 기타 창조적인 전략은 면역 체계에 긍정적인 효과를 가지며, 이는 건강을 지키는 측면에서 볼 때, 면역체계에 대하여 마음이 가지는 잠재적인 영향력을 분명히 보여주는 것으로 나타났다. 이는 "정신과 몸의 연결구조: 마음과 몸 의학의 기초"(The Psychosomatic Networks: Foundations of Mind-Body Medicine)에서 캔디스 퍼트(Candice Pert), 헨리 드레허(Henry Dreher), 마이클 러프(Michael Ruff)에 의해서 논의된 심신 효과에 대한 정신신경면역학

필리스 딜러(Phyllis Dille)는 그녀가 64세였을 때 출판하였던 자신의 책《The Joys of Aging-And How to Avoid Them》에서 "나는 내 허리가 나보다 더 자주 나가는 나이에 있다"고 하였다.

적 설명이라고 할 수 있다.

이와 유사한 원리는 암 환자를 도와주는 단체, 영성상담, 표현적 미술 치료, 그리고 심리치료 등을 통하여 제안된 행동주의적 전략의 긍정적인 생물학적 효과를 설명하기 위하여 제시된 적이 있다. 그리고 이러한 원리는 이와 동일한 선상에 있는 커뮤니케이션을 통하여 억압된 감정 및 학습된 무기력함이 면역 체계를 억제하며, 유해한 건강상의 효과로 이어진다고 이론화되었다.

사실, 예후다 사비트(Yehuda Shavit)와 그 동료들의 연구에 의하면 무기력함은 자연 마취제(opioids)의 만성적인 증가, 마약과 같은 물질 등을 유발하는 신체의 화학적 반응에 영향을 준다고 제시하고 있으며, 이와 같은 물질들은 결국 신체 속에 있는 내추럴 킬러(natural killer)세포의 기능을 저하시키고, 잠재적으로는 일정한 형태의 암에 대한 취약성을 증가시킨다. 다른 연구들 또한 강한 감정을 다년간 억압하는 것이 높은 수준의 자연 마취제를 유도하며, 이는 곧 전염성 질병이나 암과 맞서 싸우는 면역 체계 반응을 방해한다는 비슷한 결론을 내리고 있다.

주도적인 심신 관련 연구자 중 한 명인 캔디스 퍼트(Candice Pert) 박사는 워싱턴 조지타운대학 의료센터 교수로, 신경펩티드라고 알려진 70 혹은 80가지의 화학물질을 확인한 바 있으며, 그녀는 이를 감정의 생화학적 중재물질로 간주한다. 즉, 마음과 신체, 감정과 물리적 건강 사이에 이루어지는 화학적 소통 체계를 말한다. 그녀의 연구에 따르면, 그녀는 우리의 뇌와 면역체계 사이에는 양방향 커뮤니케이션이 존재하는데, 이를 통하여 각각의 기관은 상대방의 활동에 영향을 준다고 제시하고 있다. 이러한 양방향 커뮤니케이션은 뇌와 신체의 다른 기관 사이에서도 발생한다고 그녀는 덧붙였다. 그녀의 연구에 따르면, 위에서 말한 수많은 신경 펩티드들은 신체 전반에 걸쳐서 방출되고, 우리의 감정에 의해서 유도되거나, 심리적 요인으로 인하여 영향을 받아 나오는 것이다.

퍼트 박사는 대부분의 신체 기관들은 마치 특정한 열쇠만 받아들이는 자물쇠와 같이, 서로 다른 펩티드를 받아들이는 특성화된 수용 영역을 포함하고 있으며, 이는 이러한 기관의 건강적인 효과를 가져오는 것이라고 확신하고 있다. 면역 체계를 제외하고는, 이러한 수용 영역들을 포함하고 있는 기간들로는 신장, 췌장, 그리고 전체 위장 체제—즉, 식도에서부터 대장에 이르기까지 수용 영역을 가지고 있다. 퍼트 박사는 위장관을 따라 분포된 신경펩티드 수용기 네트워크의 존재가, 예를 들면 사람들이 일반적으로 "직감, 불안 안절부절 못함"이라 표현하는 것에 대하여 과학적으로 설명해줄 수 있다고 말한다. 그녀에 의하면 의식적 및 무의식적 감정들은 "건강과 치료의 핵심요소"라고 할 수 있다. 이러한 이론에 따른다면, 창조적 흐름에 상당히 연계되어 있는 감정 상태는 몸 전체에 특성화된 신경펩티드의 발산을 유도하게 되고, 이는 신체에 이로운 건강 효과를 가져오게 된다.

내 아버지의 운명: 알츠하이머의 고통스러운 과정

내가 체험했던 나만의 경험 속에 있던 어두운 구름이 지나갔을 때, 또 다른 매우 어려운 시기가 찾아왔다. 나의 아버지가 알츠하이머병이라는 진단을 받은 것이다. 이것은 비극이자, 아이러니였다. 아이러니인 이유는 내가 국립보건원(NIH)에서 알츠하이머병에 관한 연구에 대해 가장 중요한 기여를 하였을 때 일어난 사건이기 때문이다. 이제 이 비극은 우리 가정에 찾아왔다. 우리는 힘든 시간이 우리를 기다리고 있음을 알고 있었다. 나는 개인적으로는 나의 아버지에게 일어날 일들이 매우 고통스러울 것이라는 점을 생각하게 되었다. 나는 아버지가 점차 기억을 잃어갈 것이고, 점점 더 어떤 일들을 못하게 될 것이며, 불안을 겪게 되고, 그러다 결국 심지어 나까지도 알아볼 수 있는 능력을 상실하게 될 것이라는 점을 알았다. 나 또한, 매우 괴로웠다. 나의 어머니와 나의 형제들 모두가 힘들겠지만, 특히 어머니가 더 힘들 것이라고 느꼈다.

"질병과 죽음에 대한 모든 관심은 생명에 대한 관심의 또 다른 표현일 뿐이다."
– 토마스 만

어머니는 50년 이상의 결혼생활이 지나고 나서 자신이 가장 사랑하는 남편이 천천히 정신적으로 악화되어가는 것을 지켜보아야 하는 고통을 겪어야 했으며, 이어서 이렇게 자기 남편이 자신의 옆에서 수많은 시간 동안 함께 해왔던 가장 사랑하는 여성을 알아보지 못하게 되는 것 또한, 지켜보아야 하기 때문이다.

알츠하이머의 초기 단계에서 나의 아버지는 여전히 그가 늘 해왔던 몇 가지 일들을 계속해서 해낼 수 있었지만, 점점 어려움을 겪었다. 그는 신체적으로도 노쇠하게 되었으며, 이는 그에게 문제를 더욱 복잡하고 어렵게 만드는 것이었다. 이 질병의 초기 단계에 내가 아버지를 방문했을 때, 나는 크리비지 (카드게임의 일종)를 가져와 아버지와 함께 게임을 하였다. 크리비지는 350년 된 카드게임이다. 이 게임은 매우 빠르게 움직이며, 크리비지 보드 위에 팩 (peg)으로 점수를 매기는 것이다. 크리비지는 언제나 세대 간을 아우르는 게임이었고, 특히 아이들에게 숫자를 세는 법을 가르치기에 좋았다. 이 게임은 나의 아버지가 가장 좋아하는 게임이었고, 나는 초등학교와 고등학교를 다니던 시절에 아버지와 이 게임을 즐기며 가졌던 수많은 즐거운 추억들을 가지고 있었다. 나의 아버지는 작은 철물 및 공구점을 늦게까지 운영하셨는데, 이는 나와 아버지가 가졌던 1대1의 시간들에 제약을 가져다주었다. 크리비지는 아버지가 매우 바쁜 일정을 소화해 내면서도, 나와 아버지가 1대1로 즐거운 경험을 할 수 있는 큰 기회를 가져다주었다.

나의 아버지의 진단이 내려지던 시기에 나는 시장에서 체면을 손상시키는 모습을 보이거나 판매 가능성(sales potential)이 없더라도 특수한 요구가 필요한 사용자들도 어려움 없이 쉽게 이용할 수 있는 게임이나 제품을 만들어 해당 산업에 귀감이 되기를 희망하며 두 번째 게임을 계획하는 단계에 있었다. 일반적으로 한 가지 특정 범주의 사용자를 위한 특수 요구를 충족하려면 매우 돈이 많이 들었는데, 그 이유는 각색 과정이 반드시 디자인 되어야 하며, 원래의 제품에 이러한 디자인이 추가되어야 하기 때문이다. 그러나 '각색'이

찰스 헨리 고렌(Charles Henry Goren ,1901–1991)은 유명한 전문가이자 Contract Bridge의 작가로, 《*Goren's Modern Backgammon Complete*》를 73세의 나이에 (1974) 집필하였다. 그가 88세가 되어서는 (1989) 새로운 신문 칼럼인 "Goren Bridge with Omar Sharif and Tannah Hirsch"의 연재를 시작하였다.

초기 착수할 때부터 계획된다면, 디자인은 절충될 필요도 없고, 가격에도 별다른 영향을 미치지 않게 될 것이다. 또한, 경험에 따르면 한 집단의 요구를 충족하기 위하여 만들어진 특별한 조정은 다른 집단에도 이익이 된다는 것을 보여주고 있다. 이는 건축가들이 말하는 "보편적 디자인"이며, 이러한 보편적 디자인의 예로는 보행자용 보도에 설치되어 있는 급경 연석이 있는데, 이는 휠체어의 접근이 용이하도록 하기 위하여 만든 것이지만 아울러서 자전거, 롤러블레이드, 유모차, 또는 쇼핑카트 등도 유용하게 이용할 수 있는 것이다.

내가 해결해야 할 문제는 모범으로 사용할 최고의 게임을 찾는 것이었다. 그러던 중 어느 날 오후, 나는 아버지가 전에는 쉽게 다루었던 성냥개비 크기의 크리비지 팩을 집는데 어려움을 겪는 모습을 보던 중, 게임 전체에 대해 정신이 번쩍 드는 생각이 들었고, 그 350년 된 역사를 다른 차원으로 보게 되었고, 나의 새로운 사업에 중요한 영감을 주었다. 즉, 이 클래식 게임을 앞으로 올 세대를 위하여 보편적으로 재 디자인하는 것이었다. 나의 아버지가 자신이 가장 좋아하는 게임을 하면서 어려움을 겪는 것을 보니, 표준 디자인의 단점이 명확히 드러났다. 나이가 많은 사람들과 더 젊은 사람들의 손에 더 맞도록 크리비지의 팩을 더 크게 만들 필요가 있음을 발견했다. 만약, 상대방의 팩이 다르게 생겼다면, 그리고 보드가 재구성 된다면, 시각 장애가 있는 플레이어도 게임을 즐길 수 있을 것이라고 생각했다. 나의 아버지가 어려움에도 불구하고 계속적으로 이 게임을 하고자 하는 관심은 이 게임을 좀 더 개선해야겠다는 동기를 더욱 부여하였다.

모두 합해 나는 클래식 크리비지 세트로부터 8가지 주요 개선사항을 이끌어냈고, 이는 "새롭고 개선된" GENCO 버전의 게임이 되어, 시장에서 성공을 거두었다. 나는 이후 특허를 냈는데, 이 특허는 사실, 이 산업에서 제품 연구와 개발에 있어서의 창조성의 가치에 대하여 언급하고 있다.

마케팅의 성공보다 더욱 만족스러운 것은 이 게임이 앞을 잘 보지 못하는 이들과 노년의 플레이어들과 같은 사람들의 삶에 변화를 가져다주었다는 점

밀턴 브레들리(Milton Bradley)의 첫 번째 게임인 Checkered Game of Life는 1860년에 도입된 것이다. 이 게임은 재미, 교육, 예술 그리고 도덕적인 교훈까지도 제공하고 있다. 이동은 체커 보드에서 이루어지는데, 게임 플레이어의 움직임은 왼쪽 또는 오른쪽, 아니면 대각선으로 하나 혹은 두 칸씩 가는 것이다. 이 경로는 플레이어가 유아에서부터 행복한 노후에 이르기까지 이동하도록 하며, 행복한 노후가 승리하는 공간이다. 화려함에 들어가면 플레이어는 명예로 가고, 인내는 성공으로, 그리고 야망은 유명세로 가게 된다. 도박은 파멸로 가며, 게으름은 불명예로 가게 된다. 만약, 플레이어가 모든 올바른 일들을 하게 되면, 플레이어는 행복한 노후에 다다르게 되는 게임이다.

이었고, 이들은 편지로 새로운 디자인 덕분에 이들이 가장 좋아하는 게임을 다시 할 수 있게 되었다고 이야기하였던 것이었다. 그러나 새로운 크리비지 보드를 개발하면서 가지게 된 나의 가장 큰 만족은 아버지가 조금 더 오랫동안 크리비지 게임을 즐길 수 있었다는 점이었다.

나의 아버지의 질병에 대한 추가적 반응

안타깝게도 아버지의 질병은 계속해서 나빠졌고, 크리비지를 할 수 없게 되었고, 다른 사람들의 상당한 도움이 없이는 여러 가지 다른 기술들도 수행할 수 없는 정도에 이르렀다. 그의 기억과 지적인 능력은 전체적으로 나빠졌으며, 그의 전반적인 두뇌의 기능은 그의 과거 자신의 그림자만 보일 정도였다. 그를 바라보고 그의 동작들을 과거의 모습과 대조하는 것은 극도로 고통스러운 일이었다. 나는 아버지에 대해서, 나의 가족에 대해서, 그리고 나 자신에 대해서 마음이 무척 아팠다.

알츠하이머병(AD)은 환자와 가족들에 대한 매우 파괴적인 효과가 가족 전체에 엄청난 스트레스를 가져오는 무서운 장애 중 하나이다. 나는 알츠하이머병 환자의 가족들에게 발생하는 스트레스의 크기에 대하여 오랫동안 관심을 가져왔고, 지금 나에게 발생한 스트레스에도 관심을 가지게 되었으며, 압도적인 스트레스와 우울함을 경감시키는 것을 목표로 한 혁신적인 개입에 대하여 생각해 왔다. 이러한 중재 방법은 알츠하이머병으로 고통 받는 가족들이 마치 내가 이전에 게임을 통해서 맛보았던 효과와 마찬가지로, 창조적인 접근 방식을 접해볼 수 있도록 뭔가를 제공해야 할 필요가 있었다. 나의 동기는 이제 높은 목적을 향했다. 나는 미국 국립보건원을 떠나 통합된 연구 및 교육 직으로 돌아오게 되었는데, 이를 통하여 나는 우연히 염두에 두고 있던 프로젝트를 시작할 수 있는 시간을 더욱 많이 가질 수 있게 되었다. 나는

유명한 미국 의사이자 독립선언문의 서명자인 벤자민 러쉬(Benjamin Rush)는 마음의 병(Diseases of the Mind, 1821) 을 76세에 집필하였다.

이 프로젝트를 치료적·회복적 전기 (Therapeutic/Restorative Biographies; TR-Bios)*라고 명명하였다. 나는 이 프로젝트를 일반적인 가족들을 위하여 구성하였으며, 사랑하는 사람이 알츠하이머병이나 기타 다른 심신이 쇠약해지는 질병에 고통 받게 되면서 시작되는 상실감과 절망감의 성격적인 측면에 대한 반응으로서 작업한 것이다. 나는 내 가족의 경험을 '가이드북'으로서가 아니라, 그것을 통해 가능성을 볼 수 있는 창으로서 제시하는 것이다.

역경 속에서 기억을 위한 장소 찾기: TR-Bios

기본적으로 TR-Bio 사업은 환자, 가족, 직원, 자원봉사자, 그리고 중요한 다른 사람들의 이익을 위하여, 환자와 그 가족들의 기억을 보존하고, 회복하고, 축하하기 위하여 설계된 것이다. 이는 환자와 환자들의 가족들에 대한 전기문적인 이야기를 비디오와 앨범의 형태로 만들어내는 것을 통하여 이루어진다. 이 이야기들은 "환자"를 인간답게 만들며, 그의 점점 심해지는 기억력 및 그 자신의 이야기를 연관시키는 능력의 상실을 대신한다. 이는 또한, 젊은 자원봉사자들, 즉 고등학교, 대학교, 혹은 대학원의 젊은 사람들과 같이 사진, 영화, 컴퓨터 이미지 작업, 구술역사, 그리고 저널리즘 등에 탁월한 실력이 있는 사람들이 동원될 수 있다는 측면에서 세대 간의 중재라고 할 수 있다. 이들의 배경은 가족들이 수준 있는 전기를 만들어낼 수 있도록 도와줄 수 있는 이상적인 기술을 가지고 있기 때문이다.

TR-Bios는 자신이 포함되어 있고, 또한, 접근이 가능한 기억을 제공함으로써 환자들에게 귀중한 시간을 주기 위하여 의도된 것이다. 동시에 TR-Bios는 가족 구성원들의 이 질병에 대한 경험을 긍정적인 방향으로 바꾸어

---

*James F. Fries, "Aging, Natural Death and Compression of Morbidity."
 내 논의의 기본 생각은 프라이스의 저작에서 따왔다.

주며, 그들이 사랑하는 사람이 다른 사람들에게 어떻게 인식되는지에 대한 변화를 만들어 줌으로써, 이들이 무기력함을 덜 느낄 수 있도록 해 준다. TR-Bios는 또한, 환자들을 방문한 사람들도 사로잡는다. 왜냐하면, TR-Bios는 상호작용의 기초를 제공하고, 그들이 앞으로 소통할 수 있는 시간이 얼마 남지 않은 사람들과 어떻게 시간을 보내야 할지에 대한 걱정을 줄여주기 때문이다.

알츠하이머병의 경우, TR-Bios는 전형적인 상실과 절망의 황무지로 경험되곤 하는 질병의 과정 속에 즐거움과 창조성도 가져다 줄 수 있다. 예를 들면, 가족들이 10년 전 환자가 건강했을 때 그들이 가졌던 좋은 시간들을 슬프게 회상하는 경향에 대응하여, 의미 있는 순간들이 현재에 만들어지고, 긍정적인 사건에 집중된다. 예를 들면, 환자의 생일은 젊은 "영화 스태프"들, 즉 영상에 상식 있는 손자들 또는 가족 친구들이 찾아와서, 생일을 축하하는 동안 가족들과 어울리는 환자의 일상생활을 녹화할 수 있는 기초를 제공할 수 있다. 이렇게 영상을 제작하는 것과 이를 둘러싼 높은 에너지는 전형적으로 환자를 훨씬 더욱 개인적으로 인간적인 관점으로 바라보는 스태프들의 관심을 사로잡는다. 미래의 어느 날 가족들과 친구, 혹은 스태프들이 즐거운 마음으로 TR-Bios를 제작했던 날을 회상하는 것은 이상한 일이 아니며, 전에는 단순히 존재하지 않았던 대화를 위한 환영 받는 주제가 될 것이다.

창조적인 기회를 보여주기 위하여, 나는 나의 아버지에 관련된 경험을 공유할 것이다. 나의 아버지의 기억 중 가장 강하게 남아있던 것은 1930년대 그가 미국 해군에 복무하고 있을 때였다. 그는 다른 사람들을 해군으로 모집하는데 사용할 포스터에 나올 선원으로 선발되었다. 그래서 우리는 이 때 당시의 아버지의 이야기를 발전시키려고 작업에 착수했다. 그의 스크랩북에는 그가 항해하고 있는 배의 사진이 포함된 신문기사가 있었다. 우리는 비디오 카메라의 줌을 당겨 이 사진을 찍었고, 그렇게 해서 배만 나오게 하였고, 신문의 글들은 모두 배제하였다. 그리고 나서 우리는 카메라를 부드럽게 흔들어

헤어질 시간이 지나기 전에, 빨리 너의 기억을 담아 두어라!
- (Matthew Arn old)

서 마치 배가 항해하고 있는 것처럼 보이게 하였다. 마지막으로 우리는 카메라에 마이크를 사용하여 "anchors Aweigh"라는 음악의 한 토막을 녹음하였고, 이렇게 새롭게 작업한 영상을 아버지에게 보여주었다. 그의 따뜻한 미소는 모든 노력을 가치 있게 만들어주었고, 관여한 모든 사람들이 더욱 창조적으로 되도록 동기를 부여해주었다.

3가지 다른 에피소드들은 아버지와 가족들에게 TR-Bios의 가치를 감동적으로 강조해주고 있다. 어느 날 내가 아버지를 방문했을 때, 비록 아버지가 처음에는 나와 함께 있는 것을 즐거워하셨지만, 그가 나를 알아보지 못했다는 것은 명백했다. 그리고 나서 그의 분위기가 갑자기 바뀌었고, 그는 불안해하며 나의 존재에 대하여 언짢아했고, 나에게 떠나라고 소리를 질렀다. 나는 아버지에게 내가 당신의 아들이라고 말씀 드렸고, 그래서 지금 여기에 왔다고 이야기했다. 상당히 화가 난 아버지는 나에게 소리를 질렀다. "거짓말 하지 마라. 당장 여기에서 떠나!"

나는 잠시 쉬어가야 할 시간이라고 생각하였고, 아버지에게 만나서 반가웠으며, 다음에 다시 오겠다고 말씀 드렸다. 나는 그의 방을 나왔고, 우리가 만든 아버지의 해군 시절을 다룬 앨범 형태의 이미지들의 파일을 모아서, 다시 한번 아버지에게 찾아가 보았다. 나는 들어가서 "당신이 해군에 있었을 때의 멋진 사진들을 가지고 왔어요."라고 말했다. 그는 호기심 어린 눈으로 보았고, 나는 앉아서 그에게 사진들을 보여주며 하나씩 설명해주었다. 그는 상당히 즐거워하였고, 내가 그와 함께 해군에 있었었냐고 물어보았다. 우리의 나머지 방문은 매우 잘 진행되었고, 내가 떠나기 전 아버지는 나를 안아주었다.

또 다른 날, 나의 아버지는 어머니와 함께 앉아있었다. 그는 그녀를 어리둥절한 표정으로 바라보고 있었으며, 분명히 못 알아보는 것 같았다. 그녀는 아버지를 도와주기 위하여 다음과 같은 연결고리를 만들어주었다. "Benny, 나를 못 알아보겠어요?" 그러면서 어머니가 말했다. "나는 당신의 부인이에요!"

기억은 이 완벽한 날을 절대로 사라지지 않는 색으로 칠했고, 우리는 완벽한 날의 끝에서 우리가 만든 친구의 영혼을 찾았네.
- 케리 제이콥스 본드(Carrie Jacobs Bond)

아버지는 여전히 혼란스러워 했다. 그러고 나서 어머니는 우리가 만들었던 아버지와 어머니의 연애시절 파일, 특히 아버지가 해군 시절에 데이트하던 사진을 꺼내 들었고, 이어서 결혼식 사진도 보여주었다. 아버지는 그 사진들을 자세히 살펴보더니, 환한 웃음이 그의 얼굴에 퍼져나가며, 어머니를 보고 외치셨다. "오, 내 인생의 사랑!"

그리고 마지막으로, 또 다른 방문에서, 나의 어머니와 나의 형 프랭크, 그리고 나는 모두 아버지와 함께 앉아있었다. 그는 매우 침울해 있었고, 얼마 후 갑자기 격앙된 목소리로 다음과 같이 말했다. "나를 트럭 앞에 던져줘라. 나는 살 가치가 없어. 난 아무것도 할 수 없어!"

우리는 아버지에게 당신이 했던 매우 특별한 것을 보여주고 싶다고 이야기했다. 우리는 그에게 그의 해군에서의 시간들과 그가 해군에서 했던 성과들에 대한 설명을 포함하고 있는 비디오테이프의 한 부분을 보여주었다. 영상물이 끝났을 때, 우리는 아버지에게 어떻게 생각하냐고 물었다. 그는 기쁜 미소로 대답하였다. "아, 나는 참 특별하구나."

TR-Bios는 임상치근(clinical roots)처럼 작동하여, 질병의 끔찍한 예후 대신 환자와 가족들을 좋아하는 추억들로 다시 연결시켜준다. TR-Bios는 또한, 각각의 가족들이 매우 고통스러운 과정을 통해 살아갈 때 필요한 존엄성을 강화시켜준다. 마지막에는 이렇게 만들어진 전기적 작품은 환자가 가족에게 주는 심오한 퇴장 선물이 되어, 환자와 가족들의 비극적인 질병과의 고통이 아니었다면 결코 모을 수 없었던 가족들을 위한 멋진 녹화된 기억을 제공하여 주는 것이다.

당신은 꿈의 기억으로 왔지만, 이 꿈이 너무 달콤해서 이제는 슬프네요.
－셸리(Shelley)

우리가 남겨두고 떠나는 심장들 속에서 사는 것은 죽는 것이 아니다."
－토마스 캠벨(Thomas Campbell)

절망 혹은 장애의 깊이에서 나오는 영감

우리 인생의 역경이 얼마나 고통스러운지와 관계없이, 그리고 우리가 어떻게 반응할지와도 관계없이, 상실 혹은 기타 고난은 틀림없이 어쩔 수 없이 성장을 위한 새로운 기회를 제공한다는 측면에서 우리의 경험에 보탬이 된다. 다시 한 번 이는 감정적 고통을 낭만화하려거나, 고통에 긍정적인 해석을 굳이 하고자 애쓰는 것이 아니다. 우리가 그 전체성 가운데 인간의 경험의 복잡성을 알아볼 때, 즉 기쁨과 더불어 오는 고통에 대하여 알게 될 때, 우리는 이를 더욱 잘 대처할 수 있고, 아울러, 그로부터 배울 수도 있다. 우리의 창조성 공식, $C=me^2$ 에서는 내외적인 인생의 경험들이 중요한 요소가 되어, 우리의 창조적인 잠재력을 확대하는 데 있어서 모든 인생의 경험의 중요성을 상기시켜 준다.

본 장에서 불행의 근원은 샌드라에게는 좀 다른 것이었다. 샌드라의 남편은 갑자기 사망하였다. 브래드는 뼈아픈 고난으로 인하여 자신의 직업과 이미지에 고통을 겪었다. 헬렌의 자매는 질병과의 오랜 싸움 끝에 사망하였다. 그리고 나에게 있어선 희귀한 질병의 어두운 나날들, 그리고 나의 아버지가 알츠하이머병에 굴복되어가는 모습을 바라보아야 했던 더욱 어두운 나날들이 있었다. 그러나 우리의 궁극적인 창조적 기폭제와 함께, 우리 모두는 각자 불행의 끈을 느슨하게 만들 수 있었던 것이다.

우리는 일상생활에서 맞는 역경의 상황 속에서 창조성에 관한 개념들에 대하여 탐구하였지만, 때때로 나는 예술가들의 이야기로 돌아가는 것을 좋아한다. 그들의 이야기에는 우리를 가르칠 수 있는 교훈이 있다. 이는 단지 예술에 대한 것뿐 아니라, 순간을 다르게 보는 가능성에 대한 것이다. 너무나 자주 그들의 예술가로서의 위대한 창조성은 연대순으로 기록되며, 그들의 삶 속에서 불행에 반응하는 그 창조성의 가치는 간과되거나, 잊혀지는 경우가 많다.

앙리 마티스(Henri Matisse)는 오랫동안 색의 생동감 넘치는 사용에 대하여 미국의 자연주의자인 존 무이어(John Muir, 1838~1914)는 현대 환경 운동의 아버지라고 여겨지는 인물이다. 자연에 대한 그의 관심은 그가 산업재해로 인하여 시력을 거의 상실하였을 때 발전되었다. 자기 자신을 자연사의 권위자이자 설득력 있는 작가로 확립하면서, 무이어는 연방 정부가 삼림보전프로그램을 채택하도록 효과적으로 주장하였다. 세쿼이아 및 요세미티 국립 공원의 설립은 1890년에 이루어졌다. 수많은 다른 공원들이 계속해서 만들어지기 시작했다. 그의 책 《시에라에서의 나의 첫 번째 여름My First Summer in the Sierra》는 그가 73세였을 때 집필되었다 (1911). 《The Yosemite》는 그가 74세였을 때 썼다.

위대한 프랑스 화가 피에르 오구스트 르느와르(1841~1919)는 70세가 되어갈 무렵에는 걸을 수 없었다. 그의 손가락도 더 이상 유연하지 않았지만, 이러한 불편에도 불구하고, 그는 자신의 손에 페인트 붓을 붙여서 계속해서 그림을 그렸다. 말년에 그는 또한, 조각을 착수하였고, 그의 조수에게 지시하여 그의 손처럼 사용하였다. 《승리자 비너스Venus Victorious》는 더 잘 알려진 예로서, 1914년 Tate Gallery in London에 전시

열정을 가지고 있었지만, 그가 80대 초반이 되었을 때, 그는 심장병, 폐질환, 그리고 위장 관련 질환으로 고통을 당했는데, 이 모든 질병들은 그의 에너지를 약화시켰고, 그에게 주로 휠체어에서 생활하거나, 아파서 누워있도록 만들었다. 그는 더 이상 이전처럼 그림을 그릴 수 없었다. 그러나 이러한 신체적 에너지의 상실은 새로운 창조적인 에너지의 폭발로 이어졌고, 이는 마티스가 색에 대한 그의 열정을 캔버스에서 오려내기 종이로 경로를 재설정하게 하였고, 역경이 잠시 동안 그의 계획과 혁신에 자리 잡고 있었던 제약을 제거하기에 이르렀다. 그의 예술에서의 새로운 방향은 그의 능력에 알맞았지만, 그의 작품의 수준에 있어서는 타협을 하지 않았다. 마티스는 순색의 그림조각을 만들어냈고, 미술 역사가의 눈으로 볼 때, 그는 색상과 형태의 경계를 독특한 방법으로 무너뜨리고 있다고 평가되었다.

그의 신체적인 제약에도 불구하고, 마티스는 단호하게 그의 창조성을 시각적으로 표현하기로 결심하였다. 이러한 동일한 수준의 단호한 창조적 사고는 그가 어려움 속에서도 그의 그림의 방향을 변화시키는 것을 가능케 하였고, 이 과정에서 그는 미술 역사의 새로운 장을 개척하게 된 것이다.

마티스가 침대에 누운 채로 막대기를 사용하여 위에서 말한 벽에 있는 조각 그림들을 스케치하는 모습을 찍은 사진이 있었다. 몇 년 전 개원한 새로운 최신식 양로원의 기조 연설에서 나는 그 사진을 보여주었다. 처음에는 상당한 유쾌함과 웃음이 방 안에 머물러 있었다. 그러나 잠시 후, 점점 차분치 못한 분위기가 만들어지기 시작했다. 결국 와자지껄한 소리가 들려왔다. 다양한 양로원의 관리자들은 내가 양로원 거주자들에게 마티스와 같이 그들의 침실의 벽에 그림을 그리라고 권유하는 것인지 궁금해 하였다.

나 또한, 처음에는 웃었다. 하지만, 이제 나는 다음과 같이 말한다. "왜 안 됩니까?" 창조성은 우리의 삶의 어둠을 바꿀 수 있는 힘이 있다. 우리가 그것을 색칠하든, 그림을 그리든, 글로 쓰든, 노래를 부르든, 일하거나 놀이를 하든, 또는 그것에 대하여 그냥 생각을 하든 말이다. 광범위한 치료적 잠재력

을 고려하면, 나는 비어있는 벽의 더 나은 사용에 대해 이보다 더 좋은 방법
은 없을 것 같다고 생각한다.

되었다 (당시 르노와르는 73
세였다). 〈세탁하는 여인The
Washerwoman〉은 그가 76
세였을 때 그려진 것이다.

마른 장작이 덜 마른 장작
보다 더 잘 탄다.
- Elder Olson (그가 70대 중
반이었을 때)

7장

창조성과 공동체:
세대 간 이어주기

애플게이트(Applegate) 여사는 85세의 미망인으로, 나이가 많은 사람들의 대처 방식에 대한 나의 연구의 참여자였다. 그녀는 약간의 살림 보조를 받으며 노인 주택지구에 독립적으로 살고 있었다. 젊은 시절 애플게이트 여사는 주로 주부로 일하였고, 4명의 자녀를 키웠으며, 때때로 임시교사로 일하기도 하였다. 애플게이트 여사와 그녀의 남편은 함께 여행하는 것을 좋아했는데, 여행 파트너이자 그녀를 늘 도왔던 남편이 4년 전에 죽자 그녀는 혼자 남게 되었고, 이로 인하여 예기치 못한 문제가 발생하게 되었다.

비록 그녀가 혼자서도 상당히 잘 지내고는 있지만, 애플게이트 여사는 여행을 할 때 걱정을 하게 되는 몇 가지 건강 문제가 있었다. 그녀는 가벼운 심프레아 마들렌 스타르크 부인(Dame Freya Madeline Stark, 1893–1993)은 그녀의 세계 여행에 기초해서 20여 권이 넘는 책을 썼다. 그녀가 시작했을 때, 그녀는 터키와 중동과 같이 유럽의 여성들이 전에 여행을 한 적이 없는 지역으로만 여행하였다. 그녀는 이후 아시아를 여행하였고, 특히 아프가니스탄과 네팔을 여행하고 나서, 77세의 나이에 《*The Minaret of Diam*》을 출판하였다.

장부정맥(cardiac arrhythmia)이 있어서, 이 질병은 울혈성 심부전의 몇 가지 간략한 에피소드의 원인이 되었고, 이는 약물치료를 통해 잘 통제가 되었다. 그녀는 또한, 가벼운 당뇨 증세도 있었는데 식단으로 조절하였다. 때때로 그녀의 왼쪽 엉덩이가 말썽이었는데, 걷기를 어렵게 만들었지만, 그녀는 지팡이와 약물 도움으로 이 또한, 견뎌낼 수 있었다. 그녀는 안경을 쓰면 시력은 꽤 괜찮은 편이었다.

이러한 건강 문제에도 불구하고, 애플게이트 여사는 여전히 외국으로 여행하기를 원했고, 그녀의 18세인 조카 딸 재니스(Janice)와 함께 창조적인 계획을 시도하였다. 애플게이트 여사는 조카 딸에게 여름 방학을 맞으면 함께 해외여행을 떠나자고 제안했다. 그리고 애플게이트 여사와 재니스는 이 계획을 잘 수행하여, 재니스가 가장 자유롭게 여행할 수 있도록 했다.

애플게이트 여사는 퇴직자 단체를 통해 가이드가 인솔하는 단체 투어에 등록하고자 하였다. 여행지의 담당자는 어떤 작은 문제가 발생하더라도 처리할 수 있었고, 여행 중 다른 사람들도 애플게이트 여사의 동료가 되어주고자 하였다. 그러나 만약, 큰 문제가 발생할 경우, 애플게이트 여사는 가이드가 적절한 도움을 줄 수 있다고 확신할 수 없었다. 따라서 그녀의 조카의 역할은 비상시 지원자가 되는 것이었다. 재니스는 밤에 이모 할머니와 같이 잤지만, 나머지 대부분의 시간에는 기본적으로 혼자 있었고, 비상사태에는 전화로 연결할 수 있도록 했다.

이런 도움의 대가로 애플게이트 여사가 재니스의 여행 비용을 지불해주었다. 이 계획은 잘 진행되었다. 애플게이트 여사는 만약, 예기치 못한 일이 발생하면, 그녀는 현장에서 지원해줄 사람이 있다는 평화로운 마음으로 여행할 수 있었다. 가족들도 안심이 되었으며, 재니스는 자신의 이모할머니와 멋진 관계를 확립하고 세상을 구경할 수 있는 기회를 모두 가질 수 있었다.

애플게이트 여사는 이 성공적인 시나리오를 매우 비슷한 상황에 처한 84

세의 친구, 즉 미망인이며 여행하고 싶어 하며 경제적 능력이 있지만, 해외에서 발생할 수 있는 잠재적인 건강 문제에 대하여 걱정하는 친구와 나누었다. 그녀의 친구는 19세의 손녀딸이 있으며, 그녀는 애플게이트 여사의 조카의 딸인 재니스와 같은 역할을 할 수 있었다. 그러나 애플게이트의 친구의 태도는 창조적인 해결책에 장애가 되었다. 즉, 그녀는 만약, 그녀의 손녀딸이 그녀와 함께 유럽을 여행하고 싶다면, 그리고 그들의 관계가 그녀에게 그만큼 중요하다면, 어린 손녀도 최소한 자신의 여행비용의 일부는 기꺼이 지불해야 할 것이라고 주장하였던 것이다. 3년이 지났고 애플게이트 여사의 친구는 여전히 여행을 하지 못하고 있었다. 그녀가 창조적인 방법으로 여행을 하기 위하여 자기 자원들, 즉 충분히 좋은 건강, 재정, 그리고 가족을 사용하기 꺼려하는 마음은 그녀를 기한 없이, 그리고 불필요하게 집에만 틀어박혀 있도록 만들었고, 실망하게 된 것이다.

나는 애플게이트 여사의 친구와 작업한 적은 없지만, 그녀의 응답은 슬프게도, 매우 일반적인 것이었다. 사람들은 때로 특정한 문제에 대해 경직된 주머니 혹은 고정된 생각을 가지고 있으며, 종종 돈 문제가 그 이슈들 중 하나가 될 수 있다. 때때로 주어진 이유가 사람들이 가질 수 있는 일종의 공포 혹은 준비 없음에 대한 감정으로 위장할 수도 있다. 가능성에 대하여 좀 더 탐구하기 위하여, 우리는 혹시 그 사람을 여행에 관해서 불편하게 만드는 다른 이유가 없는지, 또는 논의 하에 주어진 어떤 행동을 따를 수가 없는지에 대하여 상냥하게 물어볼 수 있다. 만약, 그 사람이 두려움이나 준비 안 된 느낌에 대하여 표현한다면, 이는 그들을 좀 더 탐구할 수 있는 기회를 제공하고, 어쩌면 불편함을 완화하거나 걸림돌을 제거할 수 있는 방법을 가져올 수 있는 기회를 제공하는 것일 수도 있다.

기술의 발전, 지역사회의 자원, 그리고 사회적 의식은 세대 간 창조적인 협업을 위한 신나는 기회를 생산하는 환경을 만들었다. e메일과 인터넷에서부터 지역사회의 정원과 독서 토론 모임에 이르기까지, 세대 간 창조성을 위한

그레엄 그린(Graham Greene,1904–1991)은 유명한, 그리고 다작하는 작가로, 그의 말년에 수많은 작품들을 집필하였는데, 그 대표작들로는 《*Travels with My Aunt*》(65세), 《*The Honorary Consul*》(69세), 《The Human Factor》(74세), 《*Monsieur Quixote*》(78세), 그리고 《*The Captain and the Enemy*》(84세)가 있다.

퍼시 웰스 세루티(Percy W ells Cerutty)는 호주출신의 스포츠 감독이자 트레이너 로, 호주의 육상선수 존 랜 디(John Landy ,1 마일을 4 분 이내로 주파한 두 번째 사람)와 1마일 혹은 1,500미 터의 거리에서 한 번도 패 배해 본 적이 없는 허브 엘 리오트(Herb Elliot)의 코치를 역임하였다. 74세의 나이 (1969)에 Cerutty는 그의 책 《Be Fit or Be Damned!》를 집필하였다.

인프라는 이미 구축되어 있다. 우리는 문화로서 우리가 만나본 나이가 많은 어른들 중 최고로 잘 교육받은 사람들이 사회의 구조와 문화에 기여하고, 지역사회의 자원봉사를 통하여, 자선 활동을 통하거나 혹은 그들의 고유한 만년의 직업 및 예술적 기여를 할 수 있는 잠재력을 깨닫기 시작하고 있는 중이다. 우리가 컴퓨터를 제대로 사용하기 위해서는 컴퓨터의 기술에 대한 수업이 필요한 것과 같은 방법으로, 우리는 목적이 있는 시선으로 세대 간 및 지역사회 협업의 성공적인 모델을 찾기 위하여 우리 주변을 바라볼 필요가 있고, 어떤 연령대이든지 우리의 삶을 풍요롭게 하기 위하여 그것들을 어떻게 사용할지에 대해서도 배울 필요가 있다.

연구는 특히 가정의 경우, 세대 간 지지가 두 가지 차원에서 건강에 이득이 있음을 보여주고 있다. 하나는 심리적 보상으로, 일반적인 지지단체의 긍정적인 심신 효과와 비슷한 것이다. 두 번째 이익은 실용적인 것으로, 가족 구성원들이 건강으로부터 자신들을 보호하고 질병을 관리하기 위하여 서로에게 제공하는 도움의 측면에서 나타나는 것이다. 세대 간의 협업이 가족에서 발생하는지 혹은 지역사회 내에서 발생하는 지와 관계없이, 여기서 나오는 이득은 종종 협업의 기원으로부터 멀리 확장되곤 하는 것이다.

우리가 창조성 공식, $C=me^2$를 바라볼 때, 세대 간으로부터 그리고 지역공동체의 관점으로부터, 우리는 다양한 자원의 풍부한 투입으로 채워져 있는 이 공식의 요소를 보게 된다. 세대 간 및 지역공동체 상호작용은 새로운 지식(m)에 엄청나게 보탬이 될 수 있고, 두 개 이상의 팀이라도 관계없이, 곧 팀으로부터 나오는 지식의 협동적인 기여의 이점을 활용할 수 있다. 이와 동시에 팀 구성원들의 다양한 내적 및 외적 세계의 경험으로부터 나오는 관점의 풍부한 다양성, 즉 e^2이 있다. 독특하고 풍부하며 동기를 부여하는 서로 다른 지식과 경험의 혼합을 만드는 것은, 함께한다는 감각과 공통의 창조적인 목표를 향하여 일할 기회를 통하여 조성되는 서로 나누는 기쁨이다. 위기는 이러한 효과를 가지고 있다. 즉, 심각한 질병이 가정에 들이닥쳤을 때, 혹은 자연재해가 지역 사회에 들이닥쳤을 때, 아니면 사회에 전쟁이 들이닥쳤을 경우, 이러한 위기들은 그 자체로 협동적이고 창조적인 반응에 영감을 제공해 준다. 그러나 관계나 공동체의 공익을 도모하기 위하여 뭔가 창조적인 일을 할 수 있는 기회는, 그것이 공적인 "대문자 C" 창조성이든 개인적인 "소문자 c"의 창조성이든, 그 자체로 사람들을 동시다발적으로 함께하게 해서 뭔가 특별한 것을 만들어낼 수 있을 정도로 강력할 수 있다. 꼭 위기가 아니더라도, 창조적인 탐구 또한 이러한 기회가 될 수 있다.

세대 간의 창조성과 협업을 이해하는 것은 우리가 이러한 관계 속에서 우리 각자와 문화에 의미 있는 것을 찾고, 변화하는 문화적 환경에 대응하여 그러한 수준을 개발하는 방법을 찾을 때 특히 중요하다.

제인 프란체스카 와일드 여사(Lady Jane Francesca Wilde, 1826-1896)는 아일랜드의 시인이자 사교계의 대모였고 오스카 와일드의 어머니이기도 했는데, 더블린에서 가장 유명한 살롱을 운영하였다. 그녀는 인생의 후반기에 전통문화에 관한 몇 가지 작품을 출판하였는데, 이러한 작품들로는 그녀가 61세에 쓴 (1887) 《Ancient Legends of Ireland》과 《Ancient Cures》(1891년 65세에 집필함) 등이 있다.

변화하는 문화 풍경: 가족들과 지역사회를 위한 새로운 잠재력

동화와 민속 전설들은 이러한 이야기들이 수백 년에 걸쳐 사람들이 세대 간의 관계에 대하여 어떻게 생각했는지 그 방법을 보여준다는 측면에서 유익하다. 두 가지 세대적인 테마가 민속 문학을 지배하고 있다. 첫째는 노인들과 그들의 성인이 된 자녀들 사이의 세대 간의 관계에 대한 역할이 있고 그들이 손자 손녀들에게 삶과 가족을 위한 존중을 모형화 하였다는 것이다. 이

제인 프란체스카 와일드 여사(Lady Jane Francesca Wilde, 1826—1896)는 아일랜드의 시인이자 사교계의 대모였고 오스카 와일드의 어머니이기도 했는데, 더블린에서 가장 유명한 살롱을 운영하였다. 그녀는 인생의 후반기에 전통문화에 관한 몇 가지 작품을 출판하였는데, 이러한 작품들로는 그녀가 61세에 쓴 (1887) 《Ancient Legends of Ireland》과 《Ancient Cures》(1891년 65세에 집필함) 등이 있다.

테마는 다음에 나오는 가문의 보호자로서 노인의 역할에 관한 19세기 그림 (Grimm)의 동화 속에도 반영되어 있다. 두 번째 테마는 나이 든 사람들의 문화의 보호자로서의 역할로, 젊은 사람들에게 더 큰 선을 위하여 지혜를 전달해주는데, 이는 그 다음에서 다루게 될 11세기 일본의 전설에서 잘 묘사되어 있다.

그림(Grimm)의 "노인과 그의 손자"

엘리아스 론로트(Elias Lonrot,(1802-1884)는 핀란드의 문헌학자이자 민속연구가로, 주요 성과로는 구전으로 내려오는 대중적인 작품들 (원래는 중세 음유 시인들이 불렀던 짧은 시)을 수집하였는데, 이러한 작품에서 그는 "kalevala"라고 하는, 북쪽 지역의 고대 생활에 대한 서사시를 하나로 길게 연결하여 정리하였다. 더 긴 버전은 1849년 (그가 47세 때)에 출판되었다. 그는 이후 위대한 핀란드-스웨덴어 사전을 편집하면서 64세부터 78세까지 연구하였는데 (1866-1880), 이러한 그의 작업은 핀란드 언어 문헌사를 확립하는 데 도움을 주었다.

옛날에 매우 나이 많은 노인이 살고 있었는데, 그의 눈은 어두워졌고, 귀는 들리지 않았으며, 무릎은 흔들렸다. 그가 식탁 앞에 앉았을 때, 그는 가까스로 그의 수저를 들었지만, 수프를 식탁보 위에 거의 쏟았고, 아주 적은 양만 입에 넣을 수 있었다. 이는 그의 아들과 며느리에게 혐오감을 유발하였고, 그래서 결국 나이 많은 할아버지는 난로 뒤 구석에 앉아 있어야 했다. 그들은 노인에게 도기로 된 그릇에 음식을 담아 주었고, 충분한 양을 주지도 않았다. 그는 테이블을 슬프게 바라보곤 하였고, 눈물이 나오려고 하였다. 어느 날 그의 떨리는 손은 그릇을 잡을 수조차 없게 되었고, 그릇은 바닥에 떨어져 깨지고 말았다. 젊은 며느리는 노인에게 야단을 쳤지만, 그는 아무 말도 할 수 없었고 그저 한숨만 쉬었다. 적은 돈을 들여 며느리는 노인을 위하여 나무로 된 그릇을 사다 주었고, 그는 나무그릇으로 식사를 해야 했다. 그들이 이렇게 앉아 있을 때, 그의 4살 된 손자가 바닥 위에 몇 개의 나무 판들을 끼워 맞추고 있었다. "뭐하고 있는 거니?" 그의 아버지가 물었다. "내가 어른이 되고 나서 아빠와 엄마에게 줄 여물통을 만들고 있어요."

이 남편과 부인은 서로를 잠시 동안 바라보더니, 결국 울기 시작했고, 즉시 노인을 식탁으로 데려왔다. 그때부터 그들은 늘 함께 먹기 시작했으며, 노인이 음식을 좀 흘리더라도 아무 말도 하지 않았다.

일본의 "산에 버려진 노인들"

고대에는 노인들이 60세가 되면 이들을 버리는 관습이 있었다. 노인이 되면 이들을 산에다가 버리는 것이었다. 당시 지역의 통치자는 백성들에게 재로 밧줄을 만들어 자신에게 보여주도록 명령하였다. 사람들은 재와 물을 섞어서 밧줄을 만들려고 시도하였지만, 아무도 할 수 없었다. 그때 두 형제가 이에 대하여 자신들의 아버지에게 이야기하였다. 그 아버지는 다음과 같이 말했다. "짚에 소금물을 적셔서 지푸라기로 밧줄을 만들어라. 그게 마르고 나면, 그걸 태운 뒤에 밧줄의 형태로 통치자에게 그 재를 보여주어라."

이 형제는 아버지가 말한 대로 하였고, 재로 된 밧줄을 통치자에게 보여주었을 때, 이 통치자는 기뻐하며 말했다. "나는 우리나라에 이렇게 지혜로운 사람들이 있어서 매우 안심이 된다. 너희들은 어떻게 이런 지혜를 가지게 되었느냐?" 그러자 두 형제는 자신의 아버지에 대하여 자세히 설명하였다. 통치자는 그들의 이야기를 듣고 나서 온 나라에 전하기를 이제부터 아무도 노인들을 산에다 버리지 말라고 명령하였다. 이 두 형제는 많은 상을 받아서 집으로 돌아와 자신들의 나이 든 아버지를 기쁘게 해 드렸다.

이 두 가지 이야기의 배경에는 오늘날과 그렇게 크게 다르지 않은 주제가 있다. 그 주제란 바로 우리가 점점 나이를 먹어가면서 스스로를 바라보는 방법과, 노인들의 문제가 부각되기 시작할 때 사회가 노인을 바라보는 시선에 대한 것이다. 마찬가지로 중요한 것은 우리가 이러한 관점들을 어떻게 보느냐며, 창조적인 생각을 이용하여 새로운 해결책을 찾고 새로운 기회를 만들어, 나이가 많은 세대들이 제공해야 할 도덕적이고 문화적인 자원에 대한 접근을 얻어내는 것에 대한 부분이다.

미국 사회에서 노인들을 대하는 일상적이고 체계적인 모순 때문에 미국은 세계에서 노인들을 가장 덜 존중하는 문화적 특징을 가지고 있음을 인정하지

아먼드 해머(Armand Hammer, 1899-1990)는 유명한 사업가로, (구) 소련과 언제나 좋은 관계를 유지하였고, 미국의 중재자로서 1987년 아프가니스탄에서 소련 군대의 철수를 협상하기도 하였다. 당시 그의 나이는 88세였다.

않을 수 없는데, 그렇다고 다른 나라들을 미덕의 귀감으로 삼을 수 없는 것이 그들도 모두 노화에 관해서 말할 때 상반된 점을 가지고 있기 때문이다. 인류학자인 크리스티 키에퍼(Christie Kiefer)는 현대 서구 사회에 비교했을 때, 고대 중국의 노인들은 더욱 공경을 받았다고 했지만, 중국 가족들 중에는 역사적 시기, 가족의 재정상태, 그리고 지역의 조건과 관습 등에 의존하여 상당히 변형된 형태가 있었다고 지적한 바 있다. 유교의 경우에는 고대 중국에서 매우 큰 영향이 있었는데, 유교는 노인을 공경할 것을 주장하였다. 또한, 공자는 그의 가르침의 일부였던 세대 간의 교훈의 동등성을 말하고 있는데, 이러한 가르침을 통하여 공자는 "'자연적인' 부모와 자녀간의 사랑과 같은 사회적 미덕을 명확히 하고 아름답게 함으로써 사회적 조화를 만들어 내는 것"을 추구하던 사람으로 묘사된다.

마찬가지로, 역사학자 앤드류 아켄바움(Andrew Achenbaum)은 비록 서구 역사전반에 걸쳐서 비록 노인들에게 시간은 언제나 장미 빛은 아니었지만, 구약 및 신약 성경은 노인들과 바람직한 세대 간의 관계에 대한 긍정적인 태도를 위한 장을 마련하였다고 지적하고 있다. 그는 이러한 예로서 성경에 나오는 제5계명, 즉 "네 부모를 공경하라, 너는 네 하나님 여호와께서 명령한 대로 행하라 그리하면 네 하나님 여호와가 네게 준 땅에서 네 생명이 길고 복을 누리리라"는 구절을 보여주고 있다. 그가 언급한 것처럼 이 생각의 구조는 이 구절이 "현재 나이가 든 사람들의 개인적 및 사회적 안정을 확보하기 위한 조건부로" 더 젊은 세대의 안녕에 대하여 말하고 있다는 점에서 의미가 있다.

우리는 오늘날 우리의 문화 속에서, 세대 간의 협력 이야기의 생기 넘치는 새로운 장을 써내려 가는 과정 중에 있다. 우리 문화가 신구세대 간에 마찰과 충돌을 겪어야 했던 오래된 "세대차이" 고정관념에 대조적으로, 개인, 가족, 및 사회가 전체적으로 반대 방향으로, 즉 세대 간의 커뮤니케이션과 창조적인 협력 방향으로 가고 있다. 나의 경우엔 이러한 급증하는 현상을 범세대간

헨리 브룩스 아담스(Henry Brooks Adams, 1838–1918)는 미국 역사학자이자 정치가인 존 퀸시 아담스(John Quincy Adams)의 손자였다. 그는 기념비적인 9권의 책, 《History of the United States》를 제퍼슨과 매디슨 정권 시절에 집필하였다. 그는 이후 그의 고전적인 자서전인 《The Education of Henry Adams》를 집필하였는데 당시 그의 나이는 69세였다. 이 자서전의 퓰리처상을 수상하였다.

주의(intergenerationalism)라고 부르고 싶은데, 아무튼 이에 대한 풍부한 증거가 있다. 이러한 활발하고, 성장하는 범세대간주의는 수많은 인구학적 경향, 연구 결과물, 그리고 평상시의 관찰 속에서 반영된다.

예를 들면, 4세대 및 5세대 가족들의 수가 증가하고 있다. 그 예로 펜실베이니아의 한 연구는 1988년에 사망한 60퍼센트의 여성들은 증손자손녀들이 있었음을(4세대) 발견하였다. 그리고 20퍼센트의 경우엔 현손자가 있었다고 한다 (5세대). 이는 점점 늘어나는 평균 수명에 대한 단순한 인구통계학적 결과이다. 특정 세대의 구성원이 더 오래 살수록, 그 사람이 가족 중 다음 세대가 태어나는 것을 볼 확률이 더욱 높아지는 것이다.

마찬가지로 우리는 "나이가 많은 노인들", 즉 85세 이상의 노인들의 수가 증가하는 것을 보고 있으며, 100세 이상도 더욱 눈에 띄고 있으며, 이들 중에는 신체적으로 상당히 건강한 사람들도 포함되어 있다. 예를 들어, 뉴잉글랜드 백세인 연구(New England Centenarian Study)에서는 1999년 169명의 백세 이상의 노인들 중 15퍼센트가 여전히 독립적으로 살 고 있으며, 이중에서도 5명 중 4명의 남성은 건강한 정신과 신체를 가진 채로 100세가 되었다고 한다. 여성의 경우에는 더욱 높은 확률을 보이고 있다.

이렇게 나이가 많고 능력이 있는 어른들은 젊은 가족들에게 지원과 그들의 행복에 더욱 의미 있는 기여를 하고 있다. 가족 내의 신구 세대 간의 전통적인 관계에서, 전에는 어른들을 도움이 필요한 대상으로 바라보는 관점에서 이제는 가족을 지원하는 구조의 일부로 바라보는 관점으로 옮기고 있다. 사실, 이 연구들은 가족 중 나이가 많은 분들이 젊은 가족 구성원들을 도와주는 비율이 젊은 구성원들이 어른들을 도와주는 것보다 더욱 빠르게 증가하고 있다는 것을 보여주고 있다. 나아가서, 우리는 점차 성인 자녀들을 도와주는 데 있어서 노인 가족 구성원들의 역할이 증가하는 것을 보게 되며, 특히 증가하는 한 부모 가족의 경우엔 더욱 그러하다.

예를 들면, 점점 많은 조부모들은 부모들이 이혼, 실업, 정신적 혹은 신체

찰스 그리리 아보트(Charles Greely Abbot,(1872-1973)은 태양 복사에 대한 중요한 연구를 수행하였던 미국 천체물리학자였다. 그는 인생의 후반기에도 매우 활발하게 활동하였는데, 그는 수많은 사람들의 의하여 미국 태양물리학의 "원로"라고 여겨졌다. 그의 100번째 생일 직전, 그는 태양 에너지를 전력으로 전환하는 장치를 고안해 냈다.

적 질병, 또는 기타 양육을 차마 할 수 없는 생활고를 겪고 있느라 돌보지 못하는 그들의 자녀, 즉 조부모들이 손자녀들을 위해 "부모양육" 역할을 담당하고 있다. 사회에서의 노인들의 부담에 대한 고정관념이 증가하고 있었던 1960년대와 1970년대 사이의 자료를 바라보면 흥미로운 부분을 발견할 수 있다. 1962년에는 65세 이상의 노인들 중 60퍼센트는 그들의 자녀들에게 도움을 주고 있었다. 그런데 1975년이 되자, 이 비율은 71퍼센트로 증가하게 되었다. 1962년에는 65세 이상의 인구 50퍼센트가 손 자녀들에게 도움을 제공하고 있었다. 하지만, 1975년이 되자, 이 비율은 또 71퍼센트로 증가하였다. 약 40퍼센트 이상이 증가한 것이다. 다른 면을 보자면, 1962년에는 69퍼센트의 성인 자녀들이 그들의 부모에게 도움을 주었다. 그런데 1975년에는, 이 수치는 68퍼센트를 기록하며, 거의 비슷하게 머물러 있었다.

건강 및 경제적 요소가 이렇게 노인세대에 더 많은 중요한 역할로 차지하고 있었다. 미국 노인들 중 더욱 부유한 계층은 그들의 성인 자녀들을 위하여 경제적 지원을 제공하고 있는데, 주택비용을 포함하고 있었고, 독신인 성인 자녀들뿐만 아니라, 이혼한 성인 자녀의 자식을 위하여서도 경제적 지원을 하고 있었다.

20세기 중반부터 후반까지 이혼 숫자의 증가와 더불어, 조부모들은 어린 손 자녀들이 그들의 부모의 결혼생활의 파탄에 적응할 수 있도록 도와주는 데 있어서 점점 더 중요한 역할을 하고 있다. 더 건강한 노인 집단은 그들과 함께 살기 위해 이사하거나, 지속적으로 그들과 함께 살고 있는 실업 상태이거나 신체적/정신적으로 아픈 젊은 가족 구성원들을 위하여 더욱 직접적인 지원을 하고 있다. 그리고 일반적으로 교육을 더 많이 받고 세상 경험이 더 많은 노인 집단은 고통 받고 있는 젊은 가족 구성원들에게 현명한 조언을 제공하는 전통적인 역할을 담당하였다.

그들의 에너지와 통찰력을 통한 기여와 더불어, 노인 인구는 '가족과 문화

마조리 스로운맨 더그라스(Marjory Stoneman Douglas,1890~1998)를 두고 타임지는 그녀가 108세로 생애를 마무리 하였을 때 "Florida Everglades의 조금도 방심하지 않았던 여자 황제"라고 묘사하였다. 보물이라고 할 수 있는 습지를 보존하기 위한 그녀의 운동은 반세기 동안 지속되었다. 그녀는 고전적인 책이라고 할 수 있는《The Everglades: River of Grass》를 1947년(57세)에 집필하였다. 1970년 (80세였을 때)에 그녀는 Friends of the Everglades를 설립하였고, 이 단체는 "Marjory의 군대"라고도 알려져 있었다. 그녀는 타임지와 이전에 인터뷰하였는데, 당시 그녀는 93세였고, 그녀의 환경 관련 일들을 다루며 다음과 같이 말했다. "환경에 관심이 있는 것은 여자들의 비즈니스입니다. 즉, 환경문제는 집안 살림의 확대라고 할 수 있습니다."

지킴이'로서 점점 더 중요한 역할을 담당하고 있으며, 가족들을 한 자리에 모아주고, 일종의 개인적인 "사회보장"적인 도움도 제공하며, 사회에 일반적인 것과는 다른 방법으로 기여하면서 도움을 주고 있다.

기타 경향은 세대 간의 경험과 국제적 이슈에 대한 관심의 증가를 반영하고 있다. 주요 마케팅과 제품 개발 정책들은 노년층과 젊은 세대를 모두 아우르며 유도하기 위하여 디자인 된 것이다. 예를 들어, 계획된 주택 및 휴가 공동체는 풍부한 레크리에이션 기회, 쉬운 유지관리, 그리고 기타 편리한 서비스들과 쾌적한 시설을 통하여 은퇴자와 더불어 부유한 독신자, 부부, 그리고 자녀가 있는 가족들의 주목을 끌고 있다.

이처럼 새로운 미디어는 더욱 효과적으로 성인 자녀들의 도전이 특수화된 주택, 건강관리, 재정적 관리 혹은 개인적인 주거 보조 등을 필요로 하는 나이가 많이 든 부모를 부양해야 하는 것을 직면하고 있음을 반영하는 경향에 대하여 보고하고 있다. 〈The New Yorker〉에서부터 〈National Enquirer〉 등의 간행물들은 이 주제를 뉴스와 특집 기사로 앞 다투어 다루고 있다.

학교들은 학생들이 지역사회의 사업, 노인 시설에서의 자원봉사, 또는 노인들만 거주하는 주택지구나 양로원 등에서의 봉사활동 등을 통하여 지역의 노인들과 개인적으로 만날 수 있는 지역사회의 서비스 활동 등의 사업들을 통하여 범세대간주의를 촉진하는 데 있어서 더욱 주도적인 역할을 하고 있다. 일부 고등학생들은 이제 졸업을 위해서 공공자원봉사시간을 맞추어야 할 것을 요구 받기도 한다. 점점 많은 학교들은 학교 내에서 책 읽어줄 사람, 개인교사, 그리고 수업 보조 등 자원봉사 할 인력으로 노인들을 모집하고 있다. 기업 비즈니스 교육 파트너십 또한, 은퇴한 전문가들이나 기타 노인 전문가들을 고용하여 교육의 질을 개선하고 교육을 위한 기업의 지원을 이끌어내고 있다.

고등 교육 및 지속적 교육 기관에서도 점점 더 많은 노인들이 대학에 등

미국 철학자이자 교육자인 존 듀이(John Dewey, 1859-1952) 는 미국 교육에서 일어나던 진보운동에서 매우 영향력 있는 인물이었다. 그가 앞으로 나가도록 도와주었던 교육 개념들은 다음과 같다: 교육과정은 아동의 관심에 기초하여 만들어져야 한다. 학습 과정은 아동의 수업 경험을 통하여 생각과 행동의 상호작용의 기회를 제공해야 한다. 교육 목표는 존재의 모든 측면에 있어서 아동의 성장이 되어야 한다. 79세의 나이에 (1938) 《Experience and Education》을 집필하였다.

"스페인의 불사조"라고도 알려진 로프 드 베가(Lope de Vega, 1562-1635) 는 스페인의 황금세대의 훌륭한 극작가로 여겨졌다. 그는 1,800편 이상의 희곡을 썼으며, 그가 72세로 사망할 당시에도 그는 글을 쓰고 있었다.

록하고, 지역사회의 여가활동적인 수업에도 참여하면서, 각 세대들은 일상적으로 혼합하고 있다. 미국 인구조사국은 1994년부터 1995년 사이, 55세 이상 성인의 대학 등록은 26퍼센트의 증가가 있었다고 보고하고 있다. 1995년부터 1996년 사이에는 14퍼센트가 더 증가하였다. 따라서 1994년부터 1996년까지는 55세 이상의 대학 등록 현황에는 44퍼센트의 증가가 있었다. 비록 1994년부터 1996년에는 베이비붐 세대들의 대학원 등록에는 약 10퍼센트의 증가가 있었지만, 이와 같은 시기에는 매우 활발하면서도 지속적으로 베이비붐 세대들이 대학을 등록하여 수치가 증가하였다. 노년층 집단의 베이비붐 세대들 가운데는 (1996년에는 45세에서 50세) 대학원 등록에 있어서는 1994년에 비하여 약 40퍼센트의 증가를 기록하였다.

이렇게 국가적 자원으로서의 노인들의 역할은 증가함에도 불구하고, 뉴스나 영화 미디어에서는 상대적으로 적은 역할을 하고 있는데, 이는 전형적으로 극적인 이미지에 의한 세대 간의 긴장이지만 사실, 일반적인 것은 아니다. 결과적으로 노인과 그들의 창조성의 가치에 대한 우리의 관점은 모순들이 뒤섞여 있는 것이다.

분리된 세대의 신화

노인들과 가족들의 상호작용에 대한 근거 없는 신화들과 잘못된 정보들의 종합은 신구 세대가 돈, 권력, 그리고 문화적 관점 등의 주제에 대하여 종종 서로 의견이 엇갈린다는 느낌을 영구적으로 지속시키고 있다. 좀 더 정확하게 묘사하자면, 세대 간의 관계에서 어떤 변화들이 생겨나고 있다는 것을 인정하지만, 문제 해결과 공동체 구축에 대한 창조적인 접근은 세대 차이를 메우는 데 있어서 상당히 효과적이다. 모든 신화들에 있어서는 창조적 해결책을 요청하는 중요한 도전이 존재하고 있다. 세대 간의 부정적인 감정을 제시하는 세 가지의 일반적인 신화들은 각 세대 간의 소통, 협력, 그리고 창조적인 문제 해결을 통하여 다룰 수 있는 도전들이라는 사실을 더욱 분명히 확인할 기회를 보여주고 있다:

신화 #1. "자녀들은 신경 안 쓴다." 이러한 가정 뒤에 있는 개념은 성인 자녀들이 점차 나이가 들어가는 그들의 부모를 내버려 두며, 분리된 길을 가게 된다는 걸 뜻하고 있다. 자주 보면, 노인 환자들과 이루어졌던 나의 작업이라든가 나의 연구 및 공공 정책은 국가 전체를 가로지르는 것이며, 나는 여기서 대부분의 사람들은 그들의 나이가 몇 살이든지 신경을 쓴다는 것을 발견하였지만, 때때로 너무 먼 거리, 혹은 너무 자주 만나는 빈도와 함께 있는 시간의 질이 떨어지는 것이 문제였던 것이다. 전체적으로 보면 먼 거리라는 것이 사실, 물리적으로 그리고 감정적으로 과장되었다는 일반적인 견해도 있다. 예를 들어, 전화는 상당히 효과적인 현대 사회의 접근 방식으로서 먼 거리에 있는 사람들과 연결시켜 주며, 연세 드신 부모님들과 성인 자녀들이 친밀하게 연락할 수가 있는 매체이다. 나아가서, 이러한 가족 구성원들의 실제 접촉은 대부분의 사람들이 생각하는 것보다 상당히 빈번히 일어나고 있었다.

신화 #2. 성인 자녀들과 나이 든 부모들 간의 도움은 일방적이다. 이 가설은 더 젊은 세대가 언제나 주고, 나이 든 부모들은 언제나 받는 역할만 한다는 이야기이다. 현실은 상호의존성이 점점 더 일반화되고 있으며, 그때그때 다르게 젊은 세대가 어른들에게 지원을 하거나, 반대로 노인들이 젊은 세대들에게 지원하는 경우도 찾아 볼 수 있다. 위의 자료는 양 방향에 대한 도움의 발생률을 다룬 연구는 10년 이상의 기간 동안 (1962년에서 1975년) 노인들이 젊은 세대를 도와주는 비율이 15퍼센트 증가하였고, 이러한 현상은 약 70퍼센트의 가족들에게서 나타났음을 보여주었다. 나이가 많은 친척들이 젊은 가족들을 도와주는 경우는 전형적으로 선물의 형태 (가족들 중 69퍼센트 발견됨)로 나타났고, 손자녀를 도와주는 경우 (가족들 중 36퍼센트)와 집안 살림을 도

영국의 극작가, 소설가 및 연극 연출가인 도디 스미스 (Dodie Smith ,1896–1990)는 아동 고전서 《*The Hundred and One Dalmatians*》를 60세(1956)에 집필하였다. 그녀는 그리고 나서 3권의 자서전, 《*Look Back with Love*》 (78세), 《*Look Back with Mixed Feelings*》(82세), 그리고 《*Look Back with Astonishment*》 (83세)을 계속해서 집필하였다.

존 프로이어(John Floyer ,1649–1734) 경은 처음으로 질병과 고령에 대한 논문, 〈*Medicina Gerocomica*〉를 1724년, 그의 나이 75세에 집필하였다.

외주는 경우 (가족들 중 28퍼센트에서 나타남) 등이 있었다. 또한, 조부모로부터 보살핌을 받는 18세 이하의 손자녀들의 숫자와 비율은 뚜렷한 증가추세에 있다. 한편, 나이 드신 어른들께 도움을 제공하는 젊은 가족 구성원들의 비율은 꾸준한 상태를 유지하고 있으며, 비슷하게 높은 비율을 보이는데, 가족들 중 70퍼센트가 발견되는 것으로 나타나고 있다. 여기서 도움은 정기적인 재정적 보조, 때때로 주는 선물과 돈, 그리고 의료비 지급 등이 포함된다.

우리가 가족 구성원에 의하여 제공된 보살핌이 관찰되는 방법, 주로 부담의 면에서 이 방법을 바라볼 때 관점에 대한 관련된 주제가 나타나기 시작한다. 예를 들면, 아주 드문 연구들만이 부양에 대한 긍정적인 효과에 대하여 다루며, 질병을 통하여 가족들이 어떻게 함께 모일 수 있는지를 바라보고 있다. 또한, 부모의 삶에 있어서 질병과 장애가 젊은 사람들이 삶과 삶을 대하는 태도에서 감사하게 여기도록 영향을 미치는 방법에 대해서는 잘 알지 못한다. 세대 간의 어떤 "손익 계산(balance of payments)"이 있는 한, 우리의 결론은 우리의 시작점에 따라 달려있는 것이다. 수많은 성인 자녀들은 그들의 지불이 부모로부터 받은 평생의 헌신을 갚는 것이라고 느낀다. 이러한 면에서 볼 때, 불균형은 존재하지 않는다.

신화 #3 세월이 가도 변하지 않는 세대차이의 개념은 영원한 것이다.
연구에 따르면 인생의 후반기에 접어든 성공적인 사람들은 교육적 성과, 소득 보장, 건강, 그리고 일반적인 사회적 가치, 연령별 집단 사이에 있는 갈등에 대한 객관적인 배경 등의 측면에 있어서 더욱 비슷하다고 제시하고 있다. 1970년 이후 노년층들의 교육 수준에 나타나는 극적인 변화를 고려해 보자. 1970년 65세 이상의 성인들이 미국에서 학교 교육을 받는 평균 연수는 8.6년이었다. 이는 고등학교 교육 이하이며, 8학년까지 마치고 고등학교와 대학에 진학한 사람들 못지않게, 수많은 사람들이 9학년에도 올라가지 못했음을 의미하는 수치이다.

프랑스 문헌학자이자 신화학자인 미셸 브레알(Michel Breal, 1832–1919) 은 그의 《Essai de Semantique》를 통하여 의미론의 과학을 정립하였다. 당시 그의 나이는 65세였다.

20년이 채 지나지 않은 1989년이 되었을 때, 사람들이 받은 학교 교육의 연수는 12.1년으로 늘어났다. 이는 훨씬 더 높은 비율의 인구가 고등학교 과정을 마치고, 적어도 대학 교육을 시작하는 단계까지 왔음을 의미하였다. 인식된 세대 간의 차이 중 특히 1960년대와 1970년대 초반에 묘사된 내용과 "30세 이상의 사람이라면 그 누구도 믿을 수 없다"는 구절에서 보여주는 것은 나이와는 크게 상관이 없었고, 오히려, 당시의 신구 세대가 받은 교육과 정식 교육 경험의 커다란 차이에서 비롯된 것이었다.

그렇다고 해서 부모와 그들의 자녀들의 관계는 긴장이라든가 때로는 갈등을 겪지 않아도 된다는 말은 아니다. 오히려, 더 자주 그러한 일들이 발생할 수 있다. 그러나 이해의 차이, 혹은 그에 대한 갈등은 나이에 관한 것이 아니라는 것이다. 이는 가족의 역학에 관한 것이며, 가족의 안에 나타나는 권력과 자율성에 관한 갈등이라고 할 수 있다. 부모와 자녀가 "세대차이"라고 여겨지는 상당한 마찰을 빚는 가족들 속에서도 우리는 종종 그 자녀들이 다른 어른들, 즉 조부모님, 고모, 삼촌, 그리고 기타 가족들, 가족의 친구들, 교사들, 지역사회 지도자들 및 자원봉사자들과 의미 있는 관계를 가지고 싶어 하는 열린 마음이 있다는 사실을 발견하게 된다.

자녀들은 자기 자신의 부모와는 반드시 맞서 싸워야 한다고 느낀다. 한편 그들은 다른 나이 든 어른들에게 받은 애정과 지도를 통하여 유익을 얻는다. 종종 부모들은 이러한 "외부적" 애정을 권유하는데, 이는 정확히 말하면 청소년 혹은 청년 자녀들을 위한 나이 든 어른들의 가치 때문이다. 가족 내에서 부모와 자녀 사이의 긴장은, 단지 세대 간 연결을 긍정적으로 유지시키는 사회적 창조성과 세대 간 협력의 중요성을 강조할 뿐이다.

신화는 사람들의 믿고자 하는 필요성의 힘에 의하여 살아남는다. 문화적 변화가 사람들이 적응할 준비가 된 것보다 더욱 빠르게 발생할 때, 사람들은 압도감을 느끼는 경향이 있으며 신화의 상실에 대해 슬퍼한다. 그들은 자신들에게 성공적으로 반응할 수 있는 내적인 자원이 있다는 것을 발견할 때까지는, 변화에 대한 잘못된 점을 찾아내고자 하는 경향이 있다. 신화는 또한, 냉소적인 이유로도 살아남을 수 있다. 즉, 신화들은 미디어의 주목을 받으며, 어떤 결정들을 합리화 하고자 하는 다양한 정책 입안자들에 의하여 사용된다. 예를 들어, 만약, 정책 입안자가 "자녀들이 신경 쓰지 않는다"고 느낀다면, 그들은 이미 부담을 많이 가지고 있는 사람들, 즉 나이 든 노쇠한 부모에 대해서 상당히 많이 신경 쓰고 있는 젊은 자녀들에게 실제로 새로운 부담을 더욱 부과하는 입법안을 개발할 수도 있다. 동시에 수많은 신화들은 세대 간 협력의 모델이 되고 있거나 될 것이며, 창조성은 개인적인 면과 공동체적 행동이 주는 더 넓은 효과면에서 더욱 폭넓게 인정받게 될 것이다.

세대 간 창조성과 놀이: 인생을 위한 연습

게임 또는 기타 창조적인 놀이들은 세대 간의 활동에 있어서 언제나 가시적인 역할을 담당해 왔다. 노인과 어린 아이가 체커 또는 체스를 하고 있는 예로부터 내려오는 장면이 떠오른다. 내가 아는 50대 여성은 자기 자녀들과 함께 게임과 퍼즐을 즐길 수 있는 헌신적인 파트너로 기억되는데, 그녀가 게임을 좋아해서가 아니라, 그녀는 자녀들과 함께 압박을 받지 않고 소통되는 대화를 좋아하기 때문이다. 아동들과 작업하는 심리치료사들은 종종 치료의 초점으로 치료 현장에서 보드 게임을 사용하거나 인형을 사용하는데, 이는 게임이 아동에게 사회적 상호작용을 위한 중간영역을 제공하기 때문이다. 감정에 대한 직접적인 질문은 위협적으로 느껴질 수 있고, 이는 아동뿐만 아니라 자신들의 감정에 대하여 논하고 싶지 않은 어른들도 마찬가지이다. 하지만, 게임은 충분히 좋은 시간이 될 수 있다. 또한 게임은 대화를 위한 좋은 환경을 제공하며, 게임이나 놀이의 유형에 따라서는 갈등과 경쟁 혹은 협력과

월트 디즈니는 65세가 되어서 그의 두 번째 디즈니 테마 파크인 디즈니 월드가 공사 중에 있는 것을 보았다.

문제 해결에 대한 비위협적인 경험을 제공할 수 있다. 이렇게 놀이의 보호를 받는 편안한 공간에서, 감정을 표현하고, 생각을 공유하고, 문제를 해결하며, 기분 좋은 사회적 상호작용을 통해서 나오는 유대감을 즐기는 것이 더욱 쉬워질 수 있다. 놀이를 하는 사람들이 치료자이거나 내담자일 경우, 또는 친구나 가족들의 다세대적인 집단일 경우, 놀이의 치료의 수준은 관계를 구축하고 어리고 나이가 많은 놀이 파트너와의 성공적인 세대 간의 경험을 제공하는데 도움을 준다. 게임이 재미있다는 사실은 동기를 유발하며, 세대 간의 놀이 속에서 흥미도를 높여주고, 게임으로부터 나오는 창조성을 길러준다.

세대 간의 게임을 개발하려는 나의 고유한 결정은 내가 본 관계 구축과 이러한 경험이 제공하는 협력적인 창조성의 다른 여러 가지 유익들이 있다는 커다란 잠재력에서 자극을 받은 것이다. 나는 컴퓨터 스크린 앞에서 혼자서 게임을 하는 것에 대한 사회적 상호작용이 좋지 않은 영향을 미치게 되는 것에 관하여 걱정하고 있다. 심지어 어떤 사람들이 게임 경험을 공유하기 위해 "스크린 앞에 모일 때"조차, 수많은 컴퓨터와 비디오 게임의 빠르게 진행되는 액션 모험 테마는 생각, 대화 혹은 의미 있는 협력을 위한 기회를 아주 약간만 제공하거나 거의 제공하지 않는다는 것이다. 일반인들과 장애인들이 모두 함께 접근할 수 있는 보행로, 건물, 그리고 일상생활의 수많은 다른 요소들 보편적인 디자인에 영감을 받아서, 나는 지적 능력을 연습하고, 사회적 상호작용을 격려하고, 창조성과 협력을 배양하며, 세대 간의 그리고 팀플레이를 권장할 수 있는, 그와 비슷한 보편적인 디자인을 제공하는 게임을 디자인하기에 이르렀다.

만약, 우리가 세대 간 놀이에 내재되어 있는 치료적 수준에 주목한다면, 우리는 삶의 다른 측면들을 세대 간에 교환함으로써 제공되는 것들에도 비슷한 수준의 치료 효과가 있음을 볼 수 있을 것이다.

테리 헤밀턴(Teri Hamilton): 치료 영향으로서 세대 간 창조성

테리 헤밀턴은 70세였으며, 미망인이고 은퇴한 간호사였다. 그녀는 우울증을 치료하기 위하여 나에게 찾아왔다. 그녀는 실의에 빠져 있었고, 억울해하였으며, 불면증을 겪었다. 그녀의 남편은 1년 전 심장마비로 갑자기 사망하였다. 그녀는 남편의 죽음을 극복할 수 없다고 말했다. 그들은 다사다난했던 은퇴를 바라보고 있었지만, 이제 모든 것이 달라졌다. 그들은 한 명의 딸을 두고 있었는데, 그녀는 젊은 시절 마약에 연루되어 20여 년 전에 마약 남용으로 사망하였다. 그녀는 딸의 죽음에 대한 자신의 감정을 한 번도 해소해 본 적이 없었다. 그녀는 자기 자신을 탓했으며, 그녀가 더 일찍 딸을 도왔어야 했다고 생각했다. 당시 그녀는 실제로 여러 가지 성공하지 못한 시도를 통하여 그녀의 딸을 도우려고 하였다.

그녀가 잠에 들지 못하는 이유 중 하나는 그녀의 딸에 대한 뒤숭숭한 꿈 때문이었다. 이 꿈에서 그녀는 딸과 마약에 관하여 논쟁하였고, 그녀의 딸은 집에서 뛰쳐나가는 내용이었다. 그녀가 내게 찾아온 달은 딸의 22번째 기일이 되는 때였다.

그녀는 동북부에서 자라났으며, 3명의 자녀 중 둘째였다. 그녀의 아버지는 약간 거리감이 있었지만, 자녀들을 도와주는 편이었다. 그녀의 어머니는 매우 사랑스러운 사람이었다. 가족생활은 전체적으로 좋았고, 그녀는 언제나 자신의 오빠, 여동생과 잘 어울렸다. 고등학교를 졸업하고 그녀는 간호학교에 들어가 학위를 취득했다. 졸업 후 그녀는 지역 병원에서 정규 간호사로 일하다가 결혼하였다. 그러고 나서 그녀는 다시 파트타임으로 간호사직을 시작했다. 또한, 그녀는 가르치는 것을 즐겼고, 간호사 경력을 유지하는 동안 그녀는 간호학교나 평생교육 과정에서 지역 병원에서의 간호사의 역할이라는 주제로 일 년에 몇 번씩 수업을 진행하기도 했다.

그녀는 심리치료와 항 우울증제의 병행요법에 잘 반응하였고 점차 우울증

마가렛 생거(Margaret Sanger,1879–1966)는 간호사로 수련을 받고 미국의 주요 산아 제한 개혁자 중 한 명이 되었다. 1952년 73세가 된 그녀는 Planned Parenthood Federation을 설립하는 데 있어서 창조적인 역할을 감당하였고, 이 연맹의 초대 회장직을 수행하였다.

으로부터 벗어날 수 있었다. 우리는 그녀가 인생 속에서 느끼는 공허함에 대하여 계속해서 이야기하였고, 의미 있는 사회적 활동에 관한 선택사항에 대하여서도 탐구하기 시작했다. 수많은 제안 중에, 그녀가 실행하기로 결정한 한 가지는 지역 병원이나 양로원 등에서 지역사회 봉사활동을 수행하고자 하는 지역 고등학교의 학생들을 감독하는 것이었다. 나는 이 프로그램을 한 친구를 통하여 알게 되었는데, 그 친구의 딸이 그 고등학교에 다니고 있었으며, 이 지역에서 자원봉사를 하고자 한다는 이야기를 들었었다. 그녀에게는 더욱 외부적으로 활동적이 될 수 있고, 교육의 영역으로 돌아올 수도 있는 좋은 기회였다.

그녀는 절차를 따랐고, 근처 고등학교에 있는 지역 사회 봉사 프로그램의 장과 만났으며, 이 학교는 그녀가 참여하게 되어 매우 기뻐하였다. 이 학교에는 이 분야에서 자원봉사하고 싶어 하는 몇 명의 학생들이 있었기 때문에, 그녀는 이 학생들을 위하여 특별 수업을 진행해 달라는 요청을 받았다. 정기적으로 병원이나 양로원 등에서 자원봉사에 참여하는 모든 학생들은 테리와 함께 모여 그들의 경험을 나누고, 그들의 자원 봉사 활동을 개선할 수 있는 방법에 대하여 서로 조언을 받았다.

그녀는 이 일을 매우 즐거워하였고, 그녀의 경험은 참여한 사람들에게 잘 받아들여졌다. 이 모임은 그들 자신을 위하여 훌륭한 세대 간 관계로 발전되었고, 자원봉사를 위한 장소가 되었던 지역 병원과 양로원에도 크게 기여하게 되었다. 테리는 한편, 그녀의 딸과의 가장 기뻤던 경험은 그녀의 딸이 고등학교 2학년 때, 당시 테리가 일하는 병원에서 자기가 자원봉사를 할 수 있는지 물어보았을 때였다는 것도 나에게 알려 주었다.

테리의 새로운 활동은 그녀에게 풍부하고 새로운 세대 간의 관계와 가치 있는 지역 사회 봉사활동을 하게 해 주었을 뿐 아니라, 그녀가 자신의 남편의 사망 이후 느끼는 공허함을 해결할 수 있는 방법을 제공해주었다. 나아가서

"자라나는 세대들을 위하여 가르치는 일보다 더욱 고결한 일 혹은 더욱 가치 있는 일은 도대체 뭐가 있다는 말인가!"
– 키케로(Cicero)

이 정서적인 성장은 그녀의 딸에 대한 자기 자신의 고통스러운 감정을 더욱 성공적으로 극복할 수 있도록 도와주었다. 그녀는 이후 그녀의 자원봉사 노력은 자원봉사에 대한 초기의 모델을 제공해주었던 그녀의 딸을 기념하는 것과 같이 느꼈다고 나에게 말해주었다.

창조성 발견팀:
노인들의 창조성을 "찾기"위한 지역사회의 행동

펙 세어이스([Peig Saye rs,1873–1958) 은 아일랜드의 게일어 작가였다. 그녀는 전통적인 이야기들을 수집하는 데 주목할 만한 능력을 보여주었고, 이러한 문화 유산에 관심이 있던 학자들의 주목과 깊은 존경심을 이끌어냈다. 그녀의 깊은 문화적 지식은 그녀가 63세였을 때 (1936년) Peig (Maire Ni 편집)와 Machtnamh Sean-Mna(1939, 66세에 기록됨)에 산문체로 기록되고 보존되었다. 후자는 23년 후 (1962년) 《An Old Woman's Reflections》이라는 제목으로 번역되었다.

거의 예외 없이, 내가 창조성과 노화에 관한 강의를 할 때마다 누군가 나에게 찾아와서는 한참 있다가 이렇게 말한다. "당신은 지금 딱 내 이야기를 한 것이에요." 나는 특히 은퇴자 공영 주택 공동체에서 노년기에 자신의 미술적 재능을 발견하거나, 그 재능을 사용하는 방법을 배우게 된 민속 예술가들에 대해 이야기를 나누었을 때 이루어졌던 한 대화를 기억한다. 나의 이야기가 끝이 났을 때, 72세의 노인이 빛나는 모습으로 나에게 찾아왔다. 그는 부드러운 목소리로 말했다. "그들만 있는 것이 아니에요." 내가 그의 수수께끼 같은 말의 뜻을 명확히 설명해 달라고 묻자, 그는 대답했다. "그 민속 예술가들이요." 내가 여전히 어리둥절한 표정으로 바라보자, 그는 말했다. "내가 보여줄 게요."

그리고 걸어 나갔다.

몇 분 뒤, 폴 카터(Paul Carter)라는 사람은 그의 아파트 위층에서 매우 비범하고 복잡한 나무 조각을 가지고 왔다. 이 조각은 부처가 플랫폼에 앉아있는 모습을 하고 있었다. 이 부처는 칸막이를 보여줄 만큼 들어 올려진 경첩 위에 만든 것이었다. 이 조각은 마음속을 꿰뚫어보는 것 같은 모습이었다. 스타일과 세부적인 작업들이 윌리엄 에드먼슨(William Edmonson)의 작품을 생각나게 하였다. 이 솜씨, 조각의 정확도, 그리고 세부적인 부분들은 모두 놀라웠다.

"더 보여드려도 될까요?" 그가 물었다. 나는 좀 더 보고 싶다고 했다. 흥분한 카터 씨는 돌아갔고, 몇 분 뒤에 1934년 크라이슬러를 8x4 피트의 카드보드에 그린 그림을 가져왔다. 밝은 노란색 색채와 알루미늄 호일을 이용하여 차체의 크롬을 만들어냈다. 이 작품은 완전히 충격적이었다. 그 다음으로는 Hopalong Cassidy 에서 Gene Autry에 이르기까지, 일련의 생생한 카우보이의 그림들을 가져왔다. 그 이후에는 두 점의 "미래로부터 온 권총"을 가져왔는데, 오래된 가방의 가죽으로 된 굉장히 아름답게 수공으로 만든 특대 사이즈의 권총집 안에 놓여 있었다. 권총 그 자체는 18인치였고, 나무로 만들었으며, 인조 진주로 된 손잡이도 있었다.

그 다음 45분 동안 사람들이 여전히 방 안에서 서성거리고 있을 때, 카터 씨는 한 작품, 한 작품씩 가져왔다. 혼합된 매체를 사용한 그림과 조각들이었다. 그의 작품들은 종종 나무, 금속, 가죽, 그리고 기타 재료를 합쳐서 만든 것이었으며, 주로 대담한 색상으로 이루어졌다. 이 건물 내의 대부분의 거주자들은 카터 씨가 이러한 창조적인 재능이 있는지에 대하여 전혀 모르고 있었지만, 그가 첫 번째 미술작품을 가져오면서, 군중들이 모여서 그의 놀라운 작품들을 감상하였다. 카터 씨는 유년 시절부터 미술품을 만들었지만, 몇 년 전 경찰서에서 은퇴하고 나서야 그의 취미에 온전히 시간을 투자할 수 있게 된 것이었다. 그의 아파트는 벽에서 벽마다 미술작품으로 가득 차 있었다.

몇 년 동안 나는 카터 씨의 동료들과 같은 영감을 주는 이야기들을 나눌 수 있었다. 어느 날 바바라 소니아트(Barbara Soniat)라고 하는 사회사업가가 나를 점심식사에 초대하였다. 바바라 소니아트는 조지 워싱턴 대학교에서 나와 함께 연구 프로젝트를 진행하던 사람이었다. 그녀는 점심식사를 하면서 카터 씨와 같은 사람들의 이야기를 나누고자 하였다. 소니아트 박사와 두 명의 사회사업가들은 정기적으로 그러한 사람들을 만나고 있었다.

점심식사를 하면서 우리 네 명은 창조적인 노인들에 대한 이야기를 교환하였다. 예를 들면, 프레디 레이놀즈(Freddie Reynolds)씨는 시민의 권리와 가

프랑스 고고학자이자 동굴 벽화의 권위자인 앙리 브레빌(Henri Brevil, 1877~1966)은 고대 구석기 시대의 미술에 대한 연구를 착수할 수 있도록 도와주었다. 그의 책 《Four Hundred Centuries of Cave Art》는 그가 75세에 집필한 것으로 (1952), 이 분야에 기념비적인 작품이다.

족에 대한 그의 특별한 생각을 상징하는 그림, 조각, 가족 기념품, 그리고 사물들로 가득한 아파트에 살고 있었다. 그리고 도로시 루이스(Dorothy Lewis)라는 여사도 있었는데, 이분의 아파트는 그녀가 18세에서 80세에 이르기까지 직접 만든 아름다운 모자들로 가득 차 있었다고 한다.

또한, 자신들의 창조성을 사용하여 "문화의 지킴이" 역할을 담당하는 노인들의 예들도 있다. 예를 들어, 재키 그리피스(Jackie Griffith)의 경우 80년 이상 동안 워싱턴 D.C.에서의 흑인 미국인들에 대한 상당한 숫자의 인공물들과 수집품들을 모았다. 그리피스 여사는 자신이 소장한 수많은 물건들을 스미소니언 학술협회(Smithsonian Institution)전시회에 기부하여 "세월의 유산들"(Passing Down the Years)라는 제목으로 전시하였다. 이 전시회에서는 아프리카계 미국인 가족들의 유산들을 모아 전시하였다. 또 다른 예는 킹즐리 깁슨(Kingsley Gibson)이라는 그래픽 아티스트로, 최소한 반세기 동안 이 나라 수도의 거리 장면들을 그려왔다. 마지막으로 이다 클라크(Ida Clark) 여사의 경우에는 이제 80대가 되었는데, 각각 다른 나라들의 수많은 인형들을 모아왔고, 그로 인하여 수많은 문화들을 지켜내는 역할을 담당하고 있는 것이다.

이 모든 사람들은 자신들만의 방법으로 창조력을 보여주었고, 이 모두는 다양한 배경을 가진 사람들이었다. 레이 포드(Ray Ford)는 가족을 위해 운반 비즈니스, 고물 모음터, 그리고 조경 회사에서 일하였다. 그는 은퇴할 때, 그림을 가지고 실험을 하기 시작하였다. 그의 첫 번째 화폭은 오래된 베개주머니였다. 그는 보드, 거울, 램프, 그리고 의자의 등받이에다가 그림을 그리기 시작하였다. 그는 특히 새와 꽃들의 정원을 그리는 데 관심이 있었는데, 그 이유는 이러한 그림들은 그가 활기찬 색체의 조합을 사용할 수 있도록 했기 때문이다. 또 다른 예로서 오로라 고단(Aurora Gordan) 박사는 소아과 의사로서 성공적인 직업 생활을 마치고 그림을 그리기 시작하였다. 은퇴 후 그녀는 파스텔과 그림 수업에 등록하여 취미로서 그림에 대한 그녀의 탐구를 계속해서

아그네스 체이스(Agnes Chase)는 풀에 대한 지식의 발전에 상당한 기여를 하였던 식물학자였다. 그녀가 81세가 되었을 때 (1950) 그녀는 《Grasses of the United States》의 개정판을 출판하였다. 그리고 93세가 되어서는 Cornelia D. Niles와 함께 더불어《Index to Grass Species》를 출간하였다.

즐겨나갔다.

　이렇게 인상적인 이야기들을 가지고 서로에 대하여 즐겁게 들은 뒤, 소니 아트 박사와 그녀의 동료들, 그리고 나는 이러한 유형의 영감을 주는 이야기들의 빈도가 우리 네 명을 포함하여 그 누구보다 높다는 것을 더욱 더 확신하게 되어다. 우리는 내가 처음으로 예를 들었던 폴 카터의 경우에서처럼, 분명히 닫혀있는 문 뒤에 창조적인 성과를 숨겨 놓은 수많은 노인들이 더 있을 것이라고 깨달았다. 그들은 일반적으로 빈센트 반 고흐처럼 그들의 공동체에서 잘 알려지지 않거나, 저평가되고 있다. 고흐의 작품은 그가 죽기 전까지는 사람들에게 인정받지 못했었다. 그래서 우리는 재능 있는 노인들의 작품을 발견하고 촉진하는 데 헌신하는 단체를 만들기로 하였다. 약간의 고심 끝에 우리는 이 단체를 창조성 발견팀(Creativity Discovery Corps)이라고 부르기로 하였고, 전문가, 학생, 그리고 미술, 인문학, 노인학, 그리고 사회사업 등 기타 다양한 분야의 학문계통에 있는 자원봉사자들로 구성하였다.

　우리의 목적은 4단계로 나누어 볼 수 있다. 표현 미술에 재능이 있는 노인을 찾는 것, 혹은 우리의 재료 문화, 즉 전통적인 방식으로 만들어진 물리적 물체 등으로 우리 문화에 기여할만한 노력을 하는 사람을 찾는 것이다. 재료 문화는 민속 건축, 민속 미술, 그리고 민속 솜씨 등을 포함한다. 이러한 제목들은 다양한 예술을 포함할 수 있는데, 이러한 예술로는 집의 건축, 건물과 도구의 디자인과 장식, 그리고 전통적인 방식과 방법에 따른 가내 공업의 수행 등을 들 수 있다. 담장의 모양, 수수 당밀의 제작, 그리고 퀼트 제작 등은 모두 재료 문화에 들어갈 수 있을 것이다. 셋째, 우리는 이러한 창조적 인물들의 인생의 역사를 얻고자 하는 목표를 가지고 있다. 그리고 마지막으로는 노인들이 자신의 창조성을 발견할 수 있는 기회를 제공하는 다른 프로그램이나 관행들을 확인하고자 한다.

　우리가 공식적으로 창조성 발견팀을 구성하고 얼마 지나지 않아 우리가 "발견한" 노인들의 이야기 중 하나가 우리가 지금 하고 있는 일에 대한 확신

"Seuss 박사"라고도 알려진 데오도어 시스 가이젤(Theodor Seuss Geisel)은 자신이 53세 (1958)에 쓴 《The Cat in the Hat》의 저자로, 《You're Only Old Once》를 82세에 집필하였다.

을 주었다. 우리는 도로시 루이스(Dorothy Lewis)의 모자 수집을 그룹 전시용으로 마련하였다. 이는 Black Fashion Museum가 그녀의 모자를 얻기로 한 결정에 앞서 진행된 것이었고, 우리는 곧바로 그녀와 인터뷰를 시작하여 그녀의 작품에 함께 보여줄 수 있는 전기적인 이야기를 만들고자 하였다. 그녀는 기억상실을 경험하고 있는 것이 분명했고, 그로 인해 그녀의 전기문에는 틈새가 생겨났으며, 우리는 그녀의 젊은 시절에 대한 정보를 구할 수 있는 다른 방법이 없었다. 하지만, 우리가 워싱턴 시내에 조직하였던 단체 전시에서 도로시의 모자들을 관람하던 한 여성이 "오 맙소사!"라고 소리를 지르는 일이 발생하였다. 알고 보니 그녀는 도로시의 고등학교 동창이었고, 70년 전 모자를 만드는 방법에 관한 똑같은 수업을 들었다고 한다. 도로시의 동창생은 초기 역사를 매우 자세히 기억하였고, 우리가 도로시의 전기문 중에 빠져있는 내용들을 채울 수 있도록 도와주었다.

또한, 우리 창조성 발견팀은 프레디 레이놀즈(Freddie Reynolds)의 콜라주의 일부가 스미소니언 학술협회(Smithsonian Institution)의 재산의 일부가 되도록 주선하였다. 화가인 레이 포드(Ray Ford)는 우리 발견팀이 그의 작품을 전시하기 위해 마련한 두 번의 단체 전시에서, 계속해서 그의 작품들을 판매하고 있었다. 내가 강의를 마쳤을 때 자신이 사는 아파트에서 자신의 작품들을 가져와 내게 보여주었던 폴 카터는 앞으로 창조성 발견팀이 개최하게 될 전시회에서 그의 첫 번째 정식 전시회를 가질 예정이다. 창조성과 노화에 관한 국가 회의가 1998년 12월 "창조성 발견팀"에 의하여 개최되었다. 이 집회는 위에서 우리가 발견한 수많은 재능 있는 노인들의 창조를 강조하였고, 아울러, 노인들의 창조적인 표현을 키워 왔던 워싱턴 D.C.지역에서의 모범적인 프로그램의 모범 운영에 대한 공개를 선보이기도 하였다. 이 회의는 이론, 실제, 그리고 수행 모두를 조합하였다 (창조성 발견팀을 시작하는 방법에 대한 더욱 구체적인 정보는 제9장을 참조).

화이트(White) 병장의 이야기는 우리 "창조성 발견팀"의 모험에서 나온 또 다른 흥미로운 이야기다. 여성재향군인회(The Women in Military Service for America Memorial) 는 워싱턴 D.C.의 알링턴 국립묘지의 입구에 있다. 이 여성 기념관(Women's Memorial)은 독립전쟁 때부터 군대에서 복무했던 여성들의 전기(biography)의 등록소를 운영해 왔다. 화이트 병장은 제2차 세계 대전에서 군복무를 하였지만, 건강문제로 인하여 이 등록소에 이름을 올리고자 하는 준비를 하지 못하게 되었다. 한 사회사업가와의 접촉한 뒤, 창조성 발견팀은 그녀를 도와 이 절차를 마무리 할 수 있도록 하였고, 그녀는 매우 기쁘게도 이 등록소에 이름을 올리게 되었다.

그러나 그녀의 상황은 아직 더 많은 기여를 할 수 있었다. 창조성 발견팀이 처음 자원하여 화이트 병장에 대하여 여성 기념관(Women's Memorial)의 직원들에게 접근하였을 때, 그 직원은 그들의 봉사 프로그램이 화이트 병장처럼 군에 복무했었지만 기념관과 접촉하는 데 어려움을 겪거나 아예 그 존재조차도 모르는 사람들을 찾아내기에는 부적절하다는 것을 깨닫게 되었다. 이 기념관의 직원은 우리가 제공한 기술적인 보조와 더불어 이제 이러한 전역군인들을 찾는 봉사 프로그램을 실시하게 되었다. 한편, 사회봉사 및 기타 지역사회의 봉사 프로그램, 창조성 발견팀 구성원과 그 동료들 사이에서의 입소문, 창조성 및 노화에 대한 강연에서 창조성 발견팀 전단지를 나눠주는 등의 간단한 기술에 의해 형성된 네트워크를 통하여, 창조성 발견팀 자체의 봉사활동 시도 또한 꾸준히 성장해 왔다.

마침내, 창조성 발견팀에 관한 미디어의 이야기들이 대중의 주목을 이끌어냈고, 다른 사람들도 자원봉사에 기꺼이 나서게 되면서 네트워크가 확장되고 강화되었다. 창조성 발견팀의 이야기가 워싱턴 D.C.내의 다른 기관들로 퍼져나가면서, 각지의 서비스 제공사들로부터 도움을 주겠다는 연락이 왔다. 나아가서 창조성 발견팀에 관한 이야기들이 노인들에게도 퍼져 나갔고, 특히 창조성 발견팀의 구성원들이 일하고 있는 프로그램에 참여하는 노인들 사이

스웨덴 태생의 미국 발명가이자 군사 엔지니어 인 존 에릭슨(John Eri csson,1803-1889) 은 1861년 미국 남북전쟁 당시 (당시 58세) 선회식 포탄으로 장갑을 두르고 있는 최초의 군함인 철갑으로 된 Monitor 를 고안해 냈다. 그의 발명은 항해술과 군함의 구축에서 대변혁을 일으켰다고 평가된다. 1878년 그가 75세가 되었을 때, 그는 The Destroyer라는 배를 만들었는데, 이는 물속에서 어뢰를 발사할 수 있는 장치를 가지고 있었다.

마르키 드 라파예트(Marquis de Lafayette,1759–1834)는 20세에 그의 고향 프랑스에서부터 항해를 시작하여 (1777) 미국독립전쟁에서 조지 워싱턴을 도왔는데, 이 전쟁에서 라파예트(Lafayette)는 대영제국을 물리치는 데 중요한 역할을 하였다. 1830년 프랑스에서 73세를 맞이한 라파예트 는 칼 10세 (언론의 자유를 탄압하고자 했던 왕) 정권을 타도하는 데 도움을 주었던 국가경호대를 지휘하였고, 루이 필립(Louis-Philippe)을 왕좌에 오르게 하는데도 도움을 주었다.

에서 급속도로 확산되었다.

한 지원자가 코디네이터를 만나게 되면, 그 지원자의 소재를 검토하고 전기를 준비하는 절차는 협력적인 노력 속에서 사람들의 창조적인 에너지를 조합함으로써 그들의 삶을 풍부하게 만들어줄 수 있는 세대 간의 활동이 된다. 코디네이터는 창조성 발견팀의 자원봉사 인력으로부터 자원봉사자들을 모집하여 지원자의 배경 정보를 모아서, 최적의 가능한 행동 계획이 도출되어 해당 지원자의 업적과 인생의 이야기를 잘 보여줄 수 있도록 만든다. 수많은 구술사, 미술 치료, 그리고 저널리즘 분야의 학생들은 시간을 내어 자원봉사를 하였다. 그들의 업무는 자신들의 학문 분야와 더불어 매력적인 조화를 이루어 내는 것이다.

이 프로그램을 통하여, 그리고 신구세대를 모두 아우르는 다른 지역사회의 후원을 받는 활동들을 통하여, 각 세대들 간의 서로 다른 에너지와 지적 능력은 각자 서로 다른 모습이면서도, 그러면서도 모두에게 의미 있게 그 삶을 풍부하게 만들어주는 방법으로 연결될 수 있다.

살아있는 보물: 한 사회활동가의 여정과 타인을 위한 선물

마샤 그레임(Martha Graham)은 현대 무용의 명백한 최고 여제로서 반세기 이상을 군림해 왔다. 그녀는 75세가 될 때까지 무용을 지속하였고, 자신의 마지막 작품 Maple Leaf Rag의 안무를 1990년에 구성하였는데, 당시 그녀의 나이는 96세였다.

메리 루 쿡(Mary Lou Cook)은 살아있는 보물이다. 1918년에 태어난 그녀는 그녀가 젊고 미술과 기술을 가르칠 때 사회적 문제에 있어서 점차 활동적인 사람이 되었고, 곧 나이가 조금씩 들어가면서 자신의 시간을 핵 안전을 위한 시민모임(Concerned Citizens for Nuclear Safety), 하비타트(Habitat for Humanity) 그리고 공동체 평화 포럼(Community Peace Forum)등에 기여하게 되었다. 제2차 세계 대전 당시엔 그녀가 20대였는데, 그녀는 작업 치료사로서 적십자에 자원하였다. 전쟁 후, 그녀가 30대가 되었을 때, 그녀는 시각 장애아를 위한 유치원 보육시설의 설립을 도왔다. 그녀는 1960년대 평화봉사단의 첫 번째 모집자 중 한 명이었다. 그녀가 70대가 되었을 때 그녀는 달필가, 제책업자, 바스켓 메이커, 나무 심는 사람, 창조성에 관한 강사, 상담가, 그리고 자신의 고향인 뉴멕시코 산타페 지역에서 임명 받은 영적 공동체의 성직자이자 지도자가 되었다.

마샤 그레임(Martha Graham)은 현대 무용의 명백한 최고 여제로서 반세기 이상을 군림해 왔다. 그녀는 75세가 될 때까지 무용을 지속하였고, 자신의 마지막 작품 Maple Leaf Rag의 안무를 1990년에 구성하였는데, 당시 그녀의 나이는 96세였다.

1984년 그녀는 지역사회, 학교, 혹은 일터에서 그 삶과 일을 통하여 모든 연령대의 타인들에게 귀감이 되고 멘토 역할을 해주었던 나이가 많이 든 노인들을 존경하는 방법으로서 살아있는 보물(Living Treasure) 프로그램을 만들었다. 이 프로그램은 덕망 있는 장인들과 민속 예술가들을 '살아있는 국가 보물'로 예우하는 일본의 관행에 영향을 받은 것이다. 이 프로그램의 설립자들 또한, 다음과 같은 간디의 지혜에 영향을 받았다. "당신은 반드시 당신이 세상에서 보고 싶은 변화가 되어야 합니다."

내가 처음 그녀에게 연락하여 그녀의 프로그램에 대한 더 많은 이야기를 들어보고자 했을 때, 쿡(Cook)은 80세였고, 나는 생동감과 열정으로 희망에 찬 목소리를 들었다. 그녀는 '살아있는 보물' 의 지원자들은 그들이 지역사회에 가져다 준 영향의 수준, 즉 단순함, 지혜, 우아함, 협력, 감사, 신뢰, 용기, 진정성, 유머감각, 겸손함, 정직함, 공손함, 일관성, 친절함, 청명함, 그리고 존경심에 기초하여 선발된다"고 설명하였다.

일 년에 두 번씩 쿡과 그녀의 협조 단체인 공동선을 위한 네트워크(Network for the Common Good)는 자격증 및 수상자들에 대한 경의가 담긴 지역사회의 축하행사로 구성되는 '살아있는 보물' 시상식의 후보자를 추천한다. 이 프로그램은 즉각적으로 성공하였고, 다른 지역사회도 그들의 고유한 노인 공경 사회를 시작할 수 있도록 도와주기 위하여 쿡은 16페이지로 된 '살아있는 보물'에 관한 구체적인 방법론이 담긴 핸드북을 개발하였다. 1997년 이 단체는《*Living Treasures*》라는 제목의 책을 출판하였는데, 이 책에서는 희망을 주는 93명의 주목할 만한 산타페 시민들의 이야기들과 사진들을 포함하고 있다.

쿡이 이 프로그램을 계획한 것은 그녀가 지역사회가 노인들이 "그들의 희망, 마음, 그리고 지혜로 인한 영감을 통하여" 제공한 선물을 알아차리는 방법을 찾을 수 있도록 도와주기 위해서라고 한다. "그들은 우리와 함께 살고 있는 민중의 영웅입니다" 라고 그녀가 말했다.

쿡 자신도 어린 시절부터 복잡한 수공예 바구니에서부터 노인들의 기여도를 축하하는 지역사회의 시상식 연회에 이르기까지, 어르신들의 지혜를 다음 세대로 전달해주고 그녀 자신의 지혜도 새로운 세대들과 협력자들의 폭넓은 분야로 제공할 수 있는, 추상적인 능력과 아름다움을 구체적인 경험으로 전환시킬 수 있는 자신의 창조성을 사용하는 민중의 영웅이자 살아있는 보물이라는 타이틀을 얻게 되었다.

'살아있는 보물'은 1984년 설립될 당시 이 분야에서 선구자적인 프로그램이었다. 그 이후로 수많은 지역사회들이 세대 간의 대화와 인정을 촉진하고자 하는 그들의 노력의 일환으로 비슷한 유형의 프로그램들을 개발하였다. 산타페 프로그램의 '살아있는 보물'은 대부분 노인들이었다. 전형적으로 보자면 최소한 70세 이상으로 그 지역에 거주하는 사람들이었다. 그들은 삶의 여정에서 지역사회의 삶, 열정, 그리고 정신에 대한 참여와 공헌으로 인정받은 사람들이었다. 1984년 이후 100명 이상의 이와 같은 노인들이 1년에 두 차례, 봄과 가을에 열리는 기념식에서 추대되었다.

누가 '살아있는 보물'로 지명을 받을 수 있을까? 쿡에 더하여, 이 책에 열거된 다른 '살아있는 보물'들은 자신들의 지역사회에 대한 기여에 있어서 훌륭한 깊이와 다양성을 보여주고 있다. 예를 들면, 다음과 같다.

72세 되던 해인 1950년 그의 Complete Poems 의 출판과 함께 칼 샌드버그(Carl Sandburg)는 퓰리처상을 수상하였다. 82세가 되었을 때 그는 《*Harvest Poems*》를 집필하였다.

티노 그리고(Tino Griego):

1927년에 출생한 티노 그리고(Tino Griego)는 청소년기에 골든 글러브 (Golden Gloves)를 수상한 뛰어난 운동선수였다. 안타깝게도 그는 10대 때 관절염으로 인하여 불구가 되었고, 평생 동안 휠체어를 타고 다녀야 했다. 1947년 그는 그의 이웃에 위치한 시 청소년 체육센터의 책임자로 제안 받았다. 마지못해 그는 그 직책을 수락하여 Palace Avenue Youth Center의 감독 자리를 1달간 시범적으로 수행하였다. 50년 뒤, 그는 여전히 그 직책에 있었고, 이 센터의 여러 가지 프로그램들을 개발하면서 수십 년간 그의 센터로 찾아오는 수천 명의 젊은이들을 격려하고 코칭을 제공해주었다. 그는 말했다. "나는 절대로 은퇴하지 않을 것입니다. 나는 이 아이들을 너무나 사랑합니다. 나는 휠체어를 밀 수 있는 힘이 남아있는 한 여기 있을 것입니다."

프란세스 타이슨(Frances Tyson):

1912년에 출생한 프란세스 타이슨은 60대 중반, 알츠하이머병 진단을 받은 자신의 남편과 함께 산타페로 이주하였다. 그의 병은 그들의 사회 활동을 바꾸어 놓았고, 그녀가 환경 운동이라는 새로운 영역으로 들어오도록 하였다. 환경운동가로서 그녀의 경력은 그녀가 뉴멕시코 솔라 에너지단체(New Mexico Solar Energy Group)의 한 회의에 참석한 이후에 시작되었다.

"거기서 나는 이 모든 30년간을 보낸 것이에요"라고 그녀가 회상하였다. 이후 그녀의 참여는 깊어졌고, 최소한 50개의 환경 단체에 소속되었으며, 상당한 운동에도 관여하였다. 그녀는 자신이 한 말에 대하여 창조적으로 실천하였다. 산타페에서 그녀는 태양열 그린하우스를 지었다. 남편이 사망한 후 라스베이거스로 이주한 그녀는 자연의 재생 가능한 자원으로부터 열과 빛을 얻기 위하여 풍력 발전기와 광전지를 이용하여 자신의 고유한 디자인으로 에너지 효율성이 높은 집을 건축하였다.

솔로몬 러프세츠(Solomon Lefschetz, 1884-1972)는 엔지니어로 일하기 시작하였다. 그러나 산업재해로 인하여 1910년 그는 양 팔을 모두 잃었고 (당시 26세). 엔지니어 일을 그만 두어야 했고, 그는 수학을 공부하기 시작했다. 그는 미국에서 당대에 저명한 위상 수학자 (왜곡이 생겨서 표면이 갈라지더라도 변하지 않은 채로 남아있는 기하학 도형들에 관한 학문)가 되었다. 이 업적은 1925년 그를 프린스턴 대학교의 교수가 되도록 이끌어 주었고, 이곳에서 그는 또 다른 28년을 머무르며 학생들을 가르치고 69세에 은퇴하였다. 그러나 그는 은퇴한 이후에도 브라운 대학교(Brown University)의 방문 교수가 되어 계속해서 자신의 학문을 연구하였다.

75세의 나이에 시인이자 작가인 힐다 두리틀(Hilda Doolittle, H.D.)은 그녀의 두 개의 가장 강력한 작품 중 하나로 여겨지는《Helen in Egypt》(1961)을 집필하였다. 이 작품은 Helen of Troy-Achilles 신화의 재구성이 었다.

노르베르트 크라이들(Norbert Kreidl):

1904년에 출생한 노르베르트 크라이들은 유럽에서 의사 수련을 받았다. 그는 1938년 나치를 피하여 미국으로 건너왔고, 곧 Bausch and Lomb의 재료 연구 및 개발의 대표가 되었다. 그가 64세가 되어 이 직책으로부터 은퇴하였을 때, 그는 72세가 될 때까지 대학원생을 가르쳤다. 그 후 그는 산타페로 이주하여 여행하는 강연사이자 컨설턴트로서 새로운 직업을 시작하였다. 한번은 그가 이집트에 여행을 갔다가 또 다른 유리 물리학자를 만났다. 거기서 두 사람은 함께 색다른 방법의 사회 공헌을 해 보기로 결정하였다. 그는 그 새로운 이집트 친구의 조상들이 살았던 조그만 마을로 여행을 갔다. 그들은 기술 지원 전문가로서 그곳에 갔고, 그 지역 사람들에게 그들이 어떻게 도와줄 수 있을 지에 대하여 물어보았다. 약 15년 뒤, 그 마을은 그들의 도움을 통하여 뜨개질부터 시작하여 가구를 만드는 일에 이르기까지 여러 가지 일을 수행하는 10개의 협력체를 만들었다.

이 마을은 크라이들을 존경하는 차원에서 그의 이름을 따서 도서관을 건립하였다. 그는 다시 이집트로 가서 이 축하 행사에 참여하였고, 검정색 말을 타고 이 마을에 입성하였는데, 이는 그가 태어나서 처음으로 말을 탄 것이었다. 이때 그의 나이 84세였다.

레 더글러스(Rae Douglas):

1914년에 출생한 레 더글러스는 그녀 인생의 후반기가 되어, 35년 동안 자원하여 음식, 옷, 가사용품 등을 트럭에 실어 특히 크리스마스에 어려운 사람들에게 나누어 준 뒤, 북부 뉴멕시코의 "Christmas Lady"로 알려지게 되었다. 그녀는 회상하였다. "내가 누군가를 도와주지 않고 있을 때의 날들은 잘 생각이 나지 않아요." 그녀는 상을 받을 당시에 이미, 마을에서 그녀의 공로를 기리기 위해 기증한 두 번째 밴을 10만 마일 넘게 타고 다닌 상태였다. 1994년 그녀의 80번째 생일을 축하하는 한 교회에서 성가대는 "I Ain't Got Time to Die(나는 죽을 시간이 없네)"라는 노래를 불렀다. "나는 계속해서 기부활동을 계속할 겁니다. 만약, 그들이 저를 막으면, 그때 저는 그만 둘 것입니다."

앨런 하우저(Allan Houser):

아파치 치리카와족 출신 (Chiricahua Apache), 앨런 하우저는 1914년에 출생하였다. 1934년 그는 산타페로 와서 Santa Fe Indian School에서 미술을 공부하고, 이후 조각가, 화가, 및 미술 교사로서 커리어를 시작하였다. 그는 조각과 그림에서 Guggenheim 기금을 받았고, 인디언 미술가들의 전체 세대를 가르쳤다. Heard Museum in Phoenix의 전 큐레이터장이었던 로버트 브레이닉(Robert Breunig)은 하우저의 작품에 대하여 다음과 같이 언급하였다. "우리는 그가 현대 인디언 조각의 아버지라고 확실하게 말할 수 있다고 생각합니다." 1992년 78세가 되었을 때, 하우저는 조지아 오 키프(Georgia O'Keeffe), 마리안 앤더슨(Marian Anderson), 엘라 피츠제럴드(Ella Fitzgerald) 그리고 아론 크플랜드(Aaron Copland) 등과 같은 사람과 같이 National Medal of Arts를 수상하였다. 앨런 하우저의 철학은 다음과 같다. "안을 들여다보라. 실험해 보라. 탐구해 보라. 다른 일들을 해 보라."

살아있는 보물과 창조성 발견팀과 같은 지역사회 프로그램들은 노인들의 노화와 창조성의 경험과 그들이 세대 간의 활동을 통하여 협력하거나 소통하는 젊은 세대들을 근본적으로 변화시키고 있다. 이러한 프로그램들, 그리고 여기에 영향을 받는 젊은 사람들과 노인들의 삶은, 창조성과 인간 잠재력의 모든 영역을 칭송하는 지역사회의 힘에 대한 실제적인 증거를 제공한다.

토리 모리슨(Toni Morrison, 1931 –)은 1987년 자신의 소설 《Beloved》으로 56세에 퓰리처상을 수상했다. 이 이야기는 노예 집단에 대하여 다루고 있는데, 남북전쟁 전과 이후를 배경으로 하여, 생존하고자 하는 노예들의 삶을 다루고 있다. 모리슨의 글은 그녀가 전원적인 흑인들의 경험을 묘사하는 방법에 있어서 풍부하다. 1993년 62세의 나이에 그녀는 노벨문학상을 수상했다. 1997년 66세의 나이에 그녀는 《Paradise》를 출판하였는데, 이는 "Oprah Book Club"으로 선정되기도 하였다.

미국 경영 컨설턴트인 피터 페르디난드 드러커(Peter Ferdinand Drucker)는 현대 비즈니스 기업들을 위하여 수많은 철학적이면서도 실용적인 토대를 형성했다고 인정받고 있다. 실용적 경영에 관한 그의 후반기 작업이 특히 영향력이 있었는데, 이러한 작업들로는 《*Managing in Turbulent Times*》(1980)가 있고 이는 그가 71세 때 작성한 것이며, 《*The Changing World of the Executive*》(1982)는 73세에 집필한 것이다.

세대 간 맥락에서의 노인의료보험제도: 잊혀진 역사

우리는 여전히 오늘날 공공정책을 통한 지역사회의 창조성에 대한 힘있는 사례를 가지고 있지만, 그렇게 긍정적으로 보이는 경우는 드문 것 같다. 누구에게 혜택을 주고, 주지 않을지에 대한 공개토론회에서 의료보험의 기원의 역사는 점점 잊히게 되었다. 노인의료보험을 위한 추진력은 노인들을 위한 것만이 아니라, 만약, 가족 중 나이 든 구성원들이 지불할 수 없을 경우, 비용을 부담해야하는 가족들을 보호하기 위한 것이다. 노인의료보험은 과거와 현재에 그랬듯이 앞으로도 계속 가족을 염두에 둔 프로그램일 것이다. 즉, 우리와 그들, 노인 세대와 젊은 세대의 경쟁적인 자원 배분 문제가 아닌 것이다.

노인의료보험의 보장에도 불구하고 "실제 돈으로" 노인들은 의료보험의 시행 전에 냈던 것보다 더 쪼들린 채로 의료비를 지불하고 있다. 이는 환자가 고용인의 부담으로 지불할 의무가 있는 상당한 비용, 질 낮은 의료 지출, 그리고 의료보험에 포함되는 서비스 혹은 기구로부터 야기된 것이다. 노인의료보험이 있더라도, 이들은 쉬운 시간을 보내는 것이 아니다. 또한 전반적으로 노인들의 경제 상황은, 개인이 경제적 책임을 질 수 있는 여지가 거의 남지 않은 상태이다. 사회보장제도가 많은 노인들을 빈곤으로부터 구해내는 동안, 1990년의 자료에 따르면, 65세 이상의 노인 집단은 빈곤에 가까운 수입 수준을 가진 사람들 중에서 여전히 가장 큰 비중을 차지하고 있다. 이 비율은 건강관리 문제에 있어서 위험에 처해 있는 사람들에게 있어서는 더 높고, 따라서, 이 범위는 85세 이상의 연령대로 높아져야 할 것이다. 건강 관리상의 증가하는 비용은 가족에게 많은 부담을 준다. 왜냐하면, 성인 자녀들은 점점 더 경제적인 도움을 요청 받고 있는 상황이기 때문이다.

아래의 표에 따르면, 노인들을 위한 부적절한 의료보험 범위가 노인들에게 큰 보상을 해주지 못하고 있음이 명백하다. 특히 고령의 경우에 더욱 그러하다.

1990년 빈곤 연령 분포도의 150퍼센트 이하

연령대	150퍼센트 이하 빈곤
65세 이하	21.2
65세 이상	27.2
85세 이상	38.6

주: 1990년 빈곤 수준은 65세 이상의 사람들에 대한 $6,268.00이었다. 관련 자녀가 없는 2인 가구에 대한 한계점은 $7,900.00 이었다. 1990년 65세 이상 한 사람당 150퍼센트의 빈곤 수준은 $9,402.00이었다.
자료는 미국 상원의 노화에 관한 특별위원회에 보고된 "노화하는 미국- 경향과 추이"에서 인용

적절한 보험 혜택의 부재 속에서, 노인 환자들은 필수적인 돌봄 없이 지내게 될 것이다. 혹은 역사적으로 한 세대 전에 의료보험의 도입을 통해 완화되었던 과도한 경제적 부담이, 나이 든 사랑하는 가족들을 돌보겠다는 사명을 지닌 이들에게 지워질 것이다.

나는 이 주제가 솔직하지 못한 공공정책 토론의 한 예이기 때문에 이 주제를 꺼내 들었다. 세대 간의 조건에 대한 주제에 대하여 완전히 이해한 상태에서 또는 의료보험의 재정적 문제를 창조적으로 해결하고자 하는 태도를 가지고 정책 회의에 들어가기보다는, 일부 사람들은 이 주제를 세대 간의 문제의 갈등으로 만드는 등의 선동적인 방법으로 틀을 짜려고 시도한다. 즉, 노인들에게 자원을 주고, 젊은이들에게는 주지 말자는 이론을 펼치는 것이다. 그러나 역사는 의료보험의 의도가 가족들과 그 세대 간의 관계를 보호하려는 것이었음을, 즉 의료보험에 관련된 예산 삭감을 통하여서는 절대로 이룰 수 없는 그 무언가가 있음을 보여주고 있다.

정치경제학자인 프리드리히 아우구스트 폰 하이에크(Friedrich August von Hayek)는 68세에 《*Politics and Economics*》(1967)을 집필하고 난 뒤, 1974년 노벨 경제학상을 수상하였다. 그는 이후 80세가 되어서 《*The Political Order of a Free People*》(1979)를 집필하기도 하였다.

질병의 증상 속에서의 창조성과 지역사회의 반응

때때로 세대 간 소통의 유익은 누군가를 다르게 바라보자고 하는 의도와 같은 단순한 것들에서 발견될 수 있다. 나는 어떤 걱정되는 인물, 즉 종종 조롱 받고 잘 수용되지 않는 "별난 사람"의 이야기를 나누고자 한다. 나는 그의 이야기를 두 가지 이유에서 하고자 한다. 첫째는 정신병과 창조성과 광기사이의 잘못된 오해에 대한 내적인 관점을 제공하는 것이다. 또 다른 이유는 지역사회가 이렇게 어려움에 처한 사람들에게 관용과 동정심을 가지고 반응하는 방법을 이해하기 쉽게 해주기 위해서이다.

역사와 문학, 영화 및 신화에서 보면, 종종 광기, 즉 미치는 것과 창조성 사이에는 어떤 관계가 있다고 인식되는 측면이 있다. 그러나 광기에 대해서는 그 어떤 낭만적인 것도 없으며, 이는 전형적으로 정신병으로 일컬어지는 것이며, 또한, 정신병도 창조성을 위한 지름길을 제공하지도 않는다. 오히려, 이는 난관에 봉착하도록 만들 뿐이다. 하지만, 창조성과 광기 주제에서 또 다른 측면이 있는데, 때때로 정신병 증상의 창조적인 상징은 도움을 요청하는 필사적인 외침일 수도 있다는 것이다.

증상들은 전통적으로 내재된 문제들의 신호로 여겨져 왔다. 예를 들면 열 증상의 경우, 내재된 감염의 신호를 나타내는 증상이다. 정신의학적으로, 증상들은 숨겨진 문제를 신호로 나타내는 동일한 기능을 담당하지만, 신체적 질병 영역에서 보다는 정신적 질병의 영역에서 더 그러하다. 동시에 정신의학적 증상은 때때로 환자가 겪는 고통에 대한 단서를 제공하는 상징을 포함한다. 정신의학적 문제와 그 증상들은 모두 고통스럽지만, 때때로 증상들은 무의식적인 상태가 단서를 제공하는 데 있어서 얼마나 창조적일 수 있는지를 보여준다. 구체적인 예는 다음에 나오는 테렌스 뉴먼(Terrance Newman)의 예에서 살펴보도록 한다.

나는 1971년 노인들이 거주하는 한 아파트 건물에서 상담을 시작하였다.

서스펜스의 거장으로 알려진 알프레드 히치콕(Alfred Hitchcock)의 후반기 영화에는 〈Psycho〉와 〈The Birds〉가 포함되는데, 이 두 영화는 그가 60대 초반과 중반에 감독한 것이고, 〈Frenzy〉의 경우엔 그가 73세에 감독한 영화이다.

이 아파트의 관리자는 나와 함께 이상한 한 노인의 문제에 대하여 논의하고 싶다고 말하였다. 이 노인의 행동은 그녀를 포함하여 수많은 사람들을 겁나게 하였다. 기본적으로 이 아파트 관리자는 그 노인이 자기 자신과 다른 사람들을 위협하고 있으며 이 건물에서 퇴거해야 한다는 점에 대하여 내가 동의하기를 원했던 것이다. 나는 그 노인에 대하여 설명해 달라고 관리자에게 부탁했다. 그녀는 말하기를 그 사람은 자신의 손목에 동전을 테이프로 고정하고 성경책과 비누를 들고, 자기 주변에 탈취제를 뿌리며 건물 내 복도를 돌아다닌다는 것이다. 이러한 지속적인 소동 속에서 그는 성경책과 비누를 자신의 입술에 번갈아가며 갖다 댄다고 한다.

내가 이 설명을 들었을 때, 나는 그 사람이 정말로 이상하다는 점에 동의했다. 하지만, 나는 그가 물리적으로 누군가를 위협하지는 않았다는 점에 대하여 언급하였다. 그는 주로 눈에 보기에 안 좋을 뿐이었다. 아파트 관리자는 비록 그녀가 한 번도 그런 쪽으로 생각한 적은 없지만, 내 말은 맞는 말이라고 하였다. 그녀는 언제나 그가 한 번도 누군가를 위협한 적은 없었지만, 그에 대하여 생각하면, 그가 사람들을 물리적으로 위협을 주고 있다고 느꼈다고 한다. 나는 그녀가 묘사한 것은 아마도 감정적인 고통에 대한 어쩔 수 없는 증상일 것이라고 그녀에게 말하였다. 만약, 그가 그러한 경우에 있다면, 그는 도움이 필요한 것이며, 나는 그를 도울 수 있을 것 같다고 이야기하였다.

이 관리자는 이에 대하여 더욱 마음이 열리게 된 것 같았다. 나는 그녀가 그 노인을 알고 있으니, 그 노인을 다음번에 만나게 되면, 그녀가 그를 걱정하고 있다는 것을 알리고, 또한 그가 이 건물에 오는 새로운 의사를 만난다면 어떨지를 물어봐 달라고 제안했다. 만약 그가 관심을 보인다면, 그에게 나의 이름을 알려주고 나에게 전화해 달라고 했다. 그녀는 그렇게 하였고, 나는 건물의 보건실에서 뉴먼 씨를 만났다.

그는 아파트 관리자가 설명한 것과 같은 모든 이상한 행동들을 보여주었다. 그는 은퇴한 요리사였고, 66세였으며, 그의 장애인 아내와 함께 이 건물

미국의 시인이자 인문학자, 그리고 비평가인 에즈라 파운드(Ezra Pound)는 엘리엇(T.S. Eliot)에 의해서 현대 시에 영향을 주는 원동력이라는 평가를 받았다. 1945년 그는 제2차 세계대전 당시 이탈리아 파시스트를 위하여 만든 반민주주의 방송을 만들었다는 반역죄로 기소되었다. 그러나 Pound은 미쳤다는 판단을 받고 워싱턴 D.C.에 있는 Saint Elizabeth의 정신의학 병원에 1946년부터 1958년까지 입원하면서 (61세에서 73세까지) 재판은 진행되지 않았다. 일반적인 인상은 그가 피해망상증이 있다는 것이었다. 그는 퇴원하였고 1958년에 제정신이 돌아왔다는 인정을 받았다. 그의 입원기간 동안, 그리고 그 이후, 그는 매우 높은 평가를 받는 시를 썼는데, 이때 쓴 시들로는 1959년 〈Thrones: Cantos 96-109〉 (74세)와 그가 85세에 발표한 모음집 《The Cantos》가 있다.

하랜드 센더스 대령(Colonel Harland Sanders ,1890-1980)은 결국 70대가 되어서야 자신의 "finger lickin good" 켄터키 후라이드 치킨을 성공시킬 수 있었다. 74세의 나이에 미국 내에는 600개 이상의 프랜차이즈가 그의 치킨을 팔고 있었다. 그는 그의 대부분의 기업을 상당한 액수를 받고 팔았고, 새로운 모회사에서 이사회의 자리를 얻고 평생의 봉급을 받게 되었다. 이 모회사를 위하여 그는 계속해서 그의 유명한 치킨 광고를 위하여 공식 대사가 되었고 이러한 활동은 그가 90세에 사망할 때까지 계속되었다.

에 살고 있었다. 그가 정신분열을 앓고 있으며 망상과 환상으로 고생하고 있다는 것은 금방 확실해졌다. 그는 뭔가 타고 있으며 끔찍한 냄새가 난다고 하는 생생한 후각적인 환각상태에 대하여 설명하였다. 그의 정신의학적 면에서 그는 필사적으로 이 냄새를 통제하기 위하여 시도하고 있었고, 그래서 탈취제를 자기 주변에 뿌렸던 것이었다.

우리의 다음 번 만남에서, 그가 번갈아 가며 자신의 입술에 댔던 성경책과 비누의 의미가 밝혀졌다. 그가 자신이 도덕적이지 못하다고 생각이 들 때마다, 즉 질투심이나 분노가 생길 때마다, 그는 죄책감을 느꼈고 자기 자신을 성경책과 비누를 들고서 하는 의식을 통하여 "씻어냄"으로써 스스로를 깨끗하게 하고자 한 것이었다.

그의 손목에 테이프로 감은 동전은 더욱 해석하기가 어려웠다. 그 다음에 이어진 만남에서, 나는 그가 경험했던 끔찍한 냄새에 대하여 말할 때마다 동전을 문지르고 있는 모습을 확인하게 되었다. 정신의학에서는 이상한 연상에 대한 결과로 이상한 생각의 패턴들이 발생한다. 즉, 냄새에 대한 또 다른 단어는 센트(scent)인데, 이는 10원짜리 동전 센트(cent)와 동음이의어이다. 뉴먼 씨는 그가 맡는 냄새(scent)를 테이프로 감아서 통제하고자 시도하였던 것이다. 몇 달 뒤, 나는 왜 그의 환상이 냄새의 형태로 나타났는지에 대하여 더 깊이 이해할 수 있었다. 어느 더운 날 뉴먼 씨가 그의 위쪽 팔에 화상 흉터가 남아 있는 것이 보이는 반팔 셔츠를 입고 있는 것을 보게 되었다. 나는 그 흉터들에 대하여 물어보았다. 그는 그가 아버지로부터 요리법을 배우는 청소년이었을 때, 오븐 위에서 기름에 불이 붙는 바람이 그는 등과 어깨, 그리고 위쪽 팔에 심한 화상을 입었다고 설명해주었다. 그는 여전히 그때 자신의 살이 타는 끔찍한 냄새를 생생하게 회상할 수 있었다. 나는 이러한 끔찍한 경험이 그가 후에 겪은 정신분열을 시작하면서 나타나게 된 증상, 그의 환상의 배경에 영향을 주었다고 확신하였다.

그러는 동안 얼마 가지 않아 위기가 있었다. 아파트 관리인은 여전히 그가 건물에서 퇴거하기를 원했다. 나는 그의 불편한 행동은 의학적인 것이라고 설명하였고, 화학적 불균형인 당뇨가 특별 약물로 치료될 수 있듯이, 그의 증상도 특별한 치료에 반응할 것이라고 이야기해주었다. 주택 관리자가 뉴먼 씨가 겪고 있는 증상과 정서적 고통에 대하여 더욱 자세히 이해하고 나서, 그녀는 덜 걱정하게 되었고, 예전보다 더 관심과 연민을 가지게 되었다. 그녀는 뉴먼 씨가 퇴거되어선 안 되며, 치료의 기회를 얻어야 한다는 데 동의하였다.

나는 계속해서 작업을 진행하였고, 이후 25년 동안 뉴먼 씨가 살았던 건물에서 장기적인 연구를 진행하였다. 처음 14년 동안 나는 뉴먼 씨와 만나고 그를 치료하였다. 비록 그의 증상은 개선되었지만, 다른 전형적인 정신분열과 마찬가지로 완전히 사라지는 것은 아니었다. 그때 당시 건물의 관리처가 6차례 바뀌었고, 각각의 새로운 관리자들은 처음에는 모두 뉴먼 씨의 이상한 행동들 때문에 그를 위협적인 존재로 보았다.

모든 관리자들에게 나는 뉴먼 씨의 상황에 대하여 설명하였고, 관리자들은 공포에서 떠나 호기심과 동정심을 가지게 되었으며, 결국 그의 행동을 인내하게 되었다. 또한, 건물 내의 대부분의 사람들도 뉴먼 씨에 대하여 인내할 수 있으며, 그가 감정적으로 외상을 겪고 있으며, 그 누구도 헤치려는 의사가 없다는 것을 이해하고 있음이 명백해졌다. 뉴먼 씨는 그 건물에 거주하는 동안 계속 그 증상을 가지고 있었고, 지속적인 정신의학적 치료를 받았으며, 그는 80세가 되던 해 전립선암으로 사망하였다.

그의 증상들에서 보이는 놀라운 상징들의 이야기와는 별개로 뉴먼씨의 이야기는 한 개인이 자신의 심각한 내적 감정이 주는 영향력들과 싸우면서 얼마나 잘 공동체에서 적응하며 오랫동안 살 수 있는지를 결정하는데 개인을 넘어서는 공동체의 역할을 보여준다.

로버트 프로스트(Robert Frost, 1874~1963)는 퓰리처상을 수상한 미국 시인으로 "뉴잉글랜드의 목소리"라고 일컬어졌으며, 기억에 남을 만한 행사에서 87세의 나이로 그의 시 "The Gift Outright"를 케네디 대통령의 취임식에서 발표하였다. 그 다음해 그가 88세가 되었을 때, 그의 작품 《In the Clearing》(1962)를 출간하였다.

Ludy 와 Pacy Levine: 세대간주의(Intergenerationalism)의 전통

루디와 페이시 레바인은 내 아내의 대단한 삼촌들인데, 그들은 아마도 그들 자신을 위해서 한 일과 그들의 확장된 가족, 그리고 그 지역사회에 기여한 바에 대하여 미국의 기관으로 지정되어야 할 것이다. 〈The New York Times〉, 〈Boston Globe〉 및 〈Yankee Magazine〉 등에 나온 그들에 대한 기사들은 같은 이야기를 하고 있다. 루디는 20세기가 시작하기 직전에 태어났고, 페이시는 바로 그 이후에 태어났다. 그들은 처음부터 끝까지 매우 친밀하였고, 그들을 알고 있는 사람들은 그들을 "소년들"이라고 불렀다. 그들의 아버지는 메인주 워터빌의 작은 마을에 있는 도시중심가에서 옷가게를 열었고, 이 옷 가게는 빈(L. L. Bean) 다음으로 메인(Maine)에서 두 번째로 가장 많이 팔리는 옷 가게가 되었다. 이 가게는 시내 중심가에 있는 가족 소유의 작은 상점들의 운명을 따라 사라지기 전까지 번창했으며, 루디가 99세가 거의 다 되어 은퇴해야 했던 뒤로 얼마 가지 않아 문을 닫았다. 제정 러시아로부터 탈출한 그들의 아버지는 이 가게를 19세기 후반에 개점하였다. 1920년대 후반이 될 때까지, 루디는 의대를 나왔고 페이시는 법대를 나와 가족 상점을 도와주려고 하였다. 그들의 수준 높은 의류상으로서의 협동적인 창조성은 이 가게에 황금기를 가져왔으며, 이 지역사회에도 큰 기여를 하였다. 가게가 점점 번창해 가면서, 루디와 페이시의 지역사회에 대한 기여도 커졌는데, 즉 YMCA, Boy's Club, 그리고 사실상 모든 사회봉사 기관과 클럽, 교회 자선단체, 지역회당, 그리고 그들의 도움을 필요로 하는 모든 기관들을 도와주었다. 그들은 콜비 대학교(Colby College)동창회에도 엄청나게 활동했는데, 이들은 이 대학에 중요한 후원자가 되었고, 수많은 장학금과 어려운 환경의 콜비 대학교 학생들을 도와주었다.

그들은 한 번도 결혼하지 않았으며, 그들이 인생의 후반기에 접어들면서, 그들의 공동체는 실제로 그들의 가족의 중요한 새로운 부분이 되었고, 모든 도움과 사랑과 감사를 주고받았다.

루디와 페이시는 학생들이 대학 생활을 시작하면서 이자 없이 신용으로 옷을 구매하게 해주고, 이들이 졸업하거나 충분한 돈을 벌고 나서야 갚도록 허용하는 방법으로 젊은 콜비 대학생들을 도와주면서 유명해졌다. 그 어떤 학생이라도 외상으로 산 옷값을 다 갚았다. 그들은 그들의 마을에서 매우 인기 있었고, 지역의 한 식당의 그들의 이름을 따서 이름을 지었다. 루디와 페이시가 바로 그 예이다.

가족에 대한 그들의 헌신은 어마어마한 것이었고, 그들이 70대 중반에서 후반이 되었을 때, 그들은 가족의 여름 캠프를 아름다운 호수 옆에 있는 큰 시골집으로 옮겨가며 이를 혁신하고 확대하여, 확대된 가족이 여름 동안 함께 모일 수 있도록 인센티브를 극대화 하였다. 즉, 이는 가족들을 지키기 위한 매우 창조적인 행동이었다. 루디는 다음과 같이 말한다. "만약, 당신이 가족들이 함께 모이도록 하고 싶다면, 그들이 함께이고 싶은, 모일 장소를 마련해야 합니다." 매년 여름 이 캠프의 일요일에는 "소년들"이 지역 가족들을 즐겁게 해주었고, 매년 7월 넷째 주에는 가족 구성원들과 친구들이 방문하였다.

"소년들(the boys)"은 또한, 열렬한 스포츠 광이었다. 그들은 지역 리틀 야구와 축구팀을 지원하였고, 콜비 대학에 새로운 야구 전광판과 축구 전광판을 사주었으며, 새로운 트랙 또한 널찍하게 만들어 주었다. 콜비 대학의 교수진과 학생들은 이 나이든 소년들을 매우 좋아하였다. 그들은 축구 게임이 이루어질 때 페이시를 벤치에 앉혔다. 그러나 페이시는 너무나 스포츠를 좋아한 나머지 게임이 진행되는 동안 필드의 사이드라인에서 종종 달리곤 했고 그때 그는 거의 80대 후반이었다. 그래서 코치는 언제나 한 열렬한 선수를 그에게 동행하도록 하여, 그가 필드에 넘어지지 않도록 하며, 잠재적으로 반대편 프론트라인으로부터 치이지 않도록 관리하였다.

그들은 80대와 90대가 되어서는, 자신의 가게에 상담실과 같은 자리를 만

코넬리우스 밴더빌트(Cornelius Vanderbilt ,1794–1877)는 미국의 자본가로, 증기선의 소유자로 성공을 거두었지만, 1862년 (그의 나이 68세 때) 그는 자신의 배를 팔고 철도 자금 조달 분야로 진출했다. 79세가 되었을 때 (1873) 그는 독지활동을 시작하였고, 100만 달러를 기부하여 밴더빌트 대학교(Vanderbilt University)를 세웠다.

코니 맥(Connie Mack, 1872–1956)은 저명한 미국 야구 선수이자 매니저로, 가장 오랫동안 매니저를 한 기록을 가지고 있고 (53), 가장 많은 게임에서 승리한 기록 (3776)을 가지고 있다. 월드 시리즈에서 필라델피아를 이끌고 1929년과 1930년에 우승하였는데, 당시 그의 나이는 67세, 68세였다.

인간은 확인을 통해서 자신의 정체성을 발견한다. 인간의 정체성은 그가 그의 동료들로부터 분리가 되었을 때는 제대로 알아내기가 어렵지만, 그가 다른 사람과 함께 있을 때, 자기의 정체성을 비로소 발견할 수 있다.

— 로버트 터빌리거(Robert Terwilliger)

들어 놓았다. 많은 학생들, 친구들, 그리고 고객이 모두 와서 대화를 나누고 그들의 조언을 구했으며, 때때로 옷에 대한 조언도 구했다. 이는 행동으로 실천하는 사회적 창조성이었다.

두 형제가 각각 소천했을 때, 그들의 장례식은 콜비 칼리지의 채플에서 거행되었다. 두 번 모두 채플은 사람들로 가득 메워졌고, 모든 사람들이 눈물로 애도하였다. 전체 축구팀은 엄숙하게 걸어 들어와 존경의 마음으로 앉았고, 이 두 명의 노인들이 그들의 위대한 할아버지였던 동시에 나이를 먹지 않았던 친구였음을 인정하였다.

인생 초기 단계 발달에 관한 에릭 에릭슨(Erik Erikson)의 묘사에서, 그는 감정 발달의 근본적인 한 부분이자 신뢰를 학습하는 맥락으로써 노인과 젊은 사람들과의 관계를 관련지었다. 그의 말에 따르면 신뢰는 그 시대 웹스터 사전에서 인용하였는데, "다른 사람의 진실성에 대한 확인된 의지"라고 하였다. 어떤 연령대의 아동들이라도 계속해서 어른들로부터 이 진실성을 찾게 되며, 이들은 그 심오한 방법에 의하여 힘을 얻는다. 에릭슨은 이를 두고 다음과 같이 말했다. "건강한 아이들은 그들의 할아버지들이 죽음을 두려워하지 않을 만큼 충분히 진실성을 가지고 있다면, 이들도 삶을 두려워하지 않을 것이다."

루디와 페이시 레바인은 그들의 인생 전반에 걸쳐 그들의 신뢰와 창조적인 반응을 실천하면서, 이들은 젊은 사람들에게 영감을 주었고, 지역 공동체의 공유된 목적의 감정을 불러일으켰다. 그들의 창조성의 본질은 그들이 자신들의 인생을 통하여, 젊은 소년으로서, 대학생으로서, 상점점원으로서, 그리고 친절하게도 지역사회의 지지하는 구성원으로서 표현할 수 있는 새로운 방법을 개발하면서 변하였다. 그러나 그 오랜 세월 동안 자신들의 삶에 있어서 그들의 성공은 사물을 다르게 바라볼 수 있고, 다르게 생각할 수 있고, 모든 만남 속에서 잠재력을 찾을 수 있는 능력, 그리고 모든 세대로부터 나온 것이다.

8장

정체성과 자서전: 삶의 과정 속에서 형성되는 정체성

사람들은 종종 모두가 아직 자신을 발견하지 못했다고 말한다.
하지만, 자신은 찾는 것이 아니다. 그것은 창조하는 것이다.
_ 토마스 사츠(Thomas Szasz), 《The Second Sin》

우리는 자서전을 유명한 사람, 즉 세계적인 지도자, 영화배우, 위대한 작가, 사상가, 그리고 발명가와 같은 역사에 중요한 인상을 남기거나 자신의 말로 후대에 이야기를 남기기 원하는 개인들의 영역이라고 생각하는 데에 익숙하다. 자서전 혹은 회고록은 또한, 일반적으로 문학적 또는 역사적 공적에 근거한 판단과 의도된 출판으로서의 문학 작품으로 간주되기도 한다. 하지만, 서적 전반과 대중의 삶의 장을 넘어 정서적 과정으로써의 자서전은, 비록 간과되기는 하지만, 우리의 문화와 삶 속에서 훨씬 더 큰 역할을 한다.

자서전 -우리 자신의 인생 이야기를 말하는 것- 은 특히 우리 각각에게 우

전설적인 막스 브라더스(Marx Brothers) 희극 팀의 조용한 하프 연주자, 하포 막스(Harpo Marx, 1893–1961)는 68세 나이에 그의 자서전, 《Harpo Speaks》를 썼다.

윌리엄 크리스토퍼 핸디 (William Christopher Handy ,1873-1958)는 1914년(41살이었을 때)에 "Saint Louis Blues"와 함께 그 당시 흑인 음악의 특징이었던 "블루스"를 악보 음악에 도입한 첫 번째 사람이 됨으로써 대중음악의 과정을 바꿨다. "Saint Louis Blues"를 스스로 발매할 수밖에 없었기 때문에 그는 그가 노년까지 작업을 계속 할 수 있던 음반회사를 만들었다. 그는 미국의 흑인 음악가들의 연구뿐만 아니라 흑인 영가와 블루스 선집을 제작하기도 했다. 그는 자신의 자서전, Father of the Blues를 68세의 나이에 썼다. 그는 85세의 나이에 죽을 때 까지 음악의 역사에 있어서 아프리카계 미국인의 문화적 역할을 증진하기 위해 활발히 노력했다.

리 가정과 공동체에 대한 이야기의 기여로써 뿐만 아니라 앞으로 살아갈 날 동안 새로운 자아 발견과 창조적 잠재력으로 이끌 수 있는 고도의 개인적인 내면의 여정으로써 의미가 있다. 우리의 경험을 나누고 우리가 아는 것을 말하는 외부적 과정을 창조의 질과 노화를 결합하여 문화의 지킴이가 되도록 하여 가족문화에서나 지역공동체에서나 이념적으로 모인 사람들에게 노인의 역할을 계속 인식하게 하고 가치와 지혜와 삶의 방식을 전승하게 한다.

하지만, 아마도 훨씬 더 중요한 점은 자서전이 유년기에 시작되어 전체 인생기간 동안 전형적으로 잘 알려지지 않은 정체성 발달의 내부 과정을 밝혀준다는 점일 것이다. "정체성"이란 무엇인가? 이 용어는 에릭 에릭슨(Erik Erikson)의 작업으로부터 광범위하게 진료에 사용되게 되었으며, 광범위한 대중적 사용이 뒤따랐다. 나는 에릭슨의 작업을 기반으로 한 심리분석가 알렌 휠릴스(Allen Wheelis)의 정의를 좋아한다.

정체성은 자신에 대한 일관성 있는 느낌이다. 그것은 한 개인의 노력과 삶의 경험이 이치에 맞고 그것들이 삶이 살아지는 맥락에서 의미가 있다는 자각에 달려있다. 또한 정체성은 안정적인 가치들에 달려 있으며 한 개인의 행위와 가치들이 조화롭게 연관된다는 확신에 달려있다. 그것은 전체, 통합, 무엇이 옳고 그른지를 아는 것, 그리고 선택할 수 있는 것에 대한 감각이다. 확실한 정체감은 인생에서 한 개인의 길을 결정하는 나침반과 그 길을 꾸준히 유지하게 하는 안정기를 둘 다 제공한다.

인생에서 우리의 과정을 추구함에 있어 나침반 또는 안정기로서의 정체성의 심리학적 중요성을 강조하는 것은 바로 이 마지막 포인트이다. 심리학적으로 우리의 정체성은 한 세계에서의 영향과 경험에 반응하여 우리가 스스로 만든 것들을 있는 그대로 반영하는, 우리의 창조성의 궁극적 산물이다.

인간의 정서적 발달 이해에 있어 많은 부분이 삶의 이후에 따르는 많은 부분을 예측하고 설명하기 위해 어린 시절의 경험을 사용하는 전통적인 이론들에 의해 알려져 왔다. 이러한 이론의 발달에 있어 대부분은 노화 그리고 우리가 나이를 먹음에 따라 무엇이 일어나고 무엇이 가능한지에 대한 연구 또는 이해가 없을 때에 발생했다.

영광스럽게도 인간 발달의 다양한 단계에 대한 우리 대부분의 이해에 기여를 한 에릭 에릭슨은 "정체성 형성은 청소년기에 시작하지도 끝나지도 않는다"고 지적했다. 하지만, 그의 여덟 가지의 정의된 발달 단계들 중 다섯 단계가 청소년기에 시작하기 때문에 에릭슨의 이론은 그가 청소년기에 발생된 정체성 형성의 가장 큰 부분을 보았다고 제안한다.

노인학 분야의 성장과 함께, 우리는 인간의 심리와 행동을 들여다 볼 수 있는 새로운 창문을 발견했다. 이제 우리는 우리의 이론들을 노년의 강점과 생애전반에 걸친 감정의 성장과 발달에서 볼 수 있는 것들을 도입하여 적용하기 시작했다.

노화에 대한 계속적인 연구는 초기와 계속되고 있는 심리학적 발달에 대한 우리의 이해의 진보이다. 고전적으로, 심리학과 인간 발달의 분야에서, 청소년기의 성공적인 절충은 성인의 업무를 착수하기를 준비하는 데에 필수적인 것으로 보인다. 많은 정신 건강 직업 사이의 공통적인 관점은 청소년기 말에 당신이 갖는 자아의 개념이 이미 완성품에 가깝다는 것이며, 만약, 그것이 약하거나 결함이 있다면, 그 후에 따르는 것은 끊임없는 문제의 변수들 투성이일 것이라는 것이다.

나의 노화에 대한 연구로부터, 우리가 이러한 개념들─"청소년기 말에 완성된 정체감"과 "노년기의 손상된 정체감"─을, 일어날 수 있는 변화에 대한 여지를 남겨두기 위해 분리할 필요가 있다는 것은 명백하다. 만약, 한 사람의 정체성에 대한 인식이 일관적이지 않거나 청소년기말의 전체 느낌에 통합되

서양 사상의 역사상 가장 뛰어난 인물들 중 한명인, 위대한 독일 철학가 임마누엘 칸트(Immanuel Kant)는 자신의 가장 중요한 작품들을 비교적 인생의 후반기에 집필했다. 《순수이성비판》57세 (1781), 《실천이성비판》64세(1788), 《판단력비판》66세(1790). 그리고 정치적 주제에 관한 글인《영구평화론》72세 (1795).

아나시스 닌(Anais Nin, 1903－1977) 은 1970년대 새로운 페미니즘의 중심인물로 떠올랐다. 63세부터 삶을 마친 74세까지 쓰여진 그녀의 7개의 저널은 자아발견을 위한 그녀의 여행에 대한 열정적이고 솔직한 설명을 보여준다. 많은 여성들이 그들 자신의 내적 탐구와 자서전적인 표현에 있어 글. 예술 작품, 사진을 통해 그녀의 열정적이고 자서전적 작품들에 의해 영향을 받았다.

1909년, 전 미국 흑인 지위 향상 협회(NAACP)의 공동 설립자인 윌리엄 에드워드 부르하르트 두보이스 (William Edward Burghardt Dubois)는 그의 전 생애에 걸쳐, 90대까지 계속해서 인종의 문제에 대해 알리고 일깨워주며 사회에 도전했다. 그의 많은 중요한 작품들 중에는 그가 67세에 쓴 《The Gift of Black Folk》(1935)와 77세에 쓴 《Color and Democracy》가 있다.

어있지 않다면, 그는 실제로 성인의 업무를 다루는 데에 있어 문제를 일으킬 위험성을 갖고 있다. 동시에, 연구와 심리 치료의 실천으로부터 나온 결과물들은 이러한 정체성 혼란과 위기가 치료될 수 있다는 것을 보여준다. - 변화가 가능하다는 것이다. 노화에 대한 연구들도 같은 것을 보여줄 뿐만 아니라, 한 사람의 정체성 인식이 청소년기 말에 완성된 것이 아니라는 것을 드러낸다. 에릭슨은 그 스스로 절대 그렇다고 말하지 않았다.

다행스럽게도 지난 십년동안 자아감의 발달에 대한 중기와 후기 단계의 수정이 이루어짐에 따라 생애주기와 노화에 대한 연구는 많은 기회를 가지게 되었고 삶에 어떻게 대처할지 가르쳐 주었다. 우리의 유년기 그리고 청소년기의 경험이 우리 내면의 삶을 만드는 강력한 힘인 반면에, 지속된 정서적 성장에 대한 우리의 능력은 모든 연령에 가능한 새로운 이해 그리고 새로운 반응을 만들어 낸다. 노화와 함께 우리의 정체성을 구성하는 요소들인 통합성과 일관성이 확보됨에 따라 계속해서 발달한다. 당신은 안정성 또는 평형성을 위태롭게 하지 않고 변화를 경험할 수 있다. 이것은 우리가 노화함에 따라 우리의 신체와 심리 모두에 적용된다.

정체성: 하나 안의 두 세계

정체성은 우리의 내면세계와 외부 세계, 양면 모두에 걸쳐 관계를 맺기 때문에 복잡한 개념이다. 이것은 마치 우리의 창조적 성장을 형성하는 경험(experiences)과 표현(expression)의 두 가지 측면과 함께 작동하는 것과 같다. 정체성의 내면세계의 측면은 건전하고 점차적인 변화 — 노화와 함께 지속적인 심리적 성장과 발달을 반영하는 —가 일어나면서 안정성과 지속성의 감각을 반영한다. 외부세계의 질은 우리가 어떻게 세계에서의 우리의 역할에 영향을 미치는 다른 사람들, 그리고 문화적 태도, 이상, 그리고 기대와 연관된다. 정체성은 자신의 내면의 감정과 우리가 누구인지에 대한 우리의 전반적인 관점에 영향을 끼치기 위해 결합되는 역할의 외부적 자각 사이의 이러한 역동적인 상호작용과 연관이 있다. 우리가 성공적으로 이러한 다양성과 복잡한 영향들과 감정들을 통합할 수 있을 때, 우리는 창조적 폭발에 대한 좋은 기초를 갖게 된다. 정체성의 감각이 충분히 하나로 합쳐지지 않은 사람은 창조적 표현을 추구하는 것보다 정체성 혼란 또는 위기와 투쟁하는 데에 더 많은 시간을 소비하게 될 것이다.

과거의 지배적인 생각은 우리의 자기감(sense of self)이 주로 청소년기 말에 형성된다는 것이었기 때문에 에릭슨의 정체성 위기라는 용어의 사용은 이러한 발전 단계에 관련하여 최초로 대중화되었다. 에릭슨은 일관적이고 통합된 자기감이 형성되지 못했을 때 한 사람의 심리적 상태를 묘사하기 위해 정체성 혼란이라는 용어를 사용했다. 결국 정체성 혼란은 한 사람의 자기 관점, 관계, 활동, 그리고 인생의 과정을 바라보는 관점에 부정적인 영향을 초래하는 정체성 위기로 이끌 수 있다. 하지만, 정체성 혼란이나 정체성 위기 둘 다 청소년기에 국한되지는 않는다. 다음의 두 가지 예로부터 볼 수 있듯이, 정체성 혼란은 다양한 연령에서 매우 다양하게 나타날 수 있지만, 정체성은 적어도 어떤 특정 나이에서 일어나는 문제는 아니다.

조쉬(Josh)는 자신이 정신적으로 연약하다고 느끼거나 곤경에 처해 있을 때 아버지로부터 도움을 받아보지 못한 18세의 고등학교 졸업생이었다. 설상가상으로, 그런 힘든 시기에 그의 아버지는 그가 인생을 제대로 살지 못하는 것에 대해주로 질책을 하곤 했다. 그의 아버지는 그가 자신의 아버지로부터 심리적인 모습으로 받았던 신체적 학대를 무의식적으로 반복하고 있었다. 조쉬가 그의 어머니에게 의지했을 때, 그의 어머니는 아버지가 그를 정말로 사랑하지만, 직장에서 종종 스트레스를 받는다고 말하시며 그를 위로하려 노력하곤 했다. Josh는 문제들을 양탄자 아래로 쓸어버리려는 어머니의 노력으로 인해 훨씬 더 위축되었다. 그는 문제가 있을 때 권위자들에게 의지할 수

일본의 페미니스트이자 정치인인 후사예 이치카와(Fusaye Ichikawa, 1893-1981)는 1924년 일본에서 여성 참정권 연맹을 설립했고, 이후의 제2차 세계 대전에서 1945년 여성의 투표권을 확보한 일본 여성 연맹의 새로운 회장이 되었다. 1952년에서 1971년까지 (78세) 그녀는 국회에서 더욱 폭 넓은 여성의 인권을 위해 투쟁하고 다양한 형태의 부패와 싸우며 봉사했다. 1971년의 선거에서 진 후 그녀는 당당히 1975년 (82세) 의회로 돌아왔고, 87세까지 계속해서 근무했다.

있다는 것을 느끼며 그들에 대한 저항심을 키웠다. 결과적으로 그는 법에 관련된 심각한 문제들을 일으키는 자신의 위험성을 키워가며 문제를 악화시키면서 사회의 권위자들에게 도전하기 시작했다. 권위에 관련된 그의 정체성은 순조롭지 못하며 상당한 혼란과 부적절하고 위험한 행동들을 초래했다.

46세의 바바라(Barbara)는 남편과 세 아이가 있는 전업주부였는데, 그녀로 하여금 자신의 디자인과 미술에 대한 재능을 사용할 수 있도록 해주는 지역사회의 프로젝트에 자주 자원했다. 대학을 마치기 전에 결혼해서 바바라는 학교로 되돌아가거나 자신의 미술적 관심을 추구하기에는 집과 가정을 관리하느라 너무도 바빴다. 그녀의 남편과 가족들은 그녀가 집에 있기를 바랐고 그녀는 자신을 필요로 함을 느끼며 행복해 했다. 하지만, 그녀와 그녀의 남편이 40대에 들어서자, 세 명 중 둘은 지금 10대인 자녀들은 매우 전형적인 십대의 방식처럼 그녀에게 점점 비판적이었다.

그리고 결혼은 권태기에 들어가는데, 그녀의 남편은 그녀의 집안일과 그녀의 양육 방식에 더욱 비판적이 되어가고, 감정적으로 멀어지며 무관심해졌다. 어느 날 그는 자신은 더 이상 그녀에게서 매력을 찾을 수 없고 더 이상 그녀를 사랑하지 않으며 결혼생활을 이어나갈 가치를 찾지 못한다고 단호하게 말한다. 바바라는 화가 났고 정서적으로 황폐해졌다. 그녀는 일상적인 삶의 사건들과 관계들을 고려하는 그녀의 판단에 대한 자신감을 잃었다.

곧 닥칠 이혼에 대한 생각과 함께, 그녀는 완전한 상실감을 느꼈다 : 그녀 자신에 대한 불확실성, 그녀 또는 그녀의 가족의 미래에 대한 불확실성, 그리고 그 중에 최악은 이러한 극적인 사건의 전개에 어떻게 반응해야 하는지에 대한 불확실성을 느꼈다. 바바라는 결혼 생활에서 감당하기 어려운 위기를 겪었다. 그녀는 그녀의 남편의 욕구나 가정의 소망들을 그녀의 성인기 삶에서 가장 중시해왔고, 그녀의 정체성과 자신의 가치감은 오로지 아내와 어머니로서의 역할에 묶여 있었다. 그러한 관계들이 혼란스러운 상태에서, 그녀의 자신에 대한 가장 깊은 감정들은 또한, 위기 속으로 밀어 넣어졌다.

조쉬와 바바라 모두에게 있어, 정체성 혼란은 개인으로서 그리고 다른 사람들과의 관계에 있어 어떻게 자신을 인식해야 하는지를 방해했다. 조쉬에게 나타난 결과는 다른 사람과의 상호작용에서의 부적응의 행동들이었던 반면, 바바라에게 나타난 결과는 충분한 자기 감각 또는 건강한 행동 과정을 결정함에 있어 갈등의 해결에 대한 전략을 발달시키지 못하는 것에 대한 무능력이었다.

위기가 발생하고 중요한 타인들과의 관계를 해결하는 데에 실패할 때, 치료적 형태의 외부 도움은 아주 중요하다. 치료적 과정은 자신의 이미지와 다른 사람과의 관계에서 자존감을 향상시켜주는 교정적인 정서적 경험을 제공하는 데에 집중하게 한다.

정체성과 인간 잠재력의 과정: 타이밍이 모든 것이다

약 2000년 전, 고대 중국인 철학자 공자(孔子, 551-479 B.C.)는 계속적인 정체성의 형성 과정을 나이 들어감에 반영했다. 72세까지 살았던 공자는 자신의 인생 단계에 대해 기록했다.

- 15세에, 나는 배움에 대한 나의 마음을 정했다: 지우학(志于學)
- 30세에, 나는 나 자신을 정립했다(의식에 따라): 이립(而立)
- 40세에, 나는 더 이상 혼란이 없다: 불혹(不惑)
- 50세에, 나는 하늘의 뜻을 알았다: 지천명(知天命)
- 60세에, 나는 어떤 말을 들어도 편해졌다: 이순(耳順)
- 70세에, 자신의 마음의 욕구를 따라도 타인에게 전혀 피해를 주지 않게 되었다: 종심(從心)

"La Pasionaria"(the passion flower)라는 필명을 갖고 있던 돌로세스 이바루리(Dolores Ibarruri)는 전설적인 20세기 스페인의 공산주의 지도자 겸 정치인이 되었다. 그녀는 스페인 공산당을 창립하는 것을 도왔다. 그녀가 30대였던 스페인 내전 동안(1936-1939), 스페인 국민들이 파시스트 세력에 맞서 싸우도록 고무시키려는 자신의 열정적인 시도를 통해 국가적 인물이 되었다. 그녀의 유명한 권고 중에는 "무릎 꿇고 사는 것보다 서서 죽는 것이 낫다."가 있다. 1939년 프랑코(Franco)의 집권 당시 그녀는 스페인을 탈출해 소련으로 망명을 하였고 81세가 되던 1977년 프랑코 사후 귀국하게 되었고 국회의원에 재선되었다.

유명한 스페인계 미국인 철학자, 시인, 그리고 소설가였던 조지 산타야나 (George Santayana)는 놀랄 만한 4권의 철학 작품《*Realm of Being*》을 64세에서 67세의 나이에 집필했다. 이 작품은 매우 복잡한 문제를 놀라울 만큼 명확하고 명료하게 설명한다는 점에서 주목할 만하다. 81세에서 89세까지 한 가톨릭 요양원에서 청력과 시력을 모두 잃었지만 그는 자신의 세 권의 자서전, 《*Persons and Places*》를 집필했다.

이러한 점에서, 내가 3장에서 정의 내린, 성인의 네 가지 인간 잠재력 단계가 중요해진다. 중년의 재평가 단계로 시작해 해방의 단계를 거쳐, 요약의 단계, 그리고 앵콜 단계까지 이르는 이러한 성인 인간 잠재력 단계들은 나이에 따라서 일어나는 내부적 정체성을 형성해내는 것을 강조하고 있다.

청소년기가 정체성의 형성을 매우 강조하는 것처럼 , 요약의 단계에서는 생애전체를 걸쳐 정체성의 변화에 대한 분명한 표현을 하게 된다. 개인의 인생의 일, 생각, 그리고 발견들을 요약하고 그것들을 자신의 가족들 그리고 사회와 나누고자 하는 그러한 욕구는 인간의 노력의 모든 분야에 걸쳐 나이를 먹으면서 증가한다. 한 가정의 노인 구성원에 의한 이야기는 아마도 그러한 요약이 표현되는 가장 보편적으로 인식된 형태일 것이다. 좀 더 나이가 들면, 우리의 인생을 되돌아보는 과정은 앵콜 과정의 창조적인 에너지를 고무시킬 수 있는데, 그 단계에서 우리는 우리의 인생 이야기에 한 가지 더 구별되는 장을 첨가한다.

우리가 이러한 노화와 관련된 잠재력의 발전 단계를 경험함에 따라, 특히 자서전의 관련 기록이나 녹음은 우리 자신에 대해 더 발견할 수 있을 뿐 아니라 우리 자신을 표현할 수 있는 매개체로서 우리의 노년의 삶에서 두드러지게 나타난다. 자서전은 초기 성인기의 삶에서보다 노년의 삶에서 더 강하게 나타나는 창조성의 형태인 인생의 두 번째 절반에서의 창조성의 발달형태를 대표한다. 명백한 것들을 간과하지 않기 위해, 노화와 함께 당신의 정보 저장과 인생에 대한 관점 모두 성장한다.

자서전의 저자들이 다른 이야기를 말하다: 정체성 발달

우리가 출판된 자서전의 익숙한 형식을 보면 우리는 작가의 과업이 우리 모두에게 가능한 내부적 과정을 비추고 있는 방식을 볼 수 있다. 전형적으로,

자서전의 저자는 자신이 누구이고 그들이 어디에 가보았는지, 그곳에 어떻게 갔는지 그리고 이 모든 것이 자신에게 어떤 의미가 있는지를 반영한다. 저자는 다른 사람들과 사회와 관련해서 자신이 이룬 것의 의미를 고려한다. 즉, 이러한 자서전을 통한 요약의 과정은 자신의 정체성의 진화—계속성, 자신이 내면의 세계에서 경험한 변화 그리고 외부세계에서 자신이 맡은 역할과 조정—를 재연한다.

심리학 그리고 인간 발달을 공부하는 학생들에게 이러한 노년들의 자서전들은 그들의 내부 그리고 외부 세계를 형성한 수 십 년간의 영향들을 추적하는 놀라운 창을 제공한다. 우리 모두에게, 그들은 형편없는 판단과 불운에서부터 좋은 선택과 긍정적인 발전에 이르기까지 우리가 우리의 인생 과정에 관련하여 배우고 되돌아볼 수 있는 자료의 풍요로움을 제공한다. 이러한 자서전은 저자가 자신의 삶을 요약하고 자신이 더 광범위한 공동체와 함께 배워온 것을 공유한다는 의미에서 사회적 창조성을 반영한다. 이러한 작업들은 또한, 문화의 수호자로서의 그 저자의 역할을 반영하기도 한다.

하지만, 그것은 영향을 받고 있는 저자의 정체성 이상의 의미가 있다. 저자에게 이러한 과정은 자신의 정체성에 대한 확인 혹은 재확인을 제공한다. 하지만, 다른 가족 구성원의 정체성 또한, 영향을 받게 되는데, 가정의 노인들의 이야기와 경험들이 젊은 세대들에게 모델이 되고 전통의 일부가 되고 그들의 가족의 뿌리에 대해 따라오는 그러한 것들이 되기 때문이다. 그것은 실제로 사회적 창조성의 더 깊은 차원을 드러내는 역동적인 과정이며 가정의 문화에 영향을 끼친다. 이러한 의미에서, 노인들은 좀 더 즉각적인 가문의 지킴이들이다.

아동서적 《The Little House》 시리즈의 저자, 로라 잉걸스 윌더(Laura Ingalls Wilder)의 이야기는 우리에게 노년의 삶에서의 정체성의 더 광범위한 역할과 모든 근원을 끌어내는 자신의 정체성에 닿으려는 개인의 노력이 개인의 자아감뿐만 아니라 가정의 정체성에도 영향을 미치는 방식, 그리고 자신의 뿌리

위대한 "문화의 수호자"중 한명인 알렉스 헤일리(Alex Haley)는 블록버스터이자 베스트셀러인《Root: The Saga of an American Family》를 자신의 인생의 두 번째 절반인 55세의 나이에 썼다. 그는 또 다른 문화의 수호자인 외조모에 의해 매우 많이 도움을 받았는데 외조모의 구두역사는 그에게 매우 가치 있는 배경 정보와 방향을 제공해주었다. 헤일리는 《A Different Kind of Christmas》—노예제도를 거절한 대규모 농장 주인의 이야기 —를 67세의 나이에 완성하며 71세에 숨을 거둘 때까지 계속해서 글을 쓰고 연구하였다.

단편소설 작가이자 소설가인 유도라 웰티(Eudora Welty)는 미시시피에서 자란 자신의 경험을 주로 그렸다. 그녀의 글에는 심리적 교양과 유머가 결합되어 있다. 그녀는 두 번의 구겐하임 보조금을 받고, 3번의 오헨리상, 퓰리처상, 그리고 국가문학상을 받았다. 그녀의 자서전 《One Writer's Beginning》은 그녀가 75세(1984)에 출판되었다.

에 대한 각 가족구성원의 감정들을 보여준다. 첫 권이 1932년에 시작된 《*The Little House*》시리즈는 선구적 자질과 1800년대 말의 지배적인 미국 문화를 특징지었던 정신을 담고 있고, 그렇게 해서 그녀의 이야기는 그녀의 문화의 정체성을 가미하고 그 유산의 더 나은 감각을 만들어 내도록 도와주며 한 걸음 더 나아가게 된다.

그녀가 60대였을 때, 그녀의 딸은 그녀로 하여금 19세기 중반에서 말까지의 중서부 농장에서의 가족의 삶에 대한 정신, 독립성 그리고 가치들을 그려내는 데에 있어서의 풍부함을 이유로 그녀의 유년기의 경험을 쓰도록 장려했다. 어린 시절, 그녀는 자연, 그리고 황야의 도전과 위험에서부터 농장, 가사, 그리고 교육에 이르기까지 그리고 서부 개척지 주거지 그리고 마을의 건설과 철도의 설립과 일반적인 진보들까지의 미국 개척자의 삶의 빠른 변화를 경험했다.

이러한 모든 경험들과 딸 로즈의 고무적인 협업을 이끌어내면서, 그녀는 아동 서적의 저자로 등단하였다.

그녀는 그녀가 65세에 출판한 《*Little House in the Big Woods*》로 시작했다. 이후 68세에 쓴 《*Little House on the Prairie*》가 엄청난 성공을 거두었다. 74세에 《*Little town on the Prairie*》가 출판되었고, 76세에 《*Happy Golden Years*》가 출판되었다. 이 시리즈는 약 4천만 권 이상이 팔렸다. 1970년대 중반 《*Little House on the Prairie*》를 기초로 한 매우 성공적으로 오래 방영된 텔레비전 시리즈가 뒤를 이었으며 아동 문학상이 저자의 이름을 따게 되었다. 이런 이유로, 그녀의 자전적 집필은 자신의 정체성 감각에 영향을 주었을 뿐만 아니라 그녀의 친족과 그녀의 문화의 정체성 감각에도 영향을 미쳤다.

같은 방식으로, 우리 자신의 자전적 활동은 비록 일반적으로는 더 적고, 더 친밀하고 더 격이 없는 독자들에게 일지라도 매우 의미 있는 일이다.

창조적 치료로서의 자서전

가장 즉각적으로, 자전적 과정은 건강을 증진시킬 수 있거나 또한, 심지어는 작가에 대해 치료적일 수 있다. 때로는 오직 자신의 전체적 이야기를 말하거나 또는 그것을 종이 위에 적을 때만이 일상적인 작은 부분들을 자기 자신과 자신의 삶의 의미있는 관점과 연결시켜 줄 수 있다. 한 사람의 인생을 자세히 조사하는 과정에서—실망과 기쁨, 실패와 성취—우리는 자기 인식, 이해, 그리고 수용을 향한 여행을 떠난다. 비록 희미한 삶의 의미만 가지고 있다 하더라도, 계속되는 우리 삶의 이야기에 대한 탐구는 가장 넓은 의미에서 우리로 하여금 우리 자신과 우리의 경험 그리고 삶에서의 공헌을 더 완전하게 인식할 수 있도록 할 것이다.

정신과 의사이자 노인학자이며 국제장수센터의 대표를 맡고 있는 로버트 버틀러(Robert Butler)는 1960년대 초 "인생 회고"의 개념을 개발했고, 개인들에게 그것을 치료적 용도로 사용했다. 버틀러는 인생 회고의 과정을 과거의 경험의 의식 그리고 특히 다시 되돌아보게 되고 재통합될 수 있는 해결되지 않은 갈등의 재기로의 진보적 회귀에 의해 성격 지어지는 것으로 묘사한다. 재통합이 성공적이라면 그것은 한 사람의 인생에 새로운 중요성과 의미를 줄 수 있다.

레리 카펜터(Larry Carpenter)

나는 77세의 레리 카펜터를 2년 이상 동안 만났는데, 그는 43세에 이혼을 했고 건설업자로 일하다 은퇴했다. 그는 궁극적으로 만족할 만한 일을 하지 못한 것과 고통스러운 결혼 생활로 만족할만한 관계의 결혼을 다시 하지 못한 것, 자녀들과 특히 아들과 갈등을 겪었던 것과 같은 많은 후회들을 나누었다. 그는 오랫동안 알코올 의존증이 있었고 자신의 인생을 실패라 느끼며 다

인도주의자이며 프랭클린 루즈벨트(Franklin Delano Roosevelt)의 아내였던 엘레노어 루스벨트(Eleanor Roosevelt, 1884-1962)는 62세에서 67세까지 UN 인권 위원회의 의장이었다. 그녀는 74세에 책 《On My Own》을 썼으며, 그녀가 숨을 거둔 78세에 자신의 자서전을 썼다.

필립 랜돌프(A.Philip Ran dolph)는 미국인 시민 인권 활동가이자 노동 지도자였다. 그는 Pulman Company 와 거래하기 위해 1937년 (48세의 나이에) 첫 번째로 성공적인 흑인 노동 조합을 세웠다. 1948년(59세에) 그는 군대에서의 인종차별 정책을 철폐하도록 트루만(Truman) 대통령에게 영향을 주었다. 1957년(68세에) 그는 AFL-CIO의 부회장이 되었고, 1960년(71세에) 흑인 미국인 노동자 의회를 설치했다. 1963년(74세에) 그는 워싱턴에서 큰 행진을 주도했는데, 여기에서 적어도 20만 명이 계속되는 흑인에 대한 차별에 대해 저항했다. 이것은 마틴 루터 킹 목사의 유명한 "I Have a Dream" 연설로 끝난 미국 역사상 가장 큰 시민권 운동 시위였다.

시 음주를 시작하고 있었다.

3형제 중 막내였던 레리는 그의 두 형보다 더 오래 살았다. 그들은 5년 전에 모두 죽었다. 그는 부모님의 엄격한 성격의 영향을 받았고, 많은 장난감은 없었지만 그의 형제들과 친구들과 아주 즐겁게 뛰어다니며 장난치던 유년 시절을 회상했다. 가정 주부였던 어머니는 사랑이 많으신 분이었지만 엄중하셨다. 그의 아버지는 훨씬 더 엄중했고 자신의 아이들의 행동에 매우 높은 기준을 가지고 계셨다. 그의 아버지는 비교적 적은 돈을 버는 신발공장의 노동자였다. 그는 알코올 의존증이 있었으며 감정적으로 다정하지 않았고, 취한 상태에서 아이들을 체벌하였다. 때때로 그는 그의 허리띠 또는 끈으로 때리며, 아이들을 훈육했다.

레리는 고등학교를 졸업했지만, 고등학교에 다니는 동안 그는 이미 소일거리들과 지붕널을 수리하고 시멘트 도로, 아스팔트 차도를 만드는 방법, 그리고 벽돌작업을 하는 방법 등을 배우기 시작했다. 우리가 이러한 것에 대해 이야기하는 동안, 그는 이러한 주택건축과 주택수리의 경험이 그가 잘 할 수 있는 일이었고, 이일이 나중의 건축업에 정말로 도움이 되었다는 것을 깨달았다.

고등학교 졸업 후, 그는 신문 배달에서부터 우유 배달, 개인기사, 그리고 주택 건설의 보조에 이르기까지 다양한 일들을 동시에 했다. 그 후 그는 4년 동안 군에 입대했고, 군 기술자의 여러 가지 건축 프로젝트를 보조하며 계약자로서 그의 직업에 대해 그를 준비시켜준 상당히 많은 기술들을 배웠다. 제대하자마자 그는 건축 그룹에 취업을 하고 빠르게 반장으로 승진했다.

30세가 되기 바로 전 그는 결혼을 했고 더 나은 삶을 살려는 동기부여가 되었으며 자신의 건설 회사를 설립했다. 그는 도로를 만들고 수영장 건설을 위한 하청을 맡고 도시 건물들의 건설에 있어 하청을 맡는데 특화된 자신의 회사로 굳건한 평판을 쌓았다. 그의 작업의 질은 그에게 시의 건축 프로젝트의 많은 계약들을 가져다주었지만 양질의 작업에 대한 낮은 예산을 맞추고 수익을 내야 하는 지속적인 스트레스로부터 그에게 많은 불만이 생겼다.

한편, 레리와 그의 아내는 두 명의 아이들이 있었고 그는 그가 그의 아버지로부터 배운 것과 같은 양육 패턴인 완고함, 정서적으로 다정하지 않음, 그리고 불합리한 높은 기대로 아이들에게 반응하기 시작했다. 그리고 그는 또한, 술을 많이 마시기 시작했는데, 이것은 결혼생활을 폭풍전야로 이끌었으며 아이들이 12살과 10살 때 이혼했다. 가족들은 그에게 매우 화가 났고 매우 공감하지 못했다. 그는 65세에 은퇴하기 전까지 건축업을 계속 했다. 아이들은 이혼 후 그들의 어머니와 함께 살았는데, 비록 레리가 가족들을 계속해서 방문하고 특별한 때에는 함께 외출도 했지만, 그의 자녀들이 성인이 되고 아이들을 갖게 되자, 그는 아주 이따금씩만 5명의 손주들을 볼 수 있었다.

그의 성인이 된 자녀들은 레리와 그의 손주들 사이의 관계를 발전시키기 위해 양육 초기에 많은 시도를 했다. 문제는 그의 자녀 중 한 명이 방문하고 손자를 데려왔을 때 너무도 자주 레리는 술에 취해 있었다는 점인데, 그것은 모든 관심으로 비롯한 방문들을 틀어지게 했고 레리와 그의 자녀들 사이의 감정적인 거리를 늘렸을 뿐이었다. 그의 알코올 의존은 또한, 여성과의 어떠한 의미 있는 관계도 유지하지 못하게 했는데, 시간이 갈수록 그는 알코올 의존증을 갖고 있는 여성에게 끌렸고 그것은 문제를 더욱 악화시킬 뿐이었다.

그의 인생을 회고하며 레리는 그가 힘든 일에 대한 문제 해결자로서의 그가 얻은 평판을 깨달으며 자신이 얼마나 좋은 건축업자였는지를 이해하게 되었다. 그러한 과거의 이야기 속에서, 그는 그가 얼마나 잘 해왔는지 그리고 다른 사람들이 얼마나 높게 자신의 일을 평가했는지에 대한 새로운 자부심을 가지기 시작했다. 또한, 그의 가족들에 관해서 이야기하기 시작했는데 그의 손주들이 그에 대해서 알지 못한 채 자라나고 있는지에 대하여 말했다.

우리가 그가 그의 손주들을 방문하거나 손주들이 그를 방문할 가능성에 대해 얘기했을 때, 그는 그들의 주저하고 있는 것에 대하여 매우 낙담해 있었

물리학자 겸 사회 개혁자 엘리스 해밀턴(Alice Hamilton)은 그녀가 65세에 초판 인쇄했던 1934년의 교과서, 《*Industrial Toxicology*》의 개정판을 80세에(1949) 출간했다.

1947년 (78세에) 노벨 문학상을 수상한 프랑스 소설가 겸 일기 작가 앙드레 지드(Andre Gide, 1869–1951)는 20세에서 82세까지 62년의 기간에 걸쳐 그의 유명한 《Journals》를 집필했다.

다. 그들의 손주들에게 그의 취한 모습을 보여주길 원하지 않고 그가 술 취하지 않을 거라 믿지 못하는 가족들을 그는 이해하고 있었다. 우리의 토론에서 그는 대체로 초조하고, 자기 방어적이었는데, 자신의 아버지의 엄격함과 과장된 기준들에 대해 말하며, 이것은 자신이 자녀들을 양육하려 했던 방식이 아니었고, 만약, 가족들이 원하는 방식이 아니었다면, 할 수 없지만, 그들은 자신을 더 이상 보지 않을 거라고 말했다.

나는 그를 포함한 우리 모두가 상실을 경험한다고 말하고, 그가 두 가지의 전략을 세우도록 제안했다. 전략 1번은 그가 고등학교와 그 이후 겪어 온 일들의 경험의 많은 범위들을 그려내며 손주들에게 편지를 쓰기 시작하는 것이었다. 이것은 가족들에게 그를 더 잘 알도록 해주고 그에 대한 호기심을 유발하며 아마도 그들로 하여금 그와 함께 하도록 부추길 수 있는 방법이었다. 그는 아마도 그의 모든 흥미로운 직업 경험을 이야기하며 "너희의 할아버지가 10대 지붕널 인부였을 때"에서 "너희의 할아버지가 십대 시멘트 공이었을 때" 등의 제목의 편지를 시작했을지도 모른다.

영국인 과학자 프란시스 갈톤(Francis Galton) 경은 1892년(70세) 그 해 《지문 Fingerprints》을 출판하며, 지문 인식 시스템을 고안했다.

나와의 토론에서 그는 종종 시멘트 보도를 깐 후 주인의 두 마리 큰 아일랜드 울프하운드가 집 밖으로 뛰쳐나와 아직 굳지 않은 보도를 시멘트에 발자국을 남기며 뛰어다닌 것과 같은 매력적이고 흥미로운 일화들을 회상하곤 했다. 나는 그에게 이러한 편지들과 이야기들은 내가 예상한대로 그의 성인이 된 자녀들의 호기심을 불러일으킬 수 있는 가족의 보물이 될 것이라 말했다.

전략 2번은 편지쓰기와 함께 보충되어야 할 것이다. 그는 알코올 재활 프로그램에 들어가야만 했다. 그가 가족들이 방문했을 때 술에 취하지 않기를 확실히 약속할 수 있게 되었다고 충분히 느꼈을 때 그는 가족과 함께 할 계획을 착수할 수 있었다. 나는 그가 가족과의 자신의 약속의 증거를 나누었을 때, 그들이 그러한 방문을 받아들이게 될 것이라고 느꼈다. 레리는 두 가지 전략 모두를 선택하기로 했고 편지와 재활 프로그램을 동시에 시작했다. 그는 의미 있는 발전을 만들어냈다.

그의 딸이 처음 그가 방문하는 데에 동의했고 그것의 성공 이후 그녀는 그녀의 오빠를 불렀는데, 그 후 그는 레리에게 그를 방문하도록 초대했다. 레리는 매우 기뻤다. 그의 새로운 가족 연결—자신의 자녀와 자신의 손주들 모두에게의—은 그로 하여금 술병을 완전히 치우도록 동기부여 했다. 그러한 방문과 편지는 계속되었고 상당한 만족과 새로운 자존감의 원천이 되었다. 3년 후, 레리는 심장 마비로 사망했다. 하지만, 우리의 지난 3년간의 이야기에서 레리는 그의 생애 처음으로 완전함을 느꼈던 깊은 감정을 표현했다. 즉, 그는 그가 살아온 삶과 가족들에게 남긴 이야기들을 통해 새로운 자부심을 찾을 수 있었다.

치료를 위한 오래된 상처 드러내기: 고통스러운 역사의 부담나누기

우리의 과거를 탐험하는 것은 거의 항상 도움이 되지만, 우리 아버지가 알츠하이머병에 걸렸을 때, 내가 가족들을 위하여 개발한 치료적/복원적 자서전(TR-Bios)쓰기에서 볼 수 있듯이 그 과정은 고통스럽고 괴로울 수 있다. 또 다른 알츠하이머 가정은 최근 알츠하이머병 진단을 받은 82세의 아버지 샘 로드맨(Sam Rodman)에 대한 TR-Bio를 만들기를 원했다. 샘의 아내와 딸은 TR-Bio 기법에 매우 관심이 있었고 그의 인생의 하이라이트를 필름에 재생한다는 것에 매우 기대하고 있었다.

나를 돕던 학생 자원봉사자들 중 한 명은 샘의 아들이 5년 전 대장암으로 사망했고 그의 죽음이 가족에게 매우 힘든 일이었다는 것을 알고 있었다. 그 학생은 TR-Bio를 제작함에 있어 그의 아들을 어떻게 다뤄야 할지에 대해 물어보았다. 그의 기억이 너무 민감한 이슈이며 우리가 그것으로부터 멀리 떨어져야 할까? 우리가 샘의 아내와 딸에게 부드럽게 물어보았을 때 그들은 잠

위대한 20세기 추상표현주의 화가 빌렘 더 쿠닝(Willem De Kooning, 1904–1997)은 70대 말에 알츠하이머병에 걸렸다. 하지만, 그 후 몇 년간, 80대 초반에, 그는 계속해서 박물관에 전시할 만한 수준의 그림들을 그렸으며 알츠하이머병의 고질적인 신체능력 감퇴에도 불구하고 잘 유지된 기술의 능력을 보여줬다.

네 번의 아카데미 외국어 영화상 수상을 한 페데리코 펠리니(Federico Fellini,1920–1993)는 66세에 "Ginger and Fred"를, 70세에 "Voices of the Moon"을 제작하였다.

재능 있는 극작가 릴리안 헬만(Lillian Hellman, 1907-1984)은 McCarthy 시대 동안 1952년 반미 활동 위원회 앞에 서게 됐고 "올해의 유행을 따라가기 위해 내 양심을 자를 수는 없다."는 유명한 말을 했다. 그녀는 그 후 1976년 69세에 쓴 자신의 회고록《Scoundrel Time》에서 미국 정치의 이러한 질 낮았던 시기를 묘사했다.

시 머뭇거리다가 두 명 모두 아들을 TR-Bios에 포함해 달라는 요구를 명백히 했다. 그리고 우리는 샘에게도 물어보았고, 그 또한, 어떠한 갈등도 없이 그리 해달라고 말했다.

TR-Bio 비디오를 제작함에 있어 이후에 발견한 것은 샘의 아내와 딸이 비디오에서 그 아들을 보는 것에 대해서—그가 질병의 영향을 보이지 않는 한—매우 기분 좋게 느꼈다는 점이다. 간단한 해결책은 그가 아파 보이는 모습을 비디오에 담지 않는 것이었다. 샘 역시 비디오에서 그의 아들의 모습을 보고 매우 좋게 반응했다. 만약, 어떠한 장면이 샘을 불편하게 했다면 우리는 그것을 수정해야 했다.

한 사람의 과거에 중대한 갈등요소가 있을 때, 인생의 회고 과정은 결코 가볍게 다뤄져서는 안 되며, 치료사와 함께 가장 잘 다뤄져야 하는데, 이는 그 갈등의 기억들이 매우 압도적이어서 후회, 죄책감, 또는 인생이 허비된 것과 같은 감정으로 이끌 수 있기 때문이다. 최악의 사례 시나리오는 개인이 고통스러운 기억들을 묻어두는 데에 실패하고 그것들에 대한 탐구가 그 사람을 불안한 절망감과 자살에 대한 생각들로 내던져 버리는 것이다. 백인 노인 남성들이 자살의 위험률이 가장 높게 나타나는 것은 결코 우연이 아니다. 그렇지만 나 자신의 지난 25년간의 노화에 대한 임상 업무들과 연구들은 이러한 자살들 중 많은 부분이 토론되지 않고 조심스럽게 숨겨진 갈등으로부터 초래되었고, 결국 치료하지 않은 감염부위가 곪아터지듯이 그 사람을 지배해 버린다.

하지만, 고통스러운 역사를 아무런 애도 없이 묻어버리는 것이 최선이라고 생각하는 것은 실수이다. 어떤 사람들은 혼자서 고통 받도록 강요받는다고 느끼고, 어떤 이들은 언젠가 다른 사람들이 관심을 가져주기를 바라며, 첫 번째 접근에서 처음에 불편하거나 준비가 되지 않은 다른 이들은 이후에 다시 생각하기도 한다. 우울증은 인지적 왜곡이 가장 흔한 증상이며 특히 모호한 상황에서 회색지대를 생각하지 못하고 어떤 상황이 발생한지 오래 되었을 경우에 흑색지대로만 판단한다. 예를 들어, 과거에 한 사람의 결혼은 몇몇 기념할 만한 휴가들과 같은 많은 좋은 시간들을 제공하지만, 그것은 또한, 분노와 비통함과 같은 몇몇 강한 전쟁과 같은 시간들을 포함하기도 하며, 우울증은 긍정적인 순간들을 걸러내고 비록 화가 나고 비통한 순간들이 단지 매우 적은 시간을 차지할 지라도 실제로 그의 배우자가 어떻게 느꼈는지에 대한 진정한 지표보다는 부정적인 순간들에 집중한다. 좀 더 중립적인 시각으로 인생의 회고를 할 수 있기 위해서는 우울증을 완화시키는 것이 무엇보다 중요하다.

하지만, 인생을 회고하는 내적여행이라는 적절한 도움으로, 문제가 있는 사람들조차 자신들의 오래된 감정적 고통의 원천을 받아들일 수 있다. 그러한 위안과 그리고 때때로 갈등의 해결은 마음을 새로운 생각들, 새로운 반응들 그리고 삶의 새로운 경험들로 가도록 자유롭게 해준다. 그 과정의 각 단계는 행동에서의 창조성을 반영하고 내면의 성장과 자기표현에 대한 새로운 기회를 밝혀준다.

다음은 제럴드 윌리암스(Gerald Williams)의 사례이며 그의 딸이 나에게 그를 만나달라고 요청했다.

제럴드 윌리엄스: 개인적 역사

75세의 제럴드는 딸 한 명이 있는 홀아비였다. 그의 아들은 16세에 교통사고로 사망했다. 그는 자신이 그의 아들에게 생일 선물로 차를 준 것에 대해 자신을 책망하였고 그가 이후에 생각하기로는, 근거도 없었지만, 간접적으로 차에 무엇인가 잘못되어 있었을지도 모른다고 생각했다. 아들의 죽음의 시기에, 중요한 타인들의 죽음은 이미 그의 인생에서 중대한 정신적 외상을 줄만한 주제가 되어 있었다. 그의 아버지는 그가 11세였을 때 파열성 대뇌동맥파열로 사망하였고, 그 이후 그는 그에게 가까운 사람들에게 일어나는 예상하

무의미한 사건들 아래에 놓인 드라마를 드러냄으로써 등장인물의 슬픔과 감정의 신랄함을 포착하는 능력으로 "교외의 체호프"라 불렸던 소설가 존 치버(John Cheever, 1912–1982)는 67세에 그의 작품 《*The Stories of John Cheever*》로 퓰리처상을 수상했다.

아르헨티나 작가 보르헤스(Jorge Luis Borges, 1899~1986)는 유전적 조건으로 56세에 완전히 시각을 잃게 되었다. 1961년 후 (62세에) 그가 Samuel Beckett과 공동으로 제 1회 출판인 협회 작가상을 함께 수상했을 때 보르헤스의 이야기와 시는 20세기 문학의 최고로 평가받았다. 그가 사망했을 때(87세) 그의 "소설"의 악몽 같은 세계는 프란츠 카프카(Franz Kafka)의 세계와 비교되었고 가장 오래 가는 형태로 일반적인 언어에 집중했다는 찬사를 받았다.

지 못한 비극들에 대해 걱정했다. 그의 아들의 죽음은 이러한 비극적 감각을 더 높은 수준으로 끌어 올렸다.

그는 헌신적인 남편이자 아버지였고 회계사로서의 자신의 경력에서도 잘 해나가고 있었다. 하지만, 그는 항상 심각했고 걱정이 많았다. 그의 아내와 딸은 이러한 그의 기분을 자신들의 유머로 끌어 올리는 데에 매우 효과적이었지만 이것은 아내의 뇌졸중에 의한 사망—건강하게 보이던 사랑하는 사람의 또 다른 갑작스럽고 예상치 못한 죽음—으로 변했다. 아내를 잃은 후 3년 동안 점점 내성적인 사람이 되었고 대부분의 사람들과 이야기하고 싶어 하지 않았는데, 그는 사람들이 자신의 고통스러운 기억들을 이야기 할까 두려웠다. 그의 인생에 대한 전체적인 초점은 이러한 기억들을 회피하고 새로운 비극적 사건들을 두려워하는 데에 고착화되었다.

그는 더 이상 자신과 가깝던 죽은 이들과 함께 일어났던 어떠한 긍정적인 사건들의 즐거운 회상들도 할 수가 없었다. 그가 사랑했던 고인들의 삶 속에서 그가 소중히 여기던 어떠한 특별한 역할들도 전혀 고려의 대상이 아니었다. 그의 우울증을 돕는 것을 넘어, 나의 목표는 그가 완전히 부정적인 상태로 모든 것을 요약하고 책을 덮기 전에 그의 인생의 다른 짧은 순간들과 그를 재연결하는 것이었다.

여러 번의 방문 후, 자신의 아들이 살아있었다면 나의 나이와 비슷할 거라고 그가 말했을 때, 나는 두 가지 이유로 우리 일이 진전되고 있다는 것을 알았다. 첫 번째로, 그에게 그의 아들을 의식적인 토론에 끄집어내는 것은 큰 발걸음이었고, 두 번째로 그는 우리가 치료에서 전이라고 부르는 것—만일 아들이 살아있었다면 그의 아들에게 가졌을지도 모르는 그가 가지거나 상상했던 감정들을 나에게 전달한 것—을 보여주기 시작했다. 두 가지 진척들은 그의 감정을 탐구하는 길을 제시했다.

그의 아들에 대한 더 깊은 토론이 이어졌다. 그것은 많은 슬픔과 눈물로 가득 찼지만 그가 아들에게 갖고 있던 몇몇 더 좋은 기억들에 대한 이야기의 시작 또한, 있었다. 하지만, 다음의 만남에서 그는 시무룩했고 다시금 자유롭게 이야기하기를 꺼려했다. 우리의 앞선 토론들 이후 3일 밤 동안 그는 그의 아들의 자동차 사고에 대한 악몽을 다시 꿨던 것이다. 그는 우리의 계속된 토론이 부정적인 기억들로 자신을 압도할까 봐 두려워했고 다시 마음을 열기를 꺼려했다. 그렇지만 나는 이러한 것들이 거의 30년 동안 쌓여온 감정들이며 그것들이 고통스러운 만큼 그의 감정들에 대한 우리의 이야기가 점차 그의 마음의 짐을 벗도록 해줄 것이라 재확인시켜 주었다. 점차 그는 악몽을 꾸지 않고 그의 아들과 아내에 대한 이야기를 할 수 있게 되었다. 가끔씩 차질이 있었지만 매번 부드러운 격려와 함께 그는 그들에 대한 이야기를 다시 시작할 수 있었다. 그는 그의 아들과 아내와 함께 보냈던 행복하거나 즐거웠던 순간들을 점점 더 많이 꺼내기 시작했다. 그의 인생의 최종적인 사진은 흑색이 된 이후 다시금 약간씩 색을 띠기 시작하고 있었다.

또 다른 전환점은 그의 딸이 제안한 그녀의 남편과 함께, 그리고 할아버지와 함께 하기 위해 대학교에서 집에 온 그녀의 두 아들과의 저녁식사의 초대를 그가 받아들였을 때였다. 그는 그의 아내의 사망 이후, 심각한 우울증으로 인한 왜곡된 사고 때문에 어떤 방식으로 상처 입을지도 모르는 자신과 가까운 사람들로부터 자기 자신을 멀리 거리를 둘 필요가 있다고 합리화하며, 그들을 완전히 마음에서 밀어냈다. 그는 마침내 그가 스스로 새로운 삶을 시작할 수 있도록 그들이 그를 자신들의 삶 속으로 더욱 들어오기를 바란다는 것을 깨달았다.

세계 역사 맥락 안에서의 자서전

우리 모두는 역사의 자녀들이고, 우리의 감정적인 삶 속에는 그 흔적이 흐르고 있다. 1930년대의 대공황에서의 생존자들은 그들의 삶을 규정하는 직업과 돈에 대해 깊게 자리 잡은 확신으로 그 기간을 벗어났다. 모든 전쟁 베테랑들은 자신의 전쟁 경험으로부터 또는 개인적인 손실이나 타인에 대한 상실로부터 정서적 상처들을 가지고 있다. 종종, 우리가 우리 과거의 삶을 좀 더 객관적으로 바라볼 준비가 되고 거기에서 우리를 위해 교훈을 얻을 수 있는 것은 나이를 먹고 시간이 흐른 후에만 가능하다.

제2차 세계 대전 이래로 거의 반세기 후, 많은 홀로코스트 생존자들은 학교와 공동체 홀, 그리고 때때로 심지어는 자신의 가정에서 처음 그들의 이야기를 나누기 시작하고 있다. 이러한 생존자들의 대중적 출현 또는 출판된 이야기들에 대해 현저한 것은 그들이 경험한 것은 말보다 훨씬 더 고통스러웠고 아무도 그것에 대해 듣기를 원하지 않을 거라 느꼈기 때문에 그들이 이러한 세월 동안 침묵을 유지했다는 빈번한 발언들이다. 그들은 스스로 종종 그러한 경험을 잊기를 원했다. 많은 사람들은 과거에 대해 침묵함으로써 간단히 앞을 향해 나아가는 데에 성공했고, 그들의 새로운 삶에서 목소리를 내기를 거절했다. 하지만, 수십 년 때때로 몇 세대 후, 마침내 이야기를 하도록 격려와 초대를 받고 그들은 그렇게 할 수 있었고 고통스러운 웅변으로 그렇게 하고 있다.

오늘날 특히 학교에서 그들의 경험을 말해 달라고 초청되는 홀로코스트 생존자들은 종종 그들에게 일어났던 것을 나눈다는 것 자체가 그들을 매우 감정적이 되게 한다. 그들은 그들의 공동체의 관심을 발견한 데에, 특히 젊은 사람들이, 그리고 그들이 수 십 년간 홀로 간직하고 있던 끔찍한 이야기를 나누려는 초대에 매우 감동받는다. 그들은 자신들의 개인적 역사를 이야기하는 것이 중요한 것처럼 추앙받는 것을 듣고 놀란다. 다시 말해, 문화의 지킴이로서의 그들의 기억을 나눔으로써, 그들은 홀로코스트가 일어난 적이 없다고 주장하는 사람들에 대한 승리를 부인하게 된다. 그들은 또한, 과거를 연대순으로 나열함과 새로운 세대를 교육함에 있어 역사적 부분에 공헌하기도 한다. 한 노인이 자신의 경험을 한 중학교 학생 집단 앞에서 처음으로 이야기했다. 그가 자신의 가족을 잃은 것에 대해 이야기 했을 때, 그도 울었고 어린 청중들 중 많은 사람들도 울었다. 그 프로그램이 끝났을 때 그는 기자에게 이번이 자신의 수 년 간의 트라우마에 대해 이야기한 것이 처음이며, 자신의 깊은 슬픔과 직면하고 눈물을 흘린 것 또한, 처음이라고 말했다. 이 모든 것이 약 70세에 이루어졌다.

치료를 위해 감정적 상처를 드러내는 자서전의 힘은—그 이야기가 다른 누군가의 이야기일 때에도—전쟁의 가장 현실적이고 고통스러운 묘사와 그것의 감정적 사상자로 묘사된 스티븐 스필버그의 영화 〈라이언 일병 구하기〉에 대한 매우 긍정적인 대중들의 반응에서 매우 명백히 드러난다. 영화의 개봉에 이어 대중매체들의 이야기들의 광풍은 "라이언 일병"의 실제 삶에 대한 관심을 가져왔고, 많은 사람들이 이전에 할 수 없었던 방식으로 자신들의 경험에 대해 이야기 할 수 있는 문을 열어 주었다. 이러한 많은 전쟁 용사들은 그 영화가 자신들에 대한 이야기를 하고 있고, 그들로 하여금 그들에 대한 이야기를 하는 다음 단계를 밟고 자신들의 감정들을 표현할 수 있게 해주었다고 말한다.

홀러코스터 생존자들과 함께, 이후의 대중매체 이야기의 물결은 학교와 강의실에 초대된 퇴역군인들이 그들 자신의 공동체 사회에서 자신의 경험을 나누고 문화의 수호자로서의 역할을 한다는 것을 발견했다. 개인적인 수준에서 이러한 자서전의 과정은 많은 퇴역군인들로 하여금 오래 지속된 역사의 감정적인 부담들을 나누고 자신의 과거에 대한 새로운 관점으로 자신의 삶에서 앞으로 나아가며 새로운 세대 사이의 잠재력과 공동체의 연결성을 향해 나아가도록 해준다.

유명한 일본 영화감독 아키라 구로사와(Akira Kurosawa, 1910-1998)는 고전 장편 시리즈를 제작했다: 〈Rashomon〉 1950년(40세), 〈The Seven Samurai〉1955년(45세), 아카데미 최우수 외국어 영화상을 수상한 〈the Siberian epic Dersu Uzala〉1975년(65세), 〈Ran〉1985년(75세), 〈Madadayo〉1993년(83세)

60대에 시민운동가 메리 맥클로드 베툰(Mary McLeod Bethune, 1875–1955)은 전국의 주요 흑인 미국인 여성 단체들을 통합함으로써 전국흑인여성협회(NCNW)를 설립했다. 그녀는 NCNW에서 74세까지 책임자로 일했다.

에너 드류(Anna Drew): 어려운 가정의 선구자들 중의 선봉자

세월은 우리가 지난 과거를 직면할 수 있게 하며 우리 가정의 문화 안에서 미래에 대한 새로운 견해를 가질 수 있도록 한다. 에너 드류 여사는 80세의 우울증을 겪는 미망인이었고 그녀의 딸이 나를 만나길 요청했다. 그녀의 딸은 그녀를 매우 사랑했고 그녀에 대해 매우 염려했다. 애너 여사가 최근 뇌졸중을 겪었기 때문에, 그녀의 균형감각은 손상되어 있었고, 아파트를 나서기가 힘들었기 때문에 내가 직접 그녀의 집으로 방문했다.

그녀는 우울증의 상태이었고, 키가 작으나 자신감이 강한 여성이었다. 여담으로, 나는 늘 어떤 사람들의 '실제보다 더 큰 인생'이 전하는 효과에 관심이 많은데, 그런 식으로 그녀는 나로 하여금 미국국립보건원의 최초의 방문과학자였던 인류학자 마거릿 미드 (Margaret Mead)를 떠올리게 했다. 나는 그녀를 내가 마련한 세미나에 동반하기 위해 그녀의 사무실에 갔었다. 그녀가 일하던 건물에 다다랐을 때 그녀는 검은 망토를 입고 계단을 걸어 내려오고 있었고, 그녀에 대한 나의 첫인상은 그녀가 우뚝 솟은 거인이었다는 것이다. 그녀가 가까이 옴에 따라 나는 그녀가 본인보다 작다는 것을 깨달았다. 같은 식으로, 내가 애너의 아파트에 들어섰을 때, 그녀는 나를 환영하기 위해 천천히 일어섰고, 그녀의 존재감은 강한 인상을 전달했다. 그녀는 나의 셔츠의 옷깃이 잘 접혀있지 않다고 말해주며 상황을 즉시 장악했다. 나는 잠시 옷을 고쳐 입었다.

애너는 이전에 정신적 문제를 겪은 적이 없었고, 사실, 그녀의 우울증은 그러한 심리적 요인에 의한 것이 아니라 그녀의 뇌졸중 때문이었다. 뇌졸중을 겪는 약 50퍼센트의 환자들은 기분에 영향을 주는 뇌의 신경전달물질 사이에 유발되는 모든 교류 때문에 우울증에 걸릴 가능성이 높다. 이 내용은 애너와 그녀의 딸 모두를 안심하게 해줬다. 나는 이미 그녀의 딸이 처음 나에게 전화를 했을 때보다 그녀가 훨씬 나아졌기 때문에 우리가 우울증의 자연스러운 흐름을 기대할 수 있을 거라 재확인해주었다. 그녀의 균형감각 또한, 향상되고 있었고 그녀의 전체적인 지적 기능은 온전했다. 그녀가 자신의 인생에 대한 이야기를 했을 때, 나는 그녀의 딸이 그녀에게 갖는 깊은 감정들을 이해할 수 있게 되었는데, 실제로 애너는 그녀의 가정을 위한 거대한 힘이자 안정이었다.

에너 드류는 작은 서부 마을에서 자란 세 남매 중 장녀였다. 그녀의 가정은 매우 화목한 가정이었고 그녀는 특히 그들이 살던 마을에서 최초로 흑인 미국인 의사가 된 그녀의 아버지를 매우 자랑스러워했다. 그녀는 특히 그녀의 어머니와 매우 친밀했는데, 그녀의 어머니는 가정주부이면서 시장에서 그녀의 바느질 상을 받았을 뿐만 아니라 재봉사로서 용돈을 벌기도 했다. 그녀는 두 여동생과도 매우 가까웠고 그들의 숙제나 심부름, 그리고 청소년기의 문제들을 도와줬다. 내가 그녀를 만났을 때에도 여전히 그녀는 자매들과 친했고 멀리 떨어져 살았지만 적어도 일주일에 한 번씩 가족 간의 우애를 돈독히 했다.

고등학교 졸업 후 애너는 교사가 되기 위해 대학에 갔고 65세에 은퇴하기까지 3학년을 가르쳤다. 그리고 교사가 된 이후 그녀의 남편을 만났다. 그 역시 같은 마을의 다른 학교 교사였다. 그녀가 25세였을 때 그들은 결혼했다. 그들은 4살 터울의 두 자녀를 가졌다. 가정의 삶은 좋았지만 둘째 딸이 태어난 지 11년 만에 남편이 뇌수막염에 걸려 급작스럽게 사망했다. 가정은 충격에 빠졌고 둘째 딸 다렌(Darlene)은 특히 충격이 심했다. 청소년기였던 그녀는 많은 감정적 어려움을 겪었고 학교에서 말썽꾸러기였다. 첫째 딸 도로시(Dorothy)는 훌륭한 학생이었고 대학에 갔다.

도로시가 대학에 가며 도와주지 못하자 에나는 다렌과 많은 어려움을 겪었다. 에나는 도로시의 학비를 벌고 수지를 맞추기 위해 여분의 일을 해야 했다. 자신의 어머니로부터 바느질을 배웠던 에나는 학교 근무 후에 재봉사로 일을 했고, 그녀의 어머니처럼 그녀 또한, 매우 재능이 있다는 것을 입증했다.

아나 하워드 쇼(Anna Howard Shaw, 1847–1919)는 여성 참정권 운동의 가장 영향력 있는 지도자들 중 한 명이 되었다. 43세에(1880) 그녀는 감리교에서 목사안수를 받은 최초의 여성이 되었다. 49세에(1886) 의과대학을 졸업했지만 여성의 참정권 운동에 헌신하기로 결심했다. 50대 말에서 60대 말까지 그녀는 전국미국여성참정권협회의 회장을 역임했다. 68세에 그녀는 자신의 자서전 《The Story of a Pioneer》를 출판했다.

스코틀랜드인 사회복지가 겸 작가였던 엘리자베스 센더슨 할데인(Elizabeth Sanderson Haldane, 1862-1937)는 58세였던 1920년 스코틀랜드의 치안판사가 된 첫 번째 여성이 되었다. 그녀가 사망한 해, 75세에 그녀는 자신의 회상록《*From One Century to Another*》를 출판했다.

큰 딸 도로시는 학교에서 매우 잘 해 나가고 있었고 그녀도 교사가 되었으며 중학교 교장이 되었다. 그녀는 결혼해서 두 자녀가 생겼다. 도로시에게 가정의 삶은 매우 좋았고 그녀는 에나의 집과 매우 인접한 곳에 살며 그녀와의 만남을 유지했다. 손자들은 특히 학교 친구들이 부러워하던 "가장 멋진 색과 디자인의 멋진 옷"을 직접 짜주었기 때문에 에나와 매우 가까워졌다. 내가 에나를 만났을 때 이 두 손자들은 대학을 졸업했고 한 명은 법대를 마쳤으며 다른 한 명은 정부 에이전시에서 프로그램 플래너로 일하고 있었다.

한편, 또한, 가까이 살던 다렌은 매우 힘든 인생을 계속 하고 있었다. 그녀는 고등학교를 졸업했지만 대학을 가지는 않았다. 그 중 최악은, 그녀가 마약에 빠졌고 그것이 그녀의 일자리를 구하는 데에 있어 감정적 불안정과 어려움을 더했다. 에나는 그녀를 마약 재활 프로그램에 참여하도록 하는 데에 성공했고 3년간 안정적인 상태를 유지했고 회복 프로그램에서 만난 한 남성과 결혼했다. 그녀는 자신의 어머니가 심각한 걱정을 할 것을 알고 결혼한 이후까지 이러한 관계를 비밀로 유지했다. 다렌은 임신을 했고 건강한 남자 아이 아널드(Arnold)를 낳았다. 하지만, 다시 문제가 발생했다. 다렌의 남편은 다시 마약을 하기 시작했고 무장 강도에 연루되었으며 경비원에 의한 총격으로 사망했다. 아널드는 단지 2살이었다. 곧 다렌 역시 마약을 했다. 에나의 금전적, 감정적 지원에도 불구하고 그녀 자신이 져야 할 책임들을 감당하기 어려워 보였다. 하지만, 그녀는 아널드가 에나와 함께 사는 데에는 동의했다.

이게 겨우 걷기 시작한 아놀드는 18세 미만의 나이로 조부모에 의해 양육되는 미국의 급작스럽게 늘어나는 아동 중의 한명이 되었다. 거의 1년이 지나서 다렌은 에나의 안내와 격려 하에 다시 재활 프로그램에 참여했다. 그녀는 잘 반응했고 심지어 에나에게 바느질을 배우라는 제안을 받아들였는데, 다렌은 그녀 역시 이 분야에 재능이 있다는 것을 발견했고 아널드를 위해서 동물 장난감들을 만들어 주었다. 그 장난감은 아널드가 가장 좋아하는 장난감이 되었다. 하지만, 그 때 다시 나쁜 소식이 날아왔다. 다렌은 HIV 양성으로 진단받았다. 그 당시의 치료는 오늘날만큼 좋지 않았기 때문에 다렌은 4년 후 숨을 거뒀다. 아널드는 7세, 에나는 62세였다.

에나는 도로시와 그녀의 가족들의 도움으로 아널드를 키웠다. 그가 가장 좋아하는 이야기는 에나의 아버지에 대한 이야기였다. 에나는 아버지에 대한, 그리고 얼마나 그가 좋은 낚시꾼이었으며 어떻게 치과대학에 가기 위해 장학금을 받았는지에 대해 이야기 해 줬다. 에나는 또한, 아널드가 자신의 부모에 대한 좋은 기억들을 갖도록 노력했다. 많지는 않았지만 에나는 이러한 이야기가 비극적인 나머지를 지배할 수 있도록 결정했다. 아널드가 태어나서 부모가 함께 안으며 자랑스럽게 아이를 바라보던 특별한 사진이 있었다. 다렌이 만들어 준 동물 장난감과 함께 이것은 아널드의 방에 있는 탁자 위에 놓았다. 아널드는 고등학교에서 우등생이었고 대학에 갔다. 둘이 함께 살게 된 이후로 처음 떨어져 살게 되었기 때문에 그가 학교에 가기 위해 집을 떠났을 때 에나와 아널드 모두 힘들어 했다.

에나와의 치료 시간은 매우 생산적이었다. 그녀의 신체 재활 프로그램을 통해, 그녀는 뇌졸중으로부터 완전히 회복했고 그녀의 우울증 또한, 완전히 사라졌다. 하지만, 그녀는 우리가 얼마간 계속 만날 수 있을지 물었다. 그녀는 우리의 많은 방문을 통해 그녀의 인생의 이야기를 방향 잡는 우리의 방식이 매우 용기를 준다는 것을 알았다고 이야기했다. 그녀의 이야기가 없더라도 나는 그녀가 딸 다렌이 성장하며 겪었던 힘든 시기에 대해 매우 갈등을 겪고 있었고 그것에 대해 죄책감을 느끼고 있었다는 사실을 알고 있었다.

우리는 다렌의 곤경과 에나의 통제를 벗어난 상황들의 불행한 합류들이 어떻게 발생했는지에 대해 이야기 했다. 다렌에게 위기를 만들었던 에나의 남편의 죽음은 확실히 에나의 잘못이 아니었다. 그리고 마약 오남용과 감정의 혼란이 젊은 성인들에게 이상하게도 팽배하며 특히 청소년들과 젊은 성인들에게 어려운 시기를 겪게 했던 1960년대 말에서 1970년대 초의 우리 사회의 혼란의 시기와 맞물린 다렌의 문제들 또한, 에나의 실수가 아니었다. 지속

칼 란트슈타이너(Karl Landsteiner, 1868-1943)는 1901년 네 가지 혈액형 그룹(O, A, B, AB)을 발견한 미국인 병리학자였다. 그는 1930년(62세에) 노벨 생리/의학상을 받았다. 1940년 72세에 그는 Rh 혈액형 인자를 발견했다.

미국인 작가 랄프 엘리슨(Ralph Ellison, 1914-1994)은 젊은 작가로서 흑인 미국인의 정체성에 대한 지적 탐구의 자전적 이야기로 찬사를 받은 《Invisible Man》 (38세에)을 썼다. 72세에 그는 《Going to the Territory》라는 제목의 수필집을 출판했다.

적인 문제들에도 불구하고 에나는 그녀의 딸을 위해 꾸준한 사랑과 도움을 주었고, 그녀는 최선을 다 했다.

나는 또한, 에나가 다렌의 아들을 양육하고 그를 잘 키워낸 훌륭한 일을 통해 그녀의 딸의 기억과 그녀의 어머니를 기념하고 있다는 것을 지적했다. 애나는 이야기들을 통해 위안을 얻었고 다렌의 운명이 자신의 통제 할 수 없는 요인들에 의해 훨씬 더 영향을 받았다는 생각을 할 수 있게 되었다. 그녀는 자신의 생각과 영감을 통해 가족을 도왔던 자신의 깊은 역할을 더 잘 이해하게 해준 그녀의 인생 회고에서의 요약 과정을 경험할 수 있었다.

나는 특히 우리가 잠시 더 계속 할 수 있었던 것에 기뻤는데, 이는 내가 방문했을 때 그녀가 아널드로부터 매우 흥분되는 전화를 받는 것을 볼 행운을 얻었기 때문이다. 그는 치과 의사 시험을 통과했다. 에나의 자랑스러움과 눈물은 전염성이 있었다. 우리는 얼싸안고 함께 울었다. 에나는 그녀 가족의 진정한 수호자였고 그녀의 아버지에서 자신의 손자까지 세대를 연결하는 정체성의 다리를 제공했다.

그녀는 실제로 어려운 시기를 겪으며 자신과 가정을 지켜나가는 많은 노인들이 보여주는 힘을 전형적으로 보여준 매우 특별한 사람이었다. 그녀의 힘은 나이와 함께 증가하는 사회적 창조성이었고 대가족에 응집력을 더했으며 양 부모로부터 잠재적으로 부정적 역할 모델에 의해 뒤섞여 끔찍한 트라우마를 가진 가정생활을 할 수도 있었던 어린 손자를 구해냈다. 그리고 그녀는 그녀의 아버지에 의해 형성된 가족의 문화적 전통을 유지하는 데에도 장학금, 인간 봉사, 그리고 지역 공동체에 헌신함으로써 도움을 주었다.

영국 참정권 운동가이자 교육 개혁가 데임 밀리센트 포셋(Dame Millicent Fawcett)은 72세까지 20년간 전국 여성 참정권 사회 연합의 회장이었다. 그녀는 73세에 《*The Women's Victory - and After*》 를 썼다.

미래에 대한 전략을 위한 과거 탐구

"자서전은 결코 완전한 진실은 아니다. 누구도 자신에 대한 올바른 관점을 가질 수는 없다," 유명한 법정 변호사 클라렌스 다로우(Clarence Darrow)는 1992년 자신의 자서전 《*The Story of My Life*》에서 다음과 같이 썼다. 75세에 자신의 인생을 글로 남긴 다로우의 목적은, 그가 말하길, 간단히 "어떻게 어떤 일들이 정말로 일어나는지에 대한 평범하고 있는 그대로의 이야기"를 제공하는 것이었다. 이것은 역사적인 법정에서의 경력의 끝을 앞둔 탁월한 문화의 수호자의 생각이었다. 성격에 충실하게, 그는 자신의 자서전을 역사에 대한 하나의 부속물로 여겼고 기록에 대한 솔직한 설명을 남기길 원했다.

하지만, 우리 자신의 이야기를 반영함에 있어 종종 우리에게 가장 가치 있는 것은 역사적인 사실이나 사건이 아닌 그것이 제공하는 자기 발견의 여정이다. 우리의 과거에 대한 "올바른 관점"을 찾는 것만큼 중요한 것은 우리의 삶을 새롭거나 더 만족할 만한 방향으로 이끌어줄 전략을 만들기 위한 유형, 실마리, 동기부여를 찾아내며 우리의 미래에 대한 신선한 잠재력을 밝혀 줄 통찰력을 사용하는 방법이다.

타라 도널리(Tara Donley)

타라 도널리는 미혼의 44세 공무원이다. 지난 20년간의 그녀의 일은 청소년들을 돕는 데에 초점이 맞춰진 프로그램에 대한 정부차원의 감독과 다양한 면에서 관련이 있었다. 그녀는 이 일에서 큰 만족감을 얻었으며, 그녀가 근무했던 여러 정부부서로부터 그녀의 노력에 대한 많은 상과 상장을 받았다. 그러나 그녀의 성공은 더 많은 시간을 소요하는 더 큰 책임들을 가져다주었지만 이러한 시간 소요는 점점 더 자기생성적인 것이 되어갔다. 그녀는 거의 30년간 다발성 경화증을 앓고 있던 그녀의 어머니가, 예정된 악화의 순서를 따

클라렌스 데로우(Clarence Darrow, 1857~1938)는 68세에 다윈의 진화이론을 옹호함으로써 테네시 주법을 어긴 데이턴의 존 스콥스(John T.Scopes of Dayton)을 변호했는데, 이는 악명 높은 "원숭이/스콥스(Scopes Monkey)재판"이었다. 다음 해인 69세에 데로우는 디트로이트의 백인 구역 거주지에서 쫓아내려는 폭도들에 대해 자기방어를 하며 대항한 한 흑인 가정의 무죄를 얻어냈다.

유명한 작가이자 1938년 노벨상을 받게 해준 작품 대지의 저자 펄 벅(Pearl Buck, 1892-1973)은 이후 미국인 가정의 삶에 대한 모습과 문제들에 대해 쓰기 시작했다. 75세에 그녀는 감동적인 아이들의 이야기 《Matthew, Mark, Luke, and John》을 썼다.

르며, 심각한 감염으로 발전한 후 합병증으로 숨을 거두었을 때, 이미 그녀가 직장에서 경험해보지 못한 압박감의 축적을 느끼고 있었다. 모든 것이 갑자기 그녀에게 매우 무의미한 것 같았고, 매우 다른 무언가를 할 필요가 있다고 느꼈다. 그녀는 더 이상 자신의 일에 예전과 같이 느끼지 못했고, 이것은 마치 실제 세계에서 자신이 제거된 듯이 느끼게 했으며 그녀의 프로그램이 돕기로 되어있던 젊은 사람들과의 직접적인 만남도 이루어지지 않았다. 그녀는 무엇을 해야 할 지 알 수 없었고, 한 친구의 추천으로 나와 심리 치료에 들어갔다.

타라는 5남매 중 장녀였다. 거의 시작부터 그녀는 나이에 비해 성숙해 보였다. 그녀는 간호사였던 그녀의 어머니와 매우 가까운 사이였다. 그녀의 아버지는 확실히 그녀를 좋아했지만 그렇게 가깝지는 못했는데, 왜냐하면 그녀의 아버지는 대중들에게 환경문제에 대한 교육을 하는 새로운 재단을 감독하고 몇 개의 지원 단체 일을 하는데 장시간 일을 하는 이유도 있었다. 그녀의 어머니가 37세에 다발성 경화증 진단을 받았을 때 14세였다. 처음엔 어머니의 병의 치료는 순조로웠고 집에서의 상황도 매우 정상적으로 진행되었다. 고등학교 시절 여름 동안 캠프에 갔고 대학교 1학년 때 그녀는 같은 캠프에서 상담가로서 여름 동안 아르바이트를 했다. 그녀는 매우 훌륭한 상담가였고, 특히 아이들과의 상담을 잘 해서 캠프의 대장은 그녀 방에 가장 문제가 많은 소녀들 중 세 명을 할당했다. 그 소녀들은 그녀에게 매우 긍정적으로 반응했고 이러한 경험은 그녀가 청소년들을 도와주는 데에 관심을 갖도록 해주었다.

피터 마크 로젯(Peter Mark Roget)은 영국에서 물리학자로서의 경력을 시작했다. 1834년 55세에 그는 《On Animal and Vegetable Physiology》를 썼지만 그는 73세에 완전히 다른 분야에서의 그의 작품 《Thesaurus of English Words and Phrases》로 잘 알려지게 되었다.

고등학교를 졸업하자마자 그녀는 그녀의 어머니 가까이에 머무르기 위해 근처의 대학에 입학했다. 그녀는 어머니를 돕기 위해, 특히 병이 심한 동안, 매우 자주 집에 왔다. 그녀는 또한, 자신의 동생들에 대한 많은 책임감도 갖고 있었다. 2학년이 끝나갈 무렵, 그녀의 어머니는 병이 더 심해졌고, 그녀는 더 이상 캠프에서의 여름 아르바이트를 계속 할 수 없다고 느끼며 대신 집에서 가까운 곳에 여름 아르바이트 자리를 구했다. 대학을 졸업하고 그녀는 그 지역에 남아 공공 행정에 대한 석사학위를 받았다. 정기적으로 데이트를 했지만, 그녀는 그녀의 어머니가 점점 더 그녀의 도움에 의지하고 있다고 느끼며 그녀 스스로 더 깊은 관계를 주저했다. 그녀는 대학원을 졸업한 후 다시 어머니 가까이에 있기 위해 그 지역에 남아 특수 교육을 필요로 하는 청소년을 위한 프로그램을 지원하는 정부 기관에 일자리를 구했다. 부모님이 그녀에게 자신의 삶을 살라고 이야기함에도 불구하고 점점 일에 몰두하고 어머니를 돕는 데 더욱 연관되어 있었다. 하지만, 이것은 그녀가 본대로의 그녀의 삶이고, 그녀는 자신의 직장과 부모님의 집에서 하는 일에서 많은 만족감을 얻었다.

그녀가 치료를 시작했을 때, 그녀는 텅 비어있고 방향이 없는 느낌이었으며, 자신의 현재의 일을 계속하는 것이 순전히 시간 낭비일 거라고 확신했다. 그녀는 가족에 대한 이야기를 할 때 가장 많은 에너지를 보였다. 그녀는 다른 사람들을 돕겠다는 가족들의 약속과 그러한 봉사의 가족 전통을 유지하는 자신의 위치를 자랑스러워했다. 나는 그녀가 아마도 놀라지 않았고 결국 젊을 사람들을 돕는 일을 하게 되었다고 말했다. 하지만, 그녀는 자신의 일이 직접 하는 일이 아니기 때문에 다르다고 말했다. 나는 다시, 비록 직접 하는 일이 아니었을지라도 그녀의 아버지의 환경에 대한 일도 매우 중요하다고 말했다. 하지만, 그녀는 아버지의 재단이 힘썼던 환경에 관한 많은 교육에 아버지가 직접 관여했다고 지적하며 나의 말을 수정해주었다. 그녀는 자신과 그녀의 아버지가 일에 헌신하고 긴 시간 기꺼이 일을 하는 공통적인 성격을 공유한다고 느낀다고 말했다.

나는 그녀에게 직접 할 수 있는 다른 일에 대해 생각하거나 공상을 했는지 물었다. 그녀는 시도해 봤지만 그렇게 깊게 하지는 못했다고 말했는데 아마도 일정 수준의 변화가 그녀가 익숙해진 어머니를 돕는 방법을 더 어렵게 만들 수 있다는 두려움 때문이었을 것이다. 나는 상담가로서 그녀가 얼마나 잘 해왔는지 그리고 그러한 경험―매우 직접적인―이 그녀에게 얼마나 매력

"당신이 할 수 있다고 생각한다면, 당신은 할 수 있다. 당신이 할 수 없다고 생각한다면, 당신이 옳다."
― 매리 케이 에쉬(Mary Kay Ash)

적이었는지를 상기시켰다. 그녀가 과거의 생각들을 했을 때 그녀의 얼굴 전체에 따뜻한 미소가 퍼졌다.

"그 경험에 대해 무엇이 당신에게 가장 매력적이었나요?" 나는 그녀에게 물었다. 그녀는 그것은 그녀가 아이들이 "다시 올바른 길로 갈 수 있도록" 도울 수 있는 방법이었다고 말했다.

그녀가 지금 할 수 있는, 그녀에게 유사한 만족감을 가져다 줄 무언가가 있었을까?

"네," 그녀가 학교로 되돌아가야 할 거라고 패배적 어조로 말했고, 그때 그녀는 44세였다.

"학교로 돌아가고 있는 당신 연령의 다른 사람들을 알지 못하나요?" 나는 그녀에게 도전 의식을 북돋아 주었다. "당신 나이 그리고 더 나이 많은 ─훨씬 늙은─점점 더 많은 사람들이 오늘날 그렇게 하고 있어요."

그때 또 다른 미소가 그녀의 얼굴에 나타났다.

나는 그녀에게 그 미소 뒤의 비밀을 공유해 줄 것인지 물었다. 그녀는, 그녀의 어머니의 어머니가 그녀의 남편의 죽음 이후 48세에 사회 복지사의 일을 했다는 것이 갑자기 떠올랐다고 말했다.

그것을 시작으로 사회 복지가 그녀에게 매력적인지 물었고 그녀는 고개를 끄덕였다. 그녀는 그럴 수 있을 거라 느꼈다. 결국, 그녀는 거의 30년 동안 그녀의 어머니에 대한 사회 복지사 이었던 것이다.

"만일 당신이 사회복지 일을 정말로 했다면, 당신은 모든 연령층 또는 특정한 연령층 중 어떤 집단과 일을 하고 싶습니까?" 라고 내가 물었다.

그녀는 잠시 멈춰서 생각하다가, 그녀가 어머니를 많이 돕는 동안, 자신의 전 경력은 청소년들과 함께였다고 말했다. 그들이 바로 새로운 직접적인 일로 이행하는 것에 대한 논리적 초점이 될 것이다.

타라는 사회 복지학 석사 학위를 받았고 그녀가 일했던 청소년을 위한 진료소에 일자리를 구했다. 5년 후, 그녀의 새로운 진료 기술과 그녀의 행정가로서의 오랜 기술들 때문에 그녀는 현재의 감독이 막 은퇴하려고 할 때 그 프로그램의 감독으로 지원해달라는 요청을 받았다. 그녀는 매우 으쓱해졌지만, 대신 파트타임 보조 행정가로 자신을 참여시켜주길 제안했는데, 왜냐하면, 그녀는 적어도 자기 시간의 50퍼센트는 아이들과의 개인적인 만남에 헌신하기를 원했기 때문이다.

타라의 이야기는 자신이 어디에 있고 어디로 가기를 원하는 지에 대한 중년기의 재평가에 개인을 밀어 넣을 수 있는 많은 요소 중 하나를 밝혀준다. 그녀에게 개인적인 관심사들과 그녀가 이전에 개발하지 못한 능력들을 다시 찾도록 해주고 다른 사람들을 돕는 가족의 정체성에 더 잘 부합하게 해준 탐구에의 승선을 통해, 그녀 자신의 중년기의 정체성 위기는 해결되었고 이제 그녀를 그녀에게 딱 맞는 길로 인도해주었다.

단테와 같이, 그의 시 3장의 시구에 묘사된 대로, 타라는 "올바른 길이 어디에도 나타나지 않고, 인생의 여정을 통해 어두운 숲 속 길을 헤매는" 것과 같은 기분을 경험했다.

그녀에게 변화의 가능성, 상황을 초월한 그녀의 창조적 잠재력은 중년기의 재평가 단계를 수반한 발달 잠재력에 의해 가능했다. 그녀의 과거를 조사함으로써 그녀는 그녀의 미래를 위한 창문을 찾을 수 있었다. 행동을 취하도록 동기부여가 된 그녀는 그녀의 창조적 에너지를 그녀의 정체성, 전체성, 일관성 그리고 인생의 방향 감각을 재형성하는 데에 사용했다.

"무언가가 아니라 누군가가 되기로 결정을 하고 나면 얼마나 많은 걱정을 덜게 되겠는가."
- 가브리엘 코코 샤넬(Gabrielle(COCO) Chanel)

9장
일상에서의 창조성: 당신의 삶 속에서 시작하라

천리 길도 한 걸음부터
_ Lao-tsu(노자)

파트 I . 매일의 활동들

시간을 속이려는 추구-즉, 삶을 확장하고 우리의 신체, 뇌, 그리고 성생활을 강화하는 것-는 모든 역사와 문화 속에서 운명과 어리석음으로 이끌어주는 것이었다. 오늘날의 노화 방지의 묘약은 기록된 역사가 시작한 때로 거슬러 올라가는, 거부의 문화에 그 뿌리를 두고 있다. 원시 사회에서는 노화를 치료하기 위한 약재로서, 새끼 짐승의 내장 기관을 환자가 노화되고 있는 신체의 부분에 정기를 불어넣어 준다는 개념과 더불어 새끼 짐승의 장기를 이용하는 조리법이 추천되었다. 고대 인도의 노화방지 전략으로는, 노쇠에 대한 치료책으로 호랑이의 생식기, 즉 고환을 삼키는 방법도 있었다. 초기 그리스인들도 비슷한 노력을 추구하였는데, 예를 들면 용기를 얻기

나는 내 작품을 통하여 불멸을 원하는 것이 아니다… 나는 정말 죽지 않음으로써 불멸을 얻고 싶다."
- 우디 알렌(Woody Allen)

위해서 사자의 골수를 먹는 방법도 있었다. 20세기 초반, 대담한 러시아 태생의 외과의사인 세르게이 보로노프(Serge Voronoff)는 정력을 위하여 동물의 생식기를 먹는 고대 관습을 갱신하였고, 원숭이의 고환을 노인에게 이식함으로써 젊음을 회복하고 생기를 찾을 수 있는 등의 방법을 통하여 현대화하였다. 1960년대에 인체냉동보존술학회(Cryonics Society)는 사람이 죽자마자 바로 냉동시키거나, 법이 허용할 경우엔 죽기 직전에 사람을 냉동시켜서 이후 의학상 혁신적인 돌파구가 마련되어 그들에게 건강과 장수를 제공할 수 있다는 관념을 촉진하기도 하였다. 그리고 몇 십 년이 지나고 나서, "청춘의 샘"에 대한 탐구는 약초에서 호르몬에 이르기까지 폭넓은 종합 치료책을 통해서 쉽게 속는 소비자들을 속이곤 하였다.

희망과 선전에도 불구하고, 이러한 삶을 연장시켜주거나 노화를 방지시켜주는 "특효약"들은 모두 근거가 없음이 증명되었다. 우리가 시간을 속이거나, 나이를 줄이기 위해서 살 수 있는 기적의 상품이란 없다. 그러나 나이가 들어가면서 노화의 효과를 방지하고 삶의 질을 높여주는 한 가지 증명된 과학적인 방법이 있다. 그 "기적의 상품"은 당신의 창조성에 대한 내적인 가능성이며, 새로운 아이디어를 떠올리고 이를 실천에 옮길 수 있는 능력이다.

기획 전략과 이에 따르는 실제적인 연습은 우리가 이전에 창조적으로 나이들기: 인생의 후반기에 인간의 잠재력을 깨우기(Creative Age: Awakening Human Potential in the Second Half of Life)를 통하여 탐구하였듯, 창조성의 서로 다른 사용 위에 고안되었다. 당신의 연령이 어떻게 되었든, 당신의 상황이 또 어떻든, 그리고 당신의 재능과 기술이 무엇이든, 당신의 꿈과 희망이 무엇이든, 당신의 한계가 무엇이든지 간에, 이러한 창조적 표현의 방안들은 당신의 에너지와 관점을 신장시켜줄 것이며, 당신의 관계를 개선시켜주고, 일상생활을 더욱 잘 살아갈 수 있도록 도와줄 것이다.

본 장을 선택사항의 메뉴이지만, 제한은 없는 메뉴라고 생각하길 바란다. 당신은 여기서 말하는 활동은 그 무엇이든지, 언제든지, 어떤 순서로든지 할

꿈은 우리의 내적 창조성을 가장 잘 생각나게 해주는 것이다. 그들의 형태와 내용은 창조성의 본질이다. 꿈들을 글로 쓰거나 그림으로 그려보라. 꿈 일기장을 만들어 보라.

수 있으며, 각각의 경험으로부터 새로운 통찰력과 에너지를 얻을 수 있다. 만약, 가능하다면, 지정된 공책이나 문서용 파일 폴더를 사용해 생각과 개념들을 정리해 보라. 때때로 문서들을 검토한다면, 나는 분명히 당신이 새로운 길을 찾게 될 것이라고 확신한다.

이제 시작하자. 다음에 나오는 창조성 워크숍 자료들 중에 밝은 전구로 표시된 예를 사용하여 매우 단순한 활동을 통해서 창조성을 "일깨울 수 있도록" 할 것이다.

당신의 욕망을 알고 당신의 자원을 찾으라.

당신의 창조적 에너지를 당신의 관심과 욕망에 대한 생각으로 시작하라. 그리고 당신은 사용하지 않은 다른 내적 자원을 가지고 있는데 이것은 다른 종류의 창조적인 에너지로서 당신의 노력을 지원해 줄 것이라는 것을 알아차려야 한다. 이러한 작업을 함으로써, 당신은 자기 자신에 대하여 느끼고 새로운 방향을 탐구하기 위하여 힘을 얻는 방법을 고양시켜주는 관리 능력 역할을 부여할 수 있도록 시작할 수 있다.

 당신은 과거에 하던 일을 좀 더 발전시키기를 원하고, 더 높은 수준으로 끌어올리기를 원하는가?

이는 '지속적인 창조성'이라고 하여, 나이를 먹는 것에 관해서는 끝이 없는 재충전 과정이고, 당신의 잠재력과 여기에 접근할 수 있는 능력의 깊이에 대하여 생각나게 해주는 것이다.

• 당신이 자신의 주요 관심 및 성취 분야에서 무엇을 이루었는지를 재검토하라. 스스로에게 물어보라. 성장을 위해서는 다음 단계가 무엇인가?

아직 무엇이 끝나지 않은 채 남아있는가?

- 관련된 일을 하고 있는 타인에게 이야기하라. 그들의 경험으로부터 배우라.
- 새로운 아이디어를 찾으라. 당신의 관심과 관계가 있는 책이나 인기 있는 잡지를 탐색하라. 자원, 연락처, 또는 대화를 위하여 인터넷을 검색하라.
- 영감을 얻기 위해 당신 주변을 둘러보라. 활동적으로 새롭거나 도전적인 노력을 하고 있는, 당신의 나이와 비슷하거나 당신보다 더 나이가 많은 사람들의 증가하는 숫자에 초점을 맞추라. 당신은 그들을 "측정할" 필요가 없고, 그저 풍부함과 자기 발견에 있어서의 당신만의 여정을 통하여 그들과 나란히 서라.

 당신은 방향을 바꾸고 싶은가? 당신이 이미 알고 있는 것을 좀 더 깊이 하고 싶은가? 아니면 완전히 다른 방향으로 전환하고 싶은가?

이것은 변화하는 창조성의 에너지이다. 이는 자기 자신의 새로운 측면을 발견할 수 있는 훌륭한 기회를 제공한다.

- 당신이 가지고 있는, 아직 개발되지 않은 능력이 무엇인지 확인하라. 혹은 당신이 오랫동안 가지고 있던 관심을 확인하라.
- 당신이 새로운 조리법을 통해 실험할 수 있을 정도로, 또는 매우 다른 휴가지를 여행할 수 있을 만큼 새로운 추구를 탐구하라.
- 자기 자신에게 자격을 부여하라. 당신은 배우고 성장할 수 있는 능력이 있다는 자신감을 가져라.
- 다른 사람들도 하고 있다. 당신도 할 수 있다.

당신은 이제까지 특별히 창조적인 일을 한 적이 없지만, 지금은 시작할 시간이라고 느끼고 있는가?

창조성을 시작할 수 있는 당신의 능력을 두드려보라.

- 스스로에게 질문하라. "만약, 지금이 아니면, 언제 할 수 있는가?" 그리고 바로 지금 시도해 보라!
- 정원에서 "늦게 피는 꽃"의 아름다움을 시각화 하고, 꽃과 마찬가지로 당신의 고유한 잠재력을 확인하라.
- 아이디어와 행동의 세계와의 관계를 양성하라. 모든 대화, 영화, 책, 산책 등 모든 일반적인 경험들을 살펴보고, 이를 자기 발견의 길을 따라가는 생각과 행동을 위한 새로운 기회로 만들라.

 당신은 의미 있거나 단순히 즐거운 사업 혹은 활동을 통하여 다른 사람들에게 합류하기를 원하는가?

이는 협력적 창조성으로, 여기에 격려와 공동체를 제공할 수 있도록 보장되어 있는 것이다. 생각과 경험을 나누는 것은 특별한 방법으로 어떤 순간이라도 그 창조적인 잠재력을 확대시켜 주며, 사회적 맥락과 당신의 생각과 에너지를 다른 사람에게 기여하는 데서 오는 만족의 보상이 뒤따른다.

- 새로운 활동을 공유할 친구들을 열거하고, 당신의 역사를 함께 확장하고 새로운 관심을 향한 문을 열어라.
- 새로운 사람들을 만나고 당신의 경험을 확대할 수 있는 한 가지 방법으로서 당신의 지역사회나 일터에서 진행 중인 사업을 위해 자원하라.

당신의 친구들은 당신보다 젊은 사람과 더 나이 든 사람을 포함하고 있는가?

세대 간 창조성을 가지고 새로운 아이디어에 대하여 당신을 더 노출하라.

• 세대 간 다양성을 당신의 삶 가운데로 초대하라. 활발한 친구관계와 신선하고 다양한 관점의 근원으로서 나이 든 사람과 젊은 사람을 바라보라.

• 당신의 자녀 및 손자, 또는 가족 중 나이가 많은 사람과 그들의 친구와 어울려 활발하게 시간을 함께 보내면서 당신의 가족 관계를 강화하라.

 당신은 내면적 평안, 목적, 그리고 만족감을 찾고 있는가?

당신은 개인적 창조성, 혹은 "작은 c 창조성"을 통하여 내적인 삶을 고양시킬 수 있다.

• 삶 속에서 주목할 만한 "작은 것들"의 중요성에 대하여 성찰하라. 그러한 것들을 아주 작은 놀라운 것들에 대한 당신의 관점을 새롭게 해주고 활동적인 공감을 향한 창조적인 도전으로 고려해 보라.

• 새로운 아이디어와 상호작용을 위한 무한정한 기회, 그리고 더 큰 변화를 위한 작은 변화의 능력 등을 삶의 복잡성을 통하여 알아보라.

• 당신의 언어를 관찰하라. 운동선수가 승리를 위하여 긍정적인 말과 이미지를 통하여 자기 자신을 "흥분"시키는 것처럼, 우리의 창조적 에너지를 자극하거나 부정적인 감정을 떨쳐내는 말들을 표현하는 우리의 습관이 필요하다. 언어만이 더 많은 창조적 에너지를 모을 수 있다. "문제"는 장애처럼 느껴진다. 하지만, "도전"이라고 하면 혁신적 사고를 통한 성공에 대한 유인이 된다. 도전을 선택하라!

당신은 지역사회에서 무엇인가 더욱 공적인 도움을 주는 일을 하기를 원하는가?

이것은 공적 창조성, 혹은 "큰 C 창조성"이라고 한다. 당신의 시간, 재능, 또는 기타 자원의 기여는 당신의 지역사회를 건강하게 만드는 데 결정적으로 중요한 것이다.

- 당신의 공동체의 삶의 질을 높이기 위한 당신의 생각을 공유하라. 대화는 변화의 촉매제이며, 공유한 모든 아이디어는 지역사회의 성장을 위한 씨앗을 심는 것이다.

- 당신에게 적합한 방법으로 활동가가 되라. 지도자로 자원하거나, 요란한 지지자, 혹은 도움을 줄 수도 있고. 회의를 주관할 수도 있으며, 다른 방법을 통하여 당신이 중요하다고 느끼는 사업이나 활동을 지지할 수 있다.

- 자기 자신을 지역사회의 "보물"이라고 바라보고, 관대하게 당신의 독특한 경험, 통찰력, 그리고 재능을 나누어주라. 이렇게 지역사회에 대한 유대감 순환과 그로 인해 나타나는 자신에 대한 관점을 확인하는 과정은 창조적 에너지의 지속적인 근원이 된다.

 당신은 성공할 만큼 "충분히 창조적"인지 의심이 드는가?

당신은 취하는 만큼 가지고 있다. 창조성을 "예술가에게만 있는 것"이라는 고정 관념으로 자기 자신을 제한하지 말라. 우리는 각자 우리 인생의 예술가들이다. 당신의 인생이 무엇을 경험하든지 간에, 혹은 어떤 환경에 처해있든지 간에, 당신은 새로운 생각을 가져올 수 있으며, 그렇게 서로 다른 모양의 창조성을 표현하는 새로운 경험을 통하여 성장할 수 있다.

- 당신에게 스스로의 창조, 혹은 그러한 미술적 형태를 감상할 수 있는 능

력을 소개시켜 줄 미술, 음악, 글쓰기 혹은 솜씨 수업에 등록하라.
- 지인, 친구, 혹은 가족 구성원 등에게 연락하여 시간을 정하고 즐거운 활동이나 단순한 방문과 같은 일들을 주도적으로 시작하라. 당신의 지원을 그들의 사업에 제공하거나, 그들을 당신이 선택하는 활동에 초대하라. 이는 사회적 창조성이며 이러한 연결은 당신의 관계를 강화시켜 주고, 자기 자신의 고유한 감정적 탄성에 기여할 수 있다.

창조성 공식이 당신을 위하여 작동할 수 있도록 만들라.

창조성=me²

우리의 공식 C=me² 혹은 창조성은 당신이 알고 있는 것 곱하기 당신의 인생 경험 제곱과 같다는 창조성에 관한 단순한 "수학"을 기억하라. 즉, 당신의 내적 인생 혹은 감정적 경험, 그리고 당신의 외적, 혹은 표면적 인생의 경험을 말하고 있다.
- 당신은 m에 관해서, 즉 당신이 다음 단계를 밟기 위하여 가져야 할 지식 기반의 어느 지점에 위치하고 있는가? 당신은 관심분야에 대하여 좀 더 이해하기 위해서 독서하고, 여행하고, 다른 사람과 대화하거나 어쩌면 과목을 수강해야 할 필요가 있는가?
- 당신 인생 경험의 제곱에 대하여 생각하라. 즉, 내적 및 외적인 경험을 뜻한다. 이 두 가지 경험은 모두 똑같이 가치 있는 자원으로, 각각의 새로운 경험이 있을 때마다 갱신되는 것이다.
- 당신의 외적, 표면적 인생을 평가하고 스스로에게 질문하라. "나는 새로운 창조적인 도전을 위한 장을 마련할 수 있도록 경험을 가지고 있는가?"
- 당신의 과거와 현재의 감정적 경험에 대한 내적 세계에 대하여 생각하

라. 당신은 심리적으로 이 새로운 도전을 시작할 준비가 되어 있다고 느끼고 있는가? 만약, 당신이 이에 대한 관점에 대하여 불편하거나 불안하다면, 당신의 걱정거리를 좋은 친구들과 토론하거나, 지지 단체에 참여하거나, 아니면 단기적인 지원, 혹은 만약, 필요하다면 지속적인 도움을 위하여 치료사와 상담할 수도 있다.

• 성인기의 삶에 있어서 4대 발달 단계, 즉 중년 재평가(Midlife Reevaluation), 해방(Liberation), 정리(Summing-up), 그리고 앵콜(Encore)로 구성된 단계의 심리적 에너지를 더 활용해보라. 각 단계는 자연스러운 동기 유발, 통찰력, 그리고 감정적인 에너지를 제공한다.

자기 자신에 투자하라:
당신의 사회적 포트폴리오를 시작하라.

당신의 사회적 포트폴리오 (Social Portfolio)를 시작하는 데는 절대로 늦는다는 것은 없으며, 새롭고 존재하는 관계를 통하여 창조성을 위한 새로운 기회를 발견하는 것에도 절대로 늦는다는 개념은 존재하지 않는다 (다시 제5장에서 다룬 사회 포트폴리오 개념을 참조하라).

• 인생의 대차대조표를 작성하라—재미를 위해서 엄격하게 하라! 각 사회 포트폴리오 범주에 대해서, 활동, 우정, 혹은 이미 당신의 인생의 일부가 된 기타 관계를 열거하라. 당신의 시간의 얼마만큼을 하나의 활동에 사용할 것인가? 단체 활동인가? 친한 친구와 하는가? 가족인가? 동료들 혹은 새로 알게 된 지인인가? 당신의 활동은 얼마나 에너지가 적게 들고, 적은 이동성을 가지며, 그 중의 얼마나 당신을 더 차지하는가? 만약, 어떤 특정한 범주에 따르는 당신의 목록이 얇거나 비어있다면, 그것은 당신이 만들고자 하는 활동 혹은 관계이다.

사회적 포트폴리오

인생의 후반기에 창조적인 잠재력을 알아본다.

	단체 노력	개인적 노력
높은 이동성 높은 에너지	**단체 / 높은 이동성** • 이웃과 새로운 정원을 가꾸는 단체를 만든다. • 새로운 스포츠 단체, 예컨대, 새로운 영법 수영 클럽을 만든다. • 새로운 댄스를 배운다는 목표를 가지고 저녁 식사 및 댄스 단체를 만든다.	**개인 / 높은 이동성** • 당신의 마을의 동상들을 따라 걷는 여행을 한다. • 사진이나 시를 만드는 목표를 가지고 자연 길을 걸어 다닌다. • 선별된 음악과 더불어 하는 운동 계획을 세운다.
낮은 이동성 낮은 에너지	**단체 / 낮은 이동성** • 집에서 이루어지는 저녁 식사 및 비디오 토론 단체를 만든다. • 완전 초보자를 위하여 앉아서 하는 미술 수업을 만든다. • 가족과 친구들과 함께 즐길 수 있는 새로운 게임을 배운다.	**개인 / 낮은 이동성** • 전화로 자원 봉사할 수 있는 흥미로운 지역을 찾는다. • 도서관이나 인터넷 검색으로 새로운 주제에 대하여 배운다. • 글과 삽화가 있는 "나의 가족의 이야기" 책을 만든다.

• 몇 가지 당신이 잘하는 일들, 당신이 관심 있는 일들, 그리고 당신이 하고 싶어 하는 몇 가지 일들을 열거함으로써 아이디어의 비축물을 만든다. 선택사항을 확장하고, 담대해져라. 당신은 부시 대통령이 70년대 했던 것처럼 스카이다이빙을 할 필요가 없으며, 나의 아들 알렉스가 19세에 했던 것처럼 뉴질랜드의 산에 올라가 번지점프를 할 필요도 없다. 그러나 당신의 선택사항을 당신의 과거나 가족의 소원, 그리고 친구의 소원으로만 제한하지 않도록 주의하라. 뭔가 새로운 것을 시도하는 것에 관한 생각에 마음을 열어라.

- 당신이 사람들과 활동들 가운데 당신의 시간과 에너지를 투자하는 방법에 있어서 다양성과 균형을 목표로 세우라. 당신의 현재 포트폴리오에 나타난 사회적 상호작용의 배경에 기초하여, 단체와 혼자서 할 수 있는 활동, 낮은 이동성과 높은 이동성의 선택사항, 그리고 낮은 에너지 소모와 높은 에너지 소모의 선택사항을 할 수 있는 기회를 만들라.

- 행동을 취하라. 지역 대학에 전화하라. 특히 지역 커뮤니티 칼리지(2년제 대학)에 전화하고, 커뮤니티 센터와 당신의 관심분야에 관련된 학습과 경험을 위하여 다닐 수도 있는 프로그램을 위한 기타 자원에 연락하라. 성인 교육 프로그램에 관련된 다양한 국가의 자원은 355쪽의 창조적 연결(Creative Connection)을 참조하라. 당신의 도전을 더욱 즐겁고 단순히 덜 주눅이 들게 만들어 줄 것이라고 믿는 사람들을 모집하라.

- 스스로 사명감을 부여하라. 당신이 독자적인 관심을 개발하든지, 수업을 듣든지, 아니면 약간 다른 방식으로 사회생활을 하기 위하여 다른 사람들과 여행을 가는 지와 상관없이, 당신의 계획을 따라서 진행하라. 당신의 시간을 투자함으로써, 또한, 관심 있는 활동이나 그것이 제공하는 새로운 관계에 참여함으로써 경험으로부터 가장 좋은 것을 얻어내는 방법을 찾아보라.

- 적응할 수 있도록 하라. 만일의 경우에 대비해 계획을 가지고 있어야 한다. 예기치 못한 날 사회 네트워크의 변화가 있을 수도 있고, 당신의 건강 상태에 중요한 변화가 있을 수도 있기 때문이다.

독서하라. 당신의 독서에 다양하고 광범위한 책, 잡지, 그리고 신문을 포함시키라.

사회적 포트폴리오
결혼과 관계 강화 트랙: 협력적 창조성을 위한 맥락

당신의 관계를 강화하고 감정적인 친밀감과 유대감을 더 깊게 만들기 위하여 협력적 창조성을 사용하라. 다음의 실천사항들은 진지한 관계 속에 있는 양 파트너들의 개인적 성장을 위하여 창조적인 경험과 기회를 확대하기 위하여 고안된 것이다. 이러한 종류의 긍정적인 경험은 서로와 관계에 관한 자부심과 만족을 강화시켜 준다. 당신의 관계가 작동할 수 있는 장을 마련하기 위하여서는 다음을 고려해야 한다.

- 당신의 관계의 시작에 대한 더 나은 이해와 함께 시작하라. 당신의 결혼생활에 있는 기초적인 내적 및 외적 힘들에 대하여 생각하라. 사람들은 다른 이유로 인하여 결혼을 한다. 사랑, 친밀감, 성, 친밀하고 오래 지속되는 교우, 영혼의 동반자를 가지기 위해서, 개인적인 정체성과 결혼 파트너를 통해 완전한 느낌을 받기 위해서, 자녀를 가지고 가족을 만들기 위해서 결혼을 하기도 한다. 당신을 결혼하게 만든 이유는 무엇인가? 무엇이 당신들을 계속 유지시켜 주었나? 당신의 관계 속에서 당신은 무엇을 더 혹은 어떤 차이점을 원하는가?

- 당신이 느끼기에 당신의 관계 속에서 개선이 필요하다고 생각하는 측면을 찾아내라. 너무 자주 한 사람의 상황에 대한 개인적인 불만족은 결혼생활에서 사라지는 경향이 있다. 감정적인 친밀감과 유대감을 훼손하는 주제들을 찾아내라. 당신이 확인할 수 있는 당신의 행동 속에 당신이 뒤늦게 후회하게 될 경고 사인이 있지는 않은가? 그러한 사인들이 발생하고 나면, 당신은 뒤로 물러서서 당신 자신에게 똑같이 예측 가능한 방식으로 행동할 것인지, 아니면 다른 접근방식을 취할 것인지 물어볼 수 있는가? 당신은 파트너 혹은 친구에게 향하여 있는 불안의 수준 혹은 우울함의 수준과 분노, 또는 갈등 사이에 어떤 연결점이 있음을 알아볼 수

있는가? 뭔가 일이 잘 진행되지 않으면, 상대방의 탓을 하고 있지는 않은가? 문제 해결 전략 혹은 당신의 긴장이나 불행함을 당신 주변에 있는 사람에게 "전가(exporting)"하는 것을 멈출 수 있는 치료책이 있는가? 당신은 당신의 배우자 또는 중요한 다른 사람에게 관계 개선에 관한 대부분의 부담을 전가시키는가? 더욱 협력적인 과정이 시작될 수 있는가? 당신이 주도권을 가지고 시작할 수 있는 더 많은 분야가 있는가?

• 관계와 당신의 개인적 삶의 성장을 위한 기회를 발견하라. 창조적인 활동은 친밀한 관계를 돈독히 하는 데 도움을 준다. 이러한 활동들은 양 파트너가 자신들과 서로에 대하여 기분 좋게 느낄 수 있도록, 그리고 결과적으로 그들의 결혼에 대하여 만족감을 느낄 수 있도록 도움으로써 그들의 관계를 풍부하게 만든다. 창조적인 활동은 단순히 관계를 유지하고 고쳐나갈 수 있도록 할 뿐만 아니라, 이 활동들은 결혼 혹은 관계의 성장에도 더 많은 영향을 준다. 근본적으로 이러한 활동들은 우리 자신에 대한 새로운 측면과 우리와 가까이 있는 사람들의 새로운 면을 발견할 수 있는 길이 된다. 친구들 그리고 가족들과의 창조적 활동은 상호작용, 나눔, 그리고 의사소통을 촉진시킨다.

트랙 I 활동 계획: 개인적인 내적 성장

다음의 활동들은 당신과 당신의 파트너를 위한 내적 성장, 특히 개인적 단계와 다른 사람과의 관계적인 측면에서의 성장에 초점을 맞추고 있다.

• 당신의 파트너로부터 분리되고 당신 혼자만 할 수 있는 새로운 활동을 탐구하라. 예를 들면 당신을 신나게 하고 시간이 지나면서 당신이 만들어갈 수 있는 주제에 관하여 새로운 가정에 기초한 자기 학습 프로그램을 만들라. 당신의 관심을 뒷받침해주는 책과 기타 자료들을 읽고 수집하라.

- 당신의 파트너로부터 분리되고 다른 사람들과 함께 할 수 있는 새로운 활동을 탐구하라. 예를 들면, 다른 사람들과 (당신의 파트너를 제외하고) 함께 수업을 듣고, 특히 당신을 신나게 만들고 당신이 계속 쌓아 나갈 수 있는 수업을 들으며, 다른 사람과의 활동적인 상호작용을 할 수 있는 것으로 선택하라. 또는 가계도(家系圖) 혹은 가족 역사를 만들고, 이상적으로는 당신에게 개인적인 의미가 있고 당신이 자기 자신과 자신의 뿌리에 대하여 깊이 이해할 수 있는 프로젝트를 시작하라.

- 당신과 분리되고 당신의 파트너 혼자서 할 수 있고, 아울러, 다른 사람들과 어울리는 활동을 통한 당신의 파트너의 내적 성장을 격려하고 지지하라.

트랙 II 활동 계획: 부부로서 성장을 위한 공유된 활동

다음의 활동들은 당신의 함께하는 관계에서의 창조성에 집중하고 있다. 처음으로는 부부를 위해서, 그리고 나서는 다른 사람과 부부의 관계에 대한 활동이다.

- 당신과 파트너 모두가 즐길 수 있고 뭔가 당신이 시간이 지나면서 만들어 나갈 수 있는, 예컨대, 스포츠라든가 레크리에이션 여가시간, 음악, 댄스, 여행, 극장, 또는 민속 요리 맛보기 등, 무언가 함께 할 수 있는 새로운 활동을 탐구하라.

- 당신이 부부로서 의미 있는 시간을 오랜 친구들과 함께 할 수 있거나, 당신의 사회관계 속에서의 범위를 확대할 수 있는 새로운 활동을 탐구하라.

- 뭔가 특별한 것을 오로지 부부를 위해서만 보존하라. 당신이 부부로서 둘이서만 즐기는 일부 활동들은 다른 사람들과 공유하기에 즐거울 수 있지만, 이러한 활동의 측면들을 당신과 당신의 파트너에게만 독특하게

친밀하도록 발전시킬 수 있는 방법을 찾으라.

자서전: 당신 자신만의 인생 이야기에서 배운다.

편지를 써라.
그리고 보내라.

성찰은 우리를 더 잘 이해할 수 있도록 도와주는데, 특히 우리가 자신의 삶을 사려 깊게 검증을 했을 때 더욱 그러하다. 자서전은 성찰에서부터 시작하며, 이러한 단순한 정신적 실행을 통하여, 우리는 우리의 내적 인생을 창조적인 에너지의 내적 근원과 연결시킨다. 당신이 앞으로 더 나아가 당신의 과거에 대하여 이야기를 나누면, 당신은 지혜와 경험을 다른 사람들과 나누는 것이고, 그러한 상호작용 속에서 당신은 새로운 통찰력과 자기발견이라는 당신만의 잠재력을 강화시키는 것이다. 연령과 경험은 우리로 하여금 우리 과거의 패턴을 통하여 보고 배울 수 있도록 해주며, 우리가 그렇게 할 수 있는 능력은 나이를 먹으며 성장하고 변화한다. 당신은 당신의 과거를 반성할 만큼 충분히 나이가 들었으며, 가족의 이야기를 신선하게 바라볼 수 있을 수 있는 만큼 결코 너무 늙지도 않았다. 당신의 이야기를 나눌 수 있는 수많은 방법들이 있는데, 그 방법으로는 개인적 즐거움을 위해서는 일기나 저널을 작성하는 것이 있고, 더욱 사회적인 형태로는 자서전적인 표현을 하는 방법도 있다.

조리법을 쓰고, 나누라.

• 적어도 시작을 하기 위해서는 당신에게 쉬운 인생의 리뷰 형식을 선택하라. 만약, 당신이 글을 쓰는 데 있어서 편안하다면, 개인용 저널, 가족 구성원에게 주는 편지, 또는 시간의 추억을 초대하는 친구들, 아니면 당신이 회상하는 사람, 또는 젊은 가족 구성원들과의 기억 나누기, 또는 자신의 인생에 이정표에 있는 친구들 등으로 시작하라. 만약, 당신이 말하는 데 더욱 편안하다면, 테이프나 비디오테이프를 통해서 당신의 회상을 개인적인 다큐멘터리 형태로 제작할 수도 있다.
• 주목하지 않을 수 없는 시간, 장소, 혹은 사람들의 추억으로 시작하라.

꽃을 심으라.

당신이 관심을 가지고 있는 영화나 비디오를 보고, 누군가와 이에 대하여 토론하라.

당신의 인생 속에서 터닝 포인트를 만들어 준 핵심 사건들을 생각하거나, 당신의 모습에 대해서 생각하라. 이러한 것들로는 재능 발견, 사랑에 빠지는 일, 부모를 잃게 된 일, 궁극의 직업을 얻게 된 일, 당신에게 특별한 사람과의 갈등, 중요한 목표 달성, 주요 실망 혹은 무언가 새롭고 신나는 일 경험 등이 포함될 수 있다.

• 인생의 초기 발달 단계에서와 인생의 변천 단계에서의 당신의 경험과 내적 성장에 대하여 반성하라. 예를 들면, 아동기, 청소년기, 청년기 및 중년기, 그리고 학교생활, 대학생활, 군대, 결혼, 직장생활, 그리고 양육 등을 들 수 있다.

• 조부모님, 부모님, 형제, 멘토, 원수들, 배우자, 그리고 자녀들과의 관계와 같은 영향력 있는 관계를 검토하라. 무엇이 이러한 사람들을 당신에게 중요하게 만들었는가?

사실, 주제, 그리고 영향의 기초

당신이 자기만의 고유한 생각을 가지고 앉아있거나, 그러한 생각들을 다른 사람들과 나눌 때에라도, 세부사항들을 기억하는 것은 당신이 전기를 씀으로써 많은 것을 얻을 수 있도록 도와줄 것이고, 당신이 이야기를 나누고 싶어 하는 다른 사람들에게도 더욱 의미 있을 것이다. 이러한 내용들은 당신이 곧 특별한 의의를 가지고 있는 패턴을 발견할 수 있는 감정의 구체적인 부분이나 행동 속에 있다. 단순한 사실로 시작하고, 다른 세부사항들은 마음속에 떠오를 것이다. 다음의 내용들을 포함하라:

• 감각적인 인상: 색상, 질감, 냄새, 소리, 그리고 시각.
• 행동: 누가 무엇을 했나? 어디서, 누구와 함께 누구에게 하였는가?
• 감정: 어떻게 느꼈는가? 행복했는가? 사랑스러웠나? 화가 났나? 슬펐나? 헷갈렸나? 겁이 났는가? 강력한가? 약한가? 당신의 감정을 말하고

행동과 감정 사이에 있는 인과관계의 패턴을 살펴보라. 당신의 삶 속에는 분노와 물리적 공격성에 대한 패턴이 있는가? 사회 작용으로 인한 불편함의 패턴인가? 특별한 활동이나 환경에 관련된 긍정적인 감정의 패턴이 있는가? 감정에 대하여 말하는 것은 우리의 대처 능력을 개선시켜준다: 다른 사건, 변화, 사람들, 그리고 경험들에 대하여 어떻게 경험하였는가를 묘사해보라.

- 갈등과 위기: 이렇게 당신의 인생, 감정 그리고 행동 속에 있던 어려운 순간들에 대하여 묘사하라. 그리고 당신은 그것들을 어떻게 해결하였는가. 설명하라.

- 기복: 당신의 소망, 두려움, 만족, 가장 큰 실망, 재미있던 경험, 화가 났던 경험, 당신이 사랑하는 것, 당신이 싫어하는 것, 당신에게 긍정적으로 영향을 준 사람들과 사건, 부정적인 영향을 준 사람들과 사건 등에 대하여 이야기하라. 이와 같이 이분법적인 가운데 경험했던 일들, 즉 비교와 대조는 당신의 인생의 경험의 깊이와 넓이를 나눌 수 있는 효과적인 기법이다.

- 가족사: 당신의 부모와 조부모를 묘사하라 (그리고 가능하다면 증조부도 설명하라.). 그들의 이름, 외형, 성격, 당신과 다른 사람들과의 관계, 그들의 일, 그들이 성취한 일, 그리고 알려진 일화들을 소개하라. 무엇이 그들에 대해서 가장 특별하거나 가장 기억에 남는 일인가? 당신의 가족은 어떻게 당신에게 영향을 주었는가? 당신과 부모와의 관계가 시간이 지나면서 변하였는가? 당신의 부모와 조부모는 어디에서 태어났는가? 만약, 그들이 사망하였다면, 그들이 몇 살까지 살았고, 어떻게 죽게 되었는가? 만약, 당신이 그들의 사진을 가지고 있다면, 당신의 이야기가 글이든, 아니면 말로 하든, 당신의 이야기 속에 그 사진들을 첨가하라.

- 가족의 배경: 당신의 형제와 그들과 나누었던 세부적인 관계에 대하여 묘사하라. 어떻게 이 관계가 계속 동일하게 머물러 있는지, 그리고 어떻

게 그 관계가 시간이 지나면서 변화되었는가?

- 하이라이트: 당신의 인생의 시기에 대해서 묘사하라. 예를 들면, 당신의 유년 시절을 생각할 때, 무엇이 좋았고 무엇이 나빴다고 생각하는가? 당신에게 있어서 가족생활은 어땠는가? 어떤 특별한 사건, 꿈, 소망, 두려움, 실망, 성취, 그리고 기타 기억할 만한 경험들이 당시에 두드러졌는가? 만약, 당신이 실망이나 불행에 대하여 글을 쓴다면, 그것이 어떻게 당신에게 영향을 주었고, 당신은 그것으로부터 무엇을 배웠는가? 그 경험이 그 이후로 당신이 어떤 일을 접하는 방식이 달라지도록 영향을 주었는가? 이 기간에 가장 두드러지는 일은 무엇이었나? 누가 당신에게 가장 많은 영향을 주었는가? 어떻게 영향을 주었는지 설명하라.

- 자기 이미지: 당신은 인생의 다른 단계를 거치면서 자기 자신에 대해서 어떻게 생각해왔는가? 당신 자신에 대해서 어떤 이미지를 가지고 있는가? 당신의 몸과 당신의 성별에 대해서는 어떻게 생각했는가? 어떻게 이러한 생각들이 발전되거나 변화되었는가? 당신이 자기 자신에 대해서 가장 좋아하는 것은 무엇인가? 가장 마음에 안 드는 것은 무엇인가? 당신이 바꾸고 싶은 것은 무엇인가? 당신이 잘하는 것은 무엇인가? 당신의 특별 기술이나 재능은 무엇인가?

- 태도와 믿음: 세월이 지나면서 당신의 인생의 관점, 정신적, 정치적, 그리고 기타 태도는 어떻게 변하거나 깊어졌는가?

- 우정: 유년기, 청소년기, 청년기, 중년기, 그리고 후반기에 당신과 가장 가까운 친구는 누구였나? 어느 우정이 지속되었는가? 당신의 우정은 어떻게 변화되었는가? 어떤 중요한 사건과 갈등이 발생하였는가?

- 일: 당신의 첫 번째 직업은 무엇이었나? 그리고 그 직업에 대해서 당신은 어떻게 느꼈나? 당신의 직업 생활은 시간이 지나면서 어떻게 발전되었나?

- 사랑: 무엇이 당신의 로맨틱한 관심과 성적으로 깨어나는 기억이었나?

당신은 언제 처음으로 사랑에 빠졌는가? 어떤 길로 그 관계가 진전되었는가? 당신의 낭만적인 사랑, 성, 그리고 친밀한 관계에 대한 당신의 관점은 시간이 지나면서 어떻게 발전되었는가? 만약, 당신이 결혼하였다면, 당신의 결혼 혹은 다른 사람과의 친밀한 관계에 대하여 묘사하라. 어떻게 그 관계들이 당신 자신에 대한 생각, 다른 사람에 대한 생각, 그리고 당신의 인생의 과정에 대한 생각에 영향을 주었는가? 당신은 결혼한 것 혹은 결혼하지 않은 것에 대하여 어떻게 느끼고 있는가?

• 죽음: 죽음에 관한 당신의 첫 번째 경험은 무엇인가? 누가 죽었을 때인가? 그것이 당신에게 어떻게 영향을 주었는가? 그와 비슷한 다른 경험에서는 어떠하였는가? 죽음에 대해서 어떻게 생각하는가? 그러한 생각들이 당신에게 어떻게 영향을 주었는가? 당신의 부고는 뭐라고 써지기를 바라는가?

당신 스스로에게 질문하라:

• 동시대의, 역사적인, 문학적인 혹은 신화적 인물 중에서 당신과 동일시할 수 있는 사람이 있는가? 그들에 대한 어떤 부분이 당신과 연결고리가 있다고 생각하는가?

• 당신의 가장 큰 꿈, 성취 그리고 만족은 무엇이었나?

• 당신의 두려움과 가장 큰 실망은 무엇이었나?

• 무엇이 그리고 언제가 당신에게 가장 행복한 순간이었나? 그 시간들을 묘사하고 왜 그 시간들이 행복하였는지 설명하라.

• 당신이 경험했던 일 중 가장 재미있었던 시간과 일은 무엇이었나?

• 무엇 그리고 언제가 가장 낙심되는 시간이었나?

• 당신이 늘 말하고 싶었던 비밀이 있는가? 또는 나누고 싶은 비밀이 있는가?

• 아직도 당신이 필요하거나 하기를 원하는 일이 있는가?

- 당신이 말하고 싶거나 묘사하고 싶은 것들이 있는가?
- 당신이 누구인지, 어떤 생각을 하는지, 그리고 일들에 대하여 어떻게 느끼는지에 대하여 정리하고 싶은 방법이 있는가?
- 당신이 배웠던 중요한 인생의 교훈을 포함해서, 사람들에게 남기고 싶은 조언이 있는가?

단순히 의식적으로 이러한 삶의 측면들에 대하여 생각하면서 시작하고, 길을 걸을 때라든가, 저녁에 조용한 시간을 가지고 있을 때 생각해 보라. 당신은 당신의 생각들을 편지로 써서 손자녀들 혹은 다른 젊은 친구들에게 남겨주고 싶을 수 있고, 그들의 이야기에 대해서 물어볼 수도 있으며, 세대 간의 창조성의 이익을 즐길 수 있을 것이다. 당신은 다른 사람들이 당신과 함께 일하면서 종이 위에 간단한 스냅 샷을 만들 수 있도록 요청할 수 있다. 여기에 한 페이지를 두고, 또 다른 페이지를 합칠 것이다. 당신은 인생의 후반기 혹은 은퇴 후 시기에 당신의 창조적인 노력에 집중하는 자서전을 만들고자 선택할 수 있다. 당신의 자서전 작업이 출판된 글이나 영화로 만들어지고, 사적인 일기장이나 저널, 혹은 가족의 스크랩북이나 단순하고 기념할 만한 가족과 친구들의 대화의 형태로 남을지라도, 이는 의미 있는 반성과 가장 큰 보상이라고 할 수 있는 나눔의 과정이 될 것이다.

당신이 자주 만나지 않는 사람에게 방문하거나 아픈 사람에게 방문하여 친구가 되어줘라.

창조성 게임

이 게임의 목표는 창조성 포인트 1,000을 얻는 것인데, 이는 당신이 스스로에게 선택에 대한 보상을 하는 것을 허용한다. 관대하게 게임을 진행하자!

- "시작"이라고 쓰인 박스에서 시작한다.

- 작은 물체를 게임 보드에 올려놓고 말로 사용한다.
- 주사위를 돌리고 게임 판의 시계방향으로 돌아가면서 진행한다. 적어도 하루에 한 번은 주사위를 돌려야 하고, 주사위에 나온 숫자에 따라서 말이 들어가는 박스에 씌어져 있는 말을 실행해야 한다.
- 점수 매기기: 당신이 도착하는 박스 안에서 시키는 말을 할 때마다 5점을 얻는다. 만약, 당신이 "시작" 박스에 서거나 지나갈 경우, 당신은 보너스 20점을 더 얻게 된다. 만약, 당신이 "시작" 박스에 서게 되면, 추가로 20점을 더 얻게 되고, 다시 한 번 주사위를 던질 수 있다. 1,000점에 도달하면, 자기 자신에게 특별한 선물을 주라. 여행, 책, 혹은 하루 쉬기 등의 선물을 준다. 그러나 가장 신나는 선물은 당신이 그 활동 자체를 통하여 얻게 될 활력의 느낌, 공동체, 그리고 자부심일 것이다.

시작 → 20창조성 포인트 획득	누군가에게 방문한다.	E-mail을 보내거나 편지를 쓴다.	새로운 장소를 방문한다.	새로운 활동을 시도해 본다.
당신 인생의 10년을 묘사해 본다.	창조성 게임			기사나 책을 읽는다.
새로운 활동을 시도해 본다. 게임 조언:	꿈이나 몽상을 기록한다.	당신의 선택	일상의 생각을 기록한다.	영화를 보거나 문화 행사에 참여한다.

새롭게 개업한 카페라든가 해외여행이 가능하다면 새로운 나라와 같이, 새로운 장소를 방문한다.

어떤 박스든지 당신이 도착하게 되면, 다른 전환과 함께 지시를 수행하고, 차원을 추가하거나, 또는 솜씨의 감각을 이용해서 수행한다.

- 당신이 누군가에게 혹은 특별한 장소에 방문한 뒤, 이를 설명하는 저널을 작성하거나, 경험으로부터 알게 된 무언가를 그림으로 그려놓는다.
- 창조적으로 될 수 있는 기회를 가지고 다른 일을 시도한다.
- 당신이 선택하는 박스로 구성된 새로운, 혹은 확장된 게임 보드를 개발함으로써 당신의 창조성을 자유롭게 끌어낸다.

창조적인 연결: 더 많은 아이디어들

서점에 가서 취미 혹은 공예 코너를 방문하라.

자기 자신을 가능성과 선택사항으로 몰입시킬 수 있는 또 다른 방법으로는 오후 시간에 당신이 가장 좋아하는 서점에 가서 시간을 보내는 것이다. 만약, 당신이 취미를 가지고 싶거나, 혹은 취미를 가질 준비가 되어있지 않다고 하더라도, 당신은 서점의 이 섹션으로 방문하는 것이 좋다. 이런 말이 있다. "자신이 무엇을 모르는지 모르고 있다." 어쩌면 결국 당신을 기다리고 있는 취미가 있을지도 모르는 일이 아닐까?

나는 정기적으로 서점에 가지만 나는 내가 찾은 것에 대하여 늘 놀란다. 지난번 내가 서점에 갔을 때는 〈Readers' Digest〉의 책 제목 《*Back to Basics: How to Learn and Enjoy Traditional American Skills*》(기초로 돌아가다: 전통적인 미국의 기술들을 익히고 즐기는 방법)를 발견하였다. 차례를 읽으면서, 나는 이 책의 다섯 번째 파트, 즉 "가정과 농가를 위한 기술과 솜씨"에서 흥미를 느꼈다. 기술과 솜씨는 왼쪽에 열거되어 있다.

나는 특히 "스텐실"에 관심이 있었다. 세대 간 즐길 수 있는, 교육적이면서도 예술적인 보드게임을 발명하는 것에 대한 나의 흥미가 주어진 가운데, 내

- 천연 염료
- 방적
- 천짜기
- 뜨개질 양탄자
- 수놓은 양탄자
- 기워 맞춘 퀼트
- 밧줄 만들기
- 제혁법, 가죽세공
- 목공
- 빗자루 만들기
- 조각세공
- 가정요리
- 금속가공
- 스텐실
- 건조화 및 압화
- 박 꾸미기
- 비누 만들기
- 바구니 세공

머리 속에서 시작된 바퀴는 내가 스텐실을 이용하여 나의 보드게임의 미술적인 수준을 높일 수 있다는 생각을 하도록 굴러갔다.

나는 또한, 이 책을 좀 더 읽은 후 내가 아내에게 "패치워크 퀼트"에 대하여 소개해 줄 수 있다는 점에 대하여서도 놀랐다. 나는 이 기술이 그녀의 감성에 들어맞을 것이라는 걸 알았다. 나는 이 주제를 가져와서 "우리의 오래된 빅토리안 집의 분위기에 패치워크 퀼트를 보태면 멋지지 않을까?"와 같은 말을 던질 수 있을 것이다. 미술 치료사이자 재능 있는 조각가로 평가 받는 웬디는 퀼트의 아이디어를 선택사항에서 제외하였지만, 그 대신 그녀의 생일에 파스텔 미술 도구를 준비해 줄 수 있는지 물었다. 그녀는 "우리의 오래된 빅토리아식 집의 분위기에 보탬이 될 수 있는 따뜻한 파스텔 그림을 만들고" 싶었던 것이다.

엘더호스텔(Elderhostel)

평생 학습은 그 자체로 창조적인 도전이며, 여러 가지 방법으로 접근할 수 있다. 엘더호스텔은 비영리단체로, 55세 이상의 노인들에게 학습 기회를 제공하고 있다. 엘더호스텔은 노인들만을 위하여 설계된 프로그램을 통해 전통적인 교육과 숙박업을 혼합한 것이다.

엘더호스텔은 약 2,000개의 교육 및 문화 부지의 네트워크로 구성되어 있다. 그 주최로는 대학, 집회장소, 주립 및 시립 공원, 박물관, 극장, 그리고 환경/실외 교육 센터 등이 포함된다. 프로그램들은 미국과 캐나다, 그리고 해외 70개국에서 1년 내내 제공된다. 따라서 엘더호스텔은 학습과 여행을 동시에 할 수 있는 매력적인 방법이 될 수 있다.

미국과 캐나다의 대부분의 프로그램들은 1주일 기간이다. 해외의 프로그램의 경우엔 1주에서 4주까지 이어지며, 다른 부분에 있는 기관에서 일주일 동안 머물기도 하며, 하나 이상의 인접 국가에서 머물기도 한다. 참여자들은

당신의 상황이 10년 뒤에는 어떻게 될지 종이 위에 예측하라. 당신의 예측을 보존해 놓고, 이후 정확하게 수정하라.

그들의 주최 기관에 거주하면서, 혹은 근처에 있는 상업 시설에서 최대 3개의 비학점 과목을 수강할 수 있다. 거의 절반에 가까운 프로그램 참여자들은 근처의 호텔과 모텔에 머물게 되며, 나머지는 학술기관에서부터 집회장소와 같은 다양한 숙박시설을 경험하게 된다. 미국의 프로그램들은 교양 과목과 과학 과목에 폭넓은 초점을 맞추고 있으며, 종종 독특한 지역의 특징과 자원을 의지하게 된다. 다른 국가에 있는 프로그램들은 강한 문화적 요소를 가지고 있으며, 주최 국가의 역사, 문학, 미술, 문화, 언어, 그리고 자연 환경에 대한 학문들을 제공하고 있다. 모든 프로그램들은, 미국에서부터 해외에 이르기까지, 다양한 교외 활동, 현장학습 및 문화 행사 등을 포함하고 있다.

엘더호스텔은 지적공유와 발견 위한 자극적인 환경을 제공하려고 노력한다. 이전의 정식 교육 혹은 각 과목의 지식은 엘더호스텔의 프로그램의 이익을 취하는 데 필요하지 않다. 과목들이 도전적으로 설계된 한편, 숙제용 과제, 시험, 점수 혹은 학점 등도 존재한다. 비공식적인 수업 환경은 압박이 없는 참여와 토론 분위기를 유인하기 위한 것이다. 부부와 독신 모두 엘더호스텔 프로그램에 참여할 수 있다. 모든 사회 계층으로부터 온 참여자들은 동료 호스텔러들과 함께 자신들의 거주구역, 식사, 수업, 그리고 활동을 공유할 수 있다, 수많은 사람들이 함께 경험한 것에 대한 결과로 계속해서 지속되는 우정을 지속하게 된다 (부록 D의 엘더호스텔 참조).

자원봉사

이전의 장에서 나는 이야기하기라든가 독지활동 등을 통하여 점점 증가하는 나이와 점점 증가하는 경험과 지식을 나누고자 하는 희망의 상관관계를 묘사하였다. 한편, 자원봉사 활동은 사람들의 사회 포트폴리오에 중요하고, 이를 풍부하게 하는 활동을 나타낸다. 또 다른 한편으로는, 자원봉사는 사회 창조성에 대한 무수히 많은 기회를 제공한다.

당신은 이 사회 포트폴리오의 4가지 범주 안에 나타나고 있는 여러 가지 일에 대하여 자원 봉사할 수 있다. 다른 사람들과 함께 지역사회를 안에서 이웃 보호 단체를 시작하거나 미국 적십자를 위한 혈액차를 도와주며 일하는 것을 생각해 보라. 이 두 가지 예는 집단/높은 이동상 범주에 속하게 된다. 한편, 다른 자원봉사자들과 함께 PBS 혹은 National Public Radio 모금을 위해 전화를 받는 것은 집단/낮은 이동성 범주에 포함된다. 정치 캠페인을 위하여 전단지를 나누어 주는 것은 개인적/높은 이동성 활동이 될 수 있으며, 기업 혹은 정치인들에게 어떤 문제에 대하여 편지를 쓰는 것은 개인적/낮은 이동성 범주에 속할 것이다.

수많은 사람들이 깨닫지 못하는 것은 자원봉사 경험이 때때로 정기적인 직업으로는 쉽게 얻을 수 없는 방법으로 혁신의 기회를 제공한다는 것이다. 나의 고유한 자원봉사 경험이 그러한 완벽한 경우이다. 나는 1971년 이래로 매주 반나절 동안 자원봉사를 하고 있었다.

지난 25년 (1971-1996)동안 나는 노인 정신과의사로서 공영주택 건물에서 200명 이상의 노인들을 위한 자원봉사를 했다. 이 경험은 노인학자로서의 나의 성장에 있어서 매우 가치 있었고, 혁신적인 정신 건강 서비스 기술을 개발하는 데 있어서도 매우 큰 도움이 되었음이 증명되었다. 한 가지 예를 들어보겠다.

사적인 진료에서는, 정신과 의사들은 전화 후속조치에 대해서는 보상을 받지 않는다. 그러기에 그들은 빡빡한 스케줄 속에서 환자들의 상황을 전화로 관찰하는 것에 별로 관심이 없다. 그러나 자원봉사의 경우, 무료로 일을 하게 되면, 나는 보상에 대해서는 생각하지 않는다. 나는 10명에서 15명의 사람들에게 전화로 상태를 확인하며 나의 하루를 시작한다. 만약, 이 대화 속에서 내가 뭔가 일이 잘 안 풀리고 있다는 느낌을 받는다면, 나는 곧 그 사람에게 병원으로 올 것을 요청하거나, 더욱 전형적으로는 내가 그의 아파트로 가서 무슨 일이 벌어지고 있는지를 확인한다. 만약, 전화상의 상황이 잘 이루어진다면, 나는 그 다음 사람에게 전화를 한다. 이러한 접근방식은 매우 효율적이라고 증명되었고, 나에게는 제한된 시간에 나의 정규 업무 시간에 가능한 것보다 더 많은 사람들을 치료할 수 있도록 해주었다.

이러한 경험은 내게 그 건물에서 거주하고 있는 노인들의 전체 공동체에 대하여 풍부한 25년간의 종적인 관점을 가질 수 있도록 해주었다. 사실, 나의 성공적인 연구 프로젝트를 위한 수많은 아이디어들이 그들에게 자원봉사 하면서 나온 것이었다. 시각장애인이면서도 기백이 넘치는 90세의 톰슨 여사와의 작업 (2장에서 묘사함)도 그 건물에서 이루어진 것이었다. 인생 후반기에 있어서 잠재력 및 창조성의 발생률, 그리고 확인되지 않은, 닫힌 문 뒤에 숨어 있는 재능 있는 노인 예술가들의 현상에 대한 나의 초기 인식도 바로 이 자원봉사로부터 얻게 된 것이다. 그리고 물론, 이 사람들과 내가 발전시킨 수많은 훌륭한 관계가 있었고, 나는 이들로부터 매우 깊은 감사의 마음을 전달 받기도 했다.

또한, 이 건물에서는 수많은 감동적인 일들도 있었다. 특히 두 가지 사건이 두드러진다. 첫 번째 경우는 주민들이 나를 위하여 특별 파티를 마련하였는데, 이 파티에서 나는 워싱턴 D.C. 지방정부로부터 "Outstanding Volunteer Services Certificate of Appreciation"을 받게 되었다. 또 다른 때에는, 나는 진료를 해야 하는 날, 나는 그 건물로 걷고 있었는데, 그날은 토네이도가 불어왔었다. 그런데 갑자기 내가 알고 있는 한 80세 여성이 창문 밖으로 얼굴을 내밀고 소리를 질렀다. " 코엔 박사님, 지금 토네이도가 오는 것 모르세요? 빨리 들어오세요, 빨리!" 확실히 알게 된 것은, 내가 나의 환자들을 신경 쓰고 돌보는 만큼, 그들도 나를 늘 신경 쓰고 돌보고 있다는 것이었다.

그러나 당신은 너무 긴 시간 혹은 오랜 세월 동안 자원봉사를 하겠다고 결심할 필요는 없다. 단순한 일부터 시작하라. 당신은 많은 사람을 만나게 될 것이다. 1991년 컴원웰쓰에서 지원하는 생사적인 나이 듦에 대한 조사

(Commonwealth Fund Productive Aging Survey)는 자원봉사를 하는 노인들의 비율을 각 나이대별로 확인하였다 (표 참조). 주목하라: 80대 중반일지라도, 1/4 이상(28퍼센트)의 노인들이 여전히 자원봉사를 하고 있었다는 것이다. 비록 이 노인들이 자원봉사를 하는 시간의 양은 사람마다 상당히 달랐지만, 평균 6.3 시간을 봉사하고 있음이 나타났다.

자원봉사를 하는 노인의 각 나이대별 비율

연령	% 자원봉사
55-59	31.0%
60-64	26.0
65-69	27.0
70-74	26.3
75-79	23.2
80-84	28.0
85 이상	9.4
전체, 연령 55+	26.1

1991년 컴원웰쓰(Commonwealth) 지원은 1/4보다 약간 더 높은 비율의 65세 이상의 미국인들이 병자 또는 장애인 친척, 친구 혹은 이웃들을 위하여 도움을 주고 있음을 발견하였다. 도움을 제공하는 노인들의 비율은 1989년 국가 장기 돌봄 연구(National Long-Term Care Survey)에서 자기들이 일상적으로 가족, 친구, 혹은 이웃들로부터 장기적인 장애로 인하여 도움을 받고 있다고 보고한 65세 이상의 미국인들이 비율의 두 배였다.

들, 손자녀들 혹은 증손자녀들에게 도움을 제공하였다고 한다. 11퍼센트

만약, 당신이 누군가에게 특별하면서도 실현 가능한 놀라움을 선물해주기로 하였다면, 무엇을 할 것이고, 누구를 위하여 할 것인가? 그 일을 실제로 해 보는 것은 어떨까?

는 20시간 이상의 도움을 제공하였다. 75세 이상의 노인 중 7퍼센트는 20시간 이상 그들의 자녀, 손자녀, 그리고 증손자녀들에게 도움을 제공하였다고 한다. 나아가서, 65세 이상의 노인들은 자녀들에게 받는 것보자녀가 있는 65세 이상 노인들의 40퍼센트는 비재정적인 면에서 자녀다 약 3배 반 이상, 상당한 경제적 도움을 자녀에게 주는 경향이 있는 것으로 나타났다. 분명히 국가적 부담으로서 노인들의 묘사는 오히려, 국가적 자원으로서 바뀌어야 할 것이다.

자원봉사에 참여하기 위한 전략: 미국에서는 수많은 지역 및 국가적 자원봉사 네트워크가 존재한다. 누구든지 연락을 취하고, 자원봉사 선택사항을 탐구한 뒤, 자원봉사를 시작할 수 있다.

노화 관련 지역 기관: 이 나라에 있는 대부분의 지역사회들은 노화에 관한 지역 사무실 또는 지역 기관을 두고 노인들과 관련된 프로그램에 대한 정보와 알선 서비스를 제공하고 있다. 이러한 노화 관련 지역 기관은 전형적으로 다양한 지역 자원봉사 프로그램과 협조하고 당신을 국가 자원봉사 네트워크로 연결시켜 준다. 지역 전화번호부에는 이러한 사무실이나 기관의 번호를 포함하고 있을 것이다. 또한, "1-800-677-1116"으로 전화하여 당신이나 멀리 거주하고 있는 당신의 친척들의 근처에 있는 노화 지역 기관을 찾아볼 수 있다 (부록 D에 있는 ElderPage 참조).

국가 서비스를 위한 기업: 노인 자원봉사에 초점을 맞춘 몇 가지 오래되고 매우 성공적인 자원봉사 프로그램이 National Senior Service Corp에 포함되어 있다 (Senior Corps 라고도 함). 이러한 기업은 다음의 프로그램을 포함한다.

- Foster Grandparent Program: 노인들에게 특별하고 예외적인 요구가 있는 자녀들과 친밀한 관계를 개발할 수 있는 기회를 제공한다.

- Retired and Senior Volunteer Program (RSVP): 참여자들은 학교, 법원, 도서관, 어린이집, 병원 그리고 기타 지역사회 센터에서 자원 봉사할 수 있다.
- Senior Companion Program: 이 자원봉사는 특별한 건강, 교육, 혹은 사회적 요구가 있는 노인들에게 병원, 사회 서비스 기관, 또는 가정 건강 관리 기관 등의 지원 서비스를 제공한다.

이러한 프로그램들에 대한 더 많은 정보를 얻기 위해서는 워싱턴 D.C.에 있는 Corporation for National Service, 전화번호 "800-424-8867"로 연락하라. (부록 D에 있는 Senior Corps 참조). 또 다른 흥미로운 연방의 후원을 받는 자원봉사 프로그램으로는 SCORE (Service Corps of Retired Executives)가 있는데, 이는 U.S. Small Business Administration (SBA)의 한 부서이다. SCORE 자원봉사는 중소기업에 기술적인 도움을 제공한다 (전화번호는 당신의 지역 전화번호부의 블루 페이지를 참고하고, 부록 D 나온 Small Business Administration을 참조하라). 은퇴한 임원들에 초점을 맞추고 있는 기타 비연방 기관들은 다음과 같이 열거되고 묘사되어 있다.

- National Executive Service Corporation. 이 단체는 전국적인 자원봉사 임원의 기관으로, 비영리 단체를 위하여 기획, 마케팅, 직원 관리, 예산, 재정, 그리고 일반 운영에 관하여 컨설팅을 해 준다. 그들의 본부는 뉴욕시 (212-529-6660)에 있으며, 약 40개 도시에 걸쳐서 제휴기관이 있다.
- International Executive Service Corp. 코네티컷의 Hartford에 위치한 이 회사는 (203-967-6000) 자원봉사자들이 외국에 있는 기업들과 지역사회를 도와주는 비용을 받는다. 이러한 컨설팅의 초점은 새로운 사업의 착수에서부터 지역의 농업 문제 해결을 도와주는 데 이르기까지 다양하다.

특별한 사람을 위하여 적어도 4줄 이상 운율이 맞는 시를 써보라. 재미있게 써도 괜찮다.

중요한 사람 혹은 친구를 위하여 당신이 평소에 하는 것과는 다른 방법으로 저녁을 만들라. 음식 준비, 세팅, 의상, 또는 기타 당신이 상상할 수 있는 다른 방법들을 다르게 준비해 보라.

- Volunteers in Overseas Cooperative Assistance (VOCA). 워싱턴 D.C.에 위치한 이 비영리 단체는 다양한 외국 컨설팅을 위하여 비용을 제공한다. 제4장에 설명된 나의 삼촌 버드의 자원봉사 서비스는 VOCA의 지원을 받은 것이었다. 202-383-4961에 전화하면 연락할 수 있다.

시도해 볼 만한 다양한 다른 자원봉사 네트워크들도 있으며, 일반적으로는 당신의 노화 지역 기관이 당신을 도와줄 것이다. 이 기타 네트워크들은 특별한 주제(예컨대, Gray Panthers 같은 경우)를 가지고 있을 수 있거나, 노화에 관련된 기술의 집중을 가지고 있어서, 다른 인종이라든가 민족 집단의 노인 집단을 대상으로 할 수도 있으며, 아니면 시각이나 청각 문제에서부터 골다공증과 알츠하이머병과 같은 노인들의 특정 문제에 전문화 하고 있을 수도 있다.

당신이 속한 지역사회라든가 이를 넘어서 자원 봉사 기회를 알아보기 위하여 노력하는 것은 가치 있는 일이다. 당신은 당신에게 꼭 맞는 자원봉사를 찾을 수 있다. 옐로우 페이지를 확인해 보는 것 또한, 도움이 될 수 있으며, 특히 "자원봉사 서비스" 항목이나 "사회 서비스 단체" 등을 보는 것도 괜찮은 방법이다. 워싱턴 D.C.에서 옐로우 페이지는 약 350가지의 단체들을 열거하고 있으며, 이중 절대 다수는 자원봉사 서비스를 제공하고 있다.

새로운 직업들— 정규, 파트타임 및 임시직

자원봉사는 흐뭇하고 창조적으로 고무적일 수 있지만, 우리는 노동의 이익에 대해서도, 정규직이든 파트타임이든 결코 잊지 말아야 한다. 1990년 U.S. Census에 따르면, 55세 이상의 성인들은 노동력의 27퍼센트를 차지하고 있는 것으로 밝혀졌다. 1960년 이후 전체 노동 참여는 어떻게 변하였는가?

1960-2005 노동력 참여율

		1960	1975	1990	2005
남성	55세-64세	86.8%	75.6%	67.7%	67.9%
	65세 이상	33.1%	21.6%	16.4%	16.0%
여성	55세-64세	37.2%	40.9%	45.3%	54.3%
	65세 이상	10.7%	8.2%	8.7%	8.8%

퍼센트로 말하면 더 적은 사람들이 40년 전보다 지금이 더 많이 일하고 있음에 주목하라. 한편, 은퇴자들은 급성장하는 단기 도움서비스 영역을 대표하고 있다는 점을 기억해야 한다. 자기 고용 비율 또한, 나이가 들면서 증가하고 있다. 나이가 많은 노동자들은 임시직 혹은 자기 고용으로 갈 확률이 높은데, 그 이유는 더욱 유연한 스케줄이 허락되기 때문이다. 노인들은 점점 더 젊었을 때에 비해서 자신들의 고유한 사업을 덜 위험한 상태에서 시작할 수 있는 비즈니스 지식과 접촉, 그리고 재정적 저축을 축적하는 경향이 있다. 미국 중소기업협회 (Small Business Administration; SBA)는 대출과 기술적 지원을 통해 도움을 줄 수 있다.

부분적으로는 이러한 노화되는 노동력의 변화 덕택에 고령의 노동자에 대한 태도 또한, 과거 30년 전에 비하여 많이 달라졌다. 사무실에 팽배하는 노인을 차별하는 태도 ("노인들은 덜 효율적이고 새로운 것을 배우는 데 더 느리다" 등)가 있는 한편, 설문조사는 임원들은 고령의 노직원들을 젊은 직원들에 비하여 더욱 도덕적이고 성실하게 보고 있음을 가리키고 있다. 수많은 경영자들은 고령의 노동자들이 더욱 강한 대인관계 소통 기술을 가지고 있으며, 따라서 더욱 적절히 고객들을 상대할 수 있다고 믿고 있다. 또한, 65세 이상의 노동자들은 상당히 건강하고, 아프다고 잘 빠지는 경향이 45세에서 65세 사이의 더 젊은 노동자들보다 적은 편이다. 다음 10년 동안 거의 30퍼센트가 성장할 것이라고 예측되는 서비스 산업과 더불어, 고령의 노동자들 사이의 직업 설정의 기후는 이보다 더 좋았던 적이 없다.

컴퓨터기술과 Senior Net. 가장 중요한 새로운 기술 중 하나, 특히 서비스 기반의 업무는 바로 컴퓨터를 사용하는 것이다. 당신의 지역의 커뮤니티 칼리지(2년제 대학)은 이 분야에 대한 여러 가지 입문 과정을 제공하고 있다. 당신은 또한, 컴퓨터 기술을 노인들에게 가르치고 온라인 커뮤니티 상에서 친구관계를 만드는 것을 돕기 위하여 만들어진 국가 비영리 교육 프로그램인 Senior Net에 접속할 수 있다. 이 프로그램은 55세 이상의 성인들을 대상으로 만들어진 것이다.

Senior Net 교육 장소는 미국 전역에 퍼져있으며, 지역별로 기금을 지원받고 있다. 이 프로그램은 초보자를 위한 입문 과정과 계통학에서부터 재정 경영에 이르는 주제들에 대한 전문화된 수업도 제공한다. Senior Net은 또한, 노인들에게 호응을 얻을 만한 수많은 정보 팸플릿을 출판한다. Senior Net Online은 국가 컴퓨터 네트워크로서 구성원들이 함께 모여 유대관계를 형성할 수 있도록 해주며, 어떤 회원이든지 컴퓨터와 모뎀만 있으면 사용할 수 있다 (부록 D에 있는 Senior Net 참조).

새로운 직업들을 탐색하라. 커리어를 바꾸는 것은 비록 당신이 은퇴를 하였고, 한동안 일을 하고 있지 않더라도, 결코 늦은 게 아니다. 좋은 시작점은 지역 도서관의 문헌목록 섹션으로 가서 Occupational Outlook Handbook을 찾아보는 것이다. 이 책은 2년에 한 번씩 미국 노동부에 의하여 업데이트 되고 출간된다. 이 책은 약 250가지 직업에 대한 설명을 담고 있으며, 모든 노동자들과 미국 내에 있는 대부분의 주요 직업의 약 90퍼센트를 포함하고 있다. 각 직업은 연봉, 교육 및 수련 배경, 업무조건, 필요한 기술, 승

당신이 살고 있는 곳 근처에 한 번도 방문해보지 않은 박물관이나 흥미로운 장소가 있는가? 한 번 그곳에 가보는 것은 어떨까?

진 기회, 성장전망, 관련 직업들, 그리고 추가적인 정보 자원 등의 면에서 설명하고 있다.

만약, 당신이 전문적인 조언을 구한다면, 지역 전문대학이나 대학교의 커리어 계획 상담가와 약속을 잡을 수 있다. 믿을 수 있는 옐로우 페이지 또한, 새로운 방향을 탐구해 볼 수 있도록 Career and Vocational Counseling의 자원을 열거하고 있다. 지역 서점의 Career Planning 섹션에 잠시 멈추는 것도 도움이 될 수 있다. 수많은 책들은 관심 분야와 능력에 대하여 발견하는 것을 도울 수 있도록 자기 평가 시험을 제공하고 있다. 또 다른 여러 가지 책들은 일의 범주에 초점을 두고 있으며, 서로 다른 책들의 제목을 보는 것으로도 직업들에 대하여 인식할 수 있도록 제공하고 있다.

일간 신문의 고용 섹션을 읽는 것에 더하여, 옐로우 페이지는 다시 한 번 고용 기관의 목록을 통하여 당신에게 도움을 줄 수 있으며, 임시 직업에 대한 목록도 포함하고 있다. 예를 들어, 워싱턴 D.C.의 옐로우 페이지의 경우에는 임시직에 있어서 125개의 고용 업자들이 열거되어 있다. 임시직은 고령의 노동자들에게는 매우 매력적인 근무 형태가 되었는데, 그 이유는 노인들로 하여금 일에 관련된, 레크리에이션에 관한, 그리고 일반적인 사회 활동에 관한 다양하고 균형 있는 사회 포트폴리오를 개발할 수 있도록 허용해주기 때문이다.

임시적인 선택사항은 점점 더 정교해지고 있기도 하다. 좋은 예로서, Locum Tenums를 통한 의사들의 임시 진료를 들 수 있다 (국가 본부는 애틀랜타에 있다. "800-272-2707"). Locum Tenums는 라틴어로 "자리를 잡아 두다"라는 뜻으로, 의사들이 휴가를 가거나 정규직을 떠난 정규 의사들을 위하여 자리를 잡아두고 있게 한다는 의미이다. 의사들을 위한 스케줄은 매우 유연하다. 주말에서부터 3달, 1년, 혹은 더 길 수도 있다. 이들은 여행, 숙박, 그리고 의료 과오 보험 등에 대하여 자신들의 전문의에 따라서 일급으로 지급을 받는다. 이들은 또한, 만약, 자신들이 면허를 받지 못한 주로 가서 진료를 할 경우,

그들의 면허와 관련해서도 도움을 받는다. Locum Tenum 의사들의 3분의 1은 은퇴 연령이고, 또 3분의 1은 중년층이며, 나머지 3분의 1은 젊은 의사들이다 (주로 수련을 위해 떠나있는 상태이다).

파트 Ⅱ. 특별 프로젝트들
TR-Bio (치료/회복 전기문)
창조성 발견팀

TR-Bio(치료/회복 전기문)

다른 사람을 위해서 전기적인 자료를 만들 때, 예를 들어, 만성적으로 아프거나 장애를 가진 사람을 위하여 전기문을 만들 때, 당신은 기쁨, 사회와 연결, 그리고 그들의 기여와 가족과 지역사회의 장소에 대한 시각적인 회상을 담으려고 것이다. TR-Bio는 시각적인 매체를 사용한다. 즉, 사진 앨범, 스크랩북, 또는 비디오테이프 등을 사용하여 개인의 인생에 있어서 긍정적이고 의미 있는 부분들에 집중한다. "특징으로 담고 있는" 개인을 위한 TR-Bios의 치료적 이익을 넘어서, 책 또는 테이프는 보살피는 사람들의 해당 개인에 대한 이해를 높여주며, 따라서 그들의 관계를 강화시켜준다. TR-Bio를 제작하는 과정 속에서 당신 또한, 한 사람의 인생을 가까이서 관찰하고 도움이 필요한 사람에게 도움을 주는 경험에 의하여 더욱 풍부해질 것이다.

TR-Bios는 만성적으로 아픈 환자의 삶에 엄청난 변화를 만들 수 있고, 특히 양로원 등지에 갇혀 있는 사람들에게 더욱 변화를 가져다 줄 수 있다. TR-Bios는 환자의 프로필을 만들어내고, 그 결과로서 환자와 직원들 간의 소통을 개선한다. 양로원의 간호사가 그들 환자의 역사에 대하여 알게 되면, 그들은 주로 더욱 효과적인 보살핌을 줄 수 있게 된다.

나는 아버지의 알츠하이머병의 악화 경험을 통하여 TR-Bios가 환자와 가족들 모두에게 치료적인 효과가 있음을 배웠다. 왜냐하면, 이 전기문은 종종 좌절하게 된 가족들이 그들이 사랑하는 사람을 위하여 질병으로 무기력함을 만들고 있을 때, 자신들이 더 생산적이고 도움을 줄 수 있다고 느끼도록 만드는 방법을 제공하기 때문이다. TR-Bio는 사실상 임상치근(clinical root)의 형태를 하고 있다. 알렉스 헤일리가 TV 드라마 시리즈로도 만들어진 그의 책 《Roots》를 출판하였을 때, 자부심과 안정감을 가진 데 있어서 유산 혹은 뿌리에 대한 긍정적인 감정의 중요성은 명백해졌다. TR-Bios는 이러한 개인적 뿌리의 강력한 영향력을 전체적인 치료 프로그램에 추가하는 치료적 혹은 임상적 상황에 적용한다.

환자와 가족들에 대한 명백한 이익에 더하여, TR-Bio는 또한, 양로원과 요양원의 직원들에게 긍정적인 효과를 가지는 것으로 보인다. 이러한 환경에서 근무하는 것은 자주 스트레스를 받을 수 있기 때문에, 이직률은 매우 높은 편이고, 특히 제한된 수련을 받고 한정된 급료를 받는 경향이 많은 간호조무사의 경우 더욱 그러하다. 사람인지라 환자에 대한 부족한 지식으로 인하여 직원들은 자주 인간적인 방법으로 응대하는 것에 있어서 어려움을 겪는다. 하지만, TR-Bio를 통하여 직원들은 그들의 환자의 인생의 특별한 역사에 대하여 더욱 알게 된다. 그들의 이미지는 더욱 인간적인 면으로 이동하게 되며 이 환자를 더욱 이해하게 되고, 그들의 직업은 더욱 흐뭇한 일이 되는 것이다.

주: 나는 TR-Bio를 환자를 위한 치료적 도구로 시작하였기 때문에, 그리고 건강관리 환경에 있어서 특별한 잠재력을 가지고 있기 때문에, 나는 환자라는 단어를 여기서는 TR-Bio의 축하 받는 개인으로서 분명히 확인하기 위하여 사용한다. 그러나 나는 여러분이 TR-Bio에 대하여 당신이 누군가에게 중요한 생일, 행사, 혹은 가족이나 지역사회에 대한 그들의 위치에 대하여 축하하기 위하여 줄 수 있는 특별한 선물이라고 생각해주기를 바란다. 꼭 아프거나 장애가 있어야만 이 유형적이고 확실한 인정의 선물이 크게 감동적인 것은 아니다.

TR-BIO 형태

비디오카세트:

TR-Bio는 여러 가지 형태를 가질 수 있다. 예를 들면, TR-Bio는 비디오 카세트의 형태를 할 수도 있다 (370쪽의 예시 참조). 비디오 속에서 음악을 사용하는 것은 이미지에 대한 감정적인 영향을 높여줄 수 있는데, 여기엔 결혼식이나 모교에 관한 특별한 추억이나 과거의 경험과 관련된 음악을 포함할 수 있다. 음악에 다하여 해설은 환자가 사물을 알아볼 수 있도록 그리고 토론을 인도하고 동행할 수 있도록 도와줄 수 있다. TV 화면의 이미지는 때때로 일시 정지 상태로 놔두고 특정한 관련 이미지에 관한 토론을 확장할 수 있다.

TR-Bio는 또한, 371쪽에 나와 있는 대로, 오디오 카세트, 스크랩북, 또는 앨범의 형태로도 만들어질 수 있다.

비디오카세트의 한 가지 장점은 젊은 세대들의 기술을 사용할 수 있다는 것이다. 절차적 관점에서 볼 때, 세대 간의 접근은 집단의 관심과 컴퓨터, 오디오 비주얼, 그리고 기타 기술 등 젊은 세대들이 더 친숙한 기술들을 이용하여 오늘날 청소년과 청년들이 가진 기술의 단계를 함께 어울리게 할 수 있다. 다시 말해서, 이 젊은 사람들은 그들이 가지고 있는 전문성으로 인하여 TR-Bios에서 핵심적인 역할을 하게 된다는 것이다.

TR-Bios의 효과에 대한 나의 연구는 고등학교와 대학교 연령대의 학생들을 포함하고 있는데, 이들 중 많은 경우는 구술 역사, 저널리즘, 영화, 컴퓨터 이미지 등에 관심이 있었다. 이러한 기술을 가지고 있는 사람들보다 더 잘 역사의 틀을 짜고 만들 수 있는 사람이 어디 있겠나? 비슷하게, 영화와 컴퓨터 이미지에 대한 기술이 있는 사람들보다 더 잘 편집할 수 있는 사람이 또 어디 있을까? 이 학생들 중 일부는 자원봉사 정신으로부터 동기를 부여 받지만, 많은 경우는 자신들이 공부하는 것들을 연습하고 발전시킬 수 있는 기회로 보기도 한다. 즉, 그것은 저널리즘, 영화, 또는 기타 커뮤니케이션이나 예술 분

양육하는 사람들을 찾고 격려장치 혹은 촉매제로서의 환경을 찾아라. 교사, 멘토, 혹은 친구들과 대화하라. 나무 사이를 걷고, 운동장에 가거나. 당신의 하루에 기쁨을 더할 수 있는 환경 속에서 점심을 먹으라.

야가 될 수 있다. 그들은 환자들과 가족들을 돕는 한편 환자와 가족들은 그들의 기술을 더욱 다듬고 가치 있는 경험을 제공하는 것이기도 하다.

TR-Bios 앨범 형식:

전기문을 구성하는 또 다른 매우 효과적인 방법은 287쪽에 예시로 나온 것처럼 고등학교 앨범(yearbook)의 형식을 따르는 것이다. 앨범 형식은 환자와 젊은 방문자들의 커뮤니케이션을 촉진시킨다. 이 형태는 충분한 시각적 자료와 더불어 글을 제공하여 방문자가 질문을 하거나 자료에 대하여 언급을 하도록 유도할 수 있다. 예를 들면 한 손자녀는 TR-Bio 앨범을 펴고, 자신의 할아버지가 그 손자의 나이 대였을 때의 사진을 보게 될 수 있다. 반대 페이지에는 2개의 칼럼이 있고, 하나는 만약, 환자가 대답할 수 있는 능력이 있는지에 대한 질문이 있고, 또 다른 한 칼럼에는 환자가 대답할 수 있는 제한된 능력만을 가지고 있지만, 여전히 이해할 수 있는 능력은 있는 경우의 언급이 있을 것이다. 이러한 과정을 거치면서, TR-Bio는 쉽게 좌절하는 인지적으로 장애가 발생한 환자, 그리고 심지어 단순한 질문에도 대답할 수 없는 환자와 소통할 수 있는 가장 좋은 방법을 보여주게 된다. 이 책은 매력적인 낱장으로 끼웠다 뺐다 할 수 있는 공책의 형태로 편집되어 개성과 질문/조언 페이지의 업데이트도 용이하게 할 수 있다.

TR-Bios 비디오 탐방 형식:

더 긴 비디오 형식과 마찬가지로, 비디오 탐방은 텔레비전으로 볼 수 있도록 캠코더로 녹화된다. 그러나 비디오 탐방은 이 비디오테이프를 개인적인 소식을 나누고 그들의 시각적인 존재를 환자에게 보여주기 위하여 환자의 집 또는 양로원 시설에 보낸 멀리 있는 가족들과 친구들에 의하여 만들어진 소품 등으로 구성되어 있다. 비디오 통신은 알츠하이머병에 걸린 환자들과 그러한 환경에 살고 있는 다른 거주자들을 위한 귀중한 시간과 삶의 질에 대한 잠재적으로 중요한 기여를 나타낸다. 비디오 탐방은 또한, TR-Bio 비디오 형식 접근을 보완하며, 완전한 비디오 버전과 마찬가지로 도움을 주는 젊은 사람들의 재능과 에너지를 포함하기도 한다. 특히 멀리 살고 있는 손자녀 또는 다른 젊은 가족 구성원의 경우엔, 비디오 통신은 소속감과 멀리 사는 친척의 배려하는 마음을 강화시켜주는 의미 있는 방법이 될 수 있다.

TR-BIO 비디오 형식

흑백 사진을 비디오로 녹화하고 해설과 음악 및 소리를 삽입하여 TV로 환자가 1924년 17세 때 고등학교 육상대회에서 달리기를 하는 모습을 볼 수 있도록 한다.

이미지의 감정적 효과를 보완하고 강화시킬 수 있는 음악은 선택될 것이다. 이러한 음악들로는 알츠하이머 환자의 특별한 기억과 관련된 음악이라든가, 과거의 경험에 관련된 음악들을 포함할 수 있을 것이다.

또한, 이미지 (A)를 묘사하는 해설이 추가되어, 인정을 받는 환자에 대하여 (B)를 통하여 가이드/동료가 토론하는 것을 도와줄 것이다. 화면상의 이미지는 때때로 일시 정지 상태로 놓고 특정한 이미지에 관하여 더 확장적인 토론을 진행할 수도 있을 것이다.

TR-Bio 제작하기

TR-Bio를 제작하는 전략과 기술은 궁극적으로 협력 팀의 창조성을 반영하는 것이라고 할 수 있다. 예를 들면, 한 저널리즘 전공 학생 또는 구술 역사를 공부하는 학생과 영화 혹은 사진을 공부하는 학생은 팀을 꾸려서 환자의 인생의 과정에 있었던 행복하거나, 흥미로운 사건을 반영하는 이야기를 얻기 위하여 가족과 함께 일할 수 있다. 중요한 다른 사람들과의 인터뷰는 비디오로 녹화하거나 해설을 동반할 수 있다. 만약, 환자에게 오래된 비디오나 영상이 있다면(예를 들면 16미리), 이러한 자료들도 포함될 수 있다. 사건의 추억을 강화시킬 수 있는 어떤 연계도 그것이 이미지, 해설 혹은 음악의 형태로 되어 있는 것과 관계없이 모두 통합될 수 있다.

궁극적으로 TR-Bio의 목표는, 그것이 가장 개인적으로 관련된 시각 및 청각적 방법으로 제공되는 것 외에는, 환자에게 관심과 기쁨을 주는 것이다. 나의 연구에 대한 이해에 기초하면, 자신들의 일상생활에서의 구조가 없는 대부분의 알츠하이머병 환자들은 이미 좌절되고 불안한 삶을 더 악화시키는 비구조적이고, 스트레스를 받는 활동에 대하여 끌려오게 된다. TR-Bios는 이들과 그 가족들을 위하여 더욱 구조적이고 더욱 즐거운 상황을 제공한다. 그들은 가족 방문의 소중함을 고양시키고, 더욱 유익한 일대일의 방문을 허용하는데, 이러한 방문은 알츠하이머병 환자들이 상태가 더 악화 될수록 집단활동에 비하여 대체로 더 선호하는 것이다. 아래 나타난 앨범 형태에서 볼 수 있듯이, 나는 당신이 전통적이면서도, 종종 좌절시키는 질문과 대답 형태에 반대되는 공감적 대화를 제작하기를 권장하고 싶다.

기억하라, 옛날 그 때를

가족들이 사랑하는 사람에 관한 특별한 시기를 슬프게 회상하는 시간들이 종종 있다. 나는 이것을 "기억하라, 옛날 그 때를" 현상이라고 부른다. 퇴행성 질병을 둘러싼 연민은 만들어 질 수 있고, 특히 고뇌에 차서 과거를 돌아 볼 때와 연결하면 더욱 그렇다. 이는 슬프고 고통스러운 에피소드이며, 나 또한, 나의 아버지가 점점 상태가 악화 되어갈 때, 생각했던 경험이 있다. TR-Bio는 이러한 감정을 극복하고 이러한 현상을 해결하는데 있어서 극단적으로 유용하다.

나는 내 가족과 다른 사람들을 위해서 즐거운 현재의 기억을 만드는 방법

당신의 인생에서 흥미로운 에피소드들을 되돌아보는 지점에서 회고록을 시작하는 한편, 발생하는 새로운 일들을 추가하라.

을 발전시키고 싶었지만, 나의 아버지의 상태는 그것을 매우 도전적으로 만
들었다. 이러한 생각들은 내가 "일상 생활"적인 TR-Bio를 개발하도록 이끌어
주었다. 본질적으로 이 기법은 현재의 사건을 담는 것이다. 예를 들어, 생일의
경우, 모든 사람이 기분이 좋다.

TR-Bio 앨범 형태

질문:
1. 할아버지, 경
주를 하실 때 분
위기가 어땠나
요?
2. 경주에서 몇
등을 하셨나요?
3. 졸업한 뒤에
도 달린 적이 있
으세요?

공감적 대화:
1. 할아버지, 이
사진 속의 할아
버지는 지금 나
랑 나이가 같아
요.
2. 우리는 비슷
하게 생겼어요.
3. 나도 달리기
를 좋아하고, 학
교 팀에 소속되
어 있어요.

할아버지 Arthur는 17세 때인 1924년
고등학교 육상 대회에서 경주를 하고
있다.

-18-   -19-

우리는 아버지의 86번째 생신 파티를 열었다. 당연히 우리는 이 행사에
"벤코헨의 86번째 생신(Ben Cohen's Eighty-Sixth Birthday)"이라고 이름을 붙였
다. 대학을 막 졸업한 나의 아들 알렉스는 우리와 합류하여 나의 아버지를 위
한 행사를 만들고 영상을 찍는 것을 도와주었다. 아버지께서는 당시 양로원
으로 들어가셨을 때였다.

그의 양로원에서의 첫 번째 주로부터, 우리는 아버지에 대한 전기문을 앨
범과 비디오의 형태로 만들기 시작하였다. 사실, 표지에 아버지의 사진과 함
께 있는 짧은 전기문은 아버지가 양로원에 들어간 날 그의 침대 옆에 있는 탁
자에 붙여놓았다. 많은 직원들은 그 전기문을 읽어보았고, 그들의 환자에 대

당신이 태어난 해에 일어났
던 일들에 관하여 가능한
한 많은 내용들을 찾기 위
해 도서관이나 인터넷에서
시간을 보내라. 당신 가족
중 다른 사람들을 위해서도
같은 일을 하라.

하여 알 수 있도록 도와준 노력이 얼마나 인상적이었는지에 대하여 이야기하였다.

나의 아버지는 자신의 주변의 세상에 대하여 살펴보기 위해 방 밖의 복도에 앉아 있는 것을 좋아하였다. 우리의 "일상생활" TR-Bio를 위해서, 이 장소는 내가 영상을 찍기로 계획한 곳이었다. 우리는 상당히 재미있는 장면을 연출하였다. 나는 삼각대를 들고 들어왔고, 나의 아들 알렉스는 비디오카메라를 들고 있었으며, 나의 아내 웬디는 35미리 카메라를 가지고 있었고, 어머니는 케이크를 가져왔으며, 나의 형인 프랭클린은 이것저것 다양한 물건들을 들고 있었고, 나의 작은 딸 엘리아나는 당시 2살이었는데, 자랑스럽게 자기 할아버지를 위한 생일 풍선을 들고 들어왔다. 상당히 멋진 장면이었고, 상당히 멋진 한 팀이었다. 양로원 복도는 직원들과 일부 걸어 다니던 환자들이 우리 비디오 제작에 대한 왁자지껄한 분위기가 궁금해서 모여들면서, 창조적 에너지로 활기가 넘쳤다. 이 활동은 그 자체로 나의 아버지에게 다른 빛을 가져다주었다. 그는 모든 행복한 이유로 인해 관심의 대상이자 활동의 자극제가 되었다.

이 영상 제작팀은 복도에서부터 활동 방으로 옮겨갔고, 거기서 우리는 파티를 열었으며, 그 후 아버지 개인 방으로 돌아와서 아버지에게 우리가 직접 제작한 영상물을 TV로 보여주었다. 우리가 오래 전에 봤던 미소보다 더 많은 미소가 아버지의 얼굴에 번졌다. 정말 대단한 날이었다. 한 주 뒤, 우리 가족이 전화로 통화를 할 때, 모두가 아버지에게 일주일 전에 열어드렸던 파티에 대하여 기억나게 해주었다. TR-Bio는 그 역할을 해냈고, 절망적인 질병에도 불구하고 우리에게 현재의 즐거운 기억을 제공하는데 성공하였다. 정말 멋진 날이었다. 사실은 그 즐거운 기억들은 현실의 일부가 되었다. 그 다음의 방문에서 아버지는 그가 자신의 86번째 생일을 TV로 보면서 미소 지었다.

TR-Bios의 아름다움과 아이러니

TR-Bios가 만들어 지면, 그것은 일상적으로 하루를 빛나게 해주는데 사용될 수 있고, 특히 알츠하이머 환자들에게 더욱 그러한데, 그 이유는 그들의 극단적인 기억 손실은 그들이 질병의 진행 정도에 따라서 이 비디오나 스크랩북에 대한 내용을 하루, 혹은 한 시간 뒤에 잊을 수 있음을 의미하기 때문이다. 그러한 경우에는 TR-Bios는 병약한 환자를 위하여 반복의 느낌 없이 시간마다 공유될 수 있다.

TR-Bio의 기술적인 부분들

TR-Bio 스크랩북은 "충격이 적은" 저작물로, 기본적인 스크랩북 재료만 필요로 할 뿐이다. 비디오의 경우엔, 훨씬 더 세련된 기술이 이제 일반적으로 이용 가능하여, 단지 도구와 자원봉사 보조만 필요로 할 뿐이다. 만약, 도구와 전문가 모두가 없다면, 지역의 학교나 지역사회 기관에 연락하여 도움을 요청하면 된다. 종종 젊은 사람들은 그러한 작업을 열정적으로 도와주고 싶어 하는 경향이 많고, 학교 또한, 학생들을 공공 서비스 활동에 투입시키려는 곳이 많이 있다.

공동체를 돌보는 것과 사업에 대한 도전

TR-Bios는 매우 적은 예산으로 제작될 수 있지만, 이러한 전기문들은 최첨단 조건하에서 제작될 수도 있다. 후자의 경우엔 종종 자신들의 창조적 기회를 제공하게 된다. 예를 들면, 양로원에 있는 완전히 갖추어진 편집실은 재능 있는 고등학생들과 대학생들이 양로원에 와서 높은 수준의 TR-Bios를 제작하도록 만들기에 훨씬 더 매력적일 수 있다. 그리고 다시 그들의 젊음은 대체로 노인들이 많이 있는 환경 속에서 세대 간의 분위기를 좋게 한다.

이러한 편집실을 만들기 위한 주요 비용은 착수비용이 많이 든다. 한 번 설립되고 나면 유지비용은 비교적 최소화 시킬 수 있다. 이는 지역 기업이 약간의 자금을 투자하여 큰 차이를 만들어낼 수 있는 기회가 된다. 그렇게 함으로써, 그 기업은 창조적으로 수많은 알츠하이머 환자 및 기타 심각한 질병을 앓고 있는 사람들의 삶의 질을 개선하기 위하여 학생들의 자원봉사와 더불어 가족과 그 지역사회를 도와주는 협력적 과정에 참여할 수 있게 된다.

지역사회의 프로젝트로서, TR-Bios는 두 가지 유형의 진행자를 요구한다. ① 관심 있는 학생들을 찾아낼 진행자가 필요하고, ② 알츠하이머 환자라든가 기타 다른 환자들이 거주하는 보호 시설에서(예컨대, 양로원)의 학생들의 자원봉사를 감독할 진행자가 필요하다. 첫 번째 범주의 진행자는 이미 고등학교에 있다. 오늘날 대부분의 고등학교 학생들은 지역사회에서 자원봉사 경험을 쌓는 것을 대학에 진학하기 위한 의무로 여기고 있으며, 대부분의 고등학교는 그러한 경험을 요구하고 있다. 결과적으로 고등학교는 그들의 학생들을 위한 자원봉사 경험을 마련해줄 진행자를 지명하였다. 비슷한 방식으로 대학교에서도 지역사회에 응답하고자 하는 그들의 노력은 학생들의 자원봉사를 용이하게 하기 위하여 진행자 직책을 확립하기에 이르렀다.

두 번째 범주의 조직화는 이미 현장에 준비되어 있다. 오늘날 알츠하이머병과 다른 환자들이 거주하고 있는 대부분의 양로원, 노인 보호시설, 지속적으로 관리하는 은퇴자 공동체, 종일 프로그램 및 기타 집합적인 보호 프로그램들은 시설물에 거주하는 사람들을 위하여 다양한 삶의 질을 고양시키는 경험을 주선하고 감독하는데 전문적인 능력이 있는 활동 진행자에게 비용을 지불하고 있다. TR-Bios는 그 감독 하에 이와 같은 내장형 활동 프로그램에 쉽게 그리고 바람직하게 적용될 수 있다.

나머지 비용은 주로 도구에 관한 비용이다. 위에서 논의된 것처럼, TR-Bios는 아주 적은 예산으로도 제작될 수 있으며, 이미 여러 가정과 대부분의 양로원들이 가지고 있을 수 있는 비디오카메라와 약간의 재료들을 조금 필요로 할 뿐이다. 지역의 기업들은 그들의 이사회의 구성원을 통해서, 아니면 직접적으로 지역사회나 홍보부서를 통해서 접근하여서, 편집실을 설치해 줄 수도 있고, 아니면 사적인 기부를 통해 필요한 물품들을 공급할 수도 있다.

치료와 역사로서의 전기문

TR-Bios는 긍정적인 상호작용과 퇴행성 질병을 앓는 환자들을 위한 소속감을 촉진할 뿐만 아니라, 가족들에게도 잘 구성된 추억의 유산과 그렇지 않으면 잊어버릴 수도 있는 가족의 역사를 남겨줄 수 있다. TR-Bios는 가족들이 인지적인 손실과 점차 그들이 사랑하는 사람의 죽음을 통하여 작업할 수 있도록 도와줄 수 있다. 이 매체는 또한, 독특한 전기문으로 남게 되며, 말하자면, 우리가 사랑하는 사람들을 떠나보내고 나서 생기는 가슴 저미는 퇴장선물(exit gift)로서 남을 수 있다. 이러한 맥락에서 TR-Bio는 전기문이 알츠하이머병과 다른 퇴행성 및 말기 질병을 중재하기 위한 전체적인 접근에서의 생물학만큼 중요하다는 것을 보여주고 있다. 가족의 단계에서는 TR-Bios는 윌리엄 카를로 윌리엄스(William Carlos Williams)의 말년에 작성한 시의 내용을 반영하게 된다. "그들은 떠나가면서 노인에게 기여하였네."

창조성 발견팀

당신은 지역사회에 오래 지속될 수 있는 기여를 할 수 있고, 창조성 발견팀(제7장 참조)을 통하여 창조성을 양성하고 축하하기 위한 지역사회 전체에 이르는 행동 계획을 만들어서 다른 사람들로 하여금 앞으로 오는 해에 똑같이 하도록 만들 수 있다. 이는 공적인 창조성이다. 즉, "큰 C의 창조성"을 말하며,

젊은 사람을 점심으로 초대하여 당신이 놓치고 있었다고 할 수 있는 최신의 새로운 말들을 따라잡고, 그 날의 유행하는 노래를 배우라.

이는 지역사회의 모든 구성원들의 창조적인 기여를 격려함으로써 발휘된다. 이는 공동체 의식을 강하게 하고, 협력 및 세대 간 창조성을 통하여 관계를 발전시키고, 문화의 가족의 지킴이로서 노인들의 역할을 강화시킨다.

당신만의 창조성 발견팀을 시작하기 위해서는:
• 제7장에 나타난 원래의 창조성 발견단 모델을 공부하라.
• 당신의 지역사회 안에서 이용 가능한 인적 및 물질적 자원을 확인하라.
• 비슷한 프로그램에 대한 당신의 고유한 목적을 정의하라.
• 걸림돌들이 당신의 계획을 포기하도록 내버려 두지 말라. 어떤 지역사회든지 창조성 발견단의 필요성과 자원이 있다. 크기에 관계없이 시작하라. 일단 설립이 되면, 프로그램은 자라나게 될 것이다. 왜냐하면, 이 프로그램은 최고의 지역사회의 수준을 짓고, 강화하고, 확인시켜 주기 때문이다.

Center on Aging, Health & Humanities Creative Discovery Corps에 대한 다음의 프로필은 관련된 목표를 가진 프로그램을 설립하려는 노력에 관심이 있는 다른 지역사회를 돕기 위하여 만들어진 일종의 가이드이다.

바바라 소니아트 박사와 나는 1997년 창조성 발견단을 Health & Humanities의 Center on Aging의 일부로 시작하였는데, 이 기관은 George Washington University(GW)의 지도를 받고 있었다. 비록 공식적으로는 GW Center 아래 있었지만, 이 발견단은 즉시 여러 기관들, 프로그램들 그 외 공식 공동 후원사가 된 기타 단체들과 수많은 파트너십을 확립하였다. 이러한 공동 후원사로는 동북 워싱턴에 있는 큰 지역사회 기반의 기관으로 폭넓고 다양한 전문적 및 자원봉사 서비스를 노인들에게 제공하는 IONA Senior Service가 있고, 워싱턴 D.C.에 있는 Area Geriatric Education Consortium이 있다. 이 기관은 연방 정부의 지원을 받는 기관으로 워싱턴

D.C.에 있는 모든 주요 병원들의 연합으로, 노화에 초점을 맞춘 평생 교육과 연수 과정을 제공하고 있다. National Council for the Traditional Arts, Art Project Renaissance는 노인들을 위하여 창조적인 글쓰기 프로그램을 제공한다. 그리고 폭넓은 범위의 다른 프로그램들이 있다. 이러한 프로그램으로는 노인들을 위한 주거 시설, 조지 워싱턴 대학의 노인들을 위한 교육 프로그램으로 미술 치료 프로그램과 American Studies도 포함하고 있으며, 이는 구술 역사 프로그램이 파생된 학문이다.

이제까지 볼 수 있듯, 아이디어는 다양한 조직 및 환경으로부터 엄청난 양의 지원금을 만들어낸다. 그러는 동안 공동 후원사의 목록은 계속해서 늘어나고 있다.

창조성 발견단은 자금을 받지 않는 자발적인 단체로, 참여 기관들은 직원들의 시간을 자유롭게 주어 이 발견단의 업무를 수행하도록 돕고 있다. 어떤 특별한 기관과 연계되지 않은 다른 자원봉사자들은 단순히 그들의 시간을 투자하고 있다. 자원은 본질적으로 외부의 작은 금전적 선물과 더불어 자연봉사자들의 기여를 받은 것들이다. 미래에 우리는 유급의 선임 담당자의 비용을 적어도 파트타임으로라도 고용하고 그 외의 비용들을 지불하기 위하여 자금 지원을 신청할 것이다.

외부 기금은 없기 때문에 공동 후원사 관계는 매우 중요해진다. 예를 들어, IONA Senior Services는 모범적인 공동 후원사로 그 역할을 다 해왔고, 사무실과 제반 물품들을 비용을 받지 않고 제공해주었다. 그들은 또한, 전화선과 컴퓨터 사용도 기부하였고, 창조성 발견팀이 그 집회장소를 한 달에 한번씩 회의를 위하여 사용할 수 있도록 해주었다. IONA는 "창조성 발견팀"의 목표를 그들의 전체적인 사명과 비교할 만한 것으로 보고 있다.

"창조성 발견팀"을 위한 강령과 목적을 확립하는 것. 조직의 형태를 보면서 우리는 관점, 사명, 그리고 목적에 대한 강령을 준비하기 시작하였다.

관점: 인생의 후반기에 있어서 창조성은 잘 드러나지 않았다. 그 잠재력과 발생률 모두 잘 알려지지 않았다. 우리가 연령은 인간의 잠재력에 영향을 미치지 않음을 인식을 하게 될 때, 우리는 우리가 미래의 발전을 준비하는 방법을 변화시키고, 사회가 그 고령의 인적 자원을 어떻게 양육하고 활용하여 그들로부터 이익을 얻는지에 대하여 영향을 줄 것이다.

사명: 창조성 발견팀의 사명은 4가지로 나누어져 있다.

1. 창조적 작품 혹은 아이디어가 발견되지 않은 채로 있는 노인을 찾아내고 그들의 기여가 잘 보이도록 만드는 것.

2. 창조적 작품이나 아이디어가 적절한 인정을 받지 못한 노인을 찾아내고 그들의 기여에 대하여 추가적으로 더 잘 보이게 만들어 주는 것

3. 노인들이 그들의 인간적 잠재력을 탐구하고, 발견하고, 그리고 두드릴 수 있는 기회를 만들어낸 지역사회 내에 존재하는 프로그램, 단체 및 개인들의 최고의 관행을 찾아내고 전파하는 것.

4. 노인들의 아직 확인되지 않은 재능과 그러한 재능을 촉진하는 혁신적인 지역사회의 촉매제를 발견하고자 하는 노력 속에서 모든 연령대의 자원봉사자들이 창조적으로 일할 수 있는 기회를 제공하는 것.

목적: 세대 간 경험은 다음을 확보한다.

• 노인들은 그들의 창조적 성장을 계속할 수 있다.

• 우리는 이렇게 문화의 지킴이로서 그 역할을 다한 노인들의 성과를 축하하고 그로부터 이득을 얻을 수 있다.

• 노화에 대한 부정적인 고정관념은 떨쳐낸다.

• 더 고령의 노인들은 어떤 연령대에서도 창조적인 잠재력을 탐구할 수 있다는 역할 모델이 될 수 있다.

요약하면, 창조성 발견팀은 다음의 세 가지 집단에 대한 창조적인 노력을 대상으로 하고 있다. ① 창조적인 노인들 그 자신, ② 창조적으로 나이가 많은 사람들에게서 인간의 잠재력을 촉진하는 프로그램, ③ 재능 있는 노인들의 눈에 보이도록 하고, 노인들이 창조적인 사람들이 될 수 있도록 도와준 프로그램들의 최고 관행을 촉진하고자 하는 노력을 하고 있는 창조적인 자원봉사자들.

어떤 노인이 창조성 발견팀의 노력에 대한 후보가 될 수 있을까? 다는 아니지만 대부분의 후보자들을 포함하고 있는 3가지 폭넓은 단체들이 있다.

1. 인생의 역사가 다른 사람들을 위한 비범한 모델을 제공하는 사람들. 이 범주는 인공물과 수집품의 수집이 20세기 대부분 국가의 수도에서의 흑인들의 삶을 보존하는 데 있어서 매우 가치를 했던 재키스 그리피스와 같이 (281쪽 참조), 자신의 일, 활동, 또는 아이디어가 그 지역이나 더 넓은 범위의 문화를 보존하는 데 기여한 사람들을 포함한다.

2. 자신의 작품, 활동 또는 아이디어가 그림, 조각, 글, 시, 음악, 댄스 등 표현 예술의 영역에서 창조성을 반영하는 사람들.

3. 자신의 작품, 활동 또는 아이디어가 도로시 루이스처럼 (281쪽 참조) 주목할 만한 유행에 따르는 모자의 창조와 같은 물질문화의 영역에서 창조성을 반영하는 사람들.

당신은 지역 사회 내에서 노인들의 창조성을 촉진하는 특별한 프로그램을 제공할 수 있는 프로그램들을 어떻게 확인할 수 있을 것인가? 설문조사는 좋은 실마리가 될 수 있다. 설문지는 그러한 프로그램들에 연결된 사람들이 참여할 수 있는 노화에 대한 강연에서 나누어 줄 수 있다. 노인들과 작업했던 동료들과 비교하는 것은 유용할 수 있고, 그들이 어떻게 그러한 프로그램을 마주치게 되었는지 물어볼 수 있다.

포함하고자 하는 일반적인 특징은 나이가 많은 참여자들을 유인하고 일부

당신 인생중의 하루를 하나의 문서로 기록하라. 카메라를 가지고 당신의 인생에서 전형적인 하루의 느낌을 제공하는 사건이나 장면의 사진을 찍으라. 당신이 문서를 다시 볼 때, 그것들을 스크랩북에 붙이거나 각각에 대한 이야기를 써라. 당신은 극을 만들거나, 코미디를 만들거나, 심지어 서사시를 만들 수 있는 선택사항이 있다. 순수함과 좋은 유머를 피하려고 하지 마라.

노인들에 의해 경험된 특별한 요구 경험에 반응하는 것을 목적으로 한 모집의 노력일 것이다(예컨대, 교통수단을 제공하거나, 가능하다면 봉사를 나가는 것). 또 다른 일반적인 특징은 프로그램을 수행하는 사람들이 노인들과 함께 일하는 것에 관하여 특별한 교육을 받았거나 경험을 가지고 있는지 확인하는 것이다.

당신이 점검해야 할 다른 질문들은 다음과 같다: 그 프로그램이 자유, 실험, 자발성, 혁신을 추구하는가? 반대로 그것은 프로그래밍을 가르치려 드는 것을 피하고 있는가(예컨대, 노인을 어린애 취급하는 구성요소 혹은 실천)? 프로그램이 참여자에 의한 피드백의 기회와 그 목표를 충족하는 것을 돕기 위한 평가 절차의 기회를 포함하는가?(창조성 평가단에 관한 더 많은 정보를 원한다면, 부록 D-Center on Aging, Health & Humanities를 참조하라.)

왜 나는 창조성을 궁극적인 자연스러운 "보충"이라고 규정하는가?

저널을 매일 기록하라. 만약, 당신이 글을 쓰기가 불편하다면, 바느질, 목공, 기타 등등의 다른 절차로 대체할 수 있다. 이러한 활동에 정기적이고 계속 진행 중인 업무는 당신 자신이 얼만큼 당신의 일상생활 속에서의 만족감에 영향을 줄 수 있는지에 대한 강력하고 구체적인 예를 제공한다. 그리고 이는 진실하고, 신뢰할 수 있는 성취감을 제공한다.

의사로서, 과학자로서, 그리고 공공정책 고문으로서, 나는 종종 내가 왜 약물, 연구, 혹은 정치에 관한 더욱 전통적인 측면이 아닌 창조성에 대한 책을 쓰기로 선택하였는지에 대한 질문을 받는다. 나의 대답은 모든 3가지 영역에 관한 나의 경험과 우리 각자는 우리의 삶을 더욱 심오한 방법으로 개선시켜 줄 엄청나면서도 아직 탐구되지 않은 치료의 에너지를 가지고 있다는 나의 믿음에서 나온다.

우리는 약물의 분야가 거대한 도약을 해 왔고, 경이로울 정도로 새로운 진단 절차, 강력한 신약, 그리고 주목할 만한 새로운 수술 등으로 가득한 시대에 살고 있다. 그러나 이러한 진보는 주로 질병이나 장애를 고치기 위한 것이고, 진실은 우리는 다양한 질환의 과정이 변경하는 데까지 갈 수 있게 되었다는 것이다. 나의 글에서 매일 이러한 질병과 장애들에 맞서는 가운데, 나는 나의 환자들의 임상학적 문제와 제한을 넘는 모습을 보아야겠다는 도전을 받았고, 그들의 일상적인 힘과 잠재력을 보고 싶다는 생각이 있었다. 이러한 면은 나를 창조성의 영역으로 이끌어 주었고, 질병을 맞이한 가운데에서도 창조성에 대하여 생각하였다. 몇 년의 과정이 지나고 나서, 나는 어떻게 개인이 내적 자원을 사용하여 무언가 새로운 것을 성취할 수 있는 기회가 그들이 자신들이 다른 분야에 있는 동안 지속적으로 성취하고자 하던 것을 막았던 장애의 효과에 대처하게 되는지, 그리고 때때로 초월할 수 있는지에 대하여 사로잡히게 되었다.

나는 모든 연령대에서, 그리고 서로 다른 삶의 환경 속에서 창조적인 성장이 삶을 변화시키는 것을 보아왔다. 나는 위독한 환자에게서 창조적 성장을 보아왔다. 즉, 자기 발견의 기쁨에 대한 잠재력과 표현은 모든 사람을 포함하고 있었다. 우리가 이러한 잠재력에 집중할 때, 우리는 새로운 시너지를 만들어서 건강 문제를 해결하고, 질병에 대처하며 더 건강한 노화를 촉진할 수 있는 능력을 발전시키게 된다. 이는 내가 나의 모든 환자들과 독자들이 그들의 삶을 비춰주는 데 발견하고 사용하기를 희망하는 완전히 열려 있는 인간의 잠재력이다.

또한, 나는 역사와 인간이 기대하는 능력에 대하여서도 감동받는다. 나는 현재 우리가 새로운 역사적인 전환점에 놓여 있다고 느끼고 있다. 우리가 노화를 어떻게 보는지에 관해서, 그리고 우리의 기대와 앞으로 다가올 시대와 관련된 우리의 가능성에 영향을 주는 전환점을 생각해 볼 때 더욱 그러하다. 인생 후반기에 나타나는 여러 가지 건강 문제를 바꿀 수 있는 능력을 인정하는 것에 더하여, 문제 너머에는 가능성이 있다는 점점 증가하는 감각이 나타나고 있다. 이러한 인정은 중요한데, 그 이유는 이 감각이 우리의 노화에 대한 전망을 재 정의하기 때문이다. 이러한 감각은 우리가 지역사회의 사회적 정책을 만들어 나가면서, 우리의 인생으로 부터나 서로에게서 더 많은 것을 기대하도록 한다. 이는 우리가 이제 전통적으로 "은퇴 이후"에 대한 걱정이었던 재정적인 부분뿐만 아니라, 관계, 개인의 성장, 그리고 창조적 기여와 같은 우리의 삶의 질의 측면에서도, 노후를 위한 계획을 시작하도록 격려한다. 이러한 타이밍은 지금이 가장 적기이다. 나의 희망은 독자들도 자신들 가운데 발생하고 있는 이러한 역사적 변화를 알아보고 이 사랑의 노동으로 전환할 순간을 붙잡게 되는 것이다. 즉, 개발되지 않은 잠재력을 일깨우는 시간이다.

우리는 우리가 창조적 잠재력과 노화와 함께 있는 성장을 경험하는 것을 지속할 수 있는 능력에 대하여, 다른 사람들과 우리 자신들의 걱정을 낳을 수밖에 없는 노화에 대한 오해와 부정적 고정관념과 여전히 마주하고 있다. 그러면 우리의 새로운 영역을 탐구하는 것을 방해하고 우리를 무기력하게 만들거나 절망적으로 만드는, 아직 해결되지 않은 감정적 갈등이 있을 수 있다. 때때로 우리는 게을러지고, 노화에 보탬이 될 수 있는 것은 노력할 만한 가치가 있다는 사실에 대한 시야를 잃게 된다. 즉, 어떤 연령대에서라도 할 수 있는 그 노력을 둘러싸고 있는 걸림돌과 장점과 하나도 다르지가 않다. 이 모든 장애는 생애의 주기 속에서 이동할 수 있다. 이는 적은 시간을 차지할 수도 있고, 새로운 수련을 필요로 할 수도 있고, 어쩌면 약간의 치료를 요구할 수도 있지만, 이것들은 모두 할 수 있는 것들이다. 그리고 오늘날 노화 인구 집단은 지금까지의 노인들보다 가장 건강하고, 가장 잘 교육받았고, 가장 자원이 풍부한 사람들이다.

최근 나는 창조성과 노화에 관한 한 회의에 참여하였고, 은퇴한 법률 비서였던 98세의 여성을 만났다. 이 회의에 딸려있던 미술 전시회는 몇 개의 곱게 조각된 올빼미를 포함하고 있었다. 이 작품은 모두 이 은퇴 비서가 조각가가 되어 만든 것들이었다. 더욱 인상적이었던 것은 그녀가 시각장애가 있음에도 이런 조각을 할 수 있었다는 것이었다. 그녀는 헛간의 올빼미의 모양을 느낄 수 있었으며 생기 넘치는 시각적 이미지와 소리를 그녀가 어린 소녀였을 때 농장에서 자랄 때 들었는데, 그러한 청각과 시각이 그녀의 마음속에 영구적으로 심겨졌던 것이고, 눈에 보이는 것처럼 저장이 되어서 그러한 영감을 통해 조각을 할 수 있었다고 말하였다. 이는 베토벤이 청각 장애에도 불구하고 제9번 교향곡을 작곡하며 아름다운 소리를 경험한 것과 크게 다르지 않다.

나는 그녀에게 처음으로 미술을 접하게 된 게 언제였냐고 물어보았다. 그녀는 95세에 처음 시작했다고 하였다. 나는 혹시 이전에는 미술을 전혀 한 적이 없었냐고 물었다. 그녀는 말이 없었고, 나는 왜 말이 없었는지 몰랐는데, 다시 생각해 보니 그녀는 정말 한 번도 없었는지 기억을 하지 못하는 것 같았다.

"나는 지난 95년간 무엇을 한 걸까요?"

"제 생각에 여사님은 많은 일을 한 것 같습니다." 나는 대답했다. "그리고 정말 신나는 것은 지금 당신이 하고 있는 일이죠."

이것이 바로 우리 각자가 미래에 해야 할 일이다: 경험에 대한 잠재력과 통찰력이 꿈과 영감과 함께 합쳐져서 더 풍부하고 더욱 만족스러운 인생을 창조해 내는 것이다. 지금 시작하자.

유머감각은 마음을 풀어 지게 한다. 유머를 자유롭게 사용해 보라. 유머는 근육을 이완시켜주고 새로운 관계를 만들 수 있도록 마음을 자유롭게 해준다.

결론: 미래를 향해

당신이 되어있을지 모르는 그 무언가가 되기에는 절대로 늦은 법은 없다.
— 조지 엘리엇(George Eliot)

여성 운동가 글로리아 스타이넘 (Gloria Steinem)이 40대가 되었을 때, 누군가가 생각 없는 아첨으로 그녀에게 나이처럼 보이지 않는다고 말했던 적이 있다. 그러나 그녀는 쏘아붙였다. "이게 40대가 생긴 모습이에요."

고정관념에 저항하고 자신의 현실에 맞게 자신의 연령을 정의하면서, 스타이넘은 우리 시대에 있어서 노화에 대한 새롭고 더욱 긍정적인 태도로 선도의 목소리를 낸 사람 중 하나였다. 이의를 제기하며 더욱 조용하고, "우아하게 노화하는" 순응적인 모델을 따라야 한다는 전통적인 압박은 잊어버려라. 이 새로운 노화에 대한 관점은 계속적인 신체적 및 지적 활력, 창조성, 그리고 기여의 기대를 반영하였다.

오늘날 50대 이상의 계층은 베이비붐 세대와 더불어 급증하고 있으며, 은퇴는 직업 변화의 또 다른 단어가 되었고, 노화는 계속해서 새롭게 정의되고 있다. 과학, 의학 및 사회의 진보는 노화에 대하여 새로우면서도 지속적으로 변화하는 모습을 제공하고 있다. 우리의 내적인 삶과 아직 손대지 않은 성장의 가능성에 관하여 새롭게 발견되는 인식은 그 모습에 오히려 더 풍성한 차원을 더하고 있는 것이다.

그 다음은 무엇일까? 지금으로부터 100년 뒤 50대, 또는 60대, 70대, 80대, 90대 그리고 그 이상의 연령대는 어떤 모습일까? 지금으로부터 200년 뒤, 즉 몇 세대 지난 다음의 모습은 어떠할까? 나는 노화의 과정을 만들고 21세기의 진척과 더불어 후년에 있을 창조성의 흐름을 구성할 미래와 영향에 대하여 추측을 해달라는 요청을 종종 받는다. 나는 인간의 욕구로 밀고 끌어줌으로써 구성된 미래를 보며, 이 경우 더욱 연장된 수명을 향한 필사적인 열망, 즉 더 많은 시간들과 부정적인 고정관념과 변화, 그리고 새로운 생각에의 저항에 대하여 가지고 있는 우리의 너무나 인간적인 두려움에 관한 근시안적인 공공 정책을 반대 방향으로 당겨줄 미래를 바라본다. 우리가 다음 세기와 그 이후의 시대로 이동하면서, 노화와 창조성의 풍경은 사회가 사람들이 그 수명의 분량을 늘이기 위해 노력하면서, 그들의 삶의 질을 개선하고자 하는 헌신의 균형을 잡는 방법에 의하여 만들어질 것이다.

이 균형 활동에 내재하는 긴장상태는 21세기에 있어서 새로운 것은 아니지만, 실제로는 25세기도 더 이전의 고대 그리스 신화, 즉 티토노스의 신화의 초점이었다.

티토노스는 죽음을 맞이해야 하는 인간이자 트로이의 왕이었던 라오메돈의 아들이었는데, 그는 새벽의 여신이었던 에오스와 사랑에 빠졌다. 죽지 않는 에오스는 자신의 연인 티토노스보다 더 오래 살 것에 대하여 조바심을 냈다. 결국 그녀는 올림포스 산의 신들의 왕이었던 전능한 제우스에게 찾아가 티토노스에게 불사의 생명을 허락해 달라고 간청하였다. 제우스는 그녀의 소원을 들어주었지만, 안타깝게도, 수십 년이 지나가면서, 에오스는 제우스에게 티토노스에게 불사의 생명과 젊음을 함께 주라고 하는 걸 깜박 잊었다는 것을 깨달았다. 따라서 오늘날까지도 티토노스는 계속해서 점점 더 늙어가고 있으며, 점점 더 약해지고 있다. 이 25세기가 지난 이야기는 이 사회의 가장 중요한 윤리적이고 과학적인 관심 중의 하나이자 노화의 분야에서의 관심이 되었고, 우리의 삶의 질이 삶의 양과 보조를 맞추어야 한다는 것을 확신하고 애쓰는 것을 포착하고 있다.

이 책은 우리가 창조성을 추구하면서 겪게 되는 시간들의 질을 더욱 보태기 위하여, 할 수 있는 모든 일들에 대한 것이다. 만약, 우리가 노화하는 신체와 마음을 개선하기를 원한다면, 우리는 의학적 기적을 기다릴 필요가 없거나, 노화방지 제품들의 최신 유행을 따를 필요도 없다. 당신은 모든 놀라운 약들을 복용하고 노화의 과정을 바꾸어 줄 모든 화장품들을 사용할 수 있으며, 만약, 그것들이 효과가 있다 해도, 당신의 사고를 자극시키고 뭔가 새롭고 흥미로운 일을 시도하도록 동기를 부여하는 단일한 평생 교육 과정과 비교하였을 때, 그 효과는 미비할 것이다. 인생의 두 번째 절반 동안 우리의 마음은 내적인 잠재력에 접근할 수 있는 우리의 능력을 개선하는 방법으로 계속해서 발전한다. 이러한 내적 성장은 저절로 일어나는 것이 아니라, 잠재력이 있다는 사실을 아는 것이 강력한 방식으로 우리에게 동기를 부여할 수 있는 것이다.

뉴프런티어의 가능성과 한계: 미래의 노화에 영향을 주는 연구

우리로 하여금 노화에는 창조적인 잠재력이 있음을 알아차릴 수 있도록 허용하는 태도의 변화는 우리의 문화에 대한 중요한 이정표이다. 그다지 멀지 않은 과거에 노화에 관한 두드러진 관점은 틀림없이 건강과 기회가 감소한다는 것을 기억하라. 노화에 관련하여 사회에서 일어난 가장 큰 변화는 과학자들이 노화의 과정을 변경시키도록 해주는 근본적인 유전적 발견이 아니라, 우리가 키워야 하는 능력을 근본적으로 새롭게 인식하는 것이며, 우리가 나이를 들면서 우리의 삶을 바꾸어야 한다는 것이다.

내가 이점을 강조하는 것은 생물학적 연구의 전망을 약화시키려는 것이 아니다. 도리어 이러한 연구들의 매력은 너무나 큰 것이어서, 우리가 현재에 가능한 것들에서 관심을 돌려, 오늘의 할 수 있는 일들 보다는 내일의 희망에 대한 빛을 비춰주고 있다. 20세기에 수명의 50퍼센트 이상이 증가한 것은 유전적 발견으로 인한 것이 아니라, 공공 보건 관행, 건전한 건강 습관, 그리고 더 좋은 의학적 관리로 인한 것이었음 또한, 기억하라.

만약, 우리가 노화를 조절한다는 그 찾기 힘든 유전자를 발견하기만 한다면, 우리는 스스로에게 영원한 젊음을 사줄 수 있도록 조작할 수 있을 것이라고 여전히 주장하고 있는 사람들이 있다. 그러나 그렇게 한 유전자를 변화시키는 것이 인간의 노화 과정을 변화시킬 수 있다고 기대하는 것은 당신이 음악을 오케스트라에서 한 가지 악기로 연주하는 것으로 바꾸고서, 원곡의 복잡한 아름다움과 타이밍을 방해하면서 새로운 교향곡을 만들 수 있다고 기대하는 것과 같다. 하나의 유전자는 벌레 속에서는 차이를 만들어 낼 수 있지만, 남성과 여성에게 똑같이 적용될 수는 없다. 나아가서, 만약, 한 개의 유전자가 큰 차이를 만들어낼 수 있다면, 우리는 진화의 지난한 과정 동안 누군가는 유전자 돌연변이가 있어서 더욱 긴 수명을 촉발시키는 모습을 기대해야 할 것이다. 현재 인간의 수명의 한계가 대략, 130년까지인데, 그것을 넘어선다는 어떠한 예외가 있었다는 증거가 없다.

유전적 연구의 가장 큰 희망은 특정한 질병에 대한 감염성을 변화시키는 것에 놓여 있는데, 연구는 이때 가장 흥분되고 긴박할 것이다. 만약, 우리가 유전자 치료를 사용하여 노화의 질에 영향을 주는 질병을 경감시키거나 치료할 수 있다면, 우리는 삶의 경험과 창조적인 잠재력을 강화시킬 수 있다. 그러나 현 시점에서 유전에 대한 우리의 이해에 기초하면, 유전적으로 노화의 과정 그 자체를 변형시키는 것은 우리가 100개 이상의 서로 다른 유전자를 조작해야 함을 필요로 할 것이며, 이러한 유전자들은 각각 이 절차상의 연결을 담당할 것이며, 이러한 유전자들을 상당히 동시 통합된 방식으로 변경할 것이다. 이는 극단적으로 복잡한 능력이 될 것이고, 금방 성취될 만한 일이 아니다. 결국 우리의 생물학적, 유전적 복잡성은 좋은 것이라는 점을 지적해야 할 것이다. 이 복잡성은 종에 안정성을 가져다준다. 만약, 우리의 유전자 암호를 쉽게 해독할 수 있다면, 우리 인류는 분명히 혼란을 맞이할 것이다. 지속적으로 이루어지는 일련의 돌연변이는 인간의 신체적 및 정신적 "버전"을 뒤죽박죽으로 만들어낼 것이며, 장기적으로는 우리 종이 생존하는 것을 더욱 어렵게 만들고 말 것이다.

수명의 양대 노화의 질: 과거 역할 모델

내가 나누었던, 신화 이야기속의 티토노스는 나이가 들어가면서 쇠약해지는 형태의 역경만 추가되었다. 제6장에서 언급되었던 그의 신화적 상대역이었던 티레시아스는 극단적인 역경에도 불구하고 노년기에 새로운 잠재력과 성과를 발견하였다. 어느 이야기가 당신의 관점을 반영하는가? 만약, 우리가 미래의 관점을 이미 구식이 된 오늘날의 고정관념으로 제한한다면, 우리는 비관주의로 빠지게 되며, 우리의 잠재력을 제한시키게 된다. 그러나 미래의 역사는 각각의 분야에서 가장 박식한 사람들에 의해서 의심과 몹시 안 좋은 예측이 이루어졌음에도 불구하고 지속적으로 놀라움의 연속이었음을 기억해야 한다. 다음의 내용에서 전문가들에 의하여 기대한 것과는 다르게 나타나게 된 미래에 관한 역사적 관점들을 생각해 보라.

발명될 수 있는 모든 것은 모두 발명되었다.

— 찰스 H. 듀엘, 미 특허청장, 1899

합리적이고 책임 있는 여성은 투표하고 싶어 하지 않는다.

— 그로버 클리브랜드, 1905

도대체 누가 배우가 말하는 것을 듣고 싶어 하겠는가?

— 헤리 M. 워너, 워너 브로스 영화사, 1927

원자의 능력을 두드려 볼만한 사람은 존재하지 않는다.

— 로버트 밀리칸, 노벨물리학상 수상자, 1923

공기보다 무거운 비행기는 불가능하다.

— 켈빈 경, 왕립협회 회장, 1895

베이브 루스는 투구를 포기하였을 때, 큰 실수를 한 것이다.

— 트리스 스피커, 1921

말(馬)은 오늘 여기에 있지만, 자동차는 진기한 것일 뿐, 즉 일시적 유행일 뿐이다.

— 미시간 저축은행 회장, 포드 자동차 회사에 대한 투자를 반대하며

비디오는 6개월 후면 시장에 머물러 있지 못할 것이다. 사람들은 곧 매일 밤 합판 상자를 쳐다보는 것에 질려버릴 것이기 때문이다.

— 데릴 F. 자눅, 20세기 센츄리 폭스, 1946년 텔레비전에 대하여 언급하며

전기 장난감으로 회사는 무엇을 만들어낼 수 있단 말인가?

— 웨스턴 유니온, 1878년 전화기에 대하여 권리를 반대하며

헤젤 핸더슨(Hazel Henderson)은 이 현상을 이해하였고, "만약, 우리가 변화와 불확실성이 기초적인 원리라는 것을 알아차린다면, 우리는 비관적이기에는 충분히 많이 알지 못한다는 점을 이해하면서 우리가 겪고 있는 미래와 변화를 맞이할 수 있다"고 언급하였다. 오늘날의 최신 자료들에 따르면 수명이 점차 늘어나면서, 후반기 인생의 장애는 감소하였는데, 이는 비관적 예측과는 반대되고 있음을 보여주고 있다. 연구자들은 노화의 비밀을 풀기 위하여 노력하고 있는 한편, 우리는 낙관을 하기 위하여 고대 신화에 의존할 필요가 없다. 즉, 활기 넘치는 모델들이 우리 주변에 얼마든지 있기 때문이다. 우리는 티토노스의 공허한 연장된 삶의 길을 따라갈 필요가 없다. 우리는 티레시아스나 예술가 티샨 또는 이 책에게 소개된 수많은 남자와 여자들에게서 생산적인 노화를 위한 영감을 찾을 수 있다.

모집 : 노화에 대한 새로운 은유

기대가 너무나 강력하게 우리의 경험을 만들어주기 때문에, 우리는 구식의 고정관념과 노년에 대한 언어를 노화에 대한 새로운 은유로 대체할 필요가 있다. 나는 개인적으로 화가 죠지아 오키프(Georgia O'Keeffe)의 이야기가 영감을 준다고 생각한다.

다양한 오키프의 전기 작성자들은 그녀가 경험하였던 서로 다른 염려를 서술하였는데, 그중 하나는 비행에 대한 두려움이었다. 그녀가 점점 더 유명해지고, 세계의 각종 쇼와 행사에 나타날 것을 요구받게 되었을 때, 그녀가 비

행기를 타야 할 필요성도 증가하게 되었다. 어느 날 그녀가 70대였을 때, 오키프는 창밖으로 구름 아래 비행기가 날아가는 모습을 감탄스럽게 쳐다보았다. 그녀는 이후 그때 갑자기 그녀의 비행기에 대한 두려움이 사라졌음을 깨달았다고 회상하였다. 그녀는 기분이 아주 좋았다. 이 경험은 그녀의 예술에 새로운 방향을 제공했고, 결과는 거대한 전시회, 그녀의 인생에서 가장 큰 전시회로 무려 96개의 작품이나 전시했던 행사로 이어졌다. 그 작품들 중에는 8X24피트나 되는 크기의 일련의 그림들도 있었다. 이 시리즈의 형상들은 그녀가 비행기 창문에서 바라본 모습에서 영감을 받은 것이다. 그 형상들은 아름답고, 반추상화였던 파란 하늘 속의 구름의 모습이었다. 그녀는 이 그림에 "구름위에 하늘(Sky Above Clouds)"라는 이름을 붙였다. 오키프에게 있어서 노년은 "인생의 겨울"이 아니다. 그녀의 예술은 나이 때문에 꺾이지 않았다. 그 대신 그녀의 나이, 경험 그리고 새로운 개념에 대한 열린 마음이 그녀로 하여금 구름 위에서 파란 하늘을 볼 수 있도록 해준 것이다. 나는 21세기의 노화는 점점 더 우리에게 인간의 잠재력의 표현 속에서, 나이와 관련된 여러 문제들에도 불구하고, 구름 위에서 내려다보는 파란 하늘을 보여줄 것이라고 믿는다.

은유에서 모델로: 가장 빠르게 증가하는 100세가 넘는 사람들

104세가 된 은퇴 교사인 사라 딜라니(Sarah Delany)는 자신의 102세 된 자매인 은퇴 치과의사인 베시 딜라니(Bessie Delany)와 공동으로 작업하여 《Having Our Say: The Delany Sister's First 100 Years》를 집필하였다. 이는 100세 이후 협력적으로 수행되어 전기적인 창조적 표현을 용이하게 하는 인간의 잠재적인 측면을 정리하는 훌륭한 사례였다. 이 책은 〈뉴욕 타임즈〉의 베스트셀러가 되었고, 브로드웨이의 히트작품이 되기도 하였다. 1994년 이 자매는 각각 105세와 103세가 되었을 때, 요청에 따라 인간적 잠재력 단계와 관련된 창조적 표현을 이용하여 속편을 출판하였다.

2년 뒤 베시 딜라니는 사망하였고, 갑자기 100년 만에 처음으로 사라 딜라니는 외로움을 느꼈다. 그녀는 107세가 되었을 때, 자신의 창조적 대응 전략 중에서, 또 다른 요청에 따른 인간의 잠재력 단계의 산물로서, 《107세에 나 스스로에 관하여 *On My Own at 107*》를 쓰게 되었다. 건강함을 유지하기 위하여 새로운 방식으로 적응하려는 그녀의 노력은 다음 그녀의 책에서 발췌한 내용에 반영되어 있다:

> 생각할 수 없는 일이 일어났어. 나는 누군가 나의 팔을 잘라냈다는 느낌을 받았어. 누군가 말했지. "지구상에는 아마 그렇게 함께 오래 살았던 사람은 아무도 없을 거야!" 우리는 가장 긴 인간 관계였어. 그리고 나는 그것이 정말 사실이라고 생각하고 있다. 베시, 그래서 나는 새로운 삶을 개척하고 있는 중이야.

미국의 연극 및 영화감독, 극작가, 배우 및 프로듀서였던 조지 아봇트 (1887-1995)는 브로드웨이 흥행사의 대표로 여겨진다. 그의 커리어는 80년 이상을 지속했고, 120개의 작품을 만들어냈다. 이러한 그의 작품들 중에는 〈Love'em and Leave'em〉 1925 (38세 당시 제작), 〈The Boys from Syracuse〉 1935 (48세 당시 제작), 〈Damn Yankees〉 1955 (68세), 〈A Funny Thing Happened on the Way to the Forum〉 1962 (75세 당시 제작) 등이 있다. 그가 관여한 작품들은 40여 번의 토니상 수상으로 이어졌고, 그 자신은 다섯 번이나 수상하였다.

101세 때(1989) 그는 새로운 뮤지컬 프랭키(Frankie)를 감독하였는데, 이 작품은 그가 책도 썼던 작품이었다. 프랭키는 2막으로 구성된 프랑켄슈타인의 뮤지컬 리메이크 작품이며, 뉴욕의 웨스트체스터 카운티에서 공연하였다. 그가 죽기 바로 직전, 107세가 되었을 때, 그는 브로드웨이 Damn Yankees

의 재개를 위한 협업에도 참여했는데, 이는 창조적 성과를 위한 인간의 잠재력의 국면의 마지막 앵콜 단계를 보여주는 것이었다.

100세 이상을 사는 사람들은 가장 빠르게 증가하고 있는 연령 집단이다. 1900년에는 미국인 10만 명당 1명만이 100세 이상이었다. 2000년이 되었을 때, 이 숫자는 10배 이상으로 증가하였으며, 적어도 미국인 1만 명 중 한 명이 100세에 도달하고 있다. 과학자들은 2050년이 되면, 이 숫자는 또 다시 10배 이상, 심지어 20배 이상 더 증가할 것이라고 추정하고 있다. 우리는 오늘날 5만 명 이상의 100세 이상인 미국인들이 있으며, 21세기의 중반이 되면, 약 100만 명 이상이 될 것이라고 보고 있다. 그리고 그때 100세가 될 모든 사람들은 오늘도 살아가고 있다.

이렇게 증가하는 연령 집단의 영향은 전에 없던 것이다. 그때가 되어야만 우리의 문학, 음악, 과학, 정치, 우리의 가족 그리고 우리의 지역사회에 어떠한 영향을 미칠지 이야기할 수 있을 것이다. 그들이 무엇을 하든지, 그들의 연수와 경험을 통하여, 그들의 폭넓은 존재는 미래에 대한 우리의 기대에 대한 시계를 재설정하고 있다. 그것은 다시 결정적으로 우리가 어떻게 계획하고 환상을 가지는지에 영향을 준다. 연구는 100세 이상의 사람들은 점점 더 건강함을 역사적으로 가능했던 것보다 오랫동안 즐기고 있음을 보여주고 있다. 이러한 남녀가 극단적인 노년을 활력과 함께 모델링 하는 한, 후생에 있어서 무엇이 가능한지에 대한 우리의 감각은 훨씬 더 올라갈 것이다. 이 모든 것은 우리로 하여금 미래에 대한 계획을 전보다 훨씬 더 일찍 시작하도록 해주는 심리적 피드백 루프에 기여하며, 우리가 일찍이 한 건강, 교육, 일, 그리고 라이프스타일에서의 선택이 우리의 점점 더 길어진 삶의 질을 상당히 개선할 수 있다는 점을 알게 된다.

사회를 위한 창조적 도전:
21세기의 노화를 위한 새로운 풍경을 만들라.

만약, 우리가 노화하는 성인들을 국가적 재능 및 창조성 자원으로 바라본다면, 우리 사회의 도전은 그 자원을 양성하고 공공의 이익을 위하여 이용하는 것이다. 공공 정책의 측면에서 볼 때, 그리고 전체적으로 여러 가지 다른 방식으로 볼 때, 사회는 아직까지도 이 엄청나고 성장하는 국가적 자원을 극대화 시켜야 하는 도전 의식 또는 책임을 지지 못하였다. 사회는 어떻게 아동과 청년을 위하여 교육 및 레크리에이션 기회를 개발할지, 향후 지역사회를 위하여 주민 및 사업 개발을 어떻게 계획할지에, 어떻게 공중 보건과 안전을 제공할지, 그리고 기타 여러 가지에 있어서 창조적으로 되기 위하여 정진하고 있다. 그러나 사회는 중년과 그보다 더 나이 많은 사람들의 요구와 기여를 바라보는 데 있어서 동일한 창조성을 만들어내지 못하였다고 하는데, 세대 간 관점에서도 마찬가지이다.

정부와 공공 정책의 변화의 느린 진전에도 불구하고, 수많은 지역사회와 소비자 중심의 시장은 변화의 자취를 이 노화에 대한 새로운 풍경으로 타오르게 하고 있다. 제7장에서 논의하였던 창조성 발견단과 기타 유사한 프로그램들은 나이가 많은 사람들의 인간적인 잠재력을 양성하고 이익을 얻는 지역사회의 부분에 대한 창조적인 반응을 보여주고 있다. 주거의 라이프스타일 선택은 꽃피고 있으며, 고령자가 살고 있는 환경 속에서 진행중인 근본적인 다양성과 확대를 반영하고 있다. 이러한 창조적인 선택은 독립적인 생활 속에서의 혁신, 매우 다양한 은퇴 커뮤니티의 빠른 성장, 노인 생활 시설, 연속 보호은퇴주거단지, 그리고 자연적으로 이웃에 발생하는 은퇴 커뮤니티 또는 단순히 많은 은퇴연령의 사람들을 끌어들이는 건물들을 포함한다. 주거 및 휴가 커뮤니티가 은퇴자와 아울러, 부유한 독신, 부부, 그리고 자녀가 있는 가족들을 끌어 모을 때, 우리는 새로운 형태의 전통적인 다세대 커뮤니티를 보게 되며, 이와 더불어 세대 간에 있어서도 창조성의 이익을 보게 된다.

그러나 연구는 빈약하였고, 계획은 그들이 고령자들의 내적 및 외적 삶과 그들의 가족 관계에, 그리고 일반적으로 다른 연령대의 사람들과의 관계에 어떠한 영향을 주는지에 대하여 이해하기에는 부적절했다. 사회의 모든 단계에 있어서 더욱 많은 논의가 필요한 문제들은 다음과 같다.

- 모든 계층의 사회, 즉 정책입안자, 지역사회 계획자, 그리고 가족들 등은 노화와 나이와는 관계없이 창조적 기여에 대한 잠재력에 관한 수많은 신화의 고정관념을 완화시키기 위하여 무엇을 할 수 있는가?
- 모든 계층의 사회는 인생의 후반기에 있는 사람들이 자신들의 잠재력을 탐색할 수 있도록 하기 위하여, 개인의 이익과 그 지역사회의 이익 모두를 위하여, 더 많은 기회들을 촉진하기 위하여 무엇을 할 수 있는가?
- 모든 계층의 사회는 세대 간 상호작용의 혁신적 및 보상적인 형태, 즉 생활환경, 일, 사회 활동, 교육, 그리고 레크리에이션 등을 촉진시키기 위하여 무엇을 할 수 있는가?

이 풍경은 극적으로 변화하고 있으며, 여러 가지 면에서 좋아지고 있지만, 사회로서 우리는 영역에 대한 감각이 없거나, 의미 있는 변화와 미래를 위한 계획을 지지하고 위하여 그것으로 무엇을 할지를 모르고 있다.

인생의 후반기에 나타나는 인간의 잠재력에 대한 증가하고 있는 새로운 인식과 노화와 더불어 나타나는 라이프스타일의 변화의 인정은 사회가 이 순간을 붙잡고 주도적으로 창조성을 지역사회의 기획에 가져올 수 있는 모닝콜이 되어야 한다. 고령자들은 전에는 한 번도 사회에 숫자, 다양성, 또는 능력의 측면에서 그렇게 양육하고 훌륭하고 새로운 국가적 자원을 이용할 수 있는 기회를 보여준 적이 없었다.

그전보다 더욱 더 완전한 인생의 주기 관점에서부터 나오는 창조적 계획은 인생의 후반기를 맞이하고 있는 사람들의 개선된 삶의 질에서뿐만 아니라, 더욱 큰 가족들과 지역사회를 위한 응집성의 측면에서 성공적이라는 경향이 있다. 우리는 노화 인구에 대한 거대한 잠재력에 집중할 필요가 있으며, 사람들이 자신들의 일상적인 삶을 노화에 대한 새로운 풍경 속에서 보내고 있는 점점 더 다양해지는 환경 속에 존재하는 독특한 주제들과 기회들을 더욱 잘 이해할 필요가 있다. 우리는 우리 중에서 이제 주요하고 새로운 국가적 자원을 가지고 있다. 그리고 프랭클린 딜라노 루즈벨트 대통령이 날카롭게 지적하였던 것처럼, "어떤 국가라도, 그 나라가 얼마나 부자일지라도, 그 나라의 인적 자원을 낭비할 수는 없다."

노화에 있어서 창조성의 보편적 가치

노화의 창조성에 대한 가장 중요한 결과물은 그 본질적인 보편성이다. 예를 들면, 모든 사람들은 꿈을 꾼다. 우리가 꿈을 공부할 때, 또는 꿈에 대하여 단순히 이야기할 때, 우리는 꿈이 가지고 있는 풍부함, 복잡성, 그리고 신비함을 보게 된다. 우리는 역동적인 무의식의 창조적 능력을 얼핏 보게 된다. 우리의 꿈은 우리 안에 내재된 복잡하고 신비로운 창조적 잠재력을 보여주지만, 또한, 풍부하고 현실적이다.

노화의 창조성의 보편성은 또한, 젊은 사람들이 고령자 주변에서 경험하게 되는 수많은 일상적인 심오한 경험 속에 나타나 있다. 2개의 사례들을 보여주고자 한다. 첫 번째 것은 작은 c의 공적인 것이며, 두 번째 사례는 작은 c의 사적인 것이다.

최근 워싱턴 D.C. 지역에서 있었던 미디어의 중요한 이야기는 재능 있는 대학 2학년생 농구선수에 관한 것으로, 그는 NBA 농구 팀 중 하나로부터 프로로 입단할 것을 제안 받을 예정임을 보여주고 있었다. 그가 무엇을 할지에 관하여서는 많은 추측이 있었다. 오랜 시간 동안 그는 대학을 마치기 전에 프로로 전향할 것을 부인하였다. 지역의 미디어는 이 약속을 부각시켰고, 대학 팀과 동료 선수들에게 있어서 그의 중요성, 이 헌신의 중요성, 그리고 교육을 마치는 것에 대한 약속의 중요성을 강조하였다. 뻔뻔하게 죄책감을 사용하여 그가 대학 팀을 떠나지 않도록 영향을 주고 있었다. 그러고 나서 이 대학 2학년 학생은 훌륭한 시즌을 보낸 뒤, 그는 실제로 프로로 갈 것이라고 발표하였다. 미디어는 그가 이전에 한 약속을 끊임없이 반복하여 보도하며 그에게 벌을 주었다. 그러고 나서 스포츠 기자 중 한 명이 그와 맞서서 직접적으로 그가 어떻게 그러한 결정을 내렸는지에 대하여 물어보고, 그가 왜 마음을 바꾸었는지에 대하여 물어보는 한 인터뷰가 열렸다. 그의 대답은 거의 즉각적으로 미디어의 장광설을 멈추게 하였다.

그는 이 선택에 대하여 오랫동안 힘들게 생각하였으며, 이 선택은 매우 어려운 선택이었는데, 그 이유는 미디어가 다루었던 모든 이유들 때문이었다고 설명하였다. 그러나 그 후 그는 자신의 할머니와 논의를 하였다고 했는데, 할머니는 모든 가능성을 신중히 검토한 뒤, 그에게 이 결정은 힘든 것이지만, 그가 프로 제안을 받아들일 것을 권하였다고 한다. 그의 할머니는 학교는 언제든지 나중에라도 돌아갈 수 있다고 하였다. 그가 말하기를 그는 할머니의 조언에 크게 동의하였고, 논의는 끝이 났다고 한다. 계속 진행되던 미디어의 장광설은 멈추었다. 미디어의 공격이 갑자기 멈춘 것은 고령자가 중요한 결정과 대중의 반응에 대하여 취할 수 있는 창조적인 영향력에 대한 강한 설득력을 만들어 냈기 때문이다. 이것은 강력한 펀치를 가한 작은 c의 창조성이다.

두 번째 사례는 나의 아버지의 죽음에 관한 것이다. 그의 장례식에서 나는 아버지에 대하여 내가 직접 쓴 추도문을 읽었다. 비록 나는 수많은 곳에서 말하였지만, 이것은 가장 어려운 연설이었다. 추도문을 준비하기 위하여 나는 그의 두꺼운 해군 스크랩북을 처음부터 끝까지 읽어나갔다. 나에게 와 닿았던 내용들 중에는 그가 해군을 떠난 이후 복무하였던 미 주방위군으로부터 받은 제대명령서가 있었다. 그의 스크랩북을 보는 것은 내게는 매우 심오한 경험이었다. 당시 나의 아버지는 내가 추도문을 쓸 당시 나의 아들과 같은 나이였다. 아버지의 제대명령서가 있던 섹션에는 유일하게 굵은 글씨체로 "성격(Character)"이라는 제목이 있었다. 그 제목 다음에는 대문자로 EXCELLENT라고 씌어 있었다. 그것은 사실이었다. 알츠하이머병의 고통스러운 경험 속에서도, 나의 아버지는 절대로 그의 특징을 잃지 않았다. 이는 풍부함 속에서 비춰졌고, 그의 창조적인 유산의 일부였다.

이와 같은 이야기들은 우리에게 고령자가 자신의 가족과 지역사회에 가져오는 창조적인 존엄성을 생각나게 한다. 다시 한 번, 이것은 작은 c가 있는 창조성이지만, 기억, 영향력, 그리고 가족의 정체성에 대한 효과에 오래 사는 창조성이기도 하다. 그것은 나이가 들어가는 것에 대한 가장 강력한 이익 중 하나인 사회적 창조성이다. 나의 희망, 실제로는 나의 예상은 이 심오한 인간의 존엄성과 삶에 대한 공감은 미움, 살인, 전쟁, 그리고 인간관계의 더욱 계몽된 방향으로 향하는 우리의 경향으로부터 증가하는 많은 고령자와 함께 어느 날 우리를 성공적으로 끌어내는 우리의 만남 속에서 자주 발생한다는 것이다. 나의 희망은 점점 증가하는 사회적 창조성, 고령자의 우아함과 정신은 증가하는 인구 집단의 더욱 폭넓은 존재와 더불어, 더 많은 특징, 진실성을 우리 사회에 가져다주었으면 하는 것이다.

우리 각자를 위해서 창조적으로 나이들기: 인류를 위한 새로운 시대

우리는 역사 속에서 가장 흥분되는 시간 속에 있다. 인간의 존재의 바로 긴 흔적 속에서 비교할 수가 없는 시간들이다. 이 시대는 공중 보건, 영양, 전반적인 건강 습관, 의료 기술, 그리고 과학의 발달은 더 많은 수명과 더 많은 경험의 기회를 확대시켜주었다. 우리 이전의 세대는 우리가 오늘날 하는 대로 노년의 삶의 경이로움을 탐구할 수 있는 시간도 기술도 가질 수 없었다. 우리는 사회생활의 새로운 시대로 들어가고 있으며, 50대 이상의 인구가 폭발적으로 증가하고 있다. 1990년과 2030년 사이에는 이 수는 2배가 될 것으로 기대되고, 고령자들이 스스로를 표현하고 자신들의 창조적인 욕구를 성취할 수 있는 새로운 기회가 주어졌다.

노인차별의 벽은 차츰차츰 허물어지고 있으며, 성취하고, 기여하고, 즐기고, 변화시키고, 새로운 삶의 측면을 만들어내는 고령자들의 사례가 증가하고 있다. 우리는 조지아 오키프 또는 조지 번스와 같은 사람들에게서 폭넓게 인정되는 창조성의 영감을 찾을 수 있다. 우리는 새로운 기여와 우정이 세대 간 창조성으로부터 나타나는 지역사회 안에서 우리의 집을 더욱 자세히 볼 수 있다. 마지막으로 우리는 내면을 바라볼 수 있으며, 이 책에 나오는 수많은 남성과 여성들과 같이, 우리 안에서 우리의 삶을 높여주고 타인에게 영향을 줄 수 있는 창조적 성장과 표현의 능력을 찾을 수 있다. 진정으로 이것은 창조적인 연령이며, 우리가 완전히 은퇴하였든지, 은퇴가 가까왔든지 아니면 여전히 젊은 성인의 삶의 전성기에 있든지 관계없이, 인류와 우리 서로를 위한 것이다. 도전과 기회를 기꺼이 끌어안고자 하는 우리의 시도가 삶의 매 시기마다 각자가 이루어나간 유산들과 각자가 준 선물들을 정의할 것이다.

부록 A

우리는 왜 나이 드는가?
생물학의 창조적 신비

다음 이어지는 일부의 정보는 책의 본문에 언급되어 있지만, 더 많은 배경 지식을 원하는 독자에게 유용하다.

왜 살아있는 것은 노화하는가?

왜 살아있는 것이 노화하는지에 대해 묻는 것은 두 가지를 물어보는 것이다. 첫째, 노화의 목적이 무엇인가에 관한 것이다. 즉, 노화하는데 좋은 점이 그 단점보다 더 큰가? 노화하지 않는다면 그 결과는 어떠한가? 둘째, 우리를 노화하게 하는 메커니즘, 생물학적 과정은 무엇이며, 무슨 요인이 이러한 과정에 영향을 끼치는가? 결론적으로, 우리는 이러한 질문에 확실한 대답을 하지 못한다. 노화를 생물학적으로 설명하는 전문가들은 내가 지금 언급하는 것에 수십 배 더 공을 들여왔다. 그것은 모두 내재된 결함이 있다. 나는 1971년 이후로 생물학적 이론을 조사해왔다. 1971년은 내가 공식적으로 노년학 분야에 입문했던 해이며 이와 어울리는데 근접한 미스터리를 만나지 못했다. 그것은 매우 현명하고 창조적으로 공들여져서 이것 혼자만으로 내가 거의 30년 동안 몸담아 왔던 주된 이유일지도 모른다.

　　노화의 목적에 관해서 과학자들은 적응의 문제에 관해 동의하지 않는다. 즉, 노화가 종(種)의 생존에 필요한 것인지 아닌지에 관한 것이다. 어떤 학자는 만일 동물이 노화하지 않고 죽지 않는다면 개체가 너무 많아지고 결국 먹을 것이 부족하고 서로 투쟁하게 된다(적응)고 주장한다. 한편, 노화가 필수적이지 않다고 믿는 입장에선 많은 동물들이 노년까지 살지 못하는데, 그것은 그 주변의 환경의 힘 때문이라고 믿는다. 그러므로 그 개체의 수를 통제하기 위해 노화할 필요가 없다는 것이다(비적응).

　　물론 인간에게 있어서는 이야기가 달라진다. 어떻게 노화하는지가 적응의 문제인지 생존의 반응인지를 알아보는 것은 쉽다. 다음 동화는 심리학자 앨런 키넨이 재구성한 것인데, 이러한 점을 잘 보여준다.

　　　옛날에 한 위대한 왕이 그의 신하들과 사냥을 나갔다. 그들은 언덕의 정상 위에서 점심을 먹으려 멈추어 섰다. 왕은 자신이 죽는다는 것과 왕위를 잃게 될까봐 슬퍼하였다. 그의 신하도 역시 그들의 죽음을 생각하며 슬퍼하였다. 그러나 그 중에서 한 사람이 웃었다. 왕은 그 웃음을 무시하고 불멸하기를 계속 빌었다. 신하들도 맞장구 쳤으나, 한 귀족이 또 다시 비웃었다. 신하들은 그 웃음의 이유를 알고 싶어 했으나 그는 설명하지 않았다. 마침내 왕이 직접 그 이유를 물었다. 그 신하는 마지못해 대답하길 영원히 모두가 산다면 어떻게 될까를 생각하고 있었다고 말했다. 그런 경우에 초대왕과 현인(賢人), 그리고 역사상 위대한 영웅이 살아있을 것이다. 그들과 비교해 볼 때, 왕은 그저 학자요 신하는 농부에 불과할 것이다. 그러한 생각은 왕을 웃게 만들었다. 긴장된 순간 이후 그 왕은 그의 잔을 치켜 올리면서 왕족의 허영심을 찬양한 다른 귀족들을 벌하였다.

결론 부분에서 논의되었던 티토노스 신화처럼 이 동화는 우리에게 불멸이 가져오게 되는 사회적 복잡성을 상기시킨다. 그것은 인간을 이해하는 데 있어서 좀 더 쉬운 적응의 관점이 되지만, 쥐나 다른 크고 작은 동물에게 있어서는 또 다른 문제이다. 그들은 모두 노화한다.

모든 살아있는 것이 노화하는 것은 아니다

쥐와 인간은 적응 또는 비적응의 이유로 노화한다. 하지만, 모든 살아있는 것이 같지 않으며 특히 그 기간에 있어서 다르다. 그 문제에 대해 모든 살아 있는 개체가 나이를 먹는 것이 아니다. 그 다양함은 분명하다. 즉, 24시간을 사는 하루살이에서부터 미국 서부에서 2400년 이상을 사는 세쿼이아 나무에 이르기까지 말이다. 노화는 원시적 종에게는 뚜렷하지 않다. 사실, 성장이 중단되는 것 같지 않다. 상어와 철갑상어를 포함한 다양한 어종, 악어와 같은 파충류, 특정 거북이, 해면, 이 모두가 나이를 먹는 특이한 성질을 보여주지만, 기존 생각처럼 노화하는 것은 아니다.

노화하지 않는 것처럼 보이는 이 종들 가운데 죽음은 시간과 환경에 더 밀접하게 연관되어 있고 그것은 노화와 내부적 생물학적 변화를 위태롭게 한다. 예를 들어, 물고기가 오래 살면 살수록 어부에 의해 잡힐 확률이 더 커진다. 그러나 이러한 종들은 일반적이기보다 예외적이다. 대부분의 살아있는 개체가 노화하는 것이 분명하고 그 노화의 과정의 이유를 탐구하는데 있어서 학자들은 이론화 하게 되었다.

노화의 생물학적 이론들

노인학자 레오나드 하이플릭은 노화의 중요한 메커니즘을 이해하는 데 있어서 크게 기여한 학자이다. 그는 노화이론은 두 개의 큰 그룹으로 나뉜다고 믿는다. "이미 존재하고 있는 거대한 계획을 추정하는 것이고, 임의의 사건에 기초한 것" 다시 말해서, 우리는 어떠한 방법으로 프로그램되어 있기 때문에 노화하는 것과 외부의 요인에 의해서 노화하는 것을 말한다. 우리가 다른 이론에 의해 제기되는 다른 행로를 따라갈 때, 우리는 노화의 엄청난 신비를 점점 알게 될 것이다. 그것은 모든 혐의자가 있는 그리고 거대한 신비 속에서 발견할 수 있는 복잡한 단서가 있는 추리소설과 같다. 그 미스테리의 방대함, 그것에 대한 엄청난 호기심, 그것을 풀어내면서 생기는 매력, 그리고 노화에 대한 보편적 관심 이 모든 것이 우리 모두에게 심오하게 영향을 끼치는데, 그것은 왜 노인학이 매우 유명해졌는지에 대해 설명해준다. 자, 이제 노화에 대한 각각의 이론을 살펴보자.

유전적 프로그래밍 이론

유전학 분야에 주어진 관심은 크지 않고 있다. 놀랄 일도 아닌 것이 맞든지, 틀리든지 우리는 인간의 신체적 그리고 행동의 특성을 유전학 때문으로 여긴다. 주도하는 노화에 관한 이론 중 하나는 노화의 과정이 유전적으로 프로그램된 것이며, 유전적으로 만들어진다고 한다. 결국 왜 쥐가 최대 3년 안팎을 사는지, 반면 인간은 100세 이상을 살 수 있는가? 종의 수명기간에 있어서의 현저한 일관성은 각종에게 독특한 유전적 코드가 있음을 시사한다. 예를 들어, 인간에게 있어서 므두셀라와 같은 성경적 인물은 제외하고, 아무도 130살 이상을 산 사람은 기록되지 않는다. 이것은 우리의 생물학적 시스템 내에서의 안정성을 말해주며, 아울러, 인간의 수명의 최대 한계를 결정짓는 이미 만들어진 메커니즘이 있음을 말해주고 있다.

그러나 나이가 드는 것은 수명기간과 같은 것이 아니다. 하나의 유기체는 아주 약간의 중요한 징후를 보여주는데, 그것이 노화 혹은 노년을 나타낸다.(나이가 먹어가는 것과 관련된 변화.), 하지만, 수명을 넘어서지는 않는다. 사실, 현대 노인학의 목표는 사람들로 하여금 "직사각형의 곡선(rectangular curve)"을 만들도록 하는데 거의 임종 바로 직전과 같은 단계에서 기능을 한다. 사실, 그 목표는 "죽는 순간까지 일하는 것이다". 역사적으로 사람들은 노화를 여러 가지 면에서 점진적인 쇠퇴로 생각해왔다. 전부는 아니더라도, 기능화의 부분에서 정상적인 곡선을 보여준다. 공공보건이 향상되고 더 좋은 의료와 노인 돌봄과 개인적인 건강습관들에 대한 정보가 늘면서 역사는 바뀌어왔다(예를 들어, 식이요법의 향상 그리고 흡연과 지나친 음주. 그리고 다른 독성물질 요인의 축소와 운동이다.) 그러므로 이러한 요인들이 직사각형 곡선을 만드는 데 기여하고 있다.

유전학의 역할로 강력한 사례가 생길 수 있지만, 그 역할의 본질은 해결되지 않는다. 유전학은 우리 수명의 한계에 영향을 끼칠 수 있지만, 그것은 우리의 삶의 여정의 본질에 강하게 영향을 끼치지 않을지도 모른다. 이것은 유전학이 노화의 원인 혹은 과정에 거의 영향을 끼치지 않는다고 말하는 것은 아니다. 오히려, 더 많은 가변성이 어떻게 우리가 노화하는지에 존재하는 것 같으며 그것은 언제 우리가 끝을 내야만 하는지와 상반된다. 예를 들어, 미국에서 기대수명이 1900년도에 50세 이하였다. 기대수명은 역사에서 주어진 부분에서의 지정된 인구 그룹의 평균 장수의 기간에 의해 정의된다. 그것은 수명과는 다르다.—인간의 나이의 위쪽의 한계점—그것은 인류의 시초 이래로 변화되지 않는 것이다. 미국에서 1990년도에 기대수명은 75세를 넘었다. 이러한 변화는 같은 세기동안 평균 장수의 급격한 50퍼센트 증가된 것이며, 내부적인 유전적 변화에 의해 원인이 된 것이 아니라, 외부적인 환경적 요인, 예를 들면, 건강을 위한 관행과 습관에 의해서다. 20세기에, 환경이 유전보다 더 크게 노화에 영향을 미쳤다.

세포수준의 유전적 프로그래밍 리오나드 헤이플릭의 세포에 관한 연구는 노화 분야에서 획기적이었다. 세포는 피부와 같은 신체에서 어떤 것으로부터 작은 군집을 제거함으로써 연구된다. 그리고 그것을 소위 "세포배양(cell culture)"이라 불리는 것으로 진행한다. 그 배양은 세포를 계속해서 살 수 있도록 하는 특별히 제작된 연구실 유리 용기 안에 특별한 요소 혼합물로 구성된다. 배양가운데 전형적인 세포는 성장하고 분열하고 기하급수적으로 증가한다. 헤이플릭의 연구까지 과학자들은 배양속의 세포가 무한하게 분열될 수 있다고 생각했다. 하지만, 헤이플릭이 발견한 것은 놀랄만한 것이었다. 즉, 분열의 특정한 횟수 이후(인간에게는 대략, 50회이다) 세포가 분열을 멈춘다. 그가 발견한 것은 세포가 서서히 기능에 있어 그 능력을 잃고 분열을 멈추고 죽는다는 것이다. 하지만, 헤이플릭은 사람이 노화하거나 죽는 것을 세포가 분열을 멈추기 때문이라고 믿지 않는 다는 점을 강조한다. 그는 반대로 노화를 야기하는 신비한 힘이 세포로 하여금 분열을 멈추도록 야기 시킨다고 믿는다.

헤이플릭의 연구는 우리에게 노화의 과정에 영향을 끼치는 메커니즘의 기본적인 이해를 돕는다. 과학이 우리에게 어디로 이끄는지 더 알아보자. 세포분열에 관한 헤이플릭의 자료는 연구에서 어떤 생물학적 시계를 논의하였다. 과학자들은 즉시 그것에 대해 조사하기 시작하였다. 그 연구는 연구자들로 하여금 세포의 핵에서 발견되는 염색체의 끝을 연구하게 하였다.

염색체는 수만 개의 유전자를 가지고 있다. 염색체의 끝에서 DNA를 구성하는 말단소립(telomeres)으로 알려진 구조가 있지만, 그 자체로 유전적 명령을 내보내지는 않는다. 궁금하게도, 세포가 분열할 때마다, 새로운 세포의 크기는 같으나, 새로운 염색체 속의 말단소립의 길이는 줄어든다. 말단소립은 세포분열 과정 속에서 사용되는 것으로 보인다.

짧은 사슬 중합체 축소를 보여주지 않는 세포를 불멸의 세포라 부른다. 그것은 또한, 암세포라고 잘 알려져 있다. 이러한 불멸의 세포는 말단 또는 복원 효소를 만드는데, 그것은 축소하는 말단소립의 재생산을 하게하거나 새로운 말단소립을 만들게 한다. 이러한 패턴을 발견한 과학자들은 인공적으로 말단소체복원효소를 합성화하였고 그것을 정상 세포에 적용하였다. 그 결과는 증가된 세포 수명연장이었고 노화분야에서 획기적이었으나 노화와 반대되는 결과를 같은 기술은 아니었다.

이러한 결과에 많은 즉각적인 질문은 암 연구 분야의 과학자에게 주어졌다. 인공 말단소체복원효소가 정상세포에 암을 유발하는 것인가? 노화관련 연구에서 나온 결과가 새로운 암세포에서의 말단소체복원효소의 활동을 변경하는데 새로운 접근을 제공하는가? 말단소립 이야기는 노화연구에 의해 제공되는 더 나은 기회를 보여준다. 즉, 나이에 따른 인간의 상태 혹은 건강 혹은 질병을 어떻게 검사해야하는지에 관한 새로운 창을 제공하는 것이다. 한편, 노인 학자에 의한 말단소립에 관한 연구는 분열을 중단시키는 세포와 관련 노화에 관한 새로운 단서를 제공할 수 있다. 동시에 그러한 연구는 암치료의 새로운 기회를 이끌 수도 있으며, 모든 나이 대에 혜택을 줄 수도 있다. 만일 우리가 무엇이 정상세포로 하여금 분열을 멈추게 하는지 이해한다면, 우리는 어떻게 우리가 비정상적으로 분열하는 세포를 조정할 수 있는지 이해할지도 모른다.

내가 국립노화연구소에 재직 시 국회회기 동안의 연구소의 예산을 옹호하면서 나는 하나의 사회구성원으로서 우리가 노화에 관한 연구에 더 많은 자금을 투자해야 하는지에 관해 신경을 써야 하는지에 대하여 가끔씩 질문을 받는다. 그 연구가 과연 다른 나이대의 그룹의 문제의 연구를 위한 자금이 합리적인가? 나는 종종 말단소립 이야기로 대답하곤 했다. 왜냐하면, 노화에 관한 연구가 모든 세대의 나이에 혜택을 주는지 매우 극명하게 보여주기 때문이다. 그 핵심이 청문회에서 강조되었다.

한편, 말단소립 이야기는 여전히 진행 중이다. 즉, 분열을 중단하는 세포 속에 무엇이 말단소체복원효소를 방해하는가? 그리고 무엇이 그것으로 하여금 불멸의 세포 속에서 회춘하게 하거나 재생산하도록 하는가? 연구자들은 여전히 그 문제를 조사 중이며, 그 결과는 건강과 의학 분야 그 이상에 있어서 획기적일지 모른다.

노화의 시계로서 호르몬에 관한 이론들

"죽음(Death)"호르몬 혹은 호르몬 시계는 19세기말 이후로 연구의 초점이 되어왔다. 이러한 호르몬은 장수를 증가시키고 또는 노화의 징후를 개선하는 것으로 알려져 있다. 사춘기나 폐경기 같은 현상은 일정한 시기에 따라 반드시 나타나는 일(events)이다. 이러한 생물학적 시계를 결정하는 호르몬을 만드는 내분비계에 관한 의구심이 있어왔다. 언제 그리고 얼마나 오랫동안 나이 관련 변화를 개발하는지는 이러한 신비한 호르몬들에 의해 결정된다.

뇌의 뉴런의 상태가 노화의 역할을 하는지는 아직 의심되며 호르몬 활동, 우리의 신경 내분비계와 연관된 뇌의 부분도 그러하다. 예를 들어, 사춘기와 폐경기가 신경내분비계에 의해 통제된다. 하지만, 이러한 연결에는 불일치가 존재한다. 폐경기는 남자가 아닌 여자에게 일어난다. 모든 종이 노화과정에 영향을 끼칠 정도의 충분히 복잡한 신경내분비계를 소유하는 것은 아니다. 끝으로 아무도 신경내분비계를 분명히 연결 짓는 획기적인 사실을 발견하거나 소위 죽음 호르몬을 과학자들이 발견한 나이에 따른 변화를 확인한 사람은 없다.

면역체계— 또 다른 생물학적 시계이론

대부분의 살아있는 개체의 생존과 생명에 면역체계가 얼마나 중요한지를 생각해 본다면, 우리는 면역기능에서의 변화가 얼마나 명백하게 중요한 결과를 가질 수 있는지 알 수 있다. 노화의 면역이론에 따르자면 부정적인 변화가 시간이 지나면서 쌓이게 되는 해로운 결과와 함께 나타난다. 면역체계의 반응이 덜 효율적이게 되고 결국 감염과 일반적인 골절에 큰 취약성을 야기한다.

노화에 관한 다른 이론과 더불어 면역체계이론에 불일치뿐만 아니라 연결 관계도 있다. 예를 들어, 신체에 미치는 정신의 영향을 연구하는 정신—신체 분야로부터의 연구는 면역기능에서의 심리적 상태의 범위를 확인해주었다. 이러한 결과는 신경내분비계를 통해 가능하게 되는 것 같다. 그러므로 가끔 신경내분비계는 면역체계보다 우위에 있는 것처럼 보인다. 또한, 신경내분비계의 경우에서처럼 노화되는 다양한 유기체는 너무 원시적이어서 노화와 연관된 변화들의 성격과 다양성에 영향을 끼칠 수 없는 면역체계를 가지고 있다.

엔트로피, 고갈, 그리고 마모 이론

노화에 관한 가장 오래된 이론 중 하나가 적어도 3개의 다른 방법으로 정교해져왔다. 즉, 엔트로피 혹은 고갈 이론 또는 마모 이론이다. 하나의 과학적인 분야에서의 이론들은 다른 분야의 이론의 형성에 영향을 끼친다. 분명히, 물리학의 지배적인 이론들, 특히 그것이 매우 중대하거나 대단히 혁신적 이든 간에, 그 이론들이 생물학이나 심리학의 분야에서 어떻게 공존하는 이론들이 정립되는지에 영향을 끼칠지 모른다. 19세기의 인상적인 열역학 제2법칙이 그러한 영향을 끼쳤다. 그것은 시간에 따른 에너지가 크게 일을 수행하거나 질서를 유지하는데 둔화된다고 주장하며, 그것은 엔트로피로서 설명되는 특성이다. 엔트로피는 물리적 체계가 붕괴되거나 에너지 소실로 인한 무질서 상태로 이동하는 것을 말한다.

노화에 관한 19세기말과 20세기 초반의 이론들이 비슷한 설명을 제시하였다. 태엽시계나 고정된 에너지원을 지닌 배터리로 가는 장치 혹은 기계처럼, 노화하는 개인은 아마도 능력과 효율성이 시간에 따른 점진적인 소진을 경험하게 되는 것이다. 그러나 이러한 이론에는 문제가 있다. 예를 들어, 규칙적인 일과 운동, 그것은 상당한 에너지를 소모하는데, 개인을 좀 더 건강하게 유지하고 종종 소진된 상태와 사람으로 하여금 더 좋아보이도록 하는 것 사이의 기간을 증대시킨다.

칼로리와 교차이론

많은 칼로리 섭취는 정상적인 세포기능을 방해하는 해로운 부산물의 축적을 야기함으로 인한 노화과정에 원인이 되는 것으로 가설화 되어왔다. 지나친 칼로리 식이요법은 세포사이에 비정상적인 생화학적 교차를 야기 시키고, 적절한 세포활동을 손상시킨다. 예를 들어, 교차연결은 샘 세포를 차단시키고 호르몬과 다른 중요한 세포 생산을 방해한다. 게다가, 하등동물(예를 들어, 쥐와 같은)은 칼로리 제한이 장수, 즉 수명을 증가시킬 수 있다. 이러한 교차가 노화와 함께 볼 수 있는 변화를 설명하는 데 필수적인지 혹은 충분한지를 보여주는 직접적인 증거가 없다는 비판이 있다.

유리기(遊離基) 이론(The Free Radical Theory)

정치적인 무소속과 혼동되지 말아야하는데, "유리기(free radical)"는 생물학적 대혼란을 야기 시키는 해로운 분자를 말한다. 유리기는 안정적이지 못한 분자인데 왜냐하면, 그것은 원자 하나 혹은 원자 그룹으로 구성되어 쌍을 이루지 못하는 전자를 수반한다. 전자는 쌍을 이루는 것을 추구한다. 그러므로 유리기가 안정적인 분자와 상호 반응할 때, 그것은 다른 분자의 전자중 하나를 위해 경쟁하고, 그럼으로써 강탈된 분자를 불균형하게 만든다. 노화의 유리기 이론에 따르자면, 이러한 불안정화는 세포의 손상을 야기하며, 그것은 점진적으로 시간이 경과함에 따라 지속되고 정상적인 세포기능과 노화와 연관되어있는 변화를 빠르게 악화시키는 결과를 초래한다.

비타민 E와 같은 산화방지제 복합물은 유리기 반응을 억제한다. 산화방지제는 oxy-radicals로 알려진 손상을 유도하는 유리기를 형성하여 산소가 취약한 분자와 결합하는 것을 막기 위한 그 능력에서 이름이 붙여진 것이다. 이러한 원리에 기초하여, 산화방지제는 노화과정을 느리게 하도록 노력하기 위한 개인에 의해 사용되어 왔다.

유리기이론에 회의적인 사람들은 산화방지제가 특정한 나이와 연관된 질병에 효과가 있는 것 같이 노화 그 자체를 둔화시킨다는 명확한 자료의 부족을 지적한다. 또한, 그들은 많은 유리기 반응이 해롭지 않을 수 도 있는 가능성을 제기한다. 즉, 이러한 반응으로부터 형성된 세포조직이 해로운 쓰레기물질일 수 있고, 그것들 자체가 노화에 관한 한 외면당한 이론의 초점이 될 수 있는 가능성을 제기한다.

유전적 돌연변이 또는 에러이론

DNA는 무엇을 할지 어떤 단백질을 생산할지 말해주는 가장 중요한 명령센터이다. 그러므로 DNA에서 방사선으로 유도된 돌연변이는 잘못된 명령을 세포에 주어지게 하는 잘못된 단백질이 만들어지는 것과 같은 결과를 낳을 수 있다. 이러한 자연의 실수는 위태로운 세포분열이나 다른 손상을 낳을 수도 있다. 시간이 지나면서 다른 세포의 유형 혹은 신체 전체의 기관의 조직에 있어서의 손상이 우리가 알고 있는 노화로 진전될지 모른다.

변형된 단백질의 생산은 또한, 자동면역 반응을 일으킬 수도 있다. 그 유기체는 비록 그것이 그 자신의 세포라 할지라도 새로운 단백질을 외부 침입자로 여긴다. 면역체계는 그 세포를 이러한 침입자와 싸우기 위해 약하게 한다. 그리고 그 세포를 무력화하게 하거나 파괴되도록 야기한다. 이러한 이론을 전개할 때, 비판가들은 세포들도 또한, DNA 손상을 복구할 능력을 가지고 있고, 지속되어 온 돌연변이와 에러의 결과를 완화시킬 수 있다고 지적한다. 훨씬 더 중요한 것은, 세포가 특히 해로운 유전적 영향에 대해 검사될 수 있다. 검사가 되면, 세포는 전체적으로 개체 안에 변화의 중요도 또는 나이와 관련된 변화의 범위와 깊이를 설명하도록 예상할 수 있는 돌연변이 단백질을 보여주지 못한다.

노화이론에 관한 결론

분명히 왜 우리가 늙는 것인가에 대한 신비를 설명해줄 이론의 최선책은 없다. 각 이론은 그 자신의 단서만을 제공한다. 각 이론은 노화과정에 원인 혹은 기여에 의심이 되는 대상을 나타내는 명백한 증거를 가지고 있는 것으로 보인다. 하지만, 각 이론은 하나 혹은 그 이상의 우리가 궁극적인 원인으로서 그것을 판단하지 못하도록 하는 모순을 가지고 있다. 일찍이 언급했듯이, 하나의 자료가 그 원인이나 결과에 영향을 끼치는지를 결정하기는 어렵다. 유리기의 축적이 노화의 원인인가? 혹은, 결과인가? 면역체계 활동의 감소가 노화에 영향을 끼치는가? 혹은, 노화가 면역체계의 해체와 같은 변화에 영향을 끼치는가?

이러한 이론들이 서로 나누어지는 방법의 수가 혼란스럽고 어렵다. 많은 것들이 상호 배타적인 것처럼 보이지 않는다. 예를 들어, 호르몬 변화는 노화에 있어서 역할을 하는 것 같다. 왜냐하면, 상호연결이 호르몬 생성과 배출에 있어서 내분비체계의 효율성을 방해할 수 있기 때문이다. 유리기는 잘못된 단백질 형성을 야기 시키는 것이 내포되어 있다. 그리고 그것은 신체가 단백질을 그 자신으로 그리고 그것을 공격하는 것으로 인식하지 못하는 자동면역반응을 일으킬 수 있다. 왜냐하면, 이것은 최종 에러가 자동면역체계를 유발하는 유전적 돌연변이 이론에서 해로운 경우와 유사하기 때문이다. 유전적 돌연변이는 유리기를 생성시킬 수 있다. 유리기는 상호연결을 유발할 수 있다. 상호연결은 마모 또는 무질서를 일으킬 수 있다. 노화의 메커니즘에 대하여 통달한 자가 있는가? 우리는 해답을 아직 가지고 있지 않다. 지속적인 연구에 의해 제공되는 희미한 통찰력에도 불구하고, 우리가 더 많이 이해하면 할수록, 그 신비의 복잡성을 더 많이 이해하게 된다.

부록 B 🌿

노화의 효과를 역전시키려는 역사적 탐색들

이 부록은 신체와 뇌에 있어서 노화 또는 나이와 관련된 변화를 뒤집을 역사적 노력이란 내용의 9장에 대해 간단한 논의를 하고자 한다.

전 세계적으로 그리고 역사적으로 인간은 장수를 이루기 위한 방법을 찾기 위해 노력했다. 특별한 약, 마법의 약, 즉 묘약, 더 긴 생명을 약속하는 하나의 절차가 끝없는 노력의 주제였고, 막대한 양의 부와 수많은 목숨이 헛되이 버려졌다. 그것은 어리석은 주제일 뿐 아니라 행운의 주제이며, 섬뜩한 것일 뿐 아니라 희망적인 것이기도 하였다. 전형적으로 생명 연장에 대한 요구는 창조성에 대한 요구를 포함하는 목표의 3요소와 연관되어있다. 즉, 신체, 뇌, 리비도를 강화시키는 것이 그것이다. 이 부록에서 명확히 밝히고자, 노화(주로 죽음)와 관련된 문제를 빨리 풀기 위한 조사가 요즈음은 특별하지 않다. 해결책에 대한 요구는 길고, 탄탄하며, 때로는 수치스러운 역사를 가지고 있다.

이러한 접근은 주로, ① 삼킬 수 있고 주입할 수 있는 물질이며, ② 신체적인 조작 혹은 수술적 개입에 의존한다. 때때로 코믹하며, 때로는 비극적인 방식으로 사람들은 그들의 젊음을 찾으려 노력해왔다. 고대의 접근으로부터 시작해서 현대로 나아가며 살펴보자.

정력을 위한 동물의 내장 삼키기

나이 먹는 것을 거스르는 가장 일찍이 기록된 식이요법이《Ebers papyrus》에 기록되어 있는데, 그것은 이집트의 의학적 조언이 담긴 편찬집인데 대략, 1550년에서 기원전 1800년대로 거슬러 올라가며, 가장 오래된 의학적 저서 중 하나로 알려져 있다. 엄청난 수의 치료법이 기록되어 있는데— 700개 이상— 이 유명한 책은 악어물기(crocodile bites) 치료법에서부터 집 전갈 근절에 이르는 수술법이 묘사되어있다. 노화에 대한 그 추천들은 어린 동물의 내장기관을 먹는 치료법도 포함되어있다. 그 신선하고 어린 내장은 환자 자신의 나이 들어가는 내장에 새로운 힘을 부여한다는 것이다.

마음을 고양시키는 약물

대략, 기원전 800년에서 서기 1000년까지 인도의 의학은 초기 황금시대를 누렸다. 그 생산적 기간 동안 위대한 인도 의사 수슈르타와 그의 의학 논문 수슈르타 삼히타(Sushruta Samhita)가 나왔는데 그것은 1,000개 이상의 질병과 700개 이상의 의학물질— 주로 토착 식물에서 나온— 에 관해 공을 들인 것이다. 이러한 처방 중 하나는 소마(soma)를 포함하고 있다. 산에서 나는 식물로 기운을 북돋우며, 마음을 이완시키고 아마도 환각적 효과를 지니고 있는 그것은 노화에 의해 야기하는 정신적 기능을 바꾸기 위해 처방된 초기 약물 중 하나이다.

젊음의 샘

또한, 기원전 700년경 힌두교인들은 회복하는 능력이 있는 젊음의 샘을 찾으려 노렸다. 젊음의 샘의 이야기는 씨야바나 전설과 관련이 있는데, 그 사람은 늙었고 덕망 있는 성직자요 왕의 어린 딸인 수카냐와 결혼을 약속받았다. 그들의 나이차이로 인해 점점 힘들어지자 씨야바나는 젊음의 샘을 찾았고 결국 발견하여서 그곳에 몸을 담갔고, 젊고 잘생기게 되어 빛나는 보석으로 치장을 하였다.

2000년 이상이 지나고 크라나트는 폰즈 유벤투티스(젊음의 샘)을 그림으로 그렸고, 한편 그의 동시대인 후안 폰스 데 리온은 같은 마법의 물의 원천을 위해 그의 전설적인 16세기 연구를 시작하였다. 폰스 데 리온이 그 신화적인 샘물의 위치를 못 찾는 동안 프로리다를 발견했는데 그 따뜻한 물이 수십만 명의 사람들을 찾도록 하였다.

초기 유럽인들 또한, "치료하는 물가(healing waters)"에 이끌렸는데 영국의 뜨거운 용천수와 같은 것이 켈트족에 의해 사용되었고 그리고 나서 로마인들이 약 2000년 전에 사용하였다. 이러한 목욕의 특별한 장소가 오늘날 관광명소로 남아있다. 또한, 헬스 스파나 슈퍼마켓 병속에 있는 물이 던 간에 건강에 좋은 미네랄 물이 있는 매력이 있다.

처녀 호흡의 힘을 회복시키는 것

회춘시키는 물을 찾는 것에 대한 욕구가 있었던 것처럼, 처녀의 호흡을 붙잡으려는 비슷한 욕구가 있었다. 고대그리스 로마인들은 특히 처녀의 회복시키는 힘을 믿었다. 그 기술 자체는 "gerokomy"로 알려지게 됐는데, 단어의 gero는 노년을 의미한다. 그 관행은 18세기까지 지속되었는데, 모든 유럽인들이 저명한 네덜란드 의사이자 의학교수인 헤르만 보엘하브의 처방을 알았다. 보엘하브에 따르자면 노인은 두 명의 처녀와 건강과 생명을 회복하기 위해 자야 한다.

열왕기상 1장 2절에는 노화하는 다윗왕에 대해 적혀있다. "우리 주 왕을 위하여 젊은 처녀 하나를 구하여 그로 왕을 받들어 모시게 하고 왕의 품에 누워 우리 주 왕으로 따뜻하시게 하리이다."

호흡과 숨결의 힘 속에서의 그 관심은 오늘날에도 지속된다. 예를 들면, 요가에서 사람의 호흡에 대한 의식과 호흡하는 데 있어서 패턴이 많은 이완과 명상훈련에 중요한 역할을 한다. 이완 기술의 다른 형태처럼 요가는 사람의 장수를 향상시키지는 않다 하더라도 삶의 질을 향상시키도록 의도되어 있다.

연금술에서 뱀 기름까지

노화방지 기술의 익숙한 사례 중 하나는 마법의 묘약(elixir), 즉 회복의 힘과 젊음의 정수를 약속해주는 것이다. 이러한 노력은 연금술의 범주에 들어간다. 연금술의 주된 핵심은 변형에 있는데, 하나의 형태, 물질 또는 상태를 다른 것으로 변형시키는 것이다. 연금술사는 역사적으로 질병을 건강으로 가난을 부유함으로 불확실성을 통찰력으로, 단조로움을 재능으로, 보통 쇠를 금으로, 노년을 젊음으로, 힘없는 열망을 에로티시즘으로, 그리고 죽을 운명을 불멸로 바꾸려고 노력했다. 연금술에서 가장 두드러진 시도 중 그 두 개는 보통의 쇠를 금으로 변형시키는 것이었고 불멸에 대한 요구였다. 그리고 연금술의 관행은 수천 년 전으로 거슬러 올라가지만, 그 둘 중 하나도 기록된 성공은 없었다.

삼킬 수 있는 물질을 통해 불멸을 이루기 위한 최초의 시도는 기원전 4세기 중국에서 있었던 것으로 보인다. 마법적인 물질은 대략, 그 당시에 언급된다. 그러나 실제, 묘약 이라는 용어는 처음 서기 7세기경에 사용되었다. 그 시기는 연금술이 아랍인들에 의해 유럽에 도입되었다고 전해진 시기이다. 기적의 물질을 의미하는 아랍어는 "al iksir"이었는데, 영어로 "elixir"로 된 것으로 보인다.

기원전 1세기 중국에게 있어서 가장 강력한 묘약은 금 조각을 포함하고 있는 해결책으로 여겨졌다. 중국인들은 또한, 금 도구를 사용하여 불멸로 가는 방법을 먹고 마실 수 있다고 믿었다. 하지만, 중요한 것은 금이 변형시키는 속성을 갖기 위해서 수은으로부터 변형되어야만 했다. 이러한 생각을 지녔던 중국 황제들은 수은중독으로 그들의 생을 단축시켰다. 19세기가 되어서야 비로소 과학자들이 그 금은 합성적으로 생산될 수 없음을 결론 내렸다.

대략, 서기 7세기 중국의 가장 유명한 연금술에 관한 책인《연금술의 위대한 비밀 *Tan Chin Yao Ch'eh*》이 출판되었다. 이것은 연금술이 유럽에 퍼지게 된 시기의 거의 비슷하다. 이 고대 중국 서적은 강력한 묘약에 대한 처방법을 성문화하였다. 이것은 수은, 수은 소금, 황, 비소를 포함하였다. 이러한 혼합물속의 해로운 성분을 고려한다면, 연금술이 종종 기이한 사망률의 결과를 낳았다는 것은 놀랄 일이 아니다.

연금술의 가장 큰 지지자중 한 명은 영국의 프란체스코 철학자, 과학자요 13세기의 학자인 로저 베이컨이었다. 그는 광학(optics)으로 실험하였고, 어떻게 화약을 만들지 알았고, 공기보다 가벼운 날아가는 기계, 안경, 현미경, 망원경에 대한 생각을 갖고 있었다. 베이컨은 불멸 그리고 열악한 개인위생 때문에 인류가 성경이 홍수이전에 말했던 장수의 능력을 잃었다고 믿었다. 예를 들면, 성경에 따르자면 969세까지 살았던 므두셀라의 손자인 노아는 950살까지 살았다. 베이컨은 수많은 장수의 연장을 그리고 놀라운 비밀스러운 묘약을 삼킨 후 다른 변화를 경험했던 개인의 사례를 인용하였다. 그의 이야기중 하나가 놀라운 비밀의 묘약을 마신 후 측정할 수 없는 정신과 신체의 새로워짐을 느꼈다는 내용이다. 베이컨 자신은 마법의 묘약을 발견하지 않았지만 그는 거의 80세까지 살았는데, 이는 1200년대 말에 있어서는 굉장한 나이었다.

대략, 65세에 베이컨은 감옥에서 시간을 보내야 했는데, 그것은 과도한 연금술과 점성학에 대한 신념에 대한 비판자에 대한 공격 때문이었다. 그는 죽을 때까지 활발하게 저술 활동을 계속하였다.

잘못된 그리고 종종 해로운 치료법에도 불구하고, 연금술은 현대화학과 약물학에 대한 기초로서의 역할을 했다. 하지만, 연금술은 대중성이 사라졌고 약물의 새로운 시대가 의심스러운 혼합물과 뱀 기름의 만병통치약의 빈 공간을 채우게 되었다.

오늘날의 '경이로운 약 요구들

20세기말 우리 대부분은 이른바 많은 놀라운 약물들을 목격해왔다. 이러한 많은 것들은 연장된 생명과 향상된 정신적 기능과 리비도를 지속적으로 약속해주었다. 20세기 유행의 선도자는 제로비탈인데, 이는 염산프로카인(상품명 노보케인이라는 마취제)과 실제로 구별하기 힘든 것으로 여겨지는 물질이다. 그것은 1950년대에 부쿠레스티에 있는 노인연구소에서 일했던 고인이 된 루마니아의 의사이며 교수인 안나 아스란에 의해 알려졌다. 그 합성물은 곧 마취제와 구별하기 위해 수정되었고 제로비탈 H-3 라는 이름을 다시 얻었다. 그 효과는 노화의 과정에서 피부 조직을 개선하고 더 낮은 기억력으로 바꾸는 것이다. 그 약물의 많은 회복하는 특징에 확신하여 많은 사람들이 아스란 연구소를 방문하기 위해 부쿠레스티로 갔다. 열성적인 처방의 30년 이상 이후 1970년대가 돼서야 미국의 국립 정신 연구소에 의해 지지받은 최종적인 연구가 노인학적인 효과가 없음이 밝혔다. 기껏해야 그 약물은 미미한 항우울제의 특성만이 발견되었다. 제로비탈을 잇는 가장 최근 약물 중에 인간 성장 호르몬인 멜라토닌과 DHEA가 있다.

기계와 장치

인체냉동보존술과 냉동캡슐. 인체냉동보존술학회는 1960년대에 활발해졌다. 죽기 전에 만일 법적으로 허용된다면 그 목표는 의학의 획기적인 사건이 그들의 건강과 장수를 회복할 수도 있는 미래를 위해 보존하기 위하여 사람들을 죽자마자 즉시 냉동시키는 것이었다. 인체냉동보존술(cryonics) 이라는 용어는 그리스어 kryos 즉, "차가운 얼음이 있는(icy cold)"에서 나온 것이다. 그 당시 사회에 기재된 초창기 광고에 따르자면, 그 목표는 생체의 불멸―신체적 한계를 넘어서는 젊음의 힘이 있는 생명―을 이루는 것이었다. 표어는 다음과 같이 요약된다. "얼려라-기다려라-다시 생기를 찾는다."

인체냉동보존술 과정동안 사람은 액화질소로 인한 깊은 냉동상태에 놓여진 이후냉동캡슐이라 불리는 큰 실린더에 딱 맞게 들어있다. 그 개념은 고대 이집트의 미이라화시키는 것과 비슷한데, 사후로의 이동을 순조롭게 하도록 하는 잘 갖추어진 가구가 있는 무덤에 놓여진 것과 같다.

만일 냉동캡슐의 비용이 매우 지나치다면, 낮은 비용의 뇌만을 보존하도록 할 수도 있다. 인체냉동보존의 찬성자들은 과학이 사람의 뇌를 이식된 신체로 연결할 정도로 충분히 발전될 것이라고 믿었다. 그러나 그 과정의 기본적인 문제는 어떻게 세포를, 특히 뇌조직을 손상 없이 깊이 얼리느냐 하는 것이었다. 인체보존술협회는 이러한 과제를 이루기 위한 과정을 계획하였다. 하지만, 독립적인 실험은 아무리 진보된 인체냉동보존 장비나 과정이 있다하더라도 조직손상이 극도의 추운 온도로부터 일어날 것임을 강조하였다. 인체냉동보존 운동의 명성에 손상을 가하기 위하여 몇몇 가족과 가문들이 인체냉동보존 실험에 대해 기계적 오류로 인해 인체들을 해동하게 했다는 이유로 소송을 제기하였다.

인체냉동보존술의 개념은 "잠자는 미인"이라는 테마의 최종 형태가 되었다. (프랑스 작가인 찰스 페러는 69세였는데 1697년 그는 민담 형태인 "잠자는 미인" 을 썼다.) 그 주제의 다른 형태가 고대 그리스 신화로 거슬러 올라간다. 그리스 신화에서 엔디미온은 제우스에 의해 영원한 잠이 들게 되었다. 이러한 방해받지 않은 수면으로 인해 그의 훌륭한 외모와 불멸의 보존이 가능했다.

통합장치. 통합장치는 1960년대에 하워드 휴즈를 위한 전 안전 조사관인 조지 W. 밴 타쎌에 의해 발명된 또 하나의 불멸 장치이었다. 통합장치는 UFO 탑승자에 의해 밴 타쎌에게 건네받은 것으로 추정되는 정교한 회춘 기계로 알려졌다. 38피트의 높이와 53피트의 직경의 그 기계는 구식의 실험실과 비슷했다. 16개의 합판으로 된 소나무 아치형이 그 돔을 형성하였고, 하나의 못, 나사, 볼트, 어떤 종류의 철 구조물도 없이 조립되었다. 밴 타쎌의 영감은 그의 가족에 의해 운영되는 비영리 종교—과학 회사인 Ministry of Universal Wisdom 기부금으로부터 주로 후원을 받았다.

돔 안에는 큰 디젤 연료로 돌아가는 터빈이 1억 볼트의 전기를 생산하였다. 다가올 회춘은 방호아래 단지 270도 원호에서 배터리를 충전하고 더 건강하고 젊고 잘생기도록 통합하도록 하기위해 거닐 뿐이다. 그것은 대단한 꿈이었다. 그러나 그것은 현실과 만나는 점에서 실패하였다.

혈액, 분비선, 생식샘의 주사와 이식

15세기에 액체주사는 회춘의 방식으로서 큰 인기가 있었다. 특히 혈액 주입은 이러한 과정에 더 효과적인 액체 중 하나로 여겨졌다. 예를 들어, 이노켄티우스 교황 8세는 오래 살기를 원해서 젊은 남성의 집단으로 하여금 그에게 혈액을 제공하도록 준비시켰다. 그는 그 과정에서 아마도 맞지 않는 혈액형으로 인해 죽었을 것이다.

19세기까지 주입의 유형은 범위 면에서 확대되었고, 더 인기 있었던 것 중 하나가 가공된 어린 동물의 성 분비선이다. 한편, 이러한 접근은 2000년 전의 방법을 보여주는데, 그 당시 실험자들은 그러한 호르몬이 포함되어있는 동물의 조직의 일부를 주입했다. 반면에 이러한 호르몬 기술과 뒤에 나오게 된 다른 기술은 20세기 후반 다시 나타난 호르몬 치료에 대한 기대감을 불러일으켰다.

회춘을 하게하는 주입의 제공자들 중 가장 눈에 띠는 사람 중 한 명은 유명한 프랑스 생리학자이자 하버드대 교수인 찰스 에도와르드 브라운 세쿼드였다. 1889년 과학자들은 어린 강아지와 기니아 돼지의 고환에서 나온 추출물을 그가 직접 팔과 다리에 주입한 방법을 듣기 위해 모임을 가졌다. 그가 과학자들에게 강조했던 결과는 주목할 만했다. 의료적 테스트는 근육의 힘을 새롭게 했을 뿐 아니라, 자신의 젊은 시절의 정력과 지적인 스테미너를 회복했다고 보고하였다. 그는 실험실에서 오랫동안 연구할 회복된 능력을 가졌고, 심지어 계단을 달릴 정도의 능력이 있었다. 하지만, 무엇보다도 그는 최종 테스트를 통과하였다. 구별되어 온 군중에게 그는 말했다. "오늘, 전 나의 어린 아내를 방문할 수 있었습니다."

브라운 세쿼드는 장수의 핵심은 다진 생식샘을 주입하고 신중하게 측정된 정액 비축을 유지함으로써 호르몬 균형을 수정하는 데 있다고 주장했다. 그의 발표는 센세이션을 불러일으켰고, 열성적인 프랑스인들의 쇄도로 그의 선구적인 기술을 함께하게 하였다. 그는 그가 주장한 회춘용액을 생산하기 위하여 정교한 기계를 만들었다. 한 파리의 신문이 "세쿼드식 방법"에 대한 접근을 향상시키기 위해 회춘연구소를 위한 자금을 제공하기 시작했다. 한편, 과학계는 브라운 세쿼드의 결과에 대해 망령된 망상이라고 무자비한 반응을 보였다. 비판가들은 회의를 열었다. 아무도 잃어버린 젊음과 성 능력을 세쿼드의 치료법으로부터 회복할 수 없었다. 어떤 긍정적인 효과가 나왔던 간에 그것은 긍정적인 기대심의 결과, 즉 우리가 현재 이해하고 있는 플라시보 효과인 것이다. 그의 명성은 추락했고, 그의 젊은 아내는 그를 버렸다. 그의 추락 이후 곧 그는 파리를 떠났고 운명적인 강의가 끝나고 5년도 안 되어서 뇌졸중으로 죽었다.

주사에서 이식

20세기 초 대담한 러시아 태생의 외과의사인 세르지 보로노프가 고환 추출물 주입을 고환 그 자체를 나이 든 남성의 음낭에 이식하는 조치를 취했다. 이탈리아의 리비이에라를 바라보이는 그의 저택으로부터 베로노프는 2,000회가 넘는 그러한 수술을 수행했다고 전해진다. 불행히도 그의 기증자는 소이어야 한다고 주장하는 동료로 부터의 조언을 무시했다. 대신 베로노프는 원숭이 고환을 그의 이식을 위해 사용했다. 그는 인간이 영장류이기 때문에 그 절차는 다른 영장류(예를 들어, 원숭이나 유인원) 를 사용함으로써 더 성공적이 될 것이라고 주장했다. 그는 대부분 원숭이를 사용했고 그것은 영장류로서 생물학적 유사성으로 인해 인간에게 성병을 소보다 더 전파할 가능성 있다는 것을 깨닫지 못했다. 그 이식의 수많은 이식 거부반응 관련 문제 이외에도 많은 그의 희생을 치른 피 실험자들이 또한, 매독에 걸렸다.

하지만, 베로노프는 이러한 기술을 개발하는데 혼자는 아니었다. 다른 과학자들은 제2차 세계 대전 중에도 25년 이상 열정적인 고객에게 그것을 시도하였다.

주사로 돌아가다

브라운 세쿼드와 베로노프가 성 호르몬을 단지 젊음과 정력의 상실의 원인이라고 생각한 반면, 현대의 스위스 외과전문의이자 내분비계 전문가인 폴 니한스는 세포의 퇴화는 노화의 주 요인이라고 강조하였다. 기본적으로 그는 쇠퇴하고 있는 세포그룹을 같은 유형의 젊은 세포로 다시 채움으로써 신체적 쇠퇴가 회복되거나 적어도 예방된다고 믿었다. 니한스는 그의 일반적 접근을 1930년대에 진행하기 시작하였고 다음 30년 동안 그것을 다듬었다. 그것은 세포치료, 즉 CT로 불리게 되었다.

니한스는 양으로부터 조직의 물질을 사용하였다. 그 양은 질병에 대한 분명한 저항과 인간에 나타나는 알레르기 반응의 낮은 사례 때문에 선택된 것이었다. 보통 치명적인 세포와 같은 외부의 세포의 효율성을 보장하기 위하여, 그는 환자의 엉덩이에 주입하기 전에 절개를 하였다. 치명적 세포가 전형적으로 변역적인 반응을 불러일으키지 않기 때문에 치명적 세포는 크게 환자의 반대되는 면역반응을 감소시켰다. 또한, 니한슨은 태아로부터 나온 베아세포의 화학적 성질이 오래된 세포보다 더 강력한 영향력을 행사한다고 주장했다. 그러나 고환, 난소, 부신, 뇌하수체, 부갑산성의 주입을 위해 성숙한 동물이 사용되어야 했는데, 그것은 이러한 조직이 태아 속에서 발달되지 않기 때문이다.

베로노프와는 달리 니한스의 기술은 상대적으로 안전한 것처럼 보였다. 그의 성과를 모방하기 위해 노력했던 다른 사람의 경우와는 달랐다. 수 백 명의 사람들이 다른 사람들의 손에 죽었다. 하지만, 니한스는 매우 신중했고 그의 노력은 안전에 관한 기록 때문에 베로노프의 노력을 훨씬 넘어서는 것처럼 보였다. 세포치료는 미국에서 불법일지라도 사실, 오늘날 유럽의 다른 곳에서 수행되었다. 베로노프의 기술보다 더 안전 할지라도 세포치료는 오늘날 보통 과학계에서는 효과가 없다고 여겨진다. 어떤 긍정적인 CT 결과는 플라시보 효과로 인한 것이었다.

종종 새로운 기술에서의 흥미를 가져오는 것은 그 효과에 대해 열광적이지는 않을지라도 긍정적인 반응을 얻고 칭찬을 받았던 것처럼 보이는 어떤 사람에 관하여 들었거나 출판된 이야기이다. 니한스의 경우에 그는 교황 비오(Pius) 12세와 같은 매우 유명하고 존망 받는 인사가 그의 도움을 요청했던 큰 행운이 있었다. 광범위한 교란 징후들을 드러내면서, 교황의 상태는 계속 나빠지는 것처럼 보였다. 그는 니한스의 세포치료에 대해 극적으로 반응하는 것처럼 보였다. 그의 임상과정도 다시 긍정적인 방향으로 호전되고 그 치료 절차에 대한 그의 만족도 열광적인 수준으로 상승하고 있었다. 이러한 결과가 알려지자 불과 몇 달 안에 니한스는 지속적인 명예와 상당한 부를 얻게 되었다.

베로노프와 니한스 이야기를 통한 하나의 교훈은 오랫동안 그 효험과 관계없이 열정적인 받아들임으로써 하나의 절차는 유용할 수 있다. 제로비탈의 안나 아스란처럼 니한스의 이야기에서 그 대중성이 유지되었음을 아마도 이해할 수 있다. 적어도 그것은 많은 부작용을 가지고 오지 않았다. 하지만, 베로노프의 이야기는 더 어렵고 이해하기 혼란스럽다. 어떻게 그러한 섬뜩한 기술과 무시무시한 결과를 지녔던 괴짜의 모습을 (베로노프와 다른 사람들이 보여준 유사한 기술들) 오랫동안 참을 수 있었는가? 어떤 접근이 그것이 효과가 있거나 터무니없지는 않는 지속적인 인기를 가지고 있는 것처럼 보이기 때문에 바로 교훈은 우리는 추측할 수 없다는 것이다.

다른 지리학적인 환경과 라이프스타일에 대한 주장들

수 년 동안 미디어 이야기는 전 세계의 많은 인종 중에서 개인들이 100살 이상 그들의 앞선 장수를 어디서 그리고 어떻게 사는지에 대한 특별한 특성 탓으로 여기는 것을 확인해왔다. 관심을 받고 있는 어떤 그룹에서는 에쿠아도르 빌캄바의 작은 안데스 마을의 로스 비에조스, 카슈미르의 카라코람 지역의 훈주쿠츠, 그리고 조지아 공화국의 압카지안즈가 있다.

그러나 이러한 장수의 긴 삶에 대한 보고는 크게 잘못되었다라고 밝혀졌다. 이러한 다른 그룹에게 수행된 일련의 연구들은 다양한 장소의 거주자들이 단순히 그들의 나이에 대한 진실을 말하지 않았음을 보여주었다. 각 사례에서 노년의 자기 보고서는 크게 과장되었었다. 예를 들면, 러시아의 과학자들은 조지아 공화국의 가장 오래 산 거주민을 오직 96세라고 결정했다.

왜 그 지역들은 진실을 왜곡하였는가? 첫째로, 그것은 관광산업의 촉진과 지역 수입을 올리는데 훌륭했기 때문이다. 또한, 그들의 나이와 지역사회에 대한 명성을 부풀린 사람들에게 명성을 가져다주었다. 인간의 본성은 결국 변경된 노화의 생물학과 수명 기록에 의해 설명되지 못한다. 하지만, 훌륭한 노년에 투자된 자기 이익의 행동을 통해 대신 보여주었다.

칼로리 제한

수백 년 동안 사람들은 장수와 식이요법의 관련지어 생각해왔다. 예를 들어, 16세기의 논문, 〈Castel of Helthe〉는 건강한 식이요법으로 그 당시에 인기 있었는데, 노년의 독자들에게 중요한 식이요법의 조언을 포함하고 있었다. 그 자료는 1534년에 토마스 엘리엇 경에 의해 쓰였는데, 그는 토마스 모어 경의 학회 회원이었고 문학, 철학 의학 분야에서 저명했던 사람이다. 엘리엇의 노화하는 사람들에 대한 조언은 신중한 식이요법을 포함하고 있었다. "항상 노인은 자주 먹고 매번 조금씩 먹어야 함을 기억하라. 그것은 마치 램프의 그것처럼 신중해야 한다. 램프에 기름을 한 번 부어버리면 꺼지고 말지만 조금씩 부으면 오래 타게 되는 것과 같다."

온혈동물에서 시도된 접근과 연구 중에서 오직 칼로리 제한만이 수명주기를 늘리는 것을 보여주었다. 실험실에서 칼로리 제한은 영양적으로 균형 잡힌, 즉 영양결핍도 아니고 굶주림도 아닌 영양부족으로 구성된다. 대부분의 이러한 실험들은 매우 제한된 수명이 그러한 연구를 가능하게 만들어 주는 쥐에게 수행되었다. 더 고차원의 포유류에게는 그러한 연구가 요구되는 시간의 기간 때문에 수행하기가 더 어렵다. 그런데도 비인간 영장류(원숭이와 같은)에게 지금 시도되고 있다. 그러나 여전히 확고한 결론에 도달할 충분한 정보가 존재하지 않는다. 나이를 보여주기 위해 인간에게 수행되고 있는 이러한 특성의 실험은 없다. 하지만, 한 저명한 노인학자인 로스엔젤리스 캘리포니아 대학교의 로이 월포드가 그 1987년 이후로 칼로리적으로 제한된 식이요법으로 자신을 시험하고 있는 중이다. 하지만, 한명의 피실험자는 연구를 만들지 못하고 월포그가 125세를 넘어 130세까지 살지 못한다면 우리는 그의 큰 노력을 거의 혹은 아무 것도 아닌 것으로 결론 낼 수도 있을 것이다.

그런데도 1930년대 이후에 연구는 하등동물이 30에서 40퍼센트 수준의 제한된 칼로리의 식이요법에 있어서 증가된 장수뿐만 아니라 모든 신체 체계에 걸쳐서 암발생률의 하락, 그리고 많은 다른 질병의 감소를 지속적으로 보여주었다.

왜 칼로리 제한이 이러한 결과를 분명히 보여주는지는 이해되지 않는다. 어떤 보고서에서는 제한적 칼로리는 콜라겐을 축소시킨다고 시사한다. 그것은 노화의 가능한 메커니즘 초기에 방해받는 현상이다. 또 다른 노인학자인 에드워드 마소로는 축소된 에너지 섭취의 역할을 노화의 과정을 늦추는 생리적 효과를 갖는다고 지적한다. 흥미롭게도 마소로의 설명은 4세기 전 램프에 기름을 덜 넣는 그의 은유법을 통해 표현된 토마스 엘리엇 경의 조언과 비슷하다.

분명히 영양에 관한 모든 연구가 유익한 식이요법의 건강에 좋은 역할과 안 좋은 식이요법의 부정적 역할을 지적해왔다. 즉, 후자는 보통 너무 많이 먹는 요인으로서 그리고 잘못된 것(예를 들어, 너무 많은 지방)을 섭취하고, 비만이 되는 것의 요인으로 설명된다. 그리고 그것은 한편, 심장질환, 당뇨병, 기타 다른 장애에 대한 위험 요인을 추가한다. 반대로, 건강한 식이요법은 다양한 질병의 초기과정이나 악화된 과정을 야기 시켜서 결국 한 사람의 인생의 장수와 삶의 질 모두를 축소시키는 요인의 위험을 줄여주는 것으로 여겨진다.

칼로리 제한의 찬성자들은 그 과정이 훨씬 질병의 확률을 줄여준다고 주장한다. 하지만, 인간에게 인간 수명 기간의 50분의 1인 쥐와 똑같은 효과를 가질 수 있음이 입증되었다. 또한, 매우 타당한 걸림돌이 있다. 즉, 대부분 사람들의 식이요법에서 30~40퍼센트 칼로리 제한은 비록 그들이 영양부족 상태가 아닐지라도 배고픔을 남기고 음식을 갈구한다. 그러므로 남성과 여성의 큰 그룹에 실현가능성이 덜한 큰 삶의 질의 문제가 있는 것이다.

칼로리 제한에 반대하는 이러한 주장뿐만 아니라, 노화에 따른 학습, 지적 성장, 창조성에 대해 우려하는 더 진지한 의문점이 있다. 이것은 뇌가 신체의 어떤 다른 부분보다 훨씬 더 많은 에너지를 사용한다는 것이다. 산소가 신체의 신진대사에 중요함을 그리고 포도당이 신진대사하기 위한 동물세포에게 중요한 에너지원임을 생각해보라. 또한, 포도당—그 섭취가 칼로리적으로 제한된 식이요법에서 크게 축소되는 —은 산화되기 쉬운 기질(基質: 결합 조직의 기본 물질)이다 중추신경조직에서 (뇌와 척수) 그리고 포도당 대사의 속도가 뇌의 사고영역에서 가장 높음을 생각해보라. 그리고 나서 뇌가 대략, 성인 신체 밀도의 2퍼센트를 차지하는 반면, 그것은 몸 전체에 의해 필요하게 되는 전체 산소의 거의 25퍼센트를 소비함을 염두에 두어보라. 다시 말해서, 에너지 역학의 확산과 결과가 뇌에서 가장 크다.

칼로리 제한의 신진대사 역할이 에너지 축소를 통한 것이라는 사실과 점점 노화하는 인간의 뇌의 수행능력에 대해 그 장기간의 결과는 무엇인가? 인간의 뇌는 훨씬 더 쥐의 뇌보다 복잡하다는 것과 그래서 쥐에 끼치는 정신적 영향은 반드시 인간에게 적용되는 것이 아님을 명심하라. 장기간의 부작용은 장기간의 관리를 필요로 하는 조정과 함께 중요한 고려사항이다. 분명히 뇌의 더 적은 보유량을 고려해볼 때 이것은 중요하다. 아울러, 적절한 영양의 가치라는 면에서 생각해야할 태아기 건강의 부분을 고려할 필요가 있는 사람도 있다. 아기에게 중추신경 조직의 완전한 발달은 단지 적절한 영양 그 이상을 필요로 한다. 그것은 건강한, 잘 균형 잡힌, 자유로운—거의 제한받지 않는—식이요법을 필요로 한다. 이런 점에서 칼로리적으로 제한된 식이요법이 단지 적절한 영양을 제공하는 것이다.

게다가, 미국 국립 노인 연구소의 후원으로 진행된 국제적으로 인지된 노화에 있어 볼티모어 장수의 연구에서 노인학 연구자 루벤 안드레스는 장수의 무게의 관계에 대한 새로운 정보를 추가하였다. 적은 것이 좋은 것이다 라는 일반적 신념과는 달리 안드레스와 동료들은 중년 사이에서의 사망률을 가장 낮은 몸무게에서 생각하였지만 그것은 군살이 없는 것이 아니라 대략, 1960년도에 만들어진 생명보험의 키/몸무게 도표에서 중간몸무게 그룹보다 20퍼센트 더 무거운 것임을 발견하였다. 그들은 극도로 마르거나 매우 비만인 사람은 평균보다 짧은 생을 살았음을 발견하였다. 요컨대, 인간에게 있어 판단은 아직도 실험실 동물에서 사용되는 수준에서 칼로리 제한에 한정될 문제는 아니다.

식이 보충제

요즈음 점점 더 많은 사람들은 운동과 건강한 식사의 체계에 비타민과 미네랄의 보충제를 매일 더하고 있다. 하지만, 보충에 대한 대부분의 주장을 뒷받침할 과학적 증거는 거의 없다. 이러한 매일의 알약은 어떤 사람에게는 이로울 수 있지만, 모든 사람에게 이러한 보충제의 이로움이 있다는 것에 대해서는 의학계에서는 여전히 논란의 여지가 있다. 사실, 보충제의 많은 복용은 신체의 자연스러운 영양 균형을 방해하고 때로는 장기에 영구적인 손상을 가할 수 도 있다. 예를 들어, 지나친 비타민 A는 두통, 구토, 설사 그리고 심지어 간 또는 뼈 손상을 야기할 수 있다. 한편, 지나친 비타민 D는 신장 손상과 심지어 죽음을 야기할 수 있다.

산화제가 있는 그리고 다른 노화방지 효과가 있는 비타민과 미네랄을 사용하여 생명연장을 시도하려는 것에 관한 자료의 중요한 핵심이 권위 있는 〈New England Journal of Medicine〉지에 실렸다. 그 저자인 노인학자 에워드 슈나이더 박사와 존 리드 박사는 다음과 같이 썼다. "비록, 비타민 A,C,E 그리고 미네랄 셀레니움의 가능한 항 종양성 그리고 노화방지의 효과가 더 심화된 조사를 할 필요가 있을지라도, 생명 연장이나 암 예방에 대한 이러한 비타민 또는 셀레니움이 있는 추천하는 식이 보충제에 있어 이러한 유용한 증거로 지지하지 못한다. 65세 이상(Prevention지의 독자) 매우 선별된 그룹에 의한 비타민 소비의 연구에서 죽음과 비타민 보충의 정도사이의 복용 후 반응관계를 발견하지 못함이 흥미롭다. 같은 연구에서 증가된 죽음은 비타민 E 를 과도하게 복용한 —하루에 1,000 I.U. 이상—사람들에게서 발견되었다. 비록 이러한 관찰이 덜 건강한 사람에게 많은 양의 비타민 복용을 반영할 지라도, 그것은 또한, 어떤 비타민 유독성을 반영할지도 모른다. 그러므로 이러한 비타민이나 셀레니움의 대용량의 복용 전에 주의가 요구된다.

그러면, 누가 식이보충제로부터 혜택을 얻는가? 몇몇 사람들, 특히 많은 노인들은 그들의 매일간의 식이요법에서 그들이 필요한 비타민과 미네랄을 섭취하지 않는다. 소화불량, 씹는 어려움, 그리고 특정 약물의 부작용은 유익한 영양을 방해할 수 있다. 이러한 문제가 있는 사람들은 특정한 식이 보충제를 필요로 하고 이익을 받을지 모른다. 그들은 의사와 상담을 해야 한다. 식이 보충제는 또한, 다양한 질병을 가지고 있거나 그 위험이 있는 개인에게 진단된 영양부족을 수정하기 위해 필요할지도 모른다. 예를 들어, 골다공증— 얇고 잘 부러지는 뼈를 야기 시키는 상태—발생이 높은 사람들은 종종 의사에 의해 칼슘 보충제를 섭취하도록 충고 받는다. 많은 폐경기 여성들이 이러한 범주에 속한다. 수술이나 감기를 포함한 질병으로 부터 회복하는 사람들은 특정한 보충제를 필요로 하거나 혜택을 얻을지 모른다. 다이어트 하는 사람들, 심각한 음주, 그리고 질병이나 건강 습관이 그들의 비타민과 미네랄의 균형을 바꾸는 사람들도 마찬가지로 보충제가 필요할지 모른다.

연구에서 나온 자료와 모순들. 문제는 엉터리 약 판매상에 있는 것이 아니다. 과학적 연구 그 자체는 노화에 관한 연구 분야에서 모순되어 왔고 더 깊은 혼란을 낳았다. 예를 들어, 미디어는 활성산소와 싸우는 산화제가 노화를 둔화시키는 것을 시사하는 중요한 연구의 결과를 내놓았다. 그러한 연구의 힘은 위와 같은 우리 신체 안에 있는 활성산소의 역할의 현재 이해를 보여주는 이론에 근거한다. 하지만, 몇 달 후 또 다른 신체에 산화제의 영향이 미미하며 부정적인 부작용을 만드는 것으로 발견되는 점에서 중요한 연구가 나왔다.

자연은 알약을 만들지 않는다. 또 다른 문제는 사람들이 "그것이 자연적인 물질이라면 그것을 섭취하는데 무슨 문제가 있는가?" 하는 것이다. 그 답은 간단하다. 즉, 다양한 비타민과 미네랄은 자연적인 것일지라도 우리가 그것을 섭취하는 자연적인 방법이 알약을 통한 것이 아니다. 우리는 오렌지와 같은 과일을 통한 자연으로부터 비타민 C를 얻는다. 우리는 비타민 A를 당근과 같은 채소를 통해 얻는다. 우리는 비타민E를 채소오일, 계란 노른자, 잎사귀 채소, 콩과 같은 다양한 원천을 통해 얻는다. 우리는 이러한 비타민을 알약을 통해서 얻지 않는다. 자연은 알약을 생산하지 않는다. 다만 인간이 그럴 뿐이다. 이것은 알약이 나쁘다고 하는 말이 아니다. 그것은 단지 말한 대로 자연적이지 않다는 것이며 우리가 바라는 자연적인 효과를 이루지 못할지도 모른다는 것이다. 우리가 당근을 비타민A를 위해 먹는다면 그 당근에는 단순한 비타민A 그 이상을 포함하고 있는 것이다. 그것은 비타민 A와 상호작용 할 수 있는 구성물을 포함하고 있고, 혹은 단순히 비타민A 하나보다 더 건강에 좋고 효율적인 방법가운데 우리 몸의 세포로 전달하는 것을 도울 수 있다. 이런 이유로 가장 강력한 새로운 영양적 추천은 식이 보충제가 아니라 음식 그룹—적어도 5가지 분량의 과일과 채소이다. 또한, 성경이 900살 이상 살았던 므두셀라와 그의 자손을 언급할 때 비타민과 다른 식이보충제는 없었음을 기억하라.

당신이 먹을 수 있는 최신 추천약

우리는 만병통치약으로서 권하게 되는 기적의 약의 새로운 시대에 살고 있다. 그것은 이중의 유산을 만든다. 수세기 거슬러 올라가는 다양한 방법을 통한 마법의 묘약과 호르몬 치료의 오랜 전통. 그것이 알약 형태로 존재하기 때문에 과거에 호르몬 치료로 수반된 낮은 품질은 감소되었다. 그 방법은 현대적인 호르몬 조정과는 다르지만 결과의 전망은 이전의 보장된 것과 비슷하다. 이것은 특히 약물 멜라토닌, DHEA, 그리고 인간성장 호르몬(hGH)에 적용된다.

이러한 약물의 옹호자들은 그것에 대한 효과에 대한 주장을 하는데 있어 제한이 없다는 점에서 비슷하다. 우리는 이러한 약물을 "멜라토닌의 기적 또는 DHEA를 위한 슈퍼 호르몬의 약속"과 같은 특별한 용어로 알게 되었다. 멜라토닌의 특성을 옹호하는 한 작자에 따르자면 그것을 "생명을 연장 시킨다", "성적 활력을 강화시킨다", "정상적인 수면 패턴을 복구시킨다", 그리고 "젊음의 건강함과 정력을 유지시킨다" 이라고 주장한다. DHEA에 관해 DHEA에 대한 규정서 의 작가는 당신을 "더 젊게 만든다", "당신의 성생활의 활기를 불어넣는다", "기억력을 강화시킨다" 고 주장한다. 이 호르몬에 대해 말할 수 있는 최고의 표현은 시차적응을 치료하는 데 있어서 멜라닌으로부터 가능한 어떤 혜택을 제외하고는 아무도 과학적으로 그것이 효과적이라 보여준 사람은 없었다.

조사에서 나오는 자료들은 호르몬 보충제에 존재하는 모든 약속에 대해 무엇을 보여주는가? 그것은 미국의 노화 국립 연구소에서 나온 한 보고서에서 가장 요약될지도 모른다. 즉, "특정한 호르몬 보충제는 최근에 DHEA (dehydroepiandrosterone), 인간성장 호르몬, 멜라토닌, 그리고 테스토스테론을 포함하여 많은 관심을 받아왔다. 이러한 보충제를 섭취하는 것이 사람들로 하여금 다시 젊음을 느끼게 한다거나 노화를 막을 수 있다고 하는 입증되지 않은 주장이 뉴스에 나타나고 있다. 사실은 이러한 호르몬 보충제가 사람들의 생명에 연수를 추가시키는지 아무도 보여주지 못했다는 것이다. 그리고 어떤 보충제는 건강에 유익함을 특정한 호르몬의 진정한 결핍이 있는 사람들에게 제공하는 반면, 그것은 또한, 해로운 부작용을 일으킬 수도 있다.

국립 노화 연구소는 대부분의 사람들이 이러한 호르몬에 대하여 주장하는 두가지 심각한 결함을 지적한다. ① 그 주장은 근거가 없으며, ② 그 주장은 부작용을 간과한다. 그리고 그것은 매우 심각해질 수 있다. 예를 들어, 멜라토닌의 부작용은 "혼란감, 졸림, 그리고 다음날의 두통이 있다. 동물 연구는 멜라토닌이 혈관을 수축하여, 고혈압이 있거나 다른 심혈관 문제가 있는 사람들에게 위험한 상황을 초래 시킬 수 있음을 시사한다. DHEA에 대해서 NIA는 이러한 호르몬은 간 손상을 일으킬지도 모른다고 보고한다. 심지어 약간만 섭취했을 때에도 그리고 놓은 수치의 에스트로겐이나 테스토스테론을 어떤 사람에게 야기할지도 모르며, 그것은 유망암과 전립선암에 대한 큰 위험을 초래한다.

에스트로겐의 사용은 특별한 경우이다. 즉, 그 적용이 노화를 거스르도록 촉진되지 않는다. 하지만, 오히려, 여성에 골다공증과 심장질환과 같은 나이와 연관된 특정한 문제를 돕도록 한다. 한명의 의사는 에스트로겐 섭취의 혜택과 위험을 검토해보도록 자문을 얻어야 하고 그 처방전이 가장 중요하다.

멜라토닌과 DHEA의 정신적 능력에 대한 효과

연구는 정신적 기능을 강화시키기보다는 멜라토닌은 사실, 높은 지능적 수행의 뇌의 중심에 의한 정보를 처리하기 위한 능력을 둔화시킨다고 보고한다. DHEA에 관한 연구는 마찬가지로 어떤 심리적이거나 지적 능력에 대해 유익한 효과를 발견하지 못한다.

은행추출물

아마도 가장 흥미진진한 정신적 기능에 대한 결과는 은행나무 잎사귀에서 나온 은행추출물 일 것이다. 혹자는 주장하길 은행은 정신을 뚜렷하게 하고 그 능력을 강화시킨다고 주장한다. 그러나 연구들은 미결이다. 인간에게 나타나는 긍정적인 관찰할 수 있는 효과는 모호해 왔다. 이러한 연구에서 관찰할 수 있는 정신적 효과가 묘사될 때, 그것은 아마도 잠재적인 것 과 반대되는 미묘한, 그리고 지속적인 것과 대조되는 일시적인 특징을 가질지도 모른다. 다른 연구도 건강한 인간에게 인지되는 기능의 뚜렷한 효과를 보여주지 못한다. 예를 들어, 은행추출물을 플라시보와 비교하는 잘 구성된 연구에서 주의, 반응 시간, 그리고 기억력과 비교해서 분명한 차이는 발견되지 않았다.

그러한 의심스러운 혹은 애매모호한 결과들을—그것들이 은행추출물이나 소위 정신을 강화시키는 약물과 관련해서든지 상관없이—한 눈에 볼 수 있도록 제시하려면, 우리가 그 결과들을 여러분에게 중요한 어떤 주제에 관한 지속적 교육을 받음으로써 얻어지는 결과들 비교할 필요가 있다. 경쟁하지 마라. 그러면 당신은 왜 당신이 시도와 진실의 깨달음 그리고 행동적 접근을 탐구하여 알약을 꺼내는 것처럼 쉽다기보다는 오랫동안 기다렸는지에 대해 놀랄 것이다.

마술탄환은 없다

반대의 주장에도 불구하고 생명 연장과 노화의 영향을 뒤집는 소위 말하는 마술탄환은 공포탄이 되었다. 그것은 신념의 큰 도양과 함께 발사되었고, 희망이 믿음으로 올라가 확신의 추측이 되었다. 언뜻 긍정적인 결과로 만들어진 사례에서, 비판가들은 이러한 결과를 강력한 플라시보 효과 혹은 완전한 왜곡 탓으로 여길 수 있었다. 사실과 자료는 과장과 열정으로 후퇴한다. 이러한 사례는 여러분에게 "비록 그가 안타를 칠 수 없지만, 수비로 할 수 없다" 는 야구선수를 상기시킨다.

노화 이론과 생명 연장의 노력을 통한 교훈

이러한 이론에 대한 논의와 생명을 연장하려는 노력의 역사는 노화는 신 비롭다는 것을 시사한다. 노화의 과학은 빠르게 진보하고 있지만 그 진보와 함께 노화의 신비는 실제로 깊어졌다. 우수함은 더 다양해졌고, 더 전문적 지 식을 필요로 한다. 노화를 멈추기 위한 마술 탄환은 없으며, 비슷한 것도 없 다. 잠시라도 인간은 잘못된 희망이나 마법의 알약에 대한 절박한 요청으로 창조적 에너지를 허비해서는 안 된다. 당신의 체계에서 그것을 빼어낸 대신, 당신의 목표를 실현가능하고 진실한 것에 집중하라. 당신의 에너지를 다시 탐구, 발견으로 향하고 헛된 외부적으로 산만하게 하는 것보다는 당신의 자 신의 진정한 내적인 힘을 도약시켜라. 이 책의 과는 당신에게 단지 이것을 하 기 위한 전략을 제공한다. 그 전략들은 마법적인 결과를 약속하지 않지만, 그 것은 당신에게 더 낳은 노화의 경험을 위한 출발점으로 이동시킨다. 역사를 통해 각성하라. 흔히 말하는 지름길을 조심하라. 인생의 후반에 있어서 당신 의 목표를 성취하고 당신의 창조성을 실현시키는 데 있어서 더 현실적인 길 을 따라갈 준비를 하라.

부록 C 🌿

자서전 만들기: 나의 개인적 접근

이번 부록에서 내가 내 자신의 발전에 적용했던 당신의 자서전을 만들기 위한 몇 가지 기술을 설명한다. 나는 나의 사례를 보여주기 위하여 나의 자서 전으로부터 내용을 포함할 것이다. 나는 네 가지의 상호작용하는 단계를 사 용한다.

1. 당신의 삶의 기간을 선택하고 개인적인 경험, 기억 그리고 당신의 삶에 영향을 끼쳤던 시간에 대한 다른 사실에 대해 윤곽을 짜라.

2. 신문 스크랩 같은 어떤 사진이나 개인적인 수집품을 확인하라. 그 기간 은 당신의 삶을 설명하도록 사용될 수 있다.

3. 특정 해의 중요한 발달 사항을 연대기 순으로 작성한 책을 도서관에서 대출하라. 적어도 1900년도 까지 거슬러 올라가는 책이 있다. (예를 들어,

데비드 브라운스톤과 아이린 프랑크의《20세기의 연대기》같은 것) 그 과정은 종종 당신의 기억을 불러일으키거나 "아하, 그렇구나!"의 경험을 제공한다. 그 경험 속에서 당신은 특정한 역사적 사건이나 중대한 방법으로 당신에게 영향을 끼쳤던 문화적 요인을 깨닫는다. 그러한 것들을 확인함으로써, 당신은 그것을 당신의 자서전으로 통합시킬 기회를 갖는다.

4. 당신의 특정 시기의 흥미로운 사진을 찾기 위해 도서관 책(예를 들어, 시간 —인생 시리즈:《이 환상적인 세기—1870-1970》)이나 잡지(예를 들어,《인생》)를 구하라. 당신은 이러한 이미지의 최고 품질 사진을 만들어 그것을 당신의 글 속에 붙이면 당신이 쓰려고 하는 시절의 풍미를 넓게 된다. 아니면 만일 당신이 스캐너가 있는 컴퓨터가 있다면, 그 이미지를 스캔하고 당신이 그것을 원하는 지점에 끌어서 놓아라.(이 과정은 개인적인 사용을 목적으로 한다면 추천할 만하다. 만일 당신이 여러 개의 사본을 만들기 원하고 "개인 출판"하길 원하면, 당신은 사진을 사용하기 위해 출판사의 허락을 요청해야 하고, 비용이 더 들 수 있다.)

만일 당신이 스캐너가 없고 팩스가 있다면, 당신의 팩스는 사실, 낮은 수준의 스캐너이다. 만일 당신의 컴퓨터에 팩스모뎀이 있다면 그 이미지를 당신의 컴퓨터로 팩스전송을 할 수 있다. 일단 그 이미지가 당신의 컴퓨터에 저장되면 당신은 그 이미지를 조작할 수 있고 당신이 원하는 본문 어디에나 삽입할 수 있다. 600dpi 레이저 프린트는 신문정도의 품질 혹은 그 이상의 이미지를 만들것이다.

이러한 네 단계를 보여주기 위해 나는 1961년, 나의 자서전의 한 부분을 공유할 것이다. 알림: 나는 두 개의 역사적 사진과 함께 두 개의 개인 사진을 사용할 것이다 한 장은 1961년 대통령 취임식에서의 존 F. 케네디이며, 다른 한 장은 우주 비행사 버즈 알드린이 그해 말 국기에 대한 맹세를 하는 사진이다. 내가 느끼기에 나에게 영향을 끼쳤던 1961년도의 6개의 역사적 사건을

문자로 합칠 것이다.

1. 1961년 워싱턴 D.C.에서 존 F. 케네디의 취임식. 사람들은 그것을 카멜롯이라고 부르고 있었다.

2. 평화봉사단이 설립되었다.

3. 증가된 미국의 조언자의 참여와 함께 베트남에 대한 미국의 원조가 확대되었다.

4. 소련의 유리 가가린은 보스토크 1호를 타고 114분의 비행으로 지구 괘도를 돈 최고의 사람이 되었다. 그 사건은 우주 시대와 우주 전쟁을 시작시켰고 나중에 케네디 대통령이 10년 이내에 달로 사람을 보낼 것이라고 약속 한 해이다.

5. 탈리도마이드 약물이 심각한 선천적 결손증을 야기한 것으로 인지되었다.

6. 뉴욕 양키즈 외야수인 로저 마리스가 그해 61개의 홈런을 쳤고, 1927년 베이브 루스의 기록을 경신했다.

나의 자서전- 1961에서 일부분

1961

존 F. 케네디 대통령 취임식

1961년도 존 F. 케네디의 취임식으로 사람들은 새로운 행정부를 카멜롯이라고 부르고 있었다. 16살인 나도 그해가 카멜롯 같았다. 음, 아주 그런 건 아니다. 하지만, 여전히 매우 좋은 해였다. 한편, 평화봉사단이 설립되었지만 또한, 베트남에 대한 미국의 원조가 확대되었고, 미국의 "조언자"들의 늘어난 참여가 있었다. 또한, 1961년에 소련의 유리 가가린이 보스토크1호를 타고 108분의 비행으로 지구궤도에 최초로 도달한 사람이 되었다. 그 사건은 우주 시대와 우주 경쟁을 시작하게 하였고, 케네디 대통령이 후에 그해를 10년 이내에 인간을 달에 도착시키겠다고 약속했다. 나는 미국의 과학교육에 대한 늘어나는 사람들의 관심을 기억할 수 있다. 그리고 우리가 소련에 뒤쳐져 갈 것이라는 두려움과 강박관념을 낳았다.

이어진 것은 과학에 맞춘 비범한 새로운 교육적 초점이었고 내가 회상하기를 과학자의 이미지를 격상하는 공공 미디어 캠페인이 있었다. 내가 봤던 모든 다른 영화는 영웅의 역할이 아니라 문제를 해결하는 데 있어 과학자가 등장했다.

이 모든 것은 분명히 나 자신의 생각과 과학 활동에 영행을 끼치고 있었지만, 스포츠, 특히 야구에 대한 나의 관심에는 미치지 못했다. 내가 과학에 대해 몽상하기 시작했을 동안 나는 훨씬 더 야구에 대해서 꿈꾸었다.

내가 살았던 동네에서 길거리 야구팀을 만들었고, 중앙 거리 강타자라는 이름의 거리 야구팀의 2루수를 맡았다. 로저 마리스가 그 해 3점을 홈런의 공을 담장 밖으로 넘겼을 때, 나는 하나의 홈런만이라도 때렸으면 하고 열망했다. 난 그렇진 못했다. 문제는 내가 좀 뚱뚱하다는 것이었다. 맞다. 그때 난 뚱

뚱한 아이였다, 많이 뚱뚱했다.—40-50파운드가 더 나갔다! 축구감독이나를 여러 번 쳐다보았다.(그가 분명히 내가 팀의 앞쪽 라인을 담당하고 있다고 했을 것임을 난 확신한다.) 나는 점점 여자아이들에게 더 관심이 있게되었지만, 날 쳐다보지도 않았다. 나의 마음속에 여자아이들을 품고, 나는 다음 3년간을 원래 그랬어야 하는 정도로 살을 빼는 데 시간을 보냈고 그 시간동안 나의 가능성은 개선되었다.

아울러, 나의 성공적인 식이요법의 시간동안 나의 엄마는 "나의 급격한 다이어트"가 아마도 성장(위 아래로) 을 멈추게 한 원인일지도 모른다고 안타까워 하셨다. 그녀는 나에게 늘 만일 내가 먹던 것을 그렇게 많이 줄이지 않았더라면, 내가 6피트는 되었을 거라고 말씀하셨다. 하지만, 요즈음(어머니는 86세, 나는 55세.) 그녀는 만일 내가 더 먹었다면, 더 클 수도 있었는지 아닌지를 궁금해 하신다. 한 가지 확실한 것은 그녀의 훌륭한 요리 실력의 멋진 저녁 식사로 인해 다이어트는 쉽지 않았다.

한편, 야구장에서의 새로운 기록을 만들지 못하고, 나는 과학으로 열정을 돌렸다. 나는 분명히 과학과 함께 사회의 커져가는 로망스에 의해 영향을 받았다. 그리고 우주시대의 시작으로 마음이 설레고, 이미 그 전에 해양학 연구에 매료되었다. 영웅 사회에서의 새로운 과학자는 중학교 시절 과학연구에 대한 나의 관심을 촉진시켰다. 매사추세츠 남해 안쪽에 살면서 나는 무작정 Woods Hole 해양 연구소를 찾아갔는데, Cape Code에 한 시간 떨어져 있는 곳이었다. 그 곳의 과학자들 중 한 명이 나에게 멘토가 되어줄 것에 동의하였고, 그를 만나기 위해 며칠간의 이동을 하곤 했다. 어떻게 나의 아버지가 그의 차를 내가 모는 것에 대해 아무런 말씀이 없었을까? 결국 그것이 아들의 교육과 과학 프로젝트를 위한 것이었다.

Wood hole로 가는 여정 동안 나는 그곳에서 가벼운 저녁을 먹기 위해 쉬었다 갔다. 식당 여종업원은 70대는 되어 보였고 나에게 할머니처럼 대해주었다. 어느 날, 카운터에 내가 앉아 있는 동안 그녀가 나를 보더니 젊은 시절 저녁을 자주 먹으러 왔던 어떤 사람이 생각난다고 말했다. 궁금해서, 그녀에게 누구냐고 물어봤더니, "조나스 셜크"라고 대답해주었다. 나는 흠칫 놀랐다. 말할 필요도 없이 그녀는 날 감동시켰다. 꿈꾸는 젊은 과학도에게 더 이상 감동을 주는 말은 있을 수 없었다.

그 당시 과학의 열기에 사로잡힌 학교신문은 늘 지역 과학관련 소식을 조사하였고, 나는 이따금씩 그 인쇄물 안에서 내 자신을 발견하곤 했다. 또한, 그것은 나를 훨씬 더 과학에 몰두하도록 동기부여를 주었다. 흥미롭게도, 나의 과학 프로젝트는 노화에 관한 것이었고, 나중에 그 분야가 나의 경력이 되었다. 그것은 물고기에서의 노화와 성장관계를 연구했던 프로젝트였다. 나는 물고기의 나이를 결정하기 위해 물고기의 안쪽 귀에서 발견되는 이석 뼈를 사용하여 이전에 포기했던 방법을 다듬었다.

새로운 도구는 나로 하여금 과거보다 뼈를 더 깨끗하게 부수도록 했고, 내가 그 뼈 안의 고리(rings)— 물고기의 나이와 일치하는—를 더 효과적으로 세도록 하였다. 그 프로젝트는 실제로 물고기의 건강과 서식지에 관한 폭넓은 질문에 답하기 위해 나이에 초점을 맞추었다. 그 크기와 물고기 나이와의 일치에 관한 기준을 만듦으로써, 물고기의 크기가 이러한 기준보다 작을지라도 서식지가 좋지 못함을 상정 할 수도 있다. 실제로 그 프로젝트는 생태계를 판단하기 위해 나이에 초점을 맞추었다. 나는 결과적으로 후에 나이에 관한 나의 초점이 다른 분야의 새로운 지식을 습득하도록 하게 하는 것임을 깨달았다. 내가 나중에 NIH 에 대해 논의하게 될 노화에 관한 프로그램은 2개의 초점을 맞추었다. 하나는 나이 든 성인이며 다른 하나는 노화에 대한 관심이 건강과 나이에 상관없이 생기는 질병에 관한 새로운 단서들로 이끌 수 있는 것이다. 나의 과학 프로젝트는 이후의 접근을 위한 씨앗을 뿌린 것이다.

나의 1961 과학 프로젝트는 MIT 대학교에서 열린 매사추세츠 주 과학 박람회에서 일등을 하게 되었고, 나는 국내, 국제 과학 박람회의 최종 출전자가 되었다. 보스턴의 PBS 텔레비전 방송국 WGBH에서 나의 프로젝트에 관한 인터뷰를 했을 때, 나의 흥분감은 최고조에 달했다. 이 성공은 나와 자신감에 큰 영향을 끼쳤다.

과학 박람회에 대한 나의 성공과 흥분감은 의학에 대한 커지는 열정을 키웠고, 나는 점점 나의 직업의 길로 생각했다. 조나스 솔크 시나리오는 종종 나의 생각을 스친다. 하지만, 1961년 많은 사건들은 모든 것이 의학에서 매력적이지 않음을 나를 일깨웠고, 그것은 모험의 분야일 뿐 아니라 위험한 것이기도 했다. 그 해에는 탈리도마이드가 엄청난 기형에 의해 특징지어지는 심각한 기형아를 야기한 것으로 여겨졌다. 비극적으로 나의 친구들 중 한 명의 아기가 그러한 아기였다. 탈리도마이드 이야기는 항상 나의 기억 속에 중요한 경고의 배경을 제공했으며, 특히 획기적인 실험 약에 대한 추구가 강한 분야에는 더욱 위력을 발하는 경고의 배경을 제공했다.

무엇보다 1961년은 나에게 매우 좋은 해였고 요동치는 1960년대의 십년을 시작하는 엄청난 길이었다. 그 십년은 인간의 달 착륙으로 끝났고 나에겐 의대를 졸업할 준비가 되었다. 닐 암스트롱의 발자국은 처음으로 달의 표면에 닿았을 때, 그는 소리쳤다, "인간에겐 작은 발자국이지만, 인류에겐 큰 도약이다." 그 당시 나는 의학박사를 넘어서는 추가적인 교육을 생각하고 있었다. 나는 의대 경험에 대해 생각했다. "하나의 작은 발자국이 닿으면, 엄청난 큰 도약이 온다."

달 표면에 있는 부즈 알드린

가족 신문 접근

위 접근은 순서대로의 점진적 속도 가운데 자서전을 모으도록 한다. 그리고 주어진 해 혹은 특정한 삶의 기간에 초점을 맞춘다. 이러한 접근 이외에도 먼저 시간의 구조가 순서대로 있을 필요는 없다. 즉, 당신은 어떤 기간에 대해서도 쓸 수 있고, 그것을 함께 맞춘다. 또 다른 기법은 가족신문인데, 그것은 다른 포맷형태로 상당한 유연성을 준다. 당신은 특정한 시간이나 특정한 사건에 초점을 맞출 수 있다.(예를 들어, 당신의 16번째 혹은 65번째 생일, 당신의 대학 첫날, 당신의 결혼식 날 등이다.) 혹은 이어져 나오는 뉴스에서 묘사된 연관된 일련의 사건들은 어렸을 적 나의 아들 알렉스에 대한 "코헨 연대기"를 다룬다.

신문의 포맷은 또한, 창조적인 디자인과 이야기의 내용물을 넘어서는 이미지의 사용을 위한 또 다른 문맥을 제공한다. 신문의 로고를 디자인하고 이야기를 설명하기 위해 사진들을 사용할 때 상상력을 발휘할 수 있다.이러한 배치는 또한, 개인적인 정보와 초기 사례에서 보여 준 매우 비슷한 역사적 사건의 조합을 가능케 한다. 차이점은 그림으로 된 문자 형태 대신, 신문의 포맷이 사용된다는 점이다. 〈Gene Cohen Times〉에서 나온 페이지를 보라. 이러한 예가 1960년대 크게 발생한 이후로 3권까지 나오게 되었다. 나는 1944년에 태어나서 1940년대의 초점은 1권, 1950년대는 2권 등등.

가족 신문을 만드는 것은 여러 세대의 식구를 포함 할 수 있는 창조적인 협력을 위한 큰 기회를 제공한다. 어떤 신문을 만드는 것은 팀의 노력이다. 당신 자신의 자서전적 신문도 예외가 아니다. 당신의 자녀와 손자에 대한 주어진 기간에 대해 일반적인 이야기로 시작하라. 그리고 내용을 평가하라. 말하자면, 그들을 가장 흥미진진하게 했을지도 모르는 것을 평가하는 것이다. 그리고 나서 훌륭한 재료와 함께 등장하는 훌륭한 기자들처럼 그것을 포함시켜라.

만일, 당신이 1960년대를 초점 맞춘다면, 무슨 분야와 문제를 젊은이들이 관심 있어 했는지를 보고 그 가운데 당신의 이야기를 만들도록 노력하라. 나의 경우에 최근 대학을 졸업한 나의 아들 알렉스가 대학시절의 나의 헤어 스타일에 대해 호기심이 있었다. 나는 비록 이러한 주제가 그 이야기가 만들어질 때까지 분명하지 않을지라도 헤어의 주제를 갖고 〈Gene Cohem Times〉를 만들었다. 그 칼럼의 형태를 디자인 하는 과정 속에 가족을 포함시키는 것을 생각하라.

코헨 신문

 알렉스(Alex)와 신발. 나의 아들 알렉스는 여섯 살 때까지 신발에 집착했다. 쇼윈도를 통해 신발이 진열 되어 있는 것을 보면 쇼핑을 안 하고는 지나갈 수 없었다. 구두, 운동화, 슬리퍼와 같은 모든 신발이 집착의 대상이었다. 특히 세 개의 이야기는 어린아이로서 알렉스의 신발에 대한 특별한 관심을 - 관찰력에서 특이한 요구 사항에 이르는 범위의 관계 - 보여준다. 첫 번째 이야기의 배경은 1975년 (알렉스가 두 살 6개월이었을 때) 국립건강원(NIH)에 있는 나의 사무실에서 열린 크리스마스 파티다. 두 번째 이야기의 배경은 1978년 (알렉스가 5살 이었을 때) 우리 집에서 몇 블럭 떨어진 거리에서였다. 세 번째 이야기의 배경은 1979년 (알렉스가 6살 이었을 때) 하누카(Hanukkah)의 첫째 날 밤, 그의 방이었다.

1975년 사무실에서 크리스마스 파티. 국립정신병원(National Institute of Mental Health, NIMH)에 있는 노화 연구소(Center on Aging)는 1975년 출범하였고 그 해 12월 첫 번째 크리스마스 파티가 열렸다. 나를 포함한 몇 명의 직원들은 어린 아이들이 있었으므로 우리는 아이들도 파티에 초대하기로 했다. 누군가가 산타가 오면 좋겠다고 제안을 하였다. 소장으로서 나는 산타로 지명되었다. 역할을 수행하기 위해 나는 행사를 위한 의상을 준비했다. 그 날이 왔을 때 아이들은 모두 산타가 온다는 것을 알고 있었다. 그리고 계속 산타에 대해 물었다. 중요한 순간에 나는 산타를 찾아 나의 사무실로 돌아갔다. 몇 분 후 산타가 등장했고 아이들은 열광했다. 나의 아들 알렉스도 이 순간엔 나에 대해 잊고 산타에게 온전히 집중했다. 한 시간 후 산타는 작별인사를 했다. 산타는 저 쪽에 있는 사무실의 (나의 사무실) 창문으로 나가겠다고 말했다. 산타는 내 사무실로 들어갔고 5분 후 내가 사무실에서 나와 산타가 썰매를 타고 창문으로 나가 떠났다고 말했다. 이 이야기는 모든 아이들에게 완벽하였다. 한 시간 쯤 지난 뒤 나는 알렉스를 데리고 집에 가고 있었고, 알렉스가 내 신발을 쳐다보며 말했다. "아빠, 그런데 아빠 신발이 산타할아버지 신발하고 같아요."

1978년 우리 집에서 몇 블럭 떨어진 거리에서. 1978년 어느 가을 날, 내가 집에서 일하고 있을 때 경찰차가 불을 깜빡이고 사이렌을 울리며 우리 집 앞에 차를 세웠다. 경찰이 내렸고 그는 어린아이와 함께 있었는데 나는 그 아이가 5살 나의 아들인 것을 재빨리 알아차렸다. 나는 당황했고 걱정되었다. 나는 밖으로 뛰어나가서야 상황 파악을 할 수 있었다. 알렉스가 함박웃음을 지으며 막대사탕을 먹고 있었고 경찰은 알렉스를 매우 책임감 있고 관찰력 좋은 아이라며 칭찬하고 있었다. 이야기의 내막은 이러했다. 알렉스는 베이비시터의 집 마당에 있었고 그 때 지나가던 할머니 한 분을 노상 강도가 때려 쓰러지게 한 후 지갑을 훔쳐갔다. 강도는 도망갔고 알렉스는 재빨리 할머니에게 다가가 일으키며 괜찮으신지 물었다. 그는 베이비시터를 불렀고 베이비시터는 경찰에 신고했다.

경찰이 왔고 그들은 할머니와 알렉스를 조사했다. 경찰은 알렉스가 묘사하는 강도의 신발과 신발 끈에 대한 자세한 설명에 경이로워하며 알렉스를 집에 데려다 주었다. 그것은 17년간 경찰 생활 동안 들어본 진술 중 가장 정확한 묘사였다.

1979년 하누카 알렉스(Alex)의 방에서. 알렉스가 6살 이었을 때 나에게 그 동안 가장 도전적인 요청을 했다. 하누카를 기념하여 두 가지의 매우 특별한 선물을 원했다. 2층 침대와 우리가 신발 가게에서 봤던 다채로운 색의 슬리퍼였다. 게다가 그는 하누카의 첫날, 그 슬리퍼를 신고 2층 침대에서 아침을 맞이하고 싶어 했다. 내가 무슨 말을 할 수 있을까? 나는 말했다. 내가 할 수 있는 것을 알아보겠다고.

나는 이 꿈을 성사시키기로 결심했다. 하지만 내가 성공할 수 있을지에 대한 걱정은 컸다. 나는 생각했다. 인생에 있어 적어도 한번이라도 이뤄진 특별한 꿈이 있다는 것은 정말 멋진 일이 아닐까? 이것은 그러한 레슨이 될 수 있었다. 사람이 큰 꿈을 가지고 그 꿈이 실현될 수 있을 지도 모른다는.

하누카 첫 날밤, 나는 2층 침대를 큰 상자에, 슬리퍼를 작은 상자에 조심히 숨겼다. 알렉스는 기대감에 너무 흥분하여 2층 침대가 그의 앞에 기적처럼 나타나 다음날 아침에는 그가 2층 침대 위에서 잠에서 깨어날 것이라고 생각하여 밤 11시까지 잠을 이루지 못했다. 나는 그날 밤에 할 일이 많다는 것을 알고 있었다. 나는 특히 그런 큰 물건을 조립하기엔 기술이 좋지 않았기 때문이었다.

새벽 2시에 나는 침대 조립을 마쳤다. 그리고 최대의 난제가 남았다. 내가 과연 알렉스를 깨우지 않고 그의 잠자리를 옮길 수 있을까? 세 번째 가장 큰 난제에서 나는 알렉스를 다른 방으로 옮기고 그가 쓰던 침대를 없애고 새 침대를 그 자리에 놓았다. 그리고 두 번째 난제였던 알렉스 발에 슬리퍼 신기는 것을 마쳤고 알렉스는 깨지 않았다. 약간의 후회를 하고 심호흡을 한 뒤 나는 가장 큰 난제인 알렉스를 침대에 옮기기 시작했다. 조심스럽게 눕힌 순간 알렉스는 이해할 수 없는 말을 중얼거리며 돌아누웠다. 하지만 다행히 다시 잠들었다. 이 나이 또래의 아이가 죽은 듯이 잠을 자는 것에 정말 감사했다. 새벽 3시가 되었다. 나는 땀으로 범벅이 되어 쓰러져 잠들었다.

새벽 6시 30분에 나는 기쁨의 비명 소리에 깜짝 놀라 깼다. 나는 비록 무력한 상태였지만 나는 내 어린 아들의 꿈이 실현되었다는 것을 알 수 있었다.

우주비행사. JFK 대통령이 10년 안에 달에 우주비행사를 보내겠다고 한 약속으로 온 국민의 상상력은 불붙기 시작했다. 얼마지 않아 짧고 단정한 머리 스타일을 한 젊은 비행사팀이 미국의 새로운 우주 시대의 영웅으로서 모습을 드러냈다.

Mercury 프로젝트는 달로 가는 첫 단추였다. 비행을 할 6명이 뽑혔다. 인간과 우주선이 과연 탄도비행과 궤도비행을 견딜 수 있을지 테스트하는 미션이었다. 마지막 비행에서 L. Gordon (Gordo) Cooper Jr.는 우주에서 처음으로 TV사진을 보내왔다.

나는 하버드의 새로운 분위기에 적응하는 신입생이었다. 나는 소위 블루칼라라고 불리는 거대한 생산직 일꾼 출신으로 상아탑에 왔다. Gordo Cooper가 우주로 비상하는 동안 나는 자만심에 빠진 18살 신입생들에게 자연스럽게 다가오는 공상적인 토론에 빠져 있으면서도 현실적이 되려고 노력하고 있었다. 우주비행사 Cooper와 나의 한 가지 공통점은 짧고 단정한 머리 스타일이었다.

투사. 1960년대 말까지 습관과 머리 스타일은 바뀌었다. 투사들이 문화의 현장에 나타났다. 가장 눈에 띈 이들 중 하나는 Jerry Rubin이었다. Rubin은 University of California를 중퇴했고 동료 투사인 Abbie Hoffman과 함께 Youth International Party (미국국제청년당 - "Yippies"라고 더 잘 알려진 당원들이 있는) 창당을 도왔다.

나의 머리 스타일도 바뀌었지만 1970년대 초까지는 안 바뀌었다. Jerry Rubin과는 다르게 나는 넥타이를 했다.

부록 D 🌿

인터넷 및 기타 자료

AARP

601 E Street, N.W.

Washington, DC 20049

800-424-3410

www.aarp.org

AARP는 50대 이상의 회원이 30,000,000명이 넘었고 노인 어르신들의 관심거리와 쟁점들을 다루는 주요 단체다. 이곳은 많은 서비스를 제공하며 다양한 측면에서 노화에 대한 풍부한 정보를 제공한다.

Alliance for Aging Research

2021 K Street, N.W., Suite 305

Washington, DC 20006

202-293-2856

www.agingresearch.org

Alliance for Aging Research는 미국에서 주도적으로 시민들의 지지를 받는 기관이다. 인간의 노화에 대한 연구를 활성화하고 미국인들의 건강한 장수를 위해 일하고 있다.

American Association of Geriatric Psychiatry (AAGP)

7010 Woodmont Avenue

Bethesda, MD 20814

301-654-7850

www.aagpgpa.org

노인 어르신들의 정신 건강과 웰빙을 증진시키기 위해 헌신하고 있다. 전문가뿐 아니라 대중을 위한 정보 자료들이 있다.

American Geriatrics Society (AGS)

350 Fifth Avenue, Suite 801

New York, NY 10018

212-308-1414

www.americangeriatrics.org

노인 어르신들의 건강과 웰빙을 증진시키기 위해 헌신하고 있다. 전문가뿐 아니라 대중을 위한 정보 자료들이 있다.

American Society on Aging (ASA)

833 Market Street, Suite 511

San Francisco, CA 94103

415-974-9600

www.asaging.org

ASA는 국립 비영리 회원 기관이다. 대중과 건강 전문가들에게 노인 어르신들의 삶의 질에 영향을 주는 쟁점들에 대한 정보를 제공하며 이런 필요에 응하는 혁신적인 접근 방법들을 돕고 있다.

Center on Aging, Health & Humanities

The Creativity Discovery Corps

George Washington University

2175 K Street, N.W., Suite 810

Washington, DC 20037

202-467-2226

www.gwumc.edu/cahh

George Washington University의 Gene D. Cohen 박사를 필두로 프로그램이 있고 창조성과 노화에 관한 연구와 증진에 특별한 초점을 두고 있다.

Directory of Web Sites on Aging

Administration on Aging

330 Independence Avenue, S.W.

Washington, DC 20201

800-677-1116

www.aoa.dhhs.gov/aoa/webres/craig.htm

폭넓은 종류의 유용한 웹사이트들을 제공하고 있다. 이 웹사이트들은 노화에 대한 쟁점을 다루고 있고 학술 연구, 기관, 국가가 운영하는 사이트들 그리고 국제적인 사이트들, 논점과 주제를 다루는 사이트들을 포함한다.

Elderhostel

75 Federal Street

Boston, MA 02110-1941

877-426-8056

www.elderhostel.org

Elderhostel 사이트 소개를 인용하자면, "Elderhostel은 비영리 기관이며 전 세계 55세 이상 성인들에게 교육적인 경험들을 제공하고 있다. 뉴햄프셔(New Hampshire)의 White Mountains 에서 제인 오스틴(Jane Austen)의 문학작품에 대한 연구를 비롯해 그리스의 훌륭한 예술작품과 고대 건축물의 탐구 여행, 또는 멸종위기의 돌고래를 구하기 위한 Belize의 현지 조사에 관한 내용이 담겨 있다. Elderhostel의 교육은 평생 진행된다고 믿는 사람들을 위한 것이다."

ElderPage:Information for Older Persons and Families

Administration on Aging

330 Independence Avenue, S.W.

Washington, DC 20201

202-619-7501

www.aoa.dhhs.gov/elderpage.html#wal

많고 유용한 정보를 제공하는 Eldercare Locator에서는 노인 어르신들이 광범위한 자료 책자 서비스와 국립노화연구소 (National Institude on Aging, NIA) Age Pages을 보고 지역기관에 연락 할 수 있는 것을 도와주며, 노인 어르신들이 해결해야할 문제들에 대한 귀중한 정보를 제공한다.

GENCO, International

P.O.Box 66

Kensington, MD 20895-0066

301-946-6446

www.GENCO-GAMES.com

Gene D.Cohen's 의 창조적인 회사는 노화에 따라 필요한 정신 운동에 도움이 되는 세대 간을 이어주는 교육적이고 예술적인 보드게임 개발에 집중한다.

Generations United

440 First Street, N.W.,Suite 310

Washington,DC 20001-2085

202-662-4283

www.gu.org/gul.html

이 웹사이트에서는 세대 간의 연합 목록 정보를 얻을 수 있고, 세대 간의 주제를 가지고 사이트로 연결되고, 세대 간의 프로그래밍, 그리고 다른 세대 간에 관련된 자료들에 관한 정보를 얻을 수 있다.

Gerontological Society of America(GSA)

1030 Fifteenth Street, N.W.,Suite 250

Washington DC 20005-1503

202-842-1275

www.geron.org

GSA(미국노년학회)는 노화에 대하여 생물학적, 행동적, 사회과학 접근으로 과학적 연구를 증진하는 국립 비영리 전문기관이다. 창조성과 노화에 중점을 둔 인문학과 예술위원회를 가지고 있다.

International Federation on aging(IFA)

425 Viger Avenue, West Suite 520

Montreal, Quebec H2Z 1x2 CANADA

514-396-3358

www.ifa-fiv.org

IFA는 대략 세계에 50개가 넘는 국가들의 노인 어르신들에게 봉사하거나 개인적으로 변호해 드리는 것에 관심 있고, 100개가 넘는 협회들에게도 연결할 수 있게 도와준다.

International Longevity Center(ILC)

60 East 86th Street

New York,NY 10028

212-288-1468

www.ilcusa.org

ILC는 신원 확인하는 프로그램과 한사람의 남은 삶의 질을 향상 시키는 것에 접촉한다. 정보의 유효성을 향상시키고 있으며, 국제적으로 장수연구에 헌신한다.

International Psychogeriatric Association (IPA)

550 Frontage Road, Suite 2820

Northfield,IL 60093

847-784-1701

www.ipa-online.org

노인 어르신들의 정신건강과 웰빙을 증진시키는 것에 전념했다. 정보자료들은 전문가와 일반인 모두에게 제공가능하다.

National Aging Information Center

Administration on Aging

330 Independence Avenue, S.W.

Washington, DC 20201

202-619-0724

www.aoa.dhhs.gov/naic

노화에 관한 발행 물, 다가오는 행사가 적힌 달력, 그리고 노화에 대한 통계 보고서와 같은 다양한 정보가 있다.

National Council on the Aging (NCOA)

409 Third Street, S.W.Suite 200

Washington, DC 20024

202-479-1200

www.ncoa.org

NCOA는 자기결정권을 가지고 웰빙을 추구하며 서비스, 교육, 지지를 통해 노인들에게 기여 하는 기관과 개인들의 협회다. 회원 중에는 전문가, 자원봉사자, 서비스 제공자, 소비자단체, 사업가, 정부 관계기관, 종교단체, 자원봉사기구 등이 있다.

National Institute on Aging (NIA)

Public Information Office

9000 Rockville Pike, Bldg. 31, Room 5C27

Bethesda, MD 20892

301-496-1752

www.nih.gov/nia

국립노화연구소(NIA)는 연방 정부 연구 프로그램이며 주로 노년에 대한 연구를 지원하고 있다. 연구 탐색에 대한 정보 뿐 아니라 상당한 실용적인 정보가 협회의 다양한 출판물을(특히 Age Pages) 통해 제공되고 있다.

Old-Time Radio

(참고 : 주소 또는 전화번호는 제공 안됨)

www.old-time.com

Old-Time Radio 사이트 소개를 인용하자면, "만약 당신이 '라디오 전성기' 시절 프로그램을 찾는다면 이곳이 바로 그곳이다. 향수를 불러일으키는 시대의 팬들을 위해 상당한 오락적, 교육적 주제가 있다.

Older Jokes for Older Folks

Writers Consortium

5443 Stag Mt. Road

Weed, CA 96094

916-938-3163

www.seniors-site.com/funstuff/jokes97.html

이 사이트는 쓰여 있는 대로 유머를 제공한다.

Senior Corps

1201 New York Anevue, N.W.

Washington, DC 20525

800-424-8867

www.cns.gov/senior/index.html

National Senior Corps를 통해 500,000명을 넘는 55세 이상의 미국인들은 지역사회를 위해 시간과 재능을 나누고 있다. 양조부모 프로그램(Foster Grandparent Program), 은퇴 노인 자원봉사 프로그램(Retired Seniors Volunteer

Program, RSVP), 노인 동반자 프로그램(Senior Companion)등이 있다.

Senior Net

121 Second Street, 7th floor

San Francisco, CA 94105

415-4990

www.seniornet.org

Senior Net 사이트 소개를 인용하자면, "Senior Net의 임무는 노인들에게 교육을 제공하며 그들의 삶을 풍부하게 하고 그들이 지식과 지혜를 나눌 수 있도록 컴퓨터 기술에 접촉할 수 있게 하는 것이다. 비영리단체이며 전국적으로 140개 이상의 센터에서 50세 이상의 성인에게 컴퓨터와 인터넷을 이용할 수 있도록 교육한다.

Small Business Administration (SBA)

1110 Vermont Avenue, N.W., Suite 900

P.O. Box 34500

Washington, DC 20043-4500

800-827-5722

www.sba.gov

U.S. Small Business Administration은 미국인들이 사업을 시작하고 운영하고 키우는 것을 도와주기 위해 재정적, 기술적, 경영적 지원을 제공한다. $45,000,000,000 자산을 가지고 있어 SBA는 소기업들의 단독 후원자 중 최대 규모이다. 1998년 SBA는 1,000,000개 이상의 소기업들에게 경영적 지원과 기술적 지원했다.

SPRY Foundation

10 G Street, N.E., Suite 600

Washington, DC 20002

202-216-0401

www.spry.org/MISSION.htm

사회보장 및 의료보험 국가위원회에서 1991년에 비영리 501 (c)(3) 자선 단체로 SPRY Foundation을 설립하였다. SPRY Foundation의 임무는 성인 이 건강하고 재정적으로 안정되어 만족하는 미래를 설계하고 이룰 수 있도록 도와주는 방법을 찾는 연구와 교육을 실행하고 조직하는 것이다. SPRY는 또 한 이러한 목표를 달성하기 위한 노력으로 정보를 나누고 대중 인식을 높이 고 있다.

Third Age

Third Age Media

585 Howard Street, First Floor

San Francisco, CA 94105-3001

www.thirdage.com

Third Age 사이트 소개를 인용하자면 "우리는 ThirdAge.com을 만들면 서 우리 모두를 위한 신뢰할 수 있는 공간, 여러분의 선택과 기여가 우리 세 대를 위한 인터넷 상의 집을 만들 수 있게 도와주는 공간을 되기를 원했다. 우리는 폭넓게 성장했다. Third Age는 생기 있고 즐거운 공간이다. 여러분은 이곳에서 당신만의 Third Age를 디자인 하는 것을 도울 수 있는 친구들과 도구들과 자원을 찾을 수 있다. 얼마나 근사한가!"

U.S. Census Bureau

Informaion on Aging

U.S. Department of Commerce

U.S. Census Bureau

Washington, DC 20233

301-457-4100

www.census.gov/population/www/socdemo/age.html

이곳은 완성도가 높고 간단하고 심도있는 베이비부머 세대와 노인세대에
관한 자료 보고서들을 제공하고 있다.

U.S.Senate Special Committee on Aging

Senator Chuck Grassley, Chairman

G31 Dirksen Senate Office Building

Washington, DC 20510-6400

202-224-5364

www.senate.gov/~aging/jurisdic.htm

Special Committee on Aging은 상원에서 미국의 노인어르신들과 관련
된 사안에 대해 논의나 토론되는 사안을 제공하고 있다. 종종 법률 제정의 결
과나 권고 사항을 상원에 제출한다. 또한 위원회에는 노인 어르신들과 관련
된 공공 정책에 관심이 있는 사람들에게 도움이 되는 자료를 발행한다.

Virtual Internet Guide

(참고 : 주소, 전화번호 없음)

www.dreamscape.com/frankvad/internet.html

이곳은 인터넷과 World Wide Web 상의 모든 곳을 검색할 수 있도록 "가
상의" 인터넷 가이드를 제공한다.

참고문헌

일반적인 창조성에 관한 책들

Arieti, S. Creativity: *The Magic Synthesis*. New York: Basic Books, 1976.

Brockman, J., ed. *Creativity*. New York: Touchstone, 1993.

Cohen, D. *Creativity: What Is it?* New York: M. Evans, 1977.

Csikszentmihalyi, M. *Creativity*. New York: HarperColiins, 1996.

Fritz, R. *Creating*. New York: Fawcett Columbine, 1991.

Gardener, H. *Creating Minds*. New York: Basic Books, 1993.

Ghiselin, B., ed. *The Creative Process*. New York: Mentor, 1952

Goleman, D., P. Kaufman, and M. Ray. *The Creative Spirit*. New York: Dutton, 1992.

Johnston, C. M. *The Creative Imperative*. Berkeley, Calif: Celestial Arts, 1986.

May, R. *The Courage to Create*. New York: Bantam Books, 1975.

Runco, M. A. and S. Pritzker, eds. *Encyclopedia of Creativity*. New York: Academic Press, 1999.

노화에 대한 수용력, 또는 노화의 잠재성을 탐색하는 것과 관련된 책들

Adam-Price, C. E., ed. *Creativity and Successful Aging: Theoretical and Empirical Approaches*. New York: Springer Publishing Co., 1998.

Baltes, P. B., and M. M. Baltes. *Successful Aging: Perspectives from the Behavioral Sciences*. New York: Cambridge University Press, 1990.

Bass, S. A., ed. *Older and Active:* How Americans over 55 Are Contributing to Society.

New Haven: Yale University Press, 1995.

Benson, H., with M. Stark. *Timeless Healing:* The Power and Biology of Belief. New York: Simon & Schuster, 1997.

Billig, N. *Growing Older and Wiser.* New York: Lexington Books, 1993.

Birren, J. E., and D. E. Deutcheman. *Guiding Autobiography Groups for Older Adults: Exploring the Fabric of Life.* Baltimore: Johns Hopkins University Press, 1991.

_____, and L. Feldman. *Where to Go from Here: Discovering Your Own Life's Wisdom in the Second Half of Your Life.* New York: Simon & Schuster, 1997.

Cole, T. R., D. D. Van Tassel, and R. Kastenbaum, eds. *Handbook of the Humanities and Aging.* New York: Springer Publishing Co., 1992.

_____, and M.G, Winkler, eds. *The Oxford Book of Aging: Reflections on the Journey of Life.* New York: Oxford University Press, 1994.

Dychtwald, K. *Healthy Aging.* Gaithersburg, Md.: Aspen Publishers, 1999.

Mahoney, D., and R. Restak. *The Longevity Strategy.* New York: John Wiley & Sons, 1998.

Restak, R. M. *Older and Wiser.* New York: Simon & Schuster, 1997.

Rowe, J. W., and R. L. Kahn. *Successful Aging.* New York: Pantheon, 1998.

노화를 긍정적인 측면으로 보는 대중적인 책들

Brontë, L. *The Longevity Factor.* New York: HarperCollins, 1993.

Carter, J. *The Virtues of Aging.* New York: Ballantine Books, 1998.

Downs, H. *Fifty to Forever.* Nashville, Tenn.: Thomas Nelson, 1994.

Delany, S., and E. Delany, with A. H. Hearth. *Having Our Say: The Delany Sisters' First 100 Years.* New York: Dell Books, 1996.

Friedan, B. *The Fountain of Age.* New York: Touchstone, 1994.

Gill, B. *Late Bloomers.* New York: Artisan, 1996.

Jacobs, R. *Be an Outrageous Older Woman.* New York: Harperperennial Library, 1997.

Lindeman, B. *Be an Outrageous Older Woman.* Manchester, Conn.: Knowledge, Ideas & Tends, 1998.

Rijmes, J., K. N. Brandt, and S. Niederman. *Living Treasures.* Santa Fe, N.H.: Western Edge Press, 1997.

Sheehy, G. *New Passages.* New York: Ballantine Books, 1996.

Yolen, J. *Gray Heroes: Elder Tales from Around the World.* New York: Penguin Putnam, 1999.

성인심리발달과 성격에 관한 논문과 책들

Colarusso, C. A., and R. A, Nemiroff, eds. *Adult Development,* New York: Plenum Press, 1981.

Erikson, E. *Identity and the Life Cycle.* New York: International Universities Press, Inc., 1959.

Levinson, D. *The Seasons of a Man's Life.* New York: Ballantine Books, 1986.

McRae, R. R., and P. T. Costa Jr. *Personality in Adulthood.* New York: Guilford Press, 1990.

Nemiroff, R. A. and C. A. Colarusso. *The Race Against Time.* New York: Plenum Press, 1985.

Pollock, G. H., and S. I. Greenspan. *Late Adulthood.* Vol.6, *The Course of Life.* New York: International Universities Press, 1993.

_____. *Completing the Journey* Vol. 7, Ibid., 1999.

Vaillant, G. E. *Adaptation to Life.* Boston: Little Brown, 1977.

Wheelis, A. *The Quest for Identity.* New York: W. W. Norton, 1958.

노화의 일반적인 개요에 관한 책

Binstock, R. H, L. K. George, V. W. Marshall, J. H. Schulz, and G. C. Myers, eds. *Handbook of Aging and the Social Sciences.* New York: Academic Press, 1995.

Birren, J. E., V. W. Marshall, T. R. Cole, and A. Svanborg, eds. *Encyclopedia of Gerontology: Age, Aging, and the Aged.* New York: Academic Press, 1996.

_____, K. W. Schaie, and R. P.Abeles, eds. *Handbook of the Psychology of Aging.* New York: Academic Press, 1996.

Hayflick, L. *How and Why We Age.* New York: Ballantine Books, 1994.

Maddox, G. L., R. C. Atchley, and J. G. Evans, eds. *The Encyclopedia of Aging: A Comprehensive Resource in Gerontology and Geriatrics.* New York: Springer Publishing Company, 1996.

Schneider, E. L., J. W. Rowe, T. E. Johnson, and N. Holbrook, eds. *Handbook of the Biology of Aging.* New York: Academic Press, 1996.

인간 뇌 노화와 마음의 개요에 관한 책

Birren, J. E., R. B. Sloane, and G. D. Cohen, eds. *Handbook of Mental Health and Aging.* New York: Academic Press, 1992.

Butler, R. N., M. I. Lewis, and T. Sunderland, eds. *Aging and Mental Health: Positive Psychosocial and Biomedical Approaches.* Needham Heights, Mass.: Allyn & Bacon, 1998.

Coffey, C. E., and J. L. Cummings, eds. *Textbook of Geriatric Neuropsychiatry.* Washington, D. C.: American Psychiatric Press, 1994.

Cohen G. *The Brain in Human Aging.* New York: Springer Publishing Company, 1988.

100세 이상 고령자들에 관한 책

Cutler, C. L. *How We Made It to 100: Wisdom from the Super Old.* Rockfall, Conn.: Rockfall Press, 1978

Perls, T. T., M. H. Silver, with J. F. Lauerman. *Living to 100: Lessons in Living to Your Maximum Potential at Any Age.* New York: Basic Books, 1999.

Poon, L. W., ed. *The Georgia Centenarian Study.* Amityville, N. Y.: Baywood, 1992.

노인인구 추세자료에 관한 정기간행물과 책

Fries, J. F. "Aging, Natural Death, and the Compression of Morbidity." *New England Journal of Medicine 303,* no.3 (1980): 130-135.

Manton, K. G., L. Corder, and E. Stallard. "Chronic Disability Trends in Elderly United States Populations: 1982-1994." *Proceedings of the National Academy of Sciences,* USA 94, no.6 (1997): 2593-98.

Olshansky, S. J., B. A. Carnes, and C. K. Cassel. "The Aging of the Human Species." *Scientific American 268,* no. 4 (1993): 46-52.

Suzman, R. M., T. Harris, E. C. Hadley, M. F. Kovar, and R. Weindruch. "The Robust Oldest Old: Optimistic Perspectives for Increasing Healthy Life Expectancy." In *The Oldest Old,* edited by R. Suzman, D. Willis, and K. G. Manton,. 341-58.

New York: Oxford University Press, 1992.

Vaupel, J. W., J. R. Carey, K. Christensen, T. E. Johnson, A. I. Yashin, N. V. Holm, I. A. Iachine, V. Kannisto, A. A. Khazaeli, P. Liedo, V. D. Longo, Y. Zeng, K. G. Manton, and J. W. Curtsinger. "Biomedical Trajectories of Longevity." *Science* 280 (1998): 855–60.

이 책에서 인용된 상세한 정보나 자료 출처

머리말

Butler, R. N. *Why Survive? Being Old in America.* New York: Harper & Row, 1975.

de Beauvoir, S. *The Coming of Age.* New York: Warner Books, 1978.

Hayflick, L. "Some Animals Age, Some Do Not." In *How and Why We Age,* by L. Hayflick, 19–33. New York: Ballantine Books, 1994.

U.S. Bureau of the Census. Current Population Reports, Special Studeis. pp. 23–190, 65 + *in the United States.* U.S. Government Printing Office, Washington, DC, 1996.

1장. 창조성의 불꽃들

Diamond, J. "The Great Leap Forward," *Discover* 10 (1989): 50–60.

Levenson, J. L., J. S. McDaniel, M. G. Moran, and A. Stoudemire, "Psychological Factors Affecting Medical Conditions," in *Textbook of Psychiatry,* 3rd ed., eds. R. E. Hales, S. C. Yudofsky, and J. A. Talbott, 635–61. Washington, D. C.: American Psychiatric Press, 1999.

Maier, S. F., L. R. Watkins, and M. Fleshner. "Psychoneuroimmunology. The Interface Between Behavior, Brain, and Immunity," *American Psychologist* 49, no. 12 (1994): 1004–1017.

Pert, C., H. E. Dreher, and R. Ruff. "The Psychosomatic Network: Foundations of Mind-Body Medicine," *Alternative Therapies* 4, no. 4 (1998): 30–41.

Tricerri, A., A. R. Errani, M. Vangeli, L. Guidi, I. Pavese, L. Antico, and C. Bartololini. "Neuroimmunomodulation and Psychoneuroendocrinology: Recent Finding in Adults and Aged," *Panminerva Medicine* 37, no. 2 (1995): 77–83.

2장. 생물학과 신비: 창조성과 노화에 관한 숨은 이야기

Achterberg, J. *Imagery in Healing*. Boston: New Science Library, 1995.

Diamond, M. C. "An Optimistic View of the Aging Brian," in *Mental Health and Aging*, ed. M. A. Smyer, 59-63. New York: Springer Publishing Co., 1993.

Katzman, R. "Can Late Life Social or Leisure Activities Delay the Onset of Dementia?," *Journal Of the American Geriatrics Society* 43, no. 5 (1995): 583-84.

Miller, B. L., J. Cummings, F. Mishkin, et al. "Emergence of Artistic Talent in Frontotemporal Dementia," *Neurology* 51, no. 4 (1998): 978-82.

Neylan, T. C., C. F. Reynolds, and D. Kupfer. "Neuropsychiatric Aspects of Sleep and Sleep Disorders," in *Textbook of Neuropsychiatry*, 3rd ed., eds. S. C. Yudofsky and R. E. Hales, 583-606. Washington, D. C.: American Psychiatric Press, 1997.

Reeves, G. E., M. S. Graziano, and C. G. Gross. "Neurogenesis in the Neocortex of Adult Primates," *Science* 286, no. 5439 (1999): 548-52.

Reynolds, C.F., A. Dew, T. H. Monk, and C. C. Hoch. "Sleep Disorder in Late Life: A Biopsychosocial Model for Understanding Pathogenesis and Intervention," in Textbook of Geriatric Neuropsychiatry, eds. C. E. Coffey and J. L. Cummings, 323-31. Washington, D.C.: American Psychiatric Press, 1994.

3장. 변화와 변형: 변화하는 내적 지평을 아우르는 창조성

Antonini, F. M. and S. Magnolfi. "Successful Aging and Artistic Creativity," *Aging Clinical* Experimental Research 4, no. 2 (1992): 93-101.

Arnheim, R. "On the Late Style," in *New Essays on the Psychology of Art,* by R. Arnheim, 113-120. Berkeley: The University of California Press, 1986.

Cohen, G. D. "Human Potential Phases in the Second Half of Life: Mental Health Theory Development." *The American Journal of Geriatric Psychiatry* 7, no. 1 (1999): 1-7.

Flood, D. G. and P. D. Coleman. "Hippocampal Plasticity in Normal Aging and Decreased Plasticity in Alzheimer's Disease," *Progress in Brain Research* 83 (1990): 435-443.

4장. 창조성이 발현되는 "시기": 연령에 따라 변하는 기회들

Hartigan, L. R., ed. Made With Passion: *The Hemphill Folk Art Collection*. Washington, D.C.: Smithsonian Institution Press, 1990.

Livingston, J. and J. Beardsley, eds. *Black Folk Art in America.* Jackson, Mississippi: University of Mississippi Press, 1982.

McLeish, J. A. B. *The Ulyssean Adult.* New York: McGraw-Hill Ryerson Limited, 1976.

5장. 관계의 맥락에서 본 창조적 성장과 표현

Brody, E. *Women in the Middle: Their Parent Care Years.* New York: Springe, 1990.

Cohen, G. D. "Marriage and Divorce in Later Life." *The American Journal of Geriatric Psychiatry,* 7 no. 3 (1999): 185-187.

Myers, M. F. *How's Your Marriage?* Washington, D.C.: American Psychiatric Press, Inc., 1998.

6장. 역경 속에서 발현되는 창조성

Elderfield, J. *Henri Matisse: A Retrospective.* New York: The Museum of Modern Art, 1992.

Glass, T. A., C. M. deLeon, R. A. Marottoli, and L. F. Berkman. "Population Based Study of Social and Productive Activities as Predictors of Survival Among Elderly Americans," *The British Medical Journal* 319 (1999): 478-483.

Kaller, J. *Grandma Moses: The Artist Behind the Myth.* Secaucus, N. J.: Wellfleet Press, 1989.

Shavit, Y. "Stress-Induced Modulation in Animals: Opiates and Endogenous Opioid Peptides," In *Psychoneuroimmunology II,* eds. R. Adler, D. L. Felton, and N. Cohen, New York: Academic Press, 1991.

7장. 창조성과 공동체: 세대 간 이어주기

Bengtson, V. L., N. E. Cutler, D. J. Mangen, and V. W. Marshall. "Generations, Cohorts, and Relations Between Age Groups." In *Handbook of Aging and the Social Sciences, Second Edition, eds.* R. H. Binstock and E. Shanus, 304-338. New York: Van Nostrand Reinhold, 1985.

Cohen G. D. "Intergenerationalism: A New 'ism' with Positive Mental Health and Social Policy Potential." *The American Journal of Geriatric Psychiatry* 3 (1995): 1-5.

Cohen G. D. "Journalistic Elder Abuse: It's Time to Get Rid of Fictions, Get Down to Facts." *The Gerontologist* 34 (1994): 399-401.

Cole, T. and M. Winkler. "The Old Grandfather and the Grandson." In *The Oxford Book of Aging,* eds. T. Cole and M. Winkler, 114. New York: Oxford University Press,

1994.

Cole, T. and M. Winkler. "The Mountain of Abandoned Old People." In *The Oxford Book of Aging,* eds. T. Cole and M. Winkler, 116-117. New York: Oxford University Press, 1994.

Gatz, M., V. L. Bengtson, and M. J. Blum. "Caregiving Families." In *Handbook of the Psychology of Aging, Third Edition,* eds. J. E. Birren and K. W. Schaie, 404-426. New York: Academic Press, 1990.

Gist, J. *Entitlements and the Federal Budget Deficit: Setting the Record Straight.* Washington D. C.: AARP Public Policy Institute, 1992.

Sussman, M. B. The Family Life of Old People." In *Handbook of Aging and the Social Sciences, Second Edition,* eds. R. H. Binstock and E. Shanus, 415-449. New York: Van Nostrand Reinhold, 1985.

8장. 정체성과 자서전: 삶의 과정 속에서 형성되는 정체성

Birren, J. E. and D. E. Deutchman. *Guiding Autobiography Groups for Older Adults.* Baltimore: Johns Hopkins University Press, 1991.

Butler, R. N. "The Life Review: An Interpretation of Reminiscence in the Aged." *Psychiatry* 26 (1963): 65-76.

9장. 일상에서의 창조성: 당신의 삶속에서 시작하라

Cohen, G. D. "Mental Health Promotion in Later Life: The Case for the Social Portfolio." *The American Journal of Geriatric Psychiatry* 3 (1995): 277-279.

결론: 미래를 향해

Robinson, R. *Georgia O'Keeffe.* Hanover, N. H.: University Press of New England, 1989.

Sacher, G. A. "Evolution of Longevity and Survival Characteristics in Mammals." In *The Genetics of Aging,* ed. E. L. Schneider, 151-167. New York: Plenum, 1978.

Schneider, E. L. "Theories of Aging: A Perspective." In Modern *Biological Theories of Aging,* eds. H. R. Warner, R. N. Butler, R. L. Sprott, and E. L. Schneider, 1-4. New York: Raven Press, 1987.

부록 A. 우리는 왜 나이 드는가? 생물학의 창조적 신비

Hayflick, L. "Why Do We Age?" 187-262. In *How and Why We Age* by L. Hayflick, New

York: Ballantine Books, 1994.

Kirkwood, T. *Time of Our Lives.* New York: Oxford University Press, 1999.

Warner, H. R., R. N. Butler, R. L. Sprott, and E. L. Schneider, eds. *Modern Biological Theories of Aging.* New York: Raven Press, 1987.

Weiss, R. "Aging—New Answers to Old Questions." *National Geographic* 192, no. 5 (1997): 2-31.

부록 B. 노화의 효과를 역전시키려는 역사적 탐색들

Busse, E. W. "The Myth, History, and Science of Aging." In *Textbook of Geriatric Psychiatry, Second Edition,* eds. E. W. Busse and D. G. Blazer, 3-24. Washington D.C.: American Psychiatric Press, Inc., 1996.

Editors of Time-Life Books. *Search for Immortality, Mysteries of the Unknown Series.* Alexandria, VA: Time-Life Books, 1992.

Hayflick, L. "Slowing Aging and Increasing Life Span." 263-310. In *How and Why We Age* by L. Hayflick. New York: Ballantine Books, 1994.

Kirkwood, T. *Time of Our Lives.* New York: Oxford University Press, 1999.

McGrady, Jr., P. M. *The Youth Doctors.* New York: Coward-McCann, Inc., 1968.

부록 C. 자서전 만들기: 나의 개인적 접근

Brownstone, D. and I. Franck. *Timelines of the 20ᵗʰ Century.* Boston: Little, Brown and Company, 1996.

색인

창조적으로 나이 들기 – 인생 후반기에 인간의 잠재성을 일깨우기

2016년 4월 21일 초판 1쇄 인쇄
2016년 4월 25일 초판 1쇄 발행

지은이 | 진 코헨
옮긴이 | 김성은
펴낸이 | 김영호
펴낸곳 | 도서출판 동연
등   록 | 제1-1383호(1992. 6. 12.)
주   소 | 서울시 마포구 월드컵로 163-3
전   화 | (02) 335-2630
팩   스 | (02) 335-2640
이메일 | yh4321@gmail.com

ISBN 978-89-6447-303-0   93180